LA RÉFORME DU CODE CIVIL

Textes réunis par le Barreau du Québec
et la Chambre des notaires du Québec

LA RÉFORME
DU CODE CIVIL

Personnes, successions, biens

*

Les Presses de l'Université Laval

Les Presses de l'Université Laval reçoivent chaque année du Conseil des arts du Canada une subvention pour l'ensemble de leur programme de publication.

Grâce à une étroite collaboration entre le Barreau du Québec et la Chambre des notaires du Québec, il a été possible, en un très court laps de temps, de réunir les travaux d'éminents spécialistes, lesquels n'ont pu être révisés cependant.

Maquette de la couverture: Communication graphique
André Fournier

Coordination éditoriale: Andrée Laprise et Denis Vaugeois

Production: Marie Guinard, Josée Lalancette, Daniel Laprise, Pierre Lhotelin

Diffusion
Les Presses de l'Université Laval
Cité universitaire
Sainte-Foy (Québec)
Canada G1K 7P4
Télécopieur: (418) 656-2600

Préface

La préparation et l'édition du présent ouvrage didactique résultent d'un protocole d'entente conclu en août 1992 entre le Barreau du Québec et la Chambre des notaires du Québec, en prévision de la mise en vigueur du nouveau Code civil et du droit transitoire.

En vertu de cet accord, le Barreau du Québec et la Chambre des notaires du Québec ont conjointement pris en charge la formation des praticiens du droit, soit une préparation adéquate qui permettra à ceux-ci de bien assimiler et d'appliquer à très brève échéance ce nouveau droit fondamental, caractéristique de nos institutions juridiques.

Les deux Chambres professionnelles se sont entendues sur le choix des auteurs de ce traité. Ce choix est justifié vu la compétence particulière et notoire de chacun d'entre eux dans le secteur du droit civil qui leur a été attribué. Ces auteurs, professeurs de droit, avocats et notaires vont ainsi constituer la doctrine de départ qui, dans les prochaines années, guidera les tribunaux dans l'élaboration de la jurisprudence et les facultés de droit dans l'enseignement du droit civil.

Le Barreau du Québec et la Chambre des notaires du Québec sont fiers d'offrir ce traité à la communauté juridique, aux étudiants en droit et au public en général.

Les auteurs des textes sont des pionniers dans l'étude de ce droit nouveau. Dans ce contexte, aucun d'eux, ni les Chambres professionnelles qui ont retenu leur collaboration, ne sauraient être tenus responsables des opinions exprimées dans ce traité qui constitue une mise en commun de connaissances et de réflexions utiles à l'interprétation du nouveau droit.

Le Barreau du Québec et la Chambre des notaires du Québec remercient les auteurs de leur digilente et féconde collaboration à cet ouvrage.

PAUL P. CARRIÈRE
Bâtonnier du Barreau
du Québec

JACQUES TASCHEREAU
Président de la Chambre
des notaires du Québec

Sommaire

DES PERSONNES

Table des matières

Livre premier: Des personnes

*Monique Ouellette**

Disposition préliminaire

1. La disposition préliminaire situe le Code civil du Québec dans le *corpus* législatif de la province. Dans les matières qu'il traite, «il constitue le fondement des autres lois.» Le premier alinéa énonce l'objectif: le Code «régit en harmonie avec la Charte des droits et libertés»... les principes généraux du droit, les personnes, les rapports entre elles et les biens. Le deuxième alinéa décrit le nouveau Code, constitué «d'un ensemble de règle... qui établit en termes exprès ou de façon implicite, le droit commun.» Le problème de hiérarchie ou de conflit entre les deux lois, le Code et la Charte, n'existerait pas, le législateur ayant été particulièrement vigilant à cet égard. L'intention «d'harmoniser» est clairement exprimée et indique des avenues de solution si la question devait jamais se poser.

2. La disposition traduit l'essence et la nature de la tradition civiliste. «Le *Code civil* s'interprète non pas d'une manière littérale, mais en cherchant l'esprit de ses dispositions»[1]. Le Code s'interprète de façon dynamique; il comble les lacunes des autres lois sur des matières qui «font appel à des notions ou institutions qui ressortissent au *Code civil*[2]». L'esprit doit prévaloir sur la lettre «de manière que ces textes soient vus comme les pores par lesquels le Code puisse respirer, se vivifier et s'adapter aux besoins des personnes[3]». Ce projet de Société, le législateur québécois l'a réalisé, le 18 décembre 1991, en sanctionnant 3168 articles dont nous entreprenons l'étude.

* Avocat, professeur titulaire à l'Université de Montréal.

Livre premier: des personnes

3. Le livre premier traite des personnes. Divisé en cinq grands titres, les quatre premiers régissent les personnes physiques. Ils retiennent notre attention. Ces titres englobent les sujets suivants: De la puissance et de l'exercice des droits civils; De certains droits de la personnalité; De certains éléments relatifs à l'état des personnes; De la capacité des personnes. Ils couvrent les trois cents premiers articles du Code (297 pour être précis).

Titre premier: De la jouissance et de l'exercice des droits civils

4. Le premier titre énonce les grands principes gouvernant l'application du *Code civil*. Certains y voient, non sans raison, l'entrée au *Code civil* d'une «mini» charte qui doit se lire «en harmonie avec la Charte des droits et libertés de la personne», tel que recommandé dans la disposition préliminaire. Les articles 1 à 3 disposent de la personnalité juridique alors que les articles 4 à 9 retiennent l'exercice des droits.

5. «Tout être humain possède la personnalité juridique; il a la pleine jouissance des droits civils», art. 1. Le commentaire précise que «tout être humain, du seul fait de son existence ... est sujet de droit»[4]. Cette déclaration fait l'unanimité, sans doute, mais le silence du législateur sur l'acquisition de la personnalité en complique l'application.

6. La question, en effet, est la suivante: quand devient-on une personne, c'est-à-dire, titulaire de la personnalité juridique et des droits qu'elle suppose? C'est par interprétation de l'art. 617, des qualités requises pour succéder, que l'on retient la naissance vivante et viable comme point de départ de la «grande aventure.» L'enfant naît vivant si l'air a pénétré ses poumons; il est non-viable, enseigne Mignault:

> Lorsque sa constitution est tellement hors nature, tellement vicieuse, qu'il est évident qu'il ne peut vivre que pendant quelques instants, ou tout au plus quelques jours: la loi ne tient aucun compte de cette existence éphémère[5].

7. La rigueur de cette règle est temporisée par l'exception venant du droit romain: l'enfant conçu mais pas encore né est considéré comme né chaque fois qu'il y va de son intérêt, à la condition de naître vivant et viable. Au terme de l'art. 192 al. 2, les parents sont tuteurs à l'enfant «conçu qui n'est pas encore né.» Ils sont chargés «d'agir pour lui dans tous les cas où son intérêt patrimonial l'exige.» Le mot clé est *patrimonial* et à cet égard, la jurisprudence «ancienne» reçoit application[6].

8. Certains reprochent au législateur son manque d'audace. Des articles précis qui protègent le fœtus, lui accordent des droits à la vie, à la sécurité, à la santé auraient été souhaités. Si des problèmes existent, une telle démarche aurait amené le législateur sur un terrain philosophique piégé. Quand commence la vie? Faut-il choisir le fœtus dont les «droits» s'opposent à ceux de la mère? Ces questions, débattues depuis des siècles par les philosophes, les juristes et les théologiens, sont restées sans réponse. Certes, la discussion aurait été passionnante mais la sagesse commandait au législateur une prudente abstention. Qui voulait réouvrir le débat *Daigle* c.*Tremblay*[7]?

9. L'article 1 affirme: celui qui possède la personnalité juridique «a la pleine jouissance des droits civils.» Le commentaire rappelle la distinction entre la jouissance des droits et leur exercice, celui-ci étant une «réalité contingente qui peut être limitée par la personne elle-même, par les faits ou par la loi[8]». Les dispositions qui suivent développent et précisent ces deux aspects.

10. L'article 2 consacre le droit au patrimoine. Celui-ci peut faire l'objet d'une division ou d'une affectation, «mais dans la seule mesure prévue par la loi.» Il n'est pas dans notre propos de commenter la nature, les éléments, le contenu du patrimoine. Sur le caractère unique et indivisible de celui-ci, notons le commentaire à l'effet que l'article concilie deux thèses doctrinales[9]. La première, défendue par les auteurs Aubry et Rau, rattache le patrimoine à la personne, consacrant l'unicité et l'indivisibilité. La seconde, inspirée des juristes allemands Brinz et Bekker et reprise en France par Saleilles, permet la division et l'affectation du patrimoine car le rattachement est à l'objet plutôt qu'à la personne. L'article compromet: d'une part, le patrimoine est rattaché à la personne donc unique et

indivisible; d'autre part, il est divisible et susceptible d'affectation, lorsque la loi le prévoit, notamment en matière de substitution, de régimes matrimoniaux, de fondation, de fiducie.

11. L'article 3 énumère les droits de la personnalité. Ce sont les droits à la vie, à l'intégrité et à l'inviolabilité, au respect du nom, de la réputation, de la vie privée. Déjà protégés par la Charte, il appartient au *Code civil* d'en préciser la portée et d'en aménager l'exercice[10]. L'encadrement de ces droits est prévu au titre deuxième. Les articles 4 à 9 précisent les modalités de cet exercice et en fixent les paramètres.

12. L'article 4 énonce: «toute personne est apte à exercer pleinement ses droits civils.» La capacité est la règle mais, dans certains cas, l'assistance ou un régime de protection sont requis. Cette disposition apporterait un élément nouveau en affirmant que toute personne est, non seulement, *titulaire* de droits mais qu'elle jouit en tout temps, de *l'exercice.* Tous ont la capacité de jouissance *et* d'exercice; cette dernière doit, parfois, passer par un intermédiaire. La capacité absolue entraîne des conséquences, notamment, en matière de soins[11]. Selon les circonstances, la capacité d'exercice est limitée, à des degrés variables.

13. Une personne exerce ses droits civils «sous le nom qui lui est attribué et qui est énoncé dans son acte de naissance», art. 5. Attribut de la personnalité, le nom identifie la personne et garantit la sûreté des transactions. L'article n'empêche pas l'utilisation d'un pseudonyme; il «vise à réglementer l'exercice des droits civils en accord avec le nom figurant au registre de l'état civil[12]. Le chapitre consacré au nom, (articles 50 et suivants) apporte des précisions.

14. La bonne foi acquiert une place d'honneur à l'article 6: «Toute personne est tenue d'exercer ses droits civils selon les exigences de la bonne foi.» Il s'agit d'un article, à la fois nouveau et ancien ... inspiré du droit français. Le législateur retient la formule «les exigences de la bonne foi» plutôt que «de bonne foi», estimant la règle à la fois moins exigeante et plus facile d'application[13]:

— l'exercice de bonne foi s'appuie sur «l'existence d'une conformité réelle entre l'acte et l'intention de son auteur»;

— l'exercice selon les exigences de la bonne foi «ne s'attache qu'à une conformité apparente entre l'acte et ce qui est généralement exigé pour que l'on considère qu'il y ait bonne foi[14]».

Le commentaire ajoute: «l'article a indirectement pour effet d'empêcher que l'exercice d'un droit ne soit détourné de sa fin sociale intrinsèque et des normes morales généralement reconnues dans notre société». Il est facile d'imaginer les études, analyses, interprétations, thèses que cet article ne manquera pas d'inspirer. La bonne foi est omniprésente dans le nouveau Code; le législateur s'en sert pour varier et nuancer des sanctions.

15. L'abus de droit, nouvellemnt codifié à l'article 7, complète le précédent. «Aucun droit ne peut être exercé en vue de nuire à autrui ou d'une manière excessive et déraisonnable allant ainsi à l'encontre des exigences de la bonne foi.» L'article consacre la doctrine et la jurisprudence[15]. Il fixe les paramètres de l'abus de droit, à savoir: l'intention de nuire et l'acte excessif et déraisonnable. Le Code consacre-t-il l'abus de droit sans faute lorsque la finalité sociale de l'acte est détournée? Au contraire, l'intention de nuire doit-elle être prouvée pour conclure à l'abus de droit? L'article 7 crée-t-il un régime de responsabilité avec faute aggravée... ou sans faute? Les questions furent posées et les réponses, parfois évasives et floues, révèlent néanmoins que l'article devrait respecter le droit antérieur. L'abus de droit est une faute (délit ou quasi-délit)[16] qui donne ouverture à la réparation; il s'apprécie selon les critères habituels consacrés par la jurisprudence. En dépit de ces affirmations, la disposition n'est pas d'un limpidité éclatante...

16. Les articles 8 et 9 réfèrent à l'ordre public. D'une part, on ne peut renoncer à l'exercice des droits civils que si l'ordre public le permet; d'autre part, la dérogation aux règles du *Code civil* est possible, sauf si elles sont d'ordre public. L'article 9 met en évidence le caractère supplétif du Code et le principe de l'autonomie de la volonté dans les rapports privés. La jouissance des droits est «essentiellement liée à la personnalité juridique et à l'existence humaine ... elle ne peut en être dissociée[17]». En conséquence, on ne peut y renoncer. L'ordre public englobe les «bonnes mœurs» qui ont disparu (!). Le

commentaire précise: «l'acte juridique qui porte atteinte aux bonnes mœurs porte généralement atteinte à l'ordre public[10]». L'acte juridique immoral est sanctionné par la nullité.

Titre deuxième: De certains droits de la personnalité

17. Le *Code civil* du Québec aménage l'exercice et la protection des droits «intimement liés à la personnalité de l'être humain[19]». Il précise la Charte qui garantit tous les droits fondamentaux. Le titre deuxième compte quatre chapitres: De l'intégrité de la personne; Du respect des droits de l'enfant; Du respect de la réputation et de la vie privée; Du respect du corps après le décès. Les articles 10 à 49 «actualisent» les principes énoncés à l'article 3.

Chapitre premier: de l'intégrité de la personne

18. Théoriquement reconnu, sanctionné indirectement par le recours en dommages-intérêt, le droit à l'intégrité et à l'inviolabilité occupe une place évidente dans le *Code civil du Bas-Canada* depuis 1971. Plusieurs facteurs en sont à l'origine: la première greffe cardiaque à la fin des années soixante, les développements spectaculaires des bio-technologies, l'importance accrue de la personne, le rejet du paternalisme médical, pour n'en nommer que quelques-uns[20]. L'autodétermination, le consentement libre éclairé aux soins font désormais partie du vocabulaire juridique. La réforme de la curatelle publique, en 1989, participe de cette philosophie. La démarche se poursuit, se raffine, et se complique dans le *Code civil du Québec*.

19. L'article 10 reprend les principes énoncés au *Code civil du Bas-Canada*: l'inviolabilité de la personne et le caractère sacré de son intégrité. Les atteintes justifiées sont permises lorsque la personne y consent ou que la loi les prévoit. Un deuxième principe émerge: le consentement «libre et éclairé.» Les interventions chirurgicales[21] et les soins médicaux portent atteinte à l'intégrité. Nécessaires au mieux-être de la personne, le législateur encadre ces violations et les soumet à des conditions strictes.

20. Le consentement aux soins doit exister; il doit être libre et éclairé. Le consentement *existe* lorsqu'une personne apte le donne. Dépendant de la sévérité et de la nature de son état, la personne inapte peut, et parfois doit, consentir aux soins. La personne consent *pour elle-même*. Si celà est impossible, le principe du consentement *substitué* est reconnu et règlementé dans le code. Exceptionnellement, un tiers autorise une atteinte à l'intégrité d'une personne sous sa charge ou sa protection. Le consentement aux soins suppose le *refus*: cette hypothèse sera vue subséquemment.

21. Le consentement est *libre* et *éclairé*. Le législateur codifie la pratique qui s'est développée depuis les décisions *Hopp* c. *Lepp*[22] et *Reibl* c. *Hughs*[23]. L'historique de cette évolution gravite autour du principe de l'autodétermination qui s'est substitué au paternalisme médical. Le patient a le droit d'obtenir *toute* l'information nécessaire à la prise de décision. Des éléments objectifs, purement informatifs, s'allient aux éléments subjectifs propres à la situation et à l'état du patient. Le privilège thérapeutique existe toujours; son exercice se fait avec discernement et réserve. En aucun cas doit-il servir d'excuse pour taire, sans motifs, des données pertinentes et essentielles à la prise de décision. Le consentement libre et éclairé apparaît à l'art. 1399, sans pour autant être défini Il peut être vicié par l'erreur, la crainte ou la lésion; l'erreur peut porter «sur tout élément essentiel qui a déterminé le consentement». Reste à identifier, dans chaque cas, les éléments essentiels.

22. Le tribunal joue un rôle accru en matière de soins. Son intervention sera précisée; notons dès maintenant qu'il contrôle et protège. Le consentement aux soins, ou le refus, peuvent être discutables. Le tribunal tranche et évalue en tenant compte des critères énoncés à l'art. 12. Gardien ultime de l'opportunité et de la sagesse d'une décision, le tribunal devient le défenseur de l'inviolabilité et de l'autodétermination.

Section I Des soins

23. Cette section s'articule autour de deux thèmes: le consentement et les sortes de soins. Les articles 11 à 25 indiquent qui doit et peut consentir aux soins; ils distinguent les sortes de soins dont il faut tenter de fixer le contenu. Le législateur

codifie la pratique; il clarifie diverses situations. Les distinctions qu'il impose n'atteignent pas toujours cet objectif.

24. L'article 11 réitère le principe du consentement et précise la *nature* et le *contenu* des soins: «qu'il s'agisse d'examens, de prélèvements, de traitements ou de toute autre intervention.» Le commentaire apporte une précision:

> Le premier alinéa utilise le mot soins dans un sens générique pour couvrir toutes espèces d'examens, de prélèvements, de traitements ou d'interventions, de nature médicale, psychologique ou sociale, requis ou non par l'état de santé, physique ou mentale. Il couvre également, comme acte préalable, l'hébergement en établissement de santé lorsque la situation l'exige[24].

Ainsi conçue, la notion de soins dépasse le sens qui lui est traditionnellement conféré. L'exercice se complique devant l'inventaire des expressions utilisées. On y trouve en effet:

les soins d'urgence
les soins requis par l'état de santé
les soins non-requis par l'état de santé
les soins inusités
les soins inutiles
les soins innovateurs
les soins d'hygiène[25]
Le plaisir augmente lorsqu'on y ajoute:
les soins qui présentent un risque sérieux
les soins qui causent des effets graves et permanents
l'expérimentation
l'aliénation d'une partie du corps.

Les formalités varieront, on s'en doute, selon les soins qui doivent être dispensés.

25. Les intervenants en matière de consentement sont multiples. On résiste mal à la tentation d'en dresser la liste:

la personne majeure apte
la personne mineure
la personne mineure de 14 ans et plus
la personne majeure inapte
un groupe de personnes inaptes ou mineures

Peuvent ou doivent participer au scénario:

le patient
le mandataire
le tuteur
le curateur
le conjoint
un proche parent
la personne intéressée
les parents
le Tribunal
le Ministre de la Santé et des Services sociaux
le comité d'éthique
les experts

Le défi consiste à s'y retrouver et à harmoniser, avec cohérence, toutes ces données.

26. Commençons par les situations moins problématiques.

L'urgence: l'art. 13 al. 1 reprend la règle ancienne: en situation d'urgence, le consentement aux soins n'est pas nécessaire lorsque la vie de la personne est en danger, ou son intégrité menacée, et que son consentement ne peut être obtenu en temps utile. La règle, d'application universelle, fait abstraction de la capacité de discernement. La «menace à l'intégrité», de droit nouveau, crée un doute. Invoquant cette menace, n'y a-t-il pas un risque que certains soins soient prodigués contre la volonté de la personne? La pratique répondra, à défaut du législateur qui s'en est abstenu.

27. L'acharnement thérapeutique est condamné par le code. L'article 13 al. 2 prévoit qu'en dépit de la situation d'urgence, le consentement est «nécessaire lorsque les soins sont inusités ou devenus inutiles ou que leurs conséquences pourraient être intolérables pour la personne.» Quelques observations s'imposent.

28. Le commentaire explique: «l'article établit qu'en certaines circonstances le consentement substitué ou non est nécessaire, même si le consentement de la personne ne peut être obtenu en temps utile; cette règle vise à éviter l'acharnement thérapeutique[26]». Le commentaire poursuit en insistant sur la priorité accordée à la qualité de vie lorsque celle-ci se poursuivrait dans

des conditions inacceptables. Le concept de «qualité de vie», analysé en bioéthique, fait son entrée dans le droit. L'article «codifie» la décision *Nancy B.*[27]... à moins que celle-ci se soit inspirée de l'article... Certains y verront une reconnaissance timide du droit à la mort. À l'instar de l'affaire *Malette* c. *Shulman*[28], d'autres y décèleront une garantie de la liberté de religion.

29. Le commentaire insiste sur la distinction entre acharnement thérapeutique et euthanasie:

> ... cette dernière implique une intervention positive pour mettre fin à la vie, alors que le respect du refus de traitement consiste plutôt à cesser tous traitements autres que ceux visant à soulager les souffrances de la personne à l'approche de la mort[29].

L'acharnement thérapeutique prolonge l'agonie, sans espoir de guérison. Les soins palliatifs et les soins proportionnés allègent les souffrances et facilitent le passage vers l'au-delà.

30. Reste la délicate opération de définir les «soins inusités», les «soins inutiles», les «conséquences intolérables.» Les soins sont *inutiles* lorsque aucun bénéfice thérapeutique n'en est attendu. Ils ne guérissent pas, ils n'améliorent pas la santé. Parfois même, ils augmentent l'inconfort. Ils s'apprécient objectivement, sur la base de données médicales et scientifiques. Tel n'est pas le cas des *conséquences intolérables* qui font appel à des éléments subjectifs. Une personne qui refuse la transfusion salvatrice estime la mort préférable à l'ostracisme de sa société religieuse et aux angoisses métaphysiques qui en résulteront. Le principe de l'autodétermination prend ici toute sa signification. La qualité de vie ne saurait être définie que par la personne: c'est enfin ce que le législateur reconnaît.

31. Les *«soins inusités»* posent problème. Il s'agirait de soins inhabituels, peu usités... ce qui n'est pas très éclairant! Le silencieux commentaire l'est encore moins. S'agit-il de soins inusités dans les circonstances? Inusités dans la pratique médicale? Inusités parce que non-traditionnels ou participant de la médecine alternative? Les réponses ne viennent pas spontanément. L'appréciation des circonstances, évaluées dans chaque cas, reste la seule issue, pour le moment.

32. La personne majeure apte consent, elle-même et pour elle-même, aux soins qu'on lui destine, art. 11 al. 1. Cette règle entraîne comme corollaire, le refus de soins qui seront imposés à titre tout à fait exceptionnel. L'article 13 illustre cette exception. Pour «forcer» des soins, il faut l'autorisation de la loi, ou la preuve de l'inaptitude[30].

33. Le consentement substitué reçoit une reconnaissance officielle. L'intervention d'un tiers dans le plan de soins d'une personne est soumis à des conditions précises énoncées à l'article 12. Feront l'objet d'un consentement substitué les soins au mineur de moins de 14 ans, au mineur de 14 ans et plus selon la nature des soins et dans certaines circonstances, au majeur inapte.

34. Celui qui consent ou refuse pour autrui, «est tenu d'agir dans le seul intérêt de cette personne», en respectant si possible les volontés exprimées par celle-ci. L'intérêt s'évalue à partir des données médicales fournies par l'équipe soignante. Les volontés manifestées verbalement rendent leur preuve difficile. Elles ont pu être exprimées dans un mandat en prévision de l'inaptitude, aux conditions et conformément aux formalités énoncées aux art. 2166 à 2174.

35. Le commentaire réfère au «testament de vie» qui vise, comme le mandat, à «assurer que les volontés d'une personne soient respectées après qu'elle est devenue inapte à consentir»[31]. Le mandat a une portée plus large: il peut englober les biens. Un autre élément distingue les deux actes:

> ... le mandat désigne une personne qui devra exercer les droits civils du mandant, alors que le testament de vie donne des directives à quiconque sera en situation de lui prodiguer des soins à l'approche de la mort[32].

Le commentaire ajoute cette phrase, à notre avis, importante:

> En raison de la partie plus limitée de cette expression de volonté, le Code ne réglemente pas le testament de vie de façon particulière, mais il permet d'en prendre acte[33].

La priorité, en somme, est accordée à la volonté de la personne, peu importe les véhicules utilisés pour la manifester. L'obligation, pour le tiers, est d'en tenir compte.

36. Aux deux conditions rattachées à la personne, l'intérêt et le respect des volontés, l'art. 12 al. 3 en ajoute trois relatives aux soins. Le tiers qui consent doit s'assurer que:

— les soins sont *bénéfiques* malgré la gravité et la permanence de certains effets;
— les soins sont *opportuns* dans les circonstances;
— les soins ne sont pas hors de *proportion* avec le bienfait qu'on en espère.

Bénéfiques: les soins amélioreront la santé de la personne; ils pourront même la guérir ou contribuer à son mieux-être. C'est l'application du principe de bienfaisance, fondamental en médecine: «d'abord ne pas nuire».

Opportuns: l'opportunité des soins suppose l'évaluation du dossier et de l'état global du patient. L'opportunité s'analyse à la lumière de l'expertise médicale, sociale et de l'expérience de vie de la personne.

Proportionnés: de concert avec l'équipe soignante, l'objectif poursuivi est arrêté, la balance des inconvénients étudiée. Si le traitement s'annonce trop pénible face aux résultats escomptés, d'autres solutions doivent être envisagées. Ces soins pourront, avec raison, être refusés.

37. Ces caractères s'appliquent à des situations concrètes. Le principe est énoncé à l'art. 11 al. 2: «Si l'intéressé est inapte à consentir, ou à refuser son consentement à des soins, une personne autorisée par la loi ou par mandat donné en prévision de son inaptitude peut le remplacer.» Qui sont les personnes autorisées par la loi?

— Le mandataire d'abord; nous verrons cette institution au chapitre de la protection des inaptes.
— Les personnes énumérées à l'art. 15. Ce sont: le tuteur, le curateur, le conjoint, un proche parent, une personne qui démontre pour le majeur un intérêt particulier.

Quelques observations s'imposent:

1er L'inaptitude n'exclut pas le consentement de la personne ou son droit de refus. L'inaptitude peut se limiter à l'administration des biens. Les degrés variables d'incapacité permettent de conclure que, dans beaucoup de cas, la personne inapte comprend la portée des soins et leurs effets. Elle peut donc librement y consentir ou les refuser[34].

2e Il existe une hiérarchie entre les tiers autorisés à donner un consentement substitué. La rédaction même de l'article impose cette interprétation. Si certains conflits sont prévisibles (conjoint vs. conjoint de fait; parents vs. compagnon stable) il n'en demeure pas moins que l'article facilite la pratique médicale en désignant un «représentant officiel» qui décide, dans le meilleur intérêt du patient.

38. Il faut distinguer entre soins requis et soins non requis par l'état de santé... ce que le législateur ne fait pas, tout en utilisant généreusement ces deux notions. Les soins requis sont *exigés* par l'état physique et psychologique de la personne. Ils sont nécessaires et essentiels. Les soins non-requis présentent un caractère facultatif et électif[35].

39. Illustrons cinq situations en fonction des soins requis, ou non, par l'état de santé:

1er les soins sont requis par l'état de santé du majeur inapte: le tiers peut y consentir seul, art. 15, en respectant les critères énoncés à l'art. 12;

2e les soins sont requis par l'état de santé, le tiers y consent mais le majeur inapte les refuse catégoriquement: l'autorisation du tribunal est nécessaire pour les prodiguer[36]. L'art. 16 le prévoit et confirme ainsi le principe de l'autodétermination. Le commentaire précise que «ce refus ont qualifié pour indiquer qu'il doit s'apparenter à un refus libre et éclairé et se distinguer du simple réflexe biologique totalement étranger à l'expression de la volonté[37]».

Exception: l'autorisation judiciare n'est pas requise lorsqu'il s'agit de soins d'hygiène ou d'un cas d'urgence.

On passe outre au refus de l'intéressé dans des circonstances extrêmes;

3e le tiers est empêché de consentir à des soins requis par l'état de santé ou il refuse injustement son consentement: l'autorisation du tribunal est nécessaire, art. 16 al. 1.

4e les soins sont non-requis par l'état de santé du majeur inapte (et du mineur de moins de 14 ans): le tiers, c'est-à-dire, le mandataire, le tuteur ou le curateur, peut y consentir, art. 18.

5ᵉ les soins non-requis présentent

• un risque sérieux pour la santé ou
• peuvent causer des effets graves *et* permanents: le tiers désigné dans l'article 18 peut y consentir mais l'autorisation du tribunal est requise.

La liste des personnes énumérées à l'art. 18 (titulaire de l'autorité parentale, mandataire, tuteur, curateur) est-elle limitative? Probablement puisque le législateur utilise une formulation différente de celle des articles précédents. Certains s'inquiètent d'une judiciarisation excessive des soins médicaux. La sauvegarde du principe de l'inviolabilité mérite pourtant que l'on supporte cet inconvénient.

La définition du contenu des «effets graves et permanents» suppose une confiance pleine et entière dans la profession médicale et l'acceptation d'une incertitude juridique.

40. Les règles applicables au mineur suggèrent quelques remarques générales. Le consentement aux soins participe de l'autorité parentale et des devoirs de garde et d'entretien qui en découlent, (art. 599). Les parents majeurs ou émancipés sont, de plein droit, tuteurs de leur enfant mineur, art. 192 al. 1; les principes généraux énoncés aux articles 12 et 13 s'appliquent. La distinction entre soins requis et non-requis est à retenir de même que la notion d'effets graves et permanents.

41. Le point le plus délicat touche la capacité des mineurs de consentir aux soins. À cet égard, le *Code civil* illustre un paradoxe certain. D'une part, la philosophie générale indique une volonté de permettre l'acquisition partielle et graduelle de l'exercice de la capacité. Citons, à titre d'exemple, l'émancipation, la communication des rapports d'administration, le consentement à l'adoption. D'autre part, le Code restreint l'exercice du consentement aux soins que lui reconnaissaient la *Loi sur la protection de la santé publique*[38] et la pratique. Considéré autrefois, à toute fin pratique, comme un majeur, le mineur de 14 ans et plus perd en autonomie ce que les parents récupèrent en autorité.

42. Envisageons la situation du *mineur de moins de 14 ans:*

1er si les soins sont *requis* par son état de santé, le consentement est donné par le titulaire de l'autorité parentale ou par le tuteur, art. 14. Nous partageons la réserve exprimée dans le commentaire:

> Avec l'introduction de la tutelle légale des père et mère, il y aura confusion dans la même personne, dans la plupart des cas, entre le tuteur et le titulaire de l'autorité parentale. Cependant, si l'autorité parentale et la tutelle reposent sur deux personnes différentes, l'intérêt de toutes deux à consentir ou à être informées est reconnu par cet article et les suivants[39].

L'article 186 accorde au tuteur à la personne l'autorité parentale à moins que le tribunal n'en décide autrement. Les articles 186 et 604 prévoient que tout conflit d'autorité trouve sa solution devant le tribunal. Celà fournit des arguments à ceux qui dénoncent une judiciarisation excessive des soins et des matières familiales. Convenons néanmoins que le risque de conflit entre tuteurs et parents, en matière de soins, reste mince et exceptionnel.

2e les soins sont *non requis,* ils présentent un risque sérieux *ou* peuvent causer des effets graves *et* permanents, le tuteur ou le titulaire de l'autorité parentale peuvent consentir. L'article 18 exige cependant l'autorisation du tribunal. Le problème en est un de qualification. Où classer l'orthodontie, la chirurgie esthétique, la vaccination etc.? Faut-il, dans tous ces cas, l'autorisation du tribunal? À moins que ce ne soient des soins requis par l'état de santé?

3e Le titulaire ou le tuteur refuse des soins *requis* par l'état de santé, l'article 16 renvoie au tribunal.

43. Le *mineur de 14 ans et plus* peut consentir seul aux *soins requis par son état de santé.* L'article 14 al. 2 lui conserve le «privilège», la capacité d'un majeur. Deux «légers» changements, par rapport à l'art. 42 de la *Loi sur la protection de la santé publique,* doivent être mentionnés. Le premier vise la qualification des soins: la loi ne distinguait pas explicitement entre soins requis et soins non-requis: elle reconnaissait au mineur de 14 ans et plus la capacité d'un majeur. En ce sens, l'art. 14 al.1 restreindrait le droit antérieur.

44. Le deuxième changement réfère aux soins prolongés. Si le mineur est hébergé dans un établissement de santé ou de services sociaux pendant plus de douze heures, le titulaire de l'autorité parentale ou le tuteur doivent être informés. À cet égard, rien de nouveau; le commentaire précise la nuance:

> Il modifie cependant le droit antérieur en n'obligeant plus le médecin ou l'établissement à aviser les titulaires de l'autorité parentale ou le tuteur lorsque l'adolescent est soumis à des *soins prolongés sans qu'il soit gardé par l'établissement* de santé ou de services sociaux[40].

La nécessité de traiter l'adolescent, en «particulier dans les cas de maladies vénériennes ou de narcomanie», de même que la protection de la vie privée et du secret professionnel, justifient cette modification. Notons qu'il s'agit de soins requis et que c'est une information qui est donnée au titulaire ou au tuteur et non une autorisation qui est demandée.

45. L'article 16 al. 2 enlève au mineur de 14 ans et plus le droit de refuser des soins requis par son état de santé. La disposition envisage deux hypothèses. Dans la première, le mineur refuse des soins requis: l'autorisation du tribunal sera nécessaire pour les lui prodiguer. Dans la deuxième, le mineur refuse mais il y a urgence, sa vie est en danger ou son intégrité est menacée: le consentement du titulaire de l'autorité parentale ou du tuteur suffira pour que ces soins lui soient administrés. Le mineur, même âgé de 14 ans et plus, ne jouit pas pleinement de l'exercice du droit à l'autodétermination. Son refus aurait dû être respecté, conformément à l'art. 13. L'introduction «de cette réserve opère une certaine conciliation entre les droits reconnus au mineur et les droits et devoirs des titulaires de l'autorité parentale ou du tuteur[41]».

46. Ces changements relatifs aux soins non-requis créeront quelques difficultés dans la pratique. La principale tient à l'absence de définition et de critères de qualification. En principe, le mineur de 14 ans et plus peut consentir seul aux soins non-requis par son état de santé. L'article 17 prévoit immédiatement des conditions, à la fois larges et floues, qui affaiblissent considérablement le principe. Le risque sérieux pour la santé ou les effets graves *et* permanents, rétablissent le consentement du titulaire de l'autorité parentale ou du tuteur et effacent la capacité.

47. La conjonction «*et*» entre «graves et permanents» alloue une faible marge de manœuvre. Le projet de loi utilisait «ou». Les effets doivent présenter les deux aspects; il faut prouver tant la gravité que la permanence. Un effet permanent s'identifie assez facilement: c'est généralement le but poursuivi par les soins, fussent-ils non requis. Comment et à partir de quels critères évaluer la gravité? Faut-il s'en remettre aux normes médicales objectives? Doit-on considérer des éléments subjectifs? Comment qualifier l'avortement, la contraception, l'orthodontie etc...? En voulant clarifier et préciser le droit antérieur, en voulant redonner aux parents une portion d'autorité perdue, le législateur complique considérablement l'administration des soins aux adolescents.

48. *Aliénation et utilisation des parties du corps*

Suite aux premières greffes cardiaques, le législateur avait introduit au *Code civil du Bas-Canada*, des dispositions sur les dons d'organes et les greffes (art. 18 et suivants). Le *Code civil du Québec* en contient également; il ajoute des restrictions justifiées par la nécessité d'accroître la protection de l'intégrité physique.

49. Les principes sont énoncés à l'art. 25 al. 1.: toute aliénation faite par une personne d'une partie ou de produits de son corps doit être *gratuite*. L'article consacre une règle absolue en droit à l'effet que le corps humain est hors commerce, dans son tout et dans ses composantes. L'ancien droit tolérait la vente de produits humains ou organes susceptibles de regénération.

L'article 25 al. 1 ajoute une autre limite: l'aliénation *ne* peut être répétée si elle présente un risque pour la santé. Le commentaire explique:

> Ces modifications, qui tiennent compte des développements de la pratique médicale, visent à établir de façon plus explicite que le corps humain n'est pas objet de commerce et à protéger certaines personnes dans le besoin contre un abus qui serait préjudiciable à leur santé[42].

S'il fallait déroger au principe de la gratuité, pour des raisons d'ordre public, il faudrait le faire dans une loi particulière.

50. La personne majeure, apte à consentir, peut aliéner entre vifs une partie de son corps, pourvu que la règle de propor-

tionnalité soit respectée. Le risque couru ne doit pas être hors de proportion avec le bienfait qu'on peut raisonnablement en espérer, art. 19 al. 1. Le bienfait peut être psychologique, comme celà est souvent le cas lors de greffes entre parents.

51. Sous réserve des conditions strictes, énoncées à l'art. 19 al. 2, les majeurs inaptes et les mineurs peuvent aliéner une partie de leur corps:

— celle-ci doit être susceptible de regénération[43];
— il ne doit pas en résulter un risque sérieux pour la santé;
— le consentement du titulaire de l'autorité parentale, mandataire, tuteur ou curateur est requis; *et*
— l'autorisation du tribunal est nécessaire.

Le commentaire précise l'intention du législateur:

> La disposition maintient donc la possibilité de dons d'organes et de tissus humains, mais resserre davantage les critères dans le cas des majeurs inaptes et des mineurs. Le droit fondamental à l'intégrité rend, en effet, nécessaire d'encadrer strictement les dons entre vifs d'organes et de tissus humains par des personnes inaptes à consentir ou qui n'ont pas la pleine capacité juridique[44].

La modification interdit le prélèvement d'un rein, par exemple, sur un mineur ou un majeur inapte.

52. L'article 22 permet l'utilisation d'organes, tissus ou autres substances, prélevés sur une personne dans le cadre de soins prodigués, pour servir à la recherche[45]. Le consentement de la personne doit être obtenu; si elle est mineure ou inapte, le consentement substitué suffit. L'article respecte la personne dans son intégralité, incluant sa vie privée. La disposition interdirait les tests «automatiques» faits hors la connaissance des patients, pour des fins de statistiques ou sous prétexte de planification administrative.

53. *Expérimentation*

Moyen évident, depuis des siècles, pour faire avancer la science, l'expérimentation doit être encadrée. Le *Code civil du Québec* y consacre quelques dispositions qui modifient et, parfois, restreignent le droit antérieur.

54. Le majeur apte à consentir peut se soumettre à une expérimentation pourvu que la règle de proportionnalité soit respectée. L'article 20 reprend substanciellement le droit antérieur et suggère quelques remarques:

1er le consentement doit être libre et éclairé. Parce qu'il s'agit d'expérimentation, l'on exige une information encore plus complète, si celà est possible, que pour des soins;

2e le moment où le consentement est donné soulève des interrogations quant à sa validité. Pensons aux recherches en psychiâtrie ou en cardiologie alors que le patient n'est pas dans sa meilleure forme!

3e L'article utilise l'expression «qu'on peut raisonnablement en espérer». Le pronom indéfini réfère-t-il au patient, au chercheur ou à la société? Le sens de l'article suggère que le critère de proportionnalité s'applique à la personne sur laquelle la recherche se réalise.

55. L'expérimentation sur les mineurs et les majeurs inaptes est interdite sauf à certaines conditions, art. 21. Le code distingue entre la recherche sur une personne unique et celle sur un groupe de personnes. La première est moins fréquente que la seconde, le grand nombre servant à valider les données recueillies.

56. L'expérimentation sur la personne inapte doit répondre aux conditions suivantes:

— ne présenter aucun risque sérieux pour la santé;
— l'absence d'opposition lorsque la personne comprend la nature et les conséquences de l'acte. Il faut fournir des informations complètes, «à son niveau», et s'assurer qu'elles ont été comprises. Si la personne exprime une opposition, celle-ci doit être respectée, art. 21 al. 1;
— le consentement du titulaire de l'autorité parentale ou du tiers autorisé par la loi est requis;
— il faut espérer, de l'expérimentation, un bénéfice pour la personne *elle-même*, art. 21 al. 2. Ce critère remplace celui de la proportionnalité. Il semble plus rigoureux puisque l'élément «risque» en est écarté: «De plus le simple critère de proportionnalité risque-bénéfice est remplacé par un bénéfice pour la santé de la personne concernée[46].»

Le souci du législateur de protéger les personnes vulnérables, dans leur autonomie et leur intégrité, transparaît dans ces dispositions.

57. Généralement, l'expérimentation et la recherche s'exécutent sur des groupes de personnes. Les protocoles sont conçus dans ce sens afin d'assurer la crédibilité des résultats. L'article 21 al. 3 introduit la possibilité d'expérimenter sur les mineurs et les majeurs inaptes, afin d'encourager la découverte de cures aux maladies qui attaquent précisément ces groupes: leucémie chez les enfants, Alzheimer chez les adultes par exemple. Il ne s'agit pas, en dépit des bonnes intentions et sous prétexte d'inaptitude, de transformer ces personnes en animaux de laboratoire! Le code encadre ces expérimentations de façon stricte et les soumet à des conditions rigoureuses.

58. 1er La recherche ou l'expérimentation sur les incapables doit être effectuée dans le cadre d'un projet (ou protocole) de recherche.

2e　Le projet de recherche doit être approuvé par le Ministre de Santé et des Services Sociaux. Certains auraient souhaité, au nom de la cohérence et de l'uniformité, que l'autorisation relève du tribunal. D'autres auraient préféré l'intervention du Ministre de la justice. D'autres enfin, estiment que cette procédure offre des garanties très relatives si elle se transforme en simple formalité administrative, sans contrôle véritable de contenu.

3e　Le Ministre prend l'avis d'un comité d'éthique du centre hospitalier qu'il désigne ou d'un comité d'éthique créé par lui à cette fin. La mesure vise l'évaluation indépendante. Celle-ci peut être réalisée:

— par le comité d'éthique de la recherche du centre hospitalier où se déroulera la recherche; ou
— par le comité d'éthique de la recherche d'un autre centre hospitalier auquel le ministre s'adresse; ou
— par un comité d'éthique créé spécialement à cette fin par le ministre.

Les comités d'éthique qui travaillent dans l'ombre depuis plusieurs années, font une entrée (officielle) dans le droit. La pertinence de cette évolution et leur composition pourraient alimenter des discussions animées. Qu'il suffise de mentionner que ces comités, d'éthique clinique ou de recherche, n'ont jamais été et ne sont pas des organismes de sanction ou de contrôle. Le respect de la personne inspire leurs travaux. Ils servent de lieu de réflexion, ils émettent des suggestions et, parfois, élaborent des politiques[47].

4e L'espoir d'un bénéfice pour la santé des personnes présentant les mêmes caractéristiques d'âge, de maladie ou de handicap que les personnes soumises à l'expérimentation est essentiel. Le bénéfice escompté s'adresse à la collectivité future et non au sujet immédiat de la recherche. L'article ne le mentionne pas expressément mais un consentement doit être obtenu, de la personne ou d'un tiers, pour que le patient soit intégré au protocole de recherche.

59. Les *soins innovateurs*, précise l'article 21 al. 4, ne sont pas de l'expérimentation: «Ne constituent pas une expérimentation les soins que le comité d'éthique du centre hospitalier concerné considère comme des soins innovateurs qui sont requis par l'état de santé de la personne qui s'y soumet.» Qu'est-ce qu'un soin innovateur? Le commentaire, à cet égard, est tout à fait illuminant: (!)

Sans définir ce qu'est une expérimentation, il précise que les soins innovateurs n'en constituent pas une, tout en laissant au comité d'éthique du centre hospitalier concerné la responsabilité de déterminer ce qui constitue des soins innovateurs requis par l'état de santé de la personne qui s'y soumet, plutôt qu'une expérimentation. Ainsi seront plus adéquatement protégés les mineurs et les majeurs inaptes[48].

Tentons quelques observations:

— en matière de soins innovateurs, le patient n'est pas partie à un protocole de recherche;
— le concept serait inspiré du décret d'application de la loi française sur la protection des humains qui se soumettent à une expérimentation[49];
— les soins innovateurs seraient une forme de recherche à des fins strictement individuelles et thérapeutiques, pour améliorer le mieux-être du patient, voir guérir celui-ci;
— la responsabilité confiée au comité d'éthique soulève des interrogations:

• est-ce le comité d'éthique clinique ou le comité d'éthique de la recherche qui se prononce? Probablement le premier parce qu'il s'agit d'un cas individuel;
• comment s'assurer de l'interprétation uniforme, par tous les comités, de la nature des soins innovateurs?
• les membres de ces comités engagent-ils leur responsabilité personnelle[50]?

Les tribunaux, on le devine, devront répondre à quelques-unes d'entre elles...

60. L'expérimentation ne doit donner lieu à aucune contrepartie financière hormis le versement d'une indemnité en compensation des pertes subies, art. 25 al. 2. Conforme à la pratique, cette règle manifeste un réalisme nécessaire. Certaines recherches ne sauraient être réalisées sans contre-partie pour les frais encourus par les sujets. Une société doit néanmoins refuser d'encourager la profession de «cobaye professionnel.» La non-commercialité du corps humain et le respect de la personne l'exigent.

61. *Formalités et procédure*

Le consentement est exprimé verbalement en situation d'urgence. L'article 24 exige un écrit lorsque les soins ne sont pas requis par l'état de santé, lorsqu'il porte sur l'aliénation d'une partie du corps ou sur l'expérimentation. La révocation peut toujours se faire verbalement. La pratique hospitalière fonctionne essentiellement avec des écrits; cet article n'innove pas.

62. Le rôle du juge est étendu. Appelé à statuer sur une demande relative aux soins, sur l'aliénation d'une partie du corps ou sur une expérimentation, le juge prend l'avis d'experts, du titulaire de l'autorité parentale, du mandataire, tuteur, curateur et du conseil de tutelle. L'article 23 al. 1 lui permet de prendre l'avis de toute personne qui manifeste un intérêt particulier pour la personne concernée. Le commentaire précise que celà peut viser les proches, les membres d'association, parrains civils, travailleurs en milieux sociaux ou curateur public. Cette interprétation inquiète: n'ouvre-t-elle pas la porte «aux étrangers» qui se croiraient autorisés d'intervenir dans un dossier strictement privé? La chose s'est produite dans l'affaire *Daigle* c. *Tremblay*[51]; certaines associations d'handicapés

auraient voulu prendre fait et cause dans celle de *Nancy B.*[52]. Le juge *peut* prendre l'avis des personnes mentionnées à l'art 23: rien ne l'y oblige.

63. L'article 23 al. 2 déclare que le juge est *tenu*, lorsque celà est possible, de recueillir l'avis de la personne concernée par la demande. De plus, il a l'obligation de respecter son refus, sauf s'il s'agit de soins requis par l'état de santé. Cette mesure s'inscrit dans la philosophie qui a guidé la réforme de la curatelle publique et la protection des inaptes, en 1989. La personne inapte peut avoir des motifs valables pour refuser des soins; on doit lui offrir l'opportunité d'exprimer ce refus, lequel, s'il n'est pas déraisonnable, doit être respecté.

64. Le *Loi sur l'application de la réforme du Code civil*[53] amende l'article 12 du Code de procédure civile. À la liste des affaires urgentes qui doivent être entendues en tout temps, s'ajoutent «les demandes relatives à la personne». L'art. 777 *C.p.c.* prévoit désormais:

> Les demandes relatives à l'intégrité de la personne ont préséance sur toute autre, à l'exception des demandes en *habeas corpus*, tant en première instance qu'en appel.

Ces modifications parlent d'elles-mêmes et n'appellent aucun commentaire.

65. Les nouveaux articles 776 à 779 *C.p.c.*, tels qu'adoptés dans la Loi sur l'application, décrivent la procédure. Toutes les demandes concernant l'intégrité de la personne sont introduites par *requête*. En aucun cas ces demandes seront entendues par le greffier spécial.

Sont joints à la demande: l'avis du conseil de tutelle, l'avis d'au moins un expert concernant la personne visée, art. 776 al. 2 *C.p.c.* L'article 778 donne la liste des personnes à qui la demande (relative aux soins, à l'aliénation et à l'expérimentation) doit être signifiée:

— au titulaire de l'autorité parentale, tuteur, curateur, mandataire;
— au curateur public s'il s'agit d'un majeur inapte sans mandataire ou régime de protection;
— à la personne concernée si elle est âgée de 14 ans et plus.

Dans ce cas, l'art. 135.1 *C.p.c.* exige que la signification soit faite à personne.

66. Le jugement qui autorise un examen, le traitement, le prélèvement ou l'expérimentation est valide pour six mois, c'est-à-dire, il faut y donner suite durant cette période, après quoi il devient caduc, art. 779 al. 1 *C.p.c.* Le juge, exerçant en son bureau, peut fixer un autre délai. Il détermine également les conditions ou les modalités pour se prévaloir de l'autorisation demandée, art. 779 al. 2 *C.p.c.*

67. L'article 785 *C.p.c.* régit l'appel. Un jugement qui accueille une demande d'autorisation touchant l'intégrité de la personne ne prend effet qu'à l'expiration d'un délai de *cinq jours*. Deux exceptions sont prévues:

1er la personne ou son procureur produit au dossier une déclaration indiquant qu'aucun appel ne sera interjeté;

2e le juge ou le tribunal, se fondant sur l'art. 775 *C.p.c.*, abrège le délai parce qu'il s'agit d'un cas d'urgence.

L'appel est soumis aux règles de l'art. 859 *C.p.c.* en faisant les adaptations nécessaires, art. 786 *C.p.c.*

Section II   De la garde en établissement et de l'examen psychiatrique

68. La garde en établissement et l'examen psychiatrique présentent une facette exceptionnelle des soins, laquelle justifie un «traitement» particulier de la part du législateur. Les articles 26 à 31 *C.C.Q.* sont tirés de la *Loi sur la protection du malade mental*[54] dont les articles 14 à 20 sont abrogés. L'on s'interroge sur la pertinence de cette démarche qui a le mérite de la cohérence, sous l'angle du *Code civil*, mais le désavantage de «semer», dans plusieurs textes, les dispositions applicables au malade mental. La garde et l'examen privent la personne de sa liberté physique et lui imposent un examen en violation des droits à l'intégrité et à l'inviolabilité. Il convient d'encadrer rigoureusement ces interventions et d'en garantir la légalité par l'omniprésence du tribunal, gardien des libertés fondamentales. Soulignons l'importance accordée au consentement, au droit à l'information ainsi qu'à la protection privilégiée des renseignements et des communications.

69. L'article 26 al. 1 énonce le principe: «nul ne peut être gardé dans un établissement de santé ou de services sociaux, en vue d'un examen psychiatrique, ou à la suite d'un rapport d'examen psychiatrique, sans son consentement ou sans que la loi ou le tribunal l'autorise». La validité du consentement se discute. Comme pour les soins, il doit être libre et éclairé mais l'état de la personne en complique l'appréciation. Sans présumer qu'il est automatiquement invalide l'on devra, chaque fois, s'interroger.

70. Si la personne ne peut donner son consentement, l'art. 26 al. 2 prévoit le consentement substitué *limité*. Le titulaire de l'autorité parentale (dans le cas du mineur), le mandataire, le tuteur ou le curateur donne l'autorisation. Celle-ci est reçue uniquement en *l'absence d'opposition* de la personne concernée. Même si la validité du consentement se révèle douteuse, les droits à l'opposition et au refus sont maintenus. Ce qui entraîne, nécessairement, l'intervention du tribunal qui ordonne l'examen ou la garde.

71. La preuve du danger et de l'urgence est requise. Le danger est *imminent*, en cas d'urgence: la personne peut être admise sous garde sans l'autorisation du tribunal. Cette solution se conforme aux lois relatives à la protection des personnes souffrant de maladie mentale, art. 27 al. 2. La situation de crise appelle des mesures exceptionnelles. Le danger est *appréhendé*, il n'y a pas d'urgence: le tribunal doit intervenir. L'article 27 énumère les conditions:

— un médecin ou un intéressé (qui n'est pas précisé) peut présenter la demande;
— il y a absence de consentement de la personne ou la validité du consentement est douteuse.

La preuve doit convaincre le tribunal qu'il existe des «motifs sérieux de croire que la personne représente un danger pour elle-même ou pour autrui en raison de son état mental...», art. 27 al. 1. L'urgence n'est pas immédiate, mais à craindre; le «motif sérieux» dépasse le doute ou la simple appréhension. C'est ce que laisse entendre le commentaire:

Vu la gravité de cette atteinte à l'inviolabilité d'une personne, même si c'est dans le but de protéger son intégrité, l'autorisation du tribunal est requise et la demande, si elle est refusée, ne peut être renouvelée que si d'autres faits sont allégués[55].

Si la preuve est insatisfaisante, le tribunal rejette la demande.

72. La preuve de «dangerosité» établie, le tribunal *ordonne*, même en l'absence de consentement, que la personne soit gardée dans un établissement pour y subir un examen psychiatrique. L'ordonnance présente un caractère temporaire puisque le juge évalue de nouveau la situation, sept jours plus tard, lors de la présentation du rapport. En conséquence, le juge ordonne que ce rapport lui soit remis dans les sept jours et il autorise tout autre examen selon les circonstances, art. 28.

73. L'article 29 énumère les informations communiquées au juge par le médecin:

— la nécessité de la garde en établissement;
— la dangerosité de la personne, pour elle-même ou pour autrui, en raison de son état mental;
— l'aptitude de la personne à prendre soin d'elle-même ou à administrer ses biens;
— l'opportunité d'ouvrir un régime de protection.

Le commentaire expose à cet égard:

De fait, le principal changement par rapport au droit antérieur s'est opéré par l'adoption, dans le chapitre 54 de 1989, des dispositions relatives aux régimes de protection des majeurs inaptes à prendre soin d'eux-mêmes ou à administrer leurs biens. Ces dispositions ont changé radicalement l'effet civil du rapport d'examen psychiatrique qui, auparavant, supprimait temporairement, par simple transmission au curateur public, la capacité juridique de la personne concernée[56].

74. La confidentialité du rapport est assurée par l'art. 28 al. 2. Seul le tribunal peut en autoriser la divulgation aux personnes autres que les parties. Cette disposition se conforme aux lois protégeant la confidentialité des dossiers médicaux et des informations qu'ils contiennent[57]. Elle est cohérente avec les articles 35 à 41 qui seront vus plus loin.

75. Le rapport conclut à la nécessité de garder la personne en établissement et celle-ci s'oppose. L'article 30 prévoit que la

garde ne sera possible qu'avec l'autorisation du tribunal. De plus, celà est fondamental, le tribunal *fixe la durée* de cette garde. L'art. 30 al. 2 ajoute que, même si le délai n'est pas expiré, la personne doit être libérée dès que la garde n'est plus justifiée. Il y aurait, alors, ouverture au bref d'*habeas corpus*:

La garde d'une personne par un établissement de santé ou de services sociaux contre son gré, même si cette personne représente un danger pour elle-même ou autrui en raison de son état mental, est une exception au principe fondamental de la liberté. Il est donc essentiel d'en limiter la durée[58].

76. Conformément à la réforme de 1989 sur la protection des inaptes, l'art. 31 reconnaît le droit à l'information de la personne gardée en établissement. Le plan de soins établi à son égard doit lui être communiqué, ainsi que de tout changement important dans ce plan ou dans ses conditions de vie. S'il s'agit d'un mineur de moins de 14 ans ou d'un majeur inapte, ces informations sont transmises à la personne qui peut consentir pour elle:

...il [l'article] permet aux autres personnes de mieux exercer leurs responsabilités relativement aux consentements et avis qu'elles peuvent être appelées à donner en vertu de ce chapitre ou relativement au bien-être de la personne qu'elles sont chargées de représenter[59].

77. L'article 36.2 *C.p.c.* confère, à la Cour du Québec, juridiction exclusive sur *toute* «demande pour faire subir un examen psychiatrique à une personne qui le refuse ou pour qu'elle soit gardée contre son gré dans un établissement.» En cas d'urgence, la demande peut être portée devant un juge de la Cour municipale de Montréal, Laval ou Québec. Cette disposition est calquée sur la *Loi sur la protection du malade mental.* Certains auraient préféré, dans un objectif de cohérence et d'uniformité, l'attribution de juridiction à la Cour supérieure.

78. La demande est entendue le jour de sa présentation, à moins que le tribunal ou le juge n'en décide autrement, art. 780 *C.p.c.* La demande sera signifiée au moins un jour franc avant sa présentation:

— à la personne qui refuse l'examen ou la garde. Le tribunal peut dispenser de la signification «s'il considère que cela serait nuisible à la santé ou à la sécurité de cette personne ou d'autrui ou s'il y a urgence, art. 781 al. 3 *C.p.c.*;

— à une personne raisonnable de la famille ou au titulaire de l'autorité parentale ou au représentant, personne intéressée ou curateur public, art. 781 al. 2 *C.p.c.*

79. La personne concernée doit avoir l'occasion d'être entendue. Le droit à l'audition, reconnu lors de la réforme de 1989 sur la protection des inaptes, est confirmé en matière de garde et d'examen, avec quelques accommodements nécessaires. Le principe est énoncé à l'art. 782 al. 1 *C.p.c.*: «le tribunal ou le juge est *tenu* d'interroger la personne concernée par la demande[60]...». Le même article énumère les exceptions; la personne concernée ne sera pas interrogée:

— si elle est introuvable ou en fuite;
— si la démarche est inutile compte tenu de son état de santé;
— s'il y a urgence (lorsque la demande porte sur l'examen);
— si l'audition s'avérait nuisible à la santé ou à la sécurité de cette personne ou d'autrui.

Faut-il s'inquiéter des exceptions qui risquent d'entraîner la caducité du principe?

80. Encore plus étonnante est la mesure prévue à l'alinéa 2 de l'art. 782: «la personne peut toujours être interrogée par un juge du district où elle se trouve, même si la demande est introduite dans un autre district»[61]. Le choix se posait entre une audition «imparfaite», le juge qui entend n'est pas celui qui décide, et l'absence d'audition. Entre l'imperfection et le néant, le législateur retient la première. La dernière phrase de l'article ajoute une protection: «Cet interrogatoire est pris par écrit et communiqué sans délai au tribunal saisi.»

81. Le jugement qui émet une ordonnance d'examen peut également ordonner la garde. La personne est alors *confiée* à l'établissement de santé ou de services sociaux soit pour subir un examen, soit pour y être gardée, soit les deux. Le jugement est *notifié* — nouvelle forme de communication prévue aux articles 146.1 suiv. *C.p.c.* — aux personnes à qui la demande a été signifiée. L'article 783 al. 2 *C.p.c.* qui le prévoit, renvoie à l'art. 781 al. 2 *C.p.c.* Le jugement peut être exécuté par un agent de la paix.

82. Le greffier transmet une copie du jugement à la Commission des affaires sociales, art. 784 *C.p.c.* En vertu du mandat confié à celle-ci par la *Loi sur la protection du malade mental,* la Commission a l'obligation de reviser, à période fixe et déterminée, les dossiers des personnes gardées en établissement. En exécutant son mandat de revision, la Commission pourrait «renverser» une décision de la Cour d'appel. Il n'y a pas lieu de s'en inquiéter; la décision de la Commission serait alors fondée sur une situation de fait qui aurait évolué ou changé complètement.

83. Le délai d'appel des décisions touchant l'intégrité de la personne est de cinq jours, art. 785 al. 1. Le jugement, en théorie, prend effet à l'expiration de ce délai. L'ordonnance de garde pour fin d'examen, ou à la suite d'un rapport d'examen, est néanmoins exécutoire *immédiatement.* L'art. 785 al. 2 *C.p.c.* crée une exception à l'exception «un juge de la Cour d'appel peut suspendre l'exécution de ce jugement s'il l'estime nécessaire dans l'intérêt de la justice.»

84. L'analogie avec l'*habeas corpus* est clairement établie à l'art. 786 *C.p.c.* qui renvoie à l'art. 858 *C.p.c.* lequel se lira ainsi:

> Le tribunal peut ordonner la libération provisoire de la personne gardée, aux conditions qu'il détermine, s'il estime que les fins de la justice seront mieux servies.

Chapitre deuxième: Du respect des droits de l'enfant

85. Ce chapitre reproduit en substance les principes énoncés au *Code civil du Bas-Canada.* Ils s'inspirent de la Déclaration des droits de l'enfant des Nations-Unies[62] et tiennent compte de la Convention relative aux droits de l'enfant[63]. Le Code intègre des énoncés de la *Loi sur la protection de la jeunesse*[64], confirmés par une jurisprudence constante qui les a précisés et nuancés.

86. L'analyse des droits de l'enfant amènerait un long développement qu'il n'est pas opportun de faire ici. L'étude des documents mentionnés ci-haut serait essentielle ainsi que celle de la doctrine, abondante, et de la jurisprudence qui l'est tout autant.

Celle-ci continuera de s'appliquer: les changements apportés par le nouveau code ne font qu'étendre et reformuler les droits existants.

87. L'article 32 énumère les droits fondamentaux de l'enfant. Ce sont: le «droit à la protection, à la sécurité et à l'attention que ses parents ou les personnes qui en tiennent lieu peuvent lui donner.» L'énumération n'est pas exhaustive; d'autres droits, énoncés ailleurs dans le *Code civil* (tutelle, autorité parentale, nom etc.) et dans des lois particulières, la complètent.

88. L'*intérêt de l'enfant*, considéré dans le respect de ses droits, se situe au cœur de toutes les décisions qui le concernent. L'article 33 al. 1 reformule l'ancien art. 30 *C.c.B.C.* Le contenu de la notion d'intérêt, graduellement précisé dans la jurisprudence, est reprise pour l'essentiel dans le second aliéna de l'article. «Sont pris en considération, outre les besoins moraux, intellectuels, affectifs et physiques de l'enfant, son âge, sa santé, son caractère, son milieu familial et les autres aspects de sa situation.» L'énumération, indicative et non limitative, s'inspire des décisions rendues en la matière[65].

89. L'article 34 affirme: «Le tribunal doit, chaque fois qu'il est saisi d'une demande mettant en jeu l'intérêt de l'enfant, lui donner la possibilité d'être entendu si son âge et son discernement le permettent.» Le commentaire note que l'article «*impose* au tribunal l'obligation de donner la possibilité à l'enfant d'être entendu, mais limite cette obligation aux cas où l'âge et le discernement de l'enfant le permettent[66]». Certains jugent ce devoir excessif et auraient préféré s'en remettre à la discrétion du tribunal. Le commentaire précise que la disposition se distingue des articles 816 à 816.1 *C.p.c.* qui gouvernent le droit à la représentation de l'enfant, lorsque cela est nécessaire pour assurer la sauvegarde de ses droits. Ce qui amène l'étude des modifications apportées par la loi d'application.

90. *De la représentation et de l'audition d'un mineur ou d'un majeur inapte*

Les articles 816 et suiv. *C.p.c.* sont abrogés et remplacés par les articles 394.1 et suiv. *C.p.c.* La réforme de 1989 sur la protection des majeurs inaptes, a consacré le droit à l'audition et à l'information[67]. La section «des soins» respecte le droit, limité

selon l'état de santé, à l'autodétermination. Les articles 391.1 et
suiv. *C.p.c.* organisent la représentation du mineur *et du majeur
inapte*. Ils s'appliquent à l'instance et accordent au juge une très
grande discrétion.

91. Le principe de l'art. 394.1 *C.p.c.* veut que si l'intérêt d'un
mineur ou d'un majeur inapte est en jeu et s'il est nécessaire
qu'il soit représenté pour assurer la sauvegarde de cet intérêt, le
tribunal *peut*, d'office, ajourner l'instruction de la demande
jusqu'à ce qu'un procureur soit chargé de le représenter. La loi
utilise l'expression «qu'il *estime* inapte», insistant sur l'existence de ce droit, même et surtout, lorsque l'inaptitude n'a pas
été constatée par jugement, c'est-à-dire, en l'absence d'un
régime de protection. Cette affirmation se vérifie à l'art. 878.1
C.p.c., sur le conseil de tutelle: «Les règles relatives à la représentation et à l'audition d'un mineur ou d'un majeur inapte
s'appliquent, lorsque dans une instance, le greffier ou le juge
constate que cela est nécessaire pour assurer la sauvegarde des
droits d'un majeur inapte à prendre soin de lui-même ou à
administrer ses biens.» Afin d'assurer la représentation, le juge
peut rendre toute ordonnance utile, notamment «sur la fixation
des honoraires payables à son procureur et déterminer à qui en
incombera le paiement», art. 394.1 al. 2. Il se prononcera
éventuellement «sur les dépens relatifs à la représentation par
procureur d'un mineur ou d'un majeur qu'il estime inapte», art.
478.1 *C.p.c.*

92. Le juge peut ajourner l'instruction pour permettre la constitution de procureur. Il *doit* le faire dans tous les cas où l'intérêt
d'un mineur ou d'un majeur inapte est opposé à celui de son
représentant légal, art. 394.2 *C.p.c.* Dans cette hypothèse, le
juge désigne un tuteur ou un curateur ad hoc.

93. La représentation formelle n'est pas toujours utile ou souhaitable. L'article 394.3 *C.p.c.* prévoit qu'à l'audition, un
mineur ou un inapte peut être accompagné d'une personne qui
l'assiste ou le rassure. Une présence sympathique suffit lorsque
le but poursuivi vise la connaissance des désirs et des volontés
de l'incapable.

94. L'article 394.4 étend le droit actuel au majeur inapte. Pour
échapper aux influences indues, le tribunal peut interroger le
mineur et le majeur inapte «hors la présence des parties après

avoir avisé celles-ci». La déposition est prise en sténographie
ou enregistrée; «le procès-verbal de la déposition, une traduction des notes sténographiques ou une copie de l'enregistrement
leur est transmis sur demande».

95. L'article 70.2 *C.p.c.* démontre une certaine «souplesse»
quant au lieu de l'audition. L'article 394.5 y ajoute: «Lorsque
l'intérêt d'un mineur ou d'un majeur qu'il estime inapte l'exige,
le tribunal, après en avoir avisé toutes les parties, l'entend soit
au lieu où il réside ou à celui où il est gardé, soit en tout autre
lieu qui lui paraît approprié.» Le témoignage des personnes
vulnérables, recueilli hors cour, traduit la compassion et le
réalisme du législateur. Le choix de «tout autre lieu», laissé à
la discrétion du juge, soulève une inquiétude surtout en matière
de témoignage d'enfants. Un endroit familier et «décontracté»
incite, il est vrai, aux confidences, mais un certain formalisme
assure la crédibilité et l'impartialité de l'administration de la
justice. Il faut s'en remettre au discernement et à la sagesse des
juges dont l'imagination est, parfois, étonnante...!

Chapitre troisième: Du respect de la réputation et de la vie privée

96. Le droit à la vie privée et à la réputation fut consacré bien
avant l'adoption des Chartes. Qualifié par la doctrine de droit
primordial, elle leur vouait le même respect qu'à la personne.
Les tribunaux en fixaient le contenu et sanctionnaient sa violation[68]. La réputation fut d'abord protégée par le droit criminel,
et depuis, nombreuses sont les décisions qui accordent des
dommages-intérêts réparateurs[69] auxquels s'ajoutent les dommages exemplaires aux conditions prévues par la Charte.

97. Devant les atteintes répétées, la nécessité d'une reconnaissance explicite s'est faite pressante. Les articles 4 et 5 de la
Charte des droits et libertés protègent formellement les droits
à la dignité, à l'honneur, à la réputation et au respect de la vie
privée. La *Loi sur l'accès aux documents des organismes
publics et sur la protection des renseignements personnels*
s'inscrit dans ce mouvement[70]. Le *Code civil* aménage partiellement leur protection. L'article 3 déclare que toute personne est
titulaire de droits de la personnalité dont: l'inviolabilité de sa

réputation et de sa vie privée. Les articles 35 à 41 les actualisent et prescrivent les modalités.

98. Si tous sont pour la vertu, encore faut-il lui donner des dents (!!) pour garantir sa défense. Le reproche adressé au *Code civil* visait justement l'absence de sanction. En décembre 1992, le Projet de loi 68 déposé devant l'Assemblée nationale, porte *sur la protection des renseignements personnels dans le secteur privé*[71]. L'article 1 al. 1 indique l'objectif: établir, «pour l'exercice des droits conférés par les articles 35 à 41 du *Code civil du Québec* en matière de protection des renseignements personnels, des règles particulières à l'égard des renseignements personnels sur autrui qu'une personne recueille, détient, utilise ou communique à des tiers à l'occasion de l'exploitation d'une entreprise au sens de l'article 1525 du *Code civil du Québec*». Est personnel, tout renseignement qui concerne une personne physique et permet de l'identifier, art. 2. La loi s'applique sans distinguer le support ou la forme sous laquelle un renseignement est accessible: écrite, graphique, sonore, visuelle, informatisée ou autre, art. 1 al. 2. Y sont soumis ceux qui exploitent une entreprise.

99. L'article 35 *C.c.Q.* reprend le principe: «Toute personne a droit au respect de sa réputation et de sa vie privée.» Les atteintes sont tolérées si la personne elle-même ou ses héritiers y consentent ou si la loi l'autorise. Il s'agit d'une première limite, ou exception, au principe fondamental qui en connaîtra bien d'autres.

100. Le droit inclut les héritiers qui continuent la personne du défunt. La réputation et la vie privée appartiennent au «patrimoine familial» dont la sauvegarde s'étend au-delà du décès. Les héritiers pourront réclamer la compensation exigible par le défunt, en cas d'atteinte avant sa mort: c'est le droit commun. La disposition va plus loin: elle accorde aux héritiers le droit de refuser ces atteintes au nom du défunt, dans l'intérêt de celui-ci mais aussi, par ricochet, dans leur propre intérêt. En ce sens, l'article 35 aurait une portée suffisamment large pour inclure, dans la protection accordée à la personne, celle de ses proches et de son entourage immédiat, dans le mesure où les héritiers appartiennent au «cercle de famille».

101. Pour illustrer le principe, l'article 36 propose une liste non-exhaustive d'atteintes illicites. Peuvent être notamment considérés comme des atteintes illicites à la vie privée d'une personne, les actes suivants:

1er pénétrer chez elle ou y prendre quoique ce soit;
— ces actes constituent à la limite des offenses criminelles;

2e intercepter ou utiliser volontairement une communication privée;
— la difficulté consiste à tracer la ligne entre: privé et public ou quasi-public. Les tribunaux, à partir des circonstances, préciseront;

3e capter ou utiliser son image ou sa voix lorsqu'elle se trouve dans des lieux privés;
— une demeure officielle est-elle un lieu privé? qu'en est-il d'une chambre d'hôtel...?

4e surveiller sa vie privée par quelque moyen que ce soit;
— les critères énoncés dans l'affaire *Reiboro* et appliqués depuis, serviront-ils? Une personne politique, une vedette sportive ont-elles «moins» de vie privée que le simple *quidam*?

5e utiliser son nom, son image, sa ressemblance ou sa voix à toute autre fin que l'information légitime du public;
— les imitations, les spectacles humoristiques, donneront-ils ouverture à des recours?
— que signifie «information légitime»? l'état de santé d'une personne politique? ses écarts de conduite? l'état de son portefeuille?

6e utiliser sa correspondance, ses manuscrits ou ses autres documents personnels;
— le rôle des héritiers prend ici son importance.

La portée réelle de cette disposition sera précisée et la jurisprudence antérieure inspirera, sans doute, les juges. Pour paraphraser le commentaire, ces comportements qui relevaient autrefois de la discrétion et des bonnes manières «constituent, à première vue, des atteintes à la vie privée, seule l'appréciation des circonstances pourra permettre de conclure ou non à une atteinte[72]».

102. La constitution de dossier est régie par le code. Chaque personne «existe» sur des centaines de «puces», dans des dizaines d'ordinateurs. Sous réserve d'une panne électrique majeure, c'est un aperçu de l'éternité! L'article 37 tente, on le suppose, de limiter les dégâts en créant des obligations pour le détenteur de dossier[73]. Celui qui en constitue un doit justifier d'un intérêt sérieux et légitime à le faire[74]. Sans préciser «un intérêt sérieux et légitime», le commentaire réfère à la «pertinence eu égard à l'objet déclaré du dossier[75].

103. Le «créateur» d'un dossier ne peut recueillir que les renseignements pertinents à l'objet déclaré de celui-ci, art. 37 *C.c.Q.*; ils doivent être recueillis par des moyens licites, art. 5 al. 2 P.L. 68[76]. Interdiction est faite de communiquer cette information à des tiers ou d'en faire une utilisation incompatible avec l'objet de sa constitution[77]. Interdiction est également faite, dans la constitution ou l'utilisation du dossier, de porter autrement atteinte à la vie privée de l'intéressé ni à sa réputation[78]. L'article 37 *C.c.Q.* prévoit des exceptions: les renseignements colligés seront communiqués à des tiers si l'intéressé y consent ou si la loi l'autorise. À l'égard de la constitution et de l'utilisation, «l'article prévoit une obligation de comportement[79]».

104. Le détenteur du dossier ne peut refuser l'accès aux renseignements qu'il contient à la personne qui en est l'objet. Cette obligation, imposée par l'art. 39, souffre deux exceptions importantes. Le détenteur peut refuser l'accès, s'il justifie d'un intérêt sérieux et légitime dont l'appréciation est laissée à sa discrétion, sous réserve des articles 33 et suiv. du P.L. 68[80]. La seconde exception protège la vie privée des tiers: le détenteur peut refuser l'accès si les renseignements contenus dans le dossier sont susceptibles de nuire à des tiers[81]:

> Il était nécessaire de limiter, en certains cas, l'accès du demandeur à son dossier surtout pour protéger la vie privée des tiers qui peuvent être concernés par l'ensemble ou une partie du dossier; l'accès illimité au dossier pourrait aussi entraîner un préjudice plus considérable au détenteur du dossier et l'empêcher d'atteindre un objectif tout à fait légitime[82].

En cas de conflit, l'art. 41 *C.c.Q.* renvoie le tout au tribunal, lorsque la loi est silencieuse[83].

105. Aux obligations du détenteur, correspondent des droits pour la personne, «objet» du dossier. L'article 38 *C.c.Q.* accorde à la «victime»:

— le droit de consulter gratuitement son dossier;
— le droit de faire rectifier, gratuitement, une erreur[84];
— le droit de reproduction à un coût raisonnable;
— le droit d'obtenir une transcription intelligible des informations contenues dans ce dossier;
— le droit de faire corriger des renseignements inexacts, incomplets ou équivoques, art. 40;
— le droit de faire supprimer un renseignement périmé ou non justifié;
— le droit de formuler des commentaires écrits et de les verser à son dossier.

Ces droits sont exercés conformément aux dispositions des autres lois et sous réserve des restrictions énoncées précédemment.

106. Aux termes de l'art. 40 al. 2, la rectification doit être «notifiée, sans délai, à toute personne qui a reçu les renseignements dans les six mois précédents, et, le cas échéant, à la personne de qui elle les tient.» Le commentaire précise que l'obligation d'informer les utilisateurs antérieurs repose sur le détenteur du dossier[85]. La notification, mode nouveau de communication prévu à l'art. 146.1 *C.p.c.*, peut se faire, notamment, par courrier électronique. La notification des corrections vise à réparer le préjudice subi par la personne, sujet du dossier, en raison de la transmission de renseignements inexacts, incomplets ou équivoques[86].

107. L'article 41 confie au tribunal le rôle de déterminer, sur demande, les conditions et modalités de consultation et de rectification d'un dossier lorsque la loi n'en prévoit pas. Le tribunal statue en cas de difficulté dans l'exercice de ces droits. Le projet de loi 68 accorde juridiction à la Commission d'accès à l'information, art. 38 P.L. 68, avec appel à la Cour du Québec, art. 56 P.L. 68. Le projet de loi précise également les formalités requises; l'article 762 *C.p.c.* indique que les demandes relatives à l'exercice du droit de consultation ou de rectification d'un dossier se font par requête.

Chapitre quatrième: Du respect du corps après le décès

108. Laconique sur le début de la vie et l'acquisition de la personnalité juridique, le *Code civil* l'est tout autant sur l'évanouissement de celle-ci. La dignité humaine, l'autodétermination et le respect de la vie privée survivent au décès. C'est dans cette perspective qu'il faut considérer les articles 42 à 49 portant sur le respect du corps après le décès. «Le droit d'une personne à la sauvegarde de sa dignité continue même après sa mort: son corps doit être l'objet de soins particuliers[87].»

109. Les progrès des technologies biomédicales, les premières greffes cardiaques, l'affaire *Karen Ann Quinlan*[88] ont soulevé des interrogations, compréhensibles d'ailleurs, sur les derniers moments de la vie. La pertinence de définir légalement la mort s'est posée et la réflexion collective, inspirée par la prudence, conclut qu'il est préférable de s'en abstenir. L'on s'en remet à la pratique médicale tout en retenant, pour l'essentiel, la proposition de la Commission de réforme du droit du Canada:

> Une personne décède au moment où elle subit une cessation irréversible de l'ensemble de ses fonctions cérébrales; la cessation des fonctions cérébrales peut être constatée à partir de l'absence prolongée de fonctions cardiaques et respiratoires spontanées; lorsque l'utilisation de mécanismes de soutien rend impossible la constatation de l'absence des fonctions cardiaques et respiratoires, la cessation des fonctions cérébrales peut être constatée par tout autre moyen reconnu par les normes de la pratique médicale courante[89].

La mort étant constatée conformément aux protocoles médicaux, le code impose des mesures relatives aux dons et aux prélèvements d'organes, à l'autopsie, à l'inhumation.

110. Un majeur peut régler ses funérailles et le mode de disposition de son cadavre, art. 42. Un mineur le peut également, avec le consentement du titulaire de l'autorité parentale ou de son tuteur. L'article «reprend essentiellement l'article 21 *C.c.B.C.* sans retenir le formalisme de l'écrit [...]. L'absence de formalisme permet de reconnaître la volonté exprimée verbalement par le défunt (!)»[90]. En l'absence d'une expression de volonté ou si celle-ci est inconnue, les héritiers ou les

successibles décideront. Par prudence, l'art. 42 ajoute, *in fine*: «Dans l'un et l'autre cas, les héritiers ou les successibles sont tenus d'agir; les frais sont à la charge de la succession.» Le commentaire ajoute:

> L'article prévoit également l'obligation pour les héritiers et les successibles de s'occuper de la disposition du corps, que le défunt ait exprimé ses volontés ou non. Il arrive régulièrement que les héritiers et successibles se désintéressent de cette tâche; la disposition vise à remédier à cette situation[91].

111. Le droit de disposer de son cadavre, permet à la personne de le céder dans son entier ou dans ses composantes. La poursuite d'objectifs scientifiques autorise la cession du corps à la science. L'article 43 déclare que le majeur et le mineur de plus de 14 ans ont ce choix; le mineur de moins de 14 ans aussi, avec le consentement du titulaire de l'autorité parentale ou de son tuteur:

> Cet article ne retient pas comme nécessaire l'autorisation du titulaire de l'autorité parentale ou du tuteur dans le cas du mineur de quatorze ans et plus. En effet, si dans le cas des funérailles on pouvait craindre que le mineur exprime des volontés disproportionnées par rapport à sa fortune, cette crainte ne subsiste plus lorsqu'il s'agit de dons de son cadavre ou de prélèvements sur celui-ci[92].

Le consentement ou l'expression de volonté sont manifestés par écrit ou verbalement, en présence de deux témoins. La rétractation s'exprime suivant les mêmes formalités.

112. L'article 43 *in fine* insiste sur le respect de la volonté: il doit y être donné effet: sauf «motifs impérieux.» Le code privilégie la volonté du défunt sur celle des proches. Sans préciser le motif impérieux, l'on soumet que l'inutilité scientifique en constitue un. Le code reste silencieux sur les conséquences du non-respect. Malgré la force de mot utilisé: «impérieux», la sanction reste nébuleuse. Les héritiers ou successibles disposeraient-ils d'un recours pour dommages moraux?

113. Les dons d'organes ou de tissus exigent les mêmes conditions que la cession du cadavre. La volonté exprimée doit être respectée, sauf motif impérieux. Un organe impropre à la greffe en est un. L'article 44 al. 1 pallie à l'absence de volonté

exprimée: les prélèvements s'effectueront «avec le consentement de la personne qui pouvait ou aurait pu consentir aux
soins», (art. 15). L'article 42 accorde une certaine autorité aux
héritiers et successibles, conséquence de leur obligation de
disposer du cadavre.

114. Les prélèvements sont permis, sans consentement, dans les
circonstances et aux conditions prévues à l'art. 43 al. 2:

— deux médecins attestent, par *écrit*, que le consentement ne
  pouvait être obtenu en temps utile;
— l'intervention est urgente;
— il y a espoir de sauver une vie;
— il y a espoir d'améliorer sensiblement la qualité d'une vie
  humaine.

Cette dernière hypothèse est nouvelle à double titre. L'ancien
code ne retenait que l'espoir de sauver un vie; il marquait le
caractère tout à fait exceptionnel des prélèvements sans consentement et limitait ceux-ci aux organes vitaux. La qualité de
vie, concept fondamental en bioéthique, étend la possibilité de
prélèvements d'organes aux tisssus non-essentiels à la vie
comme les cornées par exemple. On peut y voir un compromis
entre la thèse du «opting out» et celle du «opting in». Certains
auraient favorisé une mesure permettant tous les prélèvements
utiles, sauf indication claire d'un refus. Le législateur retient les
prélèvements avec consentement, thèse à laquelle il prévoit des
exceptions: l'espoir de sauver une vie ou celui d'améliorer la
qualité d'une vie.

115. Se voulant rassurant, le code précise, à l'art. 45: «Le prélèvement no peut être effectué avant que le décès du donneur
n'ait été constaté par deux médecins qui ne participent ni au
prélèvement, ni à la transplantation.» Il en est de même de l'art.
48 à l'effet que l'embaumement, l'incinération ou l'inhumation
ne peut avoir lieu «avant que le constat de décès n'ait été dressé
et qu'il ne se soit écoulé six heures depuis le constat.» Les
modalités entourant le constat seront vues au chapitre des actes
de l'état civil. Le délai pourrait être abrégé, en cas d'épidémie
par exemple, par une loi particulière[93].

116. Les articles 46 et 47 règlementent l'autopsie. Celle-ci peut
être pratiquée dans quatre situations:

1ᵉʳ la loi la prévoit et l'exige;

2ᵉ le coroner l'ordonne, dans les cas prévus par la loi;

3ᵉ le tribunal l'ordonne;

4ᵉ le défunt ou un tiers autorisé y ont consenti;

Écartons les deux premières hypothèses qui relèvent de circonstances particulières. Commentons brièvement les deux autres.

117. L'autopsie ne peut se pratiquer sans consentement, en application du principe de l'autodétermination. La personne ayant manifesté son acceptation avant son décès, cette volonté suffit et sera respectée. En l'absence de directive exprimée avant le décès, le consentement d'une personne qui aurait pu consentir aux soins est requis.

118. Alors que l'ancien *Code civil* énumérait les personnes autorisées à demander une autopsie, le *Code civil du Québec* énonce, à l'art. 47, que le médecin ou un intéressé peut la requérir auprès du tribunal. La preuve doit démontrer que les circonstances le justifient. Seraient incluses, entre autres, les personnes ayant subi un préjudice, au sens de l'art. 1457, ainsi que l'assureur tel que mentionné dans le commentaire[94]. L'article 762 *C.p.c.* dispose que la demande se fait par requête.

119. L'article 46, *in fine*, déclare que «celui qui demande l'autopsie ou qui y a consenti a le droit de recevoir une copie du rapport». Se pose la délicate question de protection de la vie privée. Le problème est plus épineux encore à l'art. 47 qui ouvre la demande à un tiers. La recherche d'un sain équilibre entre un droit légitime à l'information et un droit fondamental de la personne s'impose. L'article 47 al. 1 y pourvoit en permettant au tribunal qui autorise l'autopsie, de *restreindre* partiellement la divulgation du rapport. Cette restriction ne s'applique pas à l'hypothèse de l'art. 46, c'est-à-dire, lorsqu'il y a eu consentement.

120. Il sera intéressant de découvrir comment s'articuleront ces articles et l'art. 27 P.L. 68, s'il est sanctionné. Cette disposition, dans la section de l'accès restreint au dossier médical, envisage que le conjoint, les ascendants et les descendants d'une personne décédée pourront recevoir des informations relatives à la cause du décès et contenues dans le dossier de santé. Cette

communication sera exclue lorsque la personne, maintenant
décédée, l'aura interdite par écrit. En dépit de ce refus, l'art. 27
al. 2 P.L. 68 déclare:

> Malgré le premier alinéa, les personnes liées par le sang à une
> personne décédée ont le droit de recevoir communication de
> renseignements contenus dans son dossier de santé dans la
> mesure où cette communication est nécessaire pour vérifier
> l'existence d'une maladie génétique ou d'une maladie à carac-
> tère familial.

Cette exception soulève une vague inquiétude: les assureurs ne
seront-ils pas tentés d'exiger de leurs futurs clients qu'ils
obtiennent et fournissent une telle information? Comment
résoudre le conflit où, dans une même famille, certains veulent
savoir et d'autres non? Existe-t-il un droit à la bienheureuse
ignorance?

121. L'art. 49 reprend l'ancien article 69 C.c.B.C. en des termes
plus simples. L'exhumation se fera dans les circonstances
suivantes:

— le tribunal l'ordonne
— la destination du lieu d'inhumation change
— l'inhumation doit être faite ailleurs
— la sépulture doit être réparée
— le coroner l'ordonne.

Le tout, soumis aux conditions générales de la loi.

Titre troisième: De certains éléments relatifs à l'état des personnes

122. L'acquisition de la personnalité juridique amène la jouissance de certains attributs. Le commentaire présente ainsi le
titre troisième:

> ... [il] traite d'éléments relatifs à leur état, c'est-à-dire d'élé-
> ments qui permettent l'individualisation des personnes: le
> nom, le domicile ou la résidence, la présence en un lieu et
> l'existence, par opposition à l'état d'absence et ou décès, et
> enfin l'état civil[95].

Le nom et le domicile subissent peu de changements alors que l'absence et les actes de l'état civil connaissent une refonte et une modernisation complète.

Chapitre premier: Du nom

123. Ce chapitre tient compte des réformes en droit de la famille. Le *Code civil du Québec* ajoute des précisions et intègre, avec des modifications, la *Loi sur le changement de nom et d'autres qualités de l'état civil*[96] qui est abrogée.

124. La doctrine définit le nom en ces termes:

> Le nom est un moyen d'individualisation consistant dans l'usage d'un mot (ou d'une série de mots) pour désigner une personne[97].

Cette description renseigne peu sur la nature du nom. Les auteurs suggèrent trois hypothèses:

1e   le nom est une mesure de *sécurité:*
en autant qu'il identifie la personne, qu'il distingue les individus et permet de les individualiser, le nom participe de certaines mesures de police;

2e   le nom est objet de *propriété:*
le nom, il est vrai, «appartient» à la personne; elle peut, dans certaines circonstances, en moneyer l'utilisation. Il est, ou était, transmissible. Comme le remarque Jean Beetz:

> ... étrange propriété, que l'on reçoit sans pouvoir la refuser, que l'on partage sans l'amoindrir, que l'on transmet sans la perdre et qui ne tombe pas dans le commerce[98].

3e   le nom est un *attribut* de la personnalité: c'est l'interprétation qui rallie la grande majorité des auteurs et c'est sous cet éclairage qu'il est réglementé dans le *Code civil du Québec.*

Section I De l'attribution du nom

125. Le nom comprend deux éléments: le ou les prénoms et le nom patronymique ou «nom de famille», art. 50 al. 2. Attribué à la personne, à sa naissance, il est énoncé dans l'acte de naissance.

126. L'autorité parentale et le lien de filiation confèrent aux parents le privilège et le devoir d'attribuer le nom. L'art. 51 énonce que «l'enfant reçoit, au choix de ses père et mère, un ou plusieurs prénoms...». Le nom de famille se compose d'*au plus* deux parties, provenant du nom de famille de ses père et mère. L'article reprend le droit de 1980 qui consacrait l'égalité des parents. Conséquence de la filiation, l'art. 53 ajoute: «l'enfant dont seule la filiation paternelle ou maternelle est établie porte le nom de famille de son père ou de sa mère, selon le cas, et un ou plusieurs prénoms choisis par son père ou sa mère...»

127. La réforme du registre et des actes de l'état civil accorde au directeur de l'état civil des droits et des privilèges importants. Entre autres, l'art. 52 lui confie l'attribution du nom de famille de l'enfant, au cas de désaccord des parents. Il donne un nom «double»: un élément venant du nom du père, l'autre du nom de la mère. Quant aux prénoms, le directeur en retient deux: l'un choisi par le père, l'autre par la mère. Il attribue le nom à l'enfant sans filiation, art. 53 al. 2. Usant de son pouvoir de persuasion, il convainc les parents de modifier leur choix d'un nom de famille composé ou de prénoms «qui prêtent au ridicule ou sont susceptibles de déconsidérer l'enfant». L'imagination humoristique ou surréaliste ne peut s'exprimer au détriment de l'enfant! Si les parents refusent de se laisser convaincre, le directeur saisit le tribunal qui tranche en choisissant le nom de famille d'un des parents et un ou des prénoms usuels.

Section II De l'utilisation du nom

128. Attribut de la personnalité et reflet d'elle-même, la personne a droit au respect de son nom. L'article 55 al. 1 le lui reconnaît ainsi que celui d'utiliser un ou plusieurs des prénoms énoncés dans son acte de naissance.

129. Le nom demeure teinté d'une nuance de contrôle. Ainsi, l'art. 56 al. 1 incite la personne à utiliser le nom qui lui a été attribué, la rendant responsable «de la confusion et du préjudice» qui peut résulter de l'utilisation d'un autre nom. Le commentaire précise:

> ... l'utilisation d'un autre nom que le sien n'est pas prohibée, mais celui qui agit ainsi est responsable du préjudice ou de la

confusion qui résulte de cette utilisation. L'article devrait donc permettre à une personne d'obtenir réparation, lorsqu'elle subit un préjudice de ce fait, même si l'utilisation du nom n'est pas abusive[99].

L'article fait preuve d'un certain réalisme en n'interdisant pas l'utilisation d'un nom autre. On pense aux vedettes dont le nom de théâtre est beaucoup mieux connu que le nom «légal». Garantie de la sécurité des transactions et de l'identité de la personne, l'utilisation d'un nom «autre» pourrait parfois se révéler préférable.

130. La personne a l'obligation d'utiliser son nom, elle a aussi le droit de le protéger. Ainsi, le titulaire du nom, son conjoint ou ses proches parents, «peuvent s'opposer à [l'utilisation illégale] et demander la réparation du préjudice causé.» Le nom acquiert une valeur «patrimoniale», sur laquelle s'exerce un droit de propriété. Reconnue dans la jurisprudence québécoise[100] relative au nom à caractère commercial, la protection du nom reçoit, dans l'art. 56 al. 2, un fondement légal. Abstraction faite de l'aspect moneyable, l'utilisation abusive, source de préjudice moral, donne également ouverture à réparation[101].

Section III Du changement de nom

131. Les modifications au droit antérieur sont, ici, plus marquées. D'abord, deux moyens conduisent au changement de nom. Selon les circonstances: la voie administrative ou la voie judiciaire est accessible. Ensuite, toutes les dispositions sont regroupées dans le Code civil. Enfin, des précisions sur les motifs acceptables de changement accroissent la limpidité du processus.

132. Par. 1 - Disposition générale

L'article 57 énonce la règle générale applicable au changement de nom et soumet, par conséquent, les prénoms et le nom de famille aux mêmes conditions: «Qu'il porte sur le nom de famille ou le prénom, le changement de nom d'une personne ne peut avoir lieu sans l'autorisation du directeur de l'état civil ou du tribunal, suivant ce qui est prévu dans la présente section.»

Perçu autrefois comme un privilège, le changement de nom qui répond à certaines conditions prend l'allure d'un droit:

Or, sauf les cas où le changement de nom est lié à la filiation ou à l'exercice de l'autorité parentale, cas qui demeurent sous la responsabilité du tribunal, le changement de nom ne devrait plus être un privilège que l'État octroie par l'intermédiaire du ministre de la Justice, mais un droit qui s'exerce à l'intérieur d'un cadre précis[102].

133. Par. 2 - *Du changement de nom par voie administrative*

Le directeur de l'état civil autorise le changement de nom dans tous les cas qui ne sont pas explicitement réservés au tribunal, notamment, par l'art. 65. Le motif doit être *sérieux* et l'article 58 en donne, à titre d'illustration, certains exemples:

— le nom généralement utilisé ne correspond pas à celui qui est inscrit à l'acte de naissance;

— le nom est d'origine étrangère et trop difficile à prononcer ou à écrire dans sa forme originale;

— le nom prête au ridicule ou est frappé d'infamie.

L'adverbe «notamment» laisse entendre que d'autres motifs sérieux pourraient être invoqués. Ainsi en serait-il, sans doute, d'un enfant élevé par des parents nourriciers. Bien que le code et les commentaires soient silencieux, le changement d'orthographe d'un nom serait, en théorie, soumis aux mêmes règles[103]. Cependant, tant que le nom reste identifiable, la procédure semble superflue.

134. Le directeur de l'état civil peut aussi autoriser «l'ajout au nom de famille d'une partie provenant du nom de famille du père ou de la mère, déclaré dans l'acte de naissance», art. 58 al. 2. Lors de l'adoption du *Code civil du Québec* (1980), une mesure transitoire a permis l'ajout, pendant une période de deux ans suivant l'entrée en vigueur du Code. Cette mesure, maintenant généralisée, perd son caractère exceptionnel.

135. Les conditions requises pour demander un changement de nom sont énoncées à l'article 59, complété par les art. 60 et 62. Il faut nuancer selon que la demande est présentée par un majeur, un mineur ou un mineur de 14 ans et plus.

1er Conditions générales énoncées à l'art. 59:

— il faut être majeur

— détenir la citoyenneté canadienne

— être domicilié au Québec depuis un an.

2ᵉ La demande, présentée selon les formalités de l'art. 59, vaut pour les enfants mineurs, si elle porte sur le nom de famille et que les enfants porte ce nom ou une partie de ce nom;

* les prénoms de l'enfant mineur peuvent également être modifiés

* un ajout au nom de famille de l'enfant peut être effectué.

3ᵉ Si l'enfant mineur est orphelin ou abandonné, la demande est présentée par le tuteur, à la condition que le pupille détienne la citoyenneté canadienne et soit domicilié au Québec depuis un an, art. 60.

4ᵉ À moins d'un motif impérieux, si le mineur a 14 ans et plus, le changement de nom ne sera accordé que si celui-ci *et* son tuteur ont été avisés de la demande et ne s'y sont pas opposés. S'il s'agit d'un ajout, le droit d'opposition est réservé au mineur, art. 62. Cet article suggère deux remarques: la première rappelle une observation antérieure sur l'acquisition graduelle de la capacité: le mineur de 14 ans et plus est presque, parfois, pas tout à fait, un majeur! La seconde est suggérée par le commentaire:

Il demeure toutefois nécessaire de permettre l'opposition du tuteur de l'enfant mineur ou de l'enfant mineur de quatorze ans et plus en ce qui concerne le changement de nom du mineur ou, pour l'ajout d'une partie à son nom de famille, l'opposition du mineur. *Le droit au maintien de son nom s'ajoute aux autres droits reconnus par le code*[104].

En somme, l'art. 62 consacre le droit à l'identité, confirmant la thèse voulant que le nom soit un attribut de la personnalité.

136. L'article 61 énonce le contenu de la demande: «celui qui demande un changement de nom expose ses motifs, indique le nom de ses père et mère, celui de son conjoint et de ses enfants et, s'il y a lieu, le nom de l'autre parent de ces derniers.» Le demandeur atteste, sous serment, «que les motifs exposés et les renseignements donnés sont exacts, et il joint à sa demande tous les documents utiles.» Le tuteur et le mineur de 14 ans et plus sont avisés. La procédure, la publicité, les droits exigibles sont déterminées par règlement, art. 64.

137. L'article 63 précise le rôle du directeur de l'état civil. Avant d'autoriser un changement de nom, celui-ci peut exiger des explications ou des renseignements supplémentaires. Il doit s'assurer que les avis de la demande ont été publiés. Le ministre de la justice peut accorder une dispense de publication, pour des motifs d'intérêt général, «afin notamment de protéger l'identité de certaines personnes susceptibles de se trouver dans une situation difficile[105]». Ce commentaire, un peu flou, aurait bénéficier de quelques exemples. Le directeur donne aux tiers la possibilité de faire connaître leurs observations; il autorise, permet ou refuse le changement.

138. La décision du directeur est revisable par le tribunal, art. 74. Le changement de nom n'est plus un privilège mais un droit; la revision «accorde une garantie procédurale[106]» essentielle. La demande de revision doit être présentée dans les 30 jours de la réception de la décision, art. 864.2 *C.p.c.* Le directeur transmet le dossier au greffe du tribunal, art. 864.2 al. 2 *C.p.c.*[107].

139. L'article 11 des dispositions transitoires prévoit que les demandes formées antérieurement à l'entrée en vigueur de la loi nouvelle demeurent régies par la loi ancienne. «Toutefois, celles qui avaient été adressées au ministre de la Justice sont déférées au directeur de l'état civil.»

140. Par. 3 - *Du changement de nom par voie judiciaire*

Le changement de nom par voie judiciaire ou par voie de conséquence relève de la compétence exclusive du tribunal. Ainsi en est-il du changement de filiation, de l'abandon, de la déchéance, art. 65.

141. Le mineur de 14 ans et plus peut présenter lui-même la demande; il peut s'y opposer seul. Le titulaire de l'autorité parentale et le tuteur en sont avisés, art. 66.

142. La demande par voie judiciaire est portée dans le district judiciaire de Québec ou devant le tribunal du domicile du requérant, art 864 *C.p.c.*; elle est notifiée aux père et mère, ou tuteur le cas échéant, ainsi qu'à l'enfant de 14 ans et plus, art. 864.1 *C.p.c.*

143. Par. 4 - *Des effets au changement de nom*

Les articles 67 à 70 *C.p.c.* établissent les effets du changement de nom. Ils reprennent, à peu de chose près, le contenu de la *Loi sur le changement de nom* qui est abrogée.

144. Le changement de nom prend effet lorsque le jugement est passé en force de chose jugée ou lorsque la décision du directeur ne peut plus être revisée. Un avis est publié dans la Gazette officielle sauf si le ministre de la Justice, pour des motifs d'intérêt général, en accorde la dispense. Le changement ne modifie pas les droits et obligations de la personne; les documents faits sous l'ancien nom sont réputés faits sous le nouveau. La rectification du nom, sur les documents, peut être exigée par la personne ou un tiers, à ses frais. Enfin, les actions se poursuivent sous le nouveau nom, sans reprise d'instance.

Section IV Du changement de la mention du sexe

145. Le législateur a longtemps refusé de légaliser la situation des personnes transexuelles. Le «changement de sexe», perçu par plusieurs comme une aberration, ne méritait pas l'attention du droit. La situation fut corrigée par la Loi *sur le changement de nom et d'autres qualités de l'état civil*[108]; ces dispositions sont reprises dans le *Code civil*, aux articles 71 à 73.

146. Scientifiquement, le changement de sexe serait impossible puisque celui-ci est fixé dans les gènes dès les premiers jours de la conception. La médecine ne peut pas, encore, altérer les chromosomes; le législateur évite le débat en référant «à la modification structurale des organes sexuels.» Le protocole qui conduit à la modification de l'apparence extérieure du sexe est long et compliqué. Il inclut des soins psychiatriques et hormonaux qui durent plusieurs années après quoi, l'équipe médicale multidisciplinaire s'engage dans l'étape finale des interventions chirurgicales.

147. Une personne majeure, non mariée, domiciliée au Québec depuis un an et citoyenne canadienne, peut présenter au directeur de l'état civil, une demande de changement de la mention du sexe à son acte de naissance. La personne doit avoir subi, avec succès, «des traitements médicaux et des interventions chirurgicales impliquant une modification structurale des

organes sexuels, et destinés à changer ses caractères sexuels apparents», art. 71.

148. La demande est accompagnée d'un acte de naissance, du jugement de divorce le cas échéant, d'un certificat du médecin traitant et d'une attestation du succès des soins. Celle-ci, établie par un autre médecin qui exerce au Québec, traduit une exigence nouvelle. La procédure pour le changement de nom par voie administrative s'applique, compte tenu des adaptations nécessaires. La demande est sujette à la même publicité. À cet égard, le commentaire note:

> La publicité exigée pourrait laisser croire que l'on porte atteinte au respect de la vie privée, mais une publicité est nécessaire pour la protection des droits des tiers. Les possibilités de discrimination existeront toujours, indépendamment de cette publication[109].

La nouvelle mention du sexe n'est portée qu'à l'acte de naissance de la personne.

Chapitre deuxième: Du domicile et de la résidence

149. Afin de compléter l'identification de la personne, il importe de la situer dans l'espace, dans un lieu géographique qui représente son point de rattachement. Le domicile joue ce rôle. Les articles 75 à 83 reprennent l'ancien droit en y ajoutant néanmoins quelques précisions.

150. La mobilité des populations avait amené l'*Office de révision du Code civil*[110] à substituer la résidence au domicile. Celle-là, appuyée sur des faits, simplifiait la preuve en excluant l'intention essentielle au domicile. La proposition de l'Office fut écartée et le législateur s'en explique dans le commentaire:

> Il apparaît, en effet, important de reconnaître et de respecter une intention claire et manifeste exprimée par une personne, qu'elle résulte d'un ensemble déterminant de circonstances ou de déclaration, et de respecter ainsi sa liberté et sa volonté à l'encontre de faits purement matériels. Le domicile doit reposer principalement sur le fait de la résidence, mais il doit aussi tenir compte d'un facteur de rattachement intellectuel d'autant plus important que le droit québécois ne peut s'appuyer sur un concept juridique de nationalité[111].

En droit judiciaire privé, en droit international privé, pour l'exercice des droits politiques, pour fixer l'état et la capacité, le domicile acquiert une importance capitale.

151. La lecture du Code communique l'impression d'une multiplicité de concepts. On y retrouve en effet: le domicile, la résidence, la demeure effective, le dernier domicile connu, la résidence habituelle, la résidence familiale, l'habitation, le principal établissement, l'endroit où les principales activités sont exercées, l'endroit où la personne se trouve. Plusieurs de ces termes sont synonymes et se définissent réciproquement. Dans la très grande majorité des cas, tous ces «éléments» convergent vers un même lieu géographique. En fait, ils se substituent les uns aux autres lorsque le domicile reste légalement «introuvable». Enfin, la résidence familiale vise une finalité très précise, ce qui simplifie l'exercice.

152. L'article 75 reprend littéralement l'ancien art. 79 C.c.*B.C.*: «Le domicile d'une personne, quant à l'exercice de ses droits civils, est au lieu de son principal établissement.» La disposition indique où se trouve le domicile; elle ne le définit pas. Il faut recourir à la doctrine qui suggère:

Une relation légale purement intellectuelle entre une personne et le lieu où elle a son principal établissement[112].

Cette définition souligne l'élément distinctif du domicile réel d'origine, à savoir, l'intention. Le domicile réel est unique: une personne ne peut avoir qu'un seul principal établissement. Ce domicile est fixe: on en change à certaines conditions, dont la preuve d'intention convaincante. Il est nécessaire: à la naissance, toute personne acquiert un domicile. En ce sens, il est véritablement un attribut de la personnalité.

153. L'article 77, de droit nouveau, décrit la résidence: «la résidence d'une personne est le lieu où elle demeure de façon habituelle; en cas de pluralité de résidences, on considère, pour l'établissement du domicile, celle qui a le caractère principal.» La résidence est factuelle et circonstancielle; elle détermine le domicile en joignant, à l'élément intentionnel, un élément matériel nécessaire. Le «principal établissement» dépend des circonstances; la jurisprudence[113] a retenu, au cours des années, le centre des intérêts, des affaires, du commerce, du travail

auquel s'ajoutent des rattachements moraux et affectifs. «La notion de résidence fait appel au simple critère factuel d'habitation dans un lieu[114].»

154. Si le domicile demeure introuvable en utilisant les critères classiques, l'art. 78 déclare que la personne «est réputée domiciliée» au lieu de sa résidence.» L'alinéa 2 consacre d'autres présomptions: «à défaut de résidence, elle est réputée domiciliée au lieu où elle se trouve, ou, s'il est inconnu, au lieu de son dernier domicile connu». Ce régime de présomptions fixe, de façon simple, le domicile d'une personne:

En effet, la société québécoise est de plus en plus cosmopolite et les personnes se déplacent de plus en plus pour toutes sortes de raisons, à un point tel que leur intention ne se dégage pas toujours, de façon évidente, de l'ensemble des circonstances; dans ces circonstances, l'article lie le domicile à la résidence factuelle[115].

155. L'article 79 reprend la règle à l'effet que «la personne appelée à une fonction publique, temporaire ou révocable, conserve son domicile, à moins qu'elle manifeste l'intention contraire». Des lois particulières, relatives à l'exercice des droits politiques, établissent des présomptions différentes. Le *Code civil* gouverne l'exercice des droits civils; par conséquent, on ne saurait y voir de contradiction[116].

156. Le domicile réel peut être acquis: c'est le changement de domicile. L'article 76 retient deux éléments: la résidence dans un autre lieu et l'intention. Celle-ci résulte des déclarations de la personne et des circonstances. Pour changer de domicile réel, il faut, matériellement et extérieurement, le manifester: c'est la preuve de fait par le changement de résidence. L'élément intentionnel est double:

— la personne veut abandonner son ancien domicile (l'*animus revertendi*);
— la personne veut faire du nouveau lieu, son principal établissement[117].

La preuve présente aussi deux facettes: les déclarations et les circonstances. Les déclarations contemporaines au changement ont, sans doute, plus de poids mais les autres sont admissibles. Les circonstances sont multiples: la personne jouit de privilèges accordés aux «résidents» (carte de citoyen, réduction...); elle y a un commerce; elle a comparu devant le tribunal de son nouveau domicile; elle a obtenu la citoyenneté, etc. La règle respecte «l'intention claire et manifeste exprimée par une personne»:

Cette règle permet de mieux respecter la liberté de la personne et sa volonté à l'encontre des seuls faits matériels qui fondent la résidence. La position contraire risquerait d'opérer une confusion entre les concepts de résidence et de domicile qui pourrait, en certaines circonstances, jouer à l'encontre des intérêts des personnes concernées[118].

157. Le domicile est parfois déterminé par la loi. Ainsi, le mineur non émancipé a son domicile chez son tuteur, art. 80 al. 1. Ce changement s'explique par l'art. 192 qui accorde aux parents la tutelle de leur enfant. Il faut ajouter l'art. 602 à l'effet que le mineur non émancipé ne peut, sans le consentement du titulaire de l'autorité parentale, quitter son domicile. Si les parents-tuteurs n'ont plus de domicile commun, «le mineur est présumé domicilié chez celui de ses parents avec lequel il réside habituellement, à moins que le tribunal n'ait autrement fixé le domicile de l'enfant», art. 80 al. 2. Dans l'hypothèse d'une garde conjointe et en l'absence de décision du tribunal, le principal établissement de l'enfant devient son domicile. Le majeur en tutelle et celui en curatelle ont le leur respectivement chez le tuteur ou le curateur, art. 81. Le majeur muni d'un conseiller conserve son domicile puisqu'il n'est pas représenté mais assisté.

158. Les époux sont tenus de faire vie commune, art. 392 al. 3; ils choisissent la résidence familiale, art. 395. L'article 82 prévoit néanmoins que «Les époux peuvent avoir un domicile distinct, sans qu'il soit pour autant porté atteinte aux règles relatives à la vie commune.» En apparence contradictoires, ces dispositions collent à la réalité quotidienne de plusieurs couples:

On aurait pu déduire de ces articles que les époux doivent cohabiter et avoir un domicile commun. Cependant, même si, dans la majorité des mariages, vie commune et cohabitation se confondent, ces deux concepts demeurent distincts et reflètent deux réalités. La notion de cohabitation exprime un fait matériel alors que celle de vie commune exprime une volonté et un projet de vie. L'établissement de deux domiciles n'est donc pas incompatible avec la vie commune[119].

L'élément intentionnel, encore une fois, domine la notion de domicile.

159. Les parties peuvent élire domicile dans un contrat. Choisi pour l'exécution d'un acte, ce domicile spécial et fictif confère juridiction au tribunal en cas de litige. Ce domicile est exceptionnel; il n'est ni nécessaire, ni unique; il est transmissible aux héritiers. Il peut être changé si les parties y consentent. L'article 83 maintient cette possibilité: «Les parties à un acte juridique peuvent, par écrit, faire une élection de domicile en vue de l'exécution de cet acte ou de l'exercice des droits qui en découlent. L'élection de domicile ne se présume pas.»

160. L'élection représente un accessoire au contrat principal. Le choix du lieu est illimité sous réserve de l'ordre public; il ne doit pas frauder la loi. L'article 68 *C.p.c.* règle le problème de la clause d'élection dans un contrat dont la validité est contestée: l'action peut être intentée au domicile du défendeur.

161. La distinction entre l'élection faite par un commerçant ou un non-commerçant disparaît. Mesure de protection, elle trouve mieux sa place dans la *Loi sur la protection du consommateur*[120], modifiée en conséquence par la loi d'application. L'article 22 se lira: «L'élection de domicile signée par un non-commerçant dans les limites du district où il a sa résidence est sans valeur quant à la compétence des tribunaux, sauf si elle est faite dans un acte notarié.» Le commentaire explique:

> Il faut souligner que les articles 19 à 21 de la *Loi sur la protection de consommateur* ... interdisent l'élection de domicile à l'étranger et établissent la présomption que le contrat conclu à distance avec un commerçant ou conclu avec un vendeur itinérant est considéré conclu à l'adresse du consommateur. Le tribunal du district judiciaire du domicile du consommateur est donc compétent pour entendre les litiges qui résultent éventuellement de tels contrats[121].

Les définitions de commerçant et de consommateur sont modifiées, en conformité avec les changements apportés au *Code civil*[122].

Chapitre troisième: De l'absence et du décès

162. Il est des personnes sur l'existence desquelles un doute plane; l'incertitude quant à leur décès est toute aussi problématique. Ce sont les absents, les personnes en fuite et introuvables, les adolescents fugueurs. Le *Code civil du Bas-Canada* s'attachait à la protection de leur patrimoine. La rapidité, l'efficacité des communications et des techniques modernes, mettaient en évidence l'archaïsme de ces dispositions. Celles-ci s'articulaient autour de cinq présomptions, parfois contradictoires:

— la curatelle qui durait cinq ans, présomption de vie;
— l'envoi en possession provisoire qui durait vingt-cinq ans (ou trente ans depuis les dernières nouvelles), présomptions de vie et de mort égales;
— l'envoi en possession définitive, après trente ans d'absence, présomption de mort;
— succession, l'absent en est exclu parce que présumé mort;
— remariage du conjoint, impossible parce que l'absent est présumé vivant, (sous réserve du divorce, évidemment)

163. Afin de «moderniser» le régime, les disparus font leur «apparition» (!) au *Code civil* en 1969. Le décès du disparu relève de la quasi-certitude; seule l'impossibilité de produire la dépouille laisse subsister un doute. Le code prévoyait dans leur cas le jugement déclaratif de décès. Certains ont cru que «l'institution» de l'absence devait disparaître pour faire place à un régime unique calqué sur la disparition. Le législateur québécois préfère simplifier et moderniser. Les principaux changements sont les suivants:

— à une exception près, les absents et les disparus sont soumis au même régime;
— les délais sont raccourcis et ramenés à sept ans;
— la tutelle à l'absent remplace la curatelle et les deux envois;
— la force majeure fait l'objet d'une disposition particulière.

Section I De l'absence

164. L'article 84 définit l'absent: «... celui qui, alors qu'il avait son domicile au Québec, a cessé d'y paraître sans donner de nouvelles, et sans que l'on sache s'il vit encore». Les mêmes

éléments qu'autrefois s'y retrouvent dont le plus significatif: l'incertitude quant à l'existence.

165. Le législateur n'a pas éliminé le disparu. La disparition se déduit de l'art. 92 al. 2: «... lorsque la mort d'une personne domiciliée au Québec ou qui est présumée y être décédée peut être tenue pour certaine, sans qu'il soit possible de dresser un constat de décès». Une certitude quasi absolue quant au décès de la personne caractérise la disparition. On *ignore* si l'absent est mort ou vivant; on *sait* que le disparu est décédé sans pouvoir le prouver.

166. Dans une situation tout à fait exceptionnelle, certaines personnes ne sont ni absentes, ni disparues. Le commentaire réfère aux cas «... d'enlèvement ou lorsqu'une personne est retenue à l'étranger dans une situation où les communications sont impossibles ou très difficiles[123]». L'article 91 prévoit: «En cas de force majeure, on peut aussi nommer, comme à l'absent, un tuteur à la personne empêchée de paraître à son domicile et qui ne peut désigner un administrateur à ses biens.»

167. Une seule présomption régit l'absence: «l'absent est présumé *vivant* durant les sept années qui suivent sa disparition, à moins que son décès ne soit prouvé avant l'expiration de ce délai», art. 85. Le commentaire explique:

> La présomption de vie de l'absent et la réduction du délai de trente ans à sept ans se justifient par le fait que les communications sont devenues aujourd'hui plus faciles et beaucoup plus rapides et que les services de recherche sont plus efficaces[124].

Le moment de la disparition coïncide avec la dernière certitude à savoir, le moment où la personne est vue vivante pour la dernière fois, ou l'envoi des dernières nouvelles. La présomption est écartée par une certitude: la preuve du décès. L'article 85 affirme: «<u>L'absent est présumé vivant durant les sept années qui suivent sa disparition, à moins que son décès ne soit prouvé avant l'expiration de ce délai.</u>» Le commentaire précise:

> Dès lors, si le corps de l'absent n'est pas retrouvé, on peut plus aisément conclure qu'il est vivant; en même temps, s'il ne reparaît pas dans un délai raisonnable ou si on ne retrouve ni trace ni corps, on peut, plus rapidement que dans le passé, conclure à sa mort[125].

168. La présomption amène des retombées sur l'administration des biens, l'accès à la succession et le lien matrimonial. L'absent, appelé à une succession durant cette période, hérite. Les biens passent dans son patrimoine, sous réserve des conditions énoncées au chapitre des successions. Le lien matrimonial subsiste: le conjoint de l'absent ne peut se remarier; le divorce est possible sur la base de l'échec du mariage résultant d'une absence de cohabitation d'un an[126].

169. La préoccupation du législateur vise la protection des biens de l'absent. La «non-présence» du titulaire du patrimoine ne doit pas menacer l'intégrité de celui-ci. Le souci se traduit à l'art. 86: «Un tuteur peut être nommé à l'absent qui a des droits à exercer ou des biens à administrer...» Le tuteur remplace le curateur, conformément aux dispositions en matière d'inaptitude. Soucieux de respecter la volonté de la personne, le tuteur n'agit que si l'absent n'a pas désigné un administrateur à ses biens ou «si ce dernier n'est pas connu, refuse ou néglige d'agir, ou en est empêché», art. 86. Le curateur en place devient tuteur au terme de l'art. 12 de la loi d'application.

170. La tutelle s'ouvre dans les circonstances énoncées précédemment. Tout intéressé peut en demander l'ouverture, y inclus le curateur public ou un créancier de l'absent. Le tribunal nomme le tuteur, sur avis du conseil de tutelle, art. 87 al. 2. L'article ajoute que «les règles relatives à la tutelle au mineur s'y appliquent, compte tenu des adaptations nécessaires»:

> Le tuteur pourra donc, avec les autorisations et avis requis, faire certains actes de disposition et il sera chargé de la simple administration des biens de l'absent[127].

La simple administration renvoit à l'art. 208 *C.c.Q.* et aux articles 1301 et suiv. Elle inclut, notamment, les actes de conservation, la perception des fruits et créances, l'exploitation du bien qui rapporte des fruits sans en changer la destination, l'investissement dans des placements sûrs. Sauf exception relevant de l'urgence et de la nécessité, le tuteur ne peut faire d'actes de disposition.

171. La tutelle se termine par le retour de l'absent, la désignation qu'il fait d'un administrateur de ses biens... ou la découverte de son existence! Le jugement déclaratif de décès ou le

décès prouvé de l'absent mettent également fin à la tutelle, art. 90. Le droit transitoire prévoit que les envoyés en possession provisoire sont soumis au régime de la simple administration du bien d'autrui. Cette possession prend fin «par la nomination d'un tuteur en application de l'article 87 du nouveau code ou par l'une des causes énumérées à l'article 90 du même code», art. 13 de la loi d'application.

172. Le nouveau code se préoccupe de la famille de l'absent et de ses obligations envers celle-ci. L'absence ne dispense pas la personne, ou son patrimoine, des contraintes familiales à caractère économique. La présomption de vie exclut le remariage du conjoint: l'absence ne dissout pas le lien matrimonial.

173. Le tribunal fixe les sommes qu'il convient d'affecter aux charges du mariage, à l'entretien de la famille, au paiement des obligations alimentaires, art. 88. Il y était pourvu, autrefois, par interprétation des dispositions sur les effets du mariage et de la filiation. Le nouveau code le prévoit expressément en indiquant au juge qu'il doit prendre en compte l'importance des biens de l'absent pour en fixer le montant. La demande est faite par le tuteur ou une personne intéressée.

174. L'article 89 dispose que les droits patrimoniaux des conjoints sont susceptibles de liquidation; le tribunal la déclare à certaines conditions:

— la demande est faite par le conjoint de l'absent ou le tuteur;
— la demande ne peut être présentée qu'après un an d'absence.

La liquidation déclarée, l'on procède au partage. Le tuteur doit obtenir l'autorisation du tribunal pour accepter le partage des acquêts du conjoint de l'absent, le refuser ou y renoncer. La même formalité s'impose lorsque le tuteur doit «autrement se prononcer sur les autres droits de l'absent.» Au sujet de cet article, le commentaire explique:

> Cet article a pour but de permettre également au tuteur de l'absent de demander la dissolution du régime afin de protéger les intérêts de l'absent. Il établit, cependant, que le tuteur devra obtenir l'autorisation du tribunal avant de se prononcer sur les droits de l'absent susceptibles de liquidation et de partage. Ces décisions sont importantes pour le patrimoine de

l'absent et justifient cette intervention du tribunal. D'ailleurs, elles excèdent les pouvoirs reconnus à l'administrateur du bien d'autrui chargé de la simple administration[128].

Section II Du jugement déclaratif de décès

175. Ce jugement uniformise le régime de l'absence et celui de la disparition. La déclaration de présomption de décès de l'art. 2529 C.c.B.C. n'existe plus. Les délais sont considérablement raccourcis.

176. Tout intéressé, y compris le curateur public, peut demander l'émission d'un jugement déclaratif de décès, art. 92 al. 1. L'assureur ou un associé pourraient sûrement justifier de leur intérêt. La demande est présentée si la situation d'absence existe depuis *sept ans*. Le délai ne compte plus lorsque la mort peut être tenue pour certaine c'est-à-dire s'il y a disparition. Si le disparu était domicilié au Québec ou qu'il est présumé y être décédé, le jugement déclaratif est prononcé avant l'expiration des sept ans. La procédure est la même dans les deux cas. La mise en cause de l'assureur n'est plus nécessaire.

177. Le contenu du jugement est décrit à l'art. 93; il énonce le nom, le sexe du défunt présumé, le lieu et la date de naissance et de mariage, le lieu du dernier domicile connu, le nom des père, mère, conjoint, la date et l'*heure* du décès. Cet élément nouveau illustre le souci d'une plus grande précision. Les actes de naissance et de décès indiqueront l'heure de ces événements lorsqu'elle est connue ou peut être déterminée avec une relative certitude. La date et le lieu, à défaut de preuve convaincante, sont «fixés» par le code. En cas d'absence, c'est la date à l'expiration du délai de sept ans, calculé à compter de la «disparition», art. 94. S'il s'agit d'un «vrai» disparu, la date du décès est fixée en fonction des présomptions tirées des circonstances, vraisemblablement avant l'expiration des sept ans. L'alinéa 2 de l'art. 94 crée une présomption quant au lieu: «...là où la personne a été vue pour la dernière fois». Pour fin d'enquête, s'il y a lieu, une copie du jugement est transmise au coroner, par le greffier.

178. Le jugement déclaratif de décès produit les mêmes effets que le décès; l'art. 95 l'énonce clairement. Le jugement entraîne l'ouverture de la succession, les assurances sont

payées, les fonds de pension et les régimes de retraite liquidés. Le lien matrimonial est dissout et le conjoint pourra se remarier... si ce n'est déjà fait à la suite d'un divorce.

179. L'impossible peut toujours se produire et le législateur s'y prépare à l'art. 96 qui envisage deux hypothèses:

1er la date *prouvée* du décès est *antérieure* à celle indiquée dans le jugement:
— la dissolution du régime matrimonial rétroagit à la date réelle;
— la succession est ouverte à compter de la date réelle;

2e la date *prouvée* du décès est *postérieure* à celle qui est indiquée dans le jugement:
— la dissolution du régime matrimonial rétroagit à la date fixée par le jugement;
— la succession est ouverte à la date réelle du décès.

La succession s'ouvre toujours à la date réelle du décès, conformément à l'art. 613 al. 1: «La succession d'une personne s'ouvre par son décès...» Cette règle souligne le caractère tout à fait exceptionnel du jugement déclaratif.

180. Par souci d'équité, le législateur fait remonter la dissolution du régime matrimonial, dans un cas à la date réelle du décès, dans l'autre, à la date du jugement. Le commentaire précise que dans l'hypothèse où le décès est antérieur à la date du jugement, il est préférable de faire coïncider la dissolution du régime et l'ouverture de la succession, notamment pour fixer «le droit à une prestation compensatoire, ainsi que les autres droits patrimoniaux [qui] seront liés à l'ouverture de la succession[129]» Le commentaire ajoute:

Outre la règle prévue au présent article, un époux pourra demander l'application des articles 417 et 466 qui permettent de faire rétroagir, entre les époux, l'établissement de la valeur du patrimoine familial ou la dissolution du régime à la date de la cessation de la vie commune[130].

181. La date du décès sera fixée au *jour de la disparition de l'absent* dans les circonstances cumulatives suivantes:

— il y a eu envoi en possession provisoire des héritiers de l'absent;

— l'absence est survenue *avant* l'entrée en vigueur du code;
— le jugement déclaratif de décès est prononcé *après* l'entrée
en vigueur de la nouvelle loi.

L'article 14 de la loi d'application protège les droits des héritiers présomptifs. Le jugement provoquant l'ouverture de la succession, le nouveau droit successoral s'applique, y inclus la désignation des successibles. Or, ces derniers pourraient être différents, dépouillant ainsi les envoyés en possession provisoire d'un certain droit aux biens qu'ils administrent, à leur possession ainsi qu'à leur attribution advenant le non retour de l'absent. Néanmoins, «si les présomptions tirées des circonstances permettent de tenir la mort pour certaine», le décès sera fixé à cette date, en dépit de l'envoi en possession provisoire.

182. Si la succession est liquidée sur la foi du jugement déclaratif et que la date du décès change due à une preuve ultérieure convaincante, l'art. 96 al. 3 renvoie alors au livre «Des obligations». Les rapports entre héritiers apparents et véritables obéissent aux règles relatives à la restitution des prestations. Il s'agit plus précisément des articles 1699 à 1707.

Section III Du retour

183. Le législateur, aux articles 97 à 101, organise le retour de l'absent ou du disparu... situation qui risque de créer un certain embarras. Cette hypothèse, faut-il le rappeler, a fasciné des générations d'étudiants en droit; le législateur n'y échappe pas!

184. L'article 97 établit le principe: «les effets du jugement déclaratif cessent au retour de la personne déclarée décédée...». La suite s'organise en conséquence:

— le mariage reste dissous; la stabilité de l'institution impose cette solution;
— la garde des enfants ou les aliments seront réglés comme s'il y avait eu séparation de corps;

Le retour de l'absent ou du disparu exige l'annulation du jugement déclaratif de décès et la rectification des registres de l'état civil. Les mentions ou inscriptions faites à la suite du jugement seront radiées, art. 865.5 *C.p.c.* Les paiements faits aux héritiers et légataires particuliers, *après* le jugement mais *avant* la radiation ou la rectification, sont valables et libératoires, art. 100. L'article 101 règle le sort de l'héritier apparent: apprenant l'existence «de la personne déclarée décédée, [il] conserve la possession des biens et en acquiert les fruits et revenus, tant que celui qui revient ne demande pas de reprendre ses biens.» Le commentaire souligne deux changements:

... il en élargit la portée en n'exigeant plus que le possesseur ignore l'existence de l'absent, ainsi, le simple retour ne met pas fin aux droits de l'héritier apparent sur les biens de l'absent[131].

185. La personne déclarée décédée ne revient pas impunément! Si elle jouit de certains droits, quelques devoirs lui incombent:

1er elle doit s'adresser au tribunal pour demander l'annulation du jugement déclaratif et la rectification du registre de l'état civil, art. 98;

2e sous réserve des droits des tiers, elle peut demander au tribunal la radiation ou la rectification des mentions et inscriptions faites à la suite du jugement déclaratif de décès et qui deviennent sans effet. L'article 98 réfère manifestement au registre des droits réels et personnels puisque la première partie renvoit au registre de l'état civil.

À défaut de remplir ces obligations, tout intéressé peut présenter la demande au tribunal, aux frais de celui qui revient, art. 98 al. 2.

186. Le «revenant» reprend ses biens en respectant les modalités relatives à la restitution des prestations prévue aux art. 1699 et suiv., art. 99. En résumé:

— la restitution se fait en nature ou par équivalent;
— en cas de perte ou d'aliénation,
  • le détenteur de bonne foi, rend ou la valeur au moment de la réception, de la perte ou de l'aliénation *ou* la valeur au moment de la restitution: il rend la *moindre* des deux;
  • le détenteur de mauvaise foi rend la valeur la plus élevée, art. 1701;
— le bien qui a subi une perte réelle est remis intégralement sauf si la perte est le résultat de l'usage normal;
— le détenteur conserve les fruits et revenus;
— les tiers de bonne foi sont protégés par l'art. 1707.

La personne qui revient doit enfin rembourser «les personnes qui étaient, de bonne foi, en possession de ses biens et qui ont acquitté ses obligations autrement qu'avec ses biens,» art. 99.

187. Le *Code de procédure civile*, au livre des matières non-contentieuses, est amendé par la loi d'application. Les articles 865.1 à 865.6 règlementent les demandes de tutelle à l'absent et les demandes de jugement déclaratif de décès.

188. La demande de tutelle est présentée à la Cour supérieure; elle peut être entendue par le greffier, art. 865.6. Le tribunal du domicile de la personne dont on veut établir l'absence est compétent. Si le domicile est inconnu, le lieu de la dernière résidence connue indique le tribunal autorisé; à défaut, le tribunal du domicile du requérant entend la demande, art. 865.1 al. 1. Si l'absent avait désigné un administrateur qui refuse ou est empêché d'agir, la demande est portée devant le tribunal du domicile de celui-ci, art. 865.1 al. 2. La demande est signifiée au curateur public, à la personne désignée par l'absent, et, selon le cas, au conjoint de l'absent.

189. Les demandes de sommes pour la famille ou de liquidation du régime sont portées devant le tribunal du domicile de l'absent ou celui du requérant, art. 865.2 al. 1. Ces demandes sont signifiées au curateur public, au tuteur à l'absent, au conjoint, le cas échéant, art. 865. 2 al. 2.

190. La demande de jugement déclaratif est portée devant le tribunal du domicile de la personne dont on veut établir le décès, si elle est domiciliée au Québec, art. 865.3. Le greffier n'est pas habilité à entendre ces demandes, art. 865.6. Si le «futur défunt» n'a pas de domicile au Québec, le code reconnaît la compétence du tribunal du lieu du décès, s'il est connu, ou celui du lieu de la disparition. La demande est signifiée aux père, mère, enfants de plus de 14 ans de celui dont on veut établir le décès, ainsi qu'à l'assureur, art. 865.4. Le juge peut ordonner une signification collective à toutes autres personnes, selon les modalités qu'il indique.

191. Enfin, l'art. 865.5 prévoit que la demande d'annulation du jugement déclaratif, de rectification du registre, de radiation des mentions et inscriptions est portée devant le tribunal du domicile de celui qui revient. Elle est signifiée aux intéressés.

Chapitre quatrième: Du registre et des actes de l'état civil

192. L'individualisation de la personne s'opère par l'attribution du nom et du domicile. Les informations essentielles relatives à son état et à sa capacité sont consignées dans les actes de l'état civil qui composent le registre de l'état civil. Le *Code civil du Québec* opère une réforme globale dans ce domaine.

193. Mignault définit les actes de l'état civil:

Les écrits où sont constatés par un officier public institué à cet effet, les événements qui constituent l'état civil ou privé d'une personne[132].

Au Moyen-Âge, le clergé catholique initie cette pratique en tenant la comptabilité des «dons obligatoires» faits par les fidèles à l'occasion des moments «historiques» de leur existence. Révélant certains avantages, ce système est récupéré par le pouvoir civil dans l'Ordonnance de Villers-Cotterets, prise par François Ier, en 1539. Y est reconnu le principe suivant: les actes consignés (naissance, décès des ecclésiastiques) font foi pleinement des événements qu'ils relatent. L'Ordonnance de Blois (Henri III, en 1579) étend ces effets aux actes de mariage et aux actes de décès de toute personne.

194. Le contenu des deux ordonnances est repris par la Coutume de Paris. À celle-ci s'ajoutent une ordonnance de Louis XIV en 1667, une autre de Louis XV en 1736; elles règlementent la tenue et la rédaction des registres. Ce système est en vigueur lors de la cession à l'Angleterre; il survit au nouveau régime puisqu'il s'agit de droits civils, garantis par le Traité de Paris de 1763. Les registres, en deux originaux, sont tenus par les ministres du culte. Ce système est codifié en 1866, le législateur n'ayant pas retenu la laïcisation issue de la révolution.

195. Le *Code civil du Québec* apporte des modifications importantes dont:

— la laïcisation intégrale des actes de l'état civil et la modernisation du système;
— la simplification de celui-ci, à la fois plus précis et plus efficace;

— la centralisation du registre;
— la protection de la vie privée par des règles précises de publicité;
— la tenue en double exemplaires: l'un écrit, l'autre informatisé. Gardés dans des endroits différents, ils serviront, le cas échéant, à la reconstitution du registre;
— l'extension et la précision des pouvoirs et des devoirs du directeur de l'état civil (D.E.C.).

NOTE: Ce chapitre, hautement technique, fait échec à l'imagination! Il faut se satisfaire de paraphrases et de descriptions ... pour le moment.

Section I De l'officier de l'état civil

196. L'article 103 déclare le directeur de l'état civil seul officier de l'état civil. L'alinéa 2 énumère ses devoirs dont l'exécution est précisée dans les sections qui suivent. Le directeur «est chargé de dresser les actes de l'état civil et de les modifier, de tenir le registre de l'état civil, de le garder et d'en assurer la publicité». Le commentaire précise:

...Cet article introduit un changement majeur: il confie la responsabilité de l'ensemble du système de l'état civil à une autorité unique, afin d'en améliorer le fonctionnement et de corriger les lacunes inhérentes au fait de la multiplicité des officiers de l'état civil[133].

Section II Du registre de l'état civil

197. Le registre «est constitué de l'ensemble des actes de l'état civil et des actes juridiques qui le modifient», art. 104. L'unicité du registre vise des objectifs de contrôle et d'efficacité. Des mesures serrées pallieront aux atteintes à la vie privée, risque présenté par la concentration des informations au même endroit.

198. Le registre est tenu en deux exemplaires; «l'un est constitué de tous les documents écrits, l'autre contient l'information sur support informatique», art.105 al. 1. Dans l'hypothèse de divergence, l'écrit prévaut. Dans tous les cas, une version peut servir à reconstituer l'autre. L'article 106 précise qu'une version du registre est conservée dans un lieu différent de celui ou sont gardés les exemplaires du registre. Le commentaire ajoute

que la mesure vise un objectif de sécurité, advenant la nécessité d'une reconstitution sans indiquer toutefois l'endroit où cette version sera conservée.

Section III Des actes de l'état civil

199. Par. 1 - Dispositions générales

Le registre est constitué exclusivement des actes de naissance, de mariage et de décès. Leur contenu est fixé par la loi: ils sont authentiques, art. 107.

200. Les constats, déclarations et actes juridiques envoyés au directeur servent à dresser les actes de l'état civil pour les personnes domiciliées au Québec. Il en est de même des naissances, mariages, décès survenus au Québec, art. 108. Le commentaire explique:

> Le directeur de l'état civil n'aura pas une connaissance directe des personnes et des événements qu'il devra inscrire au registre. Pour assurer la véracité des actes de l'état civil, les constats de naissance et de décès, généralement dressés par un médecin, corroboreront les déclarations que doivent faire certaines personnes désignées par le Code. Pour l'acte de mariage, c'est l'officier public, laïc ou religieux, qui fait lui-même la déclaration[134].

L'article 110 indique: «Les constats et les déclarations énoncent la date où ils sont faits, les nom, qualité et domicile de leur auteur et ils portent sa signature.»

201. Par. 2 - Des actes de naissance

Les articles 111 à 117 exposent les formalités requises pour que le directeur dresse l'acte de naissance. L'accoucheur rédige le constat de naissance dans lequel il indique: le lieu, la date et l'heure de la naissance, le sexe de l'enfant et le nom de la mère. L'heure de la naissance est un élément nouveau, favorisant la précision. Le nom de l'enfant n'est pas encore officiellement attribué. Le nom du père ne peut être livré par l'accoucheur, vu les conséquences sur l'établissement du lien de filiation. Le père doit se manifester en personne. Une copie du constat est transmise au D.E.C.; une autre est remise à ceux qui doivent faire la déclaration, généralement, les parents, art. 112 et 113.

202. Dans les trente jours de la naissance, le père et la mère doivent faire la *déclaration* au D.E.C. Celle-ci est remplie devant un témoin qui la signe. La déclaration indique le nom attribué à l'enfant, son sexe, le lieu, la date, l'heure de la naissance, le nom, le domicile des père et mère et du témoin, le lien de parenté du déclarant avec l'enfant. Est joint à la déclaration une copie du constat et le tout est expédié au directeur.

203. L'article 114 offre une garantie relative à la filiation: «Seuls le père ou la mère peuvent déclarer la filiation de l'enfant à leur égard.» L'alinéa deux ajoute: «aucune autre personne ne peut déclarer la filiation à l'égard d'un parent sans l'autorisation de ce dernier.» Le commentaire explique, fort justement:

> Compte tenu du fait que le lien de filiation entraîne des conséquences importantes en droit civil, mais que, par ailleurs, l'intérêt de l'enfant exige que sa filiation soit établie au plus tôt, cet article prévoit que seul le père ou la mère peut déclarer la filiation de l'enfant à son égard, sauf en certains cas[135].

204. L'exception en faveur de la présomption de paternité et du lien matrimonial amène la dérogation: «Cependant, lorsque la conception ou la naissance survient pendant le mariage, l'un d'eux peut déclarer la filiation de l'enfant à l'égard de l'autre.» Cela comporte quelques risques, Mignault ayant affirmé que la paternité est toujours «de sa nature occulte et incertaine»...[136]! Il faut voir, dans l'exception, une mesure d'accommodement et non la solution au problème de la hiérarchie des preuves de filiation.

205. Si les parents sont inconnus ou empêchés de le faire, l'art. 116 impose l'obligation de déclarer la naissance à la personne qui recueille le nouveau-né ou en assume la garde. Celle-ci doit préciser les circonstances et les faits qui l'amènent à agir à la place des parents. Le directeur comble «les vides», sur la base des circonstances et des présomptions, lorsque les informations nécessaires sont incomplètes et impossibles à obtenir, art. 117.

206. Par. 3 - *Des actes de mariage*

Le célébrant déclare le mariage; il doit le faire dans les trente jours suivant la célébration, art. 118. La déclaration est signée par celui-ci, les époux et les témoins, art. 121. Le contenu est énuméré à l'art. 119; les informations suivantes doivent apparaître: le nom et domicile des époux, le lieu et la date de leur naissance et du mariage, le nom des père, mère, témoins, les nom, domicile, qualité du célébrant, la société religieuse à laquelle il appartient. L'article 120 complète: il faut indiquer dans la déclaration «le fait d'une dispense de publication et, si l'un des époux est mineur, les autorisations ou consentements obtenus.»

207. Par. 4 - *Des actes de décès*

Comme pour la naissance, le décès est constaté par un tiers. En général, un médecin dresse le constat dans un délai raisonnable, à défaut de quoi, il peut être rempli par deux agents de la paix, art. 122 et 123. Le commentaire précise:

> Le constat de décès étant un acte médical qui exige des connaissances particulières, il fallait exiger que la constatation soit effectuée par un médecin. Cependant, en l'absence de médecin, le constat pourra être dressé par deux agents de la paix, mais seulement, dans le cas de mort évidente. On vise alors des cas comme la décapitation, la compression complète ou l'évidement du crâne, le corps complètement sectionné, la calcination ou l'état de putréfaction avancé[137].

Le coroner n'a pas été retenu parce que son rôle commence alors que le constat est déjà dressé.

208. Le constat énonce, s'ils sont connus, le nom, le sexe du défunt, le lieu, la date, l'heure du décès, art. 124. Si l'identité du défunt est ignorée, «le constat contient son signalement et décrit les circonstances de la découverte du corps», art. 128. Si la date et l'heure sont inconnues, le directeur de l'état civil les fixent «sur la foi du rapport d'un coroner et suivant les présomptions tirées des circonstances» art. 127 al. 1. Le lieu, impossible à déterminer, est remplacé par l'endroit où le corps a été découvert, art. 127 al. 2.

209. Un exemplaire du constat est remis au directeur de l'état civil ainsi qu'aux personnes tenues de déclarer le décès. La déclaration y est jointe à moins qu'il soit impossible de la transmettre immédiatement, art. 122 al. 2.

210. La déclaration est remise, sans délai, au D.E.C., soit par le conjoint, un proche parent ou allié ou toute personne capable

d'identifier le défunt. Elle est faite devant un témoin qui la signe, art. 125. La déclaration, à laquelle on joint un exemplaire du constat, contient les informations suivantes: le nom et le sexe du défunt, les lieu et date de naissance et de mariage, le lieu du dernier domicile, les lieu, date, heure du décès, le moment et le mode de disposition du cadavre, les noms des père, mère et conjoint, art. 126.

Section IV De la modification du registre
de l'état civil

211. Les dispositions visant la modification et la rectification du registre sont techniques et procédurales. Les articles 129 à 144 s'adressent essentiellement aux greffiers et au D.E.C. Ils ont néanmoins une incidence sur la vie quotidienne puisque la nécessité d'obtenir les renseignements contenus dans le registre existe plus fréquemment qu'on ne l'imagine. L'essentiel est d'éviter les tracasseries administratives.

212. Par. 1 - *Disposition générale*

Lorsqu'un jugement change le nom d'une personne ou modifie son état, le greffier du tribunal qui a rendu le jugement doit, dès qu'il est passé en force de chose jugée, notifier le D.E.C. Celui-ci fait les inscriptions nécessaires pour assurer la publicité du registre, art.129. Ainsi, devront être notifiés, «les jugements déclaratifs de décès, les jugements d'adoption, de divorce, de nullité de mariage etc.[138].

213. Par. 2 - *De la confection des actes et des mentions*

Le caractère authentique des actes de l'état civil explique la rigueur et la précision des dispositions qui régissent leur con- fection. Le code, aux articles 130 à 141, explicite les procédures et les effets des jugements. Il distingue selon qu'ils sont rendus au Québec ou hors du Québec.

214. Dans l'hypothèse d'une naissance, d'un mariage ou d'un décès survenu au *Québec*, qui n'a pas été constaté ou l'a été incorrectement ou tardivement, le D.E.C. «procède à une enquête sommaire, dresse l'acte de l'état civil sur la foi de l'information qu'il obtient et l'insère dans le registre de l'état civil» art. 130.

215. L'intervention du tribunal est impérative lorsqu'il y a contradiction, entre le constat et la déclaration, sur des mentions essentielles pour établir l'état d'une personne. L'article 131 prévoit alors que le D.E.C., ou toute personne intéressée, s'adresse au tribunal pour obtenir l'autorisation de dresser l'acte. Le commentaire précise:

> L'intervention du tribunal ne sera donc pas requise si la contradiction porte sur des mentions qui, bien qu'exigées par le code, ne sont pas nécessaires à l'établissement de l'identité ou de la filiation de la personne. L'importance des actes de l'état civil et les possibilités de contestation dans les cas envisagés justifient ce partage de compétence entre le directeur de l'état civil et le tribunal[139].

216. Le jugement notifié au D.E.C. modifie une mention essentielle (nom, filiation) ou la décision d'autoriser le changement de nom ou la mention du sexe a acquis un caractère définitif: une personne intéressée demande qu'un nouvel acte de l'état civil soit dressé, art. 132 al. 1. Pour compléter l'acte, le D.E.C. peut requérir, sur la nouvelle déclaration, la signature de ceux qui auraient pu signer la déclaration primitive. Le nouvel acte de l'état civil:

— se substitue à l'acte primitif;
— reprend toutes les énonciations et mentions qui ont fait l'objet de modification;

Une mention de substitution est portée à l'acte primitif. L'importance de celle-ci est soulignée dans le commentaire:

> L'article 149 établit que seules les personnes mentionnées dans l'acte pourront obtenir copie de cet acte primitif, sauf dans le cas de l'adoption où l'accès à l'acte primitif est soumis à des conditions encore plus restrictives. Les mentions ayant fait l'objet d'une rectification n'ayant plus d'effet civil, il semble souhaitable d'en interdire l'accès aux tiers[140].

Anticipant sur la publicité du registre, cette remarque n'en est pas moins capitale dans un objectif de protection de la vie privée.

217. Les devoirs du D.E.C. correspondent à l'élément affecté par le jugement, ou à l'événement. Ils sont précisés dans les articles 133 à 136:

— s'il s'agit d'un jugement déclaratif de décès, le D.E.C. dresse un acte de décès en y indiquant les mentions conformes au jugement, art. 133;

— s'il s'agit d'un mariage, il en fait mention sur l'acte de naissance, art. 134;

— s'il s'agit d'un décès, il en fait mention sur l'acte de naissance et de mariage, art. 134;

— s'il s'agit d'un jugement de divorce, il porte une mention sur les actes de naissance et de mariage de chacune des personnes concernées, art. 135 al. 1;

— s'il s'agit d'un jugement de nullité de mariage ou annulant un acte de décès, il annule l'acte de mariage ou de décès et fait les inscriptions nécessaires pour assurer la cohérence du registre, art. 135 al 2.

Les mentions assurent «la complémentarité entre les actes de l'état civil d'une personne». Elles permettent la «publicité par certificat de l'état civil» et évitent «l'utilisation frauduleuse des actes de l'état civil[141]». Sous l'article 135 al. 2, le commentaire note:

> Il permet ainsi d'assurer l'exactitude de l'inscription et la complémentarité entre les actes; il vise à faciliter la délivrance des certificats d'état civil. Celui qui demande un certificat de mariage a intérêt à savoir s'il a été annulé ou dissous. C'est pourquoi le directeur peut faire toutes les inscriptions permettant d'assurer la cohérence du registre[142].

L'article 136 complète la liste des informations à être inscrites au registre lorsque la mention portée à l'acte résulte d'un jugement. Le D.E.C. inscrit sur l'acte «l'objet et la date du jugement, le tribunal qui l'a rendu et le numéro de dossier. Dans les autres cas, il porte sur l'acte les mentions qui permettent de retrouver l'acte modificatif.» Ces mesures faciliteront la recherche des actes juridiques modifiant l'état civil d'une personne.

218. Les actes de l'état civil faits à *l'étranger* et les jugements rendus *hors Québec* posent un problème particulier. La loi vise leur inscription dans le registre afin de compléter celui-ci et de le rendre plus accessible aux personnes qui sont maintenant domiciliées au Québec. Une certaine prudence s'impose et des vérifications sont exigées par les articles 137 à 141. Établissons

le principe: «Malgré leur insertion dans le registre, les actes juridiques, y compris les actes de l'état civil, fait hors du Québec conservent leur caractère *semi-authentique*, à moins que leur validité n'ait été reconnue par un tribunal du Québec», art. 137 al. 3. *L'article* 864 *C.p.c.* prévoit que la demande est portée dans le district de Québec ou devant le tribunal du domicile du requérant. Elle est notifiée au D.E.C. et aux personnes intéressées. Le D.E.C. doit mentionner ce fait lorsqu'il délivre une copie, un certificat ou une attestation.

219. Le Code envisage diverses situations:

1ᵉʳ L'acte est fait hors du Québec mais concerne des *personnes domiciliées au Québec*: le D.E.C., sur réception de l'acte, procède à son insertion au registre comme s'il avait été fait au Québec. Il suit la même démarche pour un acte juridique, rendu à l'étranger, qui modifie ou remplace un acte qu'il détient, art. 137 al. 1 et 2.

2ᵉ L'acte est «*douteux*»: le D.E.C. peut refuser d'agir «à moins que la validité du document ne soit reconnue par un tribunal du Québec», art. 138.

Le commentaire précise à cet égard.

... l'article prévoit la possibilité d'un contrôle du tribunal pour reconnaître ou non la validité du document présenté et pour mieux préserver l'exactitude au registre québécois[143].

Pour agir, le D.E.C. doit être convaincu de l'authenticité et de la validité de l'acte.

3ᵉ L'acte dressé hors du Québec a été *perdu ou détruit* ou il est impossible d'en obtenir une copie, l'art. 139 oblige le D.E.C. à obtenir une autorisation du tribunal pour dresser l'acte de l'état civil ou inscrire une mention à un acte qu'il détient.

4ᵉ L'acte de l'état civil ou l'acte juridique a été fait dans une *autre langue* que le français ou l'anglais, l'art. 140 exige une traduction vidimée au Québec[144].

220. Par. 3 - *De la rectification et de la reconstitution des actes et du registre*

Les articles 141 à 143 énoncent les conditions et la procédure à suivre pour rectifier ou reconstituer les actes ou le registre. Ils sont complétés par les articles 871 à 871.4 *C.p.c.* Mentionnons l'art. 817.1 *C.p.c.*: lorsque le tribunal rend un jugement ordonnant la confection ou la rectification d'un acte de l'état civil, il peut ordonner d'office au D.E.C. de modifier le registre en conséquence. Il prévoit également les mentions qui devront y être inscrites. Distinguons d'abord entre la compétence du D.E.C. et celle exclusive du tribunal.

221. Le D.E.C. *corrige* les erreurs strictement matérielles, art. 142. Il s'agit de corrections mineures (des erreurs d'écriture) qui ne nécessitent pas l'intervention du tribunal. Dans l'ancien droit, le dépositaire des registres ne pouvait le faire que sur ordonnance du tribunal.

222. Le D.E.C. *reconstitue* l'acte perdu ou détruit. Il le fait sur la foi des renseignements qu'il recueille, en suivant la procédure imposée par le *Code de procédure civile*. Cet acte est «de nature administrative.» La reconstitution se fera à partir des «exemplaires ou des copies détenues par l'État ou des tiers»; les «procédés modernes de reproduction» seront utilisés, «tel photocopies ou copies par ordinateur[145]». S'il n'existe pas de copie ou que celle-ci ne peut être remise, l'officier public qui détenait l'acte établit une procédure de reconstitution, art. 871.1 al. 1 *C.p.c.* Si l'officier tarde ou néglige de le faire, tout intéressé peut demander au tribunal de désigner une personne pour y procéder, art. 871.1 al. 2 *C.p.c.*

223. Le tribunal, à l'exclusion du greffier, art. 871.4 *C.p.c.*, entend les demandes relatives à la reconstitution d'un acte authentique ou d'un registre public. Sauf les cas qui relèvent de la compétence du D.E.C., seul le tribunal peut ordonner la rectification d'un acte ou son insertion dans le registre. À la demande de tout intéressé, il revise les décisions du D.E.C. relatives à un acte, art. 141. La demande de revision est faite dans les trente jours qui suivent la réception de la décision par le requérant. Le D.E.C. transmet sans délai, au greffe du tribunal, copie du dossier objet de la demande revision, art. 864.2 *C.p.c.*

224. «Le tribunal homologue l'écrit reconstitué dès qu'il est assuré que la procédure suivie était adéquate et qu'elle permet une reconstitution valable» art. 871.2 al. 1 *C.p.c.* La demande d'homologation est accompagnée de l'écrit reconstitué, du plan

de reconstitution et d'un affidavit attestant qu'il a été effectivement suivi, art. 873.2 al. 2 *C.p.c.* Enfin, le juge peut ordonner, même d'office, que la demande soit signifiée, par avis public ou autrement aux personnes intéressées. S'il «s'agit d'un acte authentique, la demande est signifiée aux parties à l'acte, à moins que le juge n'en décide autrement», art. 871.2 al. 3 *C.p.c.*

225. La reconstitution homologuée par le tribunal produit certains résultats:

— les actes et registres reconstitués tiennent lieu de l'original;
— ils sont déposés auprès de l'officier public qui les détenait ou auprès du cessionnaire, art. 871.3 al. 1 *C.p.c.*

Tout intéressé peut en contester le contenu ou demander que des ajouts ou des corrections y soient apportés. Même si la procédure de reconstitution est la plus adéquate qui soit, il peut se glisser des erreurs. Il ne sera pas nécessaire, dans ce contexte, de recourir à l'inscription en faux[146].

Section V De la publicité du registre de l'état civil

226. L'accès aux actes de l'état civil doit être facilité. À titre de preuve de l'état, de la capacité, ces actes sont constamment requis. Vu les informations personnelles qu'ils contiennent, il importe de contrôler la diffusion. Le respect de la vie privée commande un encadrement, prévu aux articles 144 à 151. Les changements apportés sont inspirés par un souci d'efficacité, une préoccupation quant à l'authenticité et à l'uniformisation, une volonté de protection de l'intimité.

227. La publicité du registre s'opère par la délivrance de copies, de certificats, d'attestations portant le *vidimus* du D.E.C., art. 144. Ces documents sont authentiques, sous réserve de l'art. 137 mentionné précédemment (actes semi-authentiques faits hors du Québec). La différence entre ces «reproductions» tient à leur contenu et aux personnes qui y ont accès.

228. L'article 145 définit la *copie* de l'acte: «Est une copie d'un acte de l'état civil le document qui reproduit intégralement les énonciations de l'acte, telles qu'elles ont pu être modifiées.» C'est la reproduction intégrale de l'acte qui contient toutes les informations consignées. Sa diffusion sera limitée et contrôlée.

229. Sans définir le *certificat*, l'art. 146 énumère les informations qu'il contient: le nom de la personne, son sexe, ses lieu et date de naissance et, le cas échéant, le nom de son conjoint et les lieu et date du mariage ou du décès. Le certificat peut inclure la naissance, le mariage et le décès, auquel cas, il donne «une information complète des éléments essentiels de l'état civil d'une personne au moment où il est délivré et permet ainsi d'éviter les fraudes»[147]. Cela n'empêche pas le directeur, comme prévu à l'alinéa 2 de l'art. 146, de «délivrer des certificats de naissance, de mariage ou de décès portant les seules mentions relatives à un fait certifié». Le commentaire précise: «Cette possibilité aura son utilité dans tous les cas où le besoin du requérant se limite à l'information inscrite sur un seul acte[148].»

230. L'*attestation* «porte sur la présence ou l'absence, dans le registre, d'un acte ou d'une mention dont la loi exige qu'elle soit portée à l'acte», art. 147. Le commentaire ajoute:

L'attestation pourrait être utile pour vérifier le statut matrimonial d'une personne lors de l'achat d'une résidence à caractère familial ou pour savoir si une personne est vivante ou décédée[149].

231. La question se pose, évidemment, de savoir qui peut obtenir quoi?

— la copie: le D.E.C. peut la délivrer aux personnes qui y sont mentionnées ou à celles qui justifient de leur intérêt, art. 148. al. 1;
— le certificat est délivré à toute personne qui en fait la demande, art. 148. al. 1;
— l'attestation est délivrée par le D.E.C., à toute personne qui en fait la demande si «la mention ou le fait qu'il atteste est de la nature de ceux qui apparaissent sur un certificat; autrement il ne les délivre qu'aux seules personnes qui justifient de leur intérêt», art. 148. al. 2.

232. Lorsqu'un *nouvel acte* a été dressé, l'article 149 prévoit que «seules les personnes mentionnées à l'acte nouveau pourront obtenir une copie de l'acte primitif». L'article crée une exception de concordance avec l'adoption: «il n'est jamais délivré copie de l'acte primitif, à moins que, les autres conditions de la loi étant remplies, le tribunal ne l'autorise». Il faut alors

référer aux art. 582 à 584 sur la confidentialité des dossiers d'adoption et les conditions permettant la levée de l'anonymat. L'article 149 al. 2 prévoit l'accès à un *acte annulé:* «seules les personnes qui démontrent leur intérêt peuvent obtenir copie de celui-ci».

233. Une disposition accorde au D.E.C. le pouvoir exclusif d'autoriser la consultation du registre de l'état civil. Lorsqu'il permet cette consultation, il détermine «les conditions nécessaires à la sauvegarde des renseignements inscrits». Le commentaire précise que la réforme facilite l'accès au registre tout en protégeant l'aspect personnel de certains renseignements:

> Aussi est-il nécessaire pour ce dernier motif, et pour éviter la détérioration du registre, d'obtenir l'autorisation du directeur de l'état civil pour consulter le registre ou pour y faire des recherches, généalogiques, par exemple[150].

Section VI Des pouvoirs réglementaires relatifs à la tenue et à la publicité du registre de l'état civil

234. Un règlement sera adopté par le ministre de la Justice:

— pour désigner les personnes qui signeront et assureront la publicité du registre sous l'autorité du D.E.C., art. 151 al. 1.

Des règlements d'application seront adoptés sur:

— les mentions additionnelles qui peuvent apparaître sur les constats et déclarations;
— les droits de délivrance de copies d'actes, de certificats ou d'attestations;
— les droits exigibles pour la confection d'un acte ou la consultation du registre, art. 151.

La brochure publiée par la Direction de l'état civil ajoute qu'il y aura des règlements sur:

— la procédure de changement de nom et de mention du sexe;
— la définition de différents éléments techniques requis pour l'élaboration de supports d'informations (formulaires);
— la définition de certains mandats, obligations, délégations permettant de faciliter l'administration de la gestion de l'état civil[151].

235. L'article 152 prévoit enfin que l'agent local d'inscription, ou un fonctionnaire, pourra exercer certaines fonctions du D.E.C. dans les communautés cries, inuit, et naskapies. La disposition répond aux besoins spécifiques de ces communautés.

Titre quatrième: De la capacité des personnes

236. Les informations sur l'état de la personne, consignées dans les actes de l'état civil, fournissent les renseignements déterminants sur sa capacité. Celle-ci «est l'aptitude qu'a une personne, étant donné son état, à jouir des droits privés et à les exercer[152]». La capacité présente deux facettes: la capacité de jouissance et la capacité d'exercice:

> La capacité revêt deux aspects différents: c'est, d'une part, l'aptitude à acquérir un droit ou à être titulaire d'un droit et c'est, d'autre part, l'aptitude à exercer les droits dont on est titulaire; dans le premier cas, il s'agit de la capacité de jouissance et, dans le second cas, il s'agit de la capacité d'exercice[153].

Le corollaire de cette définition amène un développement sur les incapacités:

> L'incapacité de jouissance consiste à priver l'incapable de certains droits, à lui interdire certaines activités juridiques, alors que l'incapacité d'exercice consiste à priver l'incapable de la possibilité d'exercer lui-même ou seul certains droits dont il est titulaire, sans toutefois les lui supprimer[154].

237. Cette doctrine est sensiblement modifiée par l'art. 4 qui reconnaît, à toute personne, la pleine capacité d'exercice des droits civils après avoir déclaré, à l'art. 1, la pleine capacité de jouissance des droits de tout être humain ayant la personnalité juridique[155]. L'article 4, sans parler d'incapacité d'exercice, admet que dans certains cas, «la loi prévoit un régime de représentation ou d'assistance». Le titre quatrième du code élabore les règles de représentation et d'assistance pour les mineurs et les inaptes. Le commentaire introductif déclare: «Ce titre établit le *régime de capacité* des personnes tant pour la période de la minorité que pour celle de la majorité[156].»

Chapitre premier: De la majorité et de la minorité

238. Le principal changement met en évidence l'acquisition graduelle de la capacité chez le mineur:

> La minorité est donc la période où la personne acquiert graduellement la pleine capacité; ce passage est marqué arbitrairement de certains seuils: suivant que l'enfant a six, sept, dix, douze, quatorze ou seize ans, la loi lui reconnaîtra des droits scolaires, une faculté de discernement du bien ou du mal, une capacité de donner son avis, d'être pénalement responsable, de donner son consentement à certains actes qui le concernent ou de travailler[157].

La démarche se complique face à la liste qui comprend: le mineur, le mineur de plus de 14 ans, le mineur de 16 ans, le mineur émancipé, le majeur, le majeur protégé. L'émancipation est partielle ou totale; le majeur protégé jouit d'une capacité variable ou modulée, selon les termes du jugement ouvrant le régime de protection.

Section I De la majorité

239. L'article 153 fixe la majorité à dix-huit ans. «La personne, jusque-là mineure, devient capable d'exercer pleinement tous ses droits civils.» Sur ce point, aucun changement:

> Il a semblé difficile d'attribuer au mineur la pleine capacité. Une telle proposition n'a pas semblé réaliste, d'autant plus qu'elle ne correspond pas aux lois de la nature. En effet, l'être humain est ainsi fait qu'il acquiert graduellement science, jugement, maturité et sagesse[158].

Quel beau programme que certains mettent toute une longue vie à réaliser...! Le code reflète l'acquisition graduelle de la capacité, et «sans affirmer l'entière capacité du mineur, convient-il d'en favoriser l'émergence et le développement[159]». Le mineur jouit des droits civils; la capacité de les exercer est règlementée en fonction de son intérêt et de sa protection.

240. Quant au majeur, l'article 154 déclare: «La capacité du majeur ne peut être limitée que par une disposition expresse de la loi»... ou par l'ouverture d'un régime de protection. Le code maintient la présomption de capacité; celle-ci «ne peut être niée

et limitée que par une disposition expresse de la loi ou par jugement[160]...». *Le tout conformément à l'art.* 4 qui annonce la représentation ou l'assistance pour fin d'exercice, sans atteindre la capacité.

Section II De la minorité

241. Les articles 155 à 167 gouvernent l'apprentissage graduel de la capacité d'exercice: le mineur n'exerce ses droits civils que dans la seule mesure prévue par la loi. À l'incapacité du droit ancien succède la capacité variable, limitée par la loi. Le commentaire annonce les dispositions qui suivent: «En fait, le mineur n'est ni totalement incapable et son degré de capacité varie selon son âge et son discernement et selon la nature des actes[161].»

242. Le mineur de quatorze ans et plus consent seul aux soins requis par son état de santé. Il «est réputé majeur pour tous les actes relatifs à son emploi, ou à l'exercice de son art ou de sa profession», art. 156. La notion de mineur commerçant et banquier disparaît. Le législateur estime qu'avant quatorze ans, même pour son emploi ou sa profession, le mineur ne peut se léser.

243. Le mineur est considéré majeur lorsqu'il contracte pour ses besoins usuels ou ordinaires. L'article 157 pose une condition subjective reliée à l'âge et au discernement. L'intention est louable mais l'application de la mesure soulève quelques questions d'interprétation. Quels sont les besoins usuels et ordinaires d'un jeune? Nourriture, logement, vêtements, évidemment! Une voiture qualifie-t-elle? Un appareil de son, une télévision, une guitare, des équipements sportifs? L'âge et le discernement ne sont pas sans problème: le commentaire précise: «Cette affirmation de principe n'empêchera pas ce mineur d'invoquer éventuellement la lésion, conformément à l'article 163, puisqu'il s'agit d'un acte fait seul par le mineur. Le fait qu'il ait été lésé indique, en effet, qu'il manquait de discernement[162].» L'âge, le discernement, la nature des besoins seront précisés, après coup, lors de la contestation du contrat.

244. Sauf pour les actes énumérés précédemment, le mineur ne peut agir seul: il doit être représenté par son tuteur dans l'exercice de ses droits civils, art. 158 al. 1. Le second alinéa de

l'article précise: «à moins que la loi ou la nature de l'acte ne le permette pas, l'acte que le mineur peut faire seul peut aussi être valablement fait par son représentant». Le mineur ne peut, par exemple, ester seul en justice, mais il pourra invoquer seul, en défense, le défaut de représentation ou l'incapacité résultant de sa minorité, art. 160. Le défaut de représentation est une source nouvelle d'irrégularité.

245. Le tuteur représente le mineur dans les actions en justice; celles-ci sont portées au nom du premier. L'article 159 apporte néanmoins deux modifications au droit antérieur. Certaines actions, à cause de leur nature particulière et personnelle, sont intentées par le mineur seul, si le tribunal l'y autorise. Ainsi en est-il des actions relatives à l'état et à l'exercice de l'autorité parentale:

> ...quant à ce dernier point, il vise aussi bien les conflits reliés à cet exercice de l'autorité par le mineur lui-même à l'égard de son propre enfant, que les conflits reliés à l'exercice de l'autorité de ses père et mère à son égard[163].

Si un conflit survient quant aux actes où il peut agir seul, le mineur agit seul en défense.

246. Le code assortit de sanctions la violation des conditions d'exercice des droits par le mineur ou son représentant. Les sanctions varient, de la nullité absolue à la nullité relative, auxquelles s'ajoute la réduction des obligations. Parfois, la preuve du préjudice est requise. Certains de ces actes sont susceptibles de confirmation.

Nullité absolue: Est nul de nullité absolue, l'acte fait seul par le mineur, «lorsque la loi ne lui permet pas d'agir seul ou représenté, art. 161. Ces actes sont rares; le commentaire cite l'interdiction de tester et l'interdiction de se marier en deçà de l'âge légal minimum. Ces actes ne peuvent être confirmés[164].

Nullité relative: La nullité relative protège des «intérêts» particuliers, c'est-à-dire ceux des personnes sur lesquelles le législateur estime devoir veiller:

• l'acte accompli seul par le tuteur, alors que l'autorisation du tribunal était requise, *peut* être annulé à la demande du mineur, sans qu'il soit nécessaire d'établir un préjudice, art.

162. L'accent est mis ici sur la sanction des formalités exigées;

• l'acte fait seul par le mineur ou son tuteur, sans l'autorisation requise du conseil de tutelle, peut:

— être annulé à la demande du mineur

ou

— les obligations qui en découlent, réduites, uniquement si le mineur en subit un préjudice, art. 163. Dans cette hypothèse, comme dans la précédente, la nature de l'acte est un facteur à considérer.

Confirmation: À certaines conditions, le mineur peut confirmer les actes susceptibles de nullité relative. L'article 166, reprend l'ancien droit:

— le mineur a atteint la majorité: il peut confirmer les actes couverts à l'art. 162;

— le mineur est devenu majeur et la reddition de compte de la tutelle est complétée, les actes énumérés à l'art. 163 peuvent être confirmés. Il s'agit d'une renonciation après le fait, aux formalités protectrices exigées par la loi.

247. Les actions en nulllité et en réduction sont irrecevables lorsque le préjudice «résulte d'un évènement casuel et imprévu», art. 164 al. 1. Le mineur ne peut non plus «se soustraire à l'obligation extracontractuelle de réparer le préjudice causé à autrui par sa faute», art. 164 al. 2. Ces principes reprennent l'ancien droit. La doctrine et la jurisprudence qui en ont précisé la portée continueront de s'appliquer[165]. L'unique modification touche le vocabulaire. Les expressions «délit», «quasi-délit» sont remplacées par «obligation extra-contractuelle»:

En conséquence, l'obligation de réparer qui a sa source dans la loi (art. 1457) est désormais appelée obligation extra-contractuelle, par opposition à l'obligation contractuelle qui, elle, a sa source dans le contrat[166].

248. L'article 165 reproduit l'ancien droit: «La simple déclaration faite par le mineur ne le prive pas de son action en nullité ou en réduction de ses obligations.» Le commentaire précise qu'il n'y avait pas lieu de distinguer la déclaration écrite de la déclaration verbale, «puisque souvent l'une et l'autre peuvent être données en réponse à des pressions exercées sur le mineur, directement ou indirectement[167]».

249. Mentionnons brièvement les dispositions relatives à la lésion en matière contractuelle. Ce vice de consentement fut l'objet de discussions animées tout au long des travaux préparatoires qui ont mené à la réforme. Tantôt applicable aux majeurs, tantôt réservée exclusivement aux mineurs et aux inaptes, le législateur choisit finalement cette dernière hypothèse[168]. L'article 1405 pose le principe: «Outre les cas expressément prévus par la loi, la lésion ne vicie le consentement qu'à l'égard des mineurs ou des majeurs inaptes.»

250. Le consentement, fondement du contrat, doit être libre et éclairé. «Il peut être vicié par l'erreur, la crainte ou la lésion», art. 1399. Les éléments de la lésion sont énoncés à l'art. 1406: «La lésion résulte de l'exploitation de l'une des parties par l'autre, qui entraîne une disproportion importante entre les prestations des parties; le fait même qu'il y ait disproportion importante fait présumer l'exploitation.» Appliquée au mineur ou au majeur inapte, il y aura lésion si une obligation est estimée excessive «eu égard à la situation patrimoniale de la personne, aux avantages qu'elle retire du contrat et à l'ensemble des circonstances», art. 1406 al. 2. Quant à la sanction, le tribunal jouit d'un pouvoir d'évaluation reconnu à l'art. 1408: «Le tribunal peut, en cas de lésion, maintenir le contrat dont la nullité est demandée, lorsque le défendeur offre une réduction de sa créance ou un supplément pécuniaire équitable.» Nous renvoyons au chapitre des obligations pour un développement approprié sur ces questions.

Section III De l'émancipation

251. Par. 1 - De la simple émancipation

Le législateur voit une utilité à maintenir les deux sortes d'émancipation du mineur. La loi simplifie les formalités, le tout s'inscrivant dans une philosophie qui «vise à favoriser l'autonomie du mineur» et qui lui permet d'acquérir «progressivement la pleine capacité d'exercice de ses droits civils[169]».

252. La simple émancipation peut suivre deux voies. Dans un premier scénario, l'initiative repose sur le tuteur, suivant les conditions et formalités énoncées à l'art. 167 al. 1, à savoir:

— le mineur est âgé de seize ans;

— le conseil de tutelle a été consulté et a manifesté son accord;

Le tuteur dépose une *déclaration* auprès du curateur public: «ce dépôt vise à permettre aux tiers qui y auraient intérêt de prendre connaissance de ce changement d'état, puisque le curateur public tient un registre accessible à tous[170]».

253. Dans le second scénario, l'émancipation simple est accordée par le tribunal, sur demande du mineur agissant seul, art. 168. L'avis du tuteur et du conseil de tutelle, le cas échéant, est requis. Le commentaire précise:

> En principe, ce recours devrait être exceptionnel, puisque le mineur devrait généralement réussir à convaincre le tuteur et le conseil de tutelle de sa capacité d'exercer seul les actes de simple administration[171].

L'émancipation prend effet au jour du dépôt de la déclaration ou au jour du jugement.

254. L'émancipation entraîne des conséquences pour le mineur et le tuteur.

Mineur: l'émancipation ne met pas fin à la minorité et ne confère pas tous les droits résultant de la majorité. Elle «libère le mineur de l'obligation d'être représenté pour l'exercice de ses droits civils», art. 170.

Tuteur: l'émancipation met fin au devoir de représentation mais laisse subsister un devoir d'assistance, art. 169. Ce devoir est confié au tuteur afin d'éviter de procéder à la nomination d'un curateur:

> le tuteur connaît déjà le mineur et est bien placé pour déterminer la nature ou le degré d'assistance dont le mineur simplement émancipé peut avoir besoin[172].

Le tuteur rend compte de son administration au mineur émancipé; le devoir d'assistance est rempli gratuitement.

255. L'émancipation confère au mineur une capacité d'exercice limitée. Certains actes sont posés seul, d'autres avec l'assistance du tuteur, d'autres enfin avec l'autorisation du tribunal. Le premier effet noté à l'art. 171, quant à la personne, dispose

que le mineur émancipé peut établir son propre domicile et qu'il
«cesse d'être soumis à l'autorité de ses père et mère».

256. Le mineur émancipé détient la simple administration de
ses biens, art.172 al. 1[173]. Celle-ci lui permet de poser seul les
actes de conservation, de percevoir et d'administrer les fruits et
revenus perçus, de faire des placements présumés sûrs et, à titre
très exceptionnel, d'aliéner. Pour plus de sécurité, l'art. 172
donne deux exemples, assortis de restrictions:

— le mineur émancipé peut passer des baux, à titre de locataire, à la condition que leur durée n'excède pas trois ans;
— le mineur émancipé peut donner des biens suivant ses
facultés s'il n'entame pas notablement son capital.

L'atteinte «notable» relève des circonstances, évaluées dans
chaque cas. Il aurait été imprudent, et peut-être inutile ou trop
contraignant, de fixer des proportions ou d'être autrement plus
précis.

257. Les libéralités dans un contrat de mariage sont-elles autorisées? L'article 434 amène une réponse affirmative... nuancée.
Le mineur peut consentir «toutes les conventions matrimoniales
permises dans un contrat de mariage» à la condition d'y être
autorisé par le tribunal. Le titulaire de l'autorité parentale ou le
tuteur doivent donner leur avis. Quant aux successions, l'art.
708 prévoit: «Le mineur ne peut tester d'aucune partie de ses
biens si ce n'est de biens de peu de valeur.» Puisque l'émancipation ne met pas fin à la minorité, les articles 434 et 708
s'appliquent au mineur émancipé.

258. Pour poser certains actes, excédant la simple administration ... sans participer tout à fait de la pleine administration,
le mineur émancipé requiert l'assistance de son tuteur. L'article
173 l'exige pour l'acceptation d'une donation avec charge et la
renonciation à une succession. Le commentaire explique:

> ... l'acceptation d'un don ou d'un legs avec charge ou la
> renonciation indue, pourrait entraîner, en certaines circons-
> tances, une perte patrimoniale pour le mineur. C'est pourquoi
> l'assistance du tuteur est exigée pour accepter une donation ou
> un legs avec charge ou pour renoncer à une succession[174].

L'absence d'intervention du tuteur amène la nullité de l'acte ou
la réduction des obligations, sur preuve du préjudice subi par le
mineur.

259. La simple administration permet, exceptionnellement, l'aliénation de biens. L'article 174 précise, en matière d'émancipation: «Les prêts ou emprunts considérables, eu égard au patrimoine du mineur émancipé, et les actes d'aliénation d'un immeuble ou d'une entreprise doivent être autorisés par le tribunal, sur avis du tuteur.» À défaut de respecter ces formalités, le mineur qui prouve un préjudice, pourra demander la nullité de l'acte ou la réduction de ses obligations.

260. Par. 2 - *De la pleine émancipation*

Deux avenues mènent à la pleine émancipation: le mariage et le jugement. Si la première est usuelle, la seconde présente un aspect tout à fait exceptionnel. Le mineur s'adresse au tribunal pour obtenir l'émancipation. Des motifs sérieux seront prouvés; les avis du titulaire de l'autorité parentale, du tuteur ou de toute personne qui a la garde de l'enfant, doivent être produits. Il en est ainsi du conseil de tutelle, s'il est déjà constitué:

> Par ailleurs, étant donné l'importance de l'accession à la pleine capacité avant l'âge légal, le tribunal ne pourra l'accorder que pour un motif sérieux et légitime[175]...

Pensons au mineur totalement autonome dans les faits et dont la vie juridique quotidienne serait considérablement simplifiée par l'émancipation. Les effets de celle-ci sont complets: «La pleine émancipation rend le mineur capable, comme s'il était majeur, d'exercer ses droits civils», art. 176.

Chapitre deuxième: De la tutelle au mineur

261. La protection du mineur exige des modalités de prise en charge et de surveillance lorsque les titulaires de l'autorité parentale ne peuvent assumer leurs fonctions ou que le mineur doit être représenté. La réforme apporte des changements importants: mentionnons la tutelle légale des parents et la possibilité pour ceux-ci de désigner un tuteur à leur enfant. Centrée sur la famille et ses responsabilités à l'égard des membres qui la composent, l'intervention du tribunal s'en trouve diminuée. Le respect de la volonté des personnes transparaît. Le conseil de tutelle, joue également un rôle dans la protection des majeurs inaptes.

Section I De la charge tutélaire

262. La tutelle au mineur est légale ou dative, art. 178. La première résulte de la loi; la seconde est déférée par les père et mère ou le tribunal, art. 178 al. 2. Chacune est encadrée par des dispositions spécifiques. Destinée à assurer la protection de la personne du mineur, «l'administration de son patrimoine et, en général, l'exercice de ses droits civils», la tutelle est établie dans l'intérêt de celui-ci, art. 177. Cette mesure se conforme au principe général voulant que toute décision concernant l'enfant prend en compte son meilleur intérêt. Celui-ci est évalué à partir des faits et des circonstances.

263. Toute personne physique, capable d'exercer pleinement ses droits civils, peut être nommée tuteur, art. 179. «Cette charge est donc accessible aux citoyens étrangers et aux mineurs pleinement émancipés soit par le mariage, soit par le tribunal[176].» L'article 189 prévoit néanmoins qu'une «personne morale peut agir comme tuteur aux biens si elle y est autorisée par la loi».

264. La charge tutélaire présente certains caractères assortis d'exceptions.

Unicité: La charge est unique. Le tuteur est désigné à la personne et aux biens. «Sauf division, la tutelle s'étend à la personne et aux biens du mineur» affirme l'article 185. La division est permise par l'article 187: «on ne peut nommer qu'un tuteur à la personne, mais on peut en nommer plusieurs aux biens», les devoirs de chacun étant relativement biens définis. L'article 189, cité précédemment, prend toute son importance: la personne morale ne peut être nommée qu'aux biens.

Afin de faire bénéficier les mineurs de la compétence des organismes spécialisés dans l'administration du bien d'autrui, cet article crée une exception en permettant aux personnes morales, autorisées par la loi pour agir à ce titre, d'exercer la tutelle aux biens d'un mineur. Les normes et les mécanismes habituels de surveillance de ces organismes, ainsi que la présence du tuteur à la personne, devrait assurer au mineur une protection suffisante[177].

265. En dépit du principe d'unité, la tutelle est divisible: le territoire de chacun est marqué par l'art. 188. Le tuteur aux

biens assume l'administration des biens du mineur; si plusieurs tuteurs aux biens sont nommés, chacun est responsable «de la gestion des biens qui lui ont été confiés». Afin de préserver «une certaine unité de la tutelle et d'éviter la confusion pour les tiers et les coûts inutiles[178]», l'article dispose que le tuteur à la personne représente le mineur en justice quant à ses biens:

> Il [l'article] vise donc à concentrer sur la même personne, le tuteur à la personne, la responsabilité de représenter le mineur en toute matière[179]...

Le commentaire rappelle l'art. 246 qui impose au tuteur aux biens, l'obligation de rendre compte annuellement de sa gestion au tuteur à la personne.

266. *Gratuité*: cette seconde qualité de la tutelle, souffre des exceptions. Le principe est énoncé à l'art. 183 al. 1: «les père et mère, le directeur de la protection de la jeunesse ou la personne qu'il recommande comme tuteur exercent la tutelle gratuitement». Ce principe traditionnel a connu quelques accommodements issus de la jurisprudence. L'administration de certains patrimoines se révèle lourde, consomme beaucoup de temps et d'énergie. Conscient de cette réalité, le législateur reconnaît, à l'art. 183 al. 2, la possibilité pour le père et la mère d'être rémunérés s'il s'agit pour eux «d'une occupation principale». Le montant de la rémunération est fixé par le tribunal, sur l'avis du conseil de tutelle. Le mineur peut être titulaire d'un patrimoine considérable «soit par l'exercice d'une profession en bas âge, soit par succession ou par l'attribution d'une indemnité pour préjudice subi[180]». Les coûts d'administration sont à la charge du patrimoine, art. 218. La personne morale nommée tuteur, imposera les frais habituels d'administration d'un patrimoine, ces organismes donnant peu dans la bienfaisance!

267. Les parents reçoivent exceptionnellement une rémunération pour remplir les devoirs inhérents à l'autorité parentale; il peut en être autrement pour le tuteur datif désigné par ceux-ci. L'article 184 conçoit cette possibilité et l'assortit de conditions. La rémunération du tuteur datif peut être fixée par le père ou la mère qui le nomme. Elle peut l'être par le tribunal, sur avis du conseil de tutelle, ou par le liquidateur de la succession s'il y est autorisé. Les charges de la tutelle et les

revenus des biens à gérer serviront de barème pour fixer le quantum. Le dédommagement vise à intégrer la famille dans les structures de protection et, ce faisant, s'inscrit dans la philosophie générale qui a inspiré la réforme des régimes de protection.

268. *Obligatoire*: l'ancien droit attachait à la tutelle un caractère obligatoire. Les causes de refus, peu nombreuses, étaient prévues dans la loi. Le nouveau code est plus souple: «nul ne peut être contraint d'accepter une tutelle dative...» art. 180. Le commentaire explique: «en effet, une personne contrainte risque de mal remplir ses fonctions au détriment du mineur[181]». Quant à la tutelle légale des parents, il est rare qu'ils en seront privés. La tutelle obligatoire cède la place à une plus grande liberté inspirée par la protection du mineur.

269. Dans certaines hypothèses, la tutelle est imposée, donc obligatoire. Ainsi en est-il du directeur de la protection de la jeunesse et du curateur public. Le premier intervient à défaut d'une autre personne; le second, uniquement pour l'administration des biens. L'exercice de la tutelle est lié à la fonction: c'est la raison pour laquelle le directeur et le curateur sont tenus de l'accepter et de l'exercer gratuitement.

270. *Personnelle*: la charge de tuteur est *intuitu personae*. Reprenant la règle ancienne, l'art. 181 affirme qu'elle ne passe pas aux héritiers. Afin d'assurer la protection, ceux-ci «sont tenus de continuer l'administration de leur auteur jusqu'à la nomination d'un nouveau tuteur.» Les héritiers «sont seulement responsables de la gestion de leur auteur».

271. Deux effets sont attachés à la charge tutélaire: le premier, lié à l'autorité parentale; le second au domicile. Exercée par les parents, la tutelle participe de l'autorité parentale. La tutelle à la personne, dévolue à un tiers, emporte l'autorité, à moins que le tribunal n'en décide autrement. S'éclaire alors la démarche du législateur, notamment en matière de consentement aux soins où la présence du tuteur est constante.

> Les devoirs et pouvoirs rattachés à la tutelle à la personne et à l'autorité parentale incombent tous en principe aux père et mère; advenant la déchéance de l'autorité parentale, il paraît opportun de les confier en principe à la même personne, le tuteur à la personne du mineur. Il pourrait toutefois arriver

exceptionnellement qu'il convienne mieux de scinder la charge de représenter le mineur des obligations de garde, de surveillance et d'entretien; de là le pouvoir accordé au tribunal d'en décider ainsi[182].

Le siège de la tutelle est fixé au domicile du mineur, sauf lorsque celle-ci est exercée par le D.P.J. ou le curateur public. Il se situe alors au lieu où ces personnes exercent leurs fonctions. Cette mesure découle de l'art. 182.

272. Le nouveau code retient la possibilité, voire la nécessité, de nommer un tuteur ad hoc au mineur chaque fois que celui-ci a des intérêts à discuter en justice avec son tuteur, art. 190.

Section II De la tutelle légale

273. La tutelle légale s'ajoute aux attributs de l'autorité parentale des père et mère. Il existe un parallèle dans les règles d'exercice de l'une et de l'autre. La tutelle légale des parents est nouvelle, comme l'explique le commentaire:

> Cette tutelle légale constitue désormais le principe et les tutelles datives conférées par le tribunal deviennent l'exception. La création de cette forme de tutelle a pour but d'assurer plus simplement et plus adéquatement la représentation des mineurs dans l'exercice de leurs droits civils. En pratique, les père et mère assumaient la plupart du temps cette fonction, mais devaient, pour pouvoir le faire, se faire nommer tuteur par le tribunal. Cette modification répond à l'objectif de laisser à la famille le soin d'assumer les responsabilités essentiellement personnelles et privées[183].

274. Majeurs ou émancipés, les père et mère sont de plein droit tuteur de leur enfant mineur, «afin d'assurer sa représentation dans l'exercice de ses droits civils et d'administrer son patrimoine», art. 192 al. 1. «Le mineur qui exerçait la tutelle à son enfant continu d'exercer sa charge, conformément aux règles nouvelles de la tutelle» art. 22, loi d'application. «Ils le sont également de leur enfant conçu qui n'est pas encore né, et ils sont chargés d'agir pour lui dans tous les cas où son intérêt patrimonial l'exige», art. 192 al. 2. Est-il besoin d'insister sur le terme «patrimonial» qui ferme la porte, du moins on le suppose, à tout débat sur les droits du fœtus.

275. La tutelle légale des parents met l'accent sur deux points: l'égalité des parents et les conséquences de la déchéance.

276. Égaux, les parents exercent ensemble la tutelle, «à moins que l'un deux ne soit décédé» ou ne soit empêché de manifester sa volonté en temps utile, art. 193. L'article «se fonde sur le principe de l'égalité des parents en regard de l'enfant et, si ces parents sont mariés, il constitue une application du principe d'égalité des époux dans la direction morale et matérielle de la famille[184]».

277. Un parent peut mandater l'autre pour le représenter dans les actes relatifs à l'exercice de la tutelle, art. 194. Ce mandat est présumé à l'égard des tiers. Sage mesure qui garantit la sûreté et la stabilité des transactions en même temps que le bon fonctionnement de la tutelle. Le commentaire ajoute une précision: la tutelle doit, en principe, être exercée par les deux parents, ce qui n'exclut pas le mandat. Cependant, l'article «ne permet pas la délégation générale de la fonction de tutelle légale qui équivaudrait à un désengagement total de l'un des parents[185]». Élément de l'autorité parentale, la tutelle ne saurait faire l'objet d'une renonciation.

278. La tutelle légale n'élimine pas, à l'occasion, l'intervention du tribunal. Elle se produit lorsque la garde de l'enfant fait l'objet d'un jugement. Celui-ci ne prive pas le parent de l'exercice de la tutelle, pas plus que de l'autorité parentale[186]. Le tribunal peut néanmoins en décider autrement, art. 195. L'octroi de la garde à un parent n'entraîne pas l'exclusion de la tutelle. Fonction des circonstances et du meilleur intérêt de l'enfant, on ne peut déduire du jugement de garde plus de conséquences qu'il n'en exprime. Le commentaire insiste, avec raison, sur la nécessité pour l'enfant de maintenir des relations avec les deux parents:

> La relation des deux parents avec l'enfant est trop importante pour que l'on puisse enlever la responsabilité de la tutelle autrement que pour un motif grave. Il semble nécessaire de permettre au tribunal de décider, à la lumière des circonstances de chaque cas, si la tutelle doit être exercée par les deux parents, l'un d'eux seulement, ou encore par une autre personne[187].

279. L'exercice conjoint de l'autorité ne présume pas d'une entente parfaite: le tribunal agit comme arbitre et tranche le

conflit. L'article 196 indique qu'en cas «de désaccord relativement à l'exercice de la tutelle entre les père et mère, l'un ou
l'autre peut saisir le tribunal du différend». Cette solution
reprend en substance celle qui existe relativement à l'exercice
de l'autorité parentale (art. 653 *C.c.Q.*, (1980); art. 604 *C.c.Q.*
1991). Les réserves exprimées sur l'intervention du juge dans
les affaires de famille, s'étendent à la tutelle[188]. Saisi de ce
conflit, «le tribunal statue dans l'intérêt du mineur, après avoir
favorisé la conciliation des parties...». S'il en est besoin, le
tribunal peut aussi requérir l'avis du conseil de tutelle, art. 196
al. 2.

280. La déchéance de l'autorité parentale entraîne la perte de la
tutelle. Il s'agit de la déchéance totale; la déchéance partielle est
remplacée par le «retrait d'un attribut de l'autorité parentale»,
art. 606 al. 2. L'article 197 propose, quant à la tutelle, des
solutions différentes, selon qu'il s'agit de déchéance ou de
retrait. La première emporte la perte de la tutelle «puisque cette
autorité est plus importante et englobante que la charge de la
tutelle[189]». Le retrait d'attributs de l'autorité ou de leur exercice
n'entraîne la perte de la tutelle que si le tribunal en décide ainsi:

> Cependant, s'il ne s'agit que du retrait de certains attributs de
> l'autorité parentale ou de leur exercice, le parent visé est jugé
> digne ou apte à remplir partiellement un rôle auprès de son
> enfant; de là, la règle selon laquelle le tribunal pourra alors
> décider de la tutelle, selon les circonstances du cas[190].

281. Le tribunal qui prononce la déchéance désigne un tuteur à
l'enfant si le jugement touche les deux parents et si l'enfant
n'est pas déjà pourvu d'un tuteur autre que ses père et mère. À
défaut de désignation par le tribunal, le directeur de la
protection de la jeunesse du lieu où l'enfant réside, assume
d'office la fonction de tuteur légal, art. 199 al. 1. Soucieux de
maintenir la continuité dans la protection de l'enfant, le
législateur intègre au code l'art. 72 de la *Loi sur la protection
de la jeunesse*[191]. Le D.P.J. exerce la fonction de tuteur, en
concordance avec les articles 556 et 562, dans l'hypothèse
prévue à l'art. 199 al. 2: «Le directeur de la protection de la
jeunesse est aussi, jusqu'à l'ordonnance de placement, tuteur
légal de l'enfant qu'il fait déclarer admissible à l'adoption ou au
sujet duquel un consentement général à l'adoption lui a été

remis, excepté dans le cas ou le tribunal a nommé un tuteur.» Le commentaire explique:

> Or, comme le consentement général à l'adoption et la déclaration d'admissibilité à l'adoption octroient au directeur de la protection de la jeunesse la responsabilité de veiller à l'adoption de l'enfant, il paraît approprié de lui confier la tutelle pendant cette période jusqu'à ce que l'autorité parentale soit exercée par d'autres personnes, dont les adoptants[192].

Le commentaire ajoute:

> Dans l'hypothèse où l'ordonnance de placement serait révoquée ou le projet d'adoption abandonné, le directeur de la protection de la jeunesse se verrait alors à nouveau confier l'exercice de la tutelle, par application de l'art. 572[193].

282. L'exercice de la tutelle, même à la suite d'un jugement de déchéance, peut être remis au parent déchu si des circonstances nouvelles le justifient. Se calquant sur l'art. 610 en matière d'autorité parentale, l'art. 198 le prévoit. «Le père ou la mère qui s'est vu retirer la tutelle, par suite de la déchéance de l'autorité parentale ou du retrait de l'exercice de certains attributs de cette autorité, peut, même après l'ouverture d'une tutelle dative, être rétabli dans sa charge lorsqu'il jouit de nouveau du plein exercice de l'autorité parentale.» Cette disposition, précise le commentaire, «tient compte à la fois du lien étroit qui existe entre la tutelle et l'autorité parentale eu égard aux droits et intérêts de l'enfant mineur et de leur différence fondamentale, l'un étant une disposition plus juridique, l'autre, plus sociale[194]».

Section III De la tutelle dative

283. La tutelle légale et l'autorité parentale permettent aux parents de désigner un tuteur à leur enfant mineur advenant leur décès ou leur inaptitude. Réclamé depuis longtemps par les parents, ce droit leur est enfin reconnu. Le législateur convient que les parents savent qui pourra le mieux prendre soin de leur enfant. Il s'agit d'une modification importante puisque, autrefois, toutes les tutelles étaient déférées par le tribunal. Celui-ci continuera d'agir dans certains cas. La tutelle dative relève d'abord des parents, ensuite du tribunal.

284. Le père ou la mère peut nommer un tuteur à son enfant. L'article 200 prévoit deux moyens: le testament ou la déclaration transmise au curateur public. Celle-ci permet aux parents qui ne veulent pas faire de testament de désigner tout de même un tuteur. Respectueux de leur volonté, l'art. 24 de la loi d'application confirme le plein effet d'une tutelle prévue «par testament fait avant la date d'entrée en vigueur de la loi nouvelle, si le décès survient postérieurement à cette date».

285. L'égalité des parents et les conflits qu'elle peut soulever sont résolus par le code. L'article 201 al. 1 déclare: «le droit de nommer un tuteur n'appartient qu'au dernier mourant des père et mère, s'il a conservé au jour de son décès la tutelle légale». On ne peut déléguer ou transmettre plus de droits que l'on en possède soi-même. Pour nommer un tuteur, il faut être titulaire de cette charge. Si les deux parents désignent des personnes différentes, le droit ne prend naissance qu'à l'endroit du dernier mourant. La solution est logique considérant que le décès d'un parent fait reposer sur l'autre l'exercice exclusif de l'autorité parentale.

286. Rappelant la théorie des co-mourants, le second alinéa de l'art. 201 stipule qu'au cas de décès simultané des parents qui ont, chacun, désigné une personne différente qui accepte la charge, le tribunal décide laquelle l'exercera. La désignation d'un tuteur peut toujours être contestée. La prudence suggère la désignation d'un tuteur «remplaçant», art. 204.

287. La personne désignée accepte ou refuse la charge. L'acceptation détermine le moment d'entrée en fonction. L'article 202 qui le prévoit, crée, à l'al. 2, une présomption d'acceptation lorsqu'un refus n'a pas été exprimé dans les trente jours de la connaissance de la nomitation. La disposition respecte le principe à l'effet que la tutelle n'est plus obligatoire.La présomption d'acceptation a pour but «d'assurer la continuité de la tutelle et d'éviter de laisser les enfants trop longtemps dans l'insécurité[195]». Quelle que soit la décision, accepation ou refus, la personne désignée doit en aviser le liquidateur de la succession et le curateur public. Le premier, pour qu'il puisse agir en conséquence; le second, pour lui permettre d'exercer son devoir de surveillance et d'inscrire cette information au registre des tutelles.

288. Lorsqu'un remplaçant est nommé et que la personne désignée refuse, celle-ci doit avertir, sans délai, ce remplaçant. Tant que ce dernier n'accepte pas la charge, ou que la tutelle n'est pas demandée au tribunal, la personne désignée peut revenir sur son refus, art. 204. La règle a pour effet de faciliter le remplacement. De plus, l'article:

...reconnaît le droit du parent de parer à cette situation en désignant un remplaçant, il prévoit que la personne qui refuse peut reconsidérer sa décision tant que la tutelle n'est pas acceptée par le remplaçant ou déférée par le tribunal. Cette disposition se justifie par le fait que cette forme de tutelle est établie dans l'intérêt du mineur; elle vise à respecter davantage les volontés de ses père et mère[196].

289. En l'absence de désignation, en cas de refus ou d'inaptitude des personnes désignées, en somme, si la charge est vacante, le recours au tribunal s'avère inévitable. L'article 205 prévoit que, à titre supplétif, la tutelle est déférée par le tribunal lorsque la charge est vacante, ou qu'il faut nommer un tuteur *ad hoc*. La contestation d'une nomination implique l'intervention du tribunal. Celui-ci prend l'avis du conseil de tutelle, sauf si la demande est présentée par le D.P.J. Cette exception se justifie:

...par la fonction même de ce dernier et par le fait que, dans plusieurs de ces cas, il s'agit d'enfants sans famille ou négligés par leur famille. Le recours au conseil de tutelle s'avère alors un mécanisme inutile, voire même impossible à utiliser dans bien des cas[197].

L'article 207 énumère les circonstances où le D.P.J., ou la personne qu'il désigne, se portera demandeur. La disposition reprend l'article 71 de la *Loi sur la protection de la jeunesse*[198] et couvre les enfants orphelins et les cas de compromission.

290. L'article 206 énumère les personnes qui peuvent demander au tribunal l'ouverture d'une tutelle. Ce sont: le mineur, le père ou la mère, et les proches parents ou alliés de celui-ci, toute personne intéressée y compris le curateur public. Le demandeur peut suggérer le nom d'une personne apte à exercer la charge et prête à l'accepter. La protection de l'enfant trouve sa garantie dans le grand nombre de personnes autorisées à faire la demande. Au cercle familial, premier responsable de ce devoir, se joint toute personne intéressée ce qui inclut, à notre avis, un

travailleur social chargé de l'enfant et même un «pur étranger» qui se sentirait néanmoins concerné.

Section IV De l'administration tutélaire

291. Le principe général énoncé à l'art. 208 confie au tuteur — parent ou tiers — la simple administration des biens du mineur. Celà réfère aux actes de conservation et aux actes visant à faire fructifier les biens par des placements présumés sûrs. Les articles 1301 et suiv. excluent les actes de disposition ou d'aliénation, sous réserve de l'exception prévue à l'art. 1305.

292. Le mineur sous tutelle «gère le produit de son travail et les allocations qui lui sont versées pour combler ses besoins ordinaires et usuels». art. 220 al. 1. Préoccupé par l'autonomie du mineur et l'apprentissage de la capacité, le législateur prévoit néanmoins une exception lorsque les revenus du mineur sont élevés. Le tribunal, sur l'avis du tuteur et après consultation du conseil de tutelle, le cas échéant, fixe «les sommes dont le mineur conserve la gestion», art. 220 al. 2. Le tribunal prend en compte les circonstances, l'âge et le discernement du mineur, les conditions générales de son entretien et de son éducation, ses obligations alimentaires et celles de ses parents. L'article vise la protection du mineur fortuné:

> Cette règle a été étendue à d'autres cas où le mineur, bien que moins fortuné, risque de dilapider ses revenus. Il a semblé utile de permettre au tribunal de limiter l'administration du mineur sur ses revenus pour assurer sa propre protection[199].

293. Des devoirs spécifiques incombent au «tuteur-tiers» afin de garantir sa bonne administration. Il doit faire un inventaire des biens, fournir une sûreté, rendre compte annuellement de la gestion, obtenir les avis et autorisations du conseil de tutelle ou du tribunal requises par la loi. Les parents-tuteurs doivent s'y conformer si la valeur des biens excède $25,000 ou que le tribunal l'ordonne, à la demande d'un intéressé, art. 209. Le régime exceptionnel accordé aux parents trouve sa justification dans les liens d'affection qui les unissent à l'enfant et dans les faits voulant que, généralement, les mineurs possèdent un modeste patrimoine.

294. Certains biens échappent à la gestion du tuteur: ce sont les biens légués ou donnés, pour lesquels un administrateur a été désigné, art. 210.

Cet article de droit nouveau vise, tout en assurant l'unité et la cohérence de l'administration tutélaire, à respecter la volonté du donateur, lequel peut avoir institué un régime d'administration spécifique pour assurer la protection du patrimoine. Ce serait notamment le cas lorsque les biens sont mis en fiducie[200].

Dans cette hypothèse, l'alinéa 2 prévoit: «Si l'acte n'indique pas le régime d'administration de ces biens, la personne qui les administre a les droits et obligations d'un tuteur aux biens.» Celà suppose la surveillance du curateur public et la reddition de compte annuelle au tuteur à la personne.

295. En principe, la charge tutélaire est gratuite: les frais d'administration sont défrayés par le patrimoine sous tutelle. L'article 218 prévoit que le tuteur prélève «sur les biens qu'il administre les sommes nécessaires pour acquitter les charges de la tutelle, notamment pour l'exercice des droits civils du mineur et l'administration de son patrimoine». Cette règle codifie ce qui était implicite dans le Code civil du Bas-Canada.

296. Ces principes généraux établis, il convient d'analyser les règles applicables à divers actes juridiques, qu'il s'agisse de l'acceptation d'une donation, de la transaction, ou de l'emprunt.

297. Donation: Le tuteur peut accepter seul une donation à l'intention de son pupille. Une restriction est imposée à l'art. 211: la donation avec charge ne peut être acceptée qu'avec l'autorisation du conseil de tutelle. La charge pouvant se révéler très onéreuse, la protection du mineur exige une double garantie.

298. Transaction - Appel: Le conseil de tutelle doit autoriser le tuteur à transiger ou à poursuivre un appel. L'article 212 l'exige dans le but toujours, de protéger le mineur, «la transaction et l'appel constituent des actes très importants pour le mineur et [...] ils portent généralement sur des questions majeures ou des biens de valeurs[201]».

299. *Emprunt - Sûreté - Aliénation - Partage*

Pour saisir la portée de l'art. 213, il faut rappeler l'exception énoncée à l'art. 1305 sous la section «De la simple administration du bien d'autrui.» Lorsque celà est nécessaire pour maintenir la destination du bien, en conserver la valeur ou payer des dettes, l'administrateur peut, avec l'autorisation du bénéficiaire ou celle du tribunal, aliéner le bien à titre onéreux ou le grever d'une hypothèque. Il peut «alinéner seul un bien susceptible de se déprécier rapidement ou de dépérir». L'article 213 complète et applique à la tutelle la règle générale; il distingue selon que le bien ou la sûreté excède 25 000 $.

300. Pour contracter un emprunt important eu égard au patrimoine du mineur, grever un bien d'une sûreté, aliéner un bien important à caractère familial, un immeuble ou une entreprise, ou provoquer le partage définitif des immeubles d'un mineur indivisaire, le tuteur doit:

— être autorisé par le conseil de tutelle si la valeur du bien ou de la sûreté n'excède pas 25 000 $;
— être autorisé par le tribunal, sur avis du conseil de tutelle, si la valeur du bien ou de la sûreté excède 25 000 $. L'évaluation d'un expert est également exigée, art. 214.

La proportionnalité entre l'emprunt et le patrimoine est une question de fait, appréciée par le conseil ou le tribunal, le législateur refusant d'être plus précis. Il en est de même du bien important à caractère familial; on peut penser à la «maison paternelle» (ou parentale), à certaines œuvres d'art, à des pièces de collection. L'aspect profondément subjectif d'un tel bien doit être précisé dans chaque cas.

301. L'autorisation du conseil de tutelle ou du tribunal est éclairée par les critères de l'art. 213 al. 2 lequel exclut le partage. L'emprunt, l'aliénation à titre onéreux ou la sûreté seront consentis pour les raisons suivantes:

— pourvoir à l'éducation et à l'entretien du mineur;
— payer ses dettes;
— maintenir le bien en bon état ou conserver sa valeur.

L'article conclut: «L'autorisation indique alors le montant et les conditions de l'emprunt, les biens qui peuvent être aliénés ou grevés d'une sûreté, ainsi que les conditions dans lesquels ils peuvent l'être.»

302. _Biens de plus de 25 000 $_

Aux formalités déjà mentionnées, à savoir l'autorisation du tribunal et l'avis du conseil de tutelle, d'autres obligations s'imposent lorsque la valeur des biens en cause dépasse 25 000 $. Ainsi, le tuteur doit obtenir une évaluation d'expert pour aliéner un bien de cette valeur, art. 214. L'évaluation est jointe au compte de gestion annuel. L'expertise n'est pas nécessaire «s'il s'agit de valeurs cotées et négociées à une bourse reconnue suivant les dispositions relatives aux placements présumés sûrs», art. 1339 et suivants. Le deuxième alinéa de l'art. 214 laisse perplexe: «Constituent un seul et même acte les opérations juridiques connexes par leur nature, leur objet ou le moment de leur passation.» Sans doute réfère-t-on aux multiples aspects des transactions boursières. Si tel est le cas, la mesure évite les évaluations répétées et coûteuses.

303. L'article 217 impose au liquidateur d'une _succession_ dévolue ou léguée à un mineur et dont la valeur excède 25 000 $, de faire une déclaration au curateur public et d'indiquer la valeur de ces biens. La règle s'applique aussi à la _donation_ lorsque le donataire est mineur. Dans tous les cas où une _indemnité_ est payée au bénéfice du mineur, la déclaration doit en être faite au curateur. Le commentaire explique l'objectif de l'article qui applique l'art. 209:

> Même si les père et mère font défaut de déclarer que leur enfant mineur a reçu par succession, donation ou autrement des biens d'une valeur supérieure à 25 000 $, le curateur public sera informé par le liquidateur, le donateur ou la personne qui verse l'indemnité et pourra intervenir pour forcer les père et mère à remplir les obligations normales de tuteurs, telles l'inventaire, la sûreté etc.[202]

Cela permet au curateur de procéder à une vérification plus serrée des rapports annuels.

304. _Indivision:_ L'article 215, sur l'indivision complète le paragraphe 298, mentionnant le partage. Les obligations du tuteur sont moins lourdes lorsqu'il s'agit de conclure «une convention tendant au maintien de l'indivision»: il peut agir seul. Le mineur devenu majeur a le loisir d'y mettre fin dans l'année qui suit sa majorité, quelle que soit la durée de la convention. Cependant, l'al. 2 prévoit que la convention lie le mineur devenu majeur si elle est autorisée par le conseil de tutelle et le tribunal:

> Comme le maintien de l'indivision a des conséquences moins radicales sur le patrimoine du mineur que le partage définitif, il semble logique de permettre au tuteur de conclure seul une telle convention. Cependant, pour éviter que le mineur ne souffre préjudice de ce fait, la convention ne lie le mineur devenu majeur que dans le cas où elle a été autorisée par le conseil de tutelle et le tribunal. Dans les autres cas, il peut y mettre fin dans l'année qui suit sa majorité[203].

Il est fort à parier que les indivisaires exigeront ces autorisations pour garantir la stabilité de la convention.

305. Un tuteur à la personne peut être désigné en même temps qu'un ou plusieurs tuteurs aux biens. Des règles de coexistence... pacifiques se révèlent utiles. D'une façon générale, le «pouvoir» suit la personne. Le tuteur aux biens fait rapport au tuteur à la personne et, sauf exception, ce dernier représente le mineur en justice. Lorsque la charge couvre la personne et les biens, le tuteur peut prélever, sur les biens qu'il administre, certaines sommes destinées à assurer l'entretien ou l'éducation du mineur. Il le peut également s'il «y a lieu de suppléer l'obligation alimentaire des père et mère», art. 218, *in fine*. Cet article «établit clairement que l'entretien et l'éducation du mineur font partie des charges de la tutelle si les titulaires de l'autorité parentale ne l'assument pas dans les faits par négligence ou, surtout, parce qu'ils n'ont pas les moyens suffisants[204]».

306. Lorsque la charge tutélaire est partagée, «le tuteur à la personne convient avec le tuteur aux biens des sommes qui lui sont nécessaires, annuellement, pour acquitter les charges de la tutelle», art. 219 al. 1. Au cas de conflit, le conseil de tutelle ou le tribunal tranche. Le commentaire note avec justesse l'importance du conseil de tutelle: ... «cet article accroît les pouvoirs du conseil de tutelle pour favoriser l'engagement des proches du mineur et éviter, ainsi, dans la mesure du possible, le recours au tribunal[205]».

307. Il entre dans les fonctions du Directeur de la protection de
la jeunesse d'assumer, selon les circonstances, la charge de
tuteur. L'article 221 al. 1 remplace les avis du conseil de tutelle
par l'autorisation du tribunal lorsque la loi exige cet avis. Si la
valeur des biens excède $25,000, ou si le tribunal l'ordonne, la
tutelle aux biens est déférée au curateur public sur qui reposent
les droits et les obligations du tuteur datif, art. 221 al. 2. «Cette
règle se justifie par la nature des fonctions du directeur,
fonctions axées sur la protection de la personne du mineur et
non sur celle de ses biens[206]». Par le conseil de tutelle, le législateur favorise la famille. Si celle-ci est absente, inexistante ou
menaçante, le tribunal la remplace.

308. L'article 216 impose au greffier du tribunal, de donner
sans délai, «avis au conseil de tutelle et au curateur public de
tout jugement relatif aux intérêts patrimoniaux du mineur, ainsi
que de toute transaction effectuée dans le cadre d'une action à
laquelle le tuteur est partie en cette qualité». Le conseil et le
curateur ont un devoir de surveillance de la tutelle. Cette
mesure leur permet de mieux remplir leur rôle et d'assumer leur
fonction.

Section V Du conseil de tutelle

309. Le conseil de tutelle, institution nouvelle, cumule les rôles
autrefois confiés au subrogé-tuteur et au conseil de famille. Ses
fonctions sont multiples et ses pouvoirs étendus. Essentiellement, il surveille la tutelle et vérifie la bonne administration des
biens, art. 222. Il donne des avis.

310. Par. 1 - *Du rôle et de la constitution du conseil*

Ce paragraphe répond aux trois questions: qui, quand, comment, auxquelles s'ajoutent quelques nuances et précisions.
L'article 222 décrit le conseil de tutelle... «formé de trois
personnes désignées par une assemblée de parents, d'alliés ou
d'amis ou, si le tribunal le décide, d'une seule personne». Créé
par l'assemblée de parents ou le tribunal, sa composition est
réduite, ce qui «devrait le rendre plus efficace et accorder une
protection tout aussi adéquate au mineur, tout en respectant
l'autonomie de la cellule familiale[207]». Le conseil est composé
d'une seule personne «lorsque la constitution d'un conseil
formé de trois personnes est inopportune, en raison de

l'éloignement, de l'indifférence ou d'un empêchement majeur des membres de la famille, ou en raison de la situation personnelle ou familiale du mineur», art. 231 al. 1. La création du conseil unique et l'appréciation des critères relèvent exclusivement du tribunal.

311. L'article 223 énonce dans quels cas le conseil de tutelle doit être formé. À la question quand, l'article répond:

— dans le cas de tutelle dative
— dans le cas de tutelle légale mais uniquement lorsque les père et mère doivent faire inventaire, fournir une sûreté ou rendre compte annuellement, c'est-à-dire, lorsque la valeur des biens excède 25 000 $.

La formation du conseil de tutelle n'est pas requise lorsque le directeur de la protection de la jeunesse ou une personne qu'il désigne, ou le curateur public, assume la fonction, art.223 al. 2. Dans ces cas, la surveillance de la tutelle par un conseil a été jugée inutile, d'autres mécanismes y pourvoyant.

312. Qui *peut* provoquer la formation du conseil de tutelle? L'article 224 al. 1 répond: «toute personne intéressée peut provoquer la constitution du conseil de tutelle en demandant soit à un notaire soit au tribunal du lieu où le mineur a son domicile ou sa résidence, de convoquer une assemblée de parents, d'alliés ou d'amis». Le tribunal a juridiction exclusive pour former un conseil de tutelle d'une seule personne, art. 231 al. 1. Le tribunal saisi d'une demande pour nommer ou remplacer un tuteur ou un conseil de tutelle peut, d'office, convoquer une assemblée de parents, art. 224 al. 2. L'article 872 *C.p.c.* reprend la règle du domicile ou de la résidence du mineur ou du majeur inapte.

313. Qui *doit* provoquer la création du conseil de tutelle? La réponse se trouve à l'art. 225 al. 1: «le tuteur nommé par le père ou la mère du mineur, ou les père et mère, le cas échéant...». Le commentaire affirme:

L'obligation se justifie par le fait que, dans les cas prévus, le tuteur ou les père et mère savent qu'un conseil de tutelle doit être constitué. L'obligation créée a pour but de hâter la formation du conseil, afin d'assurer le plus tôt possible la protection des intérêts du mineur[208].

L'on présume que l'information sera communiquée par le curateur public. Les parents choisissent de convoquer l'assemblée de parents ou de demander au tribunal qu'il désigne une seule personne à titre de conseil de tutelle, art. 225 al. 2. «Cette disposition vise à limiter au maximum les intrusions dans la vie privée des personnes, principalement dans les matières personnelles et familiales[209]».

314. Créatrice du conseil de tutelle, l'assemblée de parents exige quelques précisions. *Doivent* y être convoqués, «les père et mère du mineur, et s'ils ont une résidence au Québec, ses autres ascendants ainsi que ses frères et sœurs majeurs», art. 226 al. 1. *Peuvent* être appelés, pourvu qu'ils soient majeurs, «les autres parents et alliés du mineur et ses amis», art. 226 al. 2. L'article rend obligatoire la convocation des membres immédiats de la famille, *s'ils sont domiciliés au Québec*. Les circonstances et les frais encourus lorsqu'ils sont hors Québec rendent parfois impossible la réunion de ces personnes. Dès lors, les frères, sœurs et ascendants pourront, en vertu du deuxième aliéna de l'article, y être appelés. Leur absence sera comblée par d'autres parents ou amis. Toujours pour faciliter les choses, l'assemblée de parents et amis est ramenée à cinq personnes. Les lignes maternelle et paternelle sont représentées, art. 226 al. 4[210].

315. Afin d'éviter qu'une personne soit écartée de l'assemblée, l'art. 227 prévoit: «Les personnes qui doivent être convoquées ont toujours le droit de se présenter à l'assemblée de constitution et d'y donner leur avis, même si on a omis de les convoquer.» Cette règle reprend en substance le droit antérieur.

316. L'assemblée est convoquée soit par le greffier, soit par un notaire, art. 873 al. 1 *C.p.c.* L'avis de convocation est notifié aux personnes appelées à en faire partie; il indique «l'objet de l'assemblée, le lieu, le jour et l'heure où elles devront se présenter», art. 873 al. 2 *C.p.c.* Des difficultés de convocation donneront ouverture à l'application de l'art. 231 al. 3. L'assemblée est présidée par un notaire ou le greffier. Si le notaire agit, «le procès-verbal de l'assemblée de constitution est homologué par le greffier», art. 874 *C.p.c.*

317. «L'assemblée désigne les trois membres du conseil de tutelle et deux suppléants, en respectant, dans la mesure du

possible, la représentation des lignes maternelle et paternelle», art. 228 al. 1. L'assemblée désigne un secrétaire du conseil, membre ou non de celui-ci. Le secrétaire tient les procès-verbaux des délibérations; l'assemblée fixe, le cas échéant, sa rémunération, art. 228 al. 2. Le tuteur est exclu du conseil de tutelle, afin d'éviter une situation conflictuelle, art. 228 al. 3. Le conseil est néanmoins *tenu* de le convoquer à toutes ses séances pour y prendre son avis; le mineur *peut* y être invité, art. 230.

318. Le conseil de tutelle avise «le tuteur ou le curateur, le curateur public, le mineur, s'il est âgé de quatorze ans et plus ou le majeur protégé, du nom et de l'adresse de ses membres et du secrétaire du conseil; il les avise de tout changement à cet égard», art. 875 *C.p.c.* L'article suivant précise le rôle du secrétaire: «toute signification ou notification destinée au conseil est valablement faite au secrétaire chargé de rédiger et de conserver les procès-verbaux des délibérations du conseil».

319. L'assemblée de parents et amis désigne deux suppléants au conseil de tutelle; il appartient à ce dernier de combler les vacances en choisissant un de ces suppléants. L'article 229 indique que le choix se fait dans la ligne où s'est produite la vacance:

> Cet article est de droit nouveau. Il découle du principe établissant le caractère permanent du conseil de tutelle et vise à en assurer la continuité et l'efficacité. Il maintient l'objectif de préserver la participation des lignes maternelle et paternelle[211].

Si cet objectif est irréalisable ou en l'absence de suppléant désigné, le conseil «choisit un parent ou un allié de la même ligne ou, à défaut, un parent ou un allié de l'autre ligne ou un ami.»

320. Le code fixe à trois personnes la composition du conseil de tutelle. Dans l'hypothèse où le conseil unique se révèle préférable, le tribunal peut désigner une personne qui démontre pour le mineur un intérêt particulier. À défaut, s'ils ne sont pas déjà tuteur, le directeur de la protection de la jeunesse ou le curateur public seront nommés, art. 231 al. 2. S'il est impossible de convoquer l'assemblée de parents et d'amis, le tribunal peut dispenser le demandeur de procéder à la convocation de celle-ci:

Comme le problème qui rend la constitution du conseil de trois personnes inopportunes existe souvent aussi au point de départ, celà peut rendre la tenue de l'assemblée de parents impossible. C'est la raison du troisième aliéna[212]. Il faut démontrer au tribunal que des efforts ont été faits et qu'ils se sont révélés vains. En somme, les deux principales raisons qui justifient la nomination d'un conseil unique sont: l'impossibilité de réunir une assemblée de parents ou l'inopportunité de le faire pour des raisons de vie privée familiale.

321. Contrairement à la charge tutélaire, la participation au conseil de tutelle est *gratuite*; comme pour la tutelle, elle est *personnelle*, art. 232 al. 2:

> Cette charge est gratuite, étant donné que les biens et les revenus du mineur sont souvent inexistants ou généralement modestes. De plus, cette charge n'exige pas une disponibilité continue, comme celle du tuteur[213].

La charge n'est pas obligatoire, sauf pour le directeur de la protection de la jeunesse ou le curateur public, art. 232 al. 1. Une personne qui accepte la charge peut en être relevée, «pourvu que cela ne soit pas fait à contretemps». Ces dispositions se rapprochent des articles 179, 180 et 250; il est nécessaire:

> ...que la charge de membre du conseil [soit] personnelle et que personne n'est tenu d'en faire partie ni d'y demeurer par la suite, sauf lorsqu'elle est assumée par un fonctionnaire public; Il est important que cette charge soit obligatoire pour ce dernier afin qu'il puisse y avoir un conseil de tutelle dans tous les cas requis par la loi[214].

322. Par. 2 - *Des droits et obligations du conseil*

Le subrogé tuteur, autrefois surveillant et gardien de la tutelle, est remplacé dans ces fonctions par le conseil de tutelle. Celui-ci surveille la tutelle et donne des avis, art. 233 et 236:

> Le conseil de tutelle, dorénavant permanent, a essentiellement deux fonctions: surveiller la tutuelle et, comme l'indique la disposition, donner les avis et les autorisations prévues par la loi. Si, dans la première fonction, le conseil remplace le subrogé-tuteur, par la seconde, il assume les fonctions que le droit antérieur confiait au conseil de famille de manière ponctuelle[215].

L'article 233 al. 2 réfère à une situation particulière: ... «lorsque les règles de l'administration du bien d'autrui prévoient que le bénéficiaire doit ou peut consentir à un acte, recevoir un avis ou être consulté, le conseil agit au nom du mineur bénéficiaire». Le commentaire explique:

> Les règles de l'administration du bien d'autrui, établies aux articles 1299 et suivants, prévoient dans plusieurs cas que l'administrateur doit obtenir l'avis ou le consentement du bénéficiaire pour agir. Or le tuteur étant administrateur du bien d'autrui et le bénéficiaire étant mineur, l'article donne au conseil de tutelle la responsabilité d'agir alors pour le bénéficiaire[216].

323. Le devoir général de *surveillance*, développé aux articles 240 à 250, est énoncé à l'art. 236. Le conseil s'assure:

— que le tuteur fait l'inventaire des biens;
— que le tuteur fournit et maintient une sûreté.

Il vérifie la gestion du tuteur en recevant la reddition de compte annuelle. À cette fin, il «a le droit de consulter tous les documents et pièces à l'appui du compte et de s'en faire remettre une copie.» Le conseil fait nommer un tuteur ad hoc lorsque le mineur a des intérêts à discuter en justice avec son tuteur, art. 235. Il assure la conservation des archives et les remet au mineur à la fin de la tutelle, art. 239. Celles-ci comprennent les décisions relatives à l'administration des biens et incluent les informations touchant la personne du mineur.

324. Imitant les conseils d'administration, le conseil de tutelle formé de trois personnes se réunit au moins une fois l'an. Il délibère valablement si la majorité de ses membres y assiste ou si ceux-ci peuvent communiquer immédiatement entre eux. La présence physique n'est pas requise si d'autres moyens, la conférence téléphonique par exemple, permettent aux membres une communciation simultannée. «Les décisions sont prises, et les avis donnés, à la majorité des voix; les motifs de chacun doivent être exprimés», art. 234 al. 2:

> Il était par ailleurs essentiel d'établir une règle de majorité, puisque le conseil de tutelle ne fait pas que donner des avis au tribunal; il donne également des autorisations. Cependant, surtout s'il donne un avis, les motifs peuvent aider le tribunal

à rendre sa décision; aussi paraît-il souhaitable de les exprimer[217].

325. En plus de la réunion annuelle «statutaire», l'art. 238 prévoit que le tuteur «peut provoquer la convocation du conseil ou, à défaut de pouvoir le faire, demander au tribunal l'autorisation d'agir seul.» L'efficacité et la promptitude du conseil de tutelle sont essentielles pour assurer la bonne administration. Cet article,

...introduit une mesure de contrôle sur le conseil, en prévoyant que, dans le cas où le conseil néglige d'agir ou est empêché de le faire, le tuteur peut soit le convoquer, soit être autorisé à agir seul, afin d'éviter que les délais occasionnés par le conseil ne causent de préjudice au mineur[218].

326. Les décisions du conseil de tutelle sont revisables. Toute personne intéressée, pour un motif grave, présente la demande de revision au tribunal, dans les dix jours. La demande de constitution d'un nouveau conseil suit la même procédure. La demande de revision est notifiée au secrétaire du conseil qui «transmet sans délai, au greffe du tribunal, le procès-verbal et le dossier relatif à la décision qui fait l'objet de la demande de revision» art. 876.1 *C.p.c.* Compte tenu des pouvoirs étendus du conseil de tutelle, l'absence de contrôle aurait été imprudente. Les articles 237 et 238 s'y consacrent. En dépit de la réforme, la base du système demeure la même: le tuteur est surveillé par le conseil de tutelle, lui-même surveillé par le tuteur, toute personne intéressée et le tribunal.

Section VI Des mesures de surveillance de la tutelle

327. Trois moyens facilitent la surveillance de la tutelle. Ce sont l'inventaire, la sûreté et la reddition de compte. Les articles 240 à 250 les encadrent et dirigent le conseil de tutelle dans l'exercice des obligations énoncées à l'art. 236.

328. Par. 1 - *De l'inventaire*

Le tuteur procède à l'inventaire des biens du mineur dans les soixante jours suivant l'ouverture de la tutelle, art. 240. Un inventaire est également requis lorsque le mineur reçoit des biens pendant la tutelle, comme une succession ou une compensation. Une copie de l'inventaire est transmise au curateur public et au conseil de tutelle.

329. Est dispensé de l'inventaire, le tuteur qui continue l'administration d'un autre après la reddition de compte de ce dernier, art. 241. Cette règle est «fondée sur le motif que, dans ce cas, l'inventaire initial et la reddition de compte du tuteur sortant tiennent lieu d'inventaire pour le remplaçant[219]».

330. Par. 2 - *De la sûreté*

La sûreté est exigée lorsque la valeur des biens excède 25 000 $, art. 242. Même les parents, rappelons-le, doivent la fournir. En est cependant dispensée, la personne morale qui exerce la tutelle aux biens, art. 244. L'obligation générale qui incombe à celle-ci de garantir son administration justifie cette dispense.

331. L'article 242 indique que la sûreté prend la forme d'une assurance ou toute autre forme. «La nature et l'objet de la sûreté, ainsi que le délai pour la fournir, sont déterminés par le conseil de tutelle.» Les frais de la sûreté sont à la charge de la tutelle:

> Il paraît logique que les frais de la sûreté soient à la charge de la tutelle, puisque le mineur en est le bénéficiaire. De plus, la charge de tutelle dative étant facultative, si ces frais étaient à la charge du tuteur, ils pourraient inciter certains à refuser la tutelle[220].

332. Le tuteur fournit la sûreté et justifie de celle-ci, sans délai, au conseil de tutelle et au curateur public. Le tuteur doit maintenir la sûreté durant toute son administration ou offrir une autre valeur suffisante; il justifie ce maintien annuellement, art. 243. Cette disposition correspond à l'obligation de l'art. 236 et a pour but de «protéger davantage le mineur et de faciliter l'exercice du rôle de surveillance du conseil et du curateur public[221]».

333. Le mineur devenu majeur ou le conseil de tutelle peuvent donner main levée de la sûreté et requérir la radiation de l'inscription, aux frais de la tutelle, art. 245. Avis de cette radiation est donné au curateur public.

334. Par. 3 - *Des rapports et comptes*

La tutelle est contrôlée annuellement et à sa conclusion. À tous les ans, le tuteur transmet au curateur public, au conseil de tutelle et au mineur de quatorze ans et plus, le compte de sa gestion. Lorsque le tuteur à la personne et le tuteur aux biens sont différents, le dernier fait rapport au premier, art. 246. Afin d'assurer l'unité et la cohérence dans l'administration, le «pouvoir» suit la personne. Le législateur estime que le mineur de quatorze ans qui fait l'apprentissage graduel de la capacité, «a suffisamment de maturité pour commencer à s'intéresser à l'administration de ses biens[222]».

335. À la fin de la tutelle, le tuteur procède à une reddition de compte définitive dont il transmet copie au conseil de tutelle et au curateur public. Le tuteur doit s'astreindre à la même démarche envers son remplaçant et le liquidateur de la succession du mineur. Selon les circonstances, une copie du compte est remise au mineur de quatorze ans et plus, art. 247.

336. Le curateur public examine le compte de gestion et s'assure du maintien de la sûreté; art. 249 al. 1. Il a droit d'exiger «tout document et toute explication concernant ces comptes et il peut, lorsque la loi le prévoit, en requérir la vérification», art. 249 al. 2. Cet article est conforme à la *Loi sur le curateur public*[223].

337. L'article 311 C.c.B.C. est reproduit intégralement à l'art. 248: «Tout accord entre le tuteur et le mineur devenu majeur portant sur l'administration ou sur le compte est nul, s'il n'est précédé de la reddition d'un compte détaillé et de la remise des pièces justificatives.»

Section VII Du remplacement du tuteur et de la fin de la tutelle

338. Le tuteur peut être remplacé, en cours de tutelle, pour des raisons liées à son administration ou à d'autres circonstances. La demande est faite par le tuteur lui-même, le conseil de tutelle, le curateur public ou toute personne intéressée.

339. Aux conditions suivantes, le tuteur peut demander d'être relevé de ses fonctions:

— il invoque un motif sérieux;
— la demande n'est pas faite à contretemps;
— il en donne avis au conseil de tutelle.

L'article 250, de droit nouveau, «vise à assurer la continuité de l'administration tutélaire, tout en protégeant le mineur contre les risques d'une administration imposée au tuteur ou contre une démission intempestive»[224]. Il correspond à l'art. 180 qui souligne le caractère facultatif de la tutelle dative.

340. La demande vient d'un tiers, le conseil de tutelle ou, en cas d'urgence, un membre y siégeant, lorsque le tuteur ne peut exercer sa charge ou ne respecte pas ses obligations, art. 251. Pour les mêmes raisons, le tuteur à la personne doit procéder à l'égard d'un tuteur aux biens. Il s'agit, pour ces personnes, d'une obligation. Le deuxième alinéa de l'article prévoit que le curateur public, ou toute personne intéressée, *peut* le faire pour les mêmes motifs. Le code attribue au conseil de tutelle les obligations du subrogé-tuteur. «Le jugement qui met fin à la charge du tuteur doit énoncer les motifs du remplacement et désigner le nouveau tuteur», art. 254[225].

341. Conséquent avec la philosophie qui l'inspire en matière de protection, le législateur consacre l'intérêt du mineur comme seul motif de remplacement lorsque la charge est exercée par le curateur public ou le directeur de la protection de la jeunesse, art. 252. Cette mesure veut encourager l'engagement des parents:

> L'intervention de l'État, ici du directeur de la protection de la jeunesse, d'une personne qu'il recommande ou du curateur public, doit, dans cette optique, être limitée le plus possible. Il ne sera donc pas nécessaire d'alléguer l'incapacité ou la négligence de l'une ou l'autre de ces personnes pour obtenir son remplacement; le seul intérêt du mineur suffira[226].

342. L'article 253 reprend en ces termes l'ancien art. 289 *C.c.B.C.*: «Pendant l'instance, le tuteur continue à exercer sa charge, à moins que le tribunal n'en décide autrement et ne désigne un administrateur provisoire chargé de la simple administration des biens du mineur.» La disposition «vise à assurer la continuité de la tutelle, tout en protégeant le mineur contre une mauvaise administration»[227].

343. La tutelle prend fin pour des raisons qui tiennent soit à la personne du mineur, soit à celle du tuteur.

Le mineur: la majorité, la pleine émancipation ou le décès du mineur entraînent la fin de la tutelle, art. 255 al. 1.

Le tuteur: la charge cesse par le remplacement ou le décès, art. 255 al. 2. Le commentaire ajoute que la disposition «couvre implicitement le cas de déchéance de l'autorité parentale et celui de l'adoption qui sont des cas de remplacement de tuteur[228]».

Chapitre troisième: Des régimes de protection du majeur

344. La réforme de la protection des personnes majeures inaptes fut réalisée, en 1989, par l'adoption de la *Loi sur le curateur public et modifiant d'autres dispositions législatives*[229]. La loi s'inspirait du projet de loi 20, sanctionné mais non en vigueur, un des nombreux ancêtres du nouveau *Code civil du Québec*[230]. Celui-ci reprend donc substantiellement le contenu de ces lois en y apportant peu de changement.

345. Quelques grands principes animent cette réforme: le droit au respect et à l'autonomie; le droit à l'autodétermination et à l'information, le droit à l'identité et aux garanties judiciaires. Les régimes de protection s'adaptent à la gravité de l'état. L'exercice des droits est limité par la stricte nécessité de veiller sur l'intégrité physique et sur la sécurité économique...

...et afin, également, de respecter la présomption de capacité, le Code permet, en tout temps, de réviser le régime ouvert soit que la cause ait cessé, soit que la condition physique ou mentale de la personne se soit modifiées[231].

346. La personne inapte est consultée et entendue sur les décisions qui la concernent; elle décide, seule ou assistée. L'information lui est en tout temps communiquée, qu'il s'agisse de décision médicale ou de l'administration de ses biens. Son identité est préservée par les mesures qui obligent le protecteur à conserver ses meubles et son cadre de vie.

347. La réforme organise la protection de l'inapte de deux façons. Dans un premier temps, l'État y pourvoit en permettant l'ouverture de l'un des trois régimes suivants: la curatelle, la tutelle et le conseiller au majeur. Les deux derniers peuvent être modulés pour mieux s'adapter aux besoins. Dans un deuxième temps, répondant aux demandes insistantes et répétées, le législateur permet à la personne encore apte de mettre sur pied

son régime de protection: c'est le mandat en prévision de l'inaptitude, art. 2166 et suiv.[232].

Section I   Dispositions générales

348. L'intérêt du majeur inapte se révèle la préoccupation essentielle. Les régimes de protection assurent la sauvegarde de sa personne, l'administration de ses biens et l'exercice de ses droits civils, art. 256. L'intérêt du majeur gouverne l'ouverture d'un régime et «l'incapacité qui en résulte est établie en sa faveur», art. 256 al. 2; art. 257 al. 1.

349. Les droits à l'autonomie et à l'information de l'inapte sont consacrés à l'art. 257. Toute décision relative à l'ouverture d'un régime se fait dans «le respect de ses droits et la sauvegarde de son autonomie.» L'alinéa deux ajoute: «Le majeur doit, dans la mesure du possible et sans délai, en être informé.» Les articles 394.1 et suiv. *C.p.c.* s'appliquent. L'obligation générale d'information est «normalement exécutée par diverses personnes, qu'il s'agisse de proches ou de professionnels de la santé»[233].

350. Le curateur ou le tuteur au majeur inapte le *représente*; le conseiller l'*assiste*. Est inapte la personne qui ne peut prendre soin d'elle-même ou administrer ses biens, art. 258. Les causes de l'inaptitude sont énumérées dans l'article: «par suite, notamment, d'une maladie, d'une déficience ou d'un affaiblissement dû à l'âge qui altère ses facultés mentales ou son aptitude physique à exprimer sa volonté.» Le commentaire précise:

> Le présent article vise à distinguer clairement l'inaptitude d'une personne nécessitant l'ouverture d'un régime de protection et l'absence de discernement, car les régimes de protection ne s'adressent pas seulement aux personnes non douées de raison. Il distingue également l'inaptitude de la personne à prendre soin d'elle-même de son inaptitude à administrer ses biens. Cette dernière distinction permettra d'établir un régime en fonction des besoins réels de la personne et de ne pas limiter inutilement son autonomie[234].

351. L'inaptitude entraîne des répercussions sur la famille. L'article 258 al. 2 prévoit: «Il peut aussi être nommé un tuteur ou un conseiller au prodigue qui met en danger le bien-être de son conjoint ou de ses enfants mineurs.» Cette protection économique incite à la prudence. Le conflit familial ne doit pas

motiver le recours. La menace au bien-être est sérieuse puisque le code parle de danger; elle fait craindre pour les enfants mineurs. Les enfants majeurs sont autonomes et leur intérêt dans une succession éventuelle ne peut, d'aucune façon, justifier leur intervention. La disposition protège la famille, tout en respectant le majeur.

352. L'article 259 illustre un des objectifs du législateur à savoir, adapter à chaque situation le régime de protection approprié. «Dans le choix d'un régime de protection, il est tenu compte du degré d'inaptitude de la personne à prendre soin d'elle-même ou à administrer ses biens.» Ce critère guide le tribunal; il peut créer certaines difficultés.

353. Les devoirs généraux relatifs à la personne qui incombent au curateur ou tuteur privé, sont énoncés à l'art. 260. Ceux-ci ont la responsabilité de la garde et de l'entretien du majeur protégé. La délégation à une institution par exemple, est permise si l'état de l'inapte l'exige. Dans cette hypothèse, le protecteur reste titulaire de la charge et du devoir de surveillance.

354. La garde emporte responsabilité. Afin de favoriser l'implication de la famille dans la protection de ses membres vulnérables, le législateur allège les conséquences économiques de la responsabilité civile. Le principe général apparaît à l'art. 1457 al. 3: «Elle [la personne] est aussi tenue, en certains cas, de réparer le préjudice causé à autrui par le fait ou la faute d'une autre personne ou par le fait des biens qu'elle a sous garde.» L'article 1461 formule une exception: «La personne qui, agissant comme tuteur, curateur ou autrement, assume la garde d'un majeur non doué de raison n'est pas tenue de réparer le préjudice causé par le fait de ce majeur, à moins qu'elle n'ait elle-même commis une faute intentionnelle ou lourde dans l'exercice de la garde.» Encore faut-il que le préjudice soit causé par un fait ou un comportement qui aurait été jugé fautif si l'auteur avait été doué de raison, art. 1462. D'une part la responsabilité pour le fait d'autrui est maintenue et, d'autre part, en sont libérés, le curateur et le tuteur. Cette exception incite à la prudence. Compte tenu de la politique de désinstitutionnalisation encouragée par le gouvernement, les personnes qui gardent un majeur inapte auront intérêt à se faire nommer curateur ou tuteur pour bénéficier de l'exclusion de responsabilité.

355. L'introduction de la faute lourde, art. 1474 qui rétablit la responsabilité du gardien, laisse perplexe. Il n'est pas dans notre propos d'élaborer sur ce point si ce n'est pour constater que la preuve de la faute lourde sera difficile, sinon impossible. Ce qui laisse la victime du dommage sans réparation. Des mesures ont été demandées pour pallier à cette injustice. Elles ont été promises mais n'apparaissent nulle part... à ce jour. Le problème est, en partie théorique; les personnes présentant un danger pour elles-mêmes ou pour autrui sont généralement institutionnalisées. Déjà objets de préjugés et de discrimination, les personnes inaptes, comme les victimes, méritent une protection additionnelle que l'État doit assumer.

356. Le curateur ou le tuteur s'assure du bien-être moral et matériel du majeur. Il tient «compte de la condition de celui-ci, de ses besoins et de ses facultés, et des autres circonstances dans lesquelles il se trouve», art. 260 al. 1. Il y a un aspect moral et matériel à cette obligation. Le protecteur doit satisfaire aux besoins matériels en tenant compte des moyens de l'inapte. Ce devoir répond aux objections voulant que l'inaptitude entraîne une baisse, parfois scandaleuse, du niveau de vie en dépit des ressources personnelles de l'inapte. L'aspect moral met l'accent sur les relations humaines et les contacts personnels que le protecteur doit maintenir avec le majeur protégé. L'article veut ... «insister sur la relation humaine qui doit exister entre le tuteur ou le curateur et la personne protégée[235]».

357. Cette obligation est énoncée encore plus clairement à l'art. 260, al. 2 qui prévoit la délégation de la garde et de l'entretien du majeur protégé. La disposition insiste sur la nécessité, pour le protecteur et le délégué, de «maintenir une relation personnelle avec le majeur.» L'article ajoute qu'il faut obtenir l'avis du majeur et le tenir informé des décisions prises à son sujet. Le devoir d'information est précisé plus loin, comme nous le verrons.

358. Le curateur public joue un rôle supplétif. Il remplit la fonction de tuteur ou de curateur uniquement lorsque le tribunal le nomme pour exercer la charge. Il agit d'office «si le majeur n'est plus pourvu d'un curateur ou d'un tuteur», art. 261. La disposition:

> ... vise à éviter qu'une personne sous curatelle ou tutelle ne soit plus représentée, à la suite du décès ou de la démission de

son curateur ou tuteur... Elle couvre également le cas où aucun proche n'accepte la charge au moment de l'ouverture du régime[236].

359. Le curateur public n'en joue pas moins un rôle important. Lorsqu'il agit à titre de curateur, il n'a que la simple administration des biens, art. 262. Il est soumis aux articles 1301 et suivants du code: il fait fructifier les biens par des placements sûrs.

360. Le curateur public n'a la garde du majeur protégé que si personne ne peut l'exercer et que le tribunal la lui confie, art. 263 al. 1. Même sans la garde, le curateur public conserve le devoir de protection.

361. La personne à qui la garde est confiée par le curateur public exerce les pouvoirs du tuteur ou du curateur «pour consentir aux soins requis par l'état de santé du majeur, à l'exception de ceux que le curateur public choisit de se réserver», art. 263 al. 2. L'analyse des articles 10 et suivants a illustré l'importance du consentement substitué en matière de soins. Le pouvoir est partagé entre le protecteur privé et le curateur public, selon les soins qui seront prodigués. Sans donner d'exemples, le commentaire explique:

...l'article 15 accorde, en principe, cette responsabilité au tuteur ou curateur, mais le majeur étant plus lié à son entourage immédiat, il paraît opportun que la responsabilité relève du gardien. Le curateur public pourra toutefois se réserver le pouvoir de consentir à certains soins. Cette disposition ne fait cependant pas exception au principe selon lequel le majeur apte à consentir consent lui-même aux soins, même s'il est sous régime de protection[237].

Tout en respectant la réticence du législateur à s'immiscer dans la régie interne de la curatelle publique, quelques exemples de soins réservés auraient eu l'avantage de clarifier l'application de cet article.

362. Le curateur public peut déléguer «l'exercice de certaines fonctions de la tutelle ou de la curatelle à une personne qu'il désigne», art. 264 al. 1. L'article ne précise pas à qui la délégation peut être faite mais indique l'exclusion de certaines personnes. Lorsque l'inapte est soigné dans un établissement de santé ou de services sociaux, le délégué *ne* peut être un salarié

de cet établissement à moins que le salarié soit le «conjoint ou un proche parent du majeur». Cette restriction évite les conflits d'intérêts; «la personne désignée pourrait éventuellement acquiescer à une demande de son employeur, au détriment du majeur[238]». Le curateur autorise le délégué à consentir à des soins, sauf ceux qu'il choisit de se réserver, art. 264 al. 2.

Ces dispositions sur la garde du majeur et l'exercice de cette garde se fondent principalement sur le fait que le curateur public exerce la curatelle ou la tutelle à l'égard d'un grand nombre de personnes et qu'il ne peut donner à chacun le soin et l'attention qu'une personne présente dans l'établissement ou proche du majeur peut donner. Aussi, la délégation permet-elle une intervention plus rapide et plus attentive aux besoins du majeur concerné[239].

Le curateur public retire la délégation s'il constate un conflit d'intérêt, entre le majeur et le délégué ou pour un autre motif. Le délégué rend compte annuellement au curateur public, art. 265.

363. L'article 266 renvoie aux règles de la tutelle au mineur en suggérant de faire les adaptations nécessaires. Ce renvoi concerne principalement la nomination et le remplacement du tuteur, l'administration tutélaire, le conseil de tutelle et les mesures de surveillance. Le second alinéa de l'article impose une adaptation quant à la composition du conseil de tutelle: s'ajoutent aux personnes mentionnées à l'art. 226, le conjoint et les descendants du majeur au premier degré. La restriction quant au degré simplifie l'exercice lorsque le majeur jouit d'une nombreuse descendance.

364. La convocation ou la formation du conseil de tutelle sont impossibles lorsque le majeur est totalement isolé, que la famille est éloignée ou désintéressée, que les amis sont décédés, absents ou inexistants. Procédure essentielle à l'ouverture du régime, l'impossibilité risque de paralyser le système de protection. Devant ce problème découvert à l'usage, le législateur ajoute, en 1991, une disposition au *Code civil du Bas-Canada*[240] laquelle est reprise à l'art. 267. Le tribunal peut procéder sans la formalité du conseil de tutelle lorsque le curateur public qui demande l'ouverture ou la revision d'un régime, démontre:

— que des efforts suffisants ont été faits pour réunir l'assemblée de parents;
— que ces efforts ont été vains pour les raisons évoquées plus
haut ou pour toute autre raison.

L'article facilite le rôle du curateur et, ultimement, assure une
meilleure protection du majeur.

Section II De l'ouverture d'un régime de protection

365. Le tribunal est seul compétent pour prononcer l'ouverture
d'un régime de protection. Il n'est pas lié par la demande quant
au type de régime: curatelle, tutelle ou conseil. Selon la preuve
présentée, le tribunal peut choisir un régime moins contraignant, favorisant l'autodétermination et la liberté, ou un régime
plus sévère, assurant une meilleure protection. L'article 268
consacre ces principes expliqués dans le commentaire:

> Le Code vise à respecter deux objectifs: assurer le maximum
> de garanties procédurales à la personne, afin qu'elle ne soit
> pas déclarée incapable sans avoir pu bénéficier d'une audition
> devant le tribunal, et assurer une meilleure protection aux
> personnes qui en ont besoin par l'institution de trois régimes
> distincts, dont deux peuvent être ajustés à la situation du
> majeur[141].

Des inquiétudes quant à la judiciarisation se sont manifestées.
Elles touchent notamment la lenteur du procédé. Rappelons
qu'en l'absence de contestation, l'affaire est entendue par le
greffier comme le permet l'art. 4j. C.p.c. «Tribunal» peut désigner, selon le cas, «la juridiction ayant compétence en matière
civile, un juge siégeant en salle d'audience ou exerçant en son
bureau ou un greffier.»

366. L'article 269 indique qui peut demander l'ouverture d'un
régime? Le majeur lui-même peut y procéder ainsi que le conjoint, les proches parents ou alliés, toute personne qui démontre
pour le majeur un intérêt particulier, tout autre intéressé, y
compris le mandataire et le curateur public. Le mandataire le
fera si le mandat se révèle insuffisant. L'article confirme la
coexistence possible d'un mandat et d'un régime de protection.
Mentionnons l'art. 271 à l'effet que «L'ouverture d'un régime
de protection du majeur peut être demandée dans l'année

précédant la majorité. Le jugement ne prend effet qu'à la majorité.»

367. Un rôle particulier est confié au directeur général d'un établissement où le majeur inapte est hébergé, art. 270. Il incombe au directeur de faire rapport au curateur public dans les circonstances suivantes:

— le majeur vit dans l'établissement;
— il a besoin d'être représenté ou assisté dans l'exercice de ses droits civils;
— aucun mandataire n'assure la représentation ou l'assistance adéquates.

La disposition a créé un certain remous lors de la réforme de 1989. L'ouverture d'un régime pour toutes les personnes inaptes gardées en établissement n'est pas obligatoire. L'article qualifie le *besoin*:

— il est causé par l'isolement de la personne;
— il est fonction de la durée prévisible de son inaptitude;
— il dépend de la nature ou l'état de ses affaires.

Si quelqu'un s'occupe du majeur, manifeste pour lui un intérêt et que ses «affaires» sont modestes ou inexistantes, le régime de protection serait superflu.

Dans toutes les circonstances et aux conditions énoncées, le directeur général doit faire rapport au curateur public; il transmet une copie de ce rapport au majeur et en informe un des proches.

368. Sans être une preuve unique et exclusive, l'importance du «rapport» n'est plus à démontrer. L'article 270 al. 2 en précise le contenu. Il porte sur:

— la nature et le degré d'inaptitude du majeur;
— l'étendue de ses besoins;
— les circonstances de sa condition;
— l'opportunité d'ouvrir un régime de protection.

Le rapport comporte deux volets: un médical, un psychosocial. Il fournit l'information quant au nom des personnes, si elles sont connues, qui ont qualité pour demander l'ouverture du régime de protection. Source d'incertitude, le rapport a amené la création de formules qui facilitent la pratique[242].

369. Dans un objectif de protection, certaines mesures urgentes doivent être prises durant l'instance. L'article 272 énonce une première règle quant à la *personne:* «En cours d'instance, le tribunal peut, même d'office, statuer sur la garde du majeur s'il est manifeste qu'il ne peut prendre soin de lui-même et que sa garde est nécessaire pour lui éviter un préjudice sérieux.» Cette disposition couvre une situation urgente, en cours d'instance, et ne cause pas de conflit avec les articles 26 à 31 sur la garde en établissement et l'examen psychiatrique. La frontière entre les deux situations peut néanmoins se révéler floue et imprécise dans la pratique.

370. La protection des *biens* doit être envisagée. Si le majeur a confié l'administration de ses biens à un tiers, cet acte continue d'avoir effet pendant l'instance, à moins que le tribunal ne le révoque pour un motif sérieux, art. 273 al. 1. En dépit des règles applicables au mandat général, l'article en maintient la validité durant l'instance. En l'absence de ce mandat ou d'un mandat confié par le tribunal au conjoint, en vertu de l'art. 444, «on suit les règles de la gestion d'affaires», art. 273 al. 2. Le curateur public ou toute personne autorisée à demander l'ouverture d'un régime peut faire «les actes nécessaires à la conservation du patrimoine.» Pour assurer la validité de ces actes, il doit y avoir situation d'urgence ou ouverture imminente d'un régime de protection. «Cet article prévoit la possibilité de faire les actes conservatoires, même avant l'instance, pour permettre de protéger le majeur dès que son inaptitude est constatée par ses proches[243]».

371. L'article 274 complète les précédents, hors les cas de mandat et de gestion d'affaires. Afin d'éviter un préjudice sérieux, le tribunal peut, même avant l'instance si l'ouverture d'un régime est imminente, désigner le curateur public ou toute autre personne pour voir à l'administration du patrimoine. La nomination est faite soit pour accomplir un acte déterminé, «soit pour administrer les biens du majeur dans les limites de la simple administration du bien d'autrui».

372. L'identité du majeur inapte est préservée. Ce principe trouve son actualisation dans l'art. 275. Pendant l'instance et par la suite, si un régime de tutelle est ouvert, «le logement du majeur protégé et les meubles dont il est garni doivent être

conservés à sa disposition». Seules des conventions de jouissance précaire sont permises; elles «cessent d'avoir effet de
plein droit dès le retour du majeur protégé». La mesure ne
s'applique pas à la curatelle: le degré d'inaptitude est tel qu'il
justifie, presque sûrement, une institutionnalisation prolongée
ou permanente.

373. L'article 275 al. 2 prévoit néanmoins une exception. «S'il
devient nécessaire, ou s'il est de l'intérêt du majeur protégé
qu'il soit disposé des meubles ou des droits relatifs au logement, l'acte doit être autorisé par le conseil de tutelle.» Seul un
motif *impérieux* justifie que l'on dispose «des souvenirs et
autres objets à caractère personnel». Ils sont «gardés à la
disposition du majeur inapte par l'établissement de santé ou de
services sociaux.» Le commentaire ajoute: «L'article 213, qui
s'applique aux mineurs et aux majeurs protégés, exige l'autorisation du tribunal pour disposer des biens immeubles et des
biens importants à caractère familial[244].»

374. Le législateur éclaire le tribunal dans sa décision. Celui-ci
considère «les preuves médicales et psychosociales»; il prend
l'avis «des personnes susceptibles d'être appelées à former le
conseil de tutelle». Les volontés exprimées dans le mandat en
prévision de l'inaptitude, non homologué, sont prises en compte
«ainsi que le degré d'autonomie de la personne pour laquelle on
demande l'ouverture d'un régime», art. 276 al. 1. Le tribunal
doit donner au majeur l'occasion d'être entendu, personnellement ou par son représentant. Les articles 394.1 et suiv. du
Code de procédure civile, s'appliquent. Le majeur ou son
représentant sont entendus sur le bien fondé de la demande, la
nature du régime et sur la personne «chargée de le représenter
ou de l'assister».

375. Le jugement ouvrant un régime de protection est toujours
revisable, art. 277. Les conséquences de cette mesure sont plus
diversifiées qu'autrefois «parce que la révision peut avoir pour
résultat soit un changement de régime, soit un changement dans
le degré d'incapacité à l'intérieur d'un même régime[245]».

376. Au-delà de la revision et de l'appel, le Code impose la
réévaluation périodique des dossiers. Mesure oh! combien
importante qui prévient les oublis. À moins que le tribunal ne
fixe un autre délai, les dossiers de tutelle sont revisés tous les

trois ans; ceux de curatelle, tous les cinq ans, art.278 al. 1. Il
appartient au protecteur de s'assurer que le majeur est soumis
à une évaluation médicale et psychosociale en temps voulu.
L'évaluateur qui constate un changement significatif dans l'état
du majeur protégé en fait rapport au majeur et à la personne qui
a demandé l'évaluation. Il dépose une copie de ce rapport au
greffe du tribunal. La revision judiciaire suivra si les changements sont suffisamment déterminants ou importants pour
justifier un changement de régime ou une modification de celui-
ci:

> Cet article établit un mécanisme simple de revision automa-
> tique et périodique de tous les régimes de protection, qui
> assure une réévaluation médicale et psychosociale et, le cas
> échéant, une revision judiciaire, afin de permettre aux per-
> sonnes protégées de bénéficier toujours du régime qui con-
> vient le mieux à leurs besoins et aussi de ne pas être main-
> tenues inutilement dans un statut juridique d'incapacité[246].

377. Sur dépôt du rapport d'évaluation, «le greffier avise les
personnes habilitées à intervenir dans la demande d'ouverture
du régime», art. 280. En l'absence d'opposition dans les trente
jours du dépôt, «la main levée ou la modification de régime a
lieu de plein droit.» Le greffier dresse le constat qui est transmis
au majeur et au curateur public.

378. Lorsque le majeur inapte est en établissement, il appartient
au directeur général de veiller à la réévaluation. Son rôle est
capital lorsque l'inaptitude a cessé. Dans ce cas, il doit l'attester
dans un rapport qu'il dépose au greffe du tribunal, art. 279. «Ce
rapport est constitué, entre autres, de l'évaluation médicale et
psychosociale.» L'objectif est d'empêcher que ne se prolonge
inutilement un régime de protection:

> Tout comme la demande d'ouverture de plusieurs régimes
> peut résulter du rapport d'un établissement attestant l'inap-
> titude, la demande de main levée pourrait découler d'un
> rapport contraire. Il devrait permettre aux personnes visées de
> retrouver, au moyen d'un mécanisme simple, leur pleine capa-
> cité juridique, alors même que les proches ou les majeurs
> protégés eux-mêmes négligent de demander la main levée du
> régime ou de s'opposer aux conclusions du rapport[247].

379. Les articles 872 et suiv. du *Code de procédure civile* prescrivent la procédure relative au conseil de tutelle et à

l'ouverture d'un régime de protection. Les dispositions amendées par la loi d'application, ont été vues précédemment. Les autres modifications sont de concordance. La procédure en vigueur continue de s'appliquer[248].

Section III   De la curatelle au majeur

380. Analysons les particularités de chaque régime en commençant par le plus contraignant: la curatelle. Celle-ci est ouverte par le tribunal lorsque «l'inaptitude du majeur à prendre soin de lui-même ou à administrer ses biens est totale et permanente», art. 281. On lui nomme un curateur pour le représenter dans l'exercice de ses droits civils. Le commentaire remarque justement:

> Ce régime est extrême et nécessite une représentation par le curateur dans tous les actes de la vie juridique de ce majeur. En pratique, ce régime s'appliquera aux personnes qui ne peuvent agir en société et dont la guérison est improbable, ainsi qu'aux personnes atteintes d'une déficience mentale profonde ou dont les facultés sont profondément et irrémédiablement altérées par une maladie ou un accident[249].

381. Le curateur a la pleine administration des biens du majeur protégé, conformément aux art. 1306 et suiv. L'article 282 impose néanmoins une restriction: le curateur ne peut faire que des placements présumés sûrs comme celui qui détient la simple administration. Le commentaire explique cette restriction:

> En effet, s'il est souhaitable, en raison de la finalité d'une fiducie ou d'une administration contrôlée par le bénéficiaire, que l'administrateur puisse avoir toute latitude pour faire fructifier le patrimoine, il l'est peut-être moins que le curateur ait cette même liberté, puisqu'il exerce non seulement un rôle de représentation, mais aussi de protection[250].

Quant aux fonctions du curateur en matière de soins, de convocation de tutelle et autres, nous renvoyons le lecteur à ce qui a été vu précédemment.

382. L'incapacité est établie en faveur de la personne protégée. L'article 283 affirme: «L'acte fait seul par le majeur en curatelle peut être annulé ou les obligations qui en découlent

réduites, sans qu'il soit nécessaire d'établir un préjudice.» Il s'agit d'une nullité relative, une «nullité de protection: «Étant donné le degré d'incapacité de cette personne, il est dès lors normal de ne pas exiger la preuve que l'acte était entaché de lésion[251].»

383. Quant aux actes faits antérieurement à la curatelle, ils peuvent être annulés ou «les obligations qui en découlent réduites, sur la seule preuve que l'inaptitude était notoire ou connuc du cocontractant à l'époque où les actes ont été passés», art. 284. Le législateur aplanit les difficultés de preuve de l'ancien droit:

> Aussi, l'article 284 vient-il assouplir les règles de preuve, en se référant non seulement au caractère notoire de l'inaptitude, mais aussi à la simple connaissance de cette inaptitude par le cocontractant, à l'époque de la conclusion de l'acte[252].

Section IV De la tutelle au majeur

384. Le tuteur représente le majeur dans l'exercice de ses droits civils. Cette représentation est modulée, c'est-à-dire, adaptée à la situation de chacun. Le tuteur est nommé lorsque l'inaptitude du majeur à prendre soin de lui-même ou à administrer ses biens est partielle ou temporaire, art. 285. Dans ces cas, le rétablissement est prévisible ou encore, la déficience permet de conserver une certaine autonomie que le législateur n'entend pas supprimer. Il est nommé un tuteur à la personne et aux biens ou, soit à la personne, soit aux biens.

385. Nous renvoyons aux droits et devoirs du tuteur qui ont été vus. L'attention porte donc sur l'art. 286: «Le tuteur a la simple administration des biens du majeur incapable d'administrer ses biens. Il l'exerce de la même manière que le tuteur au mineur, sauf décision contraire du tribunal.» La règle est souple et permet l'adaptation aux besoins de l'inapte. L'article 287 prévoit que les règles relatives à l'exercice des droits civils du mineur s'appliquent au majeur en tutelle, compte tenu des adaptations nécessaires.

386. L'originalité de la réforme apparaît à l'art. 288. Dans un premier temps, le tribunal peut déterminer, avant l'ouverture de la tutelle ou postérieurement, le degré de capacité du majeur. Il

le fera sur consultation du conseil de tutelle dont il prend l'avis ou des personnes susceptibles d'en faire partie. Il considère l'évaluation médicale et psychosociale. Cette étape complétée, «Il [le juge] indique alors les actes que la personne en tutelle peut faire elle-même, seule ou avec l'assistance du tuteur, ou ceux qu'elle ne peut faire sans être représentée», art. 288 al. 2. Dans la vie quotidienne, les effets de cette mesure se feront sentir et subiront l'épreuve du feu à travers le comportement des tiers cocontractants. Ceux-ci voudront à bon droit, garantir leurs transactions; il est à craindre qu'ils exigent dans tous les cas la présence du tuteur, faisant échec à l'objectif de la réforme.

387. L'accès à l'information présente une autre difficulté. Le curateur public tient un registre des tutelles et des curatelles. Il peut fournir une information limitée, dont: la confirmation de la tutelle et le nom du tuteur, le nom de la personne protégée, le régime auquel elle est soumise. Il appartient donc au tiers cocontractant de communiquer avec le tuteur qui choisira ou non d'intervenir ou de préciser le contenu du jugement. Le régime modulé a, en théorie, un très grand mérite; l'application concrète laisse perplexe[253].

388. Afin d'assurer une plus grande autonomie au majeur en tutelle, l'art. 289 déclare qu'il «conserve la gestion du produit de son travail, à moins que le tribunal n'en décide autrement». L'article reprend la règle applicable au mineur. Les actes faits antérieurement à la tutelle peuvent être annulés ou les obligations qui en découlent réduites, «sur la seule preuve que l'inaptitude était notoire ou connue du cocontractant à l'époque où les actes ont été passée», art. 290.

Section V Du conseiller au majeur

389. Le conseiller as*siste*; il ne représente pas. Il est nommé à la personne qui a besoin, pour certains actes ou temporairement, d'être assistée ou conseillée dans l'administration de ses biens, art. 291. Cette personne est, par ailleurs, généralement apte à prendre soin d'elle-même ou à administrer ses biens. «Ce régime peut s'appliquer, entre autres, à des personnes atteintes d'une légère débilité, d'un léger affaiblissement de leurs aptitudes ou de maladies temporaires[254].»

390. Le majeur conserve des biens mais le conseiller doit «intervenir aux actes pour lesquels il est tenu de lui prêter assistance», art. 292. La disposition réfère à la modulation du régime prévue à l'article suivant. Ainsi, en l'absence d'indication de la part du tribunal, le majeur protégé jouit de la capacité d'exercice du mineur simplement émancipé, art. 293 al. 2. Le conseiller doit l'assister pour tous les actes qui excèdent cette capacité; les articles 167 à 174 servent de référence. Le tribunal peut rendre un jugement plus précis: «À l'ouverture du régime ou postérieurement, le tribunal indique les actes pour lesquels l'assistance du conseiller est requise ou, à l'inverse, ceux pour lesquels elle ne l'est pas», art. 293 al. 1.

391. Les réserves exprimées sur la capacité variable du majeur en tutelle s'appliquent ici avec moins d'acuité. L'analogie avec le mineur simplement émancipé donne déjà des indications plus claires. Le problème reste entier si le tribunal choisit d'exercer le pouvoir accordé par l'art. 293 al. 1. Le tiers qui a le devoir de s'informer sur l'état de son cocontractant choisira la solution facile en demandant, dans tous les cas, l'assistance du conseiller.

392. Souffrant d'une inaptitude réduite, la sanction est moins sévère et la preuve plus exigeante. «L'acte fait seul par le majeur, alors que l'intervention de son conseiller était requise, ne peut être annulé ou les obligations qui en découlent réduites que si le majeur en subit un préjudice», art. 294. Ainsi que le remarque le commentaire: «Étant donné que ce majeur protégé n'a pas besoin de représentation et qu'il est en principe capable, il est logique d'exiger que l'acte soit entaché de lésion pour l'annuler ou réduire les obligations qui en découlent[255].»

Section VI De la fin du régime de protection

393. Trois situations mettent fin au régime de protection: un jugement de main levée, le décès du majeur protégé, la fin de l'inaptitude, art. 295. «Cette dernière cause est en concordance avec l'article 279 qui établit un mécanisme simple de main levée, soit le dépôt d'un rapport constatant la cessation de l'inaptitude par l'établissement qui dispense des soins au majeur protégé[256].»

394. La vacance de la charge de curateur, tuteur ou conseiller ne met pas fin au régime de protection, art. 297 al. 1. Le majeur continue d'avoir besoin de cette protection même si son protecteur attitré ne peut plus la lui fournir! Dans ce cas, il appartient au conseil de tutelle (il doit le faire) de provoquer la nomination d'un remplaçant si la chose n'a pas été prévue autrement, art. 297 al. 1.

395. Après la main levée du régime, le majeur peut confirmer un acte autrement nul. L'article 296 prévoit néanmoins qu'il peut le faire uniquement après la reddition de compte.

Notes

* Ce texte n'est ni un traité, ni un précis. L'auteur survole les dispositions du nouveau *Code civil* sur le droit des personnes dans le seul but d'informer le lecteur. L'attention a porté sur les aspects innovateurs et les problèmes qu'ils soulèvent. Les contraintes de temps et d'espace ont empêché une analyse approfondie de la jurisprudence et de la doctrine. La seconde version des commentaires est utilisée. La version finale subira sans doute quelques modifications. Le lecteur devra faire les adaptations nécessaires.

Je remercie Mme Monique Bourbonnais pour sa patience et son dévouement dans le traitement de ce texte.

1. Code civil du Québec, *Textes, sources et commentaires*, livre 1, Ministère de la Justice du Québec, mai 1992, p. 7. Cité, dans le texte et les notes, sous «commentaires». Les commentaires auxquels il est fait référence sont ceux «publiés» dans les cahiers roses du Ministère de la Justice.

2. *Id.*

3. *Id.*

4. *Ibid.*, p. 9.

5. Pierre-Basile MIGNAULT, *Droit civil canadien*, tome 3, Montréal 1897, p. 276.

6. À titre purement indicatif, citons: *Langlois c. Meunier*, [1973] C.S. 30; *Cataford c. Moreau*, [1978] C.S. 933; *Montréal Tramway c. Léveillé*, [1933] R.C.S. 456.

7. [1989] R.J.Q. 1980 (C.S.) 1980; [1989] R.J.Q. (C.A.) 1735; [1989] 2 R.C.S. 530. Voir également sur cette question: Monique OUELLETTE, *Et maintenant ... le fœtus?* Droit et enfant, Formation permanente du Barreau du Québec, 1990, p. 39; Robert KOURI, *Réflexions sur le statut juridique du fœtus*, (1980-81) 15 R.J.T. 193; *Les crimes contre le fœtus*, Doc. de travail 58, Commission de réforme du droit du Canada, section: protection de la vie, Ottawa, 1989.

8. Commentaires, livre 1, p. 9.

9. *Ibid.*, p. 10.
10. *Id.*
11. On doit obtenir le consentement aux soins d'une personne même lorsqu'elle est sous régime de protection.
12. Commentaires, livre 1, p. 11.
13. *Id.*, livre 1, p. 12.
14. Journées Louisianaises de l'Association Henri-Capitant, mai 1992, *La bonne foi* (1992) 37 Mc.G.L.J., n° 4, p. 1024. La doctrine sur le sujet ne manque pas!
15. J.L. BAUDOUIN, *La responsabilité civile délictuelle*, Éd. Yvon Blais, Montréal 1985, p. 71 et suiv.
16. Les expressions «délit», «quasi-délit» ne sont plus utilisées dans le nouveau code. Nous les retenons uniquement pour faciliter la compréhension.
17. Commentaires, livre 1, p. 13.
18. *Id.*
19. *Id.*
20. *L'affaire Nancy B.*, [1992] R.J.Q. 361, s'inscrit dans ce mouvement.
21. Le *Code criminel* prévoit une disposition spéciale sur les interventions chirurgicales: art. 45.
22. *Hopp c. Lepp*, [1980] 2 R.C.S. 192.
23. *Reibl c. Hughes*, [1980] 2 R.C.S. 880.
24. Commentaires, livre 1, p. 16.
25. On se réjouit de l'élimination des soins «bénins» qui apparaissaient à l'art. 18 du projet de loi.
26. Commentaires, livre 1, p. 17.
27. *Nancy B. c. Hôtel-Dieu de Québec*, [1992] R.J.Q. 361; *Manoir de la Pointe Bleue* (1978) *Inc. c. Corbeil*, [1992] R.J.Q. 712; *Institut Philippe Pinel de Montréal c. Blais*, [1991] R.J.Q. 1969.
28. *Malette c. Shulman* 17, D.L.R. (4th) 18 (Ont. H.C.).
29. Commentaires, livre 1, p. 17.
30. Même dans le cas des maladies à déclaration obligatoire, on ne peut forcer la personne à recevoir des soins sans son consentement.
31. Commentaires, livre 1, p. 17.
32. *Id.*
33. *Idem.* La littérature est abondante et les avis partagés. Le testament de vie est entré dans nos mœurs et, s'il n'a pas de valeur légale, il peut néanmoins, à l'occasion, se révéler utile.
34. Voir le débat autour de l'affaire *Re: Eve*, (1986) R.C.S. 388; voir également l'art. 260 *C.c.Q.* qui oblige le curateur à informer le majeur inapte et à prendre son avis.
35. Me Jean-Pierre MÉNARD suggère une liste de soins à finalité non thérapeutique dans laquelle il inclut avec quelques nuances: la chirurgie esthétique, l'expérimentation, la contraception, la stérilisation, l'immunisation. Nous résistons à cette démarche, préférant appliquer à chaque cas les principes mis de l'avant dans le code: *«Les nouvelles règles relatives au consentement aux soins médicaux»*, Congrès annuel du Barreau du

Québec (1991), Service de la formation permanente, Barreau du Québec, Montréal 1991.

36. Le tribunal compétent est la Cour supérieure.

37. Commentaires, livre 1, p. 20.

38. L.R.Q., chap. P-35, article 42.

39. Commentaires, livre 1, p. 18.

40. *Id.*

41. *Ibid.*, p. 20; *Couture-Jacquet c. The Montreal Children's Hospital*, [1986] R.J.Q. 1221; *In Re Goyette c. C.S.S.M.M.*, [1983] C.S. 429.

42. Commentaires, livre 1, p. 24.

43. *Cayouette c. Mathieu*, [1987] R.J.Q. 2230.

44. Commentaires, livre 1, p. 21.

45. Il s'agit de recherches et non d'exploitation commerciale, comme dans l'affaire *Moore* c. *Regents of the University of California*, 249 Cal. Rptr. 494 (App. 2 Dist. 1988); 252 Rptr. 816 (1988).

46. Commentaires, livre 1, p. 22.

47. *Weiss c. Salomon*, [1989] R.J.Q. 731; *Cité de la santé de Laval c. Lacombe*, [1992] R.J.Q. 58; *Pour un Conseil consultatif canadien d'éthique biomédicale*, C.R.D.C., Doc. d'étude, Ottawa, 1990.

48. Commentaires, livre 1, p. 23.

49. Loi n° 88-1138 relative à la protection des personnes qui se prêtent à des recherches biomédicales (J.O. du 22 décembre 1988).

50. À l'heure actuelle, l'assurance responsabilité du centre hospitalier couvre les personnes qui siègent sur ces comités. Voir les références sous la note 47.

51. *Daigle c. Tremblay*, [1989] 2 R.C.S. 530.

52. *Nancy B.*, précité, note 27.

53. 1992 L.Q. chap. 57 (P.L. 38, sanctionné le 18 décembre).

54. L.R.Q., chap. P-41.

55. Commentaires, livre 1, p. 26.

56. *Ibid.*, p. 27.

57. On pense notamment à la *Charte des droits et libertés* et à la *Loi sur les services de santé et les services sociaux*.

58. Commentaires, livre 1, p. 27 et 28.

59. *Ibid.*, livre 1, p. 28.

60. Nous verrons au point: «Du respect des droits de l'enfant», les articles 394.1 et suivants C.p.c. portant sur la «représentation et l'audition d'un mineur ou d'un majeur inapte». Ces articles remplacent les articles 816 à 816.3 actuels abrogés par la *Loi sur l'application de la réforme du Code civil*, 1992 L.Q. chap. 57.

61. *Commission des affaires sociales c. Tremblay*, [1989] R.J.Q. 2053 (C.A.).

62. Nations-Unies, 20 novembre 1959, résolution 1386 (XIV) de l'Assemblée Générale.

63. Résolution 44/25 de l'Assemblée générale, 20 novembre 1989.

64. L.R.Q., chap. P-34.1.

65. *Droit de la famille - 425*, [1988] R.J.Q. 159 (C.S.).

66. Commentaires, livre 1, p. 30.

67. *Droit de la famille - 1549*, [1992] R.D.F. 316.

68. *Reiboro c. Shawinigan Chemicals* (1969) Ltd., [1973] C.S. 389.

69. Voir, entre autres, *The Montréal Gazette Ltd. c. Synder*, (1988) 1 R.C.S. 494 ou des dommages *exemplaires* sont accordés. P. MOLINARI, *Le droit de la personne sur son image en droit québécois et français*, (1977) 12 R.J.T. 95; P. GLENN, *Le droit au respect de la vie privée*, (1979) R. du B. 879.

70. L.R.Q., chap. A-21; voir: Commentaires, livre 1, p. 30.

71. Ce projet sera mentionné de façon incidente; ceci sous toute réserve puisqu'il n'a pas encore subi le feu des mémoires, représentations, diverses lectures et encore moins de la sanction au moment de la rédaction du présent document, soit en janvier 1993. La loi est citée dans le texte sous P.L. 68.

72. Commentaires, livre 1, p. 32. Voir les articles 1 à 10 de la Charte québécoise ainsi que l'art. 47 qui prévoit des dommages exemplaires, en cas d'atteinte intentionnelle aux droits énumérés précédemment. La littérature sur la protection de la vie privée est abondante. Citons, à titre d'exemple, *Droit du public à l'information et vie privée: deux droits irréconciliables*, textes réunis par Pierre TRUDEL et France ABRAN, C.R.D.P., Éd. Thémis, Montréal, 1992.

73. Est considéré comme un dossier tout ensemble, informatisé ou non, de renseignements personnels concernant une même personne physique, art. 4 al. 2, P.L. 68.

74. L'énoncé de l'objet doit être inscrit lorsqu'une personne constitue un dossier sur une autre, art. 4 al. 1 P.L. 68.

75. Commentaires, livre 1, p. 32.

76. Le P.L. 68 ajoute que les renseignements doivent être pris auprès de la personne concernée; s'ils le sont auprès des tiers, la collecte doit se faire sans révéler au tiers un renseignement dont la loi interdit la communication, art. 6. L'article 7 énumère les renseignements qui doivent être donnés à la personne dont on sollicite des informations et sur laquelle on veut constituer un dossier.

77. Le P.L. 68 prévoit toute une section, les art. 9 à 16 sur la conservation, l'utilisation et la non communication des renseignements. Les articles 17 à 23 n'en règlent pas moins les conditions de communication à des tiers. La liste de ces derniers est assez longue et les exceptions assez nombreuses pour créer une certaine inquiétude. La vente de «listes» nominatives n'est pas interdite, au mieux, doucement encadrée: la loi permet à une personne de faire retrancher son nom de ces listes.

78. Les «mésententes» sur la collecte, la détention, l'utilisation, la communication, la consultation, la rectification du dossier sont soumises à la Commission d'accès à l'information, art. 38 al. 1 P.L. 38. La Commission peut prendre toute mesure de redressement qu'elle juge pertinente, à savoir, ordonner à une partie d'accomplir un acte; de cesser ou de s'abstenir d'accomplir un acte; de faire connaître publiquement l'ordonnance et les moyens pris pour s'y conformer, art. 51 P.L. 68. Bien que des amendes soient prévues aux articles 83 et 84 P.L. 68, les recours

de droit commun et la possibilité de dommages exemplaires tel que déjà mentionné, ne sont pas exclus en cas d'atteinte à la vie privée ou à la réputation.

79. Commentaires, livre 1, p. 32.

80. L'article 36, P.L. 68, est au même effet.

81. Commentaires, livre 1, p. 33.

82. Des situations illustrant «l'intérêt sérieux et légitime» sont prévues aux articles 33 et suiv. du P.L. 68 notamment en matière médicale, lorsque des décisions finales restent à venir, dans certaines hypothèses de droit successoral.

83. Le P.L. 68 élabore sur les formalités à suivre pour obtenir l'accès et pour saisir la Commission, art. 24 à 32; art. 38 à 50.

84. Les modalités sont prévues aux art. 26 et suiv. P.L. 68.

85. Dès lors que la «vente de listes» est permise dans le P.L. 68, il est logique de faire reposer, sur celui qui en profite, le fardeau des corrections. Le P.L. prévoit également des moyens de vérifications pour la «victime».

86. Commentaires, livre 1, p.33.

87. Id., livre 1, p. 34.

88. In the matter of Karen QUINLAN, 355 A 2d. 647 (N.J. 1976).

89. Les critères de détermination de la mort, rapport n° 15, C.R.D.C., Ottawa, 1981.

90. Commentaires, livre 1, p. 34.

91. Ibid., p. 35.

92. Id.

93. Loi sur la protection de la santé publique, L.R.Q., chap. P-35.

94. Commentaires, livre 1, p. 37.

95. Ibid., p. 39.

96. L.R.Q., chap. C-10.

97. CARBONNIER, Droit civil, t. 1, n° 55, p. 193.

98. Jean BEETZ, Attribution et changement de nom patronymique, (1956) 16 R. du B. 56; Simon PARENT, Le changement de nom patronymique, (1950-51) 53 R. du N. 420; André MOREL, L'article 56a du Code civil, (1952) 2 Thémis, 216.

99. Commentaires, livre 1, p. 43.

100. Hector L. Déry et Cie Ltée c. Déry, (1941) 70 B.R. 433;

101. Les personnes morales jouissent des mêmes droits et des mêmes protections, voir art. 303, 305, 306, 308 C.c.Q.

102. Commentaires, livre 1, p. 43 et 44.

103. Ouellette, Ouellet, Ouelet, Ouelette, sans parler de la branche américaine qui utilise un w...!

104. Commentaires, livre 1, p. 46. L'italique est de nous.

105. Ibid., p. 47.

106. Ibid., p. 51.

107. Ces articles s'appliquent à toutes les demandes de revision d'une décision du directeur de l'état civil.

108. L.R.Q., chap. C-10.

109. Commentaire, livre 1, p. 51. En vérité, le problème aigu est vécu durant la période de transformation, alors que la personne manifeste l'apparence extérieure de l'autre sexe, créant une discordance avec son identité légale.

110. O.R.C.C., Rapport sur le domicile de la personne humaine, XXXIV, Montréal, 1975.

111. Commentaires, livre 1, p. 52. Voir Lubin LILKOFF, Le domicile, (1954) 14 R. du B. 361; J.G. CASTEL, Domicile, (1958-59) 5 Mc. G.L.J. 179.

112. P.B. MIGNAULT, op. cit., note 5, tome 1, p. 226.

113. À titre d'exemple, Droit de la famille - 9, [1983] C.S. 38; Droit de la famille - 273, [1986] R.J.Q. 901 (C.S.); Droit de la famille - 669, [1989] R.D.F. 436 (C.S.); Couture c. Rosa, [1982] C.S. 961; Droit de la famille - 133, [1984] C.S. 436.

114. Commentaires, livre 1, p. 53.

115. Ibid., p. 54.

116. Id.

117. La jurisprudence en matière de domicile est abondante, surtout en droit international privé. Retenons, à titre d'exemple: Fonds d'indemnisation des victimes d'accident d'automobile c. Rahima, (1969) B.R. 1090; Dame Winnycka c. Oryschuck, [1970] C.A. 1163.

118. Commentaires, livre 1, p. 53.

119. Ibid., p. 56; voir l'art. 64 C.p.c. relatif à l'élection de domicile imposée aux avocats.

120. L.R.Q., chap. P 40.1.

121. Commentaires, livre 1, p. 56.

122. «Commerçant: une personne qui offre des biens ou des services dans le cadre d'une entreprise qu'elle exploite;» «consommateur: une personne physique qui acquiert, loue, emprunte ou se procure de toute autre manière, à des fins personnelles, familiales ou domestiques, des biens ou des services auprès d'un commerçant» Loi d'application qui modifie l'art. 1 de la Loi sur la protection du consommateur.

123. Commentaires, livre 1, p. 61.

124. Ibid., p. 59.

125. Id.

126. Loi sur le divorce, L.R.C. (1985), ch. 3 (2e supp.), art. 8(2)a).

127. Commentaires, livre 1, p. 59.

128. Ibid., p. 60.

129. Ibid., p. 64.

130. Id.

131. Ibid., p. 66.

132. P.B.MIGNAULT, op. cit, note 5, t. 1, p. 162.

133. Commentaires, livre 1, p.69.

134. Ibid., p. 71 et 72.

135. Ibid., p. 74.

136. P.B. MIGNAULT, op. cit., note 5, t. 2, p. 61.

137. Commentaires, livre 1, p. 78.

138. *Ibid.*, p. 81.

139. *Ibid.*, p. 82.

140. *Ibid.*, p. 83.

141. *Id.*

142. *Ibid.*, p. 84.

143. *Ibid.*, p. 85.

144. «*Vidimer*»: certifier par *vidimus*.

«*Vidimus*»: du latin, «nous avons vu»; attestation commençant par le mot «*vidimus*» et certifiant qu'un acte a été collationné et trouvé conforme à l'original. Larousse 1990.

«Collationner»:comparer entre eux des textes pour les vérifier.

145. Commentaires, livre 1, p. 87.

146. La *Loi sur la reconstitution des registres de l'état civil* (L.R.Q., chap R-2) et la *Loi sur les Églises protestantes autorisées à tenir des registres de l'état civil* (L.R.Q., chap. E-2) sont abrogées.

147. Commentaires, livre 1, p. 89.

148. *Id.*

149. *Id.*

150. *Ibid.*, p. 90 et 91.

151. *L'état de la réforme*, Direction de l'état civil en collaboration avec la Direction des communications du ministère de la Justice du Québec, Québec, 1992, p. 20.

152. Jean PINEAU, Danielle BURMAN, *Théorie des obligations*, 2ᵉ éd., Éd. Thémis, Montréal 1988, n° 91, p. 126.

153. *Ibid.*, p. 127.

154. *Id.*

155. Voir le paragraphe 12.

156. Commentaires, livre 1, p. 92.

157. *Ibid.*, p. 93.

158. *Id.*

159. *Id.*

160. *Ibid.*, p. 95.

161. *Id.*

162. *Ibid.*, p. 96.

163. *Ibid.*, p. 97.

164. Jean PINEAU, Danielle BURMAN, précité à la note 152, p.189 et suiv.

165. Il est apparu superflu de dresser sur ce point une bibliographie connue et constante.

166. Commentaires, livre 1, p. 99.

167. *Id.*

168. Certains soutiendront, non sans raison, que la lésion entre majeurs existe bel et bien dans le nouveau code. Il est vrai que plusieurs dispositions la retiennent. Cependant, elle est exclue des principes généraux énoncés en matière contractuelle. Aussi, laissons-nous à d'autres le soin d'élaborer sur ce qui pourrait bien être un changement «dissimulé».

169. Commentaires, livre 1, p. 100.

170. *Id.*
171. *Ibid.*, p. 101.
172. *Id.*
173. Les articles 1301 à 1305 exposent les règles sur la simple administration alors que les articles 1306 et 1307 concentrent sur la pleine administration.
174. Commentaires, livre 1, p. 102 et 103.
175. *Ibid.*, p.103.
176. *Ibid.*, p.108.
177. *Ibid.*, p. 112.
178. *Id.*
179. *Id.*
180. *Ibid.*, p. 110.
181. *Ibid.*, p. 108 et 109.
182. *Ibid.*, p. 111.
183. *Ibid.*, p. 105.
184. *Ibid.*, p. 114.
185. *Id.*
186. V.-F. c. C. [1987] 2 R.C.S 244.
187. Commentaires, livre 1, p. 115.
188. Monique OUELLETTE, *Droit de la famille*, 2ᵉ ed., Éd. Thémis, Montréal 1991, p. 125.
189. Commentaires, livre 1, p. 115.
190. *Id.*
191. L.R.Q., chap. P-34.1.
192. Commentaires, livre 1, p. 117.
193. *Id.*
194. *Ibid.*, p. 116.
195. *Ibid.*, p. 118.
196. *Ibid.*, p. 118 et 119.
197. *Ibid.*, p. 120.
198. Précité, note 191.
199. Commentaires, livre 1, p. 126.
200. *Ibid.*, p. 122.
201. *Ibid.*, p. 123.
202. *Ibid.*, p. 125; à lire avec l'article 863.3 C.p.c.
203. *Ibid.*, p. 124.
204. *Ibid.*, p. 125.
205. *Ibid.*, p. 126.
206. *Ibid.*, p. 127.
207. *Ibid.*, p. 128.
208. *Ibid.*, p. 129.
209. *Id.*
210. Bien que rendue sous l'ancienne loi, la décision suivante présente un intérêt certain: *Laplante c. Lapalme*, [1991] R.J.Q. 1011, C.S. Voir également l'art. 266 al. 2 sur la composition du conseil de tutelle dans le contexte des régimes de protection.
211. Commentaires, livre I, p. 130.

212. *Ibid.*, p. 131.
213. *Ibid.*, p. 132.
214. *Id.*
215. *Id.*
216. *Id.*
217. *Ibid.*, p. 133.
218. *Ibid.*, p. 134.
219. *Ibid.*, p. 135.
220. *Ibid.*, p. 136.
221. *Id.*
222. *Id.*, p. 137.
223. L.R.Q., chap. C-81.
224. Commentaires, livre 1, p. 139.
225. Voir, à titre d'exemple, *Stojack c. Proulx et Curateur Public du Québec*, [1992] R.J.Q. 1729, C.A.
226. Commentaires, livre I, p. 140.
227. *Id.*
228. *Ibid.*, p. 141.
229. L.Q. 1989, c. 54.
230. *Loi portant réforme au Code civil du Québec du droit des personnes, des successions et des biens*, L.Q. 1987, c. 18. À la demande de la Chambre des Notaires du Québec, l'auteur a déjà analysé cette réforme; voir Monique OUELLETTE, *La loi sur le curateur public et la protection des incapables*, (1989) 3 C.P. du N. 1.
231. Commentaires, livre 1, p. 143.
232. Celui-ci est analysé au chapitre du mandat.
233. Commentaires, livre 1, p. 144.
234. *Ibid.*, p. 144 et 145.
235. *Ibid.*, p. 145.
236. *Ibid.*, p. 146.
237. *Ibid.*, p. 147.
238. *Ibid.*, p. 147 et 148.
239. *Ibid.*, p. 148.
240. L.Q. 1991, chap. 65 art. 1 qui ajoute l'art. 331.5.
241. Commentaires, livre 1, p. 150.
242. Ces formules émanent, entre autres, de la curatelle publique et sont couramment utilisées dans les établissements de santé et de services sociaux.
243. Commentaires, livre 1, p. 152.
244. *Ibid.*, p. 153.
245. *Ibid.*, p. 154.
246. *Ibid.*, p. 155.
247. *Id.*
248. Pour un résumé de celle-ci, voir Monique OUELLETTE, C.P. du N. précité note 230, p. 27 et 28.
249. Commentaires, livre 1, p. 156.
250. *Ibid.*, p. 157; voir Madeleine CANTIN-CUMYN, *De l'administration du bien d'autrui*, (1988) 3 C.P. du N. 283.

251. Commentaires, livre 1, p. 157.
252. *Ibid.*, p. 158.
253. À titre d'exemple, voir: *Lévesque c. Ouellet et Curateur public*, [1990] R.J.Q. 2607, C.S.
254. Commentaires, livre 1, p. 161.
255. *Ibid.*, p. 162.
256. *Id.*

Table des matières

Livre deuxième: De la famille

*Monique Ouellette**

Introduction

1. *Le Code civil du Québec* (1980) opère l'essentiel de la réforme en droit de la famille. En 1989, le législateur introduit les dispositions relatives au patrimoine familial. Face à l'ensemble des nouveaux Codes, le droit de la famille fait figure «d'ancêtre». Des modifications sont apportées en 1991; la majorité sont de concordance ou de style et ne touchent pas les principes. Les articles sur le divorce, jamais mis en application pour des raisons constitutionnelles évidentes, sont éliminés:

> La réorganisation d'articles à l'intérieur de ce titre est principalement reliée au fait que le *Code civil du Québec* (1980) comportait plusieurs articles qui avaient été édictés, alors qu'une entente constitutionnelle visant à transférer aux provinces la compétence en matière de mariage et de divorce était en préparation[1].

Cette entente ne s'étant jamais matérialisée, le législateur modifie en conséquence le livre sur la famille en conséquence. Les sujets principalement touchés sont le mariage, les causes de nullité du mariage et le divorce.

> Parce que l'entente en préparation ne s'est jamais réalisée et que plusieurs articles pouvaient, sous l'angle où ils sont traités, relever de la compétence législative de l'autorité fédérale, plusieurs d'entre eux n'ont jamais été mis en vigueur. En conséquence, les dispositions édictées en matière de divorce et de nullité de mariage ont été remaniées, de manière à ne conserver que celles qui pouvaient valablement s'appliquer[2].

2. La démarche que nous proposons attire l'attention sur les changements. Il est superflu d'analyser de façon extensive ce

---

* Avocat, professeur titulaire à l'Université de Montréal.

droit connu et appliqué depuis plus de dix ans. Nous renvoyons le lecteur à la doctrine[3] et la jurisprudence plus qu'abondantes sur ce sujet. Notre réflexion se concentre sur les modifications.

Titre premier: Du mariage

Chapitre premier: Du mariage et de sa célébration

3. Ce chapitre soulève des questions complexes et mérite un développement plus étoffé. À l'avenir, seules des conditions de célébrations sont exigées... ce qui, bien entendu, est loin de la vérité. De façon peut-être habile mais néanmoins évidente, le législateur évacue le problème constitutionnel.

[Ce chapitre] en étend cependant l'application en introduisant sous l'angle de la célébration du mariage, les dispositions qui se trouvaient aux chapitres premier et deuxième, portant respectivement sur les conditions requises pour contracter mariage et sur les oppositions au mariage. Il en résulte que le célébrant ne pourra célébrer le mariage avant d'avoir fait certaines vérifications relativement à l'âge des futurs époux, à leur lien de parenté éventuel et à l'absence de tout lien matrimonial[4].

En dépit de cette remarque, le mariage, pour être valide, doit être libre de tout empêchement; la célébration doit se conformer aux directives prescrites par le code.

4. Le législateur ne définit pas le mariage. L'article 365 suggère que le mariage est un contrat, fondé sur le consentement échangé entre un homme et une femme, et célébré avec une certaine solennité. Le mariage est contracté publiquement, «devant un célébrant compétent et en présence de deux témoins». Il ne peut l'«être qu'entre un homme et une femme qui expriment publiquement leur consentement libre et éclairé à cet égard». Sauf pour exclure explicitement le mariage entre personnes de même sexe, la disposition reprend le droit antérieur.

5. Le reste du chapitre porte essentiellement sur la célébration. Les changements visent la compétence du fonctionnaire ou sont de concordance avec la réforme de l'état civil. Le greffier ou le greffier-adjoint de la Cour supérieure, désigné par le ministre de la Justice, est compétent pour le célébrer, art. 366 al. 1.

6. À la fois acte civil et acte religieux avec effets civils, l'art. 366 al. 2 habilite les ministres du culte à célébrer des mariages, aux conditions suivantes:

— ils sont habilités à le faire par la société religieuse à laquelle ils appartiennent;
— ils résident au Québec;
— le ressort dans lequel ils exercent leur ministère est situé en tout ou en partie au Québec;
— l'existence, les rites et les cérémonies de leur confession ont un caractère permanent;
— ils sont autorisés par le ministre.

Les autorisations à célébrer un mariage sont communiquées au directeur de l'état civil ainsi que les inhabilités à le faire et les décès. L'article 377 est nouveau et facilite la mise à jour de la liste des fonctionnaires compétents. Il appartient au ministre d'évaluer la permanence des rites et cérémonies selon des critères qui ne sont pas précisés. Ce pouvoir discrétionnaire pourrait, *en théorie*, amener des contestations fondées sur la Charte des droits et libertés. Par ailleurs, la liberté de conscience du ministre religieux continue d'être protégée par l'art. 367: «Aucun ministre du culte ne peut être contraint à célébrer un mariage contre lequel il existe quelque empêchement selon sa religion et la discipline de la société religieuse à laquelle il appartient.»

7. Les formalités exigées par l'art. 368 reprennent celles de l'art. 413 C.c.Q. (1980). Avant le mariage, il faut une publication par voie d'affiche, apposée pendant vingt jours avant la date prévue pour la célébration, au lieu où doit être célébré le mariage. Les futurs époux sont informés de l'opportunité d'un examen médical pré-nuptial. L'article 369 sur le contenu de l'avis subit des modifications terminologiques, de concordance avec la réforme de l'état civil. Le mariage doit être célébré dans les trois mois de la publication, art. 371. Le célébrant conserve son pouvoir de dispenser de l'avis pour un motif sérieux, art. 370.

8. Bien que rarissime, l'opposition au mariage est maintenue. L'article 372 y pourvoit: «Toute personne intéressée peut faire opposition à la célébration d'un mariage entre personnes inhabiles à le contracter. Le mineur peut s'opposer seul à un

mariage; il peut aussi agir seul en défense.» La réforme fait
disparaître l'art. 409 *C.c.Q.* (1980) sur les dommages-intérêts
au cas d'opposition abusive, «étant donné le principe général de
l'article 7 relatif à l'exercice abusif d'un droit[5]».

9. L'article 373 impose au célébrant l'obligation de procéder,
avant de célébrer le mariage, à un certain nombre de vérifications. Dans un premier temps, le célébrant doit s'assurer de
l'identité, de l'âge et de l'état matrimonial des futurs époux. On
en déduit qu'il existe des conditions d'aptitude physique: la
différence de sexe et l'âge, et un empêchement lié au mariage
antérieur non dissous.

10. Dans un deuxième temps, l'autorisation de célébrer est
accordée dans les circonstances suivantes:

— les futurs époux ont moins de seize ans;
— s'ils ont seize ans, le consentement du titulaire de l'autorité
    parentale ou du tuteur a été obtenu, art. 373 al. 1, 1er.

Le célébrant n'est autorisé à célébrer que si:

— les formalités ont toutes été remplies et les dispenses
    accordées, art. 373 al. 2, 2e;
— les futurs époux sont libres de tout lien matrimonial anté-
    rieur, art. 373, al. 2, 3e;
— l'un n'est pas, par rapport à l'autre, un ascendant, un des-
    cendant, un frère ou une sœur, art. 373, al. 2, 4e.

Comme autrefois, il existe des conditions de validité (conditions de fond) et des conditions de célébration (conditions de
forme). D'autres sont rattachées au consentement des époux et
des tiers. Des empêchements liés à la parenté à un degré prohibé sont maintenus. Les formalités décrites précédemment
doivent être respectées.

11. La vérification de ces conditions, positives ou négatives,
passe par le célébrant qui est, ou non, autorisé à célébrer le
mariage. Le législateur proclame sa pleine compétence législative. Cette affirmation n'efface pas certaines questions: le
Québec peut-il changer l'âge du mariage? Peut-il créer un conflit avec la loi fédérale sur les empêchements liés à la parenté?

12. Poser ces questions, c'est soulever le débat constitutionnel
du partage des compétences[6]. Sur l'élément de l'âge, le *Code*

civil du Bas-Canada consacrait une loi préconfédérative. L'opinion générale veut, qu'après 1867, ce champ appartienne au fédéral qui peut légiférer, à la demande de la province, comme celà s'est fait ailleurs au Canada. Une interprétation rigoureuse des théories constitutionelles suggère la conclusion que la disposition est *ultra vires*. Des arguments existent pour en défendre la validité. Le fédéral n'ayant jamais modifié l'âge nécessaire au mariage valide, le législateur provincial est parfaitement justifié d'occuper le champ en adoptant une loi qui répond aux besoins de la société québécoise. L'autre argument, avancé par le Ministre, tient à la qualification de l'âge. Considéré comme un élément de l'état, il participe des droits civils relevant de la compétence législative provinciale. Sous cet angle, le législateur québécois est justifié de porter à seize ans l'âge requis pour contracter un mariage valide. Enfin, le législateur ne toucherait pas aux conditions de fond puisque l'art. 373 s'adresse au célébrant. La loi n'interdit pas le mariage; elle interdit au célébrant d'y procéder! Cet argument, comme le précédent d'ailleurs, n'est pas très convaincant! Les deux sont utiles, à défaut de mieux, pour atteindre un résultat qui a le mérite de bon sens. En effet, les mariages d'enfants ont disparu de nos mœurs depuis un certain temps... Déjà qu'à seize ans, la maturité des futurs époux est douteuse. La mesure devient plus sage encore devant les statistiques qui établissent une causalité directe entre l'âge précoce du mariage et le taux élevé de divorce.

13. Le problème souvelé par l'interdiction liée à la parenté ne se pose pas tout à fait dans les mêmes termes. La loi sur le mariage[7], adoptée par le législateur fédéral en 1990, énonce à l'art. 2(2)c) «Est prohibé le mariage entre personnes ayant des liens de parenté:...en ligne collatérale, par adoption, s'il s'agit de frère et sœur.» L'article 373 n'inclut pas cette prohibition. L'article 578 permet même ce mariage: «L'adoption fait naître les mêmes droits et obligations que la filiation par le sang. Toutefois, le tribunal peut, suivant les circonstances, permettre un mariage en ligne collatérale entre l'adopté et un membre de sa famille d'adoption.» Y a-t-il contradiction ou peut-on concilier les deux lois? En apparence contradictoires, la conciliation n'est pas exclue! Parce qu'il s'agit d'adoption, la question en serait une d'état et de filiation sur laquelle la province a

compétence. L'argument n'est pas totalement convaincant. Il est par ailleurs concevable que la province permette ce mariage mais que celui-ci soit irréalisable parce que la loi fédérale, plus restrictive, s'appliquerait. Le problème reste entier sous l'angle du célébrant: il reçoit ses pouvoirs de la province qui est en droit de les lui conférer. La loi provinciale ne lui interdit pas de célébrer un mariage dans le cas d'adoption; peut-il refuser de célébrer un tel mariage, en invoquant la loi fédérale? Si oui, on pourrait lui reprocher d'outrepasser sa compétence et d'opposer un refus injustifié. S'il célèbre le mariage, celui-ci serait susceptible de nullité, un empêchement de parenté entachant sa validité. Sur ce point, le commentaire ne fournit aucune explication.

14. Les articles 364, 375 et 376 décrivent le déroulement de la cérémonie du mariage. Ils apportent peu de changement au droit antérieur si ce n'est des modifications de concordance quant à la déclaration de mariage essentielle pour dresser l'acte de mariage.

Chapitre deuxième: De la preuve du mariage

15. Ce chapitre comporte deux articles, 378 et 379, qui reprennent le droit antérieur.

Chapitre troisième: Des nullités de mariage

16. Des modifications importantes sont apportées par la disparition des articles spécifiques qui couvraient la nullité du mariage:

> ...les dispositions antérieures relatives aux causes de nullité sont remplacées par une règle générale qui dispose que le mariage peut être frappé de nullité s'il n'est pas célébré suivants les prescriptions du titre sur le mariage et sa célébration et suivant les conditions nécessaires à sa formation[8].

L'article 380 déclare: «Le mariage qui n'est pas célébré suivant les prescriptions du présent titre et suivant les conditions nécessaires à sa formation peut être frappé de nullité à la demande de toute personne intéressée, sauf au tribunal à juger suivant les circonstances.» D'une certaine façon, les règles antérieures sont simplifiées. Les distinctions quant aux personnes pouvant demander la nullité disparaîssent: le demandeur, quel qu'il soit, doit prouver son intérêt. Comme autrefois, la loi maintient le pouvoir d'appréciation du juge. Les conditions de formation sont énoncées à l'art. 365: le consentement, la différence de sexe, la publicité; celles visant la célébration sont prévues aux art. 366 et suiv.

17. Faut-il croire abolies les distinctions entre nullité absolue et nullité relative? Manifestement, toutes les conditions ne reçoivent pas la même sanction puisque le juge conserve un pouvoir d'appréciation. Le recours à d'autres dispositions pour construire une théorie cohérente sur les nullités de mariage, s'impose.

18. Le mariage trouve son fondement dans le consentement *libre et éclairé* des futurs époux. Le code précise ce point au chapitre des obligations, art.1371 et suiv. Le consentement doit être donné par une personne apte au moment où elle le manifeste, art. 1398. L'absence de consentement pour cause d'inaptitude justifierait la demande en nullité. En plus d'exister, le consentement doit être exempt de tout vice. L'erreur, la crainte et la lésion sont retenues par l'art. 1399. Excluons la lésion à caractère économique qui suppose un déséquilibre de prestation entre cocontractants. L'erreur et la crainte peuvent appuyer une demande de nullité de mariage.

19. L'erreur *dans* la personne disparaît au profit de l'art. 1400 qui énonce: «l'erreur vicie le consentement... lorsqu'elle porte sur la nature du contrat, sur l'objet de la prestation(!), ou, encore, sur tout élément essentiel qui a déterminé le consentement». Donc l'erreur sur (ou *dans*) la personne peut être invoquée. Le mystère reste entier quant à l'interprétation qu'en donneront les tribunaux. Ou ils choisissent de retenir la jurisprudence qui oppose une thèse libérale et une thèse restrictive; ou ils jugent selon les circonstances et éliminent les nuances byzantines des anciennes décisions[9]. Les mariages de complaisance (bourses, citoyenneté) se classeraient sous cette rubrique.

20. La crainte est prévue aux articles 1402 à 1404. La menace à la personne ou aux biens, dépendant des circonstances, peut vicier le consentement au mariage. Ainsi en est-il également de

«la crainte inspirée par l'exercice abusif d'un droit ou d'une autorité ou par la menace d'un tel exercice... art. 1403. Nous laissons à d'autres le soin de développer ce point.

21. L'erreur et la crainte, vices de consentement, entraînent la nullité du mariage. Absolue ou relative? Les articles 1416 et suiv. fournissent des indices. La nullité est *absolue* lorsque la condition qu'elle sanctionne s'impose pour la protection de *l'intérêt général*. Toute personne qui a un intérêt né et actuel peut l'invoquer; le tribunal la soulève d'office; elle n'est pas susceptible de confirmation, art. 1418.

22. La nullité *relative* sanctionne les conditions de formation imposées pour la protection d'*intérêts particuliers;* «il en est ainsi lorsque le consentement des parties ou de l'une d'elles est vicié», art. 1419. L'erreur et la crainte sont donc sanctionnées par la nullité relative. Ainsi en serait-il du défaut d'âge et de l'absence de consentement du titulaire de l'autorité parentale, ces conditions visant essentiellement la protection du mineur.

23. En interprétant ces articles et en les appliquant au mariage, l'identité de sexe, le mariage antérieur non dissous, le lien de parenté prohibé seraient sanctionnés par la nullité absolue. Ces empêchements protègent l'ordre public, la paix et la stabilité de la société.

24. Quant aux conditions rattachées à la célébration publique du mariage, il faut distinguer. La nullité serait relative et le juge exercerait son pouvoir discrétionnaire si l'absence d'avis, ou l'irrégularité quant aux témoins est soulevée. Il en serait de même du choix d'un lieu fantaisiste. Le défaut de compétence du célébrant est plus problématique; la sanction serait, dans ce cas, la nullité absolue.

25. Les délais de prescription sont uniformisées. L'art. 380 al. 2 prévoit: «L'action [en nullité] est irrecevable s'il s'est écoulé trois ans depuis la célébration, sauf si l'ordre public est en cause.» Le délai se calcule à compter de la célébration. Le commentaire mentionne la bigamie comme cause de nullité imprescriptible.

26. Les dispositions qui suivent organisent les effets de la nullité et ceux du mariage putatif. Aux articles 382 et 384, les mots «droits patrimoniaux» remplacent les mots «régime

matrimonial» tenant compte des dispositions sur le patrimoine familial. L'article 386 sur les donations entre vifs dans le contrat de mariage est clarifié. Le deuxième alinéa se lit: «Elle [la nullité] rend également nulles les donations à cause de mort qu'un époux a consenti à l'autre en considération du mariage.» Ainsi rédigé, l'article écarte «l'interprétation restrictive selon laquelle la nullité du mariage ne rendrait nulles que les donations à cause de mort que les époux se seraient mutuellement et réciproquement consenties en considération du mariage[10]».

27. Les articles 388 et 389 illustrent la «mise au point» réalisée par le législateur. Depuis 1980, certains articles, sanctionnés mais non en vigueur pour raison constitutionnelle, s'appliquaient par référence à la nullité de mariage. L'article 388 établit: «Le tribunal statue comme en matière de séparation de corps, sur les mesures provisoires durant l'instance, sur la garde, l'entretien et l'éducation des enfants; en prononçant la nullité, il statue sur le droit de l'époux de bonne foi à des aliments ou à une prestation compensatoire.» Le commentaire explique:

> Ainsi, le renvoi aux dispositions édictées en matière de divorce a été remplacé par un renvoi aux dispositions édictées en matière de séparation de corps, étant donné que les dispositions auxquelles l'on renvoyait ont été intégrées à celles portant sur la séparation de corps[11].

28. L'article 389 regroupe les anciens articles 560, 561 et 564, adoptés en 1980, en matière de divorce. L'article couvre le droit aux aliments sur lequel le tribunal doit statuer dans le jugement prononçant la nullité. Il peut réserver le droit d'en demander pour une période qui n'excède pas deux ans. L'article 390 reproduit, avec une légère variante, l'article 565 C.c.Q. (1980).

Chapitre quatrième: Des effets du mariage

29. Le commentaire général expose:

> Ce chapitre, relatif aux effets du mariage, reprend les articles 440 à 462.17 du *Code civil du Québec* (1980), adoptés en 1989, et ne les modifie, en général, que pour assurer la concordance terminologique avec l'ensemble du *Code civil* ou pour préciser le sens de certains autres[12].

Pour ces raisons, l'étude de ce chapitre sera brève; l'auteur renvoie les lecteurs à la doctrine publiée et à la jurisprudence qui l'ont déjà interprétée.

Section I Des droits et des devoirs des époux

30. Les articles 392 à 400 reprennent les articles 441 à 448 *C.c.Q.* (1980). La seule modification, qui n'en est pas une, tient au déplacement de l'article 399. Celui-ci reprend l'article 456 *C.c.Q.* (1980) qui se trouvait au titre de la résidence familiale. Le commentaire explique:

> En effet, cette disposition, qui a un caractère général, a pour but de permettre à un époux de passer outre au pouvoir de contrôle de son conjoint; elle doit donc faire partie d'une section générale, et non de la section relative à la résidence familiale, parce que l'on risquerait alors d'en limiter la portée[13].

Section II De la résidence familiale

31. Les articles 401 à 414 reproduisent les articles 449 à 462 *C.c.Q.* (1980). Des modifications terminologiques et de concordance sont apportées mais aucun changement dans les principes déjà connus n'est à souligner. L'expression «*résidence familiale*» remplace l'expression «résidence principale». Les meubles ne sont plus «affectés à l'usage du ménage» mais «*servent*» à celui-ci. «*L'inscription*» d'un droit remplace «l'enregistrement» au Livre neuf du code et la modification pertinente est apportée à l'art. 404. Le droit d'usage inclut le droit d'habitation. Cet article exige le consentement *écrit* du conjoint, «afin d'accroître la protection de ce conjoint»[14].

32. L'article 405 subit deux légères modifications par rapport à l'art. 453 *C.c.Q.* (1980). Le concept d'occupation des lieux *à des fins résidentielles* est remplacé par le concept «plus précis et plus exact d'occupation *à des fins d'habitation*[15]». Le consentement *écrit* du conjoint est requis pour aliéner ou louer la partie réservée à l'usage de la famille d'un immeuble de cinq logements et plus. Ceci afin d'accroître la protection du conjoint.

33. L'article 410 reprend substanciellement l'art. 458 C.c.Q.
(1980) «sous réserve de quelques modifications formelles, telle
la suppression de la définition des meubles visés qui se trouve
au second aliéna de l'art. 401[16]». L'article crée de plus une
exception:

> Toutefois, contrairement à la règle générale prévue au livre
> Des biens, cet article dispense l'usager de fournir une sûreté et
> de dresser un inventaire des biens, sous réserve du pouvoir du
> tribunal d'en décider autrement: cette dérogation au principe
> s'explique par la nature particulière de l'attribution préfé-
> rentielle[17].

Les articles 411 à 413 n'apportent aucun changement au droit
antérieur.

Section III Du patrimoine familial

34. Par. 1 - De la constitution du patrimoine

Introduite au Code civil en 1989, la réforme sur le patrimoine
familial est déjà accomplie. Il n'est pas surprenant, dès lors, de
trouver peu de modifications dans cette section. Mentionnons
qu'à l'art. 415, les expressions «résidence principale et résidences secondaires» sont remplacées par les résidences afin de
les couvrir toutes. L'article 3089 al. 1 laisserait entendre que le
patrimoine est un effet du mariage plutôt qu'un régime matrimonial primaire comme l'ont soutenu certains auteurs.

35. Par. 2 - Du partage du patrimoine

Les remarques antérieures valent également ici. Les articles 416
à 426 reproduisent les principes des articles 462.3 à 462.13
C.c.Q. (1980). Des corrections de style ou de concordance sont
apportées. Les «ayants cause» remplace les «ayants droit»
conformément au droit des successions. Le terme «legs» est
supprimé, à l'art. 418, et l'expression «compte tenu des adaptations nécessaires est substitué à «en faisant les...». À l'article
419, «transférer d'autres biens» devient «transférer la propriété
d'autres biens» qui semble plus exact.

36. Une modification est apportée à l'ancien article 462.10
C.c.Q. (1989). La renonciation au partage du patrimoine, tant
notariale que judiciaire, est soumise à la publicité.

...mais il le [ancien article] modifie pour soumettre à la publicité la déclaration judiciaire indiquant une renonciation au partage du patrimoine familial, comme l'est la renonciation faite par acte notarié en minute: les effets de la publicité sont identiques dans les deux cas[18].

L'information des tiers justifie ce changement. Deux autres modifications sont apportées: «*acte notarié en minute*» remplace «acte notarié portant minute; «*inscription au registre*» remplace «enregistrement au registre.»

Section IV   De la prestation compensatoire

37. Les articles 462.14 à 462.17 *C.c.Q.* (1980) sont reproduits intégralement aux articles 427 à 430.

Chapitre cinquième: Des régimes matrimoniaux[19]

38. Le législateur présente ce chapitre ainsi:

Ce chapitre traite des régimes matrimoniaux des époux. Il reprend les articles 463 à 524.1 du *Code civil du Québec* (1980) et ne les modifie que de façon mineure pour, dans la majorité des cas, assurer la concordance terminologique avec l'ensemble du *Code civil* ou, plus rarement, pour préciser le sens de certaines dispositions[20].

L'exposé qui suit se limite à attirer l'attention sur les changements significatifs apportés à ce chapitre.

Section I   Dispositions générales

39. Par. 1 - *Du choix du régime matrimonial*

À une exception près, les articles 431 à 442 reprennent les articles 463 à 474 *C.c.Q.* (1980). L'ancien article 473 exigeait du notaire qui recevait le contrat de mariage modificatif d'un contrat antérieur, qu'il donne avis sous pli recommandé ou certifié, au dépositaire de la minute. L'article 441 supprime cette exigence que le législatuer estime non-fondée.

40. Par. 2 - *De l'exercice des droits et pouvoirs résultant du régime matrimonial*

Sous réserve d'une modification terminologique, les articles 443 à 447 reproduisent intégralement les articles 475 à 479 *C.c.Q.* (1980).

Section II De la société d'acquêts

41. Par. 1 - *De ce qui compose la société d'acquêts*

Les articles 448 à 460 reprennent substanciellement les articles 480 à 492 *C.c.Q.* (1980). Des modifications de concordance sont apportées, notamment, avec le livre Des biens et celui Des successions. Notons le premier alinéa de l'art. 456 (ancien 488) qui se lit comme suit: «Les valeurs mobilières acquises par suite de la déclaration de dividendes sur des valeurs propres...» Les «valeurs mobilières» remplacent les «actions» étendant la portée de l'article «à toutes les valeurs mobilières plutôt que de restreindre son application aux seules actions[21]».

42. Par. 2 - *De l'administration des biens et de la responsabilité*

Les articles 461 à 464 apportent deux modifications. À l'article 462, les mots «sommes modiques et pour des cadeaux d'usage» sont remplacés par «*des biens de valeur modique ou de cadeaux d'usage*» afin d'assurer la concordance avec le droit des successions. L'article 463 substitue le renvoi à l'ancien article 495 par une référence directe à la restriction du droit de disposer. L'expression «propriétaire subsidiaire» est remplacée par «*titulaire subrogé*», ceci en concordance avec le droit des assurances. Pour le reste les articles 493 à 496 *C.c.Q.* (1980) sont reproduits.

43. Par. 3 - *De la dissolution et de la liquidation du régime*

Notre objectif n'est pas de dresser une table de concordance; la technique se révèle néanmoins utile pour l'analyse de ce paragraphe qui apporte diverses modifications mineures.

L'article 465 reprend l'art. 497 *C.c.Q.* (1980): il cite les concepts plutôt que d'y faire référence.

L'article 466 reprend l'art. 498 *C.c.Q.* (1980), y apporte une modification formelle et remplace «ayant droit» par *ayant cause*». L'article 467 reproduit intégralement l'art. 499 *C c.Q.*

(1980). L'article 468 reprend l'art. 500 *C.c.Q.* (1980) en supprimant la notion «d'actes conservatoires» comprise dans «actes de simple administration.»

L'articel 469 reprend l'art. 501 *C.c.Q.* (1980) en apportant une modification de concordance avec les mesures relatives à la publicité des droits.

44. L'article 470 reprend en substance l'art. 502 *C.c.Q.* (1980) en y apportant quelques modifications. Certaines sont formelles et sans incidence sur le droit substantif. L'alinéa troisième de l'article se lira: «Dans ce cas, [renonciation aux acquêts par le conjoint] leur acceptation [celle des créanciers] n'a d'effet qu'en leur faveur et à concurrence seulement de leurs créances; elle ne vaut pas au profit de l'époux renonçant.» Le commentaire explique la modification:

...le dernier alinéa de cet article est modifié, de manière qu'il y soit plus clairement exprimé que les créanciers à l'égard desquels l'acceptation produira des effets, sont ceux dont il est question au deuxième alinéa, à savoir ceux qui auront demandé au tribunal de déclarer que la renonciation soit inopposable[22].

45. L'article 471 reprend l'art. 503 *C.c.Q.* (1980) en y apportant une modification formelle.

Il en est de même de l'art. 472 qui reprend l'art. 504 *C.c.Q.* (1980). L'article 473 reproduit l'art. 505 *C.c.Q.* (1980); il supprime le renvoi pour énoncer le principe et remplace le mot «refus» par «renonciation».

L'article 474 reprend l'art. 506 *C.c.Q.* (1980) et apporte une modification de concordance avec la publicité des droits.

L'article 475 reproduit et réunit les art. 507 et 508 *C.c.Q.* (1980).

46. Même s'il reprend en substance l'art. 509 al. 2 *C.c.Q.* (1980), l'art. 476 apporte un ajout au droit antérieur. La disposition porte sur les biens susceptibles de récompense et sur leur évaluation. La modification fait en sorte:

...qu'il puisse être tenu compte, lors de la liquidation du régime, de l'augmentation ou, au contraire, de la dévaluation d'un bien susceptible de récompense, mais sans que soit considérées les améliorations faites au bien ou les détériorations survenues entre le moment de la dissolution du régime, moment qui fixe les droits patrimoniaux, et le moment de la liquidation[23].

Ainsi, l'estimation des biens susceptibles de récompense se fait d'après l'état au jour de la dissolution du régime et «d'après leur valeur au temps de la liquidation», art. 476 al. 1. L'alinéa 2 établit que l'enrichissement est évalué au jour de la dissolution du régime; «toutefois, lorsque le bien acquis ou amélioré a été aliéné au cours du régime, l'enrichissement est évalué au jour de l'aliénation».

47. L'article 477 reprend l'art. 510 C.c.Q. (1980) en apportant une modification de concordance avec le droit des biens relatif aux notions d'impenses nécessaires ou utiles. Les articles 478, 479 et 480 reproduisent intégralement les art. 511, 512 et 513 C.c.Q. (1980).

L'article 481 reprend l'art. 514 C.c.Q. (1980) «tel que modifié en 1989, cette dernière modification ayant eu pour objet de préciser que le partage devait se faire en valeur[24]».

L'article 482 reprend l'art. 515 C.c.Q. (1980) en assurant la concordance avec l'article précédent et le patrimoine familial. Il remplace l'expression «place dans son lot» par l'expression «donne en paiement», «plus juste dans un contexte de partage en valeur numéraire plutôt qu'en nature[25]».

L'article 483 reproduit intégralement l'art. 516 C.c.Q. (1980).

L'article 484 reprend l'art. 517 C.c.Q. (1980) en y apportant une modification formelle. Ce dernier avait été modifié en 1989 «afin de mieux protéger les droits du conjoint de l'époux débiteur[26]».

Section III De la séparation de biens

48. Par. 1 - *De la séparation conventionnelle de biens*

Les articles 485 à 487 reproduisent intégralement les articles 518 à 520 C.c.Q. (1980).

49. Par. 2 - *De la séparation judiciaire de biens*

Les articles 488 à 491 reproduisent les articles 521 à 524 C.c.Q. (1980) en y apportant une seule modification formelle.

Section IV Des régimes communautaires

50. L'article 492 reprend l'art. 524.1 C.c.Q. (1980) introduit au *Code civil* en 1989.

Chapitre sixième: De la séparation de corps

51. Ce chapitre reprend en substance les articles 525 à 536.1 C.c.Q. (1980). Ce code légiférait «par renvoi» aux dispositions contenues au chapitre du divorce. Tel que mentionné précédemment, le législateur élimine ces articles qui n'ont jamais été mis en vigueur mais qui s'appliquaient néanmoins. Cette «mise en ordre» constitue l'essentiel des modifications apportées à ce chapitre.

Section I   Des causes de la séparation de corps

52. Le titre de la section n'est pas exact. Ici comme en divorce, il n'y a qu'une seule cause de séparation, à savoir, l'atteinte à la vie commune, art. 493. L'art. 494 énonce des présomptions dont il donne une liste non exhaustive. Il y a atteinte:

— lorsqu'un ensemble de faits rendent «difficilement tolérable» la vie commune, art. 494, 1er;
— lorsqu'au moment de la demande, les époux vivent séparés l'un de l'autre, art. 494, 2e;
— lorsqu'un époux a gravement manqué à une obligation du mariage; un époux ne peut pas invoquer son propre manquement, art. 494, 3e.

Un assouplissement certain est apporté; les preuves de l'atteinte à la volonté de vie commune étant plus larges encore qu'en matière de divorce. Le terme «intolérable» est qualifié et devient «difficilement tolérable». Quant à la séparation, le commentaire note une modification substancielle:

> ...la séparation de corps n'entraîne pas la rupture du lien matrimonial, il a semblé préférable de permettre l'obtention d'un jugement en séparation de corps, dès que les époux ne font plus vie commune et que l'un d'eux manifeste le désir d'obtenir un tel jugement[27].

L'on note enfin qu'il a semblé inopportun de retenir la non-consommation du mariage comme preuve d'atteinte à la vie commune.

53. Aucun changement n'est apporté à la séparation de corps sur projet d'accord, l'art. 495 reproduisant dans son intégralité l'art. 527 *C.c.Q.* (1980).

Section II De l'instance en séparation de corps

54. Par. 1 - *Disposition générale*

Un rôle particulier est confié au tribunal par l'art. 496: «À tout moment de l'instance en séparation de corps, il entre dans la mission du tribunal de conseiller les époux, de favoriser leur conciliation et de veiller aux intérêts des enfants et au respect de leurs droits.» La question fut déjà posée de savoir s'il entre dans les attributs du juge d'agir à titre de conciliateur, de conseiller des époux et de défenseur des droits de l'enfant. Le sujet mérite réflexion tout en reconnaissant que le législateur a conclu affirmativement. L'article reprend en partie l'art. 528 *C.c.Q.* (1980) et ne le modifie:

...qu'en y ajoutant l'obligation de veiller au respect des droits des enfants, ce qui permet d'assurer la concordance avec de nombreuses règles prévues au livre Des personnes, à la *Loi sur la protection de la jeunesse* et au *Code de procédure civile*[28].

Le deuxième alinéa de l'ancien article est supprimé; les règles auxquelles il réfère sont intégrées au présent chapitre.

55. Par. 2 - *De la demande et de la preuve*

L'article 497 déclare que «La demande en séparation de corps peut être présentée par les époux ou l'un d'eux.» L'ancien article 544 *C.c.Q.* (1980) le prévoyait en matière de divorce. La disposition est donc intégrée à la présente section. Il en est de même de l'art. 498 qui permet la preuve testimoniale et autorise le juge à requérir une preuve additionnelle.

56. Par. 3 - *Des mesures provisoires*

Les articles 499 à 503 reproduisent, sauf pour une modification formelle, les articles 546 à 550 *C.c.Q.* (1980).

57. Par. 4 - *Des ajournements et de la réconciliation*

L'article 504 réunit les articles 551 et 552 *C.c.Q.* (1980) en faisant la modification de concordance qui s'impose. Les articles 505 et 506 reproduisent intégralement les articles 553 et 554 *C.c.Q.* (1980).

Section III Des effets de la séparation de corps entre époux

58. Les articles 507 à 511 reproduisent intégralement les articles 529 à 534 *C.c.Q.* (1980). L'article 512 intègre, au chapitre de la séparation, une disposition non en vigueur adoptée en divorce. Le commmentaire précise:

> L'intégration de cette règle parmi celles édictées en matière de séparation de corps a pour but de fournir des critères précis au tribunal appelé à rendre une décision relative aux effets de la séparation de corps à l'égard des époux[29].

Section IV Des effets de la séparation de corps à l'égard des enfants

59. Les articles 568 et 569 *C.c.Q.* (1980) faisaient partie du chapitre Du divorce. L'article 536.1 *C.c.Q.* (1980) les rendait applicables par référence; l'art. 568 était en vigueur, l'art. 569 ne l'était pas. Les articles 513 et 514 les intègrent au chapitre de la séparation de corps en faisant la modification nécessaire.

Section V De la fin de la séparation de corps

60. L'article 515 reproduit intégralement l'art. 536 *C.c.Q.* (1980).

Chapitre septième: De la dissolution du mariage

61. Le commentaire introductif explique la démarche suivie par le législateur. Globablement, le chapitre reprend les règles édictées aux articles 537 à 571 *C.c.Q.* (1980).

Certaines adaptations sont apportées:

> Il ne reprend pas les articles qui n'ont jamais été mis en vigueur en matière de divorce et lorsqu'ils étaient utiles, ceux-

ci ont été replacés sous d'autres chapitres: la majorité d'entre
eux l'ont été parmi les dispositions édictées en matière de
séparation de corps, les autres parmi les articles sur la nullité
de mariage, l'obligation alimentaire ou l'autorité parentale[30].

Section I Dispositions générales

62. L'article 516 à l'effet que «le mariage se dissout par le
décès de l'un des conjoints ou par le divorce» reprend textuellement l'art. 537 *C.c.Q.* (1980).

63. Sans nier la compétence du législateur fédéral, au contraire,
l'art. 517 applique des règles prévues au *Code civil* et au *Code
de procédure civile*: «Le divorce est prononcé conformément à
la loi canadienne sur le divorce. Les règles relatives à l'instance
en séparation de corps édictées par le présent code et les règles
du *Code de procédure civile* s'appliquent à ces demandes dans
la mesure où elles sont compatibles avec la loi canadienne.» Cet
article se conforme à l'art. 25 de la *Loi sur le divorce*.

Section II Des effets du divorce

64. L'article 518 reprend littéralement l'art. 556 *C.c.Q.* (1980).

65. L'article 519 apporte une clarification importante: «Le
divorce rend caduques les donations à cause de mort qu'un
époux a consenties à l'autre en considération du mariage.» Une
certaine ambiguïté entourait l'interprétation de l'art. 557 *C.c.Q.*
(1980). La réforme apporte une modification:

> ...de manière à éviter l'interprétation restrictive selon laquelle
> le divorce ne rendrait caduques, en application de cet article,
> que les donations à cause de mort que les époux se seraient
> mutuellement et réciproquement consenties en considération
> du mariage. Cette précision est également apportée à l'article
> 386 édicté en matière de nullité du mariage[31].

66. L'article 520 reproduit l'art. 558 *C.c.Q.* (1980) alors que
l'art. 521 «rend applicables, en matière de divorce, les règles
intégrées à la section relative aux effets de la séparation de
corps à l'égard des enfants[32]».

Titre deuxième: De la filiation

67. Les changements au titre de la filiation, somme toute peu nombreux, ont reçu une couverture médiatique importante. Les articles sur la procréation médicalement assistée ont créé l'illusion d'une réforme substancielle. En réalité, ce titre reprend pour l'essentiel les articles 572 à 632 C.c.Q. (1980). Quelques modifications de concordance sont apportées. Certaines touchent le fond mais on ne saurait parler d'une «réforme de la réforme».

Disposition générale

68. «Tous les enfants dont la filiation est établie ont les mêmes droits et les mêmes obligations, quelles que soient les circonstances de leur naissance», art. 522. Le texte reproduit intégralement l'art. 594 C.c.Q. (1980). Son déplacement, en tête de chapître, constitue la nouveauté. C'est la place qui lui revient puisqu'il s'agit d'un principe d'application générale, qu'il s'agisse de la filiation par le sang, de la filiation adoptive ou de la filiation résultant d'une nouvelle technologie de reproduction.

Chapitre premier: De la filiation par le sang

69. Le commentaire introductif note, qu'en substance, ce chapitre reprend les articles 572 à 594 C.c.Q. (1980). Des concordances sont faites avec le livre De la preuve et les modifications «se rapportent, le plus souvent, à la forme ou à la structure des articles[33]».

> Ainsi, les actions relatives à la filiation, soit les actions en désaveu ou en contestation de paternité et les actions en réclamation ou en contestation d'état, ont été regroupées dans une même section[34].

Les précisions sur les changements relatifs aux nouvelles technologies seront soulignés.

Section I   Des preuves de la filiation

70. Par. 1 - *Du titre et de la possession d'état*

Les articles 523 et 524 reprennent fidèlement les articles 572 et 573 *C.c.Q.* (1980).

71. Par. 2 - *De la présomption de paternité*

L'article 525 réunit en un seul les anciens articles 574 à 576 *C.c.Q.* (1980), sans en altérer la substance.

72. Par. 3 - *De la reconnaissance volontaire*

Les articles 526 à 529 sont la reproduction intégrale des articles 577 à 580 *C.c.Q.* (1980).

Section II   Des actions relatives à la filiation

73. Cette section subit quelques changements: toutes les actions d'état sont regroupées et soumises aux mêmes conditions d'exercice. L'art. 530 fixe la règle générale: «Nul ne peut réclamer une filiation contraire à celle que lui donne son acte de naissance et la possession d'état conforme à ce titre. Nul ne peut contester l'état de celui qui a une possession d'état conforme à son acte de naissance.» La disposition reprend en substance l'art. 587 *C.c.Q.* (1980) et ne le modifie «que pour supprimer l'exception qu'on y retrouve quant à l'exercice du recours en désaveu par le père ou en contestation de la paternité du père présumé par la mère, ces points étant traités à l'article suivant[35]».

74. Conformément au principe général, l'art. 531 al. 1 affirme: «toute personne intéressée, y compris le père ou la mère, peut contester par tous moyens, la filiation de celui qui n'a pas une possession d'état conforme à son acte de naissance». L'alinéa 2 reprend la restriction en matière de désaveu: seul le père présumé peut contester la filiation de l'enfant et le désavouer. Puisque la présomption ne s'applique qu'à l'endroit du mari, le recours en désaveu lui appartient exclusivement. Le recours en contestation de paternité peut être exercé par la mère. Dans ce cas, la prescription est d'un an à compter de la naissance. Le désaveu est exercé dans un délai «d'un an à compter du jour où la présomption de paternité *prend effet*, à moins qu'il [le mari]

n'ait pas eu connaissance de la naissance, auquel cas le délai commence à courir du jour de cette connaissance». Le point de départ du calcul est donc modifié:

> Le second alinéa de cet article reprend substanciellement les articles 581 à 582 en modifiant le mode de calcul du délai au cours duquel le père présumé, par conséquent le mari de la mère, peut contester la filiation de l'enfant et désavouer sa paternité. En effet, cet article établit que ce délai commence à courir, non pas à compter de la naissance de l'enfant, mais plutôt à compter du moment où la présomption de paternité prend effet[36].

Ce commentaire n'est pas très éclairant! Supposons que le mari assiste à la naissance: la présomption prend-elle effet à ce moment? Probablement, auquel cas la modification restreint le recours par rapport au droit antérieur. Si la naissance *connue* est le moment où la présomption prend effet et constitue le point de départ du calcul du délai d'un an, alors il n'y aurait aucun changement. En d'autres termes, quand prend effet la présomption? L'art. 531 al. 2 fournit un indice clair relatif à l'exercice de l'action: si le mari n'a pas eu connaissance de la naissance, c'est à compter de cette connaissance que le délai d'un an courre. Est-ce que la présomption avait pris effet avant? Une interprétation voudrait qu'en tout état de cause la présomption prenne effet au moment de la naissance, que le délai d'un an se calcule à compter de ce moment, sous réserve de l'exception prévue dans l'hypothèse où mari ignore la naissance. Dans ce cas, la présomption a pris effet à la naissance mais un «sursis» est accordé au mari pour lui permettre d'exercer son droit. Quoiqu'il en soit, l'article prête à confusion.

75. Le déplacement de la règle de non-concordance entre l'acte de naissance et la possession d'état, en début de section, laisse perplexe. Faut-il comprendre qu'elle s'applique aussi à l'action en désaveu? Le mari qui a signé la déclaration de naissance, qui a considéré l'enfant comme le sien est-il privé de l'action en désaveu s'il acquiert une information «troublante» quant à sa paternité? Une réponse affirmative semble trop restrictive. La solution se situe dans l'interprétation de la possession d'état: quelques mois se révéleraient insuffisants pour lui conférer la constance requise par l'art. 524. Auquel cas, le mari serait admis à exercer son recours en désaveu à l'intérieur du délai d'un an.

76. L'article 532 regroupe les actions en contestation d'état et en réclamation d'état. Il reprend les articles 589 al. 1, 591 et 583 al. 1 *C.c.Q.* (1980). La réforme apporte une modification en incluant, au troisième alinéa de l'art. 532, le recours en contestation de maternité.

77. L'article 533 reprend l'art. 589 al. 2 *C.c.Q.* (1980) en supprimant l'exemple qui y était donné et en remplaçant l'expression «commencement de preuve par écrit» par l'expression «*commencement de preuve*» afin d'assurer la concordance avec le droit de la preuve. Il en est de même avec l'art. 534 qui reproduit l'art. 590 *C.c.Q.* (1980) sous réserve de cette concordance. Toujours en matière de preuve, l'art. 535 réunit les art. 585 et 592 *C.c.Q.* (1980) en y apportant simplement des modifications formelles.

78. Les délais de prescription et la transmissibilité des recours aux héritiers sont prévus aux art. 536 et 537. Ils reprennent les art. 593 et 584 *C.c.Q.* (1980).

Section III   De la procréation médicalement assistée

79. Cette section pourrait faire l'objet d'un long développement! La littérature sur la question est abondante, sans parler des mémoires, recommandations, règlements, directives, rapports de colloques etc. Il est impossible, dans le cadre actuel, de se livrer à cet exercice. Notre propos se limite aux dispositions strictes du Code telles que présentées par le législateur:

> Les dispositions édictées à l'intérieur de cette dernière section sont, de façon générale, conformes aux avis ou recommandations des groupes et organismes qui se sont penchés sur la question de la procréation médicalement assistée, tant au Québec qu'à l'étranger, qu'il s'agisse d'organismes nationaux ou internationaux. Elles sont largement inspirées de celles qui ont été retenues par le gouvernement français dans l'Avant-projet de loi sur les sciences de la vie et les droits de l'homme, présenté en 1989 à l'Assemblée nationale[37].

L'expression «procréation médicalement assistée» est très large et inclut, «entre autres, l'insémination homologue, l'insémination hétérologue, la fécondation *in vitro*, la fécondation *in vivo* et la maternité de substitution[38]».

80. À l'exception de la maternité de substitution, connue sous l'expression populaire de «contrat de mère porteuse», le *Code civil du Québec* n'interdit pas les nouvelles techniques de reproduction. Il réfère à «la contribution au projet parental d'autrui par un apport de forces génétiques...», art. 538. Le législateur ne règlemente pas les N.T.R. si ce n'est sous l'angle *exclusif* de la filiation. La contribution par l'apport de forces génétiques à la procréation médicalement assistée «ne permet de fonder aucun lien de filiation entre l'auteur de la contribution et l'enfant issu de cette procréation», art. 538.

> Cet article établit clairement l'impossibilité de fonder un lien de filiation entre le donneur de gamètes utilisées pour la procréation médicalement assistée d'un enfant et ce dernier. Cette règle s'impose pour des considérations de stabilité sociale[39].

81. Les actions d'état, fondées exclusivement sur la P.M.A., sont irrecevables. L'article 539 reprend les art. 586 et 588 al. 2 *C.c.Q.* (1980). Il étend la règle à toutes les nouvelles techniques:

> ...l'article 539 en étend la portée à toutes les formes de procréation médicalement assistée, telles la fécondation *in vitro* et l'implantation d'un embryon dans l'utérus d'une femme. Cet article prévoit que le mari pourra désavouer l'enfant ou contester le lien de filiation établi, entre lui et un enfant, autrement que par l'effet de la présomption de paternité, s'il démontre qu'il n'a pas consenti à la procréation médicalement assistée dont serait issu l'enfant ou s'il démontre que l'enfant n'est pas issu de la procréation médicalement assistée[40].

82. Celui qui consent à la P.M.A. ne peut pas désavouer l'enfant; il ne peut pas, non plus, se soustraire aux obligations créées par ce consentement et aux conséquences qui en découlent. S'il ne reconnaît pas l'enfant, il engage néanmoins «sa responsabilité envers cet enfant et la mère de ce dernier», art. 540. «L'enfant ainsi que la mère de cet enfant engagée de bonne foi dans un projet parental, doivent être indemnisés pour le préjudice subi par l'un et l'autre, à la suite de ce changement d'attitude[41]». Le commentaire note avec justesse que la mesure peut se révéler utile dans la situation de concubinage où le

conjoint de fait échappe à l'application de la présomption de paternité.

83. «Les conventions de procréation ou de gestation pour le compte d'autrui sont nulles de nullité absolue», art. 541. L'article couvre deux hypothèses. La première suppose un couple dont la femme est infertile ou refuse de vivre une grossesse. Le mari fournit du sperme qui sert à féconder une autre femme. Cette dernière contribue son ovule, porte l'enfant, l'accouche et le remet au couple. C'est la variante la plus courante du contrat de procréation. La seconde suppose que le couple fournit les gamètes, sperme et ovule; suite à la fécondation *in vitro*, l'ovule fécondé est implanté dans l'utérus d'une autre femme qui le porte, l'accouche et le remet à la naissance. Ce serait le contrat de gestation. Dans les deux cas, la mère porteuse reçoit une somme d'argent. Les deux types de contrat sont sanctionnnés par la nullité absolue. Le législateur n'envisage aucunement les conséquences d'un contrat clandestin en regard de l'intérêt de l'enfant issu de ces manipulations. Les expériences anglaise et américaine où la garde contestée de ces enfants est résolue comme en matière de divorce, pourraient servir d'inspiration.

84. L'anonymat, controversé déjà en adoption, est abordé à l'art. 542. Par respect pour la vie privée, le principe de la confidentialité est affirmé au premier alinéa. Le deuxième alinéa prévoit une exception à caractère «humanitaire.» Certaines informations seront accessibles dans les hypothèses suivantes:

— la personne issue de la P.M.A. risque un préjudice grave à sa santé;
— les descendants ou des proches de ceux-ci courrent le même risque s'ils sont privés des renseignements.

Le tribunal peut permettre alors la transmission confidentielle des informations requises laquelle se fait aux *autorités médicales concernées*. La divulgation de l'information est donc *limitée* et ne permet pas les retrouvailles. Certains en ont fait le reproche au législateur alors que d'autres jugent cette mesure libérale et empreinte de sagesse.

Chapitre deuxième: De l'adoption

85. Dans l'ensemble, peu de modifications sont apportées à la filiation adoptive. Les plus importantes ont trait à l'accès au dossier et à la confidentialité.

Section II   Des conditions de l'adoption

86. Par. 1 - *Dispositions générales*

Les articles 543 à 548 reprennent essentiellement les art. 595 à 600 *C.c.Q.* (1980) en y apportant les modifications mineures suivantes. L'article 543 clarifie une situation ambiguë en déclarant que l'adoption *ne* peut avoir lieu pour confirmer une filiation déjà établie par le sang: une personne ne peut adopter son propre enfant.

Le mot adoptable est remplacé par l'expression «*admissible à l'adoption*», plus élégante.

Le second alinéa de l'art. 596 *C.c.Q.* (1980) est reporté au titre du droit international privé, art. 3092.

La notion de «personne qui avait adopté de fait» est remplacée par celle de «*personne qui remplissait auprès d'elle le rôle de parent*», ce qui est plus exact étant donné qu'aucun effet n'est rattaché à l'adoption de fait.

87. Par. 2 - *Du consentement de l'adopté*

Les articles 549 et 550, sous réserve d'une modification de concordance, reproduisent les art. 601 et 602 *C.c.Q.* (1980).

88. Par. 3 - *Du consentement des parents ou du tuteur*

Les articles 551 à 554 sont la reproduction intégrale des art. 603 à 606 *C.c.Q.* (1980). L'article 555 qui reprend l'essence de l'art. 607 *C.c.Q.* (1980) en matière de consentement spécial, en élargit néanmoins la portée. Le consentement spécial peut être donné en faveur des concubins, à la condition que ceux-ci cohabitent depuis au moins trois ans. Le délai vise à vérifier la stabilité et le sérieux de la relation. Les articles 556 à 558 reproduisent intégralement les articles 608 à 610 *C.c.Q.* (1980).

89. *Par. 4 - De la déclaration d'admissibilité à l'adoption*

Sous réserve de quelques modifications terminologiques et formelles, les art. 559 à 562 reprennent intégralement les art. 611 à 614 *C.c.Q.* (1980).

90. *Par. 5 - Des conditions particulières à l'adoption d'un enfant domicilié hors du Québec*

Les articles 563 à 565 sont la reproduction littérale des articles 614.1 à 614.3 *C.c.Q.* (1980). Ils sont complétés par les art. 3091 à 3093, 3147 al. 2 et 3166 au Livre du Droit international privé ainsi que par des lois particulières[42] et des ententes internationales.

Section II   De l'ordonnance de placement et du jugement d'adoption

91. Les articles 566 à 568 reprennent intégralement les art. 615 à 617 *C.c.Q.* (1980).

L'article 569 apporte une précision qui n'existait pas à l'art. 618 *C.c.Q.* (1980): l'ordonnance de placement confère *l'exercice* de l'autorité parentale à celui qui l'obtient et non le droit lui-même.

Les articles 570 et 571 reproduisent les art. 619 et 620 *C.c.Q.* (1980) sous réserve d'une modification formelle.

L'article 572 ajoute une précision à l'ancien art. 621 *C.c.Q.* (1980) qu'il reproduit en substance. Lorsque l'ordonnance de placement cesse sans qu'il y ait eu adoption, le directeur de la protection de la jeunesse qui exerçait la tutelle avant, l'exerce de nouveau. Dans un objectif de continuité dans la protection de l'enfant, il importe de faire revivre la tutelle du D.P.J.

Les articles 573 à 576, sauf une modification formelle ou terminologique, reproduisent les art.622 à 624 *C.c.Q.* (1980).

Section III   Des effets de l'adoption

92. L'article 577 est la reproduction littérale de l'art. 627 *C.c.Q.* (1980).

L'article 578 réunit les articles 628 et 406 *C.c.Q.* (1980), l'un sur les effets de l'adoption, l'autre sur le mariage en ligne collatérale. Cet aspect a été commenté lors de l'analyse des conditions requises pour la validité du mariage.

L'article 579 réunit les articles 629 et 630 *C.c.Q.* (1980). Ce dernier est modifié pour préciser que l'adoption, par le concubin, ne rompt pas le lien de filiaton avec le parent de l'enfant, en accord avec l'art. 555.

L'article 580 reproduit l'art. 626 *C.c.Q.* (1980) en y apportant une clarification: «l'adoption prononcée en faveur d'adoptants dont l'un est décédé après l'ordonnance de placement produit ses effets à compter de l'ordonnance.» «Cette modification permet principalement à l'enfant de bénéficier des règles de dévolution légale prévues en matière de succession»[43].

L'article 581 reproduit intégralement l'art. 626.1 *C.c.Q.* (1980).

Section IV   Du caractère confidentiel des dossiers d'adoption

93. Le principe de la confidentialité, affirmé à l'art. 631 *C.c.Q.* (1980), est repris à l'art. 582. L'exception est aussi retenue: la consultation des dossiers est permise pour fins d'étude, d'enseignement, de recherche ou d'enquête publique à la condition de respecter l'anonymat de toutes les parties en cause.

94. La recherche des antécédants et les retrouvailles, acceptées sous l'ancien Code, sont élargies dans le nouveau. L'art. 583 al. 1 permet à l'adopté majeur ou à l'*adopté mineur de quatorze ans et plus* d'obtenir les renseignements nécessaires pour retrouver ses parents s'ils y ont préalablement consenti. Il en est de même des parents d'un enfant adopté devenu majeur. Le commentaire explique ainsi la libéralisation:

> ...on estime que, si le mineur a, à cet âge, suffisamment de maturité pour consentir seul aux soins, il en est de même quant au droit prévu au présent article[44].

Le deuxième alinéa de l'article va plus loin: «L'adopté mineur de moins de quatorze ans a également le droit d'obtenir les renseignements lui permettant de retrouver ses parents, si ces derniers, ainsi que ses parents adoptifs, y ont préalablement consenti.» Faut-il préciser que cette mesure ne fait pas l'unanimité. Le débat dure depuis plus de quinze ans. Il oppose les tenants de la confidentialité absolue au nom du respect de la vie privée et les défenseurs de la transparence complète, au nom du meilleur intérêt de l'adopté. Le législateur a opté pour l'accessibilité contrôlée, reconnaissant dans le commentaire qu'il s'agit d'un droit:

> Cette nouvelle disposition reconnaît ainsi à l'adopté de moins de quatorze ans le droit de connaître ses origines, tout en respectant le principe du respect de la vie privée[45].

Le troisième alinéa de l'article reprend sensiblement l'ancien droit: «Ces consentements ne doivent faire l'objet d'aucune sollicitation; un adopté mineur ne peut cependant être informé de la demande de renseignements de son parent.» La pratique n'interdit pas «d'aviser une partie de la demande de renseignements faite à son endroit par l'autre partie, sauf dans le cas d'un mineur[46]».

95. L'article 584, de droit nouveau permet la recherche des antécédants pour des raisons de santé, prenant en compte les progrès de la biologie et de la génétique. Un adopté, majeur ou mineur, peut requérir du tribunal l'autorisation d'obtenir les renseignements pertinents, lorsqu'un préjudice grave risque d'être causé à sa santé physique ou psychologique. Le tribunal jouit d'une certaine discrétion dans l'exercice de ce pouvoir. Le deuxième alinéa étend ce droit aux proches parents: «L'un des proches parents de l'adopté peut également se prévaloir de ce droit si le fait d'être privé des renseignements qu'il requiert risque de causer un préjudice grave à sa santé ou celle de l'un de ses proches.» Le commentaire illustre la disposition par cet exemple:

> ...ainsi, le parent biologique de l'adopté pourra effectuer des démarches pour le retrouver afin de l'informer, par exemple, de certains problèmes physiques héréditaires susceptibles de l'affecter à son insu[47].

La démarche n'est permise que dans le meilleur intérêt de l'adopté et non dans celui du parent biologique.

Titre troisième: De l'obligation alimentaire

96. Les changements apportés à ce titre ont pour objectif la concordance ou la précision de certaines dispositions.

Les articles 585 à 587 reproduisent intégralement les art. 633 à 636 *C.c.Q.* (1980).

97. L'article 588, sur la pension alimentaire provisoire, reprend l'art. 636 *C.c.Q.* (1980). Le deuxième alinéa est nouveau: «Il [le tribunal] peut, également, accorder au créancier d'aliments une provision pour les frais de l'instance.» Le commentaire explique:

> Il a paru utile de consacrer sur le plan législatif la possibilité pour le tribunal d'accorder au créancier d'aliments une provision pour les frais de l'instance; il faut, en effet, éviter que, dans certaines circonstances, le créancier d'aliments soit privé du plein exercice de ses droits[48].

98. Les articles 589 et 590 sont la reproduction littérale des art. 637 à 638 *C.c.Q.* (1980).

L'article 591 subit une légère modification par rapport à l'art. 639 *C.c.Q.* (1980). Les concordances nécessaires y sont apportées; de plus «il étend la portée de la disposition antérieure en permettant la constitution d'une fiducie, en garantie d'un paiement alimentaire[49]».

Les articles 592 et 593 sont la reproduction littérale des articles 640 et 641 *C.c.Q.* (1980).

99. «Le jugement qui accorde des aliments, que ceux-ci soient indexés ou non, est sujet à revision chaque fois que les circonstances le justifient», art. 594 al. 1. C'est la reproduction textuelle de l'art. 642 *C.c.Q.* (1980). Le deuxième alinéa va chercher une règle qui n'a jamais été mise en vigueur parce qu'elle se rattachait au divorce. «Toutefois, s'il ordonne le paiement d'une somme forfétaire, il [le jugement] ne peut être révisé que s'il n'a pas été exécuté», art. 594 al. 2 qui reprend l'ancien art. 563 *C.c.Q.* (1980). La mesure s'accorde avec la jurisprudence constante en cette matière.

100. Tout en reprenant pour l'essentiel l'ancien art. 643 *C.c.Q.* (1980), l'art. 595 le modifie afin d'en clarifier le sens. Le premier alinéa se lit comme suit: «On peut réclamer des aliments pour des besoins existants avant la demande, sans pouvoir néanmoins les exiger au-delà de l'année écoulée.» L'article impose une limite: «on ne peut obtenir des aliments pour une période remontant à plus d'une année antérieurement

à la demande[50]». Le deuxième alinéa précise que le créancier doit prouver «qu'il s'est trouvé dans l'impossibilité d'agir plus tôt, à moins qu'il n'ait mis le débiteur en demeure dans l'année écoulée, auquel cas les aliments sont accordés à compter de la demeure». Pour obtenir satisfaction, le demandeur doit prouver qu'il n'a pas pu agir plus tôt.

L'article 644 *C.c.Q.* (1980) est repris intégralement à l'art. 596.

Titre quatrième: De l'autorité parentale

101. Trois principaux changements marquent ce titre. D'abord, certaines dispositions sur l'autorité parentale qui se trouvaient au chapitre du divorce y sont introduites. Ensuite, les expressions déchéance totale et déchéance partielle sont remplacées par la déchéance d'autorité parentale et le *retrait d'un attribut de l'autorité parentale*. Aux pouvoirs détenus par le tribunal en ces matières s'ajoute celui de retirer l'exercice d'un attribut de l'autorité parentale[51]. Enfin, le droit de correction modéré et raisonnable, vestige de temps anciens et de mœurs passées, disparaît du code.

102. Les articles 597 à 604, sauf pour une modification de concordance, reproduisent intégralement les art. 645 à 653 *C.c.Q.* (1980). L'article 605 apporte une modification mineure: «Que la garde ait été confiée à l'un des parents ou à une tierce personne, quelles qu'en soit les raisons, les père et mère conservent le droit de surveiller son entretien et son éducation et sont tenus d'y contribuer à proportion de leurs facultés.» Largement inspiré de l'art. 570 *C.c.Q.* (1980), l'article clarifie la disposition qui s'applique aux parents, mariés ou non. Une précision supplémentaire est apportée «quant aux raisons pour lesquelles un père ou une mère peut avoir été privé de la garde de son enfant[52]». La précision n'en est pas tout à fait une puisque l'expression «quelles qu'en soit les raisons» a une portée plutôt large! L'article «vise à établir clairement le fait que, même quand ils n'ont pas la garde de leur enfant, les père et mère conservent envers lui des droits et des obligations[53]».

103. L'article 606 prévoit trois types d'intervention: la déchéance de l'autorité parentale, le retrait d'un attribut de l'autorité parentale et le retrait d'exercice d'un attribut de

l'autorité parentale. Le premier alinéa maintient le droit antérieur énoncé à l'art. 654 *C.c.Q.* (1980): la déchéance est
prononcée par le tribunal à la demande de tout intéressé, pour
des motifs graves et dans l'intérêt de l'enfant. Cette mesure
draconienne, aux conséquences sérieuses, se révèle parfois trop
sévère. Les interventions prévues au deuxième alinéa de l'art.
606 sont mieux adaptées aux circonstances. Le tribunal peut
prononcer le retrait d'un attribut de l'autorité parentale ou de
son exercice. Concrètement, la différence entre les deux n'est
pas évidente. En théorie, le retrait d'exercice laisse subsister le
droit et réfère à une situation temporaire, limitée dans le temps.
Le retrait de l'attribut atteint le droit lui-même. «Une précision
est aussi apportée afin d'éviter toute ambiguïté sur la possibilité
de demander au tribunal uniquement un retrait d'attribut d'autorité parentale ou uniquement un retrait d'exercice d'un attribut
de l'autorité parentale[54].»

104. L'article 607 est la reproduction de l'art. 655 *C.c.Q.*
(1980) auquel il est apporté une modification de concordance.
L'article 608 reprend intégralement l'art. 656 *C.c.Q.* (1980).
Une modification substancielle marque l'art. 609: «La déchéance emporte pour l'enfant dispense de l'obligation alimentaire, à moins que le tribunal n'en décide autrement. Cette
dispense peut néanmoins, si les circonstances le justifient, être
levée à la majorité.» La règle de l'ancien art. 657 *C.c.Q.* (1980)
est inversée, «compte tenu de la gravité de cette mesure qu'est
la déchéance de l'autorité parentale; il semble plus normal de
libérer l'enfant de son obligation alimentaire envers le parent
déchu, quitte à rétablir, le cas échéant, cette obligation, après
que l'enfant est devenu majeur[55]». Ce renversement codifie la
pratique. La «libération» de l'obligation alimentaire est toujours
demandée et, à toutes fins pratique, toujours accordée vu la
gravité des motifs qui appuient la demande de déchéance.

105. Sous réserve d'une modification de concordance, l'art. 610
reprend, sur la levée de la déchéance et la fin des autres
mesures, l'art. 658 *C.c.Q.* (1980). L'article 611 est la reproduction intégrale de l'art. 659 *C.c.Q.* (1980). L'article 612
déclare: «Les décisions qui concernent les enfants peuvent être
révisées à tout moment par le tribunal, si les circonstances le
justifient.» Appliquée dans les faits, voire même reconnue
comme un principe indiscutable, la règle reprend l'art. 571
C.c.Q. (1980) qui n'a pas été mis en vigueur.

Cet article qui, dans le droit antérieur, se trouvait dans le titre sur le divorce, a été replacé à l'intérieur de cette section, puisqu'il s'agit d'une disposition ayant une portée générale et relevant des effets de la filiation[56].

106. Les changements en droit de la famille sont, on le constate, peu nombreux. On se réjouit des mises au point dont les années d'usage avaient démontré la pertinence. Certaines modifications plus fondamentales, traduisant ce que le législateur estime être le désir de la société québécoise, n'en demeure pas moins discutables. Seul l'avenir révélera s'il s'agit de choix judicieux.

Notes

1. Commentaires, livre II, p. 1.
2. Id.
3. À titre indicatif voir: Jean-Pierre SENÉCAL, Droit de la famille québécois, CCH/FM, Farnham, feuilles mobiles; Jean PINEAU, La famille, Droit applicable au lendemain de la loi 89, P.U.M., Montréal 1982; Monique OUELLETTE, Droit de la famille, Éd. Thémis, Montréal 1991. À ces ouvrages s'ajoutent de nombreux articles traitant d'aspects particuliers comme le patrimoine familial, l'obligation alimentaire, l'adoption etc. Plusieurs de ces textes ont été écrits soit pour la formation permanente du Barreau ou de la Chambre des Notaires, soit pour des colloques et congrès portant sur le droit de la famille, soit pour des revues juridiques québécoises.
4. Commentaires, livre II, p. 2.
5. Ibid., p. 3.
6. François CHEVRETTE, Herbert MARX, Droit constitutionnel, P.U.M. Montréal, 1982, p. 656 à 661.
7. Loi concernant le droit interdisant le mariage entre personnes apparentées, 38-39, Elis. II, c. 46, entrée en vigueur le 17 décembre 1991.
8. Commentaires, livre II, p. 8.
9. À titre d'exemple, on peut comparer: K. c. S. [1980] C.S. 358 et Piché c. Trottier, [1978] C.S. 358.
10. Commentaires, livre II, p. 11.
11. Id.
12. Ibid., p. 12.
13. Ibid., p. 15.
14. Ibid., p. 17.
15. Id.
16. Ibid., p. 19.
17. Id.
18. Ibid., p. 25.
19. Jean PINEAU, Danielle BURMAN, Effets du mariage et régimes matrimoniaux, Éd. Thémis, Montréal 1984.

20. Commentaires, livre II, p. 28.
21. *Ibid.*, p. 37.
22. *Ibid.*, p. 41 et 42.
23. *Ibid.*, p. 43 et 44.
24. *Ibid.*, p. 45.
25. *Id.*
26. *Ibid.*, p. 46.
27. *Ibid.*, p. 50.
28. *Ibid.*, p. 51.
29. *Ibid.*, p. 56.
30. *Ibid.*, p. 57.
31. *Ibid.*, p. 59.
32. *Id.*
33. *Ibid.*, p. 60.
34. *Id.*
35. *Ibid.*, p. 64; à titre d'illustration sur les actions d'état, voir: *Droit de la famille* - 737, [1990] R.J.Q. (C.A.); *Droit de la famille* - 766 [1990] R.J.Q. 289 (C.A.); *Droit de la famille* - 989, [1991] R.J.Q. 1343 (C.S.).
36. Commentaires, livre II, p. 64.
37. *Ibid.*, p. 61. Il est impossible de dresser une bibliographie exhaustive sur cette question compte tenu des contraintes légitimes imposées aux rédacteurs des textes sur la réforme. À titre indicatif, *La procréation médicalement assistée*, Doc. de travail n° 65, C.R.D.C., Ottawa, 1992; Monique OUELLETTE, *Le Code civil du Québec et les nouvelles techniques de reproduction*, consultation auprès de la Commission royale d'enquête sur les nouvelles techniques de reproduction, mai 1992, à être publié. Le rapport de cette Commission est promis pour juillet 1993; *Rapport du Comité sur les nouvelles technologies de reproduction*, Barreau du Québec, avril 1988, Supplément Revue du Barreau, t. 48, n° 2; Jean-Louis BAUDOUIN, Catherine LABRUSSE-RIOUX, *Produire l'homme, de quel droit?*, Paris 1987, P.U.F.; Bartha Maria KNOPPERS, *Conception artificielle et responsabilité médicale*, Coll. Minerve, Montréal 1986, Éd. Yvon Blais.
38. Commentaires, livre II, p. 61.
39. *Ibid.*, p. 67.
40. *Ibid.*, p. 68.
41. *Id.*
42. À titre d'exemple, mentionnons: *La loi sur les adoptions d'enfants domiciliés en République populaire de Chine*, 1992, chap. 41.
43. Commentaires, livre II, p. 81.
44. *Ibid.*, p. 82.
45. *Ibid.*, p. 83.
46. *Id.*
47. *Id.*
48. *Ibid.*, p. 85.
49. *Ibid.*, p. 86.
50. *Ibid.*, p. 87.
51. *Ibid.*, p. 88.

52. *Ibid.*, p. 91.
53. *Id.*; *V.-F.* c. C.[1987]2 R.C.S.244.
54. Commentaires, livre II, p. 91.
55. *Ibid.*, p. 92.
56. *Ibid.*, p. 93.

LES PERSONNES MORALES

Table des matières

Les personnes morales

*Paul Martel**

Le Titre cinquième du Livre premier du *Code civil du Québec*, soit les articles 298 à 364, est intitulé «Des personnes morales». Il remplace les articles 322 à 399 adoptés au chapitre 18 des lois de 1987, alors connu comme le Projet de loi 20 mais non mis en vigueur, lesquels devaient remplacer le titre XI du Livre Premier du *Code Civil du Bas-Canada*, intitulé «Des corporations», et comprenant les articles 352 à 371.

Ce Titre du Code civil a donc plus que triplé de volume, passant de 19 articles à pas moins de 66.

Son premier chapitre, intitulé «De la personnalité juridique», s'applique à l'ensemble des personnes morales, tandis que son second n'est applicable qu'«à certaines personnes morales», pour lesquelles il énonce un régime de fonctionnement, de dissolution et de liquidation. À l'étude de ces deux chapitres suivra celle des dispositions connexes, tant du *Code civil* que de la *Loi sur l'application de la réforme du Code civil*[1].

I - De la personnalité juridique

Suivant l'ordre de ces sections du Code, nous examinerons ici (A) la constitution et les espèces de personnes morales, (B) les effets de la personnalité juridique et (C) les obligations et inhabilités des administrateurs.

* Professeur à l'Université du Québec à Montréal.

A - Constitution et espèces

1- Classification et terminologie

Le Code civil abolit le terme «corporation», jugé trop anglais et incompatible avec le droit français, pour le remplacer par l'expression «personne morale».

Il abandonne les classifications «corporation multiple - corporation simple», «corporation religieuse - corporation laïque» et «corporation politique - corporation civile» qu'on retrouvait aux articles 354 et 356 du Code civil du Bas-Canada, pour les remplacer par la classification «personne morale de droit public - personne morale de droit privé» (art. 298 C.C.Q.), qui correspond à la dernière des trois classifications susmentionnées[2].

La distinction «de droit public - de droit privé» ainsi retenue permet d'établir les règles de droit applicables à chaque catégorie de personnes morales, ainsi qu'il en est question un peu plus loin.

Les «personnes morales de droit public», qu'il faut distinguer de l'État et de ses organismes[3], ne sont pas définies dans le Code, mais elles incluent les municipalités (nouvelle façon de désigner les corporations municipales)[4], les commissions scolaires[5], et les sociétés d'État, à fonds social[6] ou non[7].

Quant aux «personnes morales de droit privé», on peut présumer qu'il s'agit de l'ensemble des personnes morales qui ne sont pas «de droit public», étant plutôt constituées pour un intérêt privé, comme les compagnies, les corporations sans but lucratif, les coopératives, etc.

Le projet de loi 20 divisait les personnes morales de droit privé en «associations» et en «sociétés[8]» précisant que les premières avaient «vocation à satisfaire, par la mise en commun de biens, de connaissances ou d'activités, les besoins de leurs membres ou de tiers», et qu'elles n'avaient «pas habituellement pour objet essentiel de réaliser des bénéfices, de les partager entre leurs membres, ni d'exploiter une entreprise[9]», tandis que les secondes avaient «généralement vocation à réaliser et à partager des bénéfices», et qu'elles pouvaient «aussi avoir vocation à profiter des économies qui peuvent résulter de la mise en commun de biens, de connaissances ou d'activités, ou à satisfaire des besoins économiques et sociaux communs par l'exploitation d'une entreprise[10]».

Suivant cette terminologie, étaient notamment des «associations» les corporations à but non lucratif, les corporations religieuses, les fabriques, les clubs de chasse et pêche, les clubs de récréation et les syndicats professionnels, et étaient des «sociétés» les compagnies et les coopératives.

Cette classification des personnes morales de droit privé a été abandonnée dans le nouveau Code civil, avec pour conséquence qu'il n'est pas facile de connaître la terminologie qui doit être retenue par le législateur pour désigner ces personnes morales. Chose certaine, l'emploi des termes «société» et «association» pour viser des personnes morales serait inadéquat, puisqu'en vertu du nouveau Code ni les sociétés (en anglais «partnerships») ni les associations ne sont des personnes morales, à l'exception des sociétés par actions («joint-stock companies»)[11].

Ni le Code civil, ni sa Loi d'application ne nous renseignent avec précision sur la manière de désigner les personnes morales, au-delà de déclarer que le mot «corporation» est remplacé par «personne morale»[12], et que les mots «corporation municipale» et «corporation scolaire» se lisent dorénavant «municipalité» et «commission scolaire[13]». Comment se nommeront, entre autres, les corporations professionnelles, les corporations sans but lucratif et les compagnies? Les premières pourraient selon nous continuer de s'appeler des «corporations», sens qui est reconnu par le dictionnaire français à un «groupe de professionnels». Les secondes sont désignées «associations constituées en personnes morales» dans le Code[14], ce qui reflète adéquatement les caractéristiques de personne morale (corporation) et d'absence de but lucratif (le but commun des membres d'une association est «autre que la réalisation de bénéfices pécuniaires à partager», stipule le Code)[15]. Toutefois, on retrouve l'expression «personne morale sans capital-actions» à d'autres endroits[16].

Quant aux compagnies, elles sont désignées «sociétés» à certains articles du Code[17], «société par actions» à un autre[18], et «compagnies» dans la Loi d'application[19]. Nous espérons vivement que le législateur, lorsqu'il fera son choix, ne retiendra pas le mot «société», qui dans le Code vise autant des sociétés de personnes ou «contractuelles[20]» que des «sociétés par actions», des «sociétés religieuses[21]» et des «sociétés mutuelles» ou «de secours mutuel[22]», et dans d'autres lois sert à désigner, notamment, des personnes morales de droit public («sociétés d'État») avec et sans capital social, et des sociétés de fiducie, et prête par conséquent à confusion. L'expression «société par actions», déjà consacrée à l'article 2188 du Code et utilisée par le législateur fédéral (*Loi sur les sociétés par actions*), serait préférable, mais en réalité elle n'est pas vraiment satisfaisante, car depuis la réforme du droit des compagnies, la compagnie peut ne compter qu'un seul actionnaire, ce qui est incompatible avec la notion de société. À bien y réfléchir, le mot «compagnie» aurait avantage à être conservé. À tout événement, il sera bon que l'uniformité règne enfin sur les compagnies, car même après l'entrée en vigueur du Code civil on les désigne encore, selon le cas, «compagnies», «corporations», «sociétés» et «sociétés par actions».

2- Constitution

L'article 299 du Code énumère les divers modes de constitution des personnes morales: suivant les formes juridiques prévues par la loi, ou directement par la loi.

Le premier mode vise les personnes morales créées en suivant les formalités énoncées dans une loi d'application générale, comme par exemple les compagnies, les sociétés par actions fédérales, les coopératives, les clubs de récréation, les fabriques, les chambres de commerce, les sociétés d'horticulture, les syndicats professionnels, les syndicats d'élevage, les sociétés de bienfaisance, les sociétés de secours mutuel, les cercles agricoles, les sociétés de fiducie, les caisses populaires, les municipalités, etc., sans oublier les syndicats de copropriétaires.

Le second vise les personnes morales créées directement par la loi, comme la plupart des sociétés d'État, les corporations professionnelles d'exercice exclusif, et une multitude de personnes morales de droit privé créées par des lois spéciales.

Le même article 299 précise le moment à compter duquel les personnes morales existent, selon leur nature et leur mode de constitution. Il réfère en fait à la loi constitutive de la personne morale.

Initialement, le projet de loi 20 assujettissait l'octroi de la personnalité juridique aux personnes morales de droit privé à une formalité particulière: l'immatriculation au registre des associations et entreprises[23]. Ce registre n'ayant pas été créé, cette formalité a été abandonnée et ne se retrouve pas dans le Code.

3- Rétroactivité

Le Code civil prévoit toutefois une exception au principe de la naissance de la personne morale en fonction de l'entrée en vigueur ou des dispositions de sa loi constitutive: il s'agit des articles 331 à 333, de droit nouveau, qui permettent au tribunal de faire rétroagir la naissance de la personne morale, ou du moins de sa personnalité juridique, à un moment antérieur à celui de sa constitution.

Le tribunal peut en effet, en vertu de ces dispositions, conférer rétroactivement la personnalité juridique à une personne ou un groupement qui a toujours agi comme une personne morale mais qui, à l'origine, a omis de remplir les formalités nécessaires auprès des autorités compétentes. La personne ou le groupement doivent avoir présenté de façon non équivoque et continue toutes les apparences d'une personne morale, tant à l'égard de ses membres (dans le cas d'un groupement) qu'à celui des tiers. Pour remplir ces exigences, il faut selon toute probabilité avoir agi de bonne foi, et présenté les apparences d'une sorte de personne morale reconnue par la loi. Un exemple de la situation envisagée par l'article 331 serait celui d'un homme d'affaires qui a demandé à son conseiller juridique de constituer son commerce en compagnie et qui est persuadé que cela a été fait et mène ses affaires en conséquence alors qu'en réalité le conseiller juridique a oublié ou omis de déposer les statuts constitutifs au moment voulu, et n'a réparé cette erreur qu'après un certain temps.

Il est nécessaire que la personne morale ait effectivement été constituée avant que la demande ne soit adressée au tribunal de faire rétroagir cette constitution. La demande s'effectue par voie de requête suivant les nouvelles règles particulières du titre II du livre V du Code de procédure civile[24].

En plus du contrôle du tribunal, l'attribution rétroactive de la personnalité juridique à une personne morale est soumise au consentement préalable de l'autorité qui aurait dû en contrôler la constitution à l'origine.

Le recours peut être exercé par la personne morale elle-même. Faire rétroagir la naissance de sa personnalité morale jouera en faveur des personnes qui ont agi au nom de ce qu'ils croyaient être une personne morale, et qui pensaient bénéficier d'une responsabilité limitée. Un jugement favorable du tribunal pourrait en effet les soustraire à la responsabilité que leur impose l'article 320, dont il est question plus loin. Toutefois, l'article 332 protège les droits des intéressés, en leur permettant d'intervenir dans l'instance ou de se pourvoir contre le jugement qui, en fraude de leurs droits, a attribué la rétroactivité. Qu'on pense ici à un créancier que la rétroactivité léserait en limitant à son égard la responsabilité personnelle de la ou des personnes qui avaient transigé avec lui. Cette disposition devrait permettre d'éviter les demandes frauduleuses d'attribution rétroactive de personnalité.

Un tiers peut-il exercer le recours de l'article 331? Le texte n'exclut pas cette possibilité, mais il nous semble que la protection que confèrent les articles 318 et 320 aux tiers est suffisamment complète pour rendre inutile un recours de leur part sous l'article 331.

Si le tribunal accueille la requête, il établit la date, antérieure à celle de la constitution réelle de la personne morale, à compter de laquelle cette personne morale est présumée exister. Le Code précise toutefois que le jugement «ne modifie en rien les droits et obligations existant à cette date». Copie du jugement est transmise à l'autorité qui a reçu ou délivré l'acte constitutif de la personne morale, et cette autorité doit publier un avis du jugement dans la *Gazette officielle du Québec* (art. 333).

Ce recours de l'article 331 devrait être d'une application exceptionnelle. Il permettra toutefois d'éviter d'avoir recours à une loi spéciale pour corriger certaines situations.

4- Droit applicable

L'article 300 stipule que les personnes morales de droit public sont d'abord régies par les lois qui les constituent et qui leur sont applicables, ce qui fait référence au droit public[25].

Au second alinéa, l'article précise que les personnes morales de droit public sont aussi régies par le Code civil du Québec, «lorsqu'il y a lieu de compléter les dispositions de ces lois, notamment quant à leur statut de personne morale, leurs biens ou leurs rapports avec les autres personnes». Ceci vise indubitablement, entre autres, les articles 301 à 333 du Code, relatifs à la personnalité juridique. Pour ce qui concerne les «rapports avec les autres personnes», il faut lire l'article 300 en conjonction avec l'article 1376, qui énonce que les règles du livre cinquième, c'est-à-dire celles relatives aux obligations, s'appliquent à l'État, ses organismes et à toute autre personne morale de droit public, «sous réserve des autres règles de droit qui leur sont applicables». Contrairement à la référence aux «lois» contenue à l'article 300, celle aux «règles de droit» de l'article 1376 permet de continuer à appliquer aux personnes morales de droit public des règles non statutaires, telle la *common law* de droit public. On a tenté de codifier ici, en matière de responsabilité civile, les principes récemment énoncés par la Cour Suprême dans l'arrêt *Laurentide Motels Ltd c. Ville de Beauport*[26].

Quant aux personnes morales de droit privé, elles sont d'abord régies par les lois qui leur sont applicables puis, supplétivement, par les dispositions du Code civil, «lorsqu'il y a lieu de compléter les dispositions de ces lois».

Cela signifie, par exemple, que les compagnies sont régies par la *Loi sur les compagnies* ou, selon le cas, la *Loi sur les sociétés par actions*, ainsi que par la *Loi sur les renseignements sur les compagnies*, la *Loi sur les valeurs mobilières* et l'ensemble de la législation particulière applicable à ce type de personne morale. Elles sont également, pour le reste, soumises aux dispositions du Code civil en matière de biens, d'obligations, etc. Il en va de même pour les autres types de personnes morales de droit privé. Certaines d'entre elles, comme nous le verrons plus loin, sont même soumises par le Code civil lui-même à un régime détaillé de fonctionnement interne et de liquidation.

L'article 300 entend trancher une question centenaire, à savoir l'identité du droit supplétif au droit corporatif. Le droit supplétif n'est pas, dit-il, le droit anglo-canadien, source des lois corporatives, mais bien le Code civil lui-même. Cette orientation ne porte pas outre mesure à conséquence, puisque le Code civil a englobé dans ses propres dispositions un bon nombre de principes de *common law*, particulièrement en matière de devoirs des administrateurs.

Toutefois, les termes «lorsqu'il y a lieu de compléter les dispositions de ces lois» risquent de prêter à controverse, par la discrétion qu'ils semblent laisser aux tribunaux. Quand donc «y a-t-il lieu» de déclarer une disposition du Code civil applicable à une personne morale? Lorsque les «lois applicables» sont totalement muettes sur un sujet? Lorsqu'elles prévoient quelque chose de similaire, mais sans entrer autant dans les détails? Lorsqu'elles prévoient quelque chose de différent, mais non incompatible avec la disposition en question? Nul doute que se présenteront des situations où la réponse ne sera pas évidente[27]. Pour restreindre l'arbitraire, il serait opportun d'appliquer l'article 300, second alinéa, comme s'il énonçait que les dispositions pertinentes du C.C.Q. s'appliquent aux personnes morales, sauf disposition contraire des lois applicables dont il est question au premier alinéa. Ceci serait d'ailleurs conforme au second alinéa de la «Disposition préliminaire» du C.C.Q.

D'autre part, on peut anticiper d'intéressants débats constitutionnels, relativement à l'application de certaines dispositions du titre «Des personnes morales» aux personnes morales de juridiction fédérale[28]».

B - Effets de la personnalité juridique

Les personnes morales, stipule l'article 298, «ont la personnalité juridique». Voyons quelles conséquences cela entraîne pour elles.

1- Droits et capacité

«Les personnes morales ont la pleine jouissance des droits civils», déclare l'article 301, utilisant les mêmes termes que pour les personnes physiques[29].

Dans sa version originale de 1987, cet article visait les personnes morales «constituées suivant les lois du Québec», et il leur accordait la pleine jouissance des droits civils «au Québec et hors du Québec». Le législateur a sans doute jugé qu'il ne pouvait faire de discrimination entre les personnes morales locales et étrangères en ce qui concerne la jouissance de leurs droits civils au Québec, d'autant plus que les personnes morales fédérales avec siège social au Québec auraient certes eu matière à se plaindre. Quant à la jouissance des droits civils hors du Québec, notre législateur n'a pas, constitutionnellement, la compétence de l'attribuer unilatéralement aux personnes morales québécoises[30].

Les droits de la personne morale sont d'abord patrimoniaux: comme toute personne (art. 2), la personne morale est titulaire d'un patrimoine qui peut faire l'objet d'une division ou d'une affectation (art. 302)[31]. La personne morale a aussi des droits et obligations extra-patrimoniaux, liés à sa nature particulière.

Une distinction doit être faite entre la jouissance des droits de la personne morale, et leur exercice. Même si a priori toute personne morale a la capacité requise pour exercer tous ses droits, cette capacité peut être restreinte par des dispositions statutaires expresses, ou encore par la nature même de la personne morale (art. 303)[32].

La personne morale étant immatérielle et fictive, l'exercice des droits civils tel que défini dans le Code civil, ne lui est applicable que «compte tenu des adaptations nécessaires».

Ainsi, par exemple, les personnes morales ont, comme toute autre personne, droit à l'inviolabilité et l'intégrité de leur personne, au respect de leur nom, de leur réputation ou de leur vie privée (art. 3), mais les dispositions du Code relatives au consentement aux soins, à la garde en établissement de santé, et au respect du corps après le décès ne s'appliquent pas à elles.

Le Code civil du Bas-Canada donnait une liste élaborée des «incapacités» des corporations à ses articles 365 et suivants. Cette liste a été considérablement raccourcie, puisqu'on ne retrouve dans le Code civil du Québec que les incapacités suivantes:

— Exercer la tutelle ou la curatelle à la personne (art. 304 C.C.Q.).

— Être bénéficiaire d'une fiducie pour une période excédant 100 ans (art. 1272 C.C.Q.).

Ont disparu du Code plusieurs incapacités:

— les restrictions de mainmorte quant à la détention d'immeubles (art: 366(2) et (3) C.C.B.C). La *Loi sur la mainmorte* est en effet abrogée[33];

— agir comme exécuteur testamentaire, séquestre judiciaire, gardien ou être chargé d'un autre devoir ou fonction dont l'exercice puisse entraîner la contrainte par corps (art. 365 C.C.B.C.). La personne morale peut au contraire, «dans la mesure où elle est autorisée par la loi à agir à ce titre», agir comme tuteur ou curateur aux biens[34] (auquel cas elle est dispensée de fournir une sûreté)[35], liquidateur d'une succession (nouvelle terminologie visant l'exécuteur testamentaire)[36], séquestre[37], fiduciaire[38] ou administrateur d'une autre personne morale (art. 304 C.C.Q.). La personne morale peut-elle agir comme gardien de biens mobiliers saisis? Probablement pas si elle est la débitrice, puisque l'article 583 du *Code de procédure civile*[39] prévoit que la garde de ses biens peut alors être confiée «à ses dirigeants ou à l'un d'entre eux» par l'officier saisissant. Rien ne semble s'opposer, néanmoins, à ce qu'une personne morale qui n'est pas le débiteur et qui est solvable (art. 583.2 C.P.C.) puisse agir comme gardien[40].

— agir comme témoin ou juré (art. 365 C.C.B.C.). Cette incapacité découle toutefois de la nature immatérielle de la personne morale (art. 303 C.C.Q.) et n'a pas besoin d'être spécifiée.

— comparaître en justice autrement que par procureur (art. 365 C.C.B.C.). La version de 1987 avait conservé cette interdiction (art. 332 P.L. 20), mais elle a disparu du nouveau Code. Toutefois, on la retrouve toujours à l'article 61(a) du *Code de procédure civile*.

— agir sous un nom autre que le sien (art. 357 C.C.Q.). Ceci est expressément permis à l'article 306, sujet aux conditions y énoncées et aussi à la protection des tiers énoncée à l'article 56.

Pour ce qui concerne l'état et la capacité de la personne morale constituée hors du Québec, l'article 3083 stipule qu'ils sont régis «par la loi de l'État en vertu de laquelle elle est constituée sous-réserve, quant à son activité, de la loi du lieu où elle s'exerce».

Les articles 358 et 366(1) du C.C.B.C. restreignaient la capacité des corporations à celle spécialement conférée par son titre ou les lois générales applicables, et à ce qui était nécessaire pour atteindre le but de sa destination. C'était là une codification de la doctrine de l'*ultra vires*, en vertu de laquelle la capacité d'une corporation était restreinte par ses objets.

Même si à première vue le nouveau Code civil semble emboîter le pas à la Partie IA de la *Loi sur les compagnies* en déclarant, comme son article 123.29, que la personne morale a «la pleine jouissance des droits civils», on retrouve néanmoins, formulée autrement, la même limite à sa capacité: les articles 302 et 303 restreignent en effet les droits et la capacité de la personne morale à ceux liés ou résultant de sa nature, et cette nature est définie ou précisée par sa loi ou son acte constitutif, qui décrivent presque invariablement ses objets.

De plus, l'article 303 stipule que la personne morale a les incapacités qui résultent «d'une disposition expresse de la loi[41]». Cette formulation est plus restrictive que la version de 1987 de cette disposition, qui référait aux incapacités résultant... «de la loi», mais elle donne toujours ouverture à l'*ultra vires*. Les articles 31 et 134 de la *Loi sur les compagnies*, par exemple, restreignent les pouvoirs de la compagnie ou corpora-ration à ceux «nécessaires ou inhérents à son entreprise», et lui retirent ceux qui sont exclus dans son acte constitutif. L'article 26 de la *Loi sur les coopératives* accorde à la coopérative la pleine jouissance des droits civils «pour atteindre son objet», ce qui signifie qu'au-delà de l'objet indiqué dans l'acte constitutif, il n'y a pas de capacité.

L'*ultra vires* a beau avoir été écarté pour ce qui concerne les personnes morales régies par la Partie IA de la *Loi sur les compagnies* et la *Loi sur les sociétés par actions*, il n'en demeure pas moins pertinent et utile pour la plupart des per-sonnes morales constituées pour des objets précis énoncés dans leur loi ou leur acte constitutifs.

2- *Attributs*

La personne morale a un *patrimoine* distinct (art. 302 C.C.Q.), un *nom* qui lui est donné au moment de sa constitution (art. 305) et un *domicile*, établi à l'adresse de son siège (le mot «social» est supprimé) (art. 307). Elle peut changer ces deux derniers, en suivant la procédure établie par la loi (art. 308).

Quant au nom, ce terme est préféré aux expressions «dénomination sociale» ou «raison sociale» à connotation vraisemblablement trop commerciale, et il englobe le numéro matricule attribué aux compagnies en guise de dénomination sociale. Il doit, lorsque la loi[42] le requiert, inclure une mention indiquant clairement la forme juridique empruntée par la personne morale.

La personne morale peut exercer une activité ou s'identifier sous un nom autre que le sien (art. 306). Cette innovation dans le Code civil s'inspire des changements apportés à la *Loi sur les compagnies*[43] et elle fait expressément appel aux formalités de déclaration qu'on trouve à l'heure actuelle à l'article 1 de la *Loi sur les déclarations des compagnies et sociétés*[44].

Peut-être, toutefois, la latitude conférée aux personnes morales par l'article 306 est-elle trop grande, car elle n'est pas tempérée, comme pour les compagnies et les coopératives, par l'obligation d'utiliser leur nom dans leurs contrats, effets de commerce, factures et commandes de marchandises et de services[45], là où la protection des tiers s'impose le plus.

Il est quelque peu illogique d'obliger les personnes morales à insérer dans leur nom une expression identifiant clairement leur forme juridique (art. 305) et dans le même souffle (art. 306) de les dispenser totalement d'utiliser son nom pour s'identifier ou exercer une activité du moment qu'une déclaration, non réputée publique, est déposée auprès d'un fonctionnaire. Le fait de stipuler, à l'article 56, que la personne morale est responsable de la confusion ou du préjudice qui peuvent résulter de son utilisation d'un nom autre que le sien n'ajoute pas grand chose à la protection des tiers.

La personne morale conserve sa caractéristique fondamentale de *limiter la responsabilité personnelle de ses membres*, codifiée à l'article 363 du C.C.B.C. Cet article stipulait que la

responsabilité des membres de la corporation est limitée à
l'intérêt que chacun d'eux y possède, et qu'ils sont exemptés de
tout recours personnel pour l'acquittement des obligations que
la corporation a contractées dans les limites de ses pouvoirs et
avec les formalités requises.

On retrouve ces deux notions aux articles 309 et 315 du
nouveau Code, qui se lisent comme suit:

> 309. Les personnes morales sont distinctes de leurs mem-
> bres. Leurs actes n'engagent qu'elles-mêmes, sauf les
> exceptions prévues par la loi.
>
> 315. Les membres d'une personne morale sont tenus envers
> elle de ce qu'ils promettent d'y apporter, à moins que la loi
> n'en dispose autrement.

Parmi les «exceptions prévues par la loi» mentionnées à
l'article 309, citons celle de l'article 317, où le Code civil bat
lui-même en brèche le principe de la personnalité distincte de la
personne morale. Citons aussi les dispositions pénales de multiples lois qui imposent une responsabilité personnelle aux
administrateurs qui ont autorisé l'acte fautif de la personne
morale.

Enfin, la personne morale continue à jouir d'une *existence
perpétuelle*, sauf lorsque la loi ou l'acte constitutif en disposent
autrement (art. 314 C.C.Q., reformulant l'art. 352 du C.C.B.C.).
Il est donc impossible de limiter la durée d'une personne morale
par un règlement inconnu du public.

3- *Personne morale* de facto

De droit nouveau, l'article 318 C.C.Q. permet au tribunal, pour
statuer sur l'action d'un tiers de bonne foi, de décider «qu'une
personne ou un groupement qui n'a pas le statut de personne
morale est tenu au même titre qu'une personne morale s'il a agi
comme tel à l'égard de ce tiers».

Cet article permet dans certaines circonstances de traiter une
personne morale apparente comme une personne morale réelle,
avec pour résultat qu'un tiers de bonne foi peut poursuivre un
groupement ou une personne en justice[46] comme s'il avait une
personnalité morale distincte. Il ne s'agit pas ici de prendre une
personne morale effectivement existante et de faire remonter sa

création à une date antérieure, comme en vertu de l'article 331, mais bien de prendre une personne ou un groupe non constitué en personne morale, et pour les fins d'un litige particulier, de le traiter comme s'il était ainsi constitué. L'article 318 apporte la solution à ce qui en *common law* était un problème épineux: l'arrêt australien *Black c. Smallwood*[47] a en effet établi qu'un tiers contractant de bonne foi avec une compagnie qu'il croit existante alors que ce n'est pas le cas ne peut invoquer la responsabilité contractuelle du signataire, et que le contrat est nul faute de partie contractante[48]. L'article 318 permet de valider le contrat et d'accorder un recours au tiers.

On peut se demander si l'article 318 peut être invoqué par un tiers après la constitution de la personne morale, car la personne ou le groupement a, à compter de ce moment, «le statut de personne morale». Le recours approprié semble dans ce cas être celui de l'article 331, dont les conditions d'exercice sont plus restrictives: il faut en effet que le tiers prouve non seulement sa propre bonne foi, mais aussi le caractère public, continu et général de l'apparence de personnalité morale.

Il serait certes préférable que le recours sous 318 reste ouvert aux tiers de bonne foi même après la constitution de la personne morale. Cela serait possible si on interprétait l'expression «qui n'a pas le statut de personne morale» comme visant le moment où «il a agi comme tel à l'égard du tiers», et non celui où l'action est intentée. Cette interprétation serait quasi impérative si on jugeait que le recours de l'article 331 est réservé à la personne morale elle-même et n'est pas ouvert aux tiers.

4- Contrats préconstitutifs

Également de droit nouveau, les articles 319 et 320 du C.C.Q., calqués sur les articles 123.7 et 123.8 de la *Loi sur les compagnies*[49], régissent les contrats préconstitutifs. Ils interviennent dans le cas d'actes posés «pour une personne morale avant sa constitution», sans qu'il n'ait été représenté aux tiers que la personne existait déjà au moment de l'acte (auquel cas ce sont plutôt les articles 318 ou 331 qui s'appliquent).

Leur effet consiste à ajouter la personne morale comme débitrice à l'auteur de l'acte dès qu'elle le ratifie, tout en maintenant la responsabilité personnelle de cet auteur sauf s'il a expressément stipulé son exonération et a avisé le tiers de la possibilité que la personne morale ne serait pas constituée ou n'assumerait pas les obligations souscrites en son nom. Rien n'empêche, par ailleurs que le contrat prévoie la novation à compter de la ratification par la personne morale, retirant ainsi l'entrave apportée par l'article 319 à l'application de l'article 1660 du C.C.Q.

L'article 319 précise qu'à compter de la ratification, la personne qui a agi pour la personne morale est vis-à-vis d'elle (et non, remarquons le bien vis-à-vis des tiers) dans la même position qu'un mandataire.

Contrairement à la ratification prévue à la *Loi sur les compagnies* et la *Loi sur les coopératives*, celle de l'article 319 n'est pas soumise à un délai de 90 jours. Une ratification même tardive produira donc les effets énoncés, du moins pour les personnes morales autres que les coopératives et les compagnies Partie IA.

Contrairement aux articles correspondants de la *Loi sur les compagnies*, la *Loi sur les coopératives* et la *Loi sur les sociétés par actions*, l'article 320 peut recevoir application même si la personne morale n'est pas constituée: en fait, tant que cette constitution ne survient pas, aucune de ces lois ne devrait entrer en jeu, et le C.C.Q. devrait primer.

Le but des articles 319 et 320 est de protéger les tiers contractants. Ces dispositions ne s'appliquent pas aux compagnies Partie IA et aux coopératives, pour qui la loi applicable prescrit un régime particulier (et quasi-identique[50]) en matière de contrats préconstitutifs, ni vraisemblablement aux compagnies et corporations régies par les Parties I, II et III de la *Loi sur les compagnies*, pour qui les articles 31 et 134 de cette Loi prévoient le mécanisme archaïque et exorbitant du «fidéicommis préconstitutif». C'est là la portée à donner à l'article 300 du C.C.Q. Il serait opportun d'amender la *Loi sur les compagnies* pour y faire disparaître ce «fidéicommis».

Quant aux personnes morales régies par la *Loi sur les sociétés par actions*, le régime des articles 319 et 320 du C.C.Q. entre en conflit direct avec celui de l'article 14 de cette Loi en raison du premier alinéa de l'article 300. L'article 14 fédéral devrait primer sur le C.C.Q., jusqu'à ce que quelqu'un s'avise de questionner la constitutionnalité de cette disposition, qui est loin d'être évidente. Il nous semble en effet que les contrats préconstitutifs relèvent de la «propriété et des droits civils», et échappent à la compétence fédérale. Peut-être toutefois accordera-t-on, d'ici là, une valeur supplétive aux articles du C.C.Q. conformément au second alinéa de l'article 300, à tout le moins pour des situations non couvertes par l'article 14, comme des contrats non écrits.

5- *Voile corporatif*

L'innovation la plus spectaculaire du Code, en ce qui concerne les personnes morales, est sans contredit l'article 317, qui se lit comme suit:

> La personnalité juridique d'une personne morale ne peut être invoquée à l'encontre d'une personne de bonne foi, dès lors qu'on invoque cette personnalité pour masquer la fraude, l'abus de droit ou une contravention à une règle intéressant l'ordre public.

Le législateur a entrepris de codifier ce qui ne l'avait jamais été, ni ici, ni ailleurs, soit les exceptions à la règle de l'immunité des membres d'une personne morale, mieux connues sous le vocable «soulèvement du voile corporatif». Cette codification a été particulièrement laborieuse. Elle a en effet connu de multiples changements depuis son origine, en 1987. Les mots «ou une contravention à une prohibition d'ordre public «ont été ajoutés, les mots «une personne de bonne foi» ont été substitués à «un tiers de bonne foi», et très important, les mots «entre autres» ont été biffés, juste après le mot «masquer[51]».

Le but de l'article 317 est de codifier la doctrine et la jurisprudence développées depuis l'arrêt de base de 1897 *Salomon c. Salomon*[52], en matière de respect de la personnalité juridique distincte de la personne morale et d'immunité de ses membres.

Il s'est en effet constitué un corps jurisprudentiel considérable où les tribunaux ont, pour diverses raisons telle la fraude, la tentative de se soustraire à des obligations légales ou contractuelles, la contravention à une prohibition d'ordre public ou, tout simplement, l'équité, choisi de «soulever le voile corporatif».

Les mots «la fraude» et «une contravention à une règle intéressant l'ordre public» couvrent des situations faisant l'objet de ce corps jurisprudentiel. Les mots «l'abus de droit», toutefois, en raison de leur portée encore imprécise mais vraisemblablement très vaste[53], risquent d'étendre la notion du «soulèvement du voile corporatif» bien au-delà de ses limites actuelles. Il se peut que l'article 317 donne ouverture, par exemple, à un recours en dommages personnels d'un employé congédié contre le dirigeant de la personne morale qui a recommandé ou signé ce congédiement, à partir du moment où ce congédiement peut être (et on sait qu'il l'est souvent) qualifié d'«abus de droit». Ce type de responsabilité de dirigeants pour des actes de la personne morale a commencé à poindre dans les provinces de *common law*, mais n'avait pas jusqu'à maintenant trouvé d'écho au Québec, en raison des règles du mandat et de l'immunité du mandataire agissant dans les limites de son mandat. De même, la responsabilité personnelle des administrateurs et des personnes morales liées pourrait être recherchée dans le cas de contraventions par la personne morale à des lois ou des règlements «intéressant l'ordre public», en matière notamment d'environnement, de santé, de sécurité, etc., et ce indépendamment de toutes dispositions pénales visant par ailleurs ces administrateurs.

L'article 317 pourrait servir d'instrument par excellence pour inciter les dirigeants des personnes morales à veiller à ce que ces personnes soient vraiment «morales...» Mais par la même occasion, cet article deviendrait une espèce d'épouvantail, dissuadant nombre de gens d'accepter des postes de responsabilité dans les entreprises et organismes à cause de la menace constante de poursuites personnelles qu'il fait planer.

Les mots «personne de bonne foi» ont été substitués à «tiers de bonne foi» pour signifier clairement que les membres de la personne morale peuvent, au même titre que les tiers, bénéficier de la protection de l'article 317. Ceci est conforme à l'esprit des décisions récentes de la Cour suprême dans les affaires *Munger*[54], *Kosmopoulos*[55] et *Houle*[56], où il fut fait abstraction de la personnalité juridique distincte de la compagnie au bénéfice d'un actionnaire poursuivant un tiers.

Même si la portée de l'article 317 a été réduite en en retirant les mots «entre autres» avant la liste des circonstances où il s'applique, cet article donne maintenant le feu vert à nos tribunaux pour ne pas tenir compte de la personnalité distincte des personnes morales et de l'immunité de leurs membres, alors qu'auparavant cette mesure était reconnue comme exceptionnelle. Espérons que les Cours, dans l'intérêt de la stabilité des transactions commerciales et de l'intégrité du véhicule des personnes morales, sauront faire preuve de retenue, de rigueur et de circonspection en matière de «voile de personnalité distincte», et aussi qu'elles ne seront pas submergées de demandes de soulèvement de ce voile.

Il convient de signaler ici que le *Code civil du Québec* se livre lui-même, à son article 1696, à un «soulèvement du voile», lorsqu'il stipule qu'un créancier prioritaire ou hypothécaire est présumé acquérir lui-même le bien sur lequel porte sa créance (et perdre de ce fait sa créance contre son débiteur) si ce bien est acquis par une personne qui lui est «liée», notamment «une personne morale dont il est administrateur ou qu'il contrôle[57]».

6- Recours en cas de fraude

De droit nouveau toujours, l'article 316 du C.C.Q. permet à «tout intéressé» de demander au tribunal de tenir les fondateurs, administrateurs, dirigeants ou membres de la personne morale qui ont participé à une fraude contre elle ou en ont profité, responsables du préjudice subi par la personne morale.

Il s'agit là à plusieurs égards, de la codification de l'«action dérivée» possible en vertu de l'article 33 du *Code de procédure civile* et décrite à l'arrêt *Lagacé c. Lagacé*[58], mais avec des différences marquées par rapport à ce recours et celui établi à l'article 239 de la *Loi sur les sociétés par actions*[59].

S'il est intenté par un membre de la personne morale, ce recours ne requiert pas qu'il établisse que les auteurs de la fraude contrôlent la personne morale, ou qu'il a demandé à la personne morale de prendre des mesures à l'endroit de ces autres et qu'elle a fait défaut de ce faire.

S'il est intenté par un créancier de la personne morale, le recours est plus accessible que l'action oblique ou en inopposabilité des articles 1627 et suivants du Code, puisqu'il n'est pas nécessaire que sa créance soit liquide et exigible, ni qu'il démontre que l'acte a été posé à son préjudice, ou en fraude de ses droits.

Le recours sous l'article 316 diffère par ailleurs de l'action dérivée et de l'action en inopposabilité en ce qu'il est restreint à l'obtention de dommages, et ne peut mener à la nullité, l'interdiction ou l'inopposabilité des actes visés. Ces autres recours gardent donc toute leur pertinence.

Le recours vise les administrateurs, dirigeants et membres de la personne morale qui ont «tiré un profit personnel» de l'acte reproché. Cela inclut-il le profit indirect, par l'entremise par exemple d'une personne morale ou liée interposée? En ce qui concerne la personne morale interposée, l'article 317 C.C.Q. permet assurément d'en faire abstraction pour les fins du recours, puisqu'il s'agit de «fraude». Quant à la personne liée, la réponse est moins évidente, d'autant plus que l'article 325 C.C.Q., par comparaison, traite de droits acquis «directement ou indirectement», et l'article 323, à l'utilisation de biens «à son profit ou au profit d'un tiers». Nous croyons néanmoins que le recours devrait être accordé dans le cas de profit indirect, car sinon l'article 316 serait trop facile à contourner, car il ne permet pas de tenir la personne liée responsable du préjudice subi par la personne morale.

L'article 316 est malheureusement avare des détails techniques du recours: celui-ci doit-il être pris au nom de la personne morale, comme l'action oblique? Mettre en cause la personne morale? Demander des conclusions au bénéfice de la personne morale seule? Suivre les formalités procédurales du recours sous l'article 33 du *Code de procédure civile*?

Le C.C.Q. n'accorde pas au tribunal, comme les articles 229 et suivants de la *Loi sur les sociétés par actions* pour les compagnies fédérales, un pouvoir d'enquête sur les affaires des personnes morales. Ceci affaiblit l'impact bénéfique de l'article 316, en ce que seules des personnes ayant accès aux livres et registres de la personne morale, donc des membres de sa direction, sont susceptibles de déceler la fraude à son égard, et surtout de rassembler la preuve de cette fraude.

7- Régie interne

Le fonctionnement, l'administration, du patrimoine et l'activité de la personne morale sont réglés, dit l'article 310 C.C.Q., par la loi et par l'acte constitutif et les règlements. Cet article réfère aussi à la «convention unanime des membres», institution pour le moment particulière aux compagnies provinciales Partie IA[60] et fédérales[61].

Le Code établit deux principes importants au sujet des règlements de la personne morale: tout d'abord, qu'en cas de divergence entre eux et l'acte constitutif, ce dernier prévaut (art. 310 C.C.Q., second alinéa), confirmant dans le cas des compagnies provinciales Partie IA ce que stipule déjà leur loi constitutive[62]. Ensuite, que les règlements établissent «des rapports de nature contractuelle» entre la personne morale et ses membres (art. 313 C.C.Q.)[63], ce qui s'applique sans difficulté aux personnes morales de droit privé[64], mais moins facilement aux personnes morales de droit public, les municipalités par exemple, où les règlements ont un caractère plus institutionnel ou statutaire que contractuel.

Il faut souligner que la version de 1987 de l'article 313[65] comme d'ailleurs celle apparaissant dans le projet de loi 125 de 1990, visait non seulement les règlements de la personne morale, mais aussi son acte constitutif, car elles utilisaient le terme «statuts», défini comme incluant les deux[66]. La modification de dernière minute révèle l'intention du codificateur de ne pas abandonner la théorie du caractère institutionnel de la personne morale au profit de celle de son caractère contractuel.

8- Organes et représentation

La personne morale agit par ses organes, «tels le conseil d'administration et l'assemblée des membres» (art. 311 C.C.Q.). Elle est représentée par ses dirigeants, qui l'obligent dans la mesure des pouvoirs que la loi, l'acte constitutif ou les règlements lui confèrent (art. 312 C.C.Q.).

Pour la première fois, le Code civil fait état du conseil d'administration comme organe, c'est-à-dire instance décisionnelle, de la personne morale. Toutefois, la formulation de la version de 1987 de l'article 311[67] nous semble préférable, car elle reconnaissait la possibilité que le conseil d'administration ne coexiste pas avec l'assemblée des membres: la version retenue semble exiger cette coexistence, alors que dans certains cas la loi ne prévoit qu'un conseil d'administration[68], et dans d'autres (en infime minorité il est vrai), seulement une assemblée des membres[69]. Il est clair néanmoins que le législateur a voulu alléger la formulation de l'article 311 sans en changer le sens: une personne morale peut n'avoir qu'un «organe», si la loi le prévoit.

Pour la première fois également, le Code fait la distinction entre les administrateurs et les «dirigeants» de la personne morale, ce dernier mot étant traduit en anglais par «senior officers» (le mot «senior» nous semble de trop), et remplaçant le mot «officiers» du C.C.B.C[70], du *Code de procédure civile*[71] et de l'ensemble des autres lois[72]. Le mot «administrateur» n'englobe pas les «dirigeants» (ce qui signifie que, notamment, la section III du titre 5 relative aux obligations et inhabilités des administrateurs, ne s'applique qu'aux membres du conseil d'administration), mais on peut se demander si le mot «dirigeants» n'englobe pas les «administrateurs». En effet, les mots «les autres dirigeants» utilisés aux articles 316 et 328 C.C.Q. militent en faveur d'une telle interprétation. Il est vrai que la *Loi sur les valeurs mobilières*[73] donne un tel sens large au mot «dirigeant», mais la quasi-totalité des autres lois corporatives vont en sens inverse et distinguent bien les dirigeants (ou «officiers») des administrateurs[74]. D'autre part, interpréter le mot «dirigeants» à l'article 312 comme incluant les administrateurs conduirait à une incongruité, puisque les administrateurs n'ont à ce seul titre aucun pouvoir de représenter la personne morale.

Nous ne croyons pas que le législateur ait voulu changer la règle énoncée à l'article 360 du C.C.B.C. et reflétée dans la plupart des lois corporatives, à l'effet que ce sont les officiers, c'est-à-dire des personnes à qui ce rôle est expressément confié par l'organe décisionnel en termes généraux ou précis, selon le cas, qui représentent la personne morale. Il est important que cette question de terminologie soit clarifiée, car s'il fallait que le mot «dirigeants» inclue les administrateurs, les règles de signification à une personne morale et de son assignation à un interrogatoire après jugement seraient de ce fait modifiées[75].

L'article 312 C.C.Q. n'a pas conservé la notion des pouvoirs implicites ou inhérents des officiers, d'origine anglaise, à laquelle faisait référence l'article 360 du C.C.B.C. par les mots «par la nature des devoirs imposés», et qui est reflétée, entre autres, aux articles 36 et 123.31(3) de la *Loi sur les compagnies*. On peut cependant présumer que la présence de cette notion à l'article 2137 C.C.Q., relatif aux pouvoirs implicites des personnes qui «exercent des fonctions» suffit à la rendre applicable aux dirigeants de personnes morales.

L'article 312 réfère aux limites ou aux conditions que peuvent fixer aux pouvoirs de représentation des dirigeants de la loi, l'acte constitutif ou les règlements. Celles figurant dans la loi[76] seront à coup sûr opposables aux tiers mais on ne peut en dire autant de celles imposées par l'acte constitutif ou les règlements, du moins pour les personnes morales de droit privé, où les règlements ne sont pas opposables aux tiers, et, où l'acte constitutif ne l'est dans certains cas[77] pas davantage.

Signalons enfin, relativement à la représentation de la personne morale, les articles 1464 (préposé d'une personne morale de droit public agissant dans l'exécution de ses fonctions) et 3087 (limites au pouvoir de représentation dans le cas d'actes passés dans un autre État) du nouveau Code civil.

9- *«Indoor management»*

L'article 328 du Code civil, calqué sur l'article 116 de la *Loi sur les sociétés par actions*, codifie partiellement la règle de l'«indoor management» consacrée par l'arrêt *Royal British Bank c. Turquand*[78], en stipulant que les actes des administrateurs et des dirigeants ne peuvent être annulés pour le seul motif que ceux-ci étaient inhabiles ou que leur désignation était irrégulière. Ceci protège les tiers contre certains vices de régie interne.

L'article 328 est inspiré de l'article 123.31 de la *Loi sur les compagnies*, sans toutefois couvrir toutes les situations envisagées par cette disposition, et sans non plus, comme elle, restreindre sa protection aux seuls tiers de bonne foi. Ni la compagnie, ni les tiers ne peuvent donc invoquer la nullité de l'acte, et ce, que les tiers soient de bonne foi ou non.

L'article 328 vise l'inhabilité et la désignation irrégulière d'un administrateur ou dirigeant. L'*inhabilité* dont il est question est vraisemblablement celle d'un administrateur en vertu de l'article précédent, pour cause de minorité, de tutelle, de curatelle, de faillite et d'interdiction d'exercice par un tribunal. Cette dernière interdiction est vraisemblablement celle énoncée à l'article suivant, mais on ne voit pas pourquoi elle ne pourrait pas également viser celle qui découle d'autres lois[79]. Quant à la *désignation irrégulière*, elle vise à la fois les administrateurs et les dirigeants, le mot «désignation» signifiant probablement «élection ou nomination».

Le but de l'article 328 est de dissiper les doutes sur la validité des actes posés par les administrateurs et dirigeants inhabiles ou à la désignation irrégulière, et non de faire entrave aux recours en interdiction, en annulation d'élection, en responsabilité ou autres qui peuvent être intentés contre eux.

C - Obligations et inhabilités des administrateurs

Innovation bienvenue, le *Code civil du Québec* précise les devoirs et obligations des administrateurs de personnes morales, en s'inspirant largement de la *common law* et des lois corporatives. Il prévoit aussi les inhabilités des administrateurs.

1- Devoirs et obligations

Le rôle de l'administrateur, énonce l'article 321 C.C.Q., s'assimile à celui d'un mandataire de la personne morale. Ceci codifie le droit antérieur, élaboré par la doctrine et la jurisprudence, et affirmé dans plusieurs lois corporatives[80].

En tant que mandataire, l'administrateur doit respecter les limites de son mandat, celles-ci étant déterminées par la loi, l'acte constitutif et les règlements. C'est ce que précise l'article 321. Il est soumis aux devoirs et aux obligations imposés par le *Code civil du Québec* aux mandataires, dont certains méritent d'être soulignés ici en raison de leur portée supérieure à celle auquel le *Code civil du Bas-Canada* nous avait habitués. Tout d'abord, l'interdiction énoncée à l'article 2147 C.C.Q. de se porter partie, même par personne interposée, à un acte que l'administrateur a accepté de conclure pour la personne morale.

sauf autorisation de celle-ci, excède celle des articles 1484 et 1706 C.C.B.C., relative à la vente uniquement. Ensuite, l'obligation prévue au second alinéa de l'article 2159 C.C.Q. de révéler aux tiers l'insolvabilité de la personne morale dont il se déclare mandataire, alors qu'il connaît cette insolvabilité (ce que sa position d'administrateur laisse présumer), sous peine d'engager sa responsabilité personnelle, devrait être de nature à éliminer bien des cachotteries...

Prudence et diligence. L'administrateur doit agir «avec prudence et diligence», (art. 322 C.C.Q.) ce qui correspond aux devoirs d'un mandataire en vertu de l'article 2138 C.C.Q. La version de 1987 de l'article 322[81] faisait plutôt état d'une obligation d'agir «avec soin, prudence et diligence, comme le ferait en pareilles circonstances une personne raisonnable», ce qui était calqué sur l'article 122(1)(b) de la *Loi sur les sociétés par actions*[82], lui-même inspiré de l'article 1710 C.C.B.C.[83]. Les mots «soin» et «comme le ferait en pareilles circonstances une personne raisonnable» ont disparu dans la version finale de la disposition, indiquant que le devoir doit s'interpréter en fonction de l'administrateur visé et de ses propres compétences et disponibilité, plutôt qu'à la lumière de l'étalon traditionnel du «bon père de famille», devenu, sexisme en moins, la «personne raisonnable». Il s'agit là d'une intensification des devoirs de diligence et de prudence de l'administrateur.

Honnêteté et loyauté. L'article 322 ajoute à ces devoirs traditionnels du mandataire du C.C.B.C., ceux d'«honnêteté et de loyauté», caractéristiques des *fiduciary duties* de *common law*. Ces «devoirs fiduciaires» de loyauté et de bonne foi ont de tout temps été imposés aux administrateurs de personnes morales en droit anglo-canadien[84]. La jurisprudence et la doctrine tendaient de plus en plus, malgré d'ardentes controverses, à reconnaître l'application de ces devoirs aux administrateurs de personnes morales au Québec, particulièrement avec l'importation récente de ces devoirs «fiduciaires» en tant que corollaires des devoirs de «bon père de famille» des mandataires[85], et surtout avec la décision de la Cour suprême dans l'affaire *Banque de Montréal c. Kuet Leong Ng*[86].

Le Code civil du Québec met un terme à un débat centenaire, en reconnaissant expressément l'application des devoirs «fiduciaires» aux administrateurs, comme d'ailleurs aux mandataires[87]. Il le fait en utilisant les mêmes termes que l'article 122(1)(a) de la *Loi sur les sociétés par actions.*

Non content d'importer ces devoirs, le Code entreprend d'en codifier certains aspects, à ses articles 323 à 326.

Utilisation de biens ou d'information (art. 323 C.C.Q.)

> L'administrateur ne peut confondre les biens de la personne morale avec les siens; il ne peut utiliser, à son profit ou au profit d'un tiers, les biens de la personne morale ou l'information qu'il obtient en raison de ses fonctions, à moins qu'il ne soit autorisé à ce faire par les membres de la personne morale

énonce l'article 323, faisant double emploi avec les articles 1313, 1314 et 2146 C.C.Q. On retrouve ici la plupart des principes exprimés dans l'arrêt-clé *Canadian Aero Service Ltd c. O'Malley*[88]. La sanction de l'interdiction énoncée à l'article 323 est établie à l'article 2146: recours en dommages et reddition de compte de l'enrichissement obtenu[89]. Le but principal de l'article 323 est de préciser que le consentement doit provenir des membres de la personne morale, plutôt que de la personne morale mandant (c'est-à-dire en pratique son conseil d'administration) elle-même, tel que prévu à l'article 2146.

Les mots «les biens de la personne morale ou l'information qu'il obtient en raison de ses fonctions» visent vraisemblablement, outre le détournement d'argent ou d'actifs tangibles, celui d'une «occasion d'affaires» de la personne morale[90], ainsi que la sollicitation de sa clientèle ou de son personnel[91], et l'utilisation de listes de clients, statistiques de ventes et autres renseignements confidentiels[92].

Chose certaine, les articles 322, 323 et 2146 C.C.Q. modifieront et faciliteront, à eux seuls, les recours de droit commun contre les administrateurs et les personnes morales: il ne sera plus nécessaire pour le demandeur de prouver fraude ou faute lourde de la part des administrateurs, mais simplement mauvaise foi, conflit d'intérêts, ou agissements posés autrement que dans l'intérêt de la personne morale; il ne sera plus nécessaire de baser les recours sur le dommage causé à la personne morale, car l'annulation de l'acte et la remise du bénéfice personnel ne dépendent pas de ce facteur.

Conflit d'intérêts (art. 324 C.C.Q.)

> L'administrateur doit éviter de se placer dans une situation de conflit entre son intérêt personnel et ses obligations d'administrateur

poursuit l'article 324, en reprenant un principe originant de l'*equity*[93] et omniprésent en droit anglo-canadien. Puisque l'administrateur doit agir «dans l'intérêt de la personne morale» (art. 322 C.C.Q.), il doit éviter les conflits d'intérêts. L'administrateur doit dénoncer à la personne morale ses conflits d'intérêts possibles, c'est-à-dire «tout intérêt qu'il a dans une entreprise ou association susceptible[94] de le placer en situation de conflit d'intérêts, ainsi que les droits qu'il peut faire valoir contre elle[95]», en précisant leur nature et leur valeur. La dénonciation d'intérêt doit être consignée au procès-verbal des délibérations du conseil, d'administration «ou à ce qui en tient lieu[96]».

Modelé sur l'article 120 de la *Loi sur les sociétés par actions* et trouvant un écho à l'article 1311 C.C.Q., relatif à l'administrateur du bien d'autrui, l'article 324 pèche par imprécision en ne spécifiant pas, comme cet article 120, à quel moment la dénonciation d'intérêt doit être faite. Espérons que les tribunaux s'inspireront de l'article 120 pour pallier à cette lacune. De plus, le Code ne prévoit aucune sanction et aucune conséquence au fait pour un administrateur de ne pas se conformer à son obligation générale de divulgation d'intérêts: l'article 326 C.C.Q. réfère en effet à la dénonciation prévue à l'article 325. Quant à l'article 329, il ne pourra jouer qu'en cas de contravention «répétée». Enfin, on peut se demander pourquoi la dénonciation d'intérêt de l'article 324 ne se fait pas aussi aux membres de la personne morale, plutôt qu'à ses seuls administrateurs. Les membres devraient être informés du conflit d'intérêts, actuel ou éventuel, d'une personne, pour déterminer s'ils veulent malgré cela attribuer ou laisser à cette personne le statut d'administrateur. Puisque les procès-verbaux des réunions des administrateurs ne sont règle générale pas accessibles aux membres, la dénonciation d'intérêt ne leur parviendra pas.

Contrat avec la personne morale (art. 325 et 326 C.C.Q.). L'article 325 du Code permet à l'administrateur d'acquérir directement ou indirectement des droits dans les biens de la

personne morale, ou de contracter avec elle[97], à condition de
signaler ce fait au conseil d'administration (en indiquant la
nature et la valeur des droits qu'il acquiert en en faisant consigner le fait au procès-verbal), et aussi, «sauf nécessité»[98], à
condition de s'abstenir de délibérer et de voter sur la question.
Cette règle ne s'applique cependant pas à la rémunération ou
aux conditions de travail de l'administrateur.

Lié à l'article 325, l'article 326 du Code prévoit un recours pour
la personne morale ou un de ses membres en cas de défaut pour
l'administrateur de dénoncer «correctement et sans délai» une
acquisition ou un contrat (ce qui vise, rappelons-le, l'article 325
mais non l'article 324). Dans ce cas, le tribunal peut, «entre
autres mesures», annuler l'acte ou ordonner à l'administrateur
de rendre compte et de remettre à la personne morale le profit
réalisé ou l'avantage reçu. L'action est sujette à une prescription d'un an à compter de la connaissance de l'acquisition ou du
contrat.

Aucune sanction n'est donc rattachée à l'obligation de s'abstenir de voter: ce n'est que le défaut de dénonciation qui donne
ouverture aux recours de l'article 326. En fait, tel que rédige,
l'article 326 mène apparemment au résultant suivant: dès que
l'administrateur dévoile son intérêt dans le contrat ou l'acquisition aux autres administrateurs, ce contrat ou cette acquisition
deviennent inattaquables, et l'administrateur peut conserver son
profit ou avantage personnel, et ce même s'il a participé aux
délibérations ou au vote, et même si le contrat est préjudiciable
pour la personne morale.

Le législateur aurait eu avantage à suivre de plus près l'article
120 de la *Loi sur les sociétés par actions* qu'il a choisi comme
modèle pour les articles 325 et 326 C.C.Q. Cet article énonce
à quelles conditions un contrat dans lequel l'administrateur est
intéressé peut échapper à la nullité: il faut (1) que l'administrateur ait divulgué son intérêt aux administrateurs, (2) que
ceux-ci ou les actionnaires aient approuvé le contrat et (3) que
ce contrat était, à cette époque, équitable pour la société. Si ces
conditions ne sont pas réunies, le contrat peut être annulé, à la
demande de la société ou d'un de ses membres[99] du contrat et
nullement la reddition de compte par l'administrateur intéressé,
celle-ci découlant plutôt de l'article 122(1)(a) de la *Loi sur les*

sociétés par actions et de la règle d'*equity* obligeant la personne soumise à un *fiduciary duty* à remettre au bénéficiaire de ce devoir tout bénéfice ou profit personnel réalisé en raison de sa position de confiance[100]. Le devoir de reddition de profit existe *indépendamment de l'annulation ou non du contrat* et sans tenir compte de facteurs tels: le dommage causé au bénéficiaire, la bonne foi de la personne et l'impossibilité pour le bénéficiaire d'avoir lui-même réalisé le profit. La personne sujette à ce devoir ne peut en être relevée que par une renonciation expresse de la part du bénéficiaire, effectuée en toute connaissance de cause, à la lumière de tous les faits. Dans le cas d'une personne morale, la renonciation doit provenir de ses membres, et non de son conseil d'administration.

Dans le *Code civil du Québec,* le devoir de reddition du profit est établi aux articles 323 et 2146 C.C.Q., ce dernier article s'appliquant aux administrateurs en vertu de l'article 321 C.C.Q. Ce devoir existe indépendamment des articles 325 et 326, donc même si une divulgation d'intérêt a été faite.

Chose certaine, l'article 326 aurait avantage à être révisé, en y retirant (tout comme à l'article 120 de la *Loi sur les sociétés par actions*) la référence à la reddition de compte, (pour laisser clairement le champ libre à l'article 2146), et aussi en y ajoutant comme motif du recours en nullité le caractère inéquitable du contrat.

Dans l'intervalle, espérons que nos tribunaux interpréteront l'article 326 comme ne faisant pas échec au recours sous l'article 2146 C.C.Q. Espérons également qu'il considéreront que les recours en annulation et en reddition de compte ne sont pas alternatifs, malgré le mot «ou» qui les sépare à l'article 326, mais peuvent être cumulés.

Dans son état actuel, l'article 326 a tout de même ceci de positif qu'il permet expressément l'exercice de recours par un membre de la personne morale, ce qui n'est pas le cas de l'article 2146[101].

Remarques et interrogations. L'introduction des devoirs «fiduciaires» des administrateurs dans le Code civil s'inscrit dans le projet du législateur de faire de ce Code le droit supplétif exclusif en matière de personnes morales, et de mettre fin à la référence à la *common law* quant à elles, du moins pour les personnes morales de droit privé. Il n'est nullement certain que le législateur soit parvenu à ses fins, car l'article 322 C.C.Q., second alinéa, ouvre à la *common law* une porte que les articles 323 à 326, excessivement sommaires, ne suffisent pas à refermer. Pour interpréter et appliquer les nouveaux devoirs d'honnêteté et de loyauté des administrateurs, nos tribunaux devront nécessairement faire appel à la source de ces devoirs, soit le droit anglo-canadien, à moins qu'ils n'entreprennent de réinventer la roue. C'est dans ce droit qu'ils trouveront la réponse, notamment, aux questions suivantes: l'expression «dans l'intérêt de la personne morale» vise-t-elle seulement cette personne en tant qu'entité distincte, ou vise-t-elle aussi ses membres? Les devoirs de loyauté et d'honnêteté survivent-ils à la démission de l'administrateur? à sa destitution? Si oui, pendant combien de temps[102]? Le fardeau de la preuve doit-il incomber à l'administrateur, comme en *equity*? Sa bonne foi doit-elle entrer en ligne de compte? L'impossibilité pour la personne morale de poser elle-même l'acte ou de réaliser le profit constitue-t-elle une défense admissible? Comment l'autorisation des membres prévue à l'article 323 doit-elle être donnée: à la majorité? l'unanimité? Requiert-elle une pleine divulgation? Jusqu'à quel point les tiers qui ont agi de concert avec l'administrateur, qui sont liés à lui ou qui l'ont engagé peuvent-ils encourir une responsabilité personnelle envers la personne morale?

D'autre part, il faudra déterminer si, malgré les termes utilisés par l'article 2146, le recours en injonction demeure ouvert à la personne morale en cas de violation du devoir de loyauté envers elle par ses administrateurs et mandataires. Nous serions bien surpris qu'il ne le soit plus, compte tenu de son rôle essentiel en matière notamment de sollicitation de clientèle et d'utilisation d'information confidentielle.

Les articles 321 à 326 du C.C.Q. ne s'appliquent qu'aux administrateurs des personnes morales, et non à leurs dirigeants. Plusieurs lois corporatives[103] stipulent expressément que les dirigeants et les administrateurs sont considérés comme des mandataires, et il aurait été opportun que l'article 321 C.C.Q. leur fasse écho[104], ne serait-ce que pour confirmer l'assujettissement des dirigeants aux règles du mandat. D'autre part, la

common law, depuis l'arrêt *Canadian Aero Service Ltd c.*
O'Malley[105] reconnaît aux dirigeants, du moins ceux se quali-
fiant comme «fonctionnaires supérieurs», les mêmes devoirs
«fiduciaires» qu'aux administrateurs, et la *Loi sur les sociétés*
par actions a codifié ceci pour ce qui concerne les dirigeants
des compagnies fédérales, à ses articles 122(1)(a) (devoirs de
loyauté et de bonne foi) et 120 (obligation de divulguer
l'intérêt). Les articles 322 à 326 C.C.Q. ne visent pas les dirigeants, de sorte que ceux-ci sont soustraits à une obligation de
dénonciation d'intérêt qui aurait été fort bénéfique pour les
personnes morales.

Seuls les articles 2138 et 2146 C.C.Q. imposent un certain
devoir «fiduciaire» aux dirigeants, en autant bien entendu qu'on
puisse les considérer comme des mandataires. En l'absence de
dispositions statutaires le prévoyant expressément[106], les dirigeants ne sont pas automatiquement des mandataires, car ils ne
sont pas tous munis du pouvoir de «représenter (la personne
morale) dans l'accomplissement d'un acte juridique avec un
tiers[107]».

L'arrêt *Banque de Montréal c. Kuet Leong Ng*[108] a établi que
l'étendue des devoirs d'honnêteté et de loyauté découle du
degré de «confiance et d'autorité» accordées à la personne, de
la «nature du contrôle qu'elle exerce sur les affaires» de la
personne morale. Le *Code civil du Québec*, en imposant aux
administrateurs, aux mandataires et aux salariés[109] des personnes morales, des devoirs de loyauté différents, ramène
apparemment dans notre droit, en cette matière, la rigidité et le
formalisme dont la Cour Suprême venait de le libérer. Au lieu
de s'interroger sur l'étendue de la confiance et de l'autorité qui
sont accordés à la personne pour mesurer la portée de ses
devoirs de loyauté, nos tribunaux devront, comme par le passé,
se demander si cette personne se qualifie, en regard du Code
civil, comme «administrateur», «mandataire» ou «salarié»,
sachant que selon la conclusion retenue ces devoirs sont
précisés par le Code et fluctuent.

Finalement, la question de l'application des articles 323 à 326
C.C.Q. aux personnes morales, par superposition aux dispositions de leurs lois constitutives ou applicables, se pose. L'article 300 du Code prescrit de donner la primauté à ces dernières

dispositions, mais de les compléter «s'il y a lieu» par les premières. Pas de problème pour les compagnies et les corporations sans but lucratif provinciales, car la *Loi sur les compagnies* ne contient aucune disposition traitant des devoirs de
loyauté et des conflits d'intérêt: le C.C.Q. s'applique sans
difficulté à elles. Mais s'applique-t-il, par exemple, aux sociétés
de fiducie, pour lesquelles la *Loi sur les sociétés de fiducie et
sociétés d'épargne*[110] établit, à ses articles 134 à 139, une
régime détaillé de divulgation avec comme sanction la déchéance des fonctions? Aux sociétés d'entraide économique,
malgré l'article 77 de leur loi constitutive? Aux coopératives,
malgré l'article 106 de la *Loi sur les coopératives*[111]? Aux
caisses d'épargne et de crédit, malgré l'article 206 de leur loi
constitutive[112]? Aux corporations de fonds de sécurité, malgré
l'article 24 de la leur[113]? Aux municipalités, pour lesquelles les
articles 303 et suivants de la *Loi sur les élections et référendums dans les municipalités*[114] établissent un régime détaillé
d'inhabilité faute de divulgation? Est-ce que, dans tous ces cas,
l'inhabilité ou la déchéance de charge est la seule sanction, ou
si en plus l'annulation des actes ou la reddition de compte sont
rendues possibles par le C.C.Q.? Et que faire avec un bon
nombre de sociétés d'État où le conflit d'intérêts est sommairement abordé[115]?

2- Inhabilités et interdiction

Le Code civil précise à son article 327 les inhabilités des administrateurs déjà énoncés dans certaines lois corporatives, soit
celles des mineurs et des incapables (comblant une lacune pour
les compagnies et corporations Partie I et II ainsi que les
corporations régies par le Code civil), ainsi que des faillis. Il en
ajoute une nouvelle, soit les personnes à qui le tribunal interdit
l'exercice de cette fonction», ce qui fait référence à l'article 329
C.C.Q. et devrait contribuer à assurer la probité des administrateurs des personnes morales.

La liste des inhabilités contenue à l'article 327 n'est pas exhaustive, puisqu'elle ne mentionne pas, notamment, l'inhabilité
pour cause d'interdiction en vertu d'une loi[116].

L'article 327 prévoit une exception pour les mineurs et majeurs
en tutelle agissant comme administrateurs d'une «association

constituée en personne morale qui n'a pas pour objet de réaliser des bénéfices pécuniaires et dont l'objet les concerne[117]», innovation qui vise les associations d'étudiants, de jeunesse ou de protection des personnes incapables, qui comptent sur leurs membres pour assumer des fonctions d'administrateurs et s'inscrivent dans un processus éducatif ou de prise en charge personnelle. L'objectif est certes louable, mais il aurait été opportun, pour protéger davantage les tiers, autant que les membres, de prévoir que ces mineurs ou incapables doivent constituer moins de 50 % du nombre total des administrateurs.

Rappelons que les actes d'un administrateur inhabile ne sont pas nuls pour ce seul motif[118].

L'article 329 C.C.Q. établit un nouveau recours en interdiction d'exercice de la fonction d'administrateur, à l'encontre de personnes (qu'elles soient alors administrateurs ou non) trouvées coupables d'actes criminels comportant fraude ou malhonnêteté dans une matière reliée aux personnes morales, et de personnes que, «de façon répétée», manquent à leurs obligations d'administrateurs ou enfreignent les lois relatives aux personnes morales. À la demande de «tout intéressé», introduite par requête suivant les règles particulières du titre II du Livre V du Code de procédure civile[119], le tribunal peut prononcer une telle interdiction, pour un délai qui n'excède pas cinq (5) ans à compter du dernier acte reproché (art. 330 C.C.Q.). Cette interdiction peut cependant être levée, à la demande de la personne condamnée, suivant la même procédure[120].

Nous déplorons que l'inhabilité ou, à tout le moins, le recours en interdiction n'aient pas été étendus aux personnes impliquées dans des faillites successives de personnes morales, comme en Angleterre[121].

II- *Dispositions applicables à certaines personnes morales*

Le chapitre deux du Titre cinquième, intitulé «Des dispositions applicables à certaines morales» renferme toute une série de dispositions régissant le fonctionnement et la liquidation des personnes morales. Nous l'étudierons sous les rubriques suivantes: (A) application, (B) fonctionnement et (C) dissolution et liquidation.

A - Application

Les articles 335 à 364 du C.C.Q. s'appliquent, énonce l'article 334, aux «personnes morales qui empruntent une forme juridique régie par un autre titre de ce code». Maintenant qu'il est établi que les sociétés, malgré ce qui était proposé par le projet de loi 125 de 1990, ne sont pas des personnes morales[122], un seul type de personne morale est visé par ceci: le syndicat des copropriétaires[123]. Toutefois en raison du régime de fonctionnement détaillé qu'établit le Code pour ce syndicat[124], seule la section II du chapitre deuxième, relative à la dissolution et à la liquidation, s'applique à toute fin pratique à lui[125].

En second lieu, le chapitre deux s'applique aux personnes morales si leur loi constitutive ou applicable le prévoit. Cela n'est évidemment le cas d'aucune personne morale déjà existante, puisque ce chapitre vient d'être adopté et que leurs lois constitutives ou applicables, antérieurs à lui, ne pouvaient par la force des choses référer à ses dispositions. Le codificateur espère indubitablement qu'à l'avenir, lorsqu'il adoptera des nouvelles lois constitutives de personnes morales ou applicables à celles-ci, le législateur les soumettra au régime de fonctionnement et de dissolution du chapitre deux, plutôt que de s'efforcer d'établir un tel régime dans leurs dispositions.

Enfin, poursuit l'article 334, le chapitre deux s'applique aux personnes morales dont la loi constitutive ou applicable «n'indique aucun autre régime de fonctionnement, de dissolution ou de liquidation». Nous croyons que cette phrase ne doit pas être interprétée comme un tout indissociable, avec pour résultat que le chapitre deux dans son ensemble ne serait pas applicable dès qu'apparaîtrait dans la loi un régime soit de fonctionnement, soit de dissolution, soit de liquidation. Un régime de fonctionnement n'exclut donc que l'application des articles 335 à 354, et un régime de dissolution celle des articles 355 et 356, et un régime de liquidation, celle des articles 355 à 364.

Tout comme celle de l'article 300, la formulation de l'article 334 prête à confusion. Le caractère supplétif du chapitre deux doit-il s'apprécier globalement, ou à la pièce? Les mots «aucun autre régime» semblent indiquer que dès qu'un «régime» de fonctionnement est indiqué dans la loi, celui du C.C.Q. ne s'applique pas. Est-ce qu'un «régime» de fonctionnement peut être constitué d'un seul article? Doit-il être plus élaboré? Est-ce que le silence de la loi sur un aspect du fonctionnement ouvre la porte à l'application des dispositions du C.C.Q. relatives à cet aspect? Par exemple, l'article 341 C.C.Q. est sans précédent ou équivalent dans aucune loi corporative: cela signifie-t-il qu'il s'applique à toutes les personnes morales?

Peu de lois générales ou spéciales constituant et régissant des personnes morales n'indiquent «aucun régime de fonctionnement», mais bon nombre d'entre elles ne précisent pas de régime de dissolution ou, surtout, de liquidation. La plupart des lois générales constitutives de personnes morales, comme la *Loi sur les compagnies*, la *Loi sur les compagnies minières*[126], la *Loi sur les coopératives*, le *Code des professions*, la *Loi sur les syndicats professionnels*, la *Loi sur les corporations religieuses*, le *Code municipal*, etc., établissent tous ces régimes, de sorte que le chapitre deux n'est pas applicable aux personnes morales qu'elles régissent. La plupart des lois spéciales constitutives de personnes morales, de droit public ou privé, établissent indirectement de tels régimes, en stipulant que les personnes morales qu'elles constituent sont régies par la *Loi sur les compagnies*, partie III (pour les personnes morales sans capital social) ou partie II (pour celles à capital social). Ces personnes morales ne sont règle générale pas non plus soumises au chapitre deux. Le genre de personne morale le plus susceptible de faire partie de la troisième catégorie de personnes morales soumises aux règles du chapitre deux sont celles pour lesquelles la loi constitutive ou applicable ne réfère pas à la *Loi sur les compagnies* ou une autre loi générale corporative, mais se contente de dire qu'elles sont des «corporations» au sens du Code civil. Citons à titre d'exemples la *Loi sur les sociétés d'horticulture*[127], la *Loi sur les sociétés de fabrication de beurre et de fromage*[128], la *Loi sur les sociétés d'agriculture*[129], la *Loi sur les sociétés agricoles et laitières*[130], la *Loi sur les sociétés préventives de cruauté envers les animaux*[131], la *Loi sur les cercles agricoles*[132], la *Loi sur les évêques catholiques romains*[133], la *Loi sur les maîtres électriciens*[134], la *Loi sur les maîtres mécaniciens en tuyauterie*[135], la *Loi sur les compagnies de télégraphe et de téléphone*[136], la *Loi sur les compagnies de flottage*[137], la *Loi sur les compagnies de gaz, d'eau et d'électricité*[138], la *Loi sur les corporations de fonds de sécurité*[139], les articles 964(b) à (d) de la *Charte de la Ville de Montréal*[140], les articles 98 et suivants de la *Loi sur la santé et la sécurité du travail*[141] relatifs aux associations sectorielles paritaires de santé et de sécurité du travail, les articles 315 et suivants de la *Loi sur les services de santé et les services sociaux*[142] relatifs aux «établissements publics», les articles 94 et suivants de la *Loi sur les assurances*[143] relatifs aux sociétés de secours mutuel, les articles 64 et suivants, 135 et suivants et 179 et suivants de la *Loi sur la mise en marché des produits agricoles, alimentaires et de la pêche*[144] relatifs aux offices de producteurs ou de pêcheurs et aux chambres de coordination et de développement, etc. Toutefois, même à l'intérieur de ce bassin déjà très restreint il est nécessaire d'éliminer les lois qui prévoient un certain régime de fonctionnement interne ou de dissolution, soit la quasi-totalité d'entre elles. Le nombre de ces lois à éliminer variera selon l'interprétation qui sera donnée aux mots «aucun autre régime». Nous soupçonnons qu'au bout de la ligne très peu de personnes morales seront régies par le chapitre deux, du moins par sa section I (fonctionnement).

La section II du chapitre deux relative à la dissolution et à la liquidation, au contraire, sera utilisée par un bon nombre de personnes morales, puisqu'au départ elle s'applique aux syndicats de copropriétaires[145], aux sociétés en nom collectif[146] et en commandite[147] (même si ces deux types de sociétés ne sont pas des «personnes morales»)[148], ainsi qu'à la reddition de comptes et le remboursement des sommes d'argent par les liquidateurs de personnes morales à fonds social, nommées en vertu de la *Loi sur la liquidation des compagnies*[149]. D'autre part, un nombre de lois constitutives et applicables aux personnes morales, y inclus la *Loi sur les compagnies*, Partie III, ne prévoient aucun régime pour la liquidation de ces personnes morales. La section II jouera donc pour elles.

L'article 334 du Code, pour bien confirmer le caractère purement supplétif de la section I (et non de la section II, qui a donc un caractère plus impératif) du chapitre deux, permet aux personnes morales qui y sont sujettes d'y déroger dans leurs règlements, «à condition toutefois que les droits des membres soient préservés». Cela signifie, notamment, que les règlements ne pourraient retirer aux membres l'accès aux livres et registres de la personne morale (art. 342 C.C.Q.) ou le droit de se faire représenter par procuration (art. 350 C.C.Q.), et qu'on peut douter de la possibilité de hausser par règlement les proportions établies aux articles 349 (quorum) ou 352 (convocation forcée d'assemblée).

B - Fonctionnement

La section I du chapitre deux énonce une série de règles de fonctionnement interne, pour l'administration (art. 335 à 344), l'assemblée des membres (art. 345 à 352) et les assemblées des membres et du conseil d'administration (art. 353 et 354).

La plupart de ces règles sont inspirées de dispositions expresses la *Loi sur les compagnies* et de la *Loi sur les sociétés par actions*. Par exemple, la gestion des affaires par un conseil d'administration qui adopte des règlements internes[150], la dissidence présumée d'un administrateur absent[151], la durée d'un an du mandat des administrateurs[152], le pouvoir du conseil d'administration de combler les vacances en son sein, et de continuer d'agir malgré ces vacances[153], les réunions du conseil d'administration par téléphone-conférence[154], les règles de convocation des assemblées des membres[155], la convocation d'une assemblée par les membres eux-mêmes[156], la renonciation à l'avis de convocation[157], et les résolutions signées tenant lieu d'assemblées[158].

Certaines règles, par contre, sont de droit nouveau. Mentionnons l'article 341 C.C.Q., qui vise à résoudre des problèmes survenant en période difficile de conflit, en permettant à une minorité d'administrateurs de faire des actes conservatoires en cas d'urgence, et en créant un recours au terme duquel le tribunal peut établir lui-même des règles de fonctionnement interne.

L'article 342 C.C.Q. accorde aux membres l'accès aux livres et registres de la personne morale, alors que les lois corporatives réservent généralement ce droit aux seuls administrateurs.

L'article 348 C.C.Q. permet à tout membre, lors de l'assemblée annuelle, de «soulever toute question d'intérêt pour la personne morale ou ses membres», même si cette question ne figure pas à l'ordre du jour.

L'article 350 C.C.Q. permet aux membres de voter par procuration, ce qui était généralement réservé aux actionnaires de compagnies.

C - Dissolution et liquidation

1- Dissolution

Les articles 355 et 356 du Code énoncent les diverses causes de dissolution de la personne morale, soit l'annulation de son acte constitutif, une cause prévue par l'acte constitutif ou par la loi, ou encore l'avènement de la condition apposée à l'acte constitutif, l'accomplissement de l'objet pour lequel la personne morale a été constituée, l'impossibilité d'accomplir cet objet ou l'existence d'une autre cause légitime, chacune de ces quatre dernières causes devant être constatée par le tribunal. La dernière de ces causes est à signaler particulièrement, puisqu'elle est nouvelle par rapport au C.C.B.C., et permettra d'obtenir la liquidation judiciaire des personnes morales sans capital-actions, auxquelles l'article 24 de la *Loi sur la liquida tion des compagnies* (liquidation pour un motif «juste et équitable») ne s'applique pas.

La dissolution peut également être volontaire, mais contrairement à celle que prévoyait l'article 368 C.C.B.C., elle ne requiert le consentement que des deux tiers des membres présents à une assemblée, et non un consentement unanime. Un avis de dissolution, précise l'article 358 C.C.Q., doit être déposé auprès de l'Inspecteur général des institutions financières par les administrateurs, et ceux-ci doivent nommer un liquidateur. À défaut de ce faire, poursuit l'article, les administrateurs peuvent être tenus responsables des actes de la personne morale et tout intéressé peut s'adresser au tribunal pour qu'il désigne un liquidateur.

2- Liquidation

Les articles 357 à 364 traitent de la liquidation de la personne morale en s'inspirant de la *Loi sur la liquidation des compagnies*[159].

La personnalité juridique de la personne morale subsiste aux fins de la liquidation, stipule l'article 357. Cela permet expressément au liquidateur de contracter au nom de la personne morale.

Le liquidateur une fois nommé, avis de cette nomination est déposé au même endroit que l'avis de dissolution; la nomination est opposable aux tiers à compter de ce dépôt (art. 359 C.C.Q.).

Le liquidateur a la saisine des biens de la personne morale, avec tous les pouvoirs et obligations qu'un administrateur du bien d'autrui chargé de la pleine administration (art. 360 C.C.Q.). Contrairement à ce qui se produit en vertu de la *Loi sur la liquidation des compagnies*[160], le conseil d'administration ne cesse pas d'exister: il n'a toutefois plus aucun pouvoir sur les biens de la personne morale, et peut être tenu de fournir au liquidateur tout document et toute explication qu'il requiert (art. 360 C.C.Q.).

Le liquidateur procède au paiement des dettes, rembourse les apports, et partage l'actif entre les membres, «en proportion de leurs droits ou, autrement, en parts égales», en suivant au besoin les règles relatives au partage d'un bien indivis (art. 361 C.C.Q.). S'il subsiste un reliquat, par exemple si certains membres sont introuvables, celui-ci est dévolu à l'État.

Toutefois, si l'actif comprend des biens provenant des contributions de tiers, ceux-ci doivent être remis à une autre personne morale ou à une fiducie partageant des objectifs semblables à ceux de la personne morale liquidée; si cela ne peut se faire, les biens sont dévolus à l'État ou, s'ils sont de peu d'importance, partagés également entre les membres (art. 361 C.C.Q.). Cette règle est la même que pour la liquidation d'associations non personnifiées (art. 2279 C.C.Q.). Elle n'a pas cours si la loi constitutive ou applicable à la personne morale prévoit autre chose, mais elle ne peut être écartée par une disposition des règlements de cette personne morale[161]; il nous semble, même si cela n'est pas prévu au Code, que l'acte constitutif de la personne morale devrait avoir préséance sur cette règle s'il en prévoit une autre. Nous pensons ici aux clauses de dévolution des biens en cas de dissolution qui apparaissent dans l'acte constitutif d'un très grand nombre d'associations dotées de la personnalité morale (corporations Partie III, etc.), auxquelles il faudrait que le liquidateur donne effet.

La liquidation doit se terminer dans les cinq (5) ans[162] qui suivent le dépôt de l'avis de dissolution, sauf prolongation par le tribunal. Passé ce délai, le curateur public prend la liquidation en charge (art. 363 C.C.Q.).

La liquidation se clôt par le dépôt d'un avis de clôture au même lieu que les avis de dissolution et de liquidation. Ce dépôt, stipule l'article 364 C.C.Q., opère radiation de toute inscription concernant la personne morale.

Le liquidateur doit conserver les livres et registres de la personne morale pendant cinq ans[163] à compter de la clôture de la liquidation, puis après en dispose à son gré (art. 362 C.C.Q.).

III- Dispositions connexes

Nous traiterons dans cette dernière partie des sujets suivants: (A) les personnes morales de droit public, (B) les actions de compagnies, (C) la procédure et (D) la liquidation judiciaire des compagnies.

A - Personnes morales de droit public

Le *Code civil du Québec* renferme une série de règles s'appliquant particulièrement aux personnes morales de droit public. Signalons notamment[164]:

- Les biens de ces personnes morales, qui sont affectés à l'utilité publique, ne sont pas sujets à appropriation (art. 916 C.C.Q).
- Les biens confisqués par une personne morale de droit public en vertu d'un pouvoir conféré par la loi deviennent sa propriété, dès leur confiscation (art. 917 C.C.Q.).
- Les créances de personnes morales de droit public spécialement prévues dans les lois particulières donnent lieu à une hypothèque légale, pouvant grever des biens meubles et immeubles (art. 2724(1), 2725 C.C.Q.). On pense ici, notamment, aux taxes municipales et scolaires, ou à l'hypothèque légale de l'Hydro-Québec pour le prix de l'énergie

fournie pour l'exploitation d'entreprises industrielles ou commerciales[165].

— Les registres et documents officiels émanant des municipalités et des autres personnes morales de droit public constituées par une loi du Québec sont authentiques, s'ils respectent les exigences de la loi (art. 2814(4) C.C.Q.)[166].

— Comme nous l'avons mentionné précédemment, les personnes morales de droit public ne sont soumises au régime général des obligations du Code civil que «sous réserve des autres règles de droit qui leur sont applicables» (art. 1376 C.C.Q.).

— Les préposés des personnes morales de droit public ne cessent pas d'agir dans l'exécution de leurs fonctions (et donc d'engager la responsabilité civile de leurs commettants) du seul fait qu'ils commettent un acte illégal, hors de leur compétence ou non autorisé (art. 1464 C.C.Q.).

B - Actions de compagnies

Le *Code civil* traite à de multiples reprises d'actions de compagnies, apportant des clarifications bien souvent opportunes, mais dont parfois le sens exact ne peut être déterminé qu'en faisant appel au droit des compagnies. Voici une liste des principales dispositions pertinentes:

— Les actions d'une personne morale sont du capital, de même que les droits de souscription de valeurs mobilières d'une personne morale (art. 909 C.C.Q).

— Les dividendes versés sur les actions sont des revenus, sauf s'ils représentent la distribution d'un capital de la personne morale (art. 910 C.C.Q.).

— Les dividendes et distributions d'une personne morale sont dus depuis la date indiquée à la déclaration ou, à défaut, depuis la date de cette déclaration (art. 1349 C.C.Q.).

— Lorsque le droit du bénéficiaire des revenus prend fin, ce bénéficiaire a droit aux dividendes qui ne lui ont pas été versés, mais non à ceux qui n'ont pas été déclarés durant la période d'existence de son droit (art. 1350 C.C.Q.). Ceci confirme le principe de droit des compagnies à l'effet que seuls les dividendes déclarés, cumulatifs ou non, constituent une créance pour l'actionnaire.

— Le droit de vote attaché aux actions appartient à l'usufruitier, «sauf si le vote a pour effet de modifier la substance du bien principal comme le capital social (...) ou de
changer la destination de ce bien ou de mettre fin à la
personne morale», auxquels cas le droit appartient plutôt au
nu-propriétaire. Cette répartition du droit de vote entre
l'usufruitier et le nu-propriétaire ne se discute qu'entre eux:
elle n'est pas opposable aux tiers (donc à la personne
morale ou ses actionnaires) (art. 1134 C.C.Q.).

— L'administration du bien d'autrui chargé de la simple
administration exerce les droits attachés aux actions qu'il
administre, «tels le droit de vote, de conversion ou de
rachat» (art. 1302 C.C.Q.). Le Code civil entre ici dans
certains détails du droit des compagnies, en traitant des
droits de conversion et de rachat attachés aux actions. On
peut se demander si l'administrateur du bien d'autrui
chargé de la simple administration peut exercer à sa guise
le droit de vote attaché aux actions, ou s'il n'est pas tenu
d'obtenir l'autorisation du bénéficiaire lorsque par ce vote
(surtout si c'est un vote majoritaire) il pourrait, suivant les
termes utilisés à l'article 1134 C.C.Q., «modifier la substance du capital social, changer sa destination ou mettre fin
à la personne morale».

— Les actions de compagnies ne sont considérées comme
«placements sûrs», pour l'administrateur du bien d'autrui
chargé de la simple administration, qu'en autant qu'elles se
conforment à des exigences poussées énoncées aux articles
1339 et 1340 C.C.Q. Sans entrer dans le détail de ces
exigences, signalons qu'elles font appel aux notions maintenant anachroniques d'actions «ordinaires» et «privilé-
giées».

— L'hypothèque des actions de personnes morales est dorénavant permise, et certains de ses aspects particuliers sont
explicités aux articles 2677, 2738 et 2756 C.C.Q. Ici
encore, le Code traite expressément d'opérations propres
aux compagnies, telles l'achat, le rachat et la conversion
d'actions. Il réfère même aux restrictions sur les transferts
d'actions, par convention ou par «dispositions» (ce qui
vise, vraisemblablement, l'acte constitutif) (Art. 2756
C.C.Q.).

- Le mécanisme d'évaluation des actions de compagnies est soigneusement établi, pour fins de procédure de vente du bien d'autrui, par les articles 903 et 906 du *Code de procédure civile*, tels qu'amendés[167]. On y retrouve des références à des «valeurs mobilières cotées et négociées à une bourse», «transigées au comptoir», et à une formule d'évaluation prévue dans une convention d'actionnaires.

C - Procédure

La *Loi sur l'application de la réforme du Code civil* apporte, certaines modifications au *Code de procédure civile* relativement aux personnes morales.

Le Titre V du livre V, soit les articles 828 à 833, est abrogé et remplacé par un nouveau Titre V, intitulé «Des procédures relatives aux personnes morales[168]».

On y retrouve, modernisé, le recours en annulation de l'acte constitutif d'une personne morale (ancien *scire facias*) (art. 828 à 830 C.P.C.).

D'autre part, le nouvel article 832 C.P.C. traite de certains des nouveaux recours créés par le *Code civil du Québec* relativement aux personnes morales, soit les demandes pour se faire attribuer rétroactivement la personnalité juridique[169], pour désigner un liquidateur[170], pour interdire à une personne l'exercice de la fonction d'administrateur[171] ou lever cette interdiction[172], et pour obtenir une autorisation relativement au fonctionnement de la personne morale[173]. Toutes ces demandes, stipule l'article 832, «sont introduites par requête suivant les règles particulières du titre II du livre V du Code».

Ce Titre II a lui-même été entièrement remplacé par la *Loi d'application*[174], et établit un régime simplifié et accéléré pour diverses procédures relatives aux personnes et aux biens. La procédure introductive d'instance se déroule en deux étapes: la présentation et l'audition. Lors de la présentation de la requête, le tribunal examine les questions de droit et de fait en litige, rend les ordonnances nécessaires à la sauvegarde des droits des parties et fixe la date de l'audition, «le jour même le cas échéant»; le tribunal peut, s'il le croit utile ou s'il en est requis, «décider sur les moyens propres à simplifier la procédure et à abréger l'audition» (art. 766 C.P.C.). À l'audition, la preuve se fait par affidavits, et par témoignage (art. 771 C.P.C.). Le tribunal jouit d'une grande latitude, lors de l'audition, pour autoriser la production de documents supplémentaires, prescrire toutes mesures susceptibles d'accélérer le déroulement ou limiter la preuve (art. 772 C.P.C.).

Les autres demandes, précise l'article 832, «sont introduites par un bref d'assignation», et ne bénéficient pas du régime susmentionné. Ceci vise les autres recours nouvellement créés par le *Code civil*, dont le recours en cas de fraude[175] et le recours en cas de défaut de dénonciation d'intérêt[176].

D - Liquidation judiciaire des compagnies

L'arrêt *Nadeau c. Nadeau*[177] a récemment établi qu'il n'est pas possible d'obtenir la liquidation judiciaire d'une compagnie en vertu de l'article 24 de la *Loi sur la liquidation des compagnies*[178] pour le seul motif «juste et équitable» de l'analogie avec la société (*partnership analogy*) développé par le droit anglais[179] et anglo-canadien[180]. Cette décision était principalement fondée sur l'absence, dans les dispositions du *Code civil du Bas-Canada* relatives à la dissolution des sociétés, du motif de dissolution «juste et équitable» qu'on retrouve dans les *Partnership Acts* des autres provinces, et donc sur l'impossibilité d'établir au Québec la même analogie société-compagnie qu'en droit anglo-canadien.

Voici que le *Code civil du Québec*, à ses articles 2230 et 2261, prévoit maintenant expressément la dissolution de la société «pour une cause légitime».

Nos tribunaux pourront dorénavant invoquer le support statutaire de ces dispositions pour donner à la doctrine du *partnership analogy* un rôle aussi significatif au Québec que dans le reste du pays, aux fins de liquider judiciairement les compagnies pour des motifs «justes et équitables».

Notes

1. L.Q. 1992, c. 57, ci-après désignée «Loi d'application».

2. *Loi d'application*, art. 423, Droit des personnes, 4.

3. Voir notamment les art. 915ss, 1376, 2724s et 2731 du C.C.Q., et 203, 387 et 390 de la *Loi d'application*. Les mots «corps public» ont été remplacés, à l'occasion de la réforme, par «organisme public». On peut trouver une définition de «organisme public» à l'art. 3 de la *Loi sur le vérificateur général*, L.R.Q. c. V-5.01 et à l'article 3 de la *Loi sur l'accès aux documents des organismes publics*, L.R.Q. c. A-2.1.

4. Voir notamment l'art. 2651 (5) C.C.Q., et les articles 181 et 423, Droit des personnes, 3 de la Loi d'application.

5. Les articles 113 et 140 de la *Loi sur l'instruction publique*, L.R.Q. c. I-13.3, stipulent expressément que les commissions scolaires sont des «personnes morales de droit public».

6. Comme par exemple l'Hydro-Québec, le SOQUIP, la SOQUEM, la SOQUIA, la Société québécoise des transports, REXFOR, la Société des loteries du Québec, la Société des établissements en plein air du Québec, la Société des traversiers du Québec, la Société générale de financement du Québec, la Société nationale de l'amiante, la Société immobilière du Québec et la Société des alcools du Québec.

7. Comme par exemple la Société de Radio-Télévision du Québec, la Société de la Maison des Sciences et des techniques, la SOQUIJ, la SOGIC, la Société québécoise de récupération et de recyclage, la Société de développement industriel du Québec, la Société d'habitation du Québec, la Société québécoise d'assainissement des eaux, l'Institut de tourisme et d'hôtellerie du Québec, l'Institut québécois de recherche sur la culture, et la Bibliothèque nationale du Québec. Au fédéral, mentionnons la Corporation commerciale canadienne, la Société de développement de l'industrie cinématographique canadienne, la Société d'assurance-dépôts du Canada, la Société canadienne d'hypothèque et de logement, le Centre canadien de gestion.

8. L.Q. 1987, c. 18, art. 326. Cet article précisait toutefois que cette classification n'était pas exhaustive.

9. *Idem*, art. 327.

10. *Idem*, art. 328.

11. Art. 2188 C.C.Q.

12. Art. 423, Droit des personnes, 2 de la *Loi d'application*.

13. Art. 423, Droit des personnes, 3 de la *Loi d'application*.

14. Notamment aux art. 327 à 1984.

15. Art. 2186 C.C.Q.

16. Art. 831 C.P.C. et 34 de la *Loi sur les pouvoirs spéciaux des corporations*, amendés par les articles 385 et 647 de la *Loi d'application*.

17 . Art. 1339(5), (8), (9) et 10(b), 1340 et 1778. Dans ce dernier article, le mot «société» a été traduit par «a partnership or company», ce qui est manifestement une erreur.

18. Art. 2188.

19. Art. 322, amendant l'art. 631 du *Code de procédure civile*.
20. Art. 423, Droit des obligations, 6 de la *Loi d'application*.
21. Art. 119, 366, 367 et 377 C.C.Q.
22. Art. 2407 et 2444 C.C.Q.
23. L.Q. 1987, c. 18, art. 324, 348 à 352.
24. Article 832 C.P.C., ajouté par l'article 385 de la *Loi d'application*.
25. Des exemples de «lois applicables» aux personnes morales de droit public sont les Parties II (pour les «compagnies à fonds social») et III (pour les corporations sans capital-actions) de la *Loi sur les compagnies*, L.R.Q. c. C-38, la *Loi sur le vérificateur général*, L.R.Q. c. V-5.01, et la *Loi sur l'administration financière*, L.R.Q. c. A-6, en particulier les articles 49ss.
26. (1989)1 R.C.S. 705. Voir sur cette question J. HARDY, «Nouveau code civil, discrétion administrative et responsabilité extracontractuelle de l'État et des personnes morales de droit public: concepts et pratique», dans *Actes de la XI Conférence des juristes de l'État*, Cowansville, Les Éditions Yvon Blais Inc., 1992, p. 267.
27. Par exemple, l'application des articles 323 à 326 relatifs aux conflits d'intérêts des administrateurs dont il est question plus loin.
28. Par exemple celle des articles 327, 329 et 330 C.C.Q., alors que l'article 105(1) de la *Loi sur les sociétés par actions* établit une liste apparemment exhaustive des inhabilités au poste d'administrateur, sans y mentionner les personnes à qui le tribunal interdit l'exercice de cette fonction. Le *Code civil du Québec* a-t-il en cette matière préséance sur une législation corporative fédérale valide? Espérons que oui, car sinon il sera excessivement facile d'échapper à l'interdiction en utilisant un véhicule fédéral.
29. «Tout être humain possède de la personnalité juridique; il a la pleine jouissance des droits civils»: art. 1 C.C.Q.
30. L'article 1 de la *Loi sur les pouvoirs spéciaux des corporations*, L.R.Q. c. P-16, traite de la capacité extraterritoriale des personnes morales québécoises, en la soumettant aux restrictions dans la charte et à la reconnaissance par la juridiction externe. L'article 123.29 de la *Loi sur les compagnies* y apporte lui aussi des restrictions.
31. Voir l'article 1257 C.C.Q., relatif à la fondation, dont les biens constituent le patrimoine d'une personne morale.
32. La *Loi d'application* précise que l'expression «capacité d'une personne morale» correspond à «droits et pouvoirs généraux d'une corporation»: art. 423, Droit des personnes, 9.
33. Article 609 de la *Loi d'application*.
34. Article 189 C.C.Q.
35. Article 244 C.C.Q.
36. Article 783 C.C.Q. Voir l'article 170 de la *Loi sur les sociétés de fiducie et les sociétés d'épargne*, L.R.Q. c. S-29.01, qui fournit l'autorisation.
37. La *Loi sur la faillite et l'involvabilité*, L.R.C. (1985) ch. B-3 permet aux personnes morales d'être titulaire d'une licence de syndic (art.

14.08ss), et aux syndics d'agir comme séquestres intérimaires (art. 46). La Cour d'appel avait déjà, dans l'arrêt *André Radio Ltée (Syndic) de*, [1988] R.J.Q. 2327, reconnu le droit pour une corporation d'agir comme syndic ou séquestre des biens, nonobstant les dispositions de l'art. 365, alinéa 6 du C.C.B.C.

38. Article 1274 C.C.Q.

39. Amendé par l'article 304 de la *Loi d'application*. La condamnation possible du saisi-gardien à l'emprisonnement pour outrage au tribunal en cas de non représentation des effets saisis (art. 608 et 51 C.P.C.) milite également contre le fait qu'une personne morale débitrice soit nommée gardien.

40. Sans toutefois que l'utilisation d'une personne morale serve à contrevenir aux inhabilités énoncées à l'article 583.2: il y aurait là matière à application de l'article 317 C.C.Q. La sanction dont la personne morale-gardien est passible pour non représentation des effets saisis se limite ici aux dommages-intérêts (art. 608 C.P.C.).

41. Des exemples d'une telle incapacité se trouvent à l'article 23 de la *Loi sur l'Institut québécois de recherche sur la culture*, L.R.Q. c. I-13.2, qui interdit à cet organisme d'acquérir des actions de corporations ou d'exploiter des entreprises commerciales, à l'article 146 de la *Loi sur la mise en marché des produits agricoles, alimentaires et de la pêche*, L.R.Q. c. M-35.1, qui interdit à une chambre de coordination et de développement de faire le commerce ou la transformation de produits agricoles et alimentaires et à l'article 47 de la *Loi sur les compagnies de gaz, d'eau et d'électricité*, L.R.Q. c. C-44, qui interdit à ces compagnies d'acheter des actions d'autres personnes morales.

42. Comme par exemple l'article 34.1 ou 123.22 de la *Loi sur les compagnies*, L.R.Q. c. C-38, l'article 16 de la *Loi sur les coopératives*, L.R.Q. c. C-67.2, l'article 59 de la *Loi sur les sociétés de fiducie et les sociétés d'épargne*, L.R.Q. c. S-29.01.

43. Art. 34. Voir aussi les articles 20 à 20.2 de la *Loi sur les coopératives*.

44. L.R.Q. c. D-1. Il y a conflit entre l'article 306 du *Code* et les articles 20.1s de la *Loi sur les coopératives*.

45. *Loi sur les compagnies*, art. 33; *Loi sur les sociétés par actions*, art. 10(5); *Loi sur les coopératives*, art. 20.

46. En signifiant la procédure à une des personnes du groupement, ou à leur principal bureau d'affaires: art. 130 C.P.C., dernier alinéa, ajouté par l'art. 220 de la *Loi d'application*.

47. (1965-66) 39 A.L.J.R. 405.

48. En vertu de l'art. 1371 et 1385 C.C.Q., l'absence d'une partie, soit la personne morale, vicierait l'obligation ou le contrat la visant prétendument.

49. Voir aussi les articles 5 et 6 de la *Loi sur les coopératives*.

50. Outre le délai de 90 jours imposé par les articles 123.7 de la *Loi sur les compagnies* et 7 de la *Loi sur les coopératives*, ces dispositions visent les actes posés ou accomplis «dans l'intérêt» de la compagnie ou coopérative, ce qui est plus vaste que les actes accomplis «pour elle».

51. Cette dernière modification a été apportée in extremis, car elle ne figurait pas à l'article 316 du Projet de loi 125 de 1990.

52. (1897) A.C. 22.

53. Voir les articles 6 et 7 C.C.Q., et l'arrêt *Banque Nationale c. Houle*, (1990) 3 R.C.S. 122.

54. *Corporation Municipale de St-David de Falardeau c. Munger*, (1983) 1 R.C.S. 293.

55. *Kosmopoulos c. Constitution Insurance Co*, (1987) 1 R.C.S. 2.

56. *Banque Nationale c. Houle*, (1990) 3 R.C.S. 122.

57. Ceci est conforme à l'esprit des articles 1202(f) et (g) du C.C.B.C. Il sera intéressant de voir comment les tribunaux interpréteront le mot «contrôle»: contrôle de jure, ou contrôle de facto? Nous prônons la seconde interprétation, par souci de justice et d'équité.

58. (1966) C.S. 489.

59. Lequel devrait primer sur celui de l'article 315, au même titre qu'il prime sur celui de l'article 33 C.P.C.: *Placements Eloy Inc. c. Laurent*, *J.E.* 93-100 (C.S.), en appel.

60. *Loi sur les compagnies*, art. 123.91.

61. *Loi sur les sociétés par actions*, art. 146.

62. *Loi sur les compagnies*, art. 123.166.

63. Comparer à l'article 361 C.C.B.C., qui stipulait que les membres de la corporation sont tenus d'obéir à ses règlements. La nouvelle formulation n'est plus à sens aussi unique, et confirme l'obligation de la personne morale de respecter ses propres règlements.

64. Et codifie le principe établi par la Cour suprême dans l'arrêt *Senez c. Chambre d'immeuble de Montréal*, (1980) 2 R.C.S. 555.

65. L.Q. 1987, c. 18, art. 341.

66. L.Q. 1987 c.18, art. 338; Projet de loi 125, art. 309.

67. L.Q. 1987, c. 18, art. 339.

68. Par exemple, les sociétés d'État où il n'y a pas de «membres». Ou encore, les corporations religieuses où le visiteur remplace l'assemblée des membres.

69. Par exemple, la *Loi sur les sociétés préventives de cruauté envers les animaux*, L.R.Q. c. S-32, et la *Loi sur les sociétés de fabrication de beurre et fromage*, L.R.Q. c. S-29.

70. Art. 359 et 360.

71. *Loi d'application*, art. 220(2) et (4), 294 et 365, modifiant les articles 130, 543 et 751.

72. *Loi d'application*, art. 423, «Droit des personnes», 8.

73. L.R.Q. c. V-1.1, art. 5, «dirigeant», traduit par «senior executive».

74. Par exemple, la *Loi sur les compagnies*, la *Loi sur les sociétés par actions*, la *Loi sur les sociétés de fiducie et sociétés d'épargne* (art. 6, «dirigeant»), la *Loi sur les coopératives*, etc.

75. Art. 130 et 543 C.P.C., modifiés par les articles 220 et 294 de la *Loi d'application*.

76. Comme par exemple à l'article 15.1 de la *Loi sur la société d'habitation du Québec*, L.R.Q. c. S-8, à l'article 17 de la *Loi sur la*

société des établissements de plein air du Québec, L.R.Q. c. S-13.01 et à l'article 17 de la *Loi sur la société immobilière du Québec*, L.R.Q. c. S-17.1.

77. Les compagnies Partie IA ou fédérales notamment.

78. (1856)6 E. & B. 327, (1843-60) All E.R. 435.

79. Comme par exemple la *Loi sur les valeurs mobilières*, L.R.Q. c. V-1.1, art. 261, la *Loi sur les caisses d'épargne et de crédit*, L.R.Q. c. C-4.1, art. 210, ou les *Loi sur les élections et les référendums dans les municipalités*, L.R.Q. c. E-2.2, art. 303, 304 et 306.

80. *Loi sur les compagnies*, art. 123.83; *Loi sur les coopératives*, art. 91; *Loi sur les sociétés de fiducie et sociétés d'épargne*, art. 107.

81. L.Q. 1987, c. 18 art. 356.

82. «Avec soin, diligence et compétence, comme le ferait en pareilles circonstances un bon père de famille».

83. «Avec l'habileté convenable et tous les soins d'un bon père de famille».

84. L'origine de ceci remonte à 1747, avec l'arrêt anglais *Charitable Corporation c. Sutton*, (1747) 25 E.R. 642.

85. *In re Entreprises Rock Ltée*, (1986) R.J.Q. 2671 (C.S.); *Resfab Manufacturier de Ressort Inc. c. Archambault*, (1986) R.D.J. 32 (C.A.); *N.F.B.C. c. Investors Syndicate Limited*, (1986) R.D.J. 164 (C.A.); *Picard c. Johnson & Higgins Willis Faber Ltée*, (1988) R.J.Q. 235 (C.A.).

86. (1989) 2 R.C.S. 429.

87. Voir le second alinéa de l'article 2138 C.C.Q.

88. (1974) R.C.S. 592.

89. L'obligation du mandataire de rendre compte du profit personnel existait déjà à l'article 1713 C.C.B.C., mais elle rejoint ici celle du *trustee* du droit anglo-canadien, exprimée notamment dans l'arrêt *Regal (Hastings) Ltd c. Gulliver*, (1942) 1 All E.R. 378.

90. *Canadian Aero Service Ltd c. O'Malley*, (1974) R.C.S. 592; *Abbey Glen Property Corporation c. Stumborg*, (1979) 4 B.L.R. 113 (C.S. Alberta); *Weber Feeds Ltd c. Weber*, (1980) 8 B.L.R. 71 (C.A. Ontario), etc. Au Québec, *In re Entreprises Rock Ltée*, (1986) R.J.Q. 2671 (C.S.), *Brimarriere c. Laplante*, J.E. 84-78 (C.S.).

91. *Alberts c. Mountjoy*, (1977) 2 B.L.R. 170 (C.S. Ont.) et arrêts subséquents.

92. Voir P. MARTEL, «Les cadres d'entreprises peuvent-ils être infidèles? La montée des devoirs «fiduciaires», *Développements récents en droit commercial*, Cowansville, Éditions Yvon Blais Inc., 1989, p. 49ss; F. GUAY, «Les obligations contractuelles des employés vis-à-vis leur employeur: la notion d'obligation fiduciaire existe-t-elle en droit québécois?», (1989) 49 R. du B. 739; P.C. WARDLE, «Post-employment competition-Canaero revisited», (1990) 69 R. du B. Can. 233. L'utilisation de «secrets commerciaux» est couverte ailleurs dans le Code, à l'article 1612.

93. Et exprimé notamment dans l'arrêt *Aberdeen Railway c. Blaikie Brothers*, (1854) 1 Macq. H.L. 461.

94. Le mot «susceptible» s'accorde sans doute avec «intérêt», et non avec «une entreprise ou association».

95. Le mot «elle» vise vraisemblablement l'«entreprise ou association», et non la personne morale (quoique l'article 1311 C.C.Q., par analogie, milite en faveur de l'interprétation inverse). Un exemple d'un tel «droit» serait le paiement d'une commission, ou l'octroi d'une option de souscription à des actions.

96. Ce qui réfère probablement aux résolutions signées des administrateurs tenant lieu d'assemblées, autorisées notamment aux articles 89.3 de la *Loi sur les compagnies*, 89 de la *Loi sur les sociétés de fiducie et sociétés d'épargne* et 96 de la *Loi sur les coopératives*, sans oublier l'article 354 C.C.Q.

97. L'article 325 ne vise pas les contrats indirects, car les mots «directement ou indirectement» ne visent que l'acquisition de droits. Peut-être le codificateur a-t-il jugé que la dénonciation d'intérêt prévue à l'article 324 suffit à prévenir le conseil d'administration de l'intérêt indirect de l'administrateur dans le contrat, et qu'on doit s'en remettre à sa discrétion de conclure quand même ce contrat? Cela n'explique pas néanmoins, pourquoi l'article 325 permet dans ce cas à l'administrateur intéressé de voter sur l'adoption du contrat.

98. Il est difficile de deviner à quelles situations cette exception fait référence. Peut-être englobe-t-elle le cas d'un administrateur unique, ou celui où il n'y a pas de quorum d'administrateurs non intéressés (art. 98(4)(b) de la *Loi sur les corporations canadiennes*, S.R.C. 1970, c. C-32).

99. *Loi sur les sociétés par actions*, art. 120 (7) et (8). Cette disposition fait échec à la règle d'equity suivante: «Equity treats all transactions between an agent and his principal, in matters which it is the agent's duty to advise his principal, as voidable unless and until his principal, with full knowledge of the material facts and under circonstances which rebut any presumption of undue influence, ratify and confirm the same»: *Jacobus Marler Estates Lim. c. Marler*, (1916) 85 L.J.P.C. 167.

100. *Arrêt Regal (Hastings) Ltd c. Gulliver*, (1942) 1 All E.R. 378, suivi par la Cour Suprême dans *Zwicker c. Stanbury*, (1953) 2 R.C.S. 438, *Peso Silver Mines Limited c. Cropper*, (1966) R.C.S. 673, *Canadian Aero Service Limited c. O'Malley*, (1974) R.C.S. 592 et *LAC Minerals Ltd c. International Corona Resources Ltd*, (1989) 2 R.C.S. 574.

101. L'article 316 C.C.Q. ne serait pas utile, puisqu'il ne mène qu'à un recours en dommages. Le membre devrait alors avoir recours à l'action dérivée sous l'article 33 C.P.C.

102. Voir par comparaison l'article 2088 C.C.Q., où le délai est fixé quant au salarié et son devoir de loyauté. Le fait d'avoir prévu la survie du devoir à cet article et non à l'article 323 pourrait être interprété comme une volonté de ne pas le reconnaître à ce dernier article.

103. *Loi sur les compagnies*, art. 123.83; *Loi sur les sociétés de fiducie et sociétés d'épargne*, art. 107; *Loi sur les coopératives*, art. 91.

104. Le législateur ne s'est après tout pas gêné outre mesure pour appliquer l'article 328 C.C.Q. aux administrateurs et dirigeants

105. (1974) R.C.S. 593.
106. Voir *supra*, note 103.
107. Art. 2130 C.C.Q.
108. (1989) 2 R.C.S. 429.
109. Art. 2088 C.C.Q.
110. L.R.Q. c. S-29.01.
111. L.R.Q. c. C-67.2.
112. L.R.Q. c. C-4.1.
113. L.R.Q. c. C-69.1.
114. L.R.Q. c. E-2.2.
115. Par exemple, l'art. 14 de la *Loi sur la société québécoise des transports*, L.R.Q. c. S-22.1, l'art. 13 de la *Loi sur la société québécoise d'assainissement des eaux*, L.R.Q. c. S-18.2.1, l'art. 20 de la *Loi sur la SOQUEM*, L.R.Q. C S-19, l'art. 16.1 de la *Loi sur la SOQUIP*, L.R.Q. C. S-22, l'art. 39.1 de la *Loi sur la S.D.I.*, L.R.Q. c. S-11.01, l'article 19 de la *Loi sur l'Hydro-Québec*, L.R.Q. c. H-5, les articles 14 et 15 de la *Loi sur la SOGIC*, L.R.Q. c. S-17.01, etc.
116. Voir note 79, *supra*.
117. Les mots «qui n'a pas pour objet de réaliser des bénéfices pécuniaires» sont de trop, compte tenu de la définition d'«association» à l'article 2186 C.C.Q.
118. Art. 328 C.C.Q., étudié *supra*.
119. Article 832 C.P.C., amendé par l'article 385 de la *Loi d'application*.
120. *Ibid.*
121. *Companies Act, 1985, art. 300; Company Directors Disqualification Act, 1986, art. 6ss.*
122. Art. 2188 C.C.Q., *a contrario*.
123. Art. 1038ss C.C.Q. L'article 1039 confirme le statut de personne morale de ce syndicat.
124. En particulier aux articles 1084 à 1107 C.C.Q.
125. Voir l'article 1109 C.C.Q., qui confirme cette application.
126. Qui réfère à la Partie I de la *Loi sur les compagnies*, à son art. 2.
127. L.R.Q. c. S-27.
128. L.R.Q. c. S-29.
129. L.R.Q. c. S-25.
130. L.R.Q. c. S-23.
131. L.R.Q. c. S-32.
132. L.R.Q. c. C-9.
133. L.R.Q. c. E-17.
134. L.R.Q. c. M-3.
135. L.R.Q. c. M-4.
136. L.R.Q. c. C-45.
137. L.R.Q. c. C-42.
138. L.R.Q. c. C-44.
139. L.R.Q. c. C-69.1.
140. L.Q. 1959-60 c. 102, tel qu'amendé.
141. L.R.Q. c. S-2.1.

142. L.Q. 1991, c. 42.
143. L.R.Q. c. A-32.
144. L.R.Q. c. M-35.1.
145. Art. 1109 C.C.Q.
146. Art. 2235 C.C.Q.
147. Art. 2249 C.C.Q.
148. Il n'est pas logique de ne pas appliquer aussi ces dispositions aux sociétés en participation, puisqu'on a abandonné depuis le Projet de loi 125 l'idée d'accorder la personnalité morale aux sociétés en nom collectif et en commandite et d'en priver la société en participation.
149. L.R.Q. c. L-4, art. 23, amendé par l'article 607 de la *Loi d'application*.
150. Art. 335 C.C.Q., inspiré des articles 83, 91 et 123.72 de la *Loi sur les compagnies*.
151. Art. 337 C.C.Q., reprenant l'article 123.86 de la *Loi sur les compagnies*.
152. Art. 339 C.C.Q., inspiré de l'article 88 de la *Loi sur les compagnies*.
153. Art. 340 C.C.Q., inspiré de l'article 89(3) de la *Loi sur les compagnies*, et de l'article 106(7) de la Loi sur les sociétés par actions.
154. Art. 344 C.C.Q., inspiré de l'article 89.2 de la *Loi sur les compagnies*.
155. Art. 345 à 347 C.C.Q., inspiré des articles 97 et 98 de la *Loi sur les compagnies* et de l'article 135 de la *Loi sur les sociétés par actions*.
156. Art. 352 C.C.Q. inspiré de l'article 99 de la *Loi sur les compagnies*.
157. Art. 353 C.C.Q., inspiré des articles 89.1 et 123.94 de la *Loi sur les compagnies*.
158. Art. 354 C.C.Q. inspiré des articles 89.3 et 123.96 de la *Loi sur les compagnies*.
159. L.R.Q. c. L-4.
160. Art 5.
161. Art. 334 C.C.Q.
162. Et non sept ans, comme le prévoyait la version originale de cette disposition: L.Q. 1987, c. 18, art. 398.
163. *Idem*, art. 397.
164. Voir par ailleurs les art. 2840, 2841 et 2940 C.C.Q.
165. *Loi sur Hydro-Québec*, L.R.Q. c. H-5, art. 31(4).
166. Pour des exemples de telles «exigences de la loi», voir l'art. 19 de la *Loi sur l'Institut québécois de recherche sur la culture*, L.R.Q. c. I-13.2, l'art. 15 de la *Loi sur la Société d'habitation du Québec*, L.R.Q. c-5, l'art. 172 de la *Loi sur l'instruction publique*, L.R.Q. c. I-13.3, etc.
167. Art. 411 de la *Loi d'application*.
168. Art. 385 de la *Loi d'application*.
169. Art. 331ss C.C.Q.
170. Art. 358 C.C.Q.
171. Art. 329 C.C.Q.
172. Art. 330 C.C.Q.
173. Art. 341 C.C.Q.

174. Art. 367 de la *Loi d'application*. Voir particulièrement les nouveaux articles 763 à 773 C.P.C.

175. Art. 316 C.C.Q.

176. Art. 326 C.C.Q.

177. ((1988) R.J.Q. 2058 (C.A.), permission d'appel à la Cour Suprême refusée.

178. L.R.Q. c. L-4.

179. *Symington c. Symington's Quarries Ltd*, (1906) 8 S.C. 121; *In re Yenidje Tobacco Co. Ltd*, (1916) 2 Ch. 426; *Ebrahimi c. Westbourne Galleries Ltd*, (1972) 2 All E.R. 192, (1973) A.C. 360.

180. *Rogers c. Agincourt Holdings Ltd*, (1977) 1 B.L.R. 102 (Ont. C.A.) et arrêts cités à M. & P. MARTEL, *La compagnie au Québec*, Tome 1, *Les aspects Juridiques*, Éditions Wilson & Lafleur, Martel, Ltée, feuilles mobiles, p. 936.

LES SUCCESSIONS

Table des matières

Les successions
(Ouverture, transmission, dévolution, testaments)

Jacques Beaulne *

Titre 1- De l'ouverture des successions

Chapitre I- Dispositions générales

Section 1- Définitions

1. *Le Code civil du Québec* ne propose plus de définition du
mot succession[1], ce qui ne change cependant en rien les définitions actuellement admises. Aussi continuera-t-on à considérer, selon les diverses acceptations du terme, que la succession
est la transmission du patrimoine d'un défunt, ou l'universalité
de ses biens, ou encore l'ensemble de ses héritiers.

2. Toutefois, l'article 613 al. 2 C.c.Q. établit que la succession
légale est celle qui est déférée par la loi seule, tandis que la
succession testamentaire est celle qui résulte d'un testament ou
d'une donation à cause de mort. L'article rappelle également
que la dévolution légale n'est pas d'ordre public, et qu'il est en
conséquence possible pour une personne d'écarter ces règles au
moyen d'une disposition de biens à cause de mort.

3. De ces diverses définitions, il ne découle aucune modification du droit actuel. Aussi, le principe de la primauté de la
succession testamentaire demeure-t-il toujours valable sous le
Code civil du Québec: la succession légale régit la dévolution
des biens à défaut de dispositions à cause de mort à ce

---

* Notaire, professeur agrégé à l'Université d'Ottawa.

contraire, mais elle n'a jamais préséance sur la succession testamentaire.

4. Quant au mot «héritier», le législateur s'est efforcé, non sans succès, à adopter une terminologie uniforme, de façon à éviter les interprétations diverses du terme. En vertu de l'article 619 C.c.Q., qui constitue en réalité une règle d'interprétation valable pour l'ensemble du Code, l'héritier est le successible à qui est dévolue une succession, qu'elle soit légale ou testamentaire. Ainsi, il n'y a plus à distinguer entre la personne qui hérite dans le cadre d'une succession légale ou le légataire universel ou à titre universel dans une succession testamentaire[2]. À l'inverse, n'est pas un «héritier», c'est-à-dire ne bénéficie pas, en principe du moins, des droits et n'a pas les obligations de l'héritier, le légataire particulier[3].

Section 2- L'ouverture de la succession

5. La notion d'ouverture de la succession demeure également inchangée sous le nouveau Code. Cet événement, dont il est question à l'article 613 al. 1 C.c.Q., peut donc toujours se définir comme «l'opération juridique qui se produit au moment de la transmission du patrimoine d'un *de cujus* à ses héritiers[4]» et coïncide avec le moment du décès.

6. Pour sa part, l'article 616 C.c.Q. remanie la présomption de décès simultanés déjà introduite dans notre droit depuis le 2 avril 1981. Rappelons que ce mécanisme ne détermine pas un ordre de décès comme tel, mais fait plutôt en sorte que toutes les personnes sont présumées avoir prédécédé les autres; en conséquence, aucune d'elles n'hérite de l'autre, puisque la règle établit une présomption du prédécès de chacun à l'égard des autres. Le remaniement dont fait l'objet la présomption consiste essentiellement en un assouplissement de ses conditions d'application, qui passent de trois à deux. En effet, pour que joue l'article 616 C.c.Q., il suffit d'abord que plusieurs personnes, dont au moins une est appelée à la succession de l'autre[5], décèdent et qu'ensuite, il soit impossible, d'après les faits et les circonstances, de déterminer l'ordre des décès[6].

7. Quant au domaine d'application de la présomption de codécès, il ne devrait pas faire l'objet des mêmes discussions

que sous le C.c.B.-C., où la doctrine s'entend généralement pour dire que la présomption joue dans la succession légale, mais jamais dans la succession testamentaire. Dans le nouveau droit, la présomption doit s'appliquer à toute succession, légale ou testamentaire[7].

Chapitre II- Des qualités requises pour succéder

8. Les articles 617 à 624 C.c.Q. établissent les qualités générales nécessaires pour être appelé à une succession, qu'elle soit légale ou testamentaire; ils ne le font toutefois pas directement, mais plutôt en appliquant les conditions à diverses situations. Nonobstant l'absence d'une énumération formelle, ces règles laissent clairement entendre que, pour pouvoir succéder, il faut d'abord exister juridiquement et ensuite, ne pas être indigne.

Section 1 - Exister juridiquement

9. Le principe que sous-tend l'article 617 C.c.Q. est le suivant: toute personne existant juridiquement au moment de l'ouverture de la succession est capable de succéder au défunt. À partir de ce principe fondamental, l'article nous propose diverses applications, soit les cas de l'enfant conçu mais pas encore né et de l'absent. À l'analyse de ces illustrations, on constate que seul le second cas constitue une innovation du *Code civil du Québec*.

10. L'article 617 al. 1 C.c.Q. nous rappelle, comme le fait le C.c.B.-C. d'ailleurs, que l'enfant conçu, mais pas encore né, peut succéder, à la condition qu'il naisse viable. Quant à la preuve de la conception, elle peut certes consister en une preuve médicale; il est même possible, lorsque la successibilité de l'enfant à naître est liée à sa filiation avec le défunt, de recourir à l'article 525 C.c.Q. afin de le faire bénéficier de la présomption de filiation. En ce qui concerne la viabilité, il ne fait aucun doute que les critères déjà établis par la doctrine et la jurisprudence sous le C.c.B.-C. continuent de s'appliquer[8].

11. Par contre, le Code introduit une règle tout à fait nouvelle quant à la successibilité de l'absent, qui peut désormais hériter. En effet, celui-ci est présumé vivant pendant les sept premières

années de sa disparition[9]; ce n'est qu'après cette période qu'il sera possible d'obtenir un jugement déclaratif pour faire judiciairement reconnaître son décès[10]. En conséquence, puisqu'il est vivant pendant les sept premières années, le Code lui reconnaît le droit, durant cette période, de succéder.

12. Par ailleurs, l'article 618 C.c.Q. permet à l'État, aux personnes morales et au fiduciaire de recevoir par testament. Dans le second cas, cette capacité de recevoir est toutefois sujette aux restrictions pouvant limiter la capacité des personnes morales. Quant au fiduciaire, il recueille les legs destinés à la fiducie à titre d'administrateur de celle-ci, et non à titre de propriétaire, même *sui generis*, du patrimoine fiduciaire[11]. Enfin, l'article 624 C.c.Q. vient codifier la doctrine dominante[12], en accordant à l'époux de bonne foi le droit de succéder à son conjoint, mais seulement si la nullité du mariage est prononcée après le décès.

Section 2- Ne pas être indigne

13. Pour pouvoir succéder, à quelque titre que ce soit, il faut également être digne de le faire à l'égard du défunt, c'est-à-dire remplir certaines conditions de valeur humaine. *A contrario*, le défaut de rencontrer ces conditions rend le successible indigne vis-à-vis le défunt, et donc inapte à lui succéder. Les règles relatives à l'indignité successorale sont regroupées dans quatre articles qui s'appliquent tant à la succession légale qu'à la succession testamentaire; cette façon de considérer l'indignité diffère, même quant à son approche, de celle du C.c.B.-C., qui réglemente d'une part l'indignité dans la succession *ab intestat*[13] et d'autre part la révocation légale des legs[14].

Sous-section 1- Les cas d'indignité successorale

14. Le *Code civil du Québec* prévoit deux grands axes d'indignité successorale: l'indignité légale ou de plein droit, et l'indignité judiciaire, c'est-à-dire celle déclarée par le tribunal. L'article 620 C.c.Q. régit l'indignité légale, tandis que l'article 621 C.c.Q. se préoccupe de celle qui doit être déclarée par le tribunal.

Parag. 1- L'indignité de plein droit

15. L'indignité de plein droit est celle qui existe d'elle-même, sans qu'il soit nécessaire de la faire déclarer par le tribunal. Au mieux, s'il y a action en justice à propos de cette sorte d'indignité, le tribunal ne fait que la constater. Prévue à l'article 620 C.c.Q., elle peut découler de deux situations: en premier lieu l'attentat, réussi ou non, à la vie du défunt et en second lieu, la déchéance de l'autorité parentale.

16. En ce qui concerne l'attentat à la vie du défunt, signalons que l'article 620 C.c.Q. n'apporte aucune modification substantielle au droit actuel, du moins dans le cadre de la succession légale[15]: il y a indignité de plein droit aussitôt que le successible est déclaré coupable d'attentat[16] ou d'homicide. En outre, seul l'homicide coupable entraîne l'indignité, car c'est précisément l'intention de donner la mort qui est punie par la déchéance du droit de succéder; le successible qui tue sans cette intention coupable n'est pas écarté de la succession[17]. Il est donc essentiel qu'il y ait déclaration de culpabilité, prononcée par un tribunal de juridiction pénale, pour entraîner la déchéance du droit de succéder. Par contre, la sentence n'a aucun impact sur l'indignité; qu'il y ait remise de peine ou appel sur la sentence[18], l'indignité du successible demeure.

17. La déchéance de l'autorité parentale est également sanctionnée par l'indignité successorale. Il est cependant nécessaire qu'il s'agisse véritablement de la déchéance de l'autorité parentale, et non simplement du retrait de l'un de ses attributs. Il faut en outre que cette déchéance soit accompagnée de la dispense, pour l'enfant, de l'obligation alimentaire[19].

Parag. 2- L'indignité judiciairement déclarée

18. L'article 621 C.c.Q. exige que l'indignité successorale soit déclarée par le tribunal dans deux situations: d'abord, dans le cas de sévices exercés ou de comportement hautement répréhensible manifesté contre le défunt, et ensuite dans le cas de conduite frauduleuse en rapport avec le testament du défunt.

19. Le tribunal peut tout d'abord déclarer indigne de succéder celui qui a exercé des sévices contre le défunt. Ces sévices peuvent consister en des voies de fait ou des mauvais

traitements de tout genre. Quant au comportement répréhensible, il peut regrouper une variété de gestes posés par le
successible contre le défunt, à la condition que ceux-ci soient
considérés comme «hautement répréhensibles[20]».

20. Une autre série de gestes que peut poser le successible et
sanctionné par l'indignité a trait au testament du défunt. Premièrement, et cette cause d'indignité est nouvelle dans notre
droit, le successible qui, de quelque façon que ce soit, recèle,
altère ou détruit le testament du défunt est déchu du droit de
succéder, à condition toutefois que ces actes soient empreints de
mauvaise foi[21]. Il en est de même pour celui qui a gêné le
testateur dans la rédaction, la modification ou la révocation de
son testament. Dans ce dernier cas, il n'est même pas nécessaire
que le successible ait réussi dans ses manœuvres, c'est-à-dire
qu'il ait effectivement empêché le testateur de rédiger, modifier
ou révoquer ses dispositions testamentaires; il suffit qu'il l'ait
«gêné» dans cette entreprise, c'est-à-dire qu'il ait élevé des
obstacles.

Sous-section 2- Les effets de l'indignité

21. Les effets de l'indignité sont simples: le successible indigne
est écarté de la succession, bien que le nouveau Code permette
à ce successible déchu de se faire représenter. Ils demeurent les
mêmes, qu'il s'agisse d'indignité de plein droit ou déclarée par
le tribunal. Toutefois, la preuve requise est différente selon l'un
ou l'autre des cas d'indignité.

22. Lorsque le successible est indigne de plein droit, il n'est pas
nécessaire de recourir au tribunal, ni pour faire déclarer cette
indignité[22], ni même pour la faire constater; ceci s'explique du
fait que les actes justifiant l'indignité ont déjà été reconnus par
un jugement. Ainsi, si l'indignité résulte de l'attentat à la vie du
défunt, un tribunal de juridiction pénale aura déjà conclu à la
culpabilité du successible; l'indignité découlant de ce jugement
n'a donc pas à être à nouveau constatée dans un autre jugement.

23. Dans le cas de l'indignité déclarée, l'article 623 C.c.Q.
permet à tout successible d'intenter, dans l'année suivant
l'ouverture de la succession ou de la connaissance d'une cause
d'indignité, une action en déclaration d'indignité.

24. L'article 622 C.c.Q. permet cependant à la victime, nécessairement non décédée suite à l'acte du successible, d'écarter les sanctions de l'indignité. Ce pardon de la victime, qui vise tant l'indignité légale que l'indignité judiciaire, peut s'exprimer de deux façons: en premier lieu, la victime peut, après l'accomplissement de l'acte justifiant l'indignité, avantager à cause de mort l'auteur ce celui-ci. C'est le cas, par exemple, de celui qui, après l'attentat dont il a été victime, fait un testament en faveur de son agresseur. En second lieu, le pardon peut aussi résulter de la décision du défunt de ne pas modifier, même après l'acte perpétré contre lui, la disposition qui avantageait déjà l'auteur. Le pardon, quelque forme qu'il prenne, empêche dans tous les cas l'indignité de jouer, et rend à nouveau apte à succéder le successible en question.

Titre II- De la transmission de la succession

Chapitre I- De la saisine et de la pétition d'hérédité

25. Le Code civil du Québec conserve l'automatisme et l'instantanéité de la transmission du patrimoine successoral, laquelle s'effectue par le biais de la saisine. L'article 625 al. 1 C.c.Q. confirme l'attribution de la saisine en faveur des héritiers qui, rappelons-le, comprennent tant l'héritier ab intestat que le légataire universel ou à titre universel. Quant au légataire particulier, vu qu'il n'est pas héritier, il ne devrait normalement pas bénéficier de la saisine; nous verrons toutefois que l'article 739 C.c.Q. la lui accorde pourtant. Il en est de même de l'État, aux termes de l'article 697 C.c.Q.

26. Cette saisine a lieu sans que l'héritier ou le légataire n'ait à la requérir et, puisque le Code met au rancart la succession irrégulière, il n'y a plus d'exception à cet égard. Elle existe, règle normale, dès l'ouverture de la succession. Cependant, l'article 625 al. 1 C.c.Q. rappelle qu'il n'en est pas toujours ainsi, notamment dans le cas du legs en substitution ou en fiducie. Quant à la réserve que fait le même alinéa relativement à la liquidation successorale, il s'agit d'un renvoi à l'article 777 C.c.Q. qui accorde au liquidateur successoral une saisine supérieure à celle de l'héritier ou du légataire en lui octroyant, pendant toute la durée de la liquidation, l'exercice de cette

saisine et lui permet de revendiquer contre eux les biens de la succession. Cette soumission de la saisine héréditaire à celle du liquidateur a même porté un auteur à s'interroger sur l'utilité de la saisine dans le droit nouveau[23].

27. Par la saisine s'opère la transmission, non seulement de tout l'actif et du passif du défunt, c'est-à-dire de ses droits patrimoniaux, mais également, ainsi que le stipule l'article 625 al. 3 C.c.Q., de certains droits d'action. Encore une fois, il y a renvoi au Titre Deuxième du Livre Des Personnes, qui s'intitule «De certains droits de la personnalité», et notamment aux articles 10 C.c.Q., qui reconnaît à toute personne le droit à l'intégrité, et 35 C.c.Q., qui confirme le droit au respect de la réputation et de la vie privée. Il n'est pas certain que ce renvoi apporte une modification au droit actuel, puisque les tribunaux reconnaissent déjà aux héritiers d'un défunt l'exercice de certains recours au nom du de cujus, et notamment le remboursement des frais médicaux et la réclamation pour souffrances et abrègement de la vie. Quant à l'action en indemnité pour perte de la vie comme telle, le professeur Brière soutient que la nouvelle disposition serait vraisemblablement insuffisante à elle seule pour écarter la jurisprudence actuelle de la Cour suprême en la matière[24].

28. Signalons enfin que l'alinéa 2 de l'article 625 C.c.Q. associe, assez curieusement d'ailleurs, la notion de saisine à la responsabilité limitée des héritiers face aux dettes de la succession[25] et à la séparation des patrimoines[26], qui s'opère dorénavant de façon automatique dans toute succession.

29. Les articles 626 à 629 C.c.Q. traitent de l'exercice de l'action en pétition d'hérédité et de quelques-uns de ses effets. En ce qui concerne le délai d'action, il est de dix ans à compter, soit de l'ouverture de la succession, soit du jour où s'est ouvert le droit du successible. On notera d'ailleurs, dans le cadre de l'étude des divers délais d'option, que ce délai de dix ans constitue le terme ultime de toute démarche relative à l'exercice d'un droit d'option à l'égard d'une succession.

30. Quant aux effets de l'action en pétition d'hérédité soutenue avec succès, ils sont simples: l'héritier apparent évincé de son titre doit restitution au véritable héritier. L'article 627 C.c.Q. indique que ce sont les articles 1699 à 1707 C.c.Q. qui régiront les modalités de cette restitution, ainsi que les relations entre les

intéressés, et même à l'égard des tiers. Si l'héritier apparent a acquitté des obligations du défunt à même des biens autres que ceux de la succession, il a droit à un remboursement par l'héritier véritable, car ce ne sont que les biens de la succession qui doivent servir à acquitter les obligations du défunt[27]. Enfin, aux termes de l'article 628 C.c.Q., l'indigne qui se serait approprié des biens successoraux est réputé être un héritier apparent de mauvaise foi, ce qui a comme conséquence d'alourdir considérablement ses obligations de restitution, notamment aux articles 1701 et 1703 C.c.Q.

Chapitre II- Du droit d'option

31. Le successible a deux choix: il peut en effet, conformément à l'article 630 al. 1 C.c.Q., soit accepter la succession, soit y renoncer. Dans le premier cas, il devient, sauf pour le légataire particulier, héritier, et donc détenteur des droits et obligations du défunt lui-même, jusqu'à concurrence du contenu de la succession. À l'inverse, la renonciation fait rétroactivement perdre au successible sa qualité d'héritier ou de légataire[28].

32. Tout comme c'est le cas sous le C.c.B.-C., le droit d'opter ne s'ouvre, sous le Code civil du Québec, qu'au moment de l'ouverture d'une succession. L'article 631 C.c.Q., qui est d'ordre public, interdit en effet le pacte sur une succession non ouverte.

Section 1- Le délai d'option

Sous-section 1- Le délai normal de six mois

33. Le successible doit respecter un délai pour opter: l'article 632 C.c.Q lui accorde une période de six mois à compter du jour où son droit s'est ouvert. Dans la majorité des cas, cela signifie un délai de 6 mois à compter du jour de l'ouverture de la succession; toutefois, et notamment dans le cas de la substitution et de la fiducie, le délai ne commence à courir qu'au moment où le successible est effectivement appelé à succéder, comme le prévoit d'ailleurs l'article 617 al. 2 C.c.Q.

34. Mais, outre ces cas spécifiquement prévus à l'article, il est d'autres situations où la computation des délais ne se fera pas

à compter du jour de l'ouverture de la succession. Il suffit de penser au cas suivant: A décède le 1ᵉʳ juillet en laissant comme successibles sa fille, B, et la fille de cette dernière, C. Naturellement, B a six mois à compter du décès de A pour opter, soit jusqu'au 31 décembre. Que se passe-t-il cependant si B décide de renoncer à la succession de A le 30 novembre? le délai de 6 mois recommence-t-il à courir au profit de C, ou C doit-elle opter avant le 31 décembre? À cet égard, l'article 632 C.c.Q. ne devrait soulever aucun doute: le délai court à compter du jour où le droit de C s'est ouvert, c'est-à-dire à partir du jour où B a renoncé à la succession. Le délai d'option pour C sera donc de 6 mois à compter du 30 novembre.

Sous-section 2- Les exceptions

35. En certaines circonstances, le délai de 6 mois peut toutefois être prolongé. C'est notamment le cas de l'article 632 *in fine* C.c.Q., aux termes duquel il y a prolongation de plein droit lorsqu'il y a moins de 60 jours entre l'inventaire et l'expiration du délai de 6 mois[29]. L'article 633 al. 1 C.c.Q. prévoit pour sa part une prolongation possible accordée par le tribunal; bien que l'article n'encadre pas les critères dont pourrait ou devrait tenir compte le juge, on peut croire qu'une telle prolongation ne sera accordée que pour des raisons sérieuses. Enfin, le tribunal semble avoir toute latitude pour fixer un délai d'option à l'égard du successible qui ne connaissait pas sa qualité, en vertu de l'article 633 al. 1 *in fine* C.c.Q.

36. Quant aux effets du délai d'option, ils sont simples. Qu'il s'agisse du délai normal ou prolongé, l'article 632 al. 2 C.c.Q. empêche le successible d'être condamné comme héritier pendant cette période de réflexion qui lui est accordée.

Section 2- L'indivisibilité de l'option

Sous-section 1- Énoncé du principe

37. L'article 630 al. 2 *in limine* C.c.Q. conserve à l'option son caractère indivisible. Ainsi, vu le principe de l'unité de la succession[30], un successible ne peut accepter une partie de la succession en prétendant renoncer à une autre, encore moins accepter l'actif et renoncer au passif.

Sous-section 2 - Tempérament au principe

38. Malgré l'indivisibilité de l'option, le Code reconnaît toutefois, et ce de façon expresse, le droit pour un successible d'exercer distinctement son option. Lorsqu'il cumule plus d'une vocation successorale, ce dernier a en effet un droit d'option distinct pour chacune de ses vocations[31]. Ainsi, le successible appelé à la fois à une succession légale et à une succession testamentaire aura deux droits d'option distincts sur chacune d'elle. Il se peut également qu'une personne soit désignée comme légataire à plusieurs titres ou sur plusieurs biens ou universalités de la succession, auquel cas elle pourra renoncer à un legs pour accepter l'autre.

39. Quant au cas particulier de l'option sur la succession d'un héritier décédé avant d'avoir lui-même exercé son option, l'article 635 C.c.Q. établit deux règles, l'une relative au délai, l'autre au caractère divisible de l'option. En premier lieu, les délais d'option des deux successions se juxtaposent en un seul délai unique de six mois à compter de l'ouverture de la seconde succession, et ce, quel que soit le temps écoulé depuis l'ouverture de la première. En second lieu, l'option sur la succession du premier *de cujus* est elle-même scindée entre les héritiers du successible, de sorte que ces derniers peuvent exercer leur option de façon différente à l'égard de la première succession[32].

Chapitre III- *Étude des différents termes de l'option*

Section 1- L'acceptation

40. On dit de l'acceptation d'une succession qu'elle est irrévocable, inconditionnelle et indivisible. Elle est tout d'abord irrévocable, parce que l'acceptation entraîne la déchéance du droit de renoncer[33]. Elle est ensuite inconditionnelle, car l'acceptation ne peut être assortie d'aucune modalité qui en restreindrait les effets. Elle est indivisible en ce sens que le successible peut recevoir plus qu'il ne le pensait, notamment en raison de l'accroissement résultant de la renonciation d'un cohéritier.

41. Le Code reconnaît au successible diverses façons de manifester son désir de succéder. Règle générale, l'acceptation traduit une volonté, expresse ou présumée, du successible. Par ailleurs, le Code propose des situations jusqu'à présent inconnues et qui constituent de nouvelles formes d'acceptation, qu'on pourrait qualifier de «forcée».

Sous-section 1- Formes de l'acceptation

Parag. 1- Acceptation expresse

42. L'acceptation expresse, prévue à l'article 637 al 1 *in limine* et al. 2 *in limine* C.c.Q., n'est soumise à aucune règle de forme. Elle peut se faire verbalement ou dans un écrit quelconque émanant de l'héritier ou signé par lui. Ce qui est important, c'est que le successible se désigne comme héritier acceptant, et non seulement comme une personne appelée à la succession[34].

Parag. 2- Acceptation tacite

43. Pour sa part, l'acceptation tacite résulte, aux termes de l'article 637 al 1 *in limine* et al. 2 *in fine* C.c.Q., de faits qui tendent à démontrer que l'héritier agit à titre de détenteur des droits et obligations du défunt. Elle suppose nécessairement la présence de deux éléments, soit un élément matériel et un élément intellectuel[35]. Le premier est essentiellement une question de faits; pour qu'un geste matériel puisse entraîner une acceptation tacite, il doit constituer un acte que le successible n'aurait pas pu faire s'il n'avait pas été héritier[36]. Le second élément se rapporte à l'intention du successible plus qu'à son comportement; il faut que l'intention qui découle des gestes du successible en soit une d'accepter la succession.

44. Règle générale, les actes conservatoires ou d'administration[37] n'emportent pas acceptation de la succession[38]. En effet, de tels gestes peuvent être posés sans qu'il y ait intention d'accepter la succession. Il est cependant concevable qu'un acte conservatoire emporte acceptation tacite, dans la mesure où son auteur y joint son intention d'accepter. À cet égard, l'article 642 C.c.Q est clair lorsqu'il précise que ces actes «n'emportent pas, *à eux seuls*, acceptation de la succession»; ils n'emporteront telle acceptation que s'ils sont associés à une intention de se porter héritier.

45. L'acte conservatoire se distingue de l'acte de disposition en ce qu'il revêt un caractère soit temporaire, soit urgent. On peut

citer, à titre d'exemples, le renouvellement d'une police
d'assurance-incendie, le paiement des frais funéraires[39], la
continuation d'un commerce[40] ou la vente de biens périssa-
bles[41]. L'article 644 C.c.Q. renchérit dans ce domaine, en
permettant que certains actes précis puissent être posés avant la
désignation du liquidateur, sans pour autant compromettre
l'option du successible: il y est en effet question de la vente, du
don ou de la distribution de biens susceptibles de dépérir et de
la vente de biens dispendieux à conserver ou susceptibles de se
déprécier rapidement.

46. À l'inverse, les actes par lesquels le successible s'approprie
d'un bien de la succession ou en dispose emportent, sauf exceptions, acceptation tacite, car ils laissent présumer l'intention
d'accepter l'hérédité. Tels sont les cas où le successible dispose
d'un bien spécifique de la succession, autrement que dans le
cadre de l'article 644 C.c.Q.

47. Quant aux situations exceptionnelles où le successible peut
prendre possession d'un bien appartenant au défunt ou en
disposer sans qu'il n'en résulte une acceptation tacite, elles sont
limitées. Qu'il nous suffise de mentionner que le successible
qui perçoit le produit d'une police d'assurance-vie n'est pas,
selon l'article 2455 C.c.Q., censé poser un geste qui emporte
acceptation de la succession, car «la somme assurée payable à
un bénéficiaire ne fait pas partie de la succession de l'assuré».
L'héritier qui touche le produit de cette police n'est pas présumé accepter la succession. De même, l'article 643 C.c.Q.
prévoit une règle similaire à l'endroit de la répartition des vêtements, papiers personnels, décorations, diplômes, souvenirs de
famille et lot de cimetière du défunt, à la condition encore ici
que les successibles qui procèdent à un tel partage n'aient pas,
ce faisant, l'intention d'accepter la succession du défunt. On
peut enfin signaler que d'autres lois accordent un privilège semblable à l'égard de certains biens spécifiques[42].

48. D'autres actes sont également considérés par le législateur
comme emportant acceptation tacite de la succession. À
l'inverse toutefois des situations précédentes, les cas d'acceptation tacite de l'article 641 C.c.Q. découlent, paradoxalement
il faut l'avouer, de gestes dénotant parfois a priori une intention
du successible de ne pas vouloir prendre part à la succession. La
présomption d'intention d'accepter est alors basée sur la nature

du geste posé, peu importe l'intention réelle du successible, et elle est, si on se fie aux termes mêmes de l'article 641 C.c.Q.[43], irréfragable.

49. Le premier cas donnant lieu à ce type d'acceptation tacite dont parle l'article 641 al. 1 C.c.Q. est la cession de droits successifs, c'est-à-dire tout acte par lequel l'héritier cède ses droits dans la succession[44]. Il importe peu que cette cession prenne la forme d'une vente, d'une véritable cession à titre gratuit ou onéreux, d'une donation ou d'un échange[45], ou qu'elle soit faite en faveur d'un ou de tous les cohéritiers ou même d'un étranger. Elle implique nécessairement une acceptation préalable de la succession, car dit-on, «on ne peut céder ce qu'on n'a pas[46]».

50. Pour sa part, l'alinéa 2 *in limine* de l'article 641 C.c.Q. attribue la même conséquence à la renonciation que fait un successible au profit de certains de ses cohéritiers. Appelée aussi *in favorem* ou transmissive, cette renonciation constitue aussi une acceptation volontaire tacite parce que c'est l'héritier renonçant qui choisit à qui va profiter sa renonciation. Il y a alors en réalité deux étapes à la «renonciation»: une acceptation tacite jointe à une transmission de droits en faveur de certains cohéritiers. Qu'elle soit gratuite ou non, cette renonciation emporte toujours acceptation tacite.

51. Le dernier type d'acceptation tacite prévu à l'article 641 C.c.Q. est la renonciation à titre onéreux en faveur de tous les cohéritiers. Bien qu'elle ressemble un peu à la précédente, elle s'en distingue du fait que dans ce cas, elle est faite en faveur de tous les cohéritiers, et non seulement de certains. Ce qui confère à cette renonciation sa véritable identité, c'est le fait qu'elle soit consentie à titre onéreux; il y a en fait vente par un héritier de ses droits à tous ses cohéritiers. Or, pour vendre, il faut être propriétaire, d'où acceptation volontaire tacite.

Parag. 3- Acceptation résultant de la loi

52. L'article 637 al. 1 *in fine* C.c.Q. prévoit une forme d'acceptation qui est nouvelle. Bien qu'elle ressemble à première vue à l'acceptation tacite, il est possible de l'en distinguer car, contrairement à cette dernière, l'acceptation qui résulte de la loi n'est pas la conséquence d'un acte posé par le successible, mais

de son inaction. En outre, l'intention d'accepter est, soit présumée, soit non requise chez le successible pour emporter
acceptation[47]. Enfin, cette acceptation constitue parfois une
sanction contre le successible, contrairement à l'acceptation
tacite, qui n'a aucune connotation pénale: ce sont l'acceptation
présumée et l'acceptation forcée.

Sous-parag. 1- Acceptation présumée

53. On retrouve deux cas d'acceptation présumée, soit le défaut
de renoncer dans les délais prescrits et la succession dévolue au
mineur, au majeur protégé ou à l'absent.

54. C'est tout d'abord l'article 633 al. 1 in limine C.c.Q. qui fait
du défaut de renoncer dans les délais prescrits un cas d'acceptation présumée de la succession. On peut attribuer cette
conséquence en partie au principe voulant qu'on est héritier
depuis l'ouverture de la succession, à moins que l'on n'ait
choisi d'y renoncer. Pour que puisse jouer cette sorte d'acceptation, il faut la réunion des conditions suivantes: en premier lieu,
le successible doit savoir qu'il était appelé à une succession. Le
successible qui, aux termes de l'article 650 C.c.Q., ignore sa
qualité, ne peut être présumé avoir accepté la succession. En
second lieu, il est essentiel que ce successible n'ait pas renoncé
à la succession à l'intérieur du délai de six mois, car s'il a
renoncé, il est réputé n'avoir jamais été successible[48]. Enfin,
l'acceptation présumée n'est possible que si le successible n'a
pas obtenu de prolongation de délai par le tribunal; s'il a obtenu
une telle faveur et qu'il n'opte pas dans les délais octroyés, il
y a, en vertu de l'article 633 al. 2 C.c.Q. présomption de
renonciation et non d'acceptation de la succession.

55. La présomption qui découle de l'article 633 al. 1 C.c.Q. est
une présomption simple. Malgré le principe de l'irrévocabilité
de l'acceptation, elle est susceptible d'être renversée par une
décision du tribunal. Selon le professeur Brière[49], le successible
peut donc demander au tribunal d'écarter la présomption
d'acceptation légale en démontrant qu'il n'a pas pu agir plus
tôt.

56. Le second cas d'acceptation présumée par la loi est prévu
à l'article 638 al. 1 in limine C.c.Q., soit la succession dévolue
au mineur, au majeur protégé ou à l'absent. Ce qui distingue ce

cas du précédent, c'est que la présomption d'acceptation qui découle de cet article est irréfragable, l'article employant le mot «réputé» et non simplement «présumé»[50]. Il convient de noter que l'article 638 C.c.Q. a aussi comme effet indirect de préciser que l'acceptation d'une succession par ces personnes n'a pas à respecter des formalités particulières. En effet, lorsque la renonciation n'est pas conforme à l'article, il y a acceptation réputée. De sorte que l'acceptation d'une succession pour ces personnes n'est jamais formaliste: autorisation du conseil de tutelle ou du tribunal ou autres formalités ne seront requises que lorsqu'il y a renonciation à la succession.

Sous-parag. 2- Acceptation forcée

57. L'article 637 al. 1 *in fine* C.c.Q. prévoit également une acceptation qui résulte de la loi; en ce sens, cette acceptation peut également être qualifiée de «présumée». La différence essentielle entre l'acceptation forcée et l'acceptation présumée repose sur le fait que l'acceptation forcée comporte une sanction supplémentaire, car elle vise à punir un geste estimé répréhensible du successible, contrairement à la pure acceptation présumée, qui ne vise pas à sanctionner la conduite du successible.

58. En termes clairs, cette forme d'acceptation résulte de tout écart de conduite du successible qui met en péril la séparation des patrimoines[51]. Il faut en effet prendre conscience que le législateur a tout mis en œuvre pour qu'on puisse toujours différencier le patrimoine du défunt de celui des successibles[52], de sorte que tout geste du successible tendant à empêcher ou à gêner la séparation des patrimoines est interprété par la loi comme un geste d'acceptation de la succession[53].

59. Ces gestes sont de trois sortes: d'abord, la dispense d'inventaire faite au liquidateur[54] et la confusion des biens personnels du successible avec ceux de la succession après le décès du défunt entraînent toutes deux des présomptions irréfragables d'acceptation de la succession[55]. Ensuite, le défaut du successible de prendre les mesures qui s'imposent à la suite de l'absence d'inventaire du liquidateur[56] crée une présomption, réfragable celle-là, d'acceptation[57].

Sous-section 2- Effets de l'acceptation

60. L'article 645 C.c.Q. rappelle l'instantanéité de la transmission successorale en soulignant que l'acceptation ne fait que confirmer un état qui s'était déjà produit dès l'ouverture de la succession: l'héritier est présumé avoir succédé au défunt, sans hiatus, depuis l'ouverture de la succession, ou, selon le cas, de son droit. L'acceptation de la succession par l'héritier ne crée donc pas de droits en sa faveur; elle ne fait que confirmer une transmission de droits qui s'est déjà opérée de par la loi seule dès l'ouverture de la succession ou dès l'ouverture du droit en faveur du successible. L'article 645 C.c.Q. complète d'ailleurs l'article 619 C.c.Q. à cet égard.

61. Cette instantanéité de la transmission successorale vaut, non seulement pour l'héritier *ab intestat*, mais également pour le légataire universel et à titre universel, ce que l'article 738 C.c.Q. corrobore en tous points. Pour ce qui est du légataire à titre particulier, qui n'est pas un héritier au sens du nouveau Code, les effets de son acceptation sont néanmoins rétroactifs à la date d'ouverture de la succession, comme le précise l'article 739 C.c.Q.

Section 2- La renonciation

62. Contrairement à l'acceptation, la renonciation à une succession est en principe révocable[58]. À certaines conditions, l'héritier qui a renoncé peut en effet changer d'idée et accepter la succession: c'est ce qu'on appelle la rétractation de renonciation, qui doit se faire par acte notarié en minute ou par déclaration judiciaire dont il est donné acte. En ce cas, l'héritier reprend les biens dans l'état où ils se trouvent à l'époque de la rétractation. L'article 649 C.c.Q. édicte toutes les règles à cet égard.

63. Cependant, la faculté de rétractation n'est pas ouverte à toutes les formes de renonciation. En effet, la rétractation ne peut avoir lieu qu'aux conditions suivantes[59]: en premier lieu, la rétractation n'est possible que si, depuis la renonciation faite, aucun autre successible n'a accepté la succession. Si un autre successible a accepté la succession, c'est ce dernier qui est maintenant héritier, et le droit de succéder du renonçant est éteint. En second lieu, la rétractation doit être faite au plus tard dans les 10 ans du moment où le droit s'est ouvert, car lorsqu'une succession a été laissée vacante pendant 10 ans, elle est dévolue définitivement à l'État[60]. Enfin, la renonciation doit être autre qu'une renonciation réputée: les renonciations des articles 650 et 651 C.c.Q., étant irréfragables, ne peuvent faire l'objet d'une rétractation[61].

Sous-section 1- Formes de la renonciation

64. Contrairement à l'acceptation, la renonciation ne peut être qu'expresse ou résulter de la loi. La renonciation n'est jamais tacite[62], et elle demeure possible tant et aussi longtemps que l'héritier n'a pas accompli un acte à titre d'héritier[63].

Parag. 1- Renonciation expresse

65. C'est la forme la plus simple et la moins équivoque, puisqu'elle résulte toujours de la volonté du successible exprimée, soit dans un acte notarié en minute, soit dans une déclaration judiciaire dont il est donné acte[64].

66. L'article 638 C.c.Q. prévoit, pour sa part, les formalités propres à la renonciation à une succession dévolue au mineur, au majeur protégé ou à l'absent. En effet, nous avons précédemment souligné que l'acceptation d'une succession dévolue à l'une de ces personnes n'est soumise à aucune formalité particulière[65], et que c'est, au contraire, la renonciation qui impose un formalisme. En conséquence, dans ces cas, la renonciation doit, pour être valide, respecter des règles strictes: elle doit être faite, dans le cas du mineur non émancipé, du majeur sous curatelle ou tutelle ou de l'absent, par le représentant du successible, sur autorisation du conseil de tutelle[66]; dans le cas du mineur simplement émancipé ou du majeur pourvu d'un conseiller, le successible peut lui-même renoncer à succéder, à condition qu'il soit assisté de son tuteur[67] ou de son conseiller[68], selon le cas. À défaut de respecter ces formalités, il y a présomption *juris et de jure* que le successible a accepté la succession. Afin de tempérer les conséquences de cette acceptation réputée, le dernier alinéa de l'article 638 C.c.Q. stipule que ces successibles ne peuvent jamais, quelle que soit la forme de leur acceptation, être tenus *ultra vires* aux dettes successorales.

Parag. 2- Renonciation résultant de la loi

Sous-parag. 1- Renonciation présumée

67. Cette forme de renonciation est nouvelle sous le Code civil; le C.c.B.-C. ne permet que la renonciation expresse, car, dit-on, la renonciation ne se présume jamais. Il y a deux cas de renonciation présumée. Le premier est prévu à l'article 633 al. 2 C.c.Q., qui crée une présomption de renonciation lorsque le successible n'opte pas dans le délai fixé par le tribunal. Le second est déterminé par l'article 650 C.c.Q. en vertu duquel le successible qui est demeuré dans l'ignorance de sa qualité de successible pendant 10 ans ou qui, bien que l'ayant connu, ne l'a pas fait connaître, est réputé avoir renoncé à la succession. On comprend que le premier décrit une présomption réfragable, et le second, une présomption irréfragable.

Sous parag. 2- Renonciation forcée

68. L'article 651 C.c.Q. prévoit trois cas où la renonciation forcée a lieu, soit le recel, le divertissement et l'omission pour le successible de comprendre un bien dans l'inventaire[69]. Le recel et le divertissement constituent des comportements fautifs sanctionnés sous le C.c.B.-C., où ils entraînent cependant une acceptation forcée de la succession. Il faut donc éviter de confondre la sanction du nouveau droit et celle de l'ancien Code.

69. On se souvient par ailleurs que le recel peut être défini comme le fait de dissimuler un bien de la succession[70] que l'héritier a déjà en sa possession, et que le concept, très large, inclut toute manœuvre frauduleuse commise par un successible en vue de frustrer la succession à son profit. De même, on sait que quatre conditions sont nécessaires pour qu'on puisse conclure à recel, soit une action ou omission d'un successible, accompagnée d'une intention frauduleuse, qui a comme conséquence de frustrer les autres héritiers ou de fausser la vocation héréditaire[71]. Quant au divertissement, on le conçoit comme le fait de s'emparer d'un bien de la succession que l'héritier n'avait pas en sa possession, en vue de le soustraire à la répartition successorale.

70. Enfin, l'omission d'inclure un bien dans l'inventaire de la succession, qu'on pourrait fort bien considérer comme une

simple application du recel ou du divertissement, selon le cas, entraîne la même conséquence: comme sanction à sa tentative de cacher un bien, le successible se voit privé de toute part quelconque de la succession.

Sous-section 2- *Effets de la renonciation*

71. Les effets de la renonciation sont énoncés très succinctement à l'article 647 C.c.Q.: le successible qui a renoncé est réputé n'avoir jamais été appelé à la succession. En conséquence de cette rétroactivité, le renonçant doit rendre tous les biens de la succession qu'il pourrait avoir en sa possession; s'il a retiré des revenus, résultant de son administration provisoire par exemple, il doit aussi les rendre. En outre, n'ayant jamais été héritier, le renonçant n'est pas soumis au rapport successoral[72]. Enfin, la renonciation empêche la représentation[73].

72. Quant à l'accroissement qui résulte de la renonciation d'un successible, il ne fait plus l'objet d'un énoncé formel comme on le rencontre à l'article 653 C.c.B.-C., ce qui est d'ailleurs heureux, puisqu'on se rappelle que la règle de l'ancien Code a donné lieu à de nombreuses discussions doctrinales[74], finalement tranchées par la jurisprudence[75]. Même si l'article 647 C.c.Q. ne mentionne plus l'accroissement qui résulte de la renonciation, il ne fait aucun doute qu'il a lieu de la même façon que sous le C.c.B.-C.: comme le renonçant n'est plus un successible, il faut nécessairement faire à nouveau la dévolution comme s'il n'avait jamais été là[76], et l'accroissement joue en faveur de ceux qui seront alors appelés à la succession.

73. L'article 634 C.c.Q. met à la charge de la succession les frais encourus par le successible jusqu'à sa renonciation, à la condition toutefois qu'elle ait été faite dans les six mois de l'ouverture de son droit, c'est-à-dire conformément à l'article 632 C.c.Q. Si la renonciation du successible découle de la présomption de l'article 633 al. 2 C.c.Q. ou de tout autre cas de renonciation présumée ou forcée, les frais encourus doivent être supportés par le renonçant. Il n'y a en effet pas lieu de pénaliser le patrimoine successoral pour la renonciation autre qu'expresse du successible.

74. La renonciation du successible produit ses effets à l'égard de tous. Ainsi, si entre les héritiers, la renonciation de l'un

entraîne l'accroissement en faveur de ceux qui acceptent, cette renonciation vaut également pour les tiers, et notamment les créanciers, tant de la succession que de l'héritier renonçant. Il est malheureusement possible que la renonciation du successible ait été justifiée par l'intention de priver ses créanciers personnels du supplément d'actif provenant de cette succession[77]. Aussi l'article 652 C.c.Q. permet-il aux créanciers du successible qui a fait une telle renonciation frauduleuse d'attaquer cet acte dans l'année suivante afin de la faire déclarer inopposable à leur égard; ces créanciers peuvent alors accepter, à la place de leur débiteur, la succession. Toutefois, cette acceptation n'a qu'un effet très relatif, car il ne s'agit pas d'une action en annulation de renonciation, mais plutôt d'une demande en inopposabilité de l'option frauduleusement exercée: pour cette raison, l'acceptation qui découle du jugement favorable au créancier-demandeur ne profite qu'à ce dernier, et encore jusqu'à concurrence seulement du montant de sa créance. Quant au renonçant, il ne peut profiter de cette action en inopposabilité, et, à son égard, sa renonciation demeure valable, sous réserve de la possibilité d'une rétractation de sa part si les conditions de l'article 649 C.c.Q. peuvent être rencontrées. Si une telle rétractation est impossible, l'excédent de la part du renonçant, une fois le créancier satisfait, reste acquis aux autres héritiers, en vertu des effets normaux de l'accroissement.

Titre III- De la dévolution légale des successions

75. Comme c'est le cas sous le C.c.B.-C., la dévolution légale des successions s'opère, dans le Code civil du Québec, conformément aux trois même principes-directeurs, soit l'unité de la succession, le classement par ordres et la proximité des degrés.

76. En ce qui concerne le premier de ceux-ci, l'article 614 C.c.Q. énonce en termes clairs et non équivoques ce premier principe-directeur: le défunt ne laisse qu'un seul patrimoine, formé de l'ensemble de ses biens, quelles qu'en soient la nature et la provenance, et qui est dévolu selon les mêmes règles. Comme le fait le C.c.B.-C., le *Code civil du Québec* écarte donc de notre droit les distinctions de l'ancien droit en vertu desquelles une même succession pouvait être sujette à plusieurs dévolutions[78].

77. Ce principe de l'unité de la succession souffre cependant une atténuation importante, soit la fente, mécanisme qui oblige à diviser en deux parties égales le patrimoine successoral pour en attribuer une demie à ligne paternelle, et l'autre à ligne maternelle. On retrouve d'ailleurs deux types de cette sorte de fente: la fente entre les collatéraux privilégiés[79] et la fente entre les ascendants et collatéraux ordinaires[80].

Chapitre I- Des ordres des successibles

78. Sous le C.c.Q., on peut distinguer trois ordres de successibles, qui correspondent d'ailleurs aux Sections suivantes du Code, soit:

1er   Premier ordre: conjoint survivant et descendants: articles 666-669 C.c.Q.

2e   Deuxième ordre: conjoint survivant, ascendants privilégiés et collatéraux privilégiés: articles 670-676 C.c.Q.

3e   Troisième ordre: ascendants ordinaires et collatéraux ordinaires: articles 677-683 C.c.Q.

79. Quant à la composition même des ordres et de leurs groupes, il n'apparaît guère nécessaire d'en faire un long exposé, puisqu'ils correspondent, à une exception près, à ceux du C.c.B.-C. C'est ainsi que l'article 670 C.c.Q. stipule que les ascendants privilégiés sont les père et mère et que les collatéraux privilégiés sont les frères, sœurs et leurs descendants au premier degré, soit les neveux et nièces du défunt. Précisons que l'article 654 C.c.Q. permet au conjoint survivant, comme c'est d'ailleurs le cas depuis la réforme de 1989[81], de cumuler ses droits matrimoniaux et successoraux.

80. Une nouveauté retient toutefois notre attention: c'est la création, à l'intérieur des collatéraux ordinaires, d'une sous-catégorie, que nous serions tenté d'appeler «les collatéraux ordinaires spéciaux», soit les collatéraux ordinaires qui descendent des collatéraux privilégiés[82]. Bien que cette sous-catégorie fasse partie du groupe des collatéraux ordinaires, et par conséquent du troisième ordre, l'on constate que le nouveau Code accorde à ses membres un traitement particulier par rapport aux autres collatéraux ordinaires et aux ascendants ordinaires.

81. C'est à l'intérieur du cadre de ces trois ordres que s'appliquent les principes du classement par ordre et de la proximité des degrés, qui ne subissent pas de changement dans le nouveau droit. Ainsi, en vertu du premier principe, le premier ordre est toujours celui qui est d'abord appelé à la succession; le second ne l'est qu'à défaut du premier, et le troisième à défaut du précédent, et ainsi de suite. Quant à la proximité des degrés, elle illustre le principe en vertu duquel à l'intérieur d'un même groupe, le successible qui se trouve au degré le plus proche élimine ceux de degrés plus éloignés. Il n'est pas inutile de rappeler que seuls les parents jusqu'au 8ième degré inclusivement sont appelés à la succession légale[83].

82. Les articles pertinents à l'application de ces principes sont les articles 653 et 655 à 659 C.c.Q., qui ne requièrent aucune explication additionnelle; ils sont en tous points similaires aux principes du C.c.B.-C.

83. Il va sans dire que ces principes, particulièrement celui de la proximité des degrés, doivent souffrir tantôt des anomalies, tantôt des exceptions. Ainsi, les règles applicables au conjoint survivant constituent une anomalie au principe du classement par ordres, puisqu'on retrouve ce successible tant au premier ordre qu'au second. Il en est de même des collatéraux privilégiés qui, bien que faisant partie du second ordre, ont une successibilité qui est subsidiaire à celle du conjoint survivant et des ascendants privilégiés. Pour sa part, la représentation est une exception au principe de la proximité des degrés. Quant à la fente, on la considérera, selon les cas, soit comme une exception à la proximité des degrés[84], soit au principe de l'unité de la succession[85].

84. Plutôt que de résumer les dispositions applicables à la dévolution légale, il nous est apparu plus profitable d'en présenter les diverses applications sous forme de tableaux. Seules les exceptions à ces règles, soit les cas de fentes et de représentation, méritent des commentaires plus approfondis.

Tableaux des ordres des successibles
et dévolution de la succession ab intestat

1er ORDRE: 666-669 C.c.Q.

Composition

> (C.S.)   Conjoint survivant
> (D.)   Descendants

Dévolution

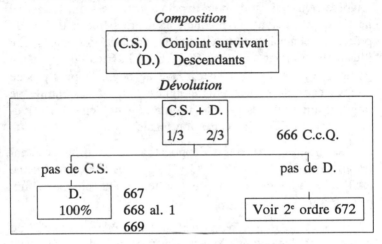

Exception aux principes directeurs:

* la représentation chez les descendants: art. 661 et 668 al 2. C.c.Q.

2ᵉ ORDRE: 670-676 C.c.Q.

Composition

(C.S.)	Conjoint survivant
(A.P.)	Ascendants privilégiés: père et mère (670 al. 1)
(C.P.)	Collatéraux privilégiés: frères et sœurs, neveux et nièces (670 al. 2)

Dévolution

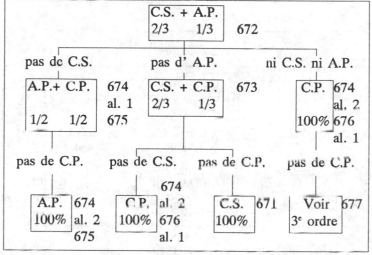

Exceptions aux principes directeurs:

* la représentation chez les collatérauxprivilégiés: art. 663 *in limine* C.c.Q.
* la fente entre les collatéraux privilégiés: art. 676 al. 2 C.c.Q.

3ᵉ ORDRE: 677-683 C.c.Q.

Composition

(D.C.P.) descendants de collatéraux privilégiés: petits-neveux, arrières-petits-neveux

(A./C.O.) ascendants et collatéraux ordinaires, c'est-à-dire:
1ᵉʳ autres ascendants: grands-parents, arrières-grands-parents, etc.
2ᵉ autres collatéraux: oncles, cousins, petits-cousins, grands-oncles, etc.

Dévolution

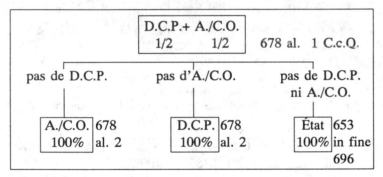

Exceptions aux principes directeurs:

* la représentation chez les collatéraux ordinaires spéciaux: art. 663 *in fine* C.c.Q.

* la fente entre les ascendants et les collatéraux ordinaires: art. 679 682 C.c.Q.

* la fente entre les collatéraux ordinaires qui descendent des collatéraux privilégiés: aucun article

Chapitre II- *De la représentation*

85. La définition de la représentation que nous propose l'article 660 C.c.Q. est beaucoup plus claire et exacte que celle contenue au C.c.B.-C., d'ailleurs largement critiquée[86]. Les modifications apportées à cette exception au principe de la proximité des degrés ne se limitent cependant pas à une pure question de forme. Au contraire, la représentation a subi des mutations profondes qui, bien que n'ayant pas comme effet de modifier son fonctionnement, étendent largement son champ d'application. À cet égard, il convient de noter immédiatement que la représentation peut avoir lieu tant dans la succession légale que dans la succession testamentaire[87]. Il ne sera cependant question, pour l'instant, que de la représentation dans la succession *ab intestat*; la représentation en matière de legs sera vue dans le cadre de l'étude de l'effet des testaments[88].

Section 1- Conditions de la représentation

86. Pour que puisse jouer la représentation, trois conditions doivent être présentes. Ces conditions se retrouvent toutes exprimées à l'article 660 C.c.Q.

87. En premier lieu, le représenté doit être prédécédé, codécédé ou indigne. Il est en effet acquis que l'on ne peut représenter une personne vivante: il faut donc que le représenté soit mort avant l'ouverture de la succession du défunt. Toutefois, la représentation peut également jouer en cas de codécès; on réfère évidemment au codécès qui résulte de l'application de l'article 616 C.c.Q., c'est-à-dire la présomption de décès simultanés, mais aussi au codécès prouvé, soit celui qui a fait l'objet de preuves matérielles en ce sens.

88. Quant à la possibilité de représenter un indigne, c'est une toute nouvelle règle du Code civil, qui se justifie par le désir légitime du législateur de ne pas punir les enfants d'une personne indigne pour le geste de leur aïeul. On n'a pas à distinguer selon qu'il s'agisse de l'indignité de plein droit ou déclarée, et il n'est pas requis que l'indigne soit prédécédé. Sans condamner le choix du Code, il faut néanmoins constater que la possibilité de représenter l'indigne crée une situation

privilégiée pour les descendants de ce dernier en comparaison des descendants du renonçant, ce qui ne manquera pas de provoquer quelques discussions. À supposer, par exemple, que X tue son père, P. Le défunt laisse comme successibles ses filles, X et Y, ses petits-enfants, C et D, enfants de X, et E et F, enfants de Y. À supposer de plus que Y décide de renoncer à la succession de P, il faut conclure que seuls C et D sont appelés à la succession du défunt, car on peut représenter un indigne, mais pas un renonçant. Ainsi, les descendants de l'indigne vivant sont avantagés par rapport aux enfants d'une personne vivante mais qui a décidé de renoncer, ce qui pourrait sembler curieux[89].

89. L'article 660 C.c.Q. exige comme seconde condition que le représentant soit un descendant du représenté, ce que confirme d'ailleurs l'article 662 C.c.Q. Comme c'est le cas sous le C.c.B.-C., il n'y a, sous le *Code civil du Québec*, jamais de représentation en faveur des ascendants.

90. Enfin, pour que puisse jouer la représentation, il est essentiel que le représentant ait lui-même les aptitudes nécessaires à succéder au défunt. On exigera donc de lui qu'il possède les mêmes qualités que s'il avait été appelé à la succession du défunt de son propre chef. Cette règle est basée sur la réalité des choses, car c'est le représentant et non le représenté qui succède véritablement au défunt. Ces qualités doivent exister par rapport à la succession du défunt, et non par rapport à celle du représenté; par exemple, le successible qui est indigne par rapport à son père peut quand même hériter de sa grand-mère par représentation de celui-ci.

Section 2- Effets de la représentation

91. Les effets de la représentation sont, sous le *Code civil du Québec*, les mêmes que sous le C.c.B.-C. Ainsi, le représentant entre tout d'abord dans le degré du représenté, dont il acquiert les droits et obligations. Ensuite, la division de la succession s'opère par souches, selon les modalités de l'article 665 C.c.Q. Il n'y a, à cet égard, aucune modification des règles du C.c.B.-C. On notera finalement que les effets de la représentation sont impératifs: lorsque les conditions sont présentes, les héritiers ne peuvent y renoncer pour choisir plutôt d'hériter par tête.

Section 3- Cas où la représentation joue

92. Le nouveau Code reconnaît désormais trois cas donnant lieu à la représentation, soit chez les descendants, chez les collatéraux privilégiés et chez certains collatéraux ordinaires. Les deux premiers cas existent déjà, sous réserve de quelques différences en ce qui concerne les collatéraux privilégiés, sous le C.c.B.-C. La représentation chez les collatéraux ordinaires est cependant toute nouvelle.

Sous-section 1- Chez les descendants

93. La représentation chez les descendants a lieu à l'infini[90]: ainsi, l'arrière-arrière-petit-fils peut représenter son aïeul: il suffit que le représentant soit le descendant du représenté, peu importe le degré entre les deux.

94. Tout comme c'est le cas sous le C.c.B.-C., la représentation chez les descendants peut servir à deux fins. Elle permet d'abord à un individu de succéder dans des circonstances où il ne le pourrait pas s'il n'y avait pas le principe de la représentation; on appelle cette représentation la représentation aux fins de succéder. La représentation aux fins de partager, c'est-à-dire celle qui sert uniquement à déterminer la part de chacun des héritiers appelés à la succession, est aussi possible.

95. Dans la représentation aux fins de succéder, les successibles sont nécessairement à des degrés différents. Au contraire, dans la représentation aux fins de partager, les descendants sont tous à degré égal, ainsi que l'édicte l'article 661 al. 2 in fine C.c.Q., quand il parle de «en degrés égaux». Sous le Code civil du Québec, la distinction entre les deux types de représentations est cependant académique, car elle n'emporte aucune conséquence pratique: les effets de la représentation sont toujours les mêmes, peu importe qu'il s'agisse de la représentation aux fins de succéder ou de la représentation aux fins de partager.

Sous-section 2- Chez les collatéraux privilégiés

96. Contrairement au premier type, la représentation chez les collatéraux privilégiés, dont l'application est prévue à l'article 663 in limine C.c.Q., ne joue pas à l'infini. Elle n'a lieu qu'en

faveur des descendants au premier degré des frères et sœurs, soit les neveux et nièces. Par contre, comme chez les descendants, la représentation chez les collatéraux privilégiés peut être aux fins de succéder ou aux fins de partager[91].

Sous-section 3- Chez les collatéraux ordinaires qui descendent des collatéraux privilégiés

97. Ce dernier type de représentation, dont fait état l'article 663 *in fine* C.c.Q., est un tout nouveau cas de représentation au profit des seuls descendants des collatéraux privilégiés: petits-neveux et petites-nièces, arrière-petits-neveux et arrière-petites-nièces, etc. Les autres collatéraux ordinaires, même s'ils sont de degré plus rapproché, ne peuvent jamais profiter de la représentation. Par ailleurs, cette représentation peut avoir lieu à l'infini, du moins jusqu'au dernier degré successible, en faveur de ces personnes, et elle peut être soit aux fins de succéder, soit aux fins de partager.

98. L'application de ce dernier type de représentation donnera certainement lieu à des discussions quant à son application, car l'article 663 *in fine* C.c.Q. est peu loquace à cet égard. En effet, il n'est pas clair, à la lecture de la disposition, si la représentation doit jouer dès qu'il y a des petits-neveux, ou si ces derniers héritent selon l'application normale de la proximité des degrés.

99. Pour illustrer cette difficulté, imaginons le cas suivant:

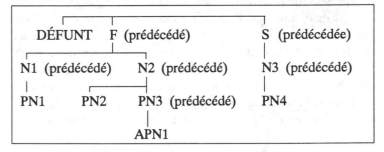

La question ici est de savoir, non pas qui est appelé à la succession du défunt, mais bien dans quelle proportion les successibles le sont. Au moins deux solutions peuvent, *a priori*, être proposées. Selon une première, PN1, PN2, APN1 et PN4

ont chacun droit à 1/4 de la succession, car ils sont les parents les plus proches. En effet, il est clair que APN1 peut succéder par représentation de PN3. On remarque ici que l'on fait jouer la représentation à partir des petits-neveux seulement, en faveur d'un arrière-petit-neveu. La seconde solution consiste à appliquer la représentation dès le parent le plus proche du défunt, en l'occurrence le frère et la sœur (F et S), et en conséquence d'en faire jouer les effets dès ce degré. Selon ce procédé, la succession du défunt se partage d'abord en deux souches (F et S); la souche de F se partage par la suite elle-même en deux souches (N1 et N2); la portion attribuée à la souche de N1, soit 1/4, est ensuite dévolue à PN1. Quant à l'autre 1/4 dévolu à la souche de N2, il se partage encore par souches (PN2 et PN3); PN2 recueille donc le 1/8, et l'autre 1/8 va à la souche de PN3, soit APN1. Enfin, l'autre moitié de la succession attribuée à la souche de S est dévolue, par représentation de S et de N3, à PN4.

100. Il ne fait aucun doute que cette deuxième solution est fort complexe, mais elle nous semble la meilleure des deux, et ce, pour plusieurs raisons. Tout d'abord, l'article 663 *in fine* C.c.Q. prévoit que la représentation doit jouer en faveur «des descendants des frères et sœurs du défunt [...] en degrés égaux ou inégaux», ce qui devrait inclure les petits-neveux. Or, la première solution n'accorde le bénéfice de la représentation qu'à partir des arrière-petits-neveux. Ensuite, il apparaît curieux de faire jouer les effets de la représentation à partir d'un lien de parenté lointain entre le défunt et le successible, en l'occurrence un petit-neveu; les effets de la représentation doivent, il nous semble, jouer à partir d'un lien de parenté qui unit le défunt et son parent le plus proche de la ligne concernée, soit le plus proche parent collatéral, ici le frère et la sœur. Enfin, un troisième motif, celui-là beaucoup plus sérieux, doit nous inciter à préférer la deuxième solution: comme nous le verrons ultérieurement[92], la fente joue entre les collatéraux privilégiés, de sorte que les parents utérins ou consanguins de ce groupe ne succèdent que dans l'une des lignes. Si l'on opte pour la première solution, on ne tient pas compte de la fente entre les descendants des collatéraux privilégiés pour la détermination des parts des descendants de ce groupe, de sorte que les descendants des collatéraux privilégiés utérins ou consanguins

participeraient pleinement à la succession, sans qu'on fasse jouer la fente. Or, si leurs aïeuls avaient été vivants, il aurait fallu en tenir compte. Ce qui revient à dire que les descendants utérins ou consanguins des collatéraux privilégiés auraient plus de droits que leurs aïeuls!

Chapitre III- De la fente

101. Le *Code civil du Québec* prévoit expressément deux types de fente, soit la fente entre les collatéraux privilégiés[93], et la fente entre les ascendants ordinaires et les collatéraux ordinaires[94]. De plus, il y a un troisième cas où la fente doit jouer, même si le Code ne le prévoit pas de façon spécifique, soit le cas où des collatéraux ordinaires «spéciaux», c'est-à-dire ceux qui descendent des collatéraux privilégiés, qui ne sont pas des parents germains du défunt sont appelés à la succession. La fente ne joue jamais entre descendants, ni entre ascendants privilégiés.

102. Quel que soit le type de fente dont il est question, le principe de la fente demeure cependant le même: il s'agit de l'opération par laquelle on divise en deux parts égales la totalité ou une portion de la succession pour les attribuer respectivement aux lignes maternelle et paternelle du défunt.

Section 1- Entre les collatéraux privilégiés

103. Ce type de fente, prévu à l'article 676 al. 2 C.c.Q., joue lorsque tous ou certains des collatéraux privilégiés appelés ne sont pas des parents germains du défunt; on doit alors scinder en deux parts égales l'universalité ou la quote-part de la masse successorale dévolue à ce groupe. Selon les situations, la fente obligera à partager en deux portions, toute la succession[95], la moitié de la succession[96], ou le tiers seulement[97].

104. Rappelons que l'application du principe de la fente ne fait pas obstacle à celui de la proximité des degrés: le collatéral privilégié au degré le plus proche exclut tous les autres de la même ligne, à moins que, par le jeu de la représentation, on ne permette à un collatéral privilégié plus éloigné de représenter son parent[98]. S'il n'y a aucun parent du groupe des collatéraux

privilégiés dans une des lignes, la portion de celle-ci accroît aux collatéraux privilégiés de l'autre ligne[99].

Section 2- Entre les ascendants et les collatéraux ordinaires

105. Ce type de fente s'applique lorsque, parmi les successibles du troisième ordre, se trouvent des ascendants ordinaires et/ou des collatéraux ordinaires, autres que des collatéraux ordinaires «spéciaux». Aux termes de l'article 679 C.c.Q., il faut faire jouer la fente, même si les ascendants ordinaires et les collatéraux ordinaires constituent deux groupes distincts de successibles à l'intérieur de cet ordre.

106. Selon les situations, la portion attribuée à ces groupes est toute la succession[100] ou seulement la moitié[101]; c'est donc cette portion qui est divisée en deux parts, lesquelles sont respectivement attribuées à l'une et l'autre des lignes. À l'intérieur de chacune des lignes, il faut ensuite appliquer de façon alternative un nouveau principe, soit celui de la priorité de groupe[102] et, subsidiairement, celui de la proximité des degrés.

107. Ainsi, l'application de la fente s'opère en fait en plusieurs étapes, soit:

1er opération de la fente: scission de toute la succession ou de la demie d'icelle en deux parts égales[103]. À compter de ce moment, toutes les étapes ultérieures se réalisent distinctement dans chacune des lignes;

2e application de la priorité de groupe: dans chaque ligne, appel de l'ascendant au second degré[104], de préférence à tout collatéral ordinaire[105];

3e à défaut d'ascendant au 2e degré, appel des collatéraux ordinaires qui descendent de cet ascendant, de préférence à tout autre ascendant ordinaire, en respectant, entre ces collatéraux, la règle de la proximité des degrés[106];

4e à défaut de collatéraux ordinaires à un degré successible, appel de l'ascendant ordinaire au 3e degré, de préférence à tout autre collatéral ordinaire[107];

5e à défaut d'ascendant au 3e degré, appel des collatéraux ordinaires qui descendent de cet ascendant, en respectant la règle de la proximité des degrés[108], et ainsi de suite.

6ᵉ s'il n'y a de parents que dans une seule ligne, on applique l'accroissement en leur faveur[109];

7ᵉ s'il n'y a de parents dans aucune des lignes, la succession est attribuée à l'État[110].

Section 3- Entre les collatéraux ordinaires qui descendent des collatéraux privilégiés

108. Il n'y a aucun article prévoyant la fente chez les collatéraux ordinaires «spéciaux»; l'article qui établit la fente dans le troisième ordre, soit l'article 679 C.c.Q., ne vise que les ascendants ordinaires et les collatéraux ordinaires. En principe, il ne devrait donc pas y avoir fente dans le groupe des collatéraux ordinaires qui descendent des collatéraux privilégiés.

109. Cependant, à cause de la représentation qui est permise chez ces collatéraux ordinaires «spéciaux», il faut conclure que ces derniers doivent avoir les mêmes droits -pas plus ni moins- que les collatéraux privilégiés. Or, pour ces derniers, la fente doit jouer. Pour cette raison, et même en l'absence de tout texte du Code, il faut, afin de donner aux descendants des collatéraux ordinaires spéciaux les mêmes droits que leurs aïeuls, appliquer la fente.

110. Les conditions d'application de ce type de fente sont les mêmes que pour les collatéraux privilégiés; ainsi, elle ne joue que lorsque tous les collatéraux ordinaires «spéciaux» appelés à la succession ne sont pas des parents germains du défunt. Par ailleurs, la proportion de la masse successorale sur laquelle s'opère la fente est tantôt 100%[111], tantôt 50%[112] de la succession. Enfin, à l'intérieur de chacune des lignes, le principe de la proximité des degrés s'applique, sujet toutefois à la représentation[113].

Chapitre IV - De la survie de l'obligation alimentaire

111. Avant la récente réforme en droit de la famille, il était admis que l'obligation alimentaire n'était pas transmissible par voie de succession[114]. En conséquence, quand le créancier ou le débiteur alimentaire décédait, son droit aux aliments s'éteignait: si le défunt était le débiteur alimentaire, sa succession n'était

pas tenue de continuer à verser la pension alimentaire[115]. Et
même si le créancier alimentaire qui recevait une pension
craignait pour ses besoins en cas du décès de son débiteur
alimentaire, il ne pouvait s'adresser au tribunal pour réclamer le
paiement d'un montant forfaitaire[116].

112. Les nouvelles règles incorporées au C.c.B.-C.[117] le 1er
juillet 1989, et reproduites aux articles 684 à 695 C.c.Q. ont eu
pour effet de formellement reconnaître la continuation de l'obligation alimentaire même au-delà du décès du débiteur alimentaire, et ce, peu importe que la succession soit légale ou testamentaire.

Section 1- Conditions de la transmissibilité

113. L'obligation alimentaire est transmise à deux conditions
seulement: la première a trait à la qualité du créancier alimentaire, tandis que la seconde exigence vise strictement le délai
pendant lequel la réclamation peut être faite.

114. D'abord, celui qui réclame l'exécution de l'obligation
alimentaire doit être un créancier d'aliments du défunt reconnu
par le Code: ce peut être le conjoint, l'ex-conjoint, le descendant[118] ou l'ascendant du défunt[119]. Ne sont donc pas des créanciers alimentaires les autres parents, collatéraux ou alliés. En
outre, et sauf quant à l'ex-conjoint[170], il n'est pas requis que le
créancier d'aliments ait exercé son droit contre le défunt avant
son décès: il a donc avoir droit à une contribution alimentaire
post mortem même s'il ne recevait pas du défunt, à la date de
son décès, une pension alimentaire[121]. Les règles permettent de
plus à ce créancier de cumuler ses droits d'héritier et de créancier alimentaire; mais il ne doit pas être indigne de succéder au
défunt[122]. Enfin, la réclamation contre la succession doit être
faite au plus tard dans les six mois du décès du débiteur[123].

Section 2- Fixation de la contribution financière selon
la qualité du créancier alimentaire

115. La fixation de la contribution financière répond à des
règles particulières, selon que le créancier alimentaire est l'ex-
conjoint ou un autre créancier reconnu; de plus, dans ce dernier

cas, des règles concernant les critères de fixation et le calcul d'un plafond de la contribution sont aussi prévues.

Sous-section 1- L'ex-conjoint

116. Lorsque le créancier alimentaire du défunt est l'ex-conjoint qui percevait une pension du défunt au moment du décès de ce dernier, la contribution financière est déterminée par la loi seule, sans l'intervention des héritiers ni du tribunal, puisqu'en vertu des articles 685 al. 2 *in limine* et 688 al. 2 *in limine* C.c.Q., la somme forfaitaire due est équivalente à douze mois d'aliments. Cette contribution n'est pas sujette à réduction, même si l'ex-conjoint bénéficie, d'une façon quelconque, d'autres avantages découlant du décès du débiteur alimentaire, du fait, par exemple, qu'il serait nommé bénéficiaire d'une police d'assurance-vie ou légataire[124]. La succession a donc l'obligation de continuer à verser la pension alimentaire à l'ex-conjoint pendant une période de douze mois, à moins qu'il n'y ait paiement immédiat, ou suivant d'autres modalités, de la contribution.

Sous-section 2- Les autres créanciers alimentaires

117. Il peut s'agir du conjoint non séparé, du conjoint séparé de corps, des descendants ou des ascendants du défunt, que toutes ces personnes reçoivent ou non une pension alimentaire du défunt. Aux termes de l'article 685 al. 2 *in fine* C.c.Q., la contribution financière est en principe fixée à l'amiable entre le créancier alimentaire et le liquidateur, agissant avec le consentement des héritiers ou des légataires particuliers. Si une telle entente s'avère impossible, c'est le tribunal qui fixe la contribution.

Section 3- Critères de fixation de la contribution

118. Dans le cadre de l'entente à intervenir entre le créancier et la succession ou, à défaut, du jugement rendu par le tribunal, il faut, afin de fixer la contribution alimentaire, tenir compte de certains critères, qui, rappelons-le, sont valables pour tous les cas, sauf lorsqu'il s'agit de l'ex-conjoint qui percevait déjà une pension alimentaire. Par ailleurs, certains de ces critères s'appli-

quent dans tous ces autres cas, tandis que d'autres diffèrent
selon que le créancier alimentaire réclamant recevait ou non
une pension au moment du décès du débiteur alimentaire. Des
distinctions s'imposeront donc à ces égards.

Sous-section 1- Critères de base

119. En vertu de l'article 686 al. 2 C.c.Q, il doit être tenu
compte de quatre facteurs pour fixer la contribution. Tout
d'abord, il faut naturellement prendre en considération l'actif de
la succession, afin d'évaluer sa capacité de payer la contribution. En second lieu, les avantages que retire le créancier
alimentaire de la succession doivent également être pesés, et
cela nonobstant le fait que le cumul des qualités d'héritier et de
légataire soit permis au créancier alimentaire; en effet, un
accroissement de la fortune du créancier alimentaire peut
signifier des besoins moindres à titre de contribution. En troisième lieu, il est nécessaire de prendre en considération les
besoins et les facultés des héritiers et des légataires car, dans les
faits, ce sont eux qui subissent les conséquences de la contribution alimentaire, les premiers parce qu'ils recevront moins de
la succession, les seconds parce qu'ils risquent de voir leur legs
réduit. Enfin, on tient compte du droit d'autres personnes à des
aliments; puisque les créanciers alimentaires n'ont, entre eux,
aucune préférence, on n'a pas à favoriser le plus diligent au
détriment de celui qui présente sa réclamation le dernier. C'est
pourquoi, en présence de plusieurs créanciers alimentaires
potentiels, dont l'un fait une demande immédiatement après le
décès, il ne faut pas oublier que, jusqu'à l'expiration du délai de
six mois, les autres créanciers sont susceptibles de présenter une
même demande, et de venir ainsi diminuer la capacité de payer
de la succession.

Sous-section 2- Critères additionnels

120. Ces critères, dont il est fait mention à l'article 686 al. 1
C.c.Q., varient selon que le créancier alimentaire réclamant
recevait ou non une pension au moment du décès du débiteur
alimentaire. Si, au moment du décès du débiteur alimentaire, le
créancier recevait déjà une pension, on doit également tenir
compte du montant de cette pension ou de la somme forfaitaire

accordée aux termes de l'article 589 C.c.Q. Si, par contre, le créancier ne percevait pas de pension alimentaire à cette époque, il suffit de s'en tenir aux critères ordinaires applicables en matière de pension alimentaire, c'est-à-dire les besoins et facultés du créancier, les circonstances dans lesquelles il se trouve et le temps qui lui sera nécessaire pour acquérir une autonomie[125].

Section 4- Règles particulières applicables lorsque le créancier alimentaire est le conjoint ou un descendant

121. Lorsque le créancier alimentaire est le conjoint ou un descendant du défunt, il faut appliquer des règles particulières propres à l'évaluation de l'actif de la succession et qui impliquent un «dédoublement de l'actif successoral». Ce processus implique que le montant à partir duquel sont calculées les contributions payables à ces créanciers alimentaires tient compte, non seulement de l'actif successoral réel, mais aussi d'un actif fictif.

Sous-section 1- Composition de l'actif fictif

122. Deux remarques préliminaires s'imposent dès à présent afin de bien distinguer l'actif fictif et l'actif réel d'une succession. D'abord, et contrairement à l'actif réel, formé de tous les biens, meubles et immeubles, du défunt, l'actif fictif est un actif comptable seulement. Il n'est pas composé de biens; il constitue uniquement un actif mathématique, soit la valeur de certains biens. Ensuite, l'actif fictif n'est pas un actif transmis dans la succession du défunt; il ne sert qu'à une seule fin, soit à déterminer le montant de certaines contributions dans le cadre très précis et très limité de la créance alimentaire. Il faut donc être doublement prudent quand il est question de l'actif fictif successoral, pour ne pas étendre son application et ses règles à la transmission successorale des biens du défunt.

123. L'actif fictif est composé de trois types de valeurs: les valeurs des libéralités entrevifs faites par le défunt dans les 3 ans qui ont précédé son décès, celles dont le terme est le décès,

peu importe qu'elles aient été faites plus de 3 ans avant le décès[126] et les avantages d'un régime de retraite au sens des règles propres au patrimoine familial (ou d'une police d'assurance-vie) qui auraient été versés à la succession ou au créancier alimentaire, si le défunt n'avait pas désigné un titulaire subrogé ou un bénéficiaire dans les 3 ans avant son décès[127].

124. En sus de la donation entre vifs, qui constitue évidemment une «libéralité», l'article 690 C.c.Q. présume que l'aliénation, la sûreté et la charge consentie par le défunt pour une prestation dont la valeur est très inférieure à celle du bien au temps de l'acte sont également des libéralités. On a heureusement exclu de cet actif fictif les frais d'entretien ou d'éducation et cadeaux d'usage[128], à moins qu'ils ne soient exagérés.

Sous-section 2- Évaluation de l'actif fictif

125. L'article 695 C.c.Q., initialement oublié au moment où les dispositions relatives à l'obligation alimentaire ont été adoptées en 1989[129], propose les diverses règles d'évaluation, qui varient suivant les circonstances. Lorsque les biens composant la masse fictive appartiennent encore au donataire ou au bénéficiaire de la libéralité, selon le cas, ils sont évalués suivant leur état à l'époque de la libéralité, mais selon leur valeur à l'ouverture de la succession. Par contre, si le bien a été aliéné, c'est la valeur du bien lors de cette aliénation qui détermine sa valeur fictive. S'il y a eu remploi du bien, c'est la valeur du nouveau bien au jour de l'ouverture de la succession qui est considérée. Enfin, pour les libéralités autres qu'en pleine propriété, c'est la valeur en capital du bien[130].

Sous-section 3- Réduction des libéralités

126. Une fois qu'on a établi la contribution due au créancier alimentaire par la succession, il est possible que la succession ne puisse payer ce montant, car la valeur fictive peut être plus importante que la valeur réelle. Dans ce cas, l'article 689 al. 1 *in fine* C.c.Q. permet au tribunal d'ordonner la réduction des libéralités qui font partie de l'actif fictif, laquelle réduction se traduit en réalité par une demande faite au bénéficiaire de ces libéralités de rembourser une partie ou la totalité de la libéralité que lui avait consentie le défunt.

Parag. 1- Conditions de la réduction

127. Pour que puissent jouer les règles relatives à la réduction des libéralités, il faut le respect de deux conditions. Premièrement, il est nécessaire que la succession soit incapable de payer l'obligation alimentaire à cause de l'application de l'article 689 C.c.Q. Deuxièmement, il faut que la libéralité n'ait pas eu lieu avec le consentement du conjoint ou du descendant qui réclame la réduction des libéralités, car la réduction n'est possible qu'à l'égard de celles auxquelles ils n'ont pas consenti[131].

Parag. 2- Contribution à la réduction

128. Aux termes de l'article 693 C.c.Q., la réduction peut s'opérer contre un seul ou plusieurs bénéficiaires simultanément; si nécessaire, le tribunal fixe la part de chacune des réductions. Il est donc possible que certains bénéficiaires soient appelés à subir la réduction, et d'autres pas[132].

Parag. 3- Paiement de la réduction

129. Selon l'article 694 al. 1 C.c.Q., le bénéficiaire doit rembourser le montant de sa réduction, soit conformément aux termes de l'entente conclue avec le créancier alimentaire, soit selon le mode fixé par le tribunal. On comprend par ailleurs, et l'article 694 al. 2 C.c.Q. est précis à cet égard, que, comme il s'agit d'une valeur fictive et que le bien comme tel n'est pas réellement dans la succession, le paiement de la réduction ne peut être ordonné en nature; le bénéficiaire peut cependant, de lui-même, se libérer en faisant remise du bien sujet à la réduction.

Section 5- Mode de paiement de la contribution

130. L'article 685 al. 1 C.c.Q. prévoit que la contribution financière est toujours attribuée sous forme d'un montant forfaitaire[133]. Ce montant est final et n'est sujet à aucune révision ultérieure, même si l'état des parties change, et il peut être acquitté soit au comptant, soit par versements.

Section 6- Plafond de la contribution

131. Afin de ne pas amputer irrémédiablement les successions à cause des versements des diverses contributions alimentaires, l'article 688 C.c.Q. fixe, dans tous les cas, un «plafond» de la contribution, c'est-à-dire un montant maximal que peut recevoir le créancier alimentaire, et ce, peu importe les autres critères de l'article 686 C.c.Q. Ce plafond diffère selon le créancier alimentaire en cause.

132. Lorsque le créancier alimentaire est le conjoint ou un descendant, le plafond établi résulte d'un calcul fort complexe[134] qui nécessite trois opérations distinctes. Une première oblige à opérer une dévolution légale fictive des actifs réel et fictif de la succession, c'est-à-dire à se poser la question suivante: «S'il n'y avait pas eu de testament, comment auraient été dévolus les biens du défunt, incluant ceux composant l'actif fictif, et combien aurait alors reçu chacun des créanciers alimentaires?». Dans une seconde étape, le résultat ainsi obtenu doit être divisé par deux, car l'article 688 al. 1 C.c.Q. parle de «la moitié de la part». Enfin, de ce résultat, il faut soustraire le montant que chaque créancier a effectivement reçu de la succession. Par contre, lorsque le créancier alimentaire est l'ex-conjoint ou l'ascendant, moins de calculs sont requis, puisque la contribution, aux termes de l'article 688 al. 2 C.c.Q., ne peut jamais excéder le moindre de douze mois d'aliments ou 10 pour cent de la valeur de la succession, en ce qui concerne l'ex-conjoint, ou six mois d'aliments ou 10 pour cent de la valeur de la succession, quant aux autres créanciers, soit les ascendants.

Chapitre V- Des droits de l'État

133. Pour remédier aux nombreuses critiques adressées au C.c.B.-C. à l'effet que la nature du droit du Souverain n'était pas clairement établi, le législateur a prévu, en quelques articles seulement, l'infrastructure générale de la succession dévolue à l'État. Il convient d'en signaler les principales règles.

Section 1- Nature des droits de l'État

134. Après de nombreuses et longues hésitations, le *Code civil du Québec* consacre que l'État qui recueille une succession le fait à titre de souverain, et non de successible. En effet, si l'on fait ne serait-ce qu'un très bref historique des règles en la matière, on se rend compte des difficultés que le législateur a éprouvées à se décider. L'Office de révision du Code Civil avait d'abord proposé que l'État puisse recueillir les successions en tant qu'héritier véritable, bien qu'il dût se faire envoyer en possession des biens[135]. Cette vision des droits du souverain avait été reprise dans les projets de loi subséquents[136], avec toutefois quelques modifications[137]. Le *Code civil du Québec* tel d'adopté nous démontre un volte-face du législateur, qui fait dorénavant du droit de succéder de l'État un droit régalien[138]. Les principales conséquences de cette qualification relèvent du droit international[139].

135. Ainsi, l'État québécois est appelé à recueillir tous les biens situés au Québec et provenant d'une succession pour laquelle il n'y a aucun parent au-delà du 8e degré, aucun successible connu ou qui la réclame[140]; ce droit de dévolution s'opère de plein droit, sans qu'il soit nécessaire, comme c'est le cas présentement sous le C.c.B.-C., d'envoi en possession provisoire des biens successoraux. Enfin, ce droit est, en vertu du second alinéa de l'article 696 C.c.Q, d'ordre public; le défunt ne peut exhéréder l'État ou autrement empêcher la dévolution des biens en sa faveur, du moins lorsque les conditions de cette dévolution sont présentes.

Section 2- Transmission et administration de la succession dévolue à l'État

Sous-section 1- Attribution de la saisine

136. Puisque l'État n'est pas un héritier, l'absence de cette qualité aurait normalement eu comme conséquence de le priver de tous les droits rattachés au titre, et notamment de la saisine[141]. Pour pallier à cette difficulté, l'article 697 C.c.Q. attribue de façon spécifique à l'État la même saisine que celle de l'héritier. Quant au moment où l'État est appelé, à titre de

souverain, à recueillir la succession, il varie selon les circonstances: si tous les successibles sont connus et ont renoncé,
l'État les recueille dès la renonciation du dernier successible.

Dans les autres cas, c'est-à-dire lorsque les héritiers ne sont pas
connus ou ignorent leur qualité, le délai est de six mois à
compter de l'ouverture de la succession[142], ce qui signifie que,
contrairement à ce que le laisse croire *a priori* l'article 650
C.c.Q., la succession n'est pas abandonnée ou vacante pendant
10 ans. L'alinéa 2 de l'article 697 C.c.Q. établit finalement la
responsabilité *intra vires* de l'État à l'égard des dettes successorales.

Sous-section 2- Administration successorale

137. Dès que l'État est saisi d'une succession, c'est le curateur
public qui exerce cette saisine, et ce, pendant dix ans[143], c'est-
à-dire jusqu'au moment où il est acquis qu'aucun successible ne
peut réclamer son titre[144]. En outre, tant et aussi longtemps que
l'administration des biens successoraux est confiée au curateur
public, il ne lui est pas permis de confondre ceux-ci avec les
biens de l'État[145]. Cette mesure est évidemment essentielle afin
de préserver l'intégrité du patrimoine successoral, tant vis-à-vis
les créanciers du défunt qu'à l'égard des successibles susceptibles de se manifester dans le délai de 10 ans du décès.

138. L'administration de la succession par le curateur public est
prévue spécifiquement au *Code civil du Québec*, non seulement
par le truchement des articles 699 et 700, mais également par
le renvoi que font ces dispositions aux règles applicables en
matière d'administration du bien d'autrui.

139. L'administration du curateur public se scinde en quatre
phases. Dans une première étape, il est saisi de la succession
dévolue à l'État, à titre de liquidateur successoral, sans qu'il
soit nécessaire de respecter quelque formalité particulière[146]. En
cette qualité, le curateur public doit se soumettre à deux obligations, soit celles de faire inventaire du patrimoine successoral et
de donner avis de la saisine étatique dans la Gazette officielle
du Québec ainsi que dans un journal[147].

140. Dans une deuxième étape, le curateur public, toujours en
sa qualité de liquidateur successoral, procède à la liquidation de
la succession, ce qui implique entre autres le recouvrement des

créances et le paiement des dettes de la succession[148]; notons ici
que, comme tout liquidateur, il agit à l'égard des biens de la
succession comme un administrateur chargé de la simple
administration[149].

141. Dans une troisième phase, lorsque les opérations propres
à la liquidation sont terminées, c'est-à-dire lorsque toutes les
dettes sont acquittées ou, le cas échéant, lorsque l'actif de la
succession est épuisé[150], le curateur public rend compte de son
administration successorale au ministre des Finances[151]. Une
obligation supplémentaire complète les fonctions du curateur,
soit la publication d'un avis de fin de liquidation qui indique
non seulement le reliquat de la succession, mais également le
délai qui reste à courir pendant lequel un successible peut
encore faire valoir ses droits[152]. Si un successible se présente
effectivement pendant ce délai, il prend alors la succession dans
l'état où elle se trouve, sous réserve de dommages-intérêts, en
certains cas[153].

142. Dans la quatrième et dernière étape, le curateur public
continue à administrer le reliquat de la succession, mais non
plus à titre de liquidateur successoral, puisque cette liquidation
a pris fin avec la reddition de compte, mais plutôt à titre
d'administrateur du bien d'autrui. L'article 701 C.c.Q. lui
accorde alors des pouvoirs plus étendus, puisqu'il en fait un
administrateur chargé de la pleine administration[154]; toutefois,
même pendant cette autre phase d'administration par le curateur
public, l'interdiction à lui faite de confondre les biens successoraux et ceux de l'État demeure. Cette pleine administration dure jusqu'à ce que se produise l'un des événements suivants: un successible se présente avant le délai de dix ans
depuis l'ouverture de la succession et justifie son titre d'héritier,
ou le délai de dix ans expire sans une telle réclamation. Dans
la première éventualité, l'administration du curateur public
prend fin, puisqu'il doit évidemment faire remise des biens
successoraux à l'héritier; dans la seconde, les biens de la
succession sont dévolus de façon définitive à l'État, et le
curateur public en assume alors la gestion, sans toutefois être
tenu de faire des administrations séparées.

Titre IV- Des testaments

Chapitre I- De la nature du testament

Section 1- Définition et caractéristiques du testament

143. La nouvelle définition du testament contenue à l'article 704 al. 1 C.c.Q. est certes plus précise et complète que celle qui se trouve à l'article 756 C.c.B.-C., même si, dans les faits, elle n'en modifie pas la substance. De la nouvelle disposition, on comprend que le testament demeure un acte juridique formaliste, unilatéral, personnel et individuel de disposition à titre gratuit, révocable en tout temps et qui ne prend effet qu'au décès de son auteur.

144. Ainsi, le testament est un acte juridique, par opposition à l'acte matériel, qui naît et s'éteint par la seule volonté du testateur. D'ailleurs, la révocabilité reste l'essence même du testament; c'est pourquoi toute clause par laquelle le testateur prétendrait renoncer à son droit de révoquer son testament est nulle[155].

145. Le formalisme dont est entourée la rédaction du testament exige que ce dernier revête la forme écrite. Ne peut donc constituer un testament valide l'acte de dernières volontés d'une personne constaté sous une forme autre. On doit donc, par exemple, écarter le testament électronique, c'est-à-dire celui fait sur support audio, vidéo ou informatique. Le non respect des formalités rend le testament inexistant, donc nul de nullité absolue. Sous le C.c.B.-C., on dit du testament qui ne remplit pas les formalités exigées par la loi qu'il n'est pas un testament, mais un simple papier sans valeur[156]; aux termes de l'article 713 al. 1 C.c.Q., et sous réserve de l'application de l'article 714 C.c.Q, la même affirmation demeure vraie sous le *Code civil du Québec*. Les formalités auxquelles est assujetti le testament sont également impératives, et non seulement indicatives, en ce sens que le testateur qui opte pour l'une ou l'autre des formes de testament doit en respecter toutes les formalités. Elles sont aussi limitatives, car le Code ne permet pas de soumettre la validité d'un testament à des règles de forme qu'il n'exige pas lui-même[157].

146. Une autre caractéristique du testament est le fait que cet acte est, de par sa nature même, un acte de disposition à titre gratuit, ce qui n'empêche évidemment pas le testateur de stipuler des charges ou des conditions onéreuses à son testament. Par contre, on peut se demander si l'acte qui ne contient aucune disposition de biens constitue véritablement un testament. En réponse à cette question, le Code signale, à son article 705 C.c.Q., que la libéralité est de la nature du testament, mais non de son essence. Aussi l'acte qui ne comporte aucune libéralité, mais qui manifeste certaines volontés du testateur à l'égard de l'administration de sa succession, de la révocation de dispositions testamentaires antérieures ou de l'exhérédation n'est pas pour autant incompatible avec la nature d'un testament. La loi codifie ici la jurisprudence, notamment quant à l'aspect de l'exhérédation[158].

147. Par ailleurs, le testament demeure l'instrument privilégié pour traduire les dernières volontés d'une personne; pour cette raison, il n'est pas question de lui attribuer des effets avant le décès de son auteur. Le *Code civil du Québec* maintient donc le principe à l'effet que le testament ne prend effet qu'au décès de son auteur. Aussi le légataire nommé au testament d'une personne encore vivante n'a-t-il aucun droit susceptible d'être transmis[159].

148. Ce report des effets du testament constitue également une composante essentielle à l'existence de l'acte, de sorte que s'il n'est pas indiqué que le contenu de l'écrit est destiné à prendre effet seulement lors du décès de l'auteur, ou s'il n'y a rien qui permette de croire que les effets ne doivent se produire qu'à cette époque, il y a fort à parier que l'acte ne sera pas considéré comme constituant un testament[160]. De plus, le document peut ne pas contenir l'intention de tester, c'est-à-dire l'intention du testateur de disposer de ses biens advenant son décès, ou cette intention peut être conditionnelle au décès du testateur dans certaines circonstances, ce qui rend le testament sans effet si le décès postérieur a lieu dans un contexte différent[161].

149. L'intention du testateur devient donc un élément important du testament, non seulement pour justifier de son existence, mais également pour lui permettre de produire ses effets. Le Code admet qu'il n'y a pas de termes sacramentels ou consacrés l'expression des dernières volontés d'un testateur, car ce qui importe, c'est que «les termes employés, l'ensemble de ces termes, soient intelligibles et de façon à comprendre l'intention du testateur[162]». Il s'agit là d'une règle d'interprétation qui doit nous guider dans la compréhension et l'application des volontés testamentaires, particulièrement dans le cas des testaments rédigés sans l'assistance d'un conseiller juridique.

150. Même si l'article 704 C.c.Q. ne met pas en évidence ce caractère du testament, il n'en demeure pas moins qu'on ne peut concevoir le testament autrement que comme un acte personnel et individuel, c'est-à-dire celui résultant d'une expression d'une volonté libre, indépendante et isolée[163]. Et surtout, le testament est un acte secret. À la différence de la quittance consentie par le créancier à son débiteur, qui est aussi un acte unilatéral, le testament est par-dessus tout un acte secret. En fait, le législateur le considère tellement secret que dorénavant, sauf quelques rares exceptions, personne d'autre que le testateur n'aura connaissance du contenu de l'acte.

Section 2- Des prohibitions en matière de testaments

151. Les prohibitions en matière de dispositions testamentaires découlent de la nature même de l'acte; le respect de la volonté du disposant et le secret entourant la confection du testament expliquent sans doute la solennité, voire la révérence accordée au testament par le législateur québécois. Deux prohibitions méritent une attention particulière, non pas qu'elles soient nouvelles, mais bien parce qu'elles confirment la rigueur des règles propres à la forme du testament. Ce sont l'abdication de la faculté de tester et les testaments conjoints.

Sous-section 1- Abdication de la faculté de tester

152. L'article 706 C.c.Q. interdit à toute personne, même par contrat de mariage, de renoncer à sa faculté de tester ou à son droit de révoquer des dispositions antérieures. L'exception dont il est fait mention à l'article concerne la donation à cause de mort contenue en un contrat de mariage, où la disposition irrévocable de biens demeure possible.

Sous-section 2- Testaments conjoints

153. L'article 704 al. 2 C.c.Q. expose, on ne peut plus sommairement, la prohibition des testaments conjoints: deux ou plusieurs personnes ne peuvent faire leur testament dans le même acte. Étant donné que la nature de ces testaments n'est pas définie à l'article, on peut certainement leur appliquer les mêmes règles que sous l'empire du C.c.B.-C.[164]; pour qu'il y ait testaments conjoints, il faut qu'il y ait un seul texte, un seul acte juridique et que les deux testaments soient dans ce document unique[165]. Naturellement, la règle n'empêche pas deux personnes de faire leur testament sur une même feuille de papier, pourvu que ce soit dans des actes juridiques distincts, c'est-à-dire à condition que les volontés des testateurs soient distinctes les unes des autres et signées respectivement par chacun d'eux.

Chapitre II- De la capacité de tester

154. Les règles de fond en matière de capacité de tester n'ont guère changé; on s'est, la plupart du temps, contenté d'adapter à la nouvelle terminologie du *Livre des personnes* l'énonciation des règles en matière de capacité de tester. Ainsi, le principe fondamental, énoncé à l'article 703 C.c.Q., demeure à l'effet que toute personne ayant la capacité requise, c'est-à-dire la capacité de disposer, peut tester de tout ou de partie de ses biens. Quant au moment où s'évalue cette capacité, l'article 707 C.c.Q. nous rappelle que c'est au moment de la confection du testament, et non à l'ouverture de la succession du défunt, que l'on doit se placer pour juger de sa capacité de tester.

155. La capacité de tester ne pose guère de difficultés à l'égard du majeur. La majorité confère en effet à la personne la pleine capacité de l'exercice de tous ses droits civils[166]. Par contre, la capacité du mineur et celle du majeur dont la capacité d'exercice des droits civils est précisément limitée méritent quelques commentaires.

Section 1- La capacité du mineur

Sous-section 1- Le mineur non émancipé

156. En principe, il est interdit au mineur de tester de ses biens[167]. La règle, énoncée à l'article 708 *in limine* C.c.Q., souffre néanmoins certaines exceptions. En effet, s'il ne fait aucun doute que le mineur non émancipé est tout à fait incapable de faire un testament, vu sa capacité très limitée[168], la loi permet tout de même à ce mineur certains actes de dernières volontés. Soulignons à ce titre que l'article 42 C.c.Q. accorde au mineur, émancipé ou non, le droit de manifester ses volontés quant au mode de disposition de son cadavre, à condition qu'il en soit autorisé par écrit par le titulaire de l'autorité parentale ou par son tuteur[169]. En outre, l'article 708 *in fine* C.c.Q. confère également au mineur, quels que soient son âge et son statut juridique, la faculté de tester de ses biens de peu de valeur[170]. Cette dernière dérogation à l'incapacité du mineur non émancipé est cependant une pure question de faits, laissee à l'appréciation des tribunaux, compte tenu des conditions sociales et financières du mineur. Enfin, lorsqu'il est dûment autorisé par le tribunal, sur avis du conseil de tutelle, et avec l'assistance de son tuteur, le mineur autorisé à se marier peut passer «toutes les conventions matrimoniales permises dans un contrat de mariage»[171]. Il peut donc disposer de ses biens par donation à cause de mort en un contrat de mariage, sans que le critère de la modicité du legs n'entre en ligne de compte.

Sous-section 2- Le mineur émancipé

157. Quant au mineur simplement émancipé[172], bien que sa capacité soit plus grande que celle du mineur non émancipé, elle ne lui permet que de poser des actes de simple administration[173]; ce mineur n'a pas la pleine capacité de l'exercice de ses droits civils et, en conséquence, il ne peut tester, sous les mêmes réserves cependant que le mineur non émancipé. À l'inverse, on doit considérer le mineur pleinement émancipé comme un majeur capable et, par conséquent, apte à rédiger un testament[174].

Section 2- La capacité du majeur protégé

158. Il est évidemment question ici des trois types de régimes de protection, soit la curatelle, la tutelle et le régime de conseiller au majeur.

Sous-section 1- Le majeur sous curatelle

159. L'article 710 *in limine* C.c.Q. nie à ce majeur le droit de faire un testament, car son inaptitude de prendre soin de lui-même et d'administrer ses biens est totale et permanente[175]. En outre, son testament est toujours invalide, qu'il l'ait fait seul ou avec le concours de son curateur[176]. Même si le curateur prétend être autorisé par le conseil de tutelle, le testament ne vaut point. Quant au testament qui aurait été rédigé par le majeur avant sa mise en curatelle, il demeure en principe valide, quoique l'article 284 C.c.Q. en permette l'annulation sur preuve de l'inaptitude notoire du testateur à l'époque de la confection du testament.

Sous-section 2- Le majeur sous tutelle

160. En principe, ce majeur ne peut tester[177], car il est également inapte à prendre soin de lui-même ou à administrer ses biens[178]. Toutefois, vu que cette inaptitude est soit partielle soit temporaire, le législateur permet de soumettre à l'analyse du tribunal le contenu des dispositions testamentaires du majeur sous tutelle. La nature du testament et les circonstances entourant sa confection peuvent alors éclairer le tribunal dans l'appréciation de la capacité du majeur, et permettre la validation du testament. Ce qui est certain, c'est que si le majeur fait un testament pendant la durée de la tutelle, il doit le faire seul, sans aucune assistance; le prétendu concours de son tuteur à son testament n'aurait aucun effet[179]. Enfin, et contrairement aux règles qui prévalent pour le majeur sous curatelle, le testament du majeur en tutelle rédigé avant le jugement décrétant l'ouverture du régime de protection conserve tout son effet même après le jugement de mise en tutelle. En outre, vu l'impossibilité pour ce majeur de tester à nouveau à compter de l'ouverture de son régime de protection, son testament antérieur devient irrévocable, du moins tant que dure son incapacité.

Sous-section 3- Le majeur pourvu d'un conseiller

161. Ce majeur peut faire un testament seul, sans l'assistance de son conseiller[180]. Il s'agit là de la même règle que pose l'article 834 C.c.B.-C. Le conseiller ne pourrait prétendre tester au nom de celui qu'il assiste[181], mais sa présence au testament du majeur n'invaliderait pas l'acte.

Chapitre III- Des formes du testament

162. Au chapitre des formes admises de testament, le *Code civil du Québec* s'attarde davantage à assurer la modernisation des formes déjà connues qu'à l'introduction de formes nouvelles[182]. On retrouve donc sous le nouveau Code les mêmes trois formes de testaments que sous le C.c.B.-C.: le testament olographe, le testament devant témoins, version contemporaine du testament fait suivant la forme dérivée de la loi d'Angleterre, et le testament notarié[183]. Quant aux «testaments privilégiés»[184], ils sont tout simplement disparus.

Section 1- Le testament notarié

163. Le testament notarié demeure, sous le *Code civil du Québec*, la forme privilégiée par le législateur[185]. C'est d'ailleurs ce qui explique que les formalités entourant sa confection demeurent à la fois plus nombreuses et plus strictes que pour les deux autres formes de testament.

Sous-section 1 Conditions relatives au notaire instrumentant

164. Le testament authentique doit obligatoirement être reçu devant un notaire inscrit au Tableau de l'Ordre. En effet, seul le notaire est un officier public compétent pour conférer au testament le caractère authentique requis.

165. Afin d'assurer le respect du strict devoir d'impartialité du notaire, le Code impose certaines restrictions quant au degré de parenté permis entre le notaire instrumentant et le testateur. On sait qu'en vertu de l'article 32 de la *Loi sur le notariat*[186], le notaire ne peut recevoir un acte où lui-même ou son conjoint est

partie. En matière de réception des testaments authentiques, la prohibition va encore plus loin puisque l'article 723 C.c.Q. interdit formellement au notaire de recevoir le testament de son conjoint ou d'une personne parente ou alliée avec lui, soit en ligne directe, sans limite de degrés, soit en ligne collatérale, jusqu'au 3ième degré inclusivement.

166. Pour sa part, l'article 724 C.c.Q. traite d'une règle qui n'est aucunement une règle de forme du testament notarié, mais bien de fond. En effet, il y est stipulé l'interdiction pour le notaire instrumentant d'être rémunéré pour le cas où le testateur l'aurait désigné comme liquidateur successoral[187]. Si le testament prévoit une telle rémunération, la transgression à l'article n'a cependant pas pour effet d'invalider la clause de nomination, encore moins d'enlever le caractère authentique à l'acte: seule la portion de la clause prévoyant la rémunération sera réputée non écrite. Il n'y a ici aucune véritable modification du droit, mais simplement codification de la doctrine majoritaire[188].

Sous-section 2- Conditions relatives aux témoins

167. Première d'une longue liste de modifications au testament notarié est le fait qu'il suffit dorénavant qu'un seul témoin assiste à la réception du testament, à moins que certaines circonstances particulières ne justifient la nécessité de recourir à deux témoins[189]. Ces exceptions, au nombre de deux, s'expliquent du fait qu'elles constituent des situations où la diminution de certaines des aptitudes du testateur exige un formalisme plus grand pour assurer l'intégrité des volontés qu'il a exprimées. Ainsi, lorsque le testateur est incapable de signer son testament[190], ou qu'il est aveugle[191], le testament doit être reçu en la présence de deux témoins, outre le notaire. Nous aurons l'occasion d'examiner les formalités propres à ces testaments plus tard.

Parag. 1- Aptitudes physiques

168. En ce qui concerne la capacité requise du témoin, on note que l'article 725 al. 2 C.c.Q. semble constituer la seule disposition établissant les normes requises à cet égard. Mais cela est naturellement insuffisant, car le rôle même du témoin dicte d'autres conditions de compétence, que l'on pourrait qualifier

d'aptitudes physiques. D'ailleurs, il suffit de rappeler que son rôle est de témoigner du consentement donné par le testateur à son testament et de l'accomplissement de certaines formalités[192], pour qu'on exclut aussitôt de cette fonction certaines personnes. Ainsi en est-il du sourd ou du sourd-muet, qui ne peuvent être témoins, parce qu'ils sont incapables de témoigner de la déclaration du testateur relatant l'adéquation entre le testament à lui lu et ses volontés, déclaration qui doit être faite en présence du témoin. Par contre, rien n'empêche la personne muette de servir à titre de témoin, si elle n'est pas sourde. Quant à l'aveugle, il est également incompétent pour agir à titre de témoin testamentaire: il ne peut en effet ni identifier le testateur, ni certifier le fait de sa signature, ni même témoigner que la déclaration de conformité des volontés a été effectivement faite par le testateur[193].

Parag. 2- Capacité juridique

169. Tout majeur possède la capacité requise pour agir à titre de témoin testamentaire; c'est d'ailleurs ce que nous souligne l'article 725 al. 2 C.c.Q. En conséquence, le mineur non émancipé ne peut jamais être témoin; il en est de même du mineur simplement émancipé. Pour sa part, le mineur pleinement émancipé peut servir de témoin, car sa capacité est celle du majeur. Quant à la possibilité pour le majeur sous régime de protection d'agir comme témoin, il faut vraisemblablement décider à la lumière du rôle du témoin dans la réception du testament. Le rôle du témoin étant notamment de témoigner de la manifestation du consentement du testateur à son testament, il semble normal d'exiger de lui qu'il soit en mesure de comprendre la portée et l'importance de ce rôle. D'une façon plus générale, on peut sans doute dire que celui qui ne peut, sans contrôle ou restrictions, faire un testament, ne peut y servir de témoin. Seraient donc exclus de cette fonction le majeur sous curatelle et le majeur sous tutelle.

Parag. 3- Prohibitions

170. On se rappelle que le C.c.B.-C. réglemente très sévèrement la capacité de certaines personnes de servir de témoin. Nous pensons de façon toute particulière à l'interdiction faite aux employés du notaire instrumentant et à son conjoint[194] de servir de témoin.

171. La première de ces prohibitions, soit celle interdisant aux employés du notaire d'être témoins au testament reçu par leur employeur est demeurée. L'article 725 al. 2 *in fine* C.c.Q. prend cependant soin de bien en préciser la portée: l'interdiction s'adresse à tout employé du notaire, à moins qu'il ne soit lui-même un notaire. Cette disposition vient confirmer la solution préconisée par la doctrine sous le C.c.B.-C., quoique les motifs alors invoqués au soutien de la solution ne soient plus les mêmes[195].

172. L'article 725 C.c.Q. ne reprend pas la règle de l'article 844 C.c.B.-C. qui interdit au conjoint du notaire instrumentant d'être témoin. En conséquence, la prohibition à son égard n'existe plus, et rien n'empêche le conjoint du notaire d'agir comme témoin testamentaire[196].

173. Enfin, mentionnons la disparition des règles du C.c.B.-C. en matière d'interdiction de parenté entre les notaires, de sorte que le témoin, même s'il est lui-même notaire, peut être parent à n'importe quel degré avec le notaire instrumentant. En outre, lorsque les circonstances exigent la présence de deux témoins, il n'y a pas non plus incapacité des témoins résultant du statut de conjoints entre les deux témoins, car le nouveau Code n'a pas repris la prohibition de l'article 844 al. 3 C.c.B.-C.

Sous-section 3- Conditions de forme

174. Les conditions de forme propres au testament authentique peuvent s'analyser sous deux volets. En premier lieu, il est nécessaire que certaines formalités soient accomplies pour que le testament notarié soit valide; en second lieu, il est nécessaire que l'acte lui-même contienne certaines mentions obligatoires.

Parag. 1- L'accomplissement de formalités

175. Les formalités ont été passablement allégées dans le nouveau droit, bien que l'obligation pour le testament authentique d'être reçu par acte portant minute demeure[197]. Par contre, le législateur se montre plus respectueux de la nature du testament en faisant de la lecture de cet acte une formalité plus secrète, puisqu'il n'est plus nécessaire que cette lecture soit faite en présence du témoin[198]. Même si elle demeure encore essentielle, cette lecture peut être faite de deux façons, c'est-à-

dire que le testament peut être lu par le notaire en la seule présence du testateur ou, au choix de ce dernier, en la présence simultanée du témoin et du testateur.

176. Pour s'assurer que le testament corresponde effectivement aux volontés du testateur, le Code exige une déclaration du testateur à l'effet que l'acte qui lui a été lu contient réellement l'expression de ses dernières volontés; seule cette déclaration doit être faite devant le témoin[199]. Le testateur n'a donc pas à faire connaître ses volontés au témoin; il lui suffit de déclarer, en présence de celui-ci, que l'acte qui lui a été lu représente bien ses volontés testamentaires.

177. Enfin, le testament doit être signé par le testateur, le témoin et le notaire instrumentant, en la présence simultanée les uns des autres[200].

Parag. 2- Mentions requises au testament

178. Si l'allègement des formalités peut être considéré comme une modernisation du testament notarié, cette transformation est encore plus visible en ce qui concerne les mentions obligatoires que doit contenir le testament. En effet, l'article 718 al. 1 C.c.Q crée une présomption de l'accomplissement des formalités du testament authentique, même lorsque l'acte lui-même ne renferme aucune mention à cet égard. La nouvelle règle dispense le testament d'avoir à relater de façon complète et précise les formalités qui ont été accomplies dans le cadre de la réception du testament notarié. Ainsi, le testament n'a plus à indiquer que la lecture du testament a été faite par le notaire en présence du testateur, ni que le testateur a déclaré, devant témoin, que l'acte lu contient l'expression de ses dernières volontés, ni enfin que le testament a été signé par le testateur, le témoin et le notaire en présence les uns des autres. Cette présomption d'accomplissement des formalités bénéficie certainement de l'authenticité, car elle vise un formalisme que le notaire doit respecter dans la réception d'un acte notarié; aussi le testament attaqué sous prétexte que les formalités requises n'ont pas été respectées devra-t-il l'être par voie d'inscription de faux[201].

179. Il faut insister sur le fait que la présomption de l'article 718 C.c.Q. ne s'applique qu'aux formalités spécifiques au testa-

ment, et qu'en conséquence, toutes les autres mentions requises par la *Loi sur le notariat* doivent être inscrites au testament. On pense ici particulièrement aux mentions du numéro de minute, de la lecture de l'acte et de la signature par le testateur et le témoin en présence du notaire instrumentant[202]. Quant à la date et au lieu de réception du testament, l'article 716 al. 2 C.c.Q en exige spécifiquement la mention.

Sous-section 4- La réception des testaments notariés spéciaux

180. Si, dans le cas du testament notarié «ordinaire» le législateur a décidé d'éliminer en partie un formalisme jugé superflu ou désuet, il a au contraire choisi de conserver ce rigorisme de forme en des situations où la certitude absolue de la volonté du testateur justifie une solennité plus grande.

181. Ce formalisme se manifeste dans quatre situations où le testateur, à cause de certaines contraintes physiques, ne peut manifester sa volonté de la façon ordinaire, c'est-à-dire au moyen d'une déclaration de son consentement et de sa signature apposée à son testament, soit les testaments de celui qui est incapable de signer, de l'aveugle, du sourd ou du sourd-muet et enfin du muet. Dans chacun de ces cas, le formalisme est double: tout d'abord, l'acte doit énoncer la cause des formalités spéciales, par exemple l'incapacité de signer, la cécité, le mutisme ou la surdité. Il n'est cependant pas nécessaire d'indiquer la cause de cette incapacité[203]. En second lieu, l'acte doit décrire les formalités spéciales qui ont été accomplies à cette occasion. À cet égard, et malgré le fait que l'article 718 al. 2 C.c.Q. semble n'exiger mention que de la cause de l'accomplissement de formalités particulières, il nous semble implicite qu'il faille également décrire les formalités elles-mêmes.

Parag. 1- Le testament de celui qui est incapable de signer

182. On doit recourir aux formalités particulières de ce testament notarié, prévues à l'article 719 C.c.Q., dans tous les cas où une personne est incapable de signer, quelle que soit la source de son incapacité: accident, handicap, analphabétisme ou autre. Les formalités supplémentaires édictées par le Code sont cependant de modeste envergure, puisqu'elles se résument en la

nécessité de faire déclarer au testateur son incapacité de signer, le tout en présence de deux témoins.

183. Ainsi, aux termes de l'article 719 C.c.Q., le testament doit contenir la déclaration du testateur à l'effet qu'il est incapable de signer. Cette formalité comporte en réalité trois volets distincts: tout d'abord, le testateur déclare, de vive voix, qu'il ne peut signer son testament[204]. En second lieu, le notaire doit inscrire cette déclaration au testament et, en dernier lieu, en faire lecture en présence des témoins. Le testateur n'est pas obligé d'apposer une marque quelconque pour remplacer la signature de son nom[205].

184. La seconde formalité particulière exigée par l'article 719 *in fine* C.c.Q. est la présence de deux témoins. Toutefois, il n'est pas nécessaire que les témoins soient présents lors de la lecture du testament; leur présence au moment de la lecture de la déclaration du testateur par le notaire suffit. Puisqu'il n'y a pas d'exigences particulières quant à la qualité des témoins, ils peuvent être conjoints ou autrement parents l'un avec l'autre sans que cela ne les rende incompétents. Toutefois, aucun d'eux ne doit être l'employé du notaire instrumentant, à moins d'être lui-même notaire[206].

Parag. 2- Le testament de l'aveugle

185. Les formalités entourant la confection du testament de l'aveugle, prévues à l'article 720 C.c.Q., constituent une innovation importante dans notre droit, puisque sous le C.c.B.-C., il n'y a aucune disposition spéciale en la matière. Elles sont légèrement plus strictes que dans le cas du testament de celui qui est incapable de signer, bien que certaines d'entre elles soient communes aux deux situations.

186. Tout comme pour le cas du testateur incapable de signer, le testament de l'aveugle doit être reçu devant deux témoins[207]. À la différence de celui-ci cependant, le testament de l'aveugle doit être lu par le notaire en présence de ces témoins; la seule déclaration de conformité du testateur est donc insuffisante en ce cas. En outre, il faut non seulement que le notaire lise le testament au testateur en présence des témoins, mais aussi qu'il inscrive à l'acte une déclaration spéciale à l'effet qu'il a fait cette lecture. Cette déclaration du notaire doit également être lue au testateur et aux témoins[208].

Parag. 3- Le testament du sourd ou du sourd-muet

187. Le cas du testateur sourd ou du sourd-muet nécessite l'accomplissement de formalités plus nombreuses, car le testateur n'est pas en mesure d'entendre lecture de ses dernières volontés. Ainsi, en vertu de l'article 721 al. 1 C.c.Q., le testament du sourd-muet doit être lu par le testateur pour lui-même en présence du notaire seul ou, à son choix, du notaire et d'un témoin[209]; si le testateur est sourd seulement, le testateur doit en faire lecture à haute voix. Selon l'article 721 al. 2 C.c.Q., il faut de plus que le testament contienne une déclaration expresse du testateur relatant les formalités de la lecture de son testament; devront donc être précisés les détails concernant cette lecture. Enfin, l'article 721 al. 3 C.c.Q. exige que la déclaration de lecture soit également lue à haute voix, soit par le notaire au testateur en présence du témoin, si le testateur est sourd-muet, soit par le testateur lui-même, en présence du notaire et du témoin, si le testateur est sourd seulement. S'ajoutent à ces formalités, si le testateur est aussi muet, celle du mode de communication de ses volontés au notaire, tel que l'exige l'article 722 C.c.Q.

Parag. 4- Le testament du muet

188. Il y a ici peu de formalités additionnelles par rapport au testament notarié ordinaire: il suffit, outre les formalités ordinaires du testament notarié, que ce testateur communique au notaire ses dernières volontés par écrit. Le testateur ne peut donc pas faire comprendre au notaire ses volontés par signes; c'est d'ailleurs la règle actuelle. Enfin, et nonobstant le silence de l'article 722 C.c.Q. à cet égard, il nous apparaît plus prudent que le testament mentionne que le testament a été rédigé suite aux instructions écrites du testateur, ceci afin de se conformer à l'article 718 al. 2 C.c.Q.; pareille mention n'a cependant pas à être écrite par le testateur lui-même.

Section 2- Le testament olographe

189. L'article 726 C.c.Q. réglemente la forme la moins formaliste des testaments. Le testament olographe ne nécessite ni officier public, ni témoins, et sa confection est soumise à

deux règles seulement, à savoir que l'acte doit être écrit en entier par le testateur et signé par lui. Ni la date ni le lieu de confection ne sont essentiels à la validité de cette forme de testament.

Sous-section 1- La rédaction par le testateur

190. Le testament olographe est, en principe, réservé aux seules personnes capables d'écrire. Cependant, si le testateur ne sait pas écrire de lui-même, mais qu'il a copié le texte de son testament d'une autre source, que ce soit d'une formule, ou du texte qu'il a dicté à un tiers, le testament n'en demeure pas moins valable, dans la mesure du moins où le testateur a connaissance de ce qu'il écrit. Par contre, si le testateur est incapable d'écrire seul, il ne peut recourir au testament olographe, car la rédaction du testament olographe avec l'aide d'un tiers est interdite. C'est ainsi que la rédaction du testament avec «main dirigée» est prohibée, à moins qu'il soit établi que l'aide a été strictement matérielle[210]. Ce qui compte par dessus tout, c'est que le rédacteur du testament ne soit pas qu'un simple instrument aux mains du tiers. Dès qu'il est prouvé que le testament n'a pas été l'œuvre exclusive du testateur, le document perd sa validité, et aucune preuve ne peut compenser cette absence de formalité[211]. Il est important de souligner que l'article 726 alinéa 1 C.c.Q. ne parle pas, comme le fait l'article 850 al. 1 C.c.B.-C., d'écriture «de la main du testateur», mais seulement d'écriture «par le testateur», ce qui permet à l'handicapé d'utiliser cette forme de testament, même lorsqu'il doit recourir à sa bouche ou ses pieds pour le rédiger[212].

191. Pour ce qui est de la possibilité d'admettre la validité d'un testament olographe dactylographié, l'article 726 al. 1 in fine C.c.Q. écarte expressément cette possibilité[213]. En outre, il faut aussi écarter comme testament olographe celui qui résulte de tout procédé technique, telle l'imprimerie. On justifie cette décision en invoquant la sécurité juridique du testament[214].

192. Par ailleurs, l'article 726 C.c.Q. n'apporte aucune modification au droit actuel dans deux situations, soit lorsque le testament olographe contient une écriture étrangère[215] et lorsqu'il est rédigé sur une formule préimprimée.

193. Dans le premier cas, les principes déjà proposés par la jurisprudence continuent à prévaloir, et on annulera vraisemblablement un tel testament seulement[216] si l'écriture a été faite par un tiers sur l'ordre ou avec le consentement du testateur ou à sa connaissance, et si cette écriture fait partie du testament, c'est-à-dire si les mots sont un élément constituant de la phrase à laquelle ils se rapportent[217]. À l'inverse, si les écritures étrangères ne concernent nullement la disposition à cause de mort, le testament demeure valide[218].

194. Quant au cas du testament rédigé sur une formule préimprimée, le nouveau Code ne change rien non plus à l'interprétation dégagée par les tribunaux sous le C.c.B.-C. En conséquence, un tel testament peut être valide, à la condition cependant de retrouver, dans les seuls mots écrits par le testateur, une intention réelle de tester: si on peut voir, avec ces seuls mots, l'intention du testateur de disposer de ses biens à son décès, le testament est valide sous la forme olographe[219]. À cet égard, le nouvel article 714 C.c.Q. offre un argument supplémentaire pour valider ce testament[220].

Sous-section 2- La signature par le testateur

195. On a défini la «signature» comme étant «l'inscription manuscrite par laquelle le testateur fait sien le testament qui précède l'inscription»[221]. Elle comprend les prénom et nom de famille, mais il n'est pas nécessaire de signer tous les prénoms de l'acte de naissance; le prénom usuel suffit. L'interprétation dégagée par la jurisprudence sous le C.c.B.-C. devrait sans doute continuer à prévaloir: dès que la signature est conforme aux habitudes du testateur, et qu'elle l'individualise suffisamment, elle doit être considérée comme valide. Aussi, la signature illisible, de même que les initiales du prénom du testateur, accompagnés de la signature de son nom de famille, ou d'une autre marque distinctive[222] ont-elles été acceptées à titre de signatures valides, tandis que «papa»[223] ou les initiales seules du testateur[224] ont été jugées invalides.

196. La disparition, à l'article 726 C.c.Q., de toute exigence relativement à l'emplacement de la signature nous porte à croire que les tribunaux seront tout aussi larges dans leur interprétation à cet égard qu'ils l'ont été sous le C.c.B.-C.[225]. Comment

pourrait-on en effet exiger que la signature apparaisse à la fin de l'acte alors que le texte de loi ne l'exige même plus?

197. En termes simples, nous croyons que, sous le *Code civil du Québec*, le testament olographe doit être considéré comme validement signé par le testateur si, en premier lieu, il contient une signature qui identifie suffisamment le testateur, si en second lieu, cette signature est incluse dans le cadre du testament[226] et si, en dernier lieu, on peut comprendre que cette signature se rattache aux volontés exprimées dans le testament[227].

198. On peut enfin s'interroger quant à savoir si la lettre missive peut valoir comme testament olographe. Encore ici, on se reportera sans aucune doute aux critères déjà élaborés par la jurisprudence du C.c.B.-C. pour analyser la lettre sous la perspective de *l'animus testandi*, c'est-à-dire l'intention réfléchie, arrêtée et définitive de faire une disposition de ses biens à sa mort[228]. Si la lettre confirme une intention de son auteur de faire un testament, la lettre équivaut à un testament olographe[229]; dans le cas contraire, elle ne vaut pas comme testament, mais est plutôt considérée comme un simple projet de tester[230].

Section 3- Le testament devant témoins

199. Cette forme est prévue aux articles 727-730 C.c.Q.: c'est le testament rédigé et signé par le testateur en présence de deux témoins, ou celui préparé à l'avance, et produit aux deux témoins pour fins d'attestation et de signature. Les formalités relatives à la confection de ce testament sont naturellement plus strictes que celles du testament olographe, mais moins sévères que celles du testament notarié. Il n'y a aucune obligation d'indiquer la date ou le lieu du testament.

Sous-section 1- Formalités matérielles

200. On peut étudier les formalités de ce testament en distinguant les règles régissant la rédaction de l'acte, celles relatives à la reconnaissance du testament par le testateur, les autres propres à la signature par le testateur et par les témoins, et finalement celles se rapportant à l'obligation de paraphe.

Parag. 1- La rédaction du testament

201. Les règles à cet égard sont très libérales tant à l'égard du mode de rédaction qu'à l'égard de l'auteur du document. C'est ainsi qu'il n'est pas nécessaire que la rédaction du testament devant témoins soit manuscrite; le testament peut être dactylographié, rédigé sur une formule préimprimée ou par tout procédé technique[231]. De même, ce testament peut avoir été écrit par le testateur lui-même ou par un tiers[232].

Parag. 2- La reconnaissance par le testateur

202. L'article 727 al. 2 C.c.Q. exige que le testateur reconnaisse que la signature qui apparaît sur le document est la sienne, et que cette signature a été apposée à son testament. La reconnaissance porte donc sur deux éléments, soit le testament lui-même et sa signature par le testateur[233]. Cependant, l'article n'exige pas que les témoins prennent connaissance du contenu du testament; ce qui est important, c'est qu'ils sachent qu'il s'agit d'un testament[234].

203. Cette reconnaissance doit avoir lieu devant les deux témoins, présents en même temps; leur présence successive est insuffisante. Même si l'article 727 C.c.Q. ne précise pas, comme le fait l'article 851 C.c.B.-C.[235] que la présence des témoins doit être «simultanée», rien ne devrait changer à cet égard. En principe, cette reconnaissance doit être expresse et solennelle, c'est-à-dire que le testateur doit déclarer aux témoins qu'il s'agit de sa signature et que cette signature a été apposée sur un document qui constitue son testament. Le législateur a même prévu la situation du testateur muet[236], auquel cas ce dernier doit faire la déclaration de la reconnaissance du testament par écrit. Il est vrai que la reconnaissance peut aussi être implicite: c'est ce qui se passe lorsque le testateur signe son testament en présence des témoins. Le testateur n'a alors pas à reconnaître formellement sa signature, puisque les témoins y ont assisté.

Parag. 3- La signature

204. À cet égard, les règles du testament devant témoins sont plus précises, et surtout plus strictes que celles du testament olographe. En effet, le testament devant témoins doit être signé

à la fin[237]. Certes, l'apposition de la signature à un autre endroit n'invalidera vraisemblablement pas le testament, mais on considérera sans doute que toute disposition apparaissant après cette signature constitue une nouvelle disposition testamentaire nécessitant une autre signature. L'article 727 C.c.Q. rappelle en cela l'article 851 C.c.B.-C. En principe, c'est le testateur lui-même qui appose sa signature, bien qu'il soit possible pour le testateur de faire signer le testament, en son nom, par un tiers. Sous le C.c.B.-C., la jurisprudence a établi que même lorsque c'est un tiers qui signe pour le testateur, ce tiers doit signer le nom du testateur, et non le sien[238]. L'article 727 C.c.Q. ne précisant pas si le tiers doit en ce cas signer son propre nom ou celui du testateur, on peut croire que l'un ou l'autre serait acceptable[239]. Quant au sens à donner à signature, vu l'absence d'une règle à ce contraire à l'article 727, il est probable que l'interprétation qui prévaut déjà sous le C.c.B.-C. persistera[240].

205. La signature du testament par les témoins traduit en fait leur attestation de la reconnaissance faite par le testateur. Cette attestation est implicite, et la seule signature des témoins suffit à présumer que la reconnaissance par le testateur a été faite conformément à la loi, sans qu'il soit nécessaire que l'acte ne renferme une formule précise à cet effet. On conserve en cela les règles actuelles, même si, à prime abord, l'article semble plus large[241]. L'alinéa 3 de l'article 727 C.c.Q. précise enfin que les témoins doivent signer le testament immédiatement après la reconnaissance du testateur. De plus, la signature des témoins doit être apposée en présence du testateur; elle doit également suivre celle du testateur[242], mais les initiales ne constituent pas une signature valable.

Parag. 4- L'obligation de paraphe

206. Autre illustration du formalisme nouveau du testament devant témoins, la nécessité de parapher le document apparaît comme une mesure supplémentaire destinée à assurer la protection des dernières volontés du testateur. En effet, toutes les fois que le testament devant témoins n'a pas été rédigé de la main du testateur, il est nécessaire que toutes les pages du document qui ne portent pas la signature du testateur et des témoins soient paraphées, c'est-à-dire initialées ou signées par eux; telle est l'exigence de l'article 728 al. 1 C.c.Q. La raison

en est évidente: on veut empêcher la substitution, la suppression ou l'ajout de pages au testament[243]. Cette nouvelle mesure paraît intéressante, mais elle risque certainement d'engendrer de nombreux procès en nullité de testament pour défaut de forme; en effet, peu nombreux seront les testateurs qui connaîtront l'existence de cette formalité supplémentaire, à moins qu'ils n'aient eu recours à un conseiller juridique pour la préparation de leur testament. Il est à parier que le recours prévu à l'article 714 C.c.Q. sera largement utilisé dans de tels cas.

Sous-section 2- Règles relatives aux témoins

207. L'article 727 al. 2 C.c.Q. ne semble exiger qu'une seule qualité des témoins, soit la majorité. On peut aussi certainement penser qu'il doit être idoine, c'est-à-dire non intéressé aux dispositions testamentaires, bien que son intérêt à l'acte n'ai pas d'impact sur la validité de celui-ci[244]. À cela, il faut ajouter les aptitudes physiques identiques à celles du témoin au testament notarié, soit la capacité du témoin d'attester de l'accomplissement des formalités requises et de confirmer le consentement du testateur à son testament. Quant à des incapacités résultant de la parenté entre les témoins eux-mêmes, il ne semble plus que l'on doive en retenir; les conjoints peuvent donc être témoins ensemble.

Sous-section 3- Règles particulières lorsque le testateur est illettré

208. Après avoir inséré au P.L. 20 une disposition à l'effet que celui qui ne sait lire ne peut faire de testament devant témoins[245], le législateur a fait volte-face et prévoit, à l'article 729 C.c.Q. que la personne illettrée peut faire un testament devant témoins, à la condition que l'acte lui soit lu par l'un des témoins, en présence de l'autre témoin. Exceptionnellement, le contenu du testament sera donc connu des deux témoins. Quant aux alinéas 2 et 3 du même article, qui prévoient les règles relatives à la reconnaissance et à la signature du testament par le testateur, et à sa signature par les témoins, ils reprennent essentiellement les mêmes exigences que les alinéas 2 et 3 de l'article 727 C.c.Q. et ne constituent donc pas des dérogations au formalisme normal du testament devant témoins. La règle de

l'article 729 C.c.Q. n'est cependant pas nouvelle, puisque sous le Code actuel, l'illettré peut faire un testament suivant la forme dérivée de la loi d'Angleterre[246]; elle répond sans doute à certaines critiques soulevées par la doctrine suite par rapport au texte du P.L. 20 de 1987[247].

Section 4- Les atténuations à la nullité des testaments pour le non-respect des formalités

209. Les formalités des divers testaments sont essentielles à leur validité: si elles ne sont pas respectées, le testament est nul et inexistant[248]. Toutefois, malgré le principe strict de nullité, il y a trois cas où le Code admet des atténuations, et où les effets de la nullité sont évités, soit la validation du testament sous une autre forme, la reconnaissance du testament par l'héritier et l'écrit conforme à la volonté du testateur.

Sous-section 1- La validation du testament sous une autre forme

210. Afin de ne pas pénaliser indûment l'erreur de forme commise lors de la confection d'un testament, l'article 713 al. 2 C.c.Q. permet de valider un testament sous l'une ou l'autre des trois formes, même si originairement, celle-ci n'était pas la forme visée par le testateur. En conséquence, si une personne fait un testament authentique, mais que ce testament ne respecte pas les formalités requises, il sera nul comme testament authentique, mais pourra valoir comme testament devant témoins, par exemple, si certaines conditions sont respectées. Pour que puisse jouer l'article 713 al. 2 C.c.Q., il faut en effet la réunion des deux conditions suivantes: d'abord, la nullité du testament doit découler d'un défaut de forme. Il n'est pas possible de demander de valider un testament nul parce que le testateur était incapable, ou le testament révoqué ou sans effet à cause de la nullité des legs qu'il contient[249]. Comme seconde condition, le testament doit être acceptable sous une autre forme: si le testament ne peut pas être accepté sous l'une ou l'autre des trois formes, l'article 713 al. 2 C.c.Q. est inapplicable.

211. Soulignons que le législateur n'a pas oublié que le testament notarié n'est jamais écrit par le testateur et qu'il ne porte

pourtant pas le paraphe des signataires à chacune des pages, ce
qui aurait normalement empêché le testament authentique d'être
vérifié sous la forme devant témoins. Heureusement, l'article
728 al. 2 C.c.Q. crée une exception à la nécessité de paraphe
dans le cas du testament notarié déposé pour fins de vérification
sous la forme devant témoins.

Sous-section 2- *La reconnaissance du testament par l'héritier*

212. L'article 773 C.c.Q., qui permet à l'héritier de reconnaître
un testament invalide, atténue également la nullité qui découle
normalement du non-respect des règles de forme des testaments
édictée à l'article 713 al. 1 C.c.Q. La portée pratique de l'article
773 C.c.Q. va cependant bien au-delà de la nullité du testament
pour défaut de forme, car la doctrine[250] et la jurisprudence[251]
admettent que la reconnaissance faite par l'héritier produit ses
effets tant à l'égard du testament nul de nullité absolue, qu'à
l'égard du testament annulable, et permet même de couvrir la
nullité d'un legs. Néanmoins, pour produire ses effets, la reconnaissance doit respecter certaines conditions; ainsi elle doit
émaner de l'héritier, de toute personne intéressée, par exemple
le successible *ab intestat* déshérité, du légataire, ou de toute
autre personne qui a intérêt à ce que le testament reçoive effet.
Bien qu'elle puisse être tacite[252] ou expresse, elle doit cependant
être faite en toute connaissance du vice qu'on pourrait invoquer,
car il faut connaître la cause de la nullité dont on renonce à se
prévaloir.

213. L'effet de la reconnaissance est d'empêcher celui qui a
reconnu le testament de le contester à l'avenir. Par contre,
l'effet n'est pas absolu, car la reconnaissance ne vaut que contre
la personne qui l'a faite, et non contre tous les intéressés: si
seulement certains légataires reconnaissent le testament, les
autres pourront en soulever l'invalidité. Quant au liquidateur,
on lui appliquera sans doute les mêmes principes que ceux
dégagés par la jurisprudence[253] du C.c.B.-C. Vu que l'article
803 al. 2 C.c.Q. ne lui permet pas de contester la validité d'un
testament, le liquidateur ne peut pas renoncer à ce droit de
contester, en prétendant reconnaître le testament: on ne peut pas
renoncer à un droit qu'on n'a pas.

Sous-section 3- L'écrit conforme à la volonté du testateur

214. Dernière exception au caractère essentiel des formalités, l'article 714 C.c.Q., qui attribue une discrétion au tribunal convaincu de la conformité de l'écrit à la volonté du testateur, représente une grande innovation du Code civil.

215. Cette exception au formalisme strict des testaments se justifie par le désir du nouveau Code de respecter les volontés du testateur[254]. Il faut cependant noter que l'application de cette nouvelle règle relève entièrement de la discrétion des tribunaux, qui devront tenir compte des critères énoncés à l'article 714 C.c.Q.. En effet, pour que joue l'exception, il faut la réunion de trois conditions. Premièrement, l'exception ne joue qu'en présence d'un testament olographe ou fait devant témoins, et jamais pour le testament notarié. Deuxièmement, il faut que le document soumis à la cour soit un testament qui soit nul pour un défaut de forme; il n'est donc pas question, par exemple, d'utiliser ce recours pour faire valider le testament d'un majeur sous curatelle, même si l'on peut prouver la concordance entre l'écrit et ses volontés. Inutile serait aussi la procédure par laquelle on tenterait, non pas de valider la forme du testament, mais son contenu, tel un legs nul. Enfin, le tribunal n'accueillera la demande que s'il est convaincu que l'écrit contient, de façon certaine et non équivoque, les dernières volontés du défunt.

216. Manifestement, cette nouvelle exception devrait mettre un terme aux cas où, par l'omission d'une simple formalité, les volontés évidentes d'un testateur seraient mises de côté[255]. C'est d'ailleurs dans cet esprit que la nouvelle règle a été insérée au Code, puisqu'on l'a considérée utile en au moins deux situations, soit

> le cas du testament qui pourrait valoir sous une autre forme, mais auquel il manquerait certaines qualités pour pouvoir ainsi valoir [et ...] le cas du testament devant témoins ou olographe qui pourrait valoir sous sa forme originale, n'eût été de l'absence de certaines conditions[256].

Chapitre IV- Des dispositions testamentaires

217. Le legs est une disposition directe que fait le testateur au profit de quelqu'un, de l'universalité ou d'une quotité de ses biens, ou même de quelque chose particulière. Le principal effet des legs est d'écarter les règles de dévolution légale, car celles-ci sont supplétives seulement. On se rappelle en effet que dans notre droit, la succession testamentaire est la règle, la légale, l'exception[257]. Par contre, la coexistence des deux types de successions est certainement possible, ainsi que le souligne l'article 736 C.c.Q. lorsque, par exemple le testateur n'a pas disposé de tous ses biens dans son testament, ou lorsque certaines dispositions testamentaires ne peuvent prendre effet, notamment à cause de la nullité ou de la caducité de certains legs.

Section 1- Les diverses espèces de legs

218. Le *Code civil du Québec* conserve les trois espèces de legs déjà connus sous le C.c.B.-C., soit le legs universel, le legs à titre universel et le legs à titre particulier[258]. Il en améliore cependant les définitions et élimine certaines des controverses doctrinales et jurisprudentielles.

Sous-section 1- Le legs universel

219. Le legs universel est celui qui porte sur l'universalité, la totalité des biens d'une personne. L'article 732 C.c.Q. insiste, avec justesse d'ailleurs, sur le fait que ce n'est pas ce que reçoit le légataire qui caractérise le legs, mais ce qu'il peut recevoir; ce qui compte pour qualifier le legs universel, ce n'est pas que le légataire reçoive nécessairement toute la succession, mais qu'il ait vocation à toute la recueillir.

Sous-section 2- Le legs à titre universel

220. Le legs à titre universel, défini à l'article 733 C.c.Q., est celui d'une ou de plusieurs universalités pré-déterminées de biens. Comme c'est le cas sous le C.c.B.-C., l'énumération de l'article doit être considérée comme limitative, de sorte que les seules universalités qui peuvent faire l'objet d'un legs à titre

universel sont les suivantes: premièrement, le legs, en pleine propriété, d'une quote-part de la succession, deuxièmement, le legs d'un démembrement de la propriété sur la totalité ou une quote-part de la succession, et troisièmement le legs de la pleine propriété ou d'un de ses démembrements d'une universalité reconnue ou d'une quote-part d'une telle universalité.

221. Un legs universel peut-il exister concurremment avec un legs à titre universel? Par exemple, si la testatrice désigne X comme légataire de la moitié de ses biens et Y, légataire du résidu de tous ses biens, le legs à Y est-il un legs universel ou un legs à titre universel, vu que le résidu de la succession est nécessairement l'autre moitié des biens[259]? Puisque l'exception prévue au dernier alinéa de l'article 735 C.c.Q. relativement aux choses particulières s'applique strictement au legs à titre particulier, certains diront que lorsque le legs du résidu de la succession est précédé d'un ou de plusieurs legs à titre particulier, il demeure universel, tandis que s'il vient après un legs à titre universel, il n'est alors lui-même qu'un legs à titre universel[260], car il est certain qu'il consiste en l'autre moitié de la succession. En conséquence, si le premier légataire prédécède le testateur, il n'y aurait pas accroissement au profit du second, car ce dernier n'aurait pas la vocation du légataire universel. Ce serait, en somme, la continuité de l'interprétation qu'on prête à l'article 873 al. 4 C.c.B.-C. On peut cependant objecter à cette interprétation limitée de la vocation du légataire universel que ce qui caractérise le legs universel n'est pas ce que le légataire reçoit, mais ce qu'il a vocation à recevoir, aussi, même si, par une simple opération mathématique, on peut détermine que le légataire résiduaire n'est censé recevoir que la moitié des biens, il n'en demeure pas moins que sa vocation, telle qu'établie par les termes du testament, est de recueillir le résidu de la succession, ce qui peut représenter toute la succession si le légataire à titre universel ne peut recevoir son legs. L'inverse n'est cependant pas vrai. En tout état de cause, si le testateur a pris la peine de qualifier ce légataire résiduaire de «légataire universel», ce legs doit certainement conserver son caractère de legs universel[261].

Sous-section 3- Le legs à titre particulier

222. Il n'y a pas de définition possible du legs à titre particulier, et l'article 734 C.c.Q. se garde bien d'en proposer une, tant la variété de ce type de legs est étendue. En effet, le legs à titre particulier peut porter sur un bien déterminé, un ensemble de choses, une universalité de choses ou même une universalité d'actif et de passif.

Section 2- L'effet des legs

223. Les effets de chacun des trois types de legs sont évidemment différents, bien que certaines règles de base soient communes à tous, comme par exemple l'article 748 C.c.Q., qui stipule que le legs fait au créancier du testateur n'est pas présumé être fait en compensation de sa créance.

Sous-section 1- La qualité d'héritier

224. Confirmation expresse de la règle énoncée à l'article 619 C.c.Q., l'article 738 C.c.Q. fait des légataires universel et à titre universel des héritiers à part entière, c'est-à-dire des véritables continuateurs de la personne du défunt. Les droits, devoirs et obligations de ceux-ci sont donc les mêmes que ceux de l'héritier *ab intestat*. Ainsi, le légataire universel ou à titre universel, héritier du défunt, bénéficie de la saisine sur le patrimoine du défunt[262], exerce le même droit d'option que l'héritier légal[263] et est obligé, selon les mêmes règles, aux dettes et aux charges de la succession[264]. Quant à l'exercice de certains droits du défunt par ce légataire, il suffit de mentionner que l'un ou l'autre de ces légataires peut, par exemple, se prononcer sur le partage des acquêts du conjoint survivant[265], ou, s'il est l'héritier de l'épouse commune en biens prédécédée, renoncer à la communauté[266], ou encore opter sur une succession échue au défunt mais non encore acceptée par lui de son vivant[267], ou finalement exercer les droits d'action du défunt contre l'auteur de toute violation d'un droit de la personnalité[268].

225. Le légataire à titre particulier n'est pas un successible au même titre que les légataires universel ou à titre universel; il

n'est pas un «héritier», ce qui le place dans une situation différente des autres légataires et héritiers *ab intestat*. Cette absence de la qualité d'héritier du légataire particulier est, comme nous l'avons signalé précédemment, établie à l'article 619 C.c.Q., pour être confirmée explicitement par l'article 739 C.c.Q. Le légataire à titre particulier ne continue donc pas la personne du défunt; cette situation a entre autres comme conséquence de ne le tenir responsable d'aucune des dettes successorales.

226. Cependant, afin d'assurer au légataire à titre particulier les droits rattachés à son titre, le législateur a prévu certains aménagements destinés à lui accorder d'une part la saisine, et d'autre part, l'exercice de certains droits du défunt. Ainsi l'article 739 C.c.Q. accorde à ce légataire la saisine, comme s'il était «héritier des biens légués». Cette même saisine permet au légataire d'un corps certain de revendiquer l'objet de son legs, alors que le legs d'une chose de genre rend son bénéficiaire simple créancier de la succession[269].

227. Si le legs est assorti d'un terme ou d'une condition, il faut appliquer l'article 747 C.c.Q. Dans le premier cas, le légataire bénéficie évidemment d'un droit acquis au legs et ce, dès l'ouverture de la succession; pour cette raison, même si le légataire décède avant le terme prévu pour l'exécution du legs, il transmet ce droit au legs dans sa propre succession. Dans le cas du legs conditionnel, il faut appliquer simultanément les articles 747 al. 2 et 750 al. 2 C.c.Q.: le legs assorti d'une condition est également transmissible aux héritiers du légataire, peu importe que la condition soit suspensive ou résolutoire, à moins que cette condition ne revête un caractère purement personnel[270]. Dans cette dernière hypothèse en effet, le legs devient caduc; autrement, l'efficacité du legs transmis aux héritiers du légataire décédé dépend essentiellement de la réalisation ou non de la condition[271].

228. De même, l'article 741 C.c.Q. accorde au légataire à titre particulier le même droit d'option que celui offert à tout successible, de sorte que toutes les règles relatives à la délibération, aux délais, conditions et effets lui sont applicables. Quant à l'article 740 C.c.Q., il exige du légataire à titre particulier qu'il possède, pour recevoir son legs, les mêmes qualités que celles requises pour succéder. Enfin, l'article 742 C.c.Q. assujettit le

légataire particulier à toutes les règles relatives à la pétition d'hérédité et à ses effets sur la transmission de la succession.

Sous-section 2- La vocation successorale

229. La vocation successorale des légataires est largement tributaire de leur titre. Pour le légataire universel, sa vocation s'étend à la totalité de la succession; celle du légataire à titre universel consiste en un droit sur une universalité reconnue ou une portion de la succession; enfin, dans le cas du légataire à titre particulier, sa vocation successorale est limitée strictement à l'objet du legs. L'étendue de cette vocation se perçoit plus particulièrement dans deux cas, soit quand il s'agit de statuer sur le sort réservé aux legs caducs, nuls ou révoqués; c'est la vocation successorale individuelle. Par ailleurs, lorsqu'il y a lieu de déterminer, entre plusieurs légataires au même titre, l'étendue de la vocation successorale de chacun, on parle alors de leur vocation successorale collective ou conjointe.

Parag. 1- La vocation individuelle

230. Le légataire universel, même s'il ne reçoit pas tous les biens du défunt, a vocation à tout recevoir; aussi peut-il profiter de la caducité, nullité, révocation ou résolution des autres legs, à titre particulier ou à titre universel, contenus au testament; c'est le phénomène de l'accroissement, c'est-à-dire de «l'opé-ration juridique par laquelle un héritier ou un légataire ajoute à sa part d'hérédité celle qu'un cosuccessible ou un colégataire est empêché de recueillir ou qu'il refuse[272]». Quant au légataire à titre universel, il profite de la caducité, nullité, manque d'effet ou révocation de tout legs à titre particulier compris dans son universalité; il ne saurait cependant profiter de la nullité, cadu-cité ou révocation d'un legs universel, à titre universel ou encore d'un legs à titre particulier qui n'est pas compris dans son universalité.

231. La vocation successorale du légataire à titre particulier est, au contraire, fort limitée; elle ne vise que l'objet du legs, et rien de plus. Le légataire à titre particulier ne bénéficie donc pas de la nullité, caducité ou révocation d'un autre legs, qu'il soit uni-versel, à titre universel ou particulier. Exceptionnellement, il profite de l'accroissement résultant du manque d'effet d'un

autre legs à titre particulier: c'est le cas du legs à charge, où le legs principal profite de la caducité, nullité ou révocation du legs stipulé comme charge.

Parag. 2- La vocation conjointe

232. Dans le cadre de la vocation collective des légataires, on se demande à quelle part du legs l'un de plusieurs légataires ayant le même titre a droit lorsque son cosuccessible n'est pas en mesure recevoir sa portion de legs. Ainsi, si un legs a été fait en faveur de X et de Y, et que X prédécède le testateur, la question est de savoir si Y peut recueillir seul la totalité du legs, ou s'il ne peut prétendre qu'à sa demie, comme si X avait été là pour la recevoir. Les solutions, bien que fondées sur des motifs différents selon qu'il s'agisse d'un legs universel, à titre universel ou à titre particulier, sont très similaires.

233. En présence d'un legs universel fait à plusieurs légataires, il y a nécessairement copropriété indivise en parts égales entre eux: s'il y a deux légataires universels, chacun reçoit la moitié, s'il y en a trois, chacun reçoit le tiers. En outre, la vocation de chaque légataire universel est solidaire, c'est-à-dire qu'elle porte sur la totalité de la succession; aussi l'un ou l'autre des légataires profitera-t-il de l'inefficacité de la disposition stipulée en faveur de son colégataire. Encore faut-il, pour que puisse jouer cet accroissement, que l'on soit véritablement en présence d'un seul legs universel fait au profit de plusieurs personnes, et non devant plusieurs legs à titre universel dissimulés sous l'apparence trompeuse d'un legs universel. Lorsque le testateur a assigné des parts entre ses légataires universels, certaines distinctions s'imposent: si les parts sont assignées également entre les légataires universels, le legs est universel, à condition toutefois que l'assignation des parts égales porte sur l'exécution du legs[273]. Par contre, si l'assignation de parts égales porte sur le titre même du légataire, il n'y a pas un legs universel, mais deux legs distincts — à titre universel —, et l'accroissement entre eux ne peut en conséquence jouer[274]. Quant à savoir ce qu'il advient du legs par lequel le testateur aurait assigné des parts inégales entre ses légataires universels, on y voit deux legs à titre universel, car il ne peut jamais y avoir de legs universel si les parts assignées sont inégales[275].

234. En présence de plusieurs légataires à titre universel d'une même universalité, leur vocation à cette universalité est, de la même façon que les légataires universels et suivant le même raisonnement, solidaire, et l'accroissement se produit aux mêmes conditions.

235. Pour ce qui est des légataires à titre particulier, il n'y a pas, en principe, d'accroissement entre eux, puisque la vocation successorale de chacun d'eux est strictement limitée à l'objet de leur legs respectif, soit une quote-part d'une chose. Exceptionnellement, le Code admet l'accroissement lorsque le legs est fait conjointement à plusieurs légataires, c'est-à-dire «quand la même chose est léguée toute entière à chaque colégataire[276]». Le principe de l'accroissement entre légataires à titre particulier est énoncé à l'article 755 C.c.Q., qui fixe les conditions pour que joue l'accroissement, soit que le legs soit conjoint et que la cause d'inefficacité de la disposition à l'égard de l'un des légataires soit la caducité. En effet, il n'y a jamais accroissement entre des légataires à titre particulier lorsqu'il y a nullité, résolution ou révocation à l'égard de l'un des légataires. L'article 756 C.c.Q. détermine les deux seules situations donnant lieu à l'accroissement entre légataires à titre particulier.

236. Un premier cas d'accroissement est prévu à l'alinéa 1 de cet article, qui est une refonte des legs *verbis tantum* et *re et verbis* du C.c.B.-C.; vu ces similarités, l'interprétation qu'il faut donner à la règle correspond vraisemblablement à celle du C.c.B.-C.[277]. Aux termes de cette disposition, la réunion de trois éléments est nécessaire pour que le legs soit présumé conjoint: les legs doivent tout d'abord avoir été faits dans une seule et même disposition, c'est-à-dire qu'ils doivent être contenus dans la même clause. Ensuite, le testateur doit avoir été muet sur l'assignation des quote-parts de chaque légataire, ou s'il a fait une telle assignation, elle doit être en parts égales. Enfin, si l'assignation est faite, elle doit porter sur le partage du bien entre les colégataires, et non sur le titre de chacun d'eux. Par exemple, si le testament prévoit la clause suivante: «Je lègue ma ferme, pour une moitié à X et pour l'autre moitié à Y», il y a assignation de parts égales sur le titre du légataire c'est-à-dire sur sa vocation; une telle clause contient en réalité deux legs à titre particulier, non conjoints. Par contre, si le testament énonce: «Je lègue ma ferme à X et à Y; il se la partageront par moitié», il y a création d'un seul legs, conjoint; en cas de prédécès de X, il y aura accroissement en faveur de Y et vice-versa.

237. Le legs conjoint de l'article 756 al. 2 C.c.Q. correspond, pour sa part, au legs *re tantum* du C.c.B.-C. Il donne lieu à l'accroissement résultant de la caducité à condition qu'il porte sur un corps certain[278] légué à plusieurs personnes séparément, c'est-à-dire au moyen de clauses distinctes au testament.

Sous-section 3- La représentation

238. L'introduction de la représentation en matière testamentaire constitue une innovation importante dans le nouveau droit[279]. Il faut cependant noter que la représentation en matière testamentaire répond à des conditions strictes d'application. Lorsque ces conditions sont rencontrées, la représentation a lieu «de la même manière et en faveur des mêmes personnes que dans les successions *ab intestat*». À cet égard, il est possible de considérer qu'il y a cinq conditions pour que puisse jouer la représentation testamentaire, soit:

1er que le légataire à qui est destiné le legs soit un descendant, un collatéral privilégié ou un collatéral ordinaire «spécial»;
2e que le legs bénéficie à tous les membres de l'un de ces groupes;
3e que ce groupe ait été appelé à succéder si le défunt était décédé *ab intestat*;
4e que le legs soit universel ou à titre universel;
5e que la représentation n'ait pas été exclue par le testateur.

239. Relativement à la première condition, il faut en effet souligner que la représentation testamentaire ne peut jouer qu'à l'intérieur des groupes des descendants, des collatéraux privilégiés ou des collatéraux ordinaires qui descendent des collatéraux privilégiés; elle n'a pas lieu en faveur des ascendants, privilégiés ou ordinaires.

240. En second lieu, la représentation ne peut jouer que si le legs bénéficie à tous les membres du groupe concerné, ce qui n'est possible que si le testateur n'a pas lui-même établi des distinctions entre ceux-ci, pour exclure du legs certains d'entre eux. Par exemple, si le testateur a prévu un legs universel en

faveur de tous ses enfants en parts égales, sans faire aucune autre distinction, la représentation testamentaire permet aux petits-enfants du défunt de représenter leur parent prédécédé. Par contre, si le testateur lègue ses biens à ses deux filles, X et Y, mais choisit d'ignorer son fils, Z, et si X prédécède le testateur, son enfant, D, ne peut venir représenter sa mère, car le legs n'a pas été fait à tous les descendants qui auraient été appelés à la succession légale du défunt. Il n'est cependant pas exigé que les parts assignées par le testateur soient les mêmes que celles qu'auraient accordées la succession légale; la représentation peut dont avoir lieu même si le testateur a prévu, entre ses enfants, des parts inégales[280].

241. La représentation ne peut pas non plus jouer, même lorsque le legs est fait à tous les membres du groupe, dans la mesure où ce dernier n'aurait pas été appelé à la succession légale du défunt. Ainsi, à supposer qu'un testateur ait fait un legs universel en faveur de tous ses frères et sœurs, et qu'au moment de son décès, il laisse un fils, X, un frère, Y et un neveu, D, enfant de sa sœur prédécédée, Z. La représentation en faveur de D ne peut jouer, car si le défunt était mort *ab intestat*, ses parents collatéraux n'auraient pas été appelés à la succession, puisqu'il laisse un descendant. Cette condition fait en sorte qu'il ne peut pas y avoir, pour la même succession testamentaire, de représentations simultanées en faveur des deux groupes[281].

242. Par ailleurs, le legs pour lequel doit jouer la représentation doit nécessairement être un legs universel ou à titre universel, car l'article 749 al. 2 C.c.Q. ne permet pas à la représentation testamentaire de jouer dans le cadre d'un legs à titre particulier. Toutefois, cette règle n'est pas d'ordre public, et une disposition contraire du testateur peut écarter cette interdiction et permettre la représentation d'un légataire particulier.

243. Enfin, la représentation testamentaire ne peut avoir lieu que si le testateur ne l'a pas exclu expressément ou tacitement. Il n'est pas inutile de souligner qu'en matière d'assurances sur la personne, l'article 2456 C.c.Q. écarte les règles de la représentation, mais non celles de l'accroissement.

244. La représentation testamentaire comporte un effet tout à fait particulier, soit d'écarter l'application de l'accroissement

dans les legs universels ou à titre universel conjoints, car elle fait obstacle à la caducité[282]. À supposer, par exemple, un testament contenant la disposition suivante: «Je lègue tous mes biens à mes enfants, X et Y, pour une moitié chacun». Au décès du testateur, si le défunt laisse son fils Y, et une petite-fille D, enfant de sa fille X, prédécédée, qui bénéficie du prédécès de X? Est-ce D, par voie de représentation, ou Y, à cause de la caducité et de l'accroissement en matière de legs universel? Il nous semble que la représentation doit ici prévaloir, car les conditions strictes de l'article 749 C.c.Q. sont remplies. Par contre, si le legs à X n'est pas caduc en raison de son prédécès, mais nul, dû par exemple au fait que X était témoin au testament de son père, c'est alors Y qui profite de l'accroissement, car la représentation testamentaire ne peut jouer lorsque le légataire est vivant.

Sous-section 4- L'étendue des legs

245. Un des effets importants du legs est d'emporter la transmission de droits ou de biens accessoires à l'objet principal du legs. On parle ici des fruits et des revenus, conséquences du *fructus*, mais aussi des accessoires, tant juridiques que physiques du bien légué. Dans le premier cas, c'est l'article 743 C.c.Q. qui prévoit le principe[283].

246. En ce qui concerne le sort des accessoires du bien légué, l'article 744 al. 1 C.c.Q., qui est conforme à la règle de l'article 891 C.c.B.-C., quoique plus large[284], établit que le bien légué est délivré avec ses accessoires, dans l'état où il se trouve au décès du testateur. La règle s'étend non seulement à la chose de genre, mais aussi à la chose déterminée, ce qui est logique, compte tenu de la portée plus grande de la saisine. On retrouve trois applications de ce principe, exprimées aux articles 744 al. 2, 745 et 746 C.c.Q. En effet, dans le premier cas, on comprend que le legs de valeurs mobilières emporte le legs des droits qui leur sont attachés et qui n'ont pas été exercés. Quant au legs d'immeuble, il est présumé inclure tout immeuble accessoire ou annexe, à condition toutefois que cet accessoire ou annexe forme un tout avec l'immeuble légué. Enfin, l'article 746 C.c.Q. introduit, dans le cadre du le legs d'entreprise, le concept d'unité économique[285], en vertu duquel on considère comme

accessoires du fonds de commerce légué toutes les exploitations acquises ou créées après la signature du testament.

Section 3- La caducité et la nullité des legs

247. Les articles 750 à 762 C.c.Q. regroupent de façon logique toutes les situations donnant lieu à la nullité ou à la caducité des legs. À cet égard, il n'est pas inutile de souligner brièvement les principales situations qui sont source de manque d'effet des legs. En premier lieu, la caducité réfère à un vice qui n'existait pas lorsque le legs a été fait, mais qui est constaté lorsque le legs doit prendre effet. C'est de caducité dont traitent les articles 750 à 753 C.c.Q. La caducité s'applique à une disposition du testament seulement; le testament lui-même ne peut pas être qualifié de «caduc», bien que la totalité de son contenu, c'est-à-dire les legs, puisse l'être.

248. Pour sa part, la nullité d'un legs résulte d'un vice qui existait au moment même où le legs a été fait, c'est-à-dire lors de la confection du testament. Les articles 757 à 762 C.c.Q. illustrent tous des cas de nullité, laquelle peut s'appliquer à une disposition du testament, par exemple un legs, ou à l'ensemble du testament, par exemple, lorsque le testament ne respecte pas les règles de forme, auquel cas le testament est alors nul *ab initio*[286].

249. Quant à la révocation, elle concerne un legs qui n'a pas comme tel de vice, sauf que le testateur lui a enlevé ses effets, en l'anéantissant avant qu'il ne prenne effet. Les articles 763 à 765 et 767 à 771 C.c.Q. démontrent qu'on peut révoquer un legs ou un testament. Enfin, la résolution constitue une nouvelle cause codifiée de manque d'effet des legs; c'est, en fait, une simple application de la résolution de toute obligation. Elle implique qu'une disposition pourtant valide tant au moment de la rédaction du testament qu'au moment de son exécution, devient inefficace par suite d'un événement survenu ultérieurement. L'article 754 C.c.Q., qui traite de la résolution du legs rémunératoire du liquidateur ou du tuteur, illustre cette cause de manque d'effet dans le cadre d'une obligation à exécution successive[287].

Sous-section 1- La caducité

250. Les causes de caducité des legs et des testaments ne sont, sous le *Code civil du Québec*, guère différentes de celles qui prévalent sous le C.c.B.-C. Certaines causes de caducité se rattachent davantage à la personne du légataire, tandis que d'autres découlent plutôt du bien légué. Ainsi, dans la première catégorie, on retrouve, aux termes de l'article 750 al. 2 C.c.Q., le décès du légataire avant l'ouverture de la succession ou l'époque fixé pour l'ouverture du droit en sa faveur, son refus d'accepter le legs, et son indignité[288]. Il en est de même de l'article 753 C.c.Q., qui déclare caduc le legs rémunératoire fait au liquidateur, au tuteur ou à l'administrateur qui renonce à sa charge. Quant à l'article 752 C.c.Q., il prévoit la caducité, sauf exceptions, du legs accessoire lorsque le legs principal d'un legs à charge est caduc pour une cause se rattachant à la personne du premier légataire; le professeur Brière[289] note que la nouvelle règle est à l'opposé de l'article 865 C.c.B.-C. Évidemment, si la caducité du legs principal résulte d'une cause rattachée à l'objet lui-même, telle sa perte, il ne fait aucun doute que le legs accessoire est également caduc.

251. La perte du bien légué du vivant du testateur ou avant l'ouverture du legs emporte également, selon l'article 751 al. 1 C.c.Q., caducité de la disposition, mais pour une raison qui se rattache à l'objet du legs. En outre, si la perte survient en même temps ou postérieurement à l'ouverture de la succession ou du droit, l'article 751 al. 2 C.c.Q. prévoit une substitution légale du produit d'assurance-incendie au bien ainsi perdu.

Sous-section 2- La nullité

252. Les effets de la nullité peuvent se produire à l'égard d'une partie seulement d'une clause, contrairement à la caducité, qui invalide le legs dans son intégrité, et laisser ainsi subsister son efficacité. L'article 757 C.c.Q., qui traite de la nullité de la condition impossible ou illicite, est une illustration particulièrement pertinente de ce phénomène. Ainsi, en présence d'un legs assorti d'une condition illicite, telle l'exigence de la viduité, ce n'est pas le legs qui subit la sanction de la nullité, mais la condition seulement. La nullité a, en effet, comme

objectif de restaurer la pleine efficacité du legs, puisque seule la condition tombe[290]. On admet volontiers que la condition impossible constitue plutôt une «hypothèse d'école»[291], ce qui n'est nullement le cas de la condition illicite, notamment dans le cas de conditions relatives au mariage. En tout état de cause, l'une et l'autre de ces conditions doivent subir les effets de la nullité, une sanction que la jurisprudence et la doctrine actuelles, même en l'absence de textes clairs à cet effet, ont d'ailleurs déjà adoptée[292]. La même solution prévaut en ce qui concerne les différentes formes de clauses pénales ou celles relatives au droit d'intenter une action[293], que l'article 758 C.c.Q. rend également inefficaces; tous les legs sujets à de telles clauses conservent leur plein effet.

253. Pour leur part, les articles 759 et 760 C.c.Q. déclarent nuls les legs faits au notaire instrumentant ou à certains de ses parents, de même qu'au témoin, même surnuméraire. Dans l'un et l'autre cas, la nullité de la disposition n'a aucun impact sur les autres dispositions du testament, car elle est limitée au legs fait en contravention de ces règles.

254. Les prohibitions que l'on retrouve actuellement aux articles 275 à 277 de la *Loi sur les services de santé et les services sociaux*[294] seront vraisemblablement abrogées, puisqu'elles sont dorénavant intégrées au *Code civil du Québec*[295], à l'article 761 C.c.Q. en ce qui concerne les legs et à l'article 1817 C.c.Q. dans le cas de la donation. Le législateur en a profité pour écarter les doutes et les discussions doctrinales[296] que les textes actuels soulèvent quant à savoir s'il s'agit d'un cas de nullité ou de caducité. Le législateur semble avoir adopté la solution préconisée par la jurisprudence[297], et opté pour la nullité. En outre, il a aussi prévu le cas d'exception très important, c'est-à-dire l'inapplicabilité de la sanction lorsque le légataire est le conjoint ou un proche parent du testateur.

255. Finalement, le dernier cas de nullité de legs est prévu à l'article 762 C.c.Q., soit le legs de la chose d'autrui. Les conditions d'application de cette nullité sont les suivantes: en premier lieu, il doit s'agir du legs à titre particulier d'un corps certain. S'il s'agit au contraire du legs d'une chose de genre, ce légataire devient créancier de l'héritier, à qui incombe l'obligation de procurer alors le legs[298]. En second lieu, le testateur ne doit

pas être propriétaire de la chose léguée. S'il a un droit dans la chose, à terme ou conditionnel, il n'y a pas legs de la chose d'autrui, et le légataire acquiert dans l'objet du legs les mêmes droits que le testateur; il en est de même si le testateur a un droit indivis dans la chose[299]. Par contre, il est indifférent que le testateur ait su ou non que la chose léguée ne lui appartenait pas, puisque l'article 762 C.c.Q. ne fait plus la distinction de l'article 881 C.c.B.-C. Quant au moment où on se place pour déterminer les droits du testateur dans le bien légué, c'est naturellement à son décès; il importe peu qu'au moment où le legs a été fait, le testateur n'ait pas été propriétaire du bien, puisque son testament ne prend effet qu'à son décès. Ce qui compte, c'est le droit du testateur dans le bien au moment où s'ouvre sa succession. Il est enfin nécessaire que le testateur n'ait pas eu l'intention, au moment du legs, d'imposer cette libéralité à son héritier; Brière explique que si cette intention est présente, il n'y a pas legs de la chose d'autrui, car le légataire particulier est alors «créancier d'une obligation de faire qui pèse sur l'héritier[300]».

Chapitre V- De la révocation des testaments et des legs

256. Les articles 763 à 771 C.c.Q. traitent des formes de révocation des testaments et des legs. Pour en analyser les règles, il est préférable de s'attarder d'abord aux règles que partagent la révocation des testaments et celle des legs, pour ensuite examiner quelques dispositions propres à la révocation des legs.

Section 1- Les règles communes à la révocation des testaments et des legs

257. La révocation, tout comme la nullité ou la caducité, anéantit les effets du testament ou du legs. Elle se distingue néanmoins de celles-ci, car elle résulte soit d'un acte de volonté, réel ou présumé du testateur, soit d'un fait matériel, en encore d'une cause reconnue par la loi et sanctionnée par le tribunal[301].

*Sous-section 1- La révocation découlant de la volonté du
testateur*

258. Cette première forme de révocation commune aux testaments et aux legs naît du testateur, soit qu'il ait exprimé une
volonté expresse à cet effet, soit que le Code tire une volonté
présumée de certains actes du testateur; elle est prévue à
l'article 763 C.c.Q.

Parag. 1- La révocation expresse

259. La révocation expresse par le testateur est celle qui
découle de la rédaction d'un testament qui indique de façon
expresse le changement de volonté de son auteur[302]. Il n'est
cependant pas nécessaire que le testament révocatoire soit
rédigé suivant la même forme que celui qu'il révoque; aussi un
testament olographe peut-il révoquer un testament notarié[303].
Afin de clore le débat[304] quant à savoir si le testament révocatoire doit identifier de façon précise le testament antérieur
que l'on veut révoquer, à défaut de quoi seules les dispositions
incompatibles doivent tomber, l'article 765 al. 2 C.c.Q. vient
apporter une solution claire: l'absence d'identification du testament que l'on désire révoquer n'empêche pas la révocation
d'être expresse.

Parag. 2- La révocation tacite

260. Contrairement à la révocation expresse, il existe deux
formes de révocation tacite, conséquences de certains gestes du
testateur que le Code interprète comme des gestes de révocation.

Sous-parag. 1- La destruction, lacération, rature ou perte
du testament et la rature du legs

261. Ce mode de révocation tacite s'applique tant au testament
olographe qu'au testament devant témoins, mais jamais au
testament notarié. Lorsque la destruction, la lacération ou la
rature du testament ou la rature d'un legs résulte d'un geste
délibéré du testateur, ou a été faite sous son ordre, le testament,
ou selon le cas le legs, est révoqué[305]. Il n'est pas nécessaire que
le testateur ait exprimé son intention de révocation: le geste du

testateur est en soi une présomption d'intention de révocation, d'autant plus que le texte de l'article précise que le seul fait de la lacération «emporte» révocation. Celui qui allègue la révocation tacite fondée sur ce comportement du testateur n'a donc pas à prouver l'intention de révocation. Par contre, étant donné qu'il est essentiel que le geste ait été posé de façon délibérée, ou fait suivant l'ordre du testateur, il devra prouver que le testateur a agi délibérément[306], car la destruction accidentelle n'emporte pas révocation.

262. Lorsque la destruction a eu lieu sans le concours du testateur[307], certaines distinctions s'imposent: lorsque le testateur a eu connaissance de la perte, de la destruction ou de la rature de son testament ou encore de la rature de l'une de ses dispositions, cette connaissance emporte révocation tacite du document, à condition que son auteur n'ait point remédié à l'événement alors qu'il aurait pu le faire. C'est pourquoi on estime que si le testateur a été empêché de pallier à cette destruction, il ne doit pas être privé du bénéfice de son testament; la vérification et la preuve du testament détruit doit toutefois se faire conformément à l'article 775 C.c.Q. À l'opposé, la révocation tacite étant fondée sur une volonté présumée du testateur, l'ignorance de ce dernier de la destruction ou de la perte de son testament empêche la révocation tacite de jouer.

Sous-parag. 2- La disposition testamentaire nouvelle incompatible

263. Ce mode de révocation tacite, prévu à l'article 768 al. 1 C.c.Q., vise le cas où, sans contenir de révocation expresse, un testament postérieur prévoit des dispositions incompatibles avec celles contenues dans un testament antérieur[308]. Bien qu'en principe, cette révocation vise davantage l'anéantissement d'une disposition testamentaire précise que de tout le testament, il est possible que l'incompatibilité totale entre deux testaments emporte révocation de l'entièreté du premier. On distingue généralement selon que l'incompatibilité est matérielle, c'est-à-dire lorsqu'il est impossible d'exécuter simultanément les dispositions[309] ou intellectuelle, soit lorsque l'exécution simultanée est possible, mais qu'il semble plutôt que l'intention du testateur soit de remplacer la première par la seconde[310]. Tandis que l'incompatibilité matérielle est certaine et ne laisse aucun

pouvoir d'appréciation au juge, l'incompatibilité intellectuelle pose au contraire des difficultés d'interprétation, car les deux dispositions peuvent parfois, à la rigueur, être exécutées simultanément. En ces cas, c'est le tribunal qui doit trancher quant à savoir si le testateur a voulu remplacer la première disposition par la seconde.

Sous-section 2- Les effets de la révocation

264. Les conséquences de la révocation s'expriment en peu de mots: le testament ou le legs révoqué est anéanti de façon totale et définitive. En effet, l'anéantissement est total en ce sens que le legs ou le testament constitue un tout indivisible. Quand on révoque un legs, on en détruit toutes les parties; lorsqu'on révoque un testament, on prive d'effet toutes les clauses. La révocation est d'autre part définitive en ce que le legs ou le testament révoqué ne peut pas renaître.

265. Ainsi, même si la révocation est elle-même révoquée ou contenue dans une disposition caduque, le testament ou le legs qu'elle voulait éliminer ne peut revivre. Par exemple, en vertu de l'article 770 C.c.Q., le testateur qui révoque une révocation antérieure ne fait pas renaître les dispositions révoquées. Ce principe souffre néanmoins deux exceptions, soit lorsque le testateur a manifesté une intention contraire ou lorsque cette intention résulte des circonstances. Pour sa part, l'article 768 al. 2 C.c.Q. prévoit que même si la nouvelle disposition s'avère caduque, la révocation faite par le testateur demeure.

Section 2- Les règles particulières en matière de révocation de legs

266. En plus des formes communes de révocation, les legs ont également des causes de révocation qui leur sont tout à fait propres.

Sous-section 1- La révocation tacite

Parag. 1- L'aliénation du bien légué

267. L'aliénation volontaire ou forcée du bien légué constitue, aux termes de l'article 769 C.c.Q., une autre forme de

révocation tacite du legs[311]. Pour qu'il y ait révocation tacite, il faut évidemment qu'il s'agisse du legs d'une chose certaine et déterminée; l'aliénation d'une chose de genre n'emporte pas révocation tacite d'un legs antérieur. Cette révocation tacite a lieu même lorsque l'aliénation est forcée, par exemple suite à une expropriation ou une vente en justice, et même lorsqu'il s'agit d'une vente sous condition résolutoire. De plus, quoique le testateur redevienne propriétaire du bien aliéné, la révocation demeure, sauf s'il y a intention contraire du testateur[312]. Par contre, si l'aliénation est annulée, la révocation tombe en présence d'une aliénation forcée[313], mais subsiste si l'aliénation était volontaire[314].

Parag. 2- Le divorce et la nullité de mariage

268. La règle de l'article 764 C.c.Q s'explique sans doute par le désir du législateur d'éviter les problèmes mis en lumière par la jurisprudence et la doctrine sous l'empire du C.c.B.-C.[315]. La révocation tacite trouve sa justification dans le fait que le divorce et la nullité de mariage font, règle générale, disparaître les affections présumées qui ont été la cause des libéralités testamentaires. C'est pourquoi la survenance d'un divorce ou d'une nullité de mariage prononcée du vivant des époux emporte révocation de plein droit de tous les legs faits par l'un des conjoints à l'autre, peu importe qu'il s'agisse d'un legs universel, à titre universel ou à titre particulier. Il faut également souligner l'effet unique de cette forme de révocation, soit la révocation accessoire de la désignation du conjoint à titre de liquidateur de la succession[316].

269. Par ailleurs, cette forme de révocation n'est pas d'ordre public, et le testateur peut y déroger ou, pour être plus précis, y renoncer à l'avance. L'article 764 al. 1 C.c.Q. permet en fait à un testateur qui fait un legs en faveur de son conjoint de renoncer à l'avance à la révocation tacite qui résulterait autrement du divorce ou de la nullité de son mariage. Toutefois, cette possibilité d'écarter la révocation n'est accordée qu'à deux conditions, soit que la renonciation soit contenue dans un testament et que ce testament soit antérieur au divorce ou à la nullité de mariage.

Sous-section 2- La révocation judiciaire

270. Si l'on adopte l'opinion de Brière[317], une première cause de révocation judiciaire serait l'indignité successorale déclarée par le tribunal, conformément à l'article 621 C.c.Q., et qui vise tant les légataires universel et à titre universel qu'à titre particulier.

271. L'autre cause de révocation judiciaire est fondée sur des motifs d'équité et d'ordre public. Prévue à l'article 771 C.c.Q., cette révocation résulte, non pas des gestes du testateur ou des circonstances, mais d'une décision du tribunal, qui l'ordonne lorsque l'exécution d'une charge devient impossible ou trop onéreuse pour l'héritier ou le légataire particulier. Cette forme de révocation est plus complexe, et contrairement à ce qu'on serait tenté d'en déduire du seul titre de la section dans laquelle se trouve l'article 771 C.c.Q., elle ne se rattache, à proprement parler, ni à la caducité ni à la nullité des legs. En effet, si le tribunal «modifie» l'exécution d'une charge, il opère en réalité une révocation partielle de celle-ci; s'il la révoque, l'anéantissement est total. On peut même s'interroger quant à savoir dans quelle mesure le principe ne permet pas à l'héritier ou au légataire particulier de plaider l'erreur sur le contenu de la succession.

272. Cette intervention exceptionnelle des tribunaux n'est toutefois possible que s'il y a réunion de certaines conditions. En premier lieu, l'exécution de la charge doit être impossible ou trop onéreuse. Il n'est donc pas question pour l'héritier ou le légataire particulier de tenter d'éviter de remplir une charge stipulée à son legs pour un simple motif de cupidité ou de paresse, par exemple. Deuxièmement, cette impossibilité d'exécution ou cette escalade des coûts ne doit pas avoir été prévisible lors de l'acceptation de la succession par le légataire qui en avait la charge. L'héritier ou le légataire particulier doit subir les conséquences d'une évaluation trop optimiste qu'il aurait fait du fardeau financier que pouvait représenter la charge; l'article 771 C.c.Q. ne doit pas servir de remède à une acceptation trop hâtive et irréfléchie.

Chapitre VI- De la preuve et de la vérification des testaments

273. L'article 772 C.c.Q. requiert la vérification tant du testament devant témoins que du testament olographe. Le testament notarié, bénéficiant de l'authenticité, n'a pas besoin d'être vérifié. Les nouvelles règles du *Code civil du Québec* en la matière ne sont pas innovatrices, et le législateur s'est davantage astreint à un exercice de synthèse des textes existants qu'à une réforme totale des règles; d'ailleurs, le besoin d'une telle révision ne se faisait pas véritablement sentir en cette matière. Nul besoin, donc, de s'étendre longuement sur l'étude de la vérification des testaments: il suffit de signaler brièvement la procédure et les effets, en consacrant quelques commentaires particuliers à la vérification du testament perdu ou détruit.

Section 1- La vérification du testament olographe et du testament devant témoins

274. Ce sont les articles 887 à 891 C.p.c.[310] qui déterminent la procédure applicable en matière de vérification de testaments; il n'y a pas lieu, dans le cadre du présent texte, d'insister sur l'aspect procédural de la vérification. On peut cependant signaler que l'article 772 al. 3 C.c.Q. oblige à appeler à la procédure les héritiers et les successibles connus[319], tandis que l'article 888 C.p.c. attribue au greffier le pouvoir de dispenser d'appeler tous les successibles lorsque cela s'avère peu pratique ou trop onéreux.

275. Quant aux effets de la vérification, rappelons que la procédure n'a jamais comme conséquence de faire du testament vérifié un testament incontestable et définitif. Au contraire, son seul effet est de conférer une publicité au testament, d'établir qu'il est *prima facie* valide et de permettre l'obtention de copies certifiées de celui-ci par le greffier[320]. C'est pourquoi le testament vérifié peut quand même être ultérieurement contesté[321]. L'article 773 al. 2 C.c.Q. conserve même le fardeau de la preuve de l'origine et de la régularité du testament, suite à sa vérification, entre les mains de celui qui en soutient la validité.

Section 2- La vérification du testament perdu ou détruit

276. Contrairement aux articles 860 à 863 C.c.B.-C. qui établissent des distinctions selon le moment de la perte ou de la destruction ou selon la forme du testament à vérifier, l'article 774 C.c.Q. édicte des règles uniformes en matière de vérification d'un testament perdu ou détruit. Par contre, les règles doivent s'appliquer selon certaines modalités, en tenant compte de la forme du testament dont on demande la vérification. Par exemple, la perte ou la destruction d'un testament notarié est comblée par la procédure spéciale des articles 870 et 871 C.p.c., à condition toutefois de posséder une copie authentique de ce testament. À défaut d'avoir une telle copie, le recours approprié est celui de la procédure de reconstitution de testament, telle que prévu aux articles 774 C.c.Q. et 871.1 à 871.4 C.p.c.

277. Quant aux testaments olographe ou devant témoins, on ne peut procéder à leur vérification si l'acte n'est pas produit. Avant de pouvoir obtenir cette vérification, il est essentiel de reconstituer le testament en question. Cette procédure se réalise au moyen d'une action prise par le liquidateur de la succession, obligé par le Code à voir à la vérification du testament du défunt[322]. Afin de reconstituer le testament, il faut non seulement établir le contenu des dispositions testamentaires, c'est-à-dire prouver les legs, la nomination du liquidateur ou d'un tuteur, et les autres volontés du défunt, mais également faire la preuve de l'origine et de la régularité du testament, en démontrant le respect des formalités exigées par la forme du testament dont on fait la preuve. Il est à remarquer que le degré de preuve exigé par le législateur est celui d'une preuve «concluante et non équivoque», ce qui n'est pas sans évoquer le degré de preuve exigé par l'article 714 C.c.Q., en matière de testament informe. Enfin, signalons que la reconstitution du testament perdu ou détruit peut aussi se faire par preuve testimoniale lorsque ce dernier a été perdu ou détruit ou qu'il se trouve en la possession d'un tiers, sans collusion de celui qui veut s'en prévaloir[323].

Notes

1. L'article 596 C.c.B.-C. contient une des définitions de la succession, soit celle relative à la transmission du patrimoine.

2. Art. 738 C.c.Q.

3. Art. 739 C.c.Q.

4. Albert MAYRAND, *Les successions ab intestat*, Montréal, P.U.M., 1971, n° 24, p. 23.

5. L'article 603 C.c.B.-C. exige que la vocation successorale soit réciproque.
Contra: Camille CHARRON, «Récentes modifications au droit des successions», (1983) C. P. du N. 287, n° 113, p. 309.

6. Le rôle de l'article 616 C.c.Q. est purement subsidiaire: la présomption ne joue que lorsqu'on ne peut prouver autrement l'ordre des décès. Même les présomptions de faits ont préséance sur cette présomption de droit. Voir G. BRIÈRE, *Traité*, n° 54, p. 72.

7. G. BRIÈRE, *Traité*, n° 54, p. 73. Il convient de souligner, qu'en matière de produit d'assurance-vie, l'article 2448 C.c.Q. introduit une exception à la présomption de codécès en matière de succession ab intestat qu'ignore l'article 2545 C.c.B.-C.

8. Voir notamment Léon FARIBAULT, *Traité de droit civil du Québec*, Montréal, Wilson & Lafleur, 1954, p. 155; Allard c. Monette, (1928) 66 C.S. 391.
Dans la doctrine plus récente, on parle des critères de la maturité et de la conformité de l'entant. Voir notamment, en droit français, voir P. SALVAGE, «La viabilité de l'enfant nouveau-né», (1976) 74 *Rev. trim. dr. civ.* 725, pp. 731-741.

9. Art. 85 C.c.Q.

10. Art. 92 C.c.Q.

11. Sous le C.c.B.-C., la théorie la plus acceptée est à l'effet que le fiduciaire est propriétaire sui generis des biens de la fiducie, de sorte que le legs est fait au fiduciaire lui-même, en cette qualité. *Cf.* notamment *Royal Trust Co. c. Tucker*, (1982) 1 R.C.S. 250.
En vertu de l'article 1261 C.c.Q., le patrimoine fiduciaire est autonome de celui du fiduciaire; ce ne peut donc être ce dernier qui en est propriétaire. L'article 618 C.c.Q. accorde au fiduciaire le droit de recevoir, au nom de la fiducie, le legs fait à cette dernière.

12. *Cf.* la doctrine citée dans G. Brière, *Traité*, n° 275, p. 322, à la note 275-5.

13. Art. 610 à 613 C.c.B.-C.

14. Art. 893 C.c.B.-C.

15. Sous le C.c.B.-C., l'article 893, applicable aux legs, n'a pas d'application en cas de tentative de meurtre seulement, car il spécifie que la demande est admise «pour la participation du légataire à la mort du testateur». *Cf.* G. BRIÈRE, *Traité*, n° 86, p. 107.

16. Évidemment, si le successible est coupable d'attentat, l'indignité ne jouera qu'au moment où la victime décédera. Il n'y a cependant pas de

délai de «prescription» à l'égard de cette indignité. Il importe donc peu que la victime décède peu de temps après l'attentat ou longtemps après: le coupable demeure indigne, sous réserve de l'article 622 C.c.Q.

17. Sous le C.c.B.-C., l'interprétation de la règle est au même effet. Cf. *Galarneau* c. *Beaupré*, J.E. 81-1085 (C.S.) et *Héritiers de feu Michel Prézeau* c. *Legault-Prézeau*, J.E. 83-96 (C.S.), où le tribunal a estimé que l'épouse du défunt, ayant été acquittée de l'accusation pour cause d'aliénation mentale, n'était pas indigne de succéder à son époux. G. BRIÈRE, *Traité*, n° 86, p. 109.

18. S'il y a appel sur la déclaration de culpabilité, et que le successible soit déclaré innocent, l'indignité n'aura pas lieu.

19. Art. 609 C.c.Q.: la déchéance de l'autorité parentale entraîne cette dispense, à moins que le tribunal n'en décide autrement.

20. Sous le C.c.B.-C., on a déjà jugé que le fait d'incinérer et d'inhumer le défunt de façon autre que celle exprimée dans son testament ne constituait pas une injure grave au sens de l'article 893 C.c.B.-C. Cf. *Robinette* c. *Cliche*, [1986] R.J.Q. 751.

21. Sous le C.c.B.-C., le recel du testament du défunt constitue un acte emportant acceptation forcée de la succession.

22. Cf. art. 623 *in fine* C.c.Q. *a contrario*.

23. G. BRIÈRE, *Traité*, n° 137, p. 161.

24. G. BRIÈRE, *Traité*, n° 116, pp. 134-135.

25. Art. 782 C.c.Q.

26. Art. 780 C.c.Q.

27. Art. 781 C.c.Q.

28. Article 647 C.c.Q. Le successible est héritier (ou légataire particulier) sous condition résolutoire: art. 645 C.c.Q.

29. Comme motif pour justifier une telle prolongation, on peut invoquer le fait que c'est le liquidateur qui est obligé de faire inventaire. Puisque le successible n'a aucun contrôle sur ce délai, il paraît normal de ne pas le pénaliser si le liquidateur a pris plus de temps pour faire cet inventaire. Cf. G. BRIÈRE, *Traité*, n° 161, p. 190.

30. Art. 614 C.c.Q.

31. Art. 630 al. 2 in fine C.c.Q. Le P.L. 20 (Projet de loi 20 — *Loi portant réforme au Code civil du Québec du droit des personnes, des successions et des biens*, L.Q. 1987, c. 18) était plus précis à cet égard; en effet, son article 681 al. 2 citait comme exemple de vocations successorales distinctes le successible qui est appelé à recueillir diverses espèces de legs ou des legs distincts de la même espèce. Cf. G. BRIÈRE, *Traité*, n° 171, p. 201.

32. Sous le Code actuel, la mésentente entre les héritiers donne automatiquement lieu à une acceptation sous bénéfice d'inventaire: art. 649 C.c.B.-C.

33. À moins que l'acception ne puisse être annulée pour une des causes d'annulation des contrats, soit l'erreur, la crainte ou la lésion (art. 1399 C.c.Q.): art. 636 C.c.Q. Cf. G. BRIÈRE, *Traité*, n°ˢ 179-181, pp. 211-212.

34. G. BRIÈRE, *Traité*, n° 186, p. 215. Il n'est cependant pas nécessaire

que l'écrit ait pour but de constater l'acceptation; la référence à l'acceptation peut être incidente.

35. G. BRIÈRE, *Traité*, n° 187, p. 216.

36. Pour cette raison, on exclut généralement les actes d'administration et de conservation (art. 642 et 644 C.c.Q.) des biens de la succession, ainsi que le partage de certains biens qui n'ont normalement aucune valeur (art. 643 C.c.Q.).

37. G. BRIÈRE, *Traité*, n° 190, pp. 219-220.

38. Art. 642 et 644 C.c.Q.

39. Pour d'autres exemples, voir A. MAYRAND, *op. cit. supra* note (4), n° 217, pp. 194-195.

40. *Demers* c. *Henfield*, (1932) 38 R.L. n.s. 154.

41. *Therrien* c. *Sabourin*, [1942] C.S. 205.

42. À titre d'exemples, mentionnons que le greffe du notaire «appartient à ses héritiers légaux ou légataires, qu'ils acceptent sa succession ou non» (*Loi sur le Notariat*, L.R.Q. c. N-2, art. 63) ou que la réception de la prestation de décès et des rentes de conjoint survivant et d'orphelin payables aux termes de l'article 146 de la *Loi sur le régime de rentes du Québec* (L.R.Q. c. R-9) n'emporte pas acceptation de la succession.

43. L'article indique que ces gestes «emportent» acceptation de la succession.

44. G. BRIÈRE, *Traité*, n° 189, p. 218.

45. *Olivier* c. *Jolin*, (1916) 25 B.R. 532; *Prieur* c. *Société d'administration et de fiducie*, [1959] C.S. 234.

46. A. MAYRAND, *op. cit. supra* note (4), no 218, p. 197.

47. G. BRIÈRE, *Traité*, n° 193, p. 224.

48. Art. 647 C.c.Q.

49. G. BRIÈRE, *Traité*, n° 165, p. 195.

50. G. BRIÈRE *Traité*, n° 175, p. 205. Selon l'auteur, cette situation n'est pas un inconvénient, car ni le mineur, ni le majeur protégé, ni même l'absent ne peuvent être tenus des dettes au-delà de la valeur des biens qu'ils recueillent (art. 638 al. 4 C.c.Q.).

51. G. BRIÈRE, *Traité*, n° 194, pp. 225-228.

52. Art. 780 C.c.Q.

53. En outre, ces gestes sont jugés suffisamment graves pour avoir une autre conséquence, qui est en fait une sanction sévère imposée à l'héritier: celle de l'obligation ultra vires aux dettes de la succession. Cf. art. 799, 800 et 801 C.c.Q.

54. Art. 639 *in limine* C.c.Q.

55. G. BRIÈRE, *Traité*, n° 194, p. 225.

56. Art. 640 C.c.Q.

57. Contra: G. BRIÈRE, *Traité*, n° 194, p. 226.

58. G. BRIÈRE, *Traité*, n°s 208-209, pp. 242-246.

59. G. BRIÈRE, *Traité*, n° 208, pp. 243-244.

60. Art. 701 C.c.Q.

61. Celle résultant de l'article 650 C.c.Q. constitue en quelque sorte un délai de déchéance, tandis que celle de l'article 651 C.c.Q. est une

sanction imposée par la loi; il serait curieux que le successible puisse se libérer de cette sanction par le biais d'une rétractation.

62. Art. 646 al. 1 C.c.Q.

63. Art. 648 C.c.Q.

64. Art. 646 al. 2 C.c.Q.

65. Cf. *supra*, n° 56.

66. Art. 233 C.c.Q.

67. Art. 173 al. 1 *in fine* C.c.Q.

68. Art. 293 C.c.Q.

69. G. BRIÈRE, *Traité*, n⁰ˢ 203-205, pp. 237-241.

70. S'il s'agit du recel du testament lui-même, la sanction est l'indignité successorale judiciairement déclarée: art. 621, 2ᵉ C.c.Q.

71. Henri TURGEON, «Thémis et les Muses», (1956-57) 59 *R. du N.* 328.

72. Art. 867 al. 2 C.c.Q.

73. Art. 664 in limine C.c.Q.

74. Laurent LESAGE, «La part de l'héritier renonçant», (1940-41) *43 R. du N.* 391; J.A. L'HEUREUX, «La part de l'héritier renonçant», (1940-41) 43 *R. du N.* 477; Henri TURGEON, «Renonciation et accroissement en matière successorale», (1947-48) 50 *R. du N.* 391; A. MAYRAND, *op. cit. supra* note (4), n° 249, p. 222; G. BRIÈRE, *Traité*, n° 210, p. 249.

75. *Rosenbush* c. *Rosenbush*, [1971] C.S. 112, commenté par Camille CHARRON, «La part des descendants renonçants», (1971-72) 74 *R. du N.* 202.

76. Sauf, naturellement, quant à l'impossibilité de représenter le renonçant. Cf. G. BRIÈRE, *Traité*, n° 210, pp. 246-249.

77. G. Brière, *Traité*, n° 213, pp. 250-251.

78. Pour quelques commentaires sur la règle *paterna paternis, materna maternis*, voir G. BRIÈRE, *Traité*, n° 11, pp. 15-16.

79. Art. 676 al. 2 C.c.Q.

80. Art. 679 C.c.Q.

81. *Loi modifiant le Code civil du Québec* et d'autres dispositions législatives afin de favoriser l'égalité économique des époux, L.Q., 1989, c. 55, art. 25 (abrogeant l'article 624c C.c.B.-C.).

82. Art. 678 al. 1 in limine C.c.Q.

83. Art. 683 C.c.Q.

84. *Infra*, n⁰ˢ 108-110.

85. *Supra*, nᵛ 77 et *infra*, n⁰ˢ 103-107.

86. G. BRIÈRE, *Traité*, n° 244, p. 288.

87. Art. 749 C.c.Q.

88. *Infra*, n⁰ˢ 238 ss.

89. G. BRIÈRE, *Traité*, n° 253, pp. 299-300.

90. Art. 661 al. 1 C.c.Q.

91. On sait qu'en vertu de l'article 622 C.c.B.-C., la représentation chez les collatéraux privilégiés n'a lieu qu'aux fins de partager, c'est-à-dire lorsqu'un neveu ou une nièce est appelé à la succession en concours avec le frère ou la sœur du défunt.

92. *Infra*, n⁰ˢ 103 et ss.

93. Art. 676 al. 2 C.c.Q.

94. Art. 679 C.c.Q.

95. Art. 674 al. 2 C.c.Q.: lorsque les collatéraux privilégiés sont les seuls successibles de leur ordre, toute la succession leur est dévolue.

96. Lorsque les collatéraux privilégiés concourent avec les ascendants privilégiés, ils recueillent la moitié de la succession: art. 674 al. 1 C.c.Q.

97. Les collatéraux privilégiés ont droit au tiers des biens successoraux lorsqu'ils concourent avec le conjoint survivant du défunt: art. 673 C.c.Q.

98. Art. 663 in limine et 676 al. 1 C.c.Q.

99. Art. 676 al. 3 C.c.Q.

100. Lorsqu'il n'y a pas de collatéraux ordinaires qui descendent de collatéraux privilégiés: art. 678 al. 2 C.c.Q.

101. S'ils concourent avec des collatéraux ordinaires spéciaux: art. 678 al. 1 in fine C.c.Q.

102. Ce principe est aussi introduit dans le deuxième ordre à l'égard des collatéraux privilégiés, car ceux-ci n'ont jamais priorité lorsque le conjoint survivant et les ascendants privilégiés sont appelés à la succession. Ce n'est qu'à défaut de l'un de ces groupes que les collatéraux privilégiés sont appelés effectivement à succéder.

103. Art. 679 al. 1 C.c.Q.

104. Art. 680 al. 1 C.c.Q.

105. Et naturellement de préférence à tout autre ascendant, à cause de la règle de la proximité des degrés.

106. Art. 680 al. 2 C.c.Q.

107. Art. 681 in limine C.c.Q.

108. Art. 681 in fine C.c.Q.

109. Art. 682 in fine C.c.Q.

110. Art. 653 et 696 C.c.Q.

111. Lorsque les collatéraux ordinaires «spéciaux» sont les seuls successibles de leur ordre appelés à la succession: art. 678 al. 2 C.c.Q.

112. Lorsque les collatéraux ordinaires «spéciaux» concourent avec les ascendants ordinaires et les autres collatéraux ordinaires: art. 678 al. 1 C.c.Q.

113. Art. 663 in fine C.c.Q.

114. *Davidson* c. *Winteler*, (1904) 13 B.R. 97.; *Turner* c. *Mulligan*, (1894) 3 B.R. 523.

115. *L'Heureux-Lévesque* c. *Côté*, J.E. 89-870 (C.S.).

116. *A.A.* c. *G.R.*, (1987) 21 Q.A.C. 102.

117. *Loi modifiant le Code civil du Québec* et d'autres dispositions législatives afin de favoriser l'égalité économique des époux, L.Q. 1989, c. 55. L'article 24 de cette loi a inséré dans le C.c.B.-C. les articles 607.1 à 607.11.

118. *Dans Droit de la famille - 1370*, [1991] R.D.F. 80, on a rappelé que le divorce n'a aucune incidence sur le droit des enfants de réclamer une telle contribution alimentaire.

119. Art. 585 C.c.Q.

120. Art. 685 al. 2 in limine C.c.Q.

121. Art. 684 al. 2 C.c.Q.
122. Art. 684 al. 2 *in fine* C.c.Q.
123. Art. 684 al. 1 C.c.Q.
124. Germain BRIÈRE, «L'obligation alimentaire survit désormais au décès du débiteur», (1989) 20 *R.G.D.* 647, p. 656, note 44.
125. Art. 587 C.c.Q. Cf. G. BRIÈRE, *Idem*, p. 656, n° 16.
126. Art. 687 C.c.Q.
127. Art. 691 C.c.Q.
128. Art. 692 C.c.Q.
129. Cf. Jacques BEAULNE, «Commentaires sur les articles 607.4 et 607.5 C.c.B.-C. ou la mutation d'une réserve héréditaire en contribution alimentaire post mortem», (1989-90) 92 *R. du N.* 573.
130. Art. 695 al. 2 C.c.Q.
131. Art. 689 al. 2 C.c.Q.
132. Le créancier alimentaire a intérêt à demander la réduction des libéralités contre celui qui est le plus solvable. La faillite de l'un des bénéficiaires sujets à la réduction est supportée par les autres bénéficiaires, et non par le créancier alimentaire.
133. Contrairement à la pension alimentaire «ordinaire» qui est, au contraire, en principe payable par versements périodiques: art. 589 C.c.Q.
134. Art. 688 al. 1 C.c.Q.
135. OFFICE DE RÉVISION DU CODE CIVIL, *Rapport sur le Code civil du Québec*, Projet de Code civil, Volume I, Éditeur officiel du Québec, 1977, art. III-56, et OFFICE DE RÉVISION DU CODE CIVIL, *Rapport sur le Code civil du Québec*, Volume II, Commentaires, tome 1, Éditeur officiel du Québec, 1977, p. 260, art. 56.
136. Par exemple, l'article 741 du Projet de loi n° 107 *Loi portant réforme au Code civil du Québec du droit des successions*, (17 décembre 1982), l'article 733 du Projet de loi 20 - *Loi portant réforme au Code civil du Québec du droit des personnes, des successions et des biens*, L.Q. 1987, c. 18 prévoyaient implicitement que l'État recueillait la succession à titre d'héritier. Les articles 664 al. 1 et 703 du P.L. 20 confirmaient par ailleurs le statut d'héritier conféré à l'État.
137. Dans ces diverses législations, on avait abandonné la nécessité d'envoi en possession. Pour des commentaires sur l'état du droit au 15 avril 1987, cf. G. BRIÈRE, *Traité*, n° 70 et ss., pp. 92 et ss.
138. Art. 697 al. 1 *in limine* C.c.Q.
139. G. BRIÈRE, *Traité*, n° 71, p. 93.
140. Art. 696 C.c.Q.
141. Art. 625 C.c.Q.
142. Lorsque l'héritier connaît sa qualité, mais qu'il ne renonce pas dans les six mois du décès, il est présumé avoir accepté la succession: art. 633 C.c.Q.
143. Art. 698 al. 1 C.c.Q.
144. Art. 650 C.c.Q.
145. Art. 698 al. 2 C.c.Q.
146. Art. 699 *in limine* C.c.Q.
147. Art. 699 *in fine* C.c.Q.

148. Art. 776 C.c.Q.
149. Art. 802 C.c.Q.
150. Art. 819 C.c.Q.
151. Art. 700 C.c.Q.
152. C'est-à-dire le temps qu'il reste avant l'expiration du délai de 10 ans.
153. Art. 702 C.c.Q.
154. Art. 1306-1307 C.c.Q.
155. Art. 706 *in fine* C.c.Q.
156. R. COMTOIS, *Les libéralités*, n° 143, p. 94.
157. Art. 715 C.c.Q.
158. *Murnaghan* c. *Alie*, [1987] R.L. 49 (C.A.).
159. Art. 631 C.c.Q.
160. *Therreault* c. *Succession Feu Marcel Therreault*, J.E. 87-231 (C.S.). *Cournoyer-Mottet* c. *Champagne*, J.E. 89-1341 (C.S.).
161. *Lapointe* c. *Schwartz*, [1988] R.L. 70 (C.A.), où il a été jugé que le document du testateur, signé immédiatement avant son départ de Mirabel, ne pouvait prendre effet qu'à la condition que les décès du testateur et de toute sa famille surviennent pendant le voyage en avion.
162. Hervé ROCH, *Testaments et vérification*, Montréal, Wilson et Lafleur, 1951, p. 31. Cf. art. 737 C.c.Q.
163. *Zablella* c. *Svotelis*, J.E. 89-948 (C.A.).
164. G. BRIÈRE, *Traité*, n° 441, pp. 526-528.
165. R. COMTOIS, *Les libéralités*, n° 139, p. 93. Cf. aussi Roger COMTOIS, «Où le testament fait par deux personnes dans une «convention» ne serait pas un testament fait dans le même acte», (1988-89) 91 *R. du N.* 78, où l'auteur critique *Levasseur (Succession de)*, J.E. 88-982 (C.S.).
166. Art. 153 al. 2 C.c.Q.
167. Il convient de noter que l'Office de révision du Code civil proposait que le mineur de seize ans puisse tester, à condition qu'il le fasse par testament notarié. Voir OFFICE DE RÉVISION DU CODE CIVIL, *Rapport sur le Code civil du Québec*, Projet de Code civil, Volume I, *op. cit. supra* note (135), art. III-248, p. 174.
168. Art. 155 C.c.Q.
169. Cf. aussi l'article 43 C.c.Q., relativement au prélèvement d'organes pour le mineur de 14 ans et plus.
170. À noter que l'article 708 C.c.Q. ne réfère qu'à la disposition de biens, alors que le testament peut contenir des volontés d'autre nature, dont des dispositions relatives à la liquidation successorale. En conséquence, le mineur peut faire des legs modiques, mais pas, par exemple, choisir un liquidateur à sa succession.
De plus, le mineur peut certainement révoquer une disposition testamentaire antérieure de choses modiques, car l'attribution du pouvoir de disposer de certains biens par testament comprend implicitement celui de révoquer ou de modifier ces dispositions. Permettre au mineur de disposer de biens modiques en lui interdisant de modifier de telles dispositions

équivaudrait à faire du testament du mineur un testament irrévocable, ce qui est clairement contraire à l'article 704 C.c.Q.

171. Art. 434 C.c.Q.

172. Art. 167 et ss. C.c.Q.

173. Art. 170 et 172 C.c.Q.

174. Art. 175-176 C.c.Q.

175. Art. 281 C.c.Q.

176. Art. 711 C.c.Q.

177. Art. 709 C.c.Q.

178. Art. 285 C.c.Q.

179. Art. 711 C.c.Q.

180. Art. 710 *in fine* C.c.Q.

181. Art. 711 C.c.Q.

182. Pour une étude des formes de testaments telles que proposées par le Projet de loi 20 - *Loi portant réforme au Code civil du Québec du droit des personnes, des successions et des biens*, L.Q. 1987, c. 18 (sanctionné le 15 avril 1987, mais jamais mis en vigueur), cf. Jacques BEAULNE, «Les testaments sous le nouveau Code civil du Québec», [1988] *C. P. du N.* 67-204.

183. Art. 712 C.c.Q.

184. Art. 849 C.c.B.-C.

185. Cf. Germain BRIÈRE, «Les conditions de forme du testament notarié, selon le nouveau droit des successions», (1987-88) 90 *R. du N.* 124.

186. L.R.Q. c. N-2.

187. Cette interdiction fait échec au principe normal à l'effet que lorsque le liquidateur n'est pas un héritier, il a droit à une rémunération: art. 789 al. 2 C.c.Q.

188. Sous le C.c.B.-C., on admet également que le notaire puisse être désigné comme exécuteur testamentaire dans le testament qu'il reçoit, à condition de ne pas être rémunéré. En cas de contravention à la règle, la doctrine majoritaire estime que seule la rémunération doit tomber. *Cf.* Yvan DESJARDINS, «De la nomination du notaire comme exécuteur testamentaire», (1953-54) 4, *Thémis* 76, p. 76; M. CHARLEBOIS, «Notaire recevant un testament dans lequel il est nommé exécuteur», (1920-21) 23 *R. du N.* 263-271. Contra: R. COMTOIS, *Les libéralités*, n° 152, p. 98.

189. Art. 716 al. 1 C.c.Q.

190. Art. 719 C.c.Q.

191. Art. 720 C.c.Q.

192. G. BRIÈRE, *Traité*, n° 399, p. 483.

193. Joseph SIROIS, «De la forme des testaments», Montréal, Wilson & Lafleur, 1907, p. 231.

194. Art. 844 al. 3 C.c.B.-C.

195. En effet, sous le C.c.B.-C., lorsque le notaire employé intervient au testament à titre de notaire en second, il agit à titre d'officier public, et non comme simple témoin. Sa qualité d'officier public doit prévaloir sur sa situation d'employé. Cf. Denys-Claude LAMONTAGNE, «Le testament

notarié et les employés du notaire instrumentant», (1983-84) 86 *R. du N.* 118.

Sous le nouveau Code, on explique que le devoir d'impartialité de tout notaire prime le lien de subordination qui unit l'employé à son employeur. À cet égard, cf. G. BRIÈRE, *Traité,* n° 400, p. 484.

196. G. BRIÈRE, *Traité,* n° 400, p. 486.

197. Art. 716 al. 1 C.c.Q.

198. Art. 717 al. 1 *in limine* C.c.Q.

199. Art. 717 al. 1 *in fine* C.c.Q.

200. Art. 717 al. 2 C.c.Q.

201. Art. 2821 C.c.Q. Sous le C.c.B.-C., il a été jugé que, dans le cadre d'un contrat de mariage, le consentement d'une personne qui ne savait signer était présumé, même si l'acte ne le mentionnait pas expressément et que l'authenticité ne pouvait être attaquée que par inscription de faux. *Lessard* c. *Nadeau,* (1939) 66 B.R. 175. Cf. Léo DUCHARME, *Précis de la preuve,* 3ᵉ édition, Montréal, Wilson & Lafleur, 1986, n° 77, p. 44.

202. *Loi sur le notariat,* L.R.Q., c. N-2, art. 44.

203. R. COMTOIS, *Les libéralités,* n° 161c, p. 101; G. BRIÈRE, *Traité,* n° 408, p. 491.

204. Cette déclaration, qui tient lieu de signature du testateur, doit certainement être faite verbalement au notaire, car ce dernier ne peut consigner à l'acte la déclaration d'incapacité du testateur qu'à condition qu'une telle déclaration lui ait été faite.
Le texte de l'article 719 C.c.Q. n'est cependant pas aussi clair quant à savoir si la déclaration du testateur doit être faite en présence des témoins ou non; il semble plutôt suggérer que c'est la déclaration inscrite au testament qui supplée à l'absence de signature du testateur, ce qui signifierait que la présence des témoins n'est pas essentielle lorsque le testateur fait sa déclaration orale d'incapacité de signer. Ce qui importe, c'est que les témoins soient présents au moment où le notaire en fait lecture. Relativement aux exigences du C.c.B.-C. en pareil cas, cf. *Dubé* o. *Dubé,* (1935) 73 C.S. 553; *Bertrand* c. *Brochu,* [1955] B.R. 143; *Gendron* c. *Duranleau,* [1942] R.C.S. 321; *A. Faustin Cie. Ltée.* c. *Harrow Homes Inc.,* [1966] C.S. 93, critiqué par Roger COMTOIS, «Jurisprudence - Le testament authentique est-il encore un acte formaliste?» (1966-67) 69 *R. du N.* 193.

205. La règle est identique en droit actuel. Voir G.S. CHALLIES, «Conditions de validité du testament au Québec et en France», (1960) 20 *R. du B.* 373.

206. Art. 725 al. 2 C.c.Q.

207. Art. 720 al. 1 C.c.Q.

208. Art. 720 al. 2 C.c.Q.

209. L'exigence est la même sous l'article 847 al. 3 C.c.B.-C.

210. C'est du moins ce qui a été jugé en France: «Jurisprudence - Main guidée - Validité - Mots de la main d'un tiers - Nullité», *Journal des notaires et des avocats et journal du notariat,* n° 3, 5 février 1987, p. 133.

211. Voir *Ex parte Brûlé,* (1953) 39 R.P. 183. La testatrice tremblait trop

pour écrire elle-même le testament; elle l'a dicté mot pour mot à un tiers, tout en surveillant ce que celui-ci écrivait. On a demandé la vérification de ce testament sous la forme olographe, en prétendant qu'il contenait indubitablement l'expression réelle des dernières volontés de la testatrice. La requête a été refusée.

212. Débats de l'Assemblée Nationale, Commission permanente de la Justice, Sous commission des Institutions, 12 juin 1985, p. S-CI-502; G. BRIÈRE, *Traité*, n° 414, p. 498.

213. La Cour suprême a établi le même principe sous l'empire de l'article 851 C.c.B.-C. Cf. *Jacques* c. *Allain-Robitaille*, (1978) 2 R.C.S. 897, commenté par Roger COMTOIS, «Jurisprudence - Le bénéficiaire d'une rente ne peut désigner un nouveau bénéficiaire par simple stipulation pour autrui», (1978-79) 81 R. du N. 252.

214. Débats de l'Assemblée Nationale, Commission permanente de la Justice, Sous commission des Institutions, 12 juin 1985, p. S-CI-502.

215. S'il s'agit d'un ajout subséquent dont l'auteur est le testateur lui-même, on peut voir dans cette addition un codicille parfaitement valable. Cf. *Brien* c. *Rondeau*, C.S. Joliette, 4 juillet 1983, n° 705-14-000028-832, commenté par Roger COMTOIS, «Jurisprudence - Codicille olographe inscrit sur la copie d'un testament notarié» (1983-84) 86 R. du N. 72.

216. H. ROCH, Testaments et vérification, *op. cit.* supra note (162), p. 115.

217. *Lachance* c. *Couture*, (1932) 38 R.L. n.s. 217.

218. *In re Gareau*, J.E. 80-744.

219. *Re Laver Estate*, (1957) 10 D.L.R. (2d) 279, commenté par C. CHAREST, «Jurisprudence - Testament rédigé sur une formule imprimée - Valide comme testament olographe», (1976-77) 79 R. du N. 150; *In re: Dubois*, J.E. 82-516 (C.S.); *Lafrance* c. *Succession Jacques Duval*, [1989] R.J.Q. 366.

220. Cf. *infra*, n° 216.

221. R. COMTOIS, *Les libéralités*, n° 181, p. 109.

222. R. COMTOIS, *Les libéralités*, n° 182, p. 110.

223. Roger COMTOIS, «Chronique de jurisprudence», (1958-59) 61 R. du N. 507. Contra: *Walker* c. *Swan*, (1913) 15 R.P. 15.

224. *Lauzon* c. *Duplessis*, (1940) 46 R. de J. 361.

225. R. COMTOIS, *Les libéralités*, n° 183, p. 111; G. BRIÈRE, *Traité*, n° 419, p. 504.

226. C'est l'élément matériel de la signature. Par exemple sur l'enveloppe contenant le testament. Pour une illustration sous le C.c.B.-C., cf. ANONYME, «Testament olographe - signature en tête du testament», (1911-12) 14 R. du N. 246, p. 248.

227. C'est l'élément intentionnel de la signature. H. ROCH, t. 5, p. 328; G.S. CHALLIES, *loc. cit.* supra note (205), p. 391; G. BRIÈRE, *Traité*, n° 419, p. 504. *Larose* c. *Eidt*, [1945] C.S. 276.

228. Albert MAYRAND, *Le testament olographe par lettre missive et l'«animus testandi»*, (1961) 21 R. du B. 239, p. 240, commentant l'arrêt *Molinari* c. *Winfrey*, [1961] R.C.S. 91.

Cf. aussi Henri TURGEON, «Testament olographe par lettre missive», (1950-51) 53 R. du N. 521, commentant l'arrêt *Dansereau* c. *Berget*, [1951] R.C.S. 822.

229. *Molinari* c. *Winfrey*, [1961] R.C.S. 91. Cf. aussi *Lapointe* c. *Schwartz*, [1988] R.L. 70.

230. *Royal Trust Co.* c. *Corber*, J.E. 86-1175 (C.S.).

231. Art. 728 al. 1 *in limine* C.c.Q.

232. Art. 727 al. 1 C.c.Q.

233. Les mêmes règles prévalent d'ailleurs déjà sous le C.c.B.-C. Cf. *Marcoux-Guillot* c. *Maheux*, [1983] R.L. 435 (C.S.), p. 440. Voir aussi H. ROCH, t. 5, p. 334; G.S. CHALLIES, *loc. cit.*, supra, note (205), p. 393; R. COMTOIS, *Les libéralités*, n° 193, p. 112; *Bouthillier* c. *Bouthillier*, [1962] R.L. 449 (C.S.); *Audet* C. *Tremblay*, [1974] C.A. 585, p. 586.

234. *St-George's Society of Montreal* c. *Nichols*, (1894) 5 C.S. 273; H. ROCH, t. 5, p. 334; P.B. MIGNAULT, t. 4, p. 304.

235. G. BRIÈRE, *Traité*, n° 428, p. 511; *Gingras* c. *Gingras*, [1948] S.C.R. 339, commenté par G.V.V. NICHOLLS, «Wills Made in the Form Derived from the Laws of England - Essential Formalities - Articles 851 and 855 of the Quebec Civil Code», (1948) 26 Rev. Bar. Can. 590; *In re: Poupart*, [1966] C.S. 99.

236. Art. 730 C.c.Q.

237. Art. 727 al. 2, 2ᵉ phrase C.c.Q.

238. J. SIROIS, *De la forme des testaments*, op. cit., supra, note (193), p. 336; Wynne c. Wynne, (1921) 62 R.C.S. 74, p. 90; *Ex parte Roy*, (1937) 40 R.P. 311.

239. G. BRIÈRE, *Traité*, n° 429, p. 513. On reviendrait alors à l'interprétation de Mignault. Voir P.B. MIGNAULT, t. 4, p. 300. L'Office de révision du Code civil avait suggéré que le testament devant témoins puisse être signé par le testateur, de son nom ou de sa marque, mais que la signature par un tiers au nom du testateur soit prohibée, en expliquant qu'il «parait en effet abusif d'autoriser un tiers à signer, lorsqu'il suffit que le testateur pose sa marque [...] le testateur qui ne peut même faire sa marque a intérêt à recourir au testament authentique qui seul offre les garanties suffisantes du respect de ses volontés». Voir OFFICE DE RÉVISION DU CODE CIVIL, *Rapport sur le Code civil du Québec*, Volume II, Commentaires, tome 1, *op. cit. supra* note (135), p. 301, art. 270.

240. *Vaillancourt* c. *Lapierre*, (1873) 5 R.L. 262; *Latour* c. *Grenier*, [1945] B.R. 225 (229), infirmé en Cour suprême, [1945] R.C.S. 749, pour un autre motif. J. SIROIS, *De la forme des testaments*, op. cit. supra note (193), p. 335. R. COMTOIS, *Les libéralités*, n° 189, p. 112-113.

241. G.S. CHALLIES, loc. cit., *supra*, note (205), p. 394; *Marcoux-Guillot* c. *Maheux*, [1983] R.L. 435 (C.S.).

242. Sous le C.c.B.-C., on a cependant déjà admis un testament qui avait été d'abord signé par les témoins. Cf. *Audet* c. *Tremblay*, [1974] C.A. 585, commenté par Roger COMTOIS, «Codicille sous la forme dérivée de la loi d'Angleterre - Signature des témoins précédant celle du testateur - Validité; Testament olographe signé du seul prénom - Validité;

Enregistrement - Responsabilité notariale» (1974-75) 77 R. du N. 171.
243.   OFFICE DE RÉVISION DU CODE CIVIL, *Rapport sur le Code civil du Québec*, Volume II, Commentaires, tome 1, *op. cit. supra* note (135), p. 301, art. 270.
244.   Le legs fait au témoin est nul (art. 760 C.c.Q.), mais cette nullité n'a pas pour effet d'invalider le testament, qui demeure valide quant à sa forme.
245.   Projet de loi 20 - *Loi portant réforme au Code civil du Québec du droit des personnes, des successions et des biens*, L.Q. 1987, c. 18, article 765.
L'article suivait en cela une recommandation de l'Office de révision du Code civil, qui avait suggéré de s'écarter de la règle actuelle du C.c.B.-C., et de ne pas rendre accessible à l'illettré le testament devant témoins. L'organisme justifiait alors sa position du fait «que seul le testament authentique offre des garanties suffisantes lorsque le testateur est illettré». Cf. OFFICE DE RÉVISION DU CODE CIVIL, *Rapport sur le Code civil du Québec*, Volume II, Commentaires, tome 1, *op. cit. supra* note (135), p. 301, art. 272.
246.   Art. 852 C.c.B.-C.
247.   Voir notamment G. BRIÈRE, *Traité*, n° 428, p. 512 et n° 434, p. 518.
248.   Art. 713 al. 1 C.c.Q.
249.   Mireille D. CASTELLI, «L'article 855 C.c. et la nullité d'un legs», (1974) 15 C. de D. 203. Cf. *Brassard-Barrette*, [1972] R.P. 296, malheureusement erroné sur un autre point de droit.
250.   G. BRIÈRE, *Traité*, n° 436, p. 520.
251.   Voir *Nantel* c. *Nantel*, [1980] C.S. 1150; *Rochon* c. *Rochon*, (1936) 61 B.R. 100.
252.   *Spindlo* c. *Spindlo*, (1926) 41 B.R. 116.
253.   *Vinet* c. *Robert*, (1921) 59 C.S. 147.
254.   *Journal des débats*, Assemblée Nationale, Commission permanente de la Justice, Sous-commission des institutions, 26 juin 1985, p. S-CI-619.
255.   Pour un exemple d'une telle situation, cf. *Ex parte Brûlé*, (1935) 39 R.P. 183 (C.S.).
256.   *Journal des débats*, Assemblée Nationale, Commission permanente de la Justice, Sous-commission des Institutions, 26 juin 1985, p. S-CI-619. On a donné comme exemple d'application le testament «fait sur une formule signée par le testateur et dont les espaces laissés en blanc auraient de même été remplis par le testateur de sa main».
257.   *Turgeon* c. *Bédard*, [1987] R.J.Q. 2447.
258.   Art. 731 C.c.Q.
259.   H. ROCH, t. 5, p. 402; Camille CHARRON, «La frontière évanescente du legs à titre universel», (1980) 40 *R. du B.* 837, p. 839; G. BRIÈRE, *Traité*, n° 457, p. 543; Henri TURGEON, «Essai sur les legs», (1952-53) 55 *R. du N.* 152.
260.   H. ROCH, t. 5, p. 402.
261.   P.B. MIGNAULT, t. 4, p. 351; Henri TURGEON, «Essai sur les legs», *loc. cit. supra* note (259) p. 154; H. ROCH, t. 5, pp. 402-403.

262. Art. 625 al. 1 C.c.Q.
263. Art. 630 C.c.Q.
264. Art. 625 al. 2 C.c.Q.
265. Art. 473 et 474 C.c.Q.
266. Art. 1349 et 1353 C.c.B.-C.
267. Art. 635 C.c.Q.
268. Art. 10 et ss. et 625 al. 3 C.c.Q.
269. P.B. MIGNAULT, t. 4, p. 340; H. ROCH, t. 5, pp. 442-443; G. BRIÈRE, Traité, n° 462, p. 548; R. COMTOIS, Les libéralités, n° 268, pp. 131-132.
270. G. BRIÈRE, Traité, n° 493, p. 578.
271. Cf. art. 1506-1507 C.c.Q.
272. Camille CHARRON, «L'accroissement et le legs universel ou à titre universel», (1975) 35 R. du B. 364, p. 365.
273. À titre d'exemple: «Je lègue tous mes biens à A et à B, pour moitié chacun.»
274. Par exemple: «Je lègue la moitié de mes biens à A et l'autre moitié à B.»
275. Camille CHARRON, loc. cit., supra, note (272) p. 368. Valiquette c. Trust Général du Canada, [1970] C.S. 579, pp. 583-584.
276. P.B. MIGNAULT, t. 4, p. 324 et ss.
277. En ce sens, Journal des Débats, Assemblée Nationale, Commission permanente de la Justice, Sous-commission des Institutions, 13 juin 1985, p. S-CI-524.
278. Voir les commentaires à cet égard dans Journal des Débats, Assemblée Nationale, Commission permanente de la Justice, Sous-commission des Institutions, 13 juin 1985, p. S-CI-525.
279. Art. 749 C.c.Q. Le Code civil du Québec fait écho aux suggestions formulées par l'Office de révision du Code civil à cet égard. Cf. OFFICE DE RÉVISION DU CODE CIVIL, Rapport sur le Code civil du Québec, Volume II, Commentaires, tome 1, op. cit. supra note (135), p. 297, art. 254.
280. En ce sens, voir G. BRIÈRE, Traité, n° 250, p. 296.
281. Journal des Débats, Assemblée Nationale, Commission permanente de la Justice, Sous-commission des Institutions, 26 juin 1985, p. S-CI-653.
282. Art. 750 al. 1 C.c.Q.
283. G. BRIÈRE, Traité, n° 486, p. 570.
284. G. BRIÈRE, Traité, n° 488, p. 572.
285. Le concept d'unité économique avait été suggéré par l'Office de révision du Code civil, qui affirmait avoir emprunté le concept de l'Avant-projet français. Voir OFFICE DE RÉVISION DU CODE CIVIL, Rapport sur le Code civil du Québec, Projet de Code civil, Volume I, op. cit. supra note (135), art. III-312, et OFFICE DE RÉVISION DU CODE CIVIL, Rapport sur le Code civil du Québec, Volume II, Commentaires, tome 1, op. cit. supra note (135), p. 308, art. 312.
286. Art. 713 al. 1 C.c.Q.
287. Art. 1604 al. 2 C.c.Q.

288. Selon Brière, il faut cependant distinguer selon qu'il s'agit de l'indignité de plein droit (art. 620 C.c.Q.) ou déclarée par le tribunal (art. 621 C.c.Q.). Seule la première peut véritablement être considérée comme un cas de caducité, car elle a lieu de plein droit, dès l'ouverture de la succession. Quant à la seconde, elle n'est rien d'autre qu'un cas de révocation judiciaire. Cf. G. BRIÈRE, *Traité*, n° 500, pp. 583-584 et n° 542, p. 623.

289. G. BRIÈRE, *Traité*, n° 506, p. 588.

290. G. BRIÈRE, *Traité*, n° 389, pp. 472-475.

291. G. BRIÈRE, *Traité*, n° 382, p. 455.

292. Pour une étude des solutions préconisées sous le C.c.B.-C. et de leur justification, cf. G. BRIÈRE, *Traité*, n°s 383-386, pp. 456-465.

293. G. BRIÈRE, *Traité*, n° 387, pp. 465-468.

294. L.R.Q. c. S-5, telle que modifiée par la Loi sur les services de santé et les services sociaux et modifiant diverses dispositions législatives, L.Q. 1991, c. 42. Ces articles, venus remplacer et compléter l'article 155 de l'ancienne loi, sont entrés en vigueur le premier octobre 1992.

295. G. BRIÈRE, *Traité*, n° 515, pp. 597-600.

296. Camille CHARRON, «Nouvelles incapacités de recevoir une libéralité: effet de caducité ou de nullité?», (1982-83) 85 *R. du N.* 206; Camille CHARRON, «Récentes modifications au droit des successions», *loc. cit. supra* note (5), p. 306 et ss.; Denys-Claude LAMONTAGNE, «Une loi doit avoir des dents pour être efficace», (1982-83) 85 *R. du N.* 552; Camille CHARRON, «Incapacité de recevoir une libéralité; origine et lacunes de l'article 155 du chapitre S-5 des Lois refondues du Québec», (1983-84) 86 *R. du N.* 63.

297. *Prégent c. Villeneuve*, J.E. 89-1186 (C.S.); *Fiset c. Mael*, J.E. 89-1604 (C.S.), confirmé en appel dans *Boisvert c. Fiset*, *C.A.* (Québec) 200-09-000677-895.

298. G. BRIÈRE, *Traité*, n° 463, p. 549.

299. Pour une analyse du legs de la chose indivise, pour laquelle le Code civil du Québec n'a pas repris la règle de l'article 882 C.c.B.-C., cf. G. BRIÈRE, *Traité*, n° 464, pp. 551-554.

300. G. BRIÈRE, *Traité*, n° 463, p. 550.

301. G. BRIÈRE, *Traité*, n° 540, p. 622. Certains auteurs, dont P.B. MIGNAULT, t. 4, pp. 421 et ss. et H. ROCH, t. 5, p. 451, parlent de révocation judiciaire, alors que d'autres réfèrent à la révocation légale ou judiciaire: cf. R. COMTOIS, *Les libéralités*, n°s 246 et ss., pp. 126.

302. Art. 765 al. 1 C.c.Q.

303. Art. 766 C.c.Q.

304. *Bégin c. Bilodeau*, [1951] R.C.S. 699, critiqué par Roger COMTOIS, «De la révocation expresse des testaments», (1953-54) 56 *R. du N.* 65, Gérald BEAUDOIN, «De la clause générale de révocation des legs», (1952-53) 3, *Thémis* 176, H. NEWMAN, «Case Comment - Wills - Effect of the General Revocatory Clause - «Revoking any and all Former Wills made by me»» (1952) 30 *Rev. Bar. Can.* 1042, R. COMTOIS, *Les libéralités*, n° 230, pp. 120-121.

305. Art. 767 al. 1 C.c.Q.

306. G. BRIÈRE, *Traité*, n° 527, p. 612.

307. Pour une illustration de cette situation, cf. *Coulombe* c. *Sauvageau-Crépeau*, [1987] R.D.J. 452 (C.A.), commenté par Germain BRIÈRE, «La preuve par photocopie d'un testament olographe détruit dans une explosion qui a entraîné la mort du testateur», (1988) 48 *R. du B.* 698.

308. Cour d'appel de Versailles, Recueil Dalloz Sirey, 1990, n° 15, p. 220.

309. P. B. MIGNAULT, t. 4, pp. 408 et ss.; R. COMTOIS, *Les libéralités*, n° 237, p. 123; BRIÈRE, *Traité*, n° 531, p. 615, qui cite en exemple le cas où, dans le premier testament, le testateur a fait remise de dette à son débiteur tandis que dans le second, il lègue cette même créance à un autre légataire.

310. *Fontaine* c. *Dubois*, J.E. 90-254 (C.S.).

311. G. BRIÈRE, *Traité*, n° 533, p. 616; R. COMTOIS, *Les libéralités*, n° 238-240, pp. 123-124.

312. R. COMTOIS, *Les libéralités*, n° 239, p. 124.

313. G. BRIÈRE, *Traité*, n° 536, p. 620.

314. Art. 769 al. 3 C.c.Q.

315. *Beaubien-Balla* c. *Héritiers de la succession de feu Ivan Balla*, J.E. 81-203, commenté par Julien MACKAY, «Jurisprudence», (1981-82) 84 *R. du N.* 92; *Dugas* c. *Langis*, [1987] R.J.Q. 126 /; *Cloutier-Arsenault* c. *Jallageas-Marchand*, J.E. 87-770.

316. Art. 764 al. 2 C.c.Q.

317. Cf. *supra*, note (288).

318. L'étude de la preuve et de la vérification des testaments reflète l'état du droit lors du dépôt, en juin 1992, de la *Loi sur l'application de la réforme du Code civil*, P.L. 38, non sanctionné.

319. L'article 858 C.c.B.-C. prévoit la règle contraire.

320. Art. 890 C.p.c. Cf. G. BRIÈRE, *Traité*, n° 560-561, p. 638. *Dansereau* c. *Berget*, [1951] R.C.S. 822.

321. Art. 891 C.p.c.

322. Art. 803 al. 2 C.c.Q.

323. Art. 775 C.c.Q.

Bibliographie

Doctrine

Ouvrages cités par le seul nom des auteurs

G. Brière, *Traité:* Germain Brière, *Les successions*, Traité de droit civil, Montréal, Les éditions Yvon Blais, 1990, 1134 pages.

R. Comtois, *Les libéralités:* Roger Comtois, *Les libéralités, in Répertoire de Droit*, Libéralités, Doctrine, Document 1, Montréal, Chambre des notaires du Québec et SOQUIJ, 1979.

P.B. Mignault, t. 4: Pierre Basile Mignault, *Le droit civil canadien*, tome 4, Montréal, Théorêt, 1899.

H. Roch, t. 5: Hervé Roch, *Traité de droit civil du Québec*, t. 5, Montréal, Wilson & Lafleur, 1953.

Autres ouvrages et articles

Anonyme, «Testament olographe — signature en tête du testament», (1911-12) 14 *R. du N.* 246.

Gérald Beaudoin, «De la clause générale de révocation des legs», (1952-53) 3, *Thémis* 176,

Jacques Beaulne, «Les testaments sous le nouveau Code civil du Québec», [1988] *C. P. du N.* 67-204.

Jacques Beaulne, «Commentaires sur les articles 607.4 et 607.5 C.c.B.-C. ou la mutation d'une réserve héréditaire en contribution alimentaire post mortem», (1989-90) 92 *R. du N.* 573.

Germain Brière, «Les conditions de forme du testament notarié, selon le nouveau droit des successions», (1987-88) 90 *R. du N.* 124

Germain Brière, «La preuve par photocopie d'un testament olographe détruit dans une explosion qui a entraîné la mort du testateur», (1988) 48 *R. du B.* 698.

Germain Brière, «L'obligation alimentaire survit désormais au décès du débiteur», (1989) 20 *R.G.D.* 647.

Mireille D. Castelli, «L'article 855 C.c. et la nullité d'un legs», (1974) 15 C. de D. 203.

G.S. Challies, «Conditions de validité du testament au Québec et en France», (1960) 20 R. du B. 373.

C. Charest, «Jurisprudence — Testament rédigé sur une formule imprimée — Valide comme testament olographe», (1976-77) 79 R. du N. 150.

M. Charlebois, «Notaire recevant un testament dans lequel il est nommé exécuteur», (1920-21) 23 R. du N. 263.

Camille Charron, «La part des descendants renonçants», (1971-72) 74 R. du N. 202

Camille Charron, «L'accroissement et le legs universl ou à titre universel», (1975) 35 R. du B. 364

Camille Charron, «La frontière évanescente du legs à titre universel», (1980) 40 R. du B. 837.

Camille Charron, «Nouvelles incapacités de recevoir une libéralité: effet de caducité ou de nullité?», (1982-83) 85 R. du N. 206.

Camille Charron, «Récentes modifications au droit des successions», (1983) C. P. du N. 287.

Camille Charron, «Incapacité de recevoir une libéralité; origine et lacunes de l'article 155 du chapitre S-5 des Lois refondues du Québec», (1983-84) 86 R. du N. 63.

Roger Comtois, «De la révocation expresse des testaments», (1953-54) 56 R. du N. 65.

Roger Comtois, «Chronique de jurisprudence», (1958-59) 61 R. du N. 507.

Roger Comtois, «Jurisprudence — Le testament authentique est-il encore un acte formaliste?» (1966-67) 69 R. du N. 193.

Roger Comtois, «Codicille sous la forme dérivée de la loi d'Angleterre — Signature des témoins précédant celle du testateur — Validité; Testament olographe signé du seul prénom — Validité; Enregistrement — Responsabilité notariale» (1974-75) 77 R. du N. 171.

Roger Comtois, «Jurisprudence — Le bénéficiaire d'une rente ne peut désigner un nouveau bénéficiaire par simple stipulation pour autrui», (1978-79) 81 R. du N. 252.

Roger Comtois, «Jurisprudence - Codicille olographe inscrit sur la copie d'un testament notarié», (1983-84) 86 *R. du N.* 72.

Roger Comtois, «Où le testament fait par deux personnes dans une «convention» ne serait pas un testament fait dans le même acte», (1988-89) 91 *R. du N.* 78.

Yvan Desjardins, «De la nomination du notaire comme exécuteur testamentaire», (1953-54) 4, *Thémis* 76.

Léo Ducharme, *Précis de la preuve*, 3ᵉ édition, Montréal, Wilson & Lafleur, 1986

Léon Faribault, *Traité de droit civil du Québec*, Montréal, Wilson & Lafleur, 1954.

Denys-Claude Lamontagne, «Une loi doit avoir des dents pour être efficace», (1982-83) 85 *R. du N.* 552.

Denys-Claude Lamontagne, «Le testament notarié et les employés du notaire instrumentant», (1983-84) 86 *R. du N.* 118

Laurent Lesage, «La part de l'héritier renonçant», (1940-41) 43 *R. du N.* 391.

J. A. L'heureux, «La part de l'héritier renonçant», (1940-41) 43 *R. du N.* 477.

Julien Mackay, «Jurisprudence», (1981-82) 84 *R. du N.* 92.

Albert Mayrand, Le testament olographe par lettre missive et l'«animus testandi», (1961) 21 *R. du B.* 239.

Albert Mayrand, *Les successions ab intestat*, Montréal, P.U.M., 1971.

H. Newman, «Case Commnent — Wills — Effect of the General Revocatory Clause — «Revoking any and all Former Wills made by me»», (1952) 30 *Rev. Bar. Can.* 1042.

G.V.V. Nicholls, «Wills Made in the Form Derived from the Laws of England — Essential Formalities — Articles 851 and 855 of the the Quebec Civil Code», (1948) 26 *Rev. Bar. Can.* 590.

Office de révision du code civil, *Rapport sur le Code civil du Québec*, Projet de Code civil, Volume I, Éditeur officiel du Québec, 1977.

Office de révision du code civil, *Rapport sur le Code civil du Québec*, Volume II, Commentaires, tome 1, Editeur officiel du Québec, 1977.

Hervé Roch, *Testaments et vérification*, Montréal, Wilson & Lafleur, 1951.

P. Salvage, «La viabilité de l'enfant nouveau-né», (1976) 74 *Rev. trim. dr. civ.* 725.

Joseph Sirois, *De la forme des testaments*, Montréal, Wilson & Lafleur, 1907.

Henri Turgeon, «Renonciation et accroissement en matière successorale», (1947-48) 50 *R. du N.* 391.

Henri Turgeon, «Testament olographe par lettre missive», (1950-51) 53 *R. du N.* 521.

Henri Turgeon, «Essai sur les legs», (1952-53) 55 *R. du N.* 152.

Henri Turgeon, «Thémis et les Muses», (1956-57) 59 *R. du N.* 328.

LIQUIDATION ET PARTAGE DE SUCCESSIONS

Table des matières

Liquidation et partage de successions

Marc-André Lamontagne*

«Il faut premièrement, d'une ardeur salutaire,
Courir au coffre-fort, sonder les cabinets,
Démeubler la maison, s'emparer des effets. Lisette,
quelque temps tiens ta bouche cousue;
Si tu peux, va fermer la porte de la rue.
Empare-toi des clés, de peur d'invasion.»

Régnard, *Le légataire universel*, Sc8, acte III.

I. Introduction

1. Il faut nous réjouir que le règlement de succession trouve enfin droit de cité nommément à l'intérieur du nouveau Code civil sous le titre De la liquidation de succession[1]. Le législateur de 1866 ne mentionnait, à notre connaissance, qu'une seule fois cette activité, du bout des lèvres, à l'art. 599a C.c.B.-C.[2]. Déjà nous nous interrogions sur la place qu'occupe le règlement de succession, souvent négligé, dans la pratique des juristes, envahi de plus en plus par les autres professions. Pourtant nous ajoutions[3]:

> Il n'est qu'à penser à la pléthore de lois adoptées au cours des dernières décennies pour conclure que le rôle du juriste auprès des héritiers, des légataires ou des exécuteurs testamentaires s'en trouve accru et non pas diminué.

Nous sommes d'avis que la loi nouvelle s'inscrit dans cette tendance et que la valeur contributive du juriste dans ce champs d'activité maintenant organisé s'en trouvera rehaussée auprès

* Notaire, Directeur, Règlement et administration de succession, Trust Général du Canada et Chargé de cours à l'Université de Montréal.

de la famille éprouvée qui y trouvera une aide appréciée à sa juste valeur. Quant au partage de succession, souvent évité ou ignoré au profit de ventes croisées, par exemple, nous croyons que les nouvelles règles, notamment celles ayant trait aux attributions préférentielles et au maintien de l'indivision en certaines circonstances, sauront répondre de plus près aux besoins et aux attentes des héritiers et qu'elles devraient également susciter plus d'intérêt que par le passé, tant en regard des planifications testamentaires élaborées par les juristes qui devront en tenir compte que dans le cadre du processus de liquidation où elles devraient faciliter les arrangements familiaux à l'avantage de tous. D'une façon générale, nous croyons que ces activités, aux profils et paramètres mieux définis que par le passé, devraient trouver plus facilement leur place dans le marché des services juridiques, tant chez les juristes qu'auprès de leur clientèle.

2. Plan du code: Les titres Cinquième et Sixième du Code civil respectivement intitulés «De la liquidation de la succession» et «Du partage de la succession» intégrés au Livre Troisième (Des Successions) couvrent les art. 776 à 898, soit 122 articles. Ces dispositions, dès qu'elles seront mises en vigueur, remplaceront en particulier les art. 905 à 928 du C.c.B.-C. ayant trait à l'exécuteur testamentaire, les articles disséminés ici et là relatifs à l'acceptation sous bénéfice d'inventaire[4], le paiement des dettes[5], la contribution et la responsabilité des héritiers légaux et testamentaires à cet égard[6] et enfin le partage qu'on retrouve aux art. 689 à 753 C.c.B.-C.

3. Liquidation et partage. Une première remarque s'impose au sujet de cette nouvelle présentation. Alors qu'auparavant le règlement de la succession appartenait en propre aux héritiers légaux ou testamentaires, suivant en cela l'adage «Le mort saisit le vif», à moins que le testateur n'ait nommé un exécuteur testamentaire, et encore là, qu'il lui ait confié une saisine étendue primant celle de ses légataires, le législateur institue un système organisé de règlement de succession, maintenant appelé liquidation, dont il laisse la charge à ce nouveau venu qu'est le liquidateur dont la présence s'impose dans presque tous les cas. Mais sa saisine ne s'étend pas aux opérations de partage qui, tel qu'il existe présentement, doit résulter de la volonté des héritiers de sortir de l'indivision[7]. Tout au plus,

verra-t-on, le liquidateur pourra-t-il présenter une proposition de partage[8]. On distinguera donc ces deux étapes dans la transmission de la propriété des biens en faveur des héritiers qui, chacune, obéira à ses règles propres: la liquidation et le partage. D'ailleurs entre les deux pourra subsister une période d'indivision plus ou moins longue qui, elle aussi, sera maintenant régie par des règles précises[9].

4. Regroupement des dispositions. On observe également, et les juristes s'en féliciteront, que dans son effort de systématisation, le législateur a regroupé ensemble toutes les dispositions relatives à la liquidation et au partage, applicables à toutes les successions, qu'elles soient légales ou testamentaires. Toutefois certains renvois ont été jugés nécessaires, tel celui à l'Administration du bien d'autrui[10] applicable en partie au liquidateur et les dispositions relatives à la Copropriété par indivision[11]. Hormis ces renvois, toutes les modalités d'organisation de la liquidation et du partage se retrouvent aux art. 776 à 898 C.c.Q.

5. Plan proposé. Nous nous proposons, dans l'analyse de ces dispositions, de suivre le plan suggéré par le législateur. Nous nous attarderons d'abord quelque peu sur les principes mis de l'avant dans la réforme. Nous tenterons, dans la mesure du possible, d'aborder la liquidation, et ensuite le partage, dans l'ordre de déroulement logique ou séquentiel où ces activités se déploient dans la pratique, en soulignant ici et là les traits significatifs et les tendances qui se dégagent de cette loi nouvelle. Il n'entre pas dans notre mandat de couvrir en détail l'ensemble des dispositions de la nouvelle loi. Cette analyse se présente plutôt comme une introduction générale à ces deux champs d'activité de pratique traditionnelle revus par le législateur. Nous renvoyons le lecteur qui désire approfondir ses connaissances au traité de Me Germain Brière[12] sur le sujet dont nous devons souligner qu'il nous fut une agréable inspiration tout au long de ce texte, n'ayant pu échapper à son influence, malgré tous nos laborieux efforts pour ce faire.

II. La liquidation successorale

6. S'il nous fallait en tout début d'analyse résumer en un paragraphe ou une phrase la substantifique moëlle de ce qu'il sera

dorénavant convenu d'appeler la liquidation de succession, on dira qu'on a tout simplement généralisé l'application des règles relatives à l'acceptation d'une succession sous bénéfice d'inventaire[13], à une exception près, à l'ensemble des successions légales et testamentaires, tant dans leur organisation fondamentale que dans leurs effets et confier cette administration à un personnage dorénavant appelé le liquidateur. Révolution à certains égards puisqu'effectivement on changera de régime, mais réforme quant au fond, puisque ces principes seront pour la plupart tirés du système que l'on connaît, sous réserve des adaptations nécessaires dont quelques échappatoires qui nous ramèneront au système actuel.

A. Objectifs poursuivis par la réforme et moyen mis en œuvre: mécanisme de liquidation.

7. Objectifs. On sait que la réforme du droit de transmission par succession s'est articulée, entre autres choses, autour des principes suivants:

— assurer une meilleure protection aux héritiers qui ne seront désormais plus tenus aux dettes successorales au-delà de l'actif successoral recueilli[14], contrairement au système actuel où cet avantage ne se retrouve qu'en cas d'acceptation de la succession sous bénéfice d'inventaire[15];
— assurer une meilleure protection aux créanciers du défunt par la mise en place d'un mécanisme de liquidation du patrimoine successoral à l'instar de ce qui est prévu au chapitre de la liquidation des personnes morales[16], mais en tenant compte des préoccupations d'ordre familial prévalant dans ce type de transmission;
— l'obligation pour les héritiers de se prononcer sur leur option et de procéder au règlement de la succession à l'intérieur de certains délais sous peine de sanctions et ce, afin d'éviter les liquidations qui n'en finissent plus[17];
— respecter le système actuel de la transmission à la personne tout en conférant au patrimoine successoral une certaine autonomie sous la saisine du liquidateur, somme toute de reconduire la règle voulant que les héritiers continuent la personne du défunt tout en limitant cependant leur responsabilité personnelle[18].

8. **Processus de liquidation.** Afin de réaliser ces objectifs, le législateur a mis en place une liquidation dite organisée. La liquidation de la succession constitue donc une série de nouvelles formalités imposées aux héritiers à l'intérieur du processus de transmission du patrimoine successoral, une étape obligatoire et nécessaire, sauf exception, dont le non-respect entraînera des conséquences importantes pour les héritiers. Voyons maintenant en quoi consiste la liquidation du patrimoine successoral, tel que l'entend le législateur.

B. Objet (finalité) de la liquidation

1. Définition

9. Le législateur n'a pas cru nécessaire de donner une définition de la liquidation mais a préféré tout simplement énumérer à l'art. 775 C.c.Q. les principales fonctions de liquidation qui incomberont au responsable désigné lors du règlement de toute succession ab intestat ou testamentaire. Il s'agit des opérations ou tâches que le législateur résume sommairement comme suit:

— identifier et appeler les successibles;

— déterminer le contenu de la succession;

— recouvrer les créances;

— payer les dettes de la succession;

— payer les legs particuliers;

— rendre compte et faire la délivrance des biens.

Tel que dit précédemment, les opérations de partage échappent à cette nomenclature qui, par ailleurs, n'est pas exhaustive puisque le testateur pourra définir les fonctions de liquidation et élargir les pouvoirs du responsable de la liquidation. On reconnaît dans cette énumération les principales tâches assumées traditionnellement par l'exécuteur testamentaire ou la personne chargée du règlement de la succession par la famille, tâches et formalités qui s'imposent dès l'ouverture de la succession et pour un temps limité, puisqu'elles constituent une étape transitoire menant à la délivrance des biens en faveur des héritiers[19].

En principe ce processus sera de courte durée et on aura soin de distinguer les opérations de liquidation à l'ouverture de la succession de l'administration successorale prolongée confiée par le testateur, soumise aux règles de l'administration des biens pour autrui ou aux règles de la fiducie (art. 837 C.c.Q.).

10. On définit traditionnellement le règlement de succession comme suit[20]:

l'accomplissement des formalités auxquelles est astreint l'héritier ou le légataire (ou le représentant légal) pour pouvoir devenir propriétaire absolu des biens transmis et en disposer à sa volonté sans empêchement légal.

On comprend que la liquidation définie par le législateur vise beaucoup plus que cela. On comprend également que quels que soient les termes que peut utiliser le testateur ou même les héritiers lorsqu'ils procéderont à la désignation d'un liquidateur[21], la liquidation de succession, pour répondre aux impératifs de la loi, devra nécessairement couvrir l'ensemble des opérations décrites ci-dessus affectant tout le patrimoine successoral et s'imposant à tous les héritiers. À défaut de quoi devra-t-on conclure que les héritiers n'ont pas procédé à une liquidation, au sens de la loi. Encore faudra-t-il identifier les formalités jugées essentielles puisque leur non- respect entraînera tantôt la responsabilité du liquidateur tantôt la responsabilité personnelle des héritiers vis-à-vis des créanciers et des légataires à titre particulier.

11. Essai de définition. Alors que le règlement de succession se résumait principalement à la mise en application du droit des successions et à l'accomplissement des formalités y afférentes d'ordre administratif, technique ou fiscal de transfert des biens en faveur des héritiers, à l'ouverture de la succession, on retiendra que la liquidation décrite par le législateur, lorsqu'elle s'applique, constitue désormais un système organisé, imposé lors de l'ouverture de la succession, composé de règles impératives ayant pour but de confier à un personnage, (le liquidateur) responsable de la liquidation, l'ensemble du patrimoine successoral en vue de l'administrer, le temps nécessaire à la liquidation, de payer les passifs successoraux, suivant certaines modalités, et de remettre le résidu aux héritiers pour qu'ils puissent en jouir en toute propriété, libres et quittes de toutes charges ou dettes, sauf celles librement assumées.

2. Mécanismes de protection du patrimoine successoral

a) Séparation des patrimoines de plein droit

12. La liquidation de la succession ne pourra avoir lieu par le responsable désigné que si la loi prévoit la protection du patrimoine successoral, à l'égard notamment des créanciers des héritiers de façon à éviter la confusion des patrimoines de l'héritier et du défunt consécutive à son décès et à la transmission de ses droits et obligations, tel que le laisse supposer une première lecture de l'art. 625 C.c.Q. En effet, y lit-on, les héritiers sont, par le décès, saisis du patrimoine du défunt. Aussi, le législateur, de façon à réduire les effets rattachés à cette règle, mais sans aller aussi loin qu'assimiler le patrimoine successoral à un patrimoine d'affectation[22], tout en reprenant les mécanismes de protection prévus aux actuels art. 671 et ss. C.c.B.-C. dans le cas d'acceptation sous bénéfice d'inventaire, édicte-t-il à l'art. 780 C.c.Q. que le patrimoine du défunt et celui de l'héritier sont séparés de plein droit tant que le succession n'a pas été liquidée. Par conséquent les créanciers de la succession ainsi que ses légataires particuliers seront protégés puisqu'ils seront payés de préférence aux créanciers de l'héritier à même les biens de la succession, sans avoir à demander la séparation des patrimoines[23].

b) Saisine légale, nouvelle version

13. Encore faut-il que ce patrimoine réservé échappe à la saisine des héritiers. On définit la saisine comme suit[24]:

> la faculté pour le successeur saisi d'appréhender les biens héréditaires, d'en prendre effectivement possession et d'exercer les droits que l'ouverture de la succession lui attribue, en vertu d'une investiture légale qui le dispense de toutes formalités.

On sait qu'en vertu du C.c.B.-C. cette saisine appartient de plein droit aux héritiers légaux ainsi qu'aux légataires sans qu'il y ait lieu à un envoi en possession[25]. La saisine légale de l'exécuteur testamentaire est limitée à certains biens (les biens meubles) et également dans sa durée (un an et un jour)[26]. Bien que l'art. 625 C.c.Q. prévoie que la saisine du patrimoine successoral est confiée aux héritiers dès l'instant du décès du défunt, sans autre formalité, l'art. 677 C.c.Q. énonce que le liquidateur l'exerce à l'encontre des héritiers et légataires particuliers pendant tout le temps nécessaire à la liquidation. La saisine de l'héritier est en quelque sorte suspendue tant que dure la liquidation. De plus cette saisine, à l'encontre de celle prévue au C.c.B.-C., s'étend, d'une part, à l'ensemble des biens composant le patrimoine successoral, sous réserve des vêtements, papiers personnels, décorations, diplômes du défunt ainsi que des souvenirs de famille[27], et, d'autre part, dure tout le temps requis pour procéder à la liquidation[28]. D'ailleurs cette saisine légale ne peut être modifiée par le testateur sauf dans la mesure où les modifications faciliteront la liquidation[29]. Ainsi toute clause qui a pour but de restreindre les pouvoirs ou les obligations du liquidateur de manière à empêcher un acte nécessaire à la liquidation sera réputée non écrite, telles les clauses prohibant la vente de certains biens ou limitant la saisine du liquidateur dans le temps. De plus on reconnaît que le liquidateur est autorisé à revendiquer les biens auprès de toute tierce partie[30]. Cette nouvelle règle vient donc clarifier l'ambiguïté qui avait cours dans le cadre d'une exécution testamentaire puisqu'il était reconnu que le légataire, à quelque titre que ce soit, était saisi du droit à la chose léguée, sans être obligé d'en obtenir la délivrance légale[31]. De plus, on se souviendra que la saisine de l'exécuteur testamentaire, déjà limitée, pouvait être restreinte par le testateur, aussi bien dans son étendue que dans sa durée. Cette nouvelle saisine légale, établie dans le but de protéger les créanciers et de permettre au liquidateur d'accomplir tous les actes nécessaires à sa charge, sera d'ailleurs confirmée par une étendue de pouvoirs plus larges conférés au responsable de la liquidation.

3. Dérogation permise au mécanisme de la liquidation

14. Il est cependant un cas où les héritiers peuvent mettre de côté tout le mécanisme de la liquidation. L'art. 779 C.c.Q., incorporé in extremis au Code[32], prévoit que les héritiers peuvent, d'un commun accord, liquider la succession sans suivre les règles prescrites pour la liquidation lorsque la succession est manifestement solvable. Les héritiers sont alors, en conséquence de cette décision, tenus au paiement des dettes sur leur patrimoine propre. Conséquence aussi importante, les héritiers

seront soumis, quant à l'administration des biens, au régime de la copropriété par indivision (art. 1012 et ss. C.c.Q.) qui se substitue alors aux règles particulières applicables à la liquidation légale. Ces règles seront analysées dans le cadre du partage de la succession. Il est à noter que les légataires particuliers ne sont pas visés par cette mesure de protection en faveur des créanciers de la succession.

15. Conditions d'application. Cette dérogation est soumise aux conditions suivantes:

— qu'il y ait plus d'un héritier;
— que tous les héritiers soient d'accord pour procéder sans suivre les formalités prévues par la loi;
— que la succession soit manifestement solvable, notion que nous examinerons lors du paiement des dettes.

16. Il semble qu'à l'origine cette disposition ait été insérée dans la loi en vue d'éviter aux héritiers d'une petite succession d'encourir les frais inhérents à la liquidation prévue au Code[33]. Force nous est de conclure, à ce stade-ci, que le texte de loi n'a pas retenu telle limitation et que cet article laisse dorénavant aux héritiers le libre choix d'exercer l'une ou l'autre des trois options connues dans le système actuel:

— l'acceptation de succession sous un régime de liquidation emportant une responsabilité limitée quant aux dettes successorales, en quelque sorte l'équivalent de l'acceptation sous bénéfice d'inventaire[34];
— l'acceptation pure et simple emportant la responsabilité illimitée des héritiers s'ils se prévalent de cette dérogation;
— la renonciation à la succession[35].

17. Il s'agit, à notre avis, d'une disposition qui peut trouver application dans un grand nombre de cas, la majorité des succesions étant, à notre connaissance, manifestement solvables et les héritiers pouvant trouver avantage, dans tous ces cas, de court-circuiter l'ensemble des prescriptions relatives à la liquidation, à la fois laborieuses et onéreuses, prescriptions similaires à celles qui sont applicables à l'acceptation sous bénéfice d'inventaire, d'ailleurs peu prisées par les praticiens et qui, pour ces raisons, demeuraient souvent inconnues et peu utilisées.

18. Il est également à redouter que l'exercice de cette dérogation, laissée à l'appréciation des successibles, sans avis formel préalable, réduise considérablement l'efficacité du système
universel de liquidation, notamment au niveau des mesures de
publicité qui y sont prévues assurant la protection des créanciers, même inconnus, et des légataires particuliers avant tout
geste préjudiciable pouvant être posé par les héritiers[36]. À la
limite ne peut-on craindre que le système même de la liquidation ne soit appliqué que dans les cas prévus aux art. 810 et 812
C.c.Q., soit les cas peu fréquents de présomption d'insolvabilité
ou d'insolvabilité de succession.

19. Dérogations non autorisées. Quoiqu'il en soit, même en
présence d'une succession manifestement solvable, les héritiers,
même d'accord, ne pourront mettre de côté le mécanisme de la
liquidation dans les cas suivants:

— lorsque, dans le cas d'une succession testamentaire, le testateur aura pourvu à la liquidation de la succession en prévoyant notamment la nomination d'un liquidateur ou d'un
fiduciaire, le tout en conformité avec l'art. 778 C.c.Q.:
même unanimes, les héritiers ne peuvent faire échec à la
volonté du testateur. Il est vrai cependant qu'il peut arriver
que le liquidateur décide de ne pas accepter la charge,
auquel cas il revient aux héritiers de procéder à la liquidation si le testateur n'a pas prévu le mode de remplacement de son liquidateur. Si le liquidateur désigné renonce
à agir, les héritiers pourront choisir de procéder à la liquidation sans suivre les règles prévues au Code civil. Il
pourra en être ainsi dans le cas où les héritiers sont également désignés liquidateurs, lorsqu'il n'y a pas lieu à une
administration prolongée de la succession;
— lorsque parmi les héritiers se trouvent des mineurs ou des
majeurs protégés puisque l'art. 638 C.c.Q. stipule que ce
majeur protégé ou ce mineur ne peut être tenu au paiement
des dettes de la succession au-delà de la valeur des biens
qu'il recueille.

20. Quid de l'héritier unique? Qu'en est-il du cas où la succession n'est transmise qu'à un seul héritier? L'art. 784 C.c.Q.
nous apprend que nul n'est tenu d'accepter la charge de liquidateur à moins qu'il ne soit le seul héritier. De plus nous avons

vu que l'art. 779 C.c.Q. ne s'applique que si la succession comprend plus d'un héritier, le législateur ayant à dessein, croyons-nous, utiliser le pluriel à cet article en exigeant de plus l'accord de tous les héritiers. Nous devons conclure que cet héritier unique est obligatoirement soumis aux règles de la liquidation et qu'il devra lui-même assumer cette charge, la loi ne l'autorisant pas à procéder à la nomination d'un liquidateur, faculté réservée aux héritiers, à la majorité[37], à moins bien entendu que le testateur n'ait prévu la désignation d'un liquidateur[38].

21. Encore faut-il que ce successible unique ait fait acte d'acceptation de succession. En effet le successible n'est tenu à la charge de liquidateur que s'il accepte d'être héritier. S'il n'est pas prêt à prendre ce titre, il peut demander à la Cour de nommer un liquidateur provisoire aux termes de l'art. 792 C.c.Q. On doit reconnaître qu'il est l'un des intéressés visés par cet article à défaut de quoi on lui nierait toute possibilité de connaître les forces et charges de la succession à moins de l'accepter à l'aveuglette. Rien ne s'oppose à ce qu'il soit désigné l'administrateur provisoire.

22. Cet ajout de dernière heure fait suite à certaines recommandations demandant de retenir le système de la succession à la personne, là où l'héritier continue la personne du défunt, tout en permettant à l'héritier de choisir la succession aux biens, là où sa responsabilité est limitée aux biens du patrimoine successoral. Le temps nous indiquera quel usage les successibles feront du nouveau système dont l'utilisation est laissée à leur appréciation, sans autre contrôle public.

23. En accord avec la volonté du législateur de soumettre l'ensemble des successions à un seul régime, n'eut-il pas mieux valu ou n'aurait-il pas été plus cohérent de limiter strictement l'utilisation de cette exception en établissant un critère plus serré d'application fondé sur la valeur de la succession, par exemple. Ou encore, tout au moins, de soumettre toutes les successions à une formalité d'avis d'ouverture publié au registre des droits personnels et réels, dans un délai fixe, de telle sorte que les créanciers et légataires particuliers sachent, dès l'ouverture, où et à qui s'adresser pour faire valoir leurs droits et qu'ils puissent notamment exercer en temps utile les

mesures conservatoires que leur reconnaît l'art. 792 C.c.Q., après avoir été informé qu'aucun liquidateur ne se présentait ou n'acceptait la charge. N'est-il pas de plus étonnant qu'on ait voulu soumettre tous les héritiers à un seul régime, sauf l'exception de l'art. 779 C.c.Q. sanctionnée par le paiement aux dettes sur leurs biens personnels mais que ces derniers puissent néanmoins se prévaloir de l'art. 835 C.c.Q. et demander au tribunal de réduire leurs obligations. Voilà autant d'échappatoires permissives qui permettent à l'héritier de passer outre au régime de liquidation «universel»? N'eut-il pas alors été plus simple de conserver le régime actuel, quitte à élargir les pouvoirs et les responsabilités de l'héritier bénéficiaire et d'imposer l'acceptation sous bénéfice d'inventaire aux seuls cas de successions non solvables, en cernant plus précisément cette notion de façon à réduire au minimum les situations d'injustice, rares à notre connaissance, causées par le système actuel?

Enfin, n'aurait-il pas été souhaitable, à l'avantage des héritiers, de soumettre la renonciation au système de liquidation légal, à un certain formalisme, compte tenu de ses conséquences, à l'exemple de ce qui est prévu au titre de la Renonciation à une succession.

C. Le liquidateur

24. Le Code met donc en scène un nouveau personnage au nom on ne peut plus évocateur, à l'ère du «terminator» et autres tutti quanti, nouvel avatar, produit de synthèse[40] issu du croisement de l'héritier bénéficiaire et de l'exécuteur testamentaire: le liquidateur, puisqu'il faut bien l'appeler par son nom. Nul doute que ce personnage, responsable de la liquidation de la succession, occupe la place centrale dans la nouvelle mise en scène proposée par le législateur. D'ailleurs ce personnage, acteur principal, nouvel Hamlet garant de la volonté du défunt , aux talents multiples, tantôt exécuteur testamentaire, tantôt administrateur pour autrui, de quelqu'autre nom qu'on l'affublera et à quelque titre qu'il agira[41], investi de larges pouvoirs, jouera un rôle important au confluent des intérêts, ou bien convergents ou bien divergents des héritiers et des créanciers ou des héritiers entre eux, également responsable de la gestion du patrimoine successoral à l'intérieur du cadre que lui auront défini le testateur ou les héritiers et le législateur.

25. Bien que la transmission du patrimoine successoral en faveur des héritiers origine du décès du défunt, que l'acceptation ne fait que confirmer[42], toute transmission de facto du patrimoine successoral procède d'une liquidation de ce patrimoine, que cette liquidation résulte du fait des héritiers eux-mêmes par la prise en charge des formalités de liquidation ou de l'exercice de ses pouvoirs par l'exécuteur, résultant ultimement au transfert des biens en faveur des héritiers et au paiement ou à l'assumation des dettes de la succession par ceux-ci. Le législateur, en formalisant le processus de liquidation qui devient impératif et obligatoire pour tout héritier, sauf l'exception de 779 C.c.Q., investit en quelque sorte le domaine privé qu'a toujours constitué l'accomplissement des formalités de transmission des biens par décès en mettant sur pied certaines mesures de contrôle, mesures qui n'étaient applicables que dans le cadre de l'acceptation sous bénéfice d'inventaire[43] et en matière de publicité des droits, par exemple, lors de la transmission de biens immeubles[44].

26. Nous nous attarderons donc quelque peu sur rôle que cette vedette montante est appelée à jouer, d'abord en analysant son statut, en y cherchant son origine ou ses apparentés, l'autonomie qui lui est impartie au moyen de la saisine et des pouvoirs qui lui sont dévolus, ses responsabilités, son mode de nomination et de remplacement et enfin les caractéristiques, attributs et fonctions de sa charge.

1. Statut et rôle

a) Officier public?

27. Le législateur n'a pas autrement défini le statut de ce personnage qu'en énumérant ses principales fonctions et charges à l'art. 776 C.c.Q. De plus, il ajoute à l'art. 786 C.c.Q. que la personne désignée par le testateur pour liquider la succession ou exécuter son testament a la qualité de liquidateur, qu'elle ait été désignée comme administrateur de la succession, exécuteur testamentaire ou de toute autre manière. Il en sera ainsi de la personne qui aura été désignée à titre de fiduciaire testamentaire ou même de tuteur testamentaire, si on peut inférer que les fonctions et charges conférées à cette personne reprennent l'essentiel des caractéristiques de la liquidation. Il suffit alors

qu'il y ait intention suffisante du testateur d'une liquidation, auquel cas suivant l'art. 778 C.c.Q., le liquidateur bénéficie de plein droit de tous les pouvoirs légaux inhérents à sa charge.

28. Tel que le commande l'économie de ce nouveau droit, le liquidateur, sans être un officier public responsable d'assurer l'accomplissement de formalités impératives et d'intérêt public, est néanmoins investi de responsabilités lourdes: entre autres, identifier et appeler les successibles, déterminer le contenu de la succession, publier certains avis[45], payer les dettes dont la créance résultant du patrimoine familial[46] et dans certains cas, établir des états de collocation et déposer une proposition de paiement[47], procéder à un réduction des legs lorsqu'applicable, faire la délivrance des biens et lorsque le testateur l'a demandé, déposer une proposition de partage. De plus, on note sa responsabilité personnelle à l'égard des créanciers et légataires particuliers dans le cas d'omission de paiement à ces personnes (art. 815 C.c.Q.). Pourtant, force nous est de constater que cette gestion n'est soumise à aucun contrôle public ou pouvoir de surveillance autre que celui applicable dans le cadre de la succession insolvable où on prévoit l'intervention judiciaire[48]. Le liquidateur, en assumant le rôle qui était dévolu dans certaines circonstances au conseil des créanciers dans le cadre des dispositions relatives à l'acceptation sous bénéfice d'inventaire ayant pour but de protéger leurs droits[49], constitue en quelque sorte leur ombudsman. Par contre il représente également les intérêts des héritiers. D'ailleurs souvent il aura été choisi parmi eux.

29. À l'instar de l'exécuteur testamentaire ou du mandataire dans le cadre des successions légales, le liquidateur tirera sa nomination exclusivement du testateur ou de ses pairs-héritiers, sans que l'autorité publique n'intervienne pour valider cette désignation, mais non pas, et ceci est nouveau, ses pouvoirs qui, du fait qu'il sera liquidateur, lui seront dévolus de plein droit en vertu de la loi, du moins tous les pouvoirs nécessaires à la liquidation. Somme toute le législateur, tout en voulant s'assurer que la liquidation répond à certaines normes assurant la protection de toutes les parties intéressées, n'a pas jugé nécessaire d'introduire une liquidation judiciarisée à l'exemple du Probate aux États-Unis, résultant en une administration contrôlée par les tribunaux et finalement par les juristes. Il a plutôt

préféré fixer un cadre de gestion général applicable à ce
nouveau personnage qui demeure dans le domaine privé, sans
obligation de rendre compte à quelque autorité publique que ce
soit, sauf exceptionnellement dans certaines situations limites[50].

b) Rôle

30. Quant aux rôles qui lui sont impartis, nul doute que les plus
importants, auxquels doit obéir toute liquidation, ausquels sont
d'ailleurs subordonnés tous les pouvoirs et toutes les prérogatives du liquidateur sont, dans le cas d'une succession testamentaire, d'assurer, d'une part, le respect de la volonté du
testateur et, d'autre part, la protection des créanciers du défunt.
Dans le cas de la succession légale il s'agira de s'assurer de la
transmission des biens en faveur des héritiers, une fois les
passifs acquittés. Par conséquent c'est à l'intérieur de ces paramètres que doivent être interprétés les pouvoirs nécessaires à la
liquidation dont parle l'art. 788 C.c.Q. Le liquidateur disposant
d'une certaine autonomie d'action sur le patrimoine successoral
et la loi garantissant maintenant aux héritiers et aux proches du
défunt, soit certains droits préférentiels soit certains droits de
créance qui viennent réduire ou colorer différemment sa liberté
de tester, nul doute qu'il est appelé à jouer un rôle de premier
plan, tantôt administrateur, tantôt arbitre et conciliateur de tous
les intérêts en jeu, toujours au centre de toutes les décisions qui
doivent être prises dans le cours de la liquidation.

31. En résumé, bien que disposant de certaines marges de
manœuvre, mais bien encadré, soit par le testament soit par la
loi ou les héritiers eux-mêmes qui l'auront désigné, le liquidateur doit orienter et gérer la liquidation mais non pas indépendamment des parties intéressées, créanciers ou héritiers.
D'ailleurs, à plusieurs reprises, le législateur a prévu certains
mécanismes de consultation ou d'information, sinon de concer-
tation entre le liquidateur et les héritiers ou les créanciers dans
la réalisation du processus de liquidation[51]. Il est vrai cependant
que le testateur peut conférer une plus grande autonomie au
liquidateur de façon à limiter l'intervention des héritiers, tel
qu'il est d'ailleurs d'usage dans le cadre d'une planification
testamentaire.

32. Liquidateur et exécuteur testamentaire. Le rôle de ce liquidateur recoupe en plusieurs points celui de l'exécuteur

testamentaire défini aux actuels art. 905 et ss. C.c.B.-C. dont plusieurs des attributs et prérogatives sont repris textuellement dans la nouvelle loi. Mais il ne faut pas s'y tromper. Le liquidateur assume désormais une responsabilité propre à l'égard des créanciers, des légataires particuliers et des héritiers, que ce soit, par exemple, celle résultant de l'évaluation de la situation financière de la succession, et par conséquent des formalités qu'il faut suivre dans le cours de la liquidation[52] ou encore à l'occasion du paiement des dettes et des legs particuliers[53]. Le liquidateur devient dans une certaine mesure le proctecteur et le garant des intérêts des créanciers et des légataires particuliers et non plus le strict mandataire du testateur ou des héritiers. En résumé, le liquidateur assume une responsabilité accrue par rapport à l'exécuteur testamentaire. De plus, et nous y reviendrons, les devoirs et les responsabilités de l'administrateur s'appliquent dorénavant à ce personnage.

33. Liquidateur et fiduciaire. Enfin qu'en est-il du fiduciaire désigné par testament? Pour les raisons expliquées plus haut, nous sommes d'avis que durant la phase de règlement initial de la succession, le fiduciaire agit à titre de liquidateur du patrimoine successoral, soumis aux prescriptions de la loi. Ce n'est qu'au moment où la liquidation a été complétée que le patrimoine fiduciaire d'affectation est réellement défini, bien que la fiducie soit créée depuis le décès. Ce liquidateur fiduciaire jouit cependant de la pleine administration (art. 1278 C.c.Q.), tel que le permet par ailleurs la loi à l'art. 778 C.c.Q. Le liquidateur fiduciaire pourra d'ailleurs trouver intérêt, à la fin de la liquidation initiale, à conserver la preuve de sa décharge[54].

34. Administrateur du bien d'autrui. Étant donné qu'en principe la liquidation sera de courte durée et que les intérêts familiaux mis en jeux justifient la participation des héritiers dans le processus de liquidation, le législateur a déterminé que le liquidateur agit à l'égard des biens de la succession à titre d'administrateur du bien d'autrui chargé de la simple administration (art. 802 C.c.Q.) plutôt que de lui confier la pleine administration. Les dispositions des art. 1301 et ss. du C.c.Q. s'appliquent donc à ce personnage. Ces règles lui commandent, entre autres, d'agir en toutes choses avec prudence et diligence, honnêteté et loyauté, dans le meilleur intérêt des bénéficiaires, sans exclure le sien (art. 1310 C.c.Q.), tout en évitant toutefois de se placer dans une situation de conflit entre son intérêt et celui des héritiers. Ainsi le liquidateur, à moins d'y être expressément autorisé par le testament ou les héritiers, ne peut acquérir ni utiliser à son profit les biens de la succession, ni renoncer à quelque droit concernant le patrimoine successoral[55]. L'art. 1311 C.c.Q. impose l'obligation à l'administrateur du bien d'autrui de dénoncer aux bénéficiaires tout intérêt qu'il a dans le patrimoine administré, sauf celui résultant de l'acte lui-même ayant donné lieu à l'administation, soit dans le cas présent le testament ou l'acte de nomination par les héritiers. Puisqu'il est probable que dans la majorité des cas le liquidateur sera l'un des légataires, on comprend que ce dernier n'ait pas à dénoncer à ses cohéritiers ses intérêts originant du testament. Enfin notons que si le liquidateur a une action à exercer contre la succession, il doit en donner avis au curateur public qui agit alors d'office comme liquidateur ad hoc (art. 806 C.c.Q.).

2. Désignation du liquidateur

35. Il est maintenant temps d'identifier ce liquidateur. À qui le législateur dontine-t-il cette charge? Voyons son mode de nomination et de remplacement. Enfin, quelles sont les caractéristiques de cette charge qui, tel que souligné, reprend dans ses grandes lignes les attributs de l'exécuteur testamentaire?

a) Capacité requise

36. Bien que ses responsabilités soient importantes, le législateur n'a pas cru nécessaire de réserver cette charge à certains groupes professionnellement constitués puisqu'il s'agit d'abord d'intérêts familiaux qui sont en cause. D'ailleurs il est d'usage de désigner un proche parent ou un ami comme exécuteur testamentaire. Ainsi toute personne pleinement capable de l'exercice de ses droits civils peut exercer la charge de liquidateur[56]. Le mineur et le majeur protégé sont donc exclus de cette charge. Le législateur reconnaît également à la personne morale autorisée par la loi à administrer le bien d'autrui la capacité d'exercer la charge de liquidateur[57]. Les compagnies de fiducie devraient être autorisées à agir à ce titre puisqu'elles sont déjà habilitées à être exécutrices testamentaires[58].

b) Mode de désignation et de remplacement du liquidateur

i) Désignation et remplacement par le testateur

37. L'art. 786 C.c.Q. stipule que le testateur peut désigner un ou plusieurs liquidateurs et pourvoir à leur mode de remplacement. D'ailleurs l'art. 705 C.c.Q. reconnaît que le testament peut ne contenir que des dispositions relatives à la liquidation successorale. L'art. 923 C.c.B.-C. reconnaissait déjà au testateur le droit de pourvoir au remplacement de ses exécuteurs testamentaires par d'autres, même successivement et pour tout le temps que devait durer l'exécution du testament. Le testateur pouvait nommer ou désigner lui-même directement ses exécuteurs testamentaires et même leur conférer le pouvoir de se remplacer ou encore indiquer un autre mode à suivre non contraire à la loi. On a donc reconduit ces dispositions.

ii) Désignation et remplacement par la loi

38. À défaut de désignation par le testateur ou si ce dernier n'a pas pourvu au mode de remplacement de son liquidateur, la charge de liquidateur incombe de plein droit aux héritiers, soit les héritiers légitimes ou les légataires universels ou à titre universel, tous ensemble, à l'exclusion des légataires à titre particulier[59]. L'art. 784 C.c.Q. énonce de plus que l'héritier venant seul à la succession est tenu d'accepter la charge.

39. Tel que commenté précédemment, on retient que la charge de liquidateur constitue un acte d'acceptation de succession puisqu'elle appartient aux héritiers et non pas aux successibles. L'art. 637 C.c.Q. définit l'acceptation tacite comme celle où le successible fait un acte qui suppose nécessairement son intention d'accepter la succession. Ce n'est que dans le cas où le liquidateur a été désigné par le testateur, que ce liquidateur soit ou non l'un des héritiers, que ces derniers disposent réellement dans les faits des délais d'acceptation avant de se prononcer sur leur option. Dans tous les autres cas, ils devront, dès le règlement initial, poser ce geste d'acceptation qu'est la nomination d'un liquidateur, à moins de recourir à l'art. 792 C.c.Q. dans le but de demander au tribunal de nommer provisoirement un liquidateur.

40. Il peut sembler surprenant que le législateur sanctionne l'acte de nomination d'un liquidateur par l'acceptation de

succession alors que la nécessité du liquidateur s'impose en vue de préparer l'inventaire qui doit instruire les successibles sur la meilleure option. D'autant plus que plusieurs des prérogatives du liquidateur ayant trait à la saisine appartenaient autrefois aux héritiers, maintenant les successibles, tel que déterminer le contenu de la succession et faire inventaire, sans que ces actes aient impliqué une acceptation de succession dans le passé. Il est vrai cependant que dans le contexte de la nouvelle loi, la responsabilité de l'héritier demeure limitée. Son acceptation porte moins à conséquence. Il n'en demeure pas moins qu'il ne pourra plus renoncer à la succession (art. 648 C.c.Q.) malgré les avantages qu'il pourra y trouver.

41. Il faut également noter que la loi ne reconnaît pratiquement aucune saisine aux successibles[60]. Par conséquent, ou bien les successibles procèdent à la nomination d'un liquidateur et deviennent de ce fait héritiers, ou bien ils mettent de côté les règles de la liquidation et de ce fait prennent qualité d'héritier pour tout acte ou geste posé en regard du patrimoine successoral, autres que les actes purement conservatoires de surveillance et d'administration (art. 642 C.c.Q.). Et nous faudra-t-il donc discerner à quel titre le successible agit? Est-ce à titre d'héritier, de liquidateur en vertu de la loi ou encore de successible? Il nous semble que les successibles sont enfermés trop rapidement dans le carcan de l'acceptation de succession et qu'il aurait été préférable que la charge de liquidateur incombe plutôt aux successibles, compte tenu des responsabilités propres du liquidateur. Rien ne s'opposerait à ce qu'on leur reconnaisse la faculté de désigner un liquidateur.

iii) Désignation et remplacement par les héritiers

42. L'art. 785 C.c.Q. édicte que les héritiers peuvent désigner le liquidateur à la majorité et aussi pourvoir à son mode de remplacement, par exemple en cas de maladie, d'éloignement ou même d'incapacité. Le testateur le peut également (art. 786 C.c.Q.). Nous sommes d'avis qu'il s'agit là de la majorité de tous les héritiers appelés à la succession, quelle que soit par ailleurs leur part de succession, compte tenu de l'importance du rôle du liquidateur qui les représentera tous. Par conséquent la nomination ne sera valide que si la majorité des successibles, devenus de ce fait héritiers, participent à cette nomination. Les

légataires à titre particulier ne participent pas à cette désignation ainsi que les successibles qui refusent de se prononcer. Bien que le législateur utilise le singulier à l'art. 785 C.c.Q., il n'y a aucun doute que les héritiers peuvent procéder à la nomination de plusieurs liquidateurs puisqu'il est prévu à l'art. 787 C.c.Q. que s'il y a plus d'un liquidateur, ces derniers doivent agir de concert.

43. Déclaration d'hérédité, nouvelle version. Nul doute que cet acte de nomination du liquidateur sera appelé à se substituer à la déclaration d'hérédité qu'il est d'usage de préparer en présence d'une succession légale aux fins d'attester de la dévolution des biens du défunt et de procéder à leur transfert. En plus d'établir la dévolution, il y aura désormais lieu que, dans le même acte, les héritiers procèdent à la désignation du liquidateur et à son mode de remplacement et lui confèrent des pouvoirs plus étendus que ne lui accorde la loi, par exemple pour couvrir certaines opérations de liquidation et de partage. Pareillement il sera opportun pour les tiers qui transigeront avec les héritiers que ces derniers indiquent qu'ils n'entendent pas procéder à la nomination d'un liquidateur, le cas échéant. Étant donné la saisine du liquidateur, les tiers voudront s'assurer hors de tout doute qu'aucun tel liquidateur n'a été désigné avant de faire affaires avec les héritiers.

iv) Désignation et remplacement par le tribunal

44. Si les héritiers ne réussissent pas à s'entendre sur la désignation ou le remplacement du liquidateur, ils peuvent s'adresser au tribunal en utilisant le recours prévu à l'art. 788 C.c.Q.. Il en est de même lorsqu'il est impossible de pourvoir à la nomination ou au remplacement du liquidateur, par exemple dans le cas où il est impossible d'atteindre la majorité les héritiers en vue de la nomination d'un liquidateur parce que certains des successibles ne désirent pas prendre immédiatement option sur leur qualité d'héritier.

45. Également le remplacement peut avoir lieu par le tribunal, à la demande de tout intéressé, lorsque le liquidateur est dans l'impossibilité d'exercer sa charge, pensons ici à son éloignement ou à la maladie, ou s'il néglige ses devoirs ou ne respecte pas ses obligations (art. 791 C.c.Q.). Pareille juridiction est

attribuée au tribunal lorsqu'aucun liquidateur n'est désigné par les héritiers ou que le liquidateur tarde à accepter la charge, la refuse ou encore doit être remplacé, auxquels cas un liquidateur provisoire peut être nommé (art. 792 C.c.Q.). Cette énumération reprend, d'une part, les cas de remplacement pour destitution prévus aux actuels art. 917 et 924 C.c.B.-C. et comble, d'autre part, une lacune du droit actuel en assurant une liquidation provisoire. On sait que suivant le droit actuel, l'acceptation de sa charge par l'exécuteur testamentaire n'est soumise à aucun délai[61]. Les héritiers demeurent dans l'incertitude tant qu'il n'a pas accepté. De même la liquidation d'une succession légale se trouve paralysée si certains des héritiers tardent à agir ou s'objectent systématiquement à l'action des autres. Tout au plus peuvent-ils alors prendre certaines mesures conservatoires pour protéger leurs droits.

3. Démission du liquidateur

46. Enfin il est un dernier cas qui mérite quelque réflexion: la démission du liquidateur, puisque le législateur a innové en cette matière. On sait qu'en vertu des règles actuelles (art. 911 et 981h C.c.B.-C.), l'exécuteur testamentaire ou le fiduciaire qui a accepté la charge ne peut plus y renoncer, même avec le consentement de tous les héritiers, exception faite si le testateur l'y autorise expressément. Seul le tribunal peut le relever de sa charge. Cette formalité constitue souvent une contrainte et un irritant pour les héritiers ou l'exécuteur testamentaire qui peut trouver là un excellent prétexte pour refuser la charge, d'autant plus que cette dernière n'est habituellement pas rémunérée. De plus le recours à cette procédure signifiée à tous les héritiers peut s'avérer coûteuse. On ne retrouve aucune telle disposition au chapitre de la liquidation. On doit alors recourir aux règles applicables à l'administrateur du bien pour autrui, notamment l'art. 1357 C.c.Q., pour connaître le droit sur cette question.

47. Dérogeant au droit actuel, cet article édicte que l'administrateur peut renoncer en tout temps à ses fonctions en avisant par écrit les bénéficiaires, entendons ici les héritiers, et ajoute l'article, ses co-administrateurs. Il s'impose que le liquidateur avise les héritiers de sa démission puisque ces derniers devront procéder à son remplacement. Cette démission peut leur causer préjudice, notamment s'il y a lieu de recourir à la désignation

d'un administrateur provisoire si aucun liquidateur de remplacement n'a été désigné ou nommé.

48. La décision du liquidateur constitue un geste unilatéral, libre et inconditionnel de sa part sous la seule réserve qu'il est tenu de réparer tout préjudice causé par une démission donnée sans motif sérieux et à contretemps puisqu'une telle démission inopportune équivaut à un manquement à ses devoirs (art. 1359 C.c.Q.). Pareille obligation était d'ailleurs retenue aux termes du mandat sous le C.c.B.-C.[62] où on reconnaît l'obligation pour le mandataire de terminer l'affaire en cours si elle est urgente et qu'elle ne peut être différée sans risque de pertes ou de dommages pour le mandant.

49. La démission du liquidateur ouvre la voie à son remplacement. Si le testateur ou les héritiers n'ont pas pourvu à son mode de remplacement, la charge incombe de plein droit et de nouveau aux héritiers en vertu de l'art. 785 C.c.Q. de façon à assurer la permanence de la liquidation. Les héritiers ont tout intérêt lors du règlement initial non seulement de pourvoir à la désignation ou à la désignation du liquidateur mais également de prévoir les modalités de remplacement de ce dernier qu'ils peuvent confier au co-liquidateur. La démission du liquidateur peut être subordonnée à certaines conditions, notamment certains délais ou avis préalables à la démission effective du liquidateur désigné de façon à assurer la transition de l'administration.

4. Caractéristiques de la charge

50. Bien que les fonctions d'exécuteur testamentaire et de liquidateur s'apparentent à plusieurs égards et qu'on serait tenté par cette économie ou paresse de la pensée qui va à l'identique de les assimiler, leur rôle respectif se situe dans un contexte différent, le premier agissant sous la dépendance étroite des légataires, le second ayant l'initiative du jeu jusqu'à la liquidation finale. On retrouve ces différences de conception dans les caractéristiques qu'on attache traditionnellement à cette charge. On aura soin d'y intégrer les dispositions complémentaires de l'administrateur pour autrui qui dorénavant se substituent aux règles du mandat auxquelles on avait l'habitude de recourir en cas d'insuffisance des dispositions applicables à l'exécuteur

testamentaire dans le code actuel. On appliquera ces dispositions en autant qu'elles ne seront pas incompatibles avec les règles particulières énoncées au titre *De la liquidation à ce sujet.*

a) Charge obligatoire pour l'héritier

51. Personne n'était tenu d'accepter la charge d'exécuteur testamentaire, dite facultative[63]. Il en va autrement concernant le liquidateur, tel qu'expliqué plus haut. L'héritier venant seul à la succession y est forcé et les héritiers le sont de plein droit, sous réserve de leur faculté de mettre de côté la liquidation ou de désigner certains d'entre eux ou un tiers à titre de liquidateur. Il est vrai que le successible n'y est pas tenu tant qu'il ne se décide pas à accepter la succession, disposant à cet égard d'un délai de six mois après lequel il est présumé avoir accepté. Bien que l'acceptation rétroagisse au décès, l'héritier ne peut être tenu aux obligations du liquidateur qu'à compter de son acceptation, cette liquidation reposant jusqu'alors entre les mains d'un liquidateur provisoire, s'il a été désigné par le tribunal, ou sinon par les autres héritiers ayant accepté la succession ou le liquidateur qu'ils auront désigné.

b) Charge gratuite pour l'héritier

52. Le liquidateur, à l'instar de l'exécuteur testamentaire et de l'administrateur du bien d'autrui, a droit aux remboursements de ses frais et déboursés[64]. La charge d'exécuteur testamentaire n'était pas rémunérée sauf si le testateur l'avait prévu expressément[65]. Le liquidateur, quant à lui, aura droit d'être rémunéré, s'il n'est pas l'un des héritiers[66]. Ainsi le légataire à titre particulier peut être rémunéré. Par contre, si le liquidateur est l'un des héritiers, ces derniers peuvent convenir de le rémunérer à moins que le testateur ne l'ait déjà prévu par une stipulation expresse ou au moyen d'un legs rémunératoire, par exemple. Quant à la fixation de sa rémunération, le testateur l'aura prévue ou bien elle devra être fixée par les héritiers. En cas de désaccord entre les héritiers et le liquidateur, le tribunal fixe la rémunération[67].

c) Garantie d'exécution attachée à la charge

53. Reprenant la règle énoncée à art. 910 C.c.B.-C., les art. 790 et 1324 C.c.Q. énoncent que le liquidateur n'est pas en principe tenu de souscrire une assurance ou de fournir une sûreté à la garantie de l'exécution de ses obligations à moins que le testateur ou les héritiers, à la majorité, ne l'exigent. Le législateur a également repris les dispositions insérées au titre de l'acceptation sous bénéfice d'inventaire en postulant que les créanciers et les autres personnes intéressées peuvent exiger telle garantie mais ils devront dorénavant en faire la preuve devant le tribunal[68]. L'héritier bénéficiaire y était tenu si la majorité des créanciers le demandait[69]. Par ailleurs, compte tenu de ses obligations, il pourra être conseillé que le liquidateur assure sa responsabilité comme condition d'acceptation de sa charge au même titre que l'administrateur[70].

d) Durée de la charge

54. Le liquidateur doit disposer de tout le temps nécessaire à l'accomplissement des devoirs de sa charge, au contraire de l'exécuteur testamentaire dont la saisine est limitée et dans une certaine mesure concurrente à celle des légataires. La saisine du liquidateur prend fin par sa décharge (art. 819 C.c.Q.) et la publication de l'avis de clôture du compte. Les héritiers et créanciers demeurent à l'abri des abus que peut faire naître cette absence de délai pour procéder à la liquidation puisque, d'une part, à titre d'administrateur des biens pour autrui, le liquidateur doit agir avec diligence, et, d'autre part, il doit en cours de liquidation, à la fin de la première année, si cette liquidation se prolonge, et au moins une fois l'an, rendre un compte annuel de sa gestion aux héritiers, créanciers et légataires particuliers restés impayés[71].

5. Pouvoirs du liquidateur

a) Principes généraux

55. En corollaire à la saisine qui lui permet d'appréhender tous les biens de la succession et bien que le législateur l'ait investi de plein droit de tous les pouvoirs nécessaires à la liquidation, l'art. 802 C.c.Q. prévoit que le liquidateur agit à l'égard des

biens de la succession à titre d'administrateur des biens pour
autrui chargé de la simple administration suivant les dispositions des art. 1301 et ss. C.c.Q. En plus des actes d'administration que doit poser le liquidateur, on doit s'interroger sur
l'étendue de ses pouvoirs d'aliénation des biens composant le
patrimoine successoral. On sait que c'est à cet égard que la
liquidation peut être plus facilement source de conflits entre les
différents intervenants. Nous analyserons successivement les
pouvoirs d'administration et les pouvoirs d'aliénation du liquidateur. Enfin nous nous pencherons sur le mode d'exercice de
ses pouvoirs.

b) Pouvoirs d'administration

i) Actes utiles à la conservation des biens

56. Le liquidateur doit poser tous les actes nécessaires à la
conservation des biens ou tous ceux qui sont utiles pour maintenir leur usage[72]. On vise ici les actes que doit poser tout
administrateur dans le cours normal de son administration, tels
ceux reliés à l'entretien normal d'une propriété, le paiement des
taxes, le paiement des assurances, enfin tous les actes qui n'ont
pas le caractère d'urgence associé aux actes conservatoires
visés à l'art. 642 C.c.Q. qui s'appliquera plus particulièrement
lors de son entrée en fonction et qui d'ailleurs peuvent être
posés par les successibles sans qu'ils n'impliquent de leur part
une acceptation de succession.

ii) Perception des fruits et revenus

57. Le liquidateur perçoit les fruits et revenus des biens qu'il
administre, perçoit les créances et en donne quittance. Le liquidateur exerce aussi les droits attachés aux valeurs mobilières
détenues dans le portefeuille de la succession, tels les droits de
vote ou de conversion[73]. On retient que le liquidateur, tout
comme l'exécuteur testamentaire, n'est pas autorisé à donner
seul quittance des sommes payées du vivant du défunt ni
mainlevée de ses droits, même pour considération[74]. Ces actes
constituent une aliénation des biens de la succession et dépas-
sent de ce fait la simple administration. Le testateur peut toutefois l'autoriser à donner quittance pour ce qu'il a lui-même reçu
de son vivant.

iii) Poursuite de l'utilisation d'un bien ou exploitation du bien

58. Puisque son administration est temporaire, le liquidateur doit poursuivre l'utilisation ou l'exploitation du bien qui produit des fruits et revenus, sans en changer la destination[75]. Qu'il s'agisse d'un immeuble à revenus ou même d'une entreprise qui était exploitée par le défunt, le liquidateur doit poursuivre les opérations et poser tous les actes nécessaires à cette fin. Le liquidateur peut se faire autoriser par les bénéficiaires du bien concerné ou par le tribunal, en cas de refus de ces derniers, afin de changer la destination du bien, acte assimilé à une aliénation.

iv) Le placement des sommes d'argent

59. Le liquidateur est autorisé à placer les sommes d'argent qu'il administre en conformité avec les règles relatives aux placements présumés sûrs (art. 1339 et ss. C.c.Q.)[76]. Ces articles reprennent dans leurs grandes lignes les dispositions des art. 981° et ss. C.c.B.-C. en y élargissant toutefois les véhicules de placement permis. Ainsi le liquidateur est autorisé à investir les fonds provenant de la liquidation ou trouvés dans le patrimoine successoral lors de son entrée en fonction dans des fonds communs de placement. Étant donné que, règle générale, l'administration du liquidateur durera peu de temps, on peut souligner qu'il est autorisé à investir les sommes d'argent disponibles sous forme de dépôts en autant que tels dépôts soient remboursables à trente jours d'avis (art. 1341 C.c.Q.). On peut enfin noter que le liquidateur n'est pas tenu de modifier les placements qui, lors de son entrée en fonction, ne se conforment pas aux types de placement décrits à l'art. 1304 C.c.Q. Il n'en demeure pas moins que sa responsabilité peut être plus facilement retenue à l'égard de placements non conformes, advenant une perte résultant de sa négligence, si cette perte a été générée depuis son entrée en fonction. Son devoir de surveillance et de compétence l'oblige à tenir compte des fluctuations du marché de façon à ne pas déprécier le patrimoine successoral.

c) Pouvoirs d'aliénation

i) Importance de la question

60. S'il est un domaine où demeurent plusieurs incertitudes, sources de conflits entre les héritiers et l'exécuteur testamentaire, c'est celui des aliénations que peut consentir l'exécuteur testamentaire. Dans quelle mesure ce pouvoir prime-t-il la saisine des légataires et dans quelles circonstances peut-il l'exercer? L'intervention des légataires est-elle toujours nécessaire lors de l'aliénation des biens? L'art 919 C.c.B.-C. ne lui permet de vendre que les biens mobiliers et ce, avec le consentement des héritiers. Les biens immeubles lui échappent. L'aliénation par l'exécuteur testamentaire, lorsqu'elle est autorisée par le testateur, n'est généralement soumise à aucune formalité de contrôle par les légataires ou les créanciers puisque de toute façon les légataires qui ont accepté la succession sont responsables des dettes au-delà des biens qu'ils reçoivent au moment de la délivrance. La situation est beaucoup plus contraignante en ce qui concerne l'héritier bénéficiaire puisqu'il ne peut disposer des biens sans suivre des formalités impératives d'autorisation judiciaire, dans certains cas précédées d'un avis des créanciers[77]. On comprend donc d'autant plus les hésitations du législateur dans l'établissement de la nouvelle règle qu'il propose: le liquidateur doit non seulement exécuter la volonté du testateur ou des héritiers qui lui ont fait confiance mais protéger les intérêts des créanciers, en tenant compte des intérêts familiaux en jeu, notamment de la plus-value sentimentale attachée à certains des actifs qu'il administre et dont il serait suprenant qu'il puisse disposer sans tout au moins les consulter.

ii) Étendue de son pouvoir

61. Le deuxième alinéa de l'art. 804 C.c.Q. stipule que le liquidateur peut aliéner seul le bien meuble susceptible de dépérir, de se déprécier rapidement ou dispendieux à conserver. Naturellement le testateur peut étendre les pouvoirs de son liquidateur au-delà de cette limite. Dans ce cas, ce dernier dispose de toute la latitude nécessaire pour ce faire, sans l'intervention des légataires, toujours dans la mesure nécessaire à la liquidation, compte tenu des dipositions du testament. À défaut de tels pouvoirs élargis, c'est la loi qui s'applique. Ce même art.

804 C.c.Q. édicte que le liquidateur peut, avec le consentement des héritiers (seulement) ou, à défaut, avec l'autorisation du tribunal, aliéner les autres biens de la succession.

62. L'avant-projet de loi prévoyait que les héritiers étaient en conséquence de leur consentement tenus au paiement des dettes au- delà de la valeur des biens qu'ils recueillaient[78]. On n'a pas retenu cette sanction qui visait à assurer la protection des créanciers tant en regard de l'utilisation du produit de l'aliénation que des conditions favorables que pouvaientt fixer les héritiers lors de l'aliénation et ce, au détriment des créanciers. Nous sommes d'opinion que cette mesure n'était pas nécessaire puisque le liquidateur, agissant pour le compte des créanciers, est tenu au devoir d'honnêteté et de loyauté. D'ailleurs il pourra être poursuivi par ces derniers en cas de manquement à ses devoirs. De plus le maintien de cette mesure aurait créé des inégalités injustifiées entre légataires, suivant qu'une aliénation aurait été rendue nécessaire en vue de procéder à la liquidation, situation qui aurait pénalisé les héritiers en leur faisant perdre le principal avantage que confère le nouveau système, ou suivant qu'une aliénation aurait résulté d'une libre décision des légataires.

63. Enfin il est à noter que ce pouvoir d'aliénation s'applique également à la vente de valeurs mobilières. Bien que l'art. 1304 C.c.Q. permette au liquidateur de modifier les placements, aussi bien faits avant son entrée en fonction que ceux qu'il a faits lui-même, il ne nous semble pas que ce dernier puisse modifier les placements qu'il a faits sans suivre les formalités prescrites à l'art. 804 C.c.Q., en l'occurrence l'accord des bénéficiaires. S'il en était autrement, on devrait conclure que le liquidateur est pleinement autorisé, par exemple, à se porter acquéreur d'un immeuble, placement autorisé aux termes de l'art. 1339 C.c.Q. et qu'il pourrait également disposer seul de cet immeuble. Ses pouvoirs d'administration et de disposition doivent être lus dans un contexte de transition et par conséquent être interprétés strictement. Il y aura donc avantage à ce que le testateur ou les héritiers étendent ses pouvoirs à la pleine administration dans le cas où son administration devait se prolonger pendant plusieurs années. On peut regretter à cet égard que le législateur ne lui ait pas conféré de plein droit des pouvoirs plus étendus lorsque son administration doit se prolonger et qu'il faille, comme

actuellement, énumérer exhaustivement ses pouvoirs dans le cours d'une planification testamentaire.

iii) Cas particulier: aliénation d'un bien légué à titre particulier

64. Il fallait également que le législateur reconnaisse clairement la primauté de la saisine du liquidateur sur celle du légataire à titre particulier lorsqu'il s'avère nécessaire d'aliéner un bien légué à titre particulier pour payer les dettes. L'art. 813 C.c.Q., que nous reverrons lors de l'analyse des modalités de paiement des dettes, autorise le liquidateur à aliéner seul le bien légué à titre particulier si les autres biens de la succession sont insuffisants pour payer toutes les dettes de la succession. À défaut d'opérer la réduction volontaire des autres legs, ou si cette réduction se révèle impraticable, le liquidateur peut aliéner les biens. Il peut sembler curieux que le liquidateur dispose d'un pouvoir plus large ici que dans le cas des autres biens. Toutefois cette aliénation n'a lieu qu'à défaut d'accord entre les légataires à titre particulier qui peuvent toujours convenir d'un autre mode de règlement des dettes[79]. Le liquidateur doit préalablement avoir soumis aux légataires à titre particulier une proposition de réduction des legs ainsi que les aliénations prévues, le cas échéant[80]. Cette proposition devra avoir reçu l'assentiment du tribunal puisqu'elle s'inscrira nécessairement dans le cours de la liquidation d'une succession insolvable. Il était essentiel à la réalisation de la liquidation que la loi reconnaisse la primauté de la saisine du liquidateur et par conséquent son pouvoir d'aliénation des biens légués à titre particulier, quitte à en fixer les conditions. Il était tout aussi important qu'elle laisse l'initiative aux légataires à titre particulier de proposer les solutions de rechange et dans le cas de réduction de legs, qu'elle leur laisse le droit de se faire entendre.

d) Mode d'exercice de ses pouvoirs

i) Règle de l'unanimité

65. Reconduisant les dispositions actuelles applicables à l'exécuteur testamentaire[81] mais non pas au fiduciaire[82], l'art. 787 C.c.Q. prévoit que les liquidateurs agissent de concert à moins que le testament ou la convention de nomination ne stipule une

autre règle. Cependant en cas d'empêchement d'agir de l'un des liquidateurs, les autres peuvent agir seuls pour les actes conservatoires ou ceux qui demandent célérité. On déroge ici à la règle générale énoncée à l'art. 1332 C.c.Q. applicable aux administrateurs où la majorité est de cours.

66. Encore faut-il qu'on ait confié les mêmes attributions aux liquidateurs. Si le testateur ou les héritiers ont divisé leurs fonctions, ce qui d'usage lorsqu'un liquidateur professionnel est désigné avec certains membres de la famille, chacun d'eux n'est responsable que de son administration et peut agir seul à l'intérieur de ses attributions, telles la production des rapports d'impôt ou l'administration de valeurs mobilières[83].

67. Puisque la nomination origine, à défaut du testateur, des héritiers, il n'a pas été utile de reproduire les dispositions prévoyant qu'au cas de décès ou de démission du liquidateur, ses co-liquidateurs agissent seul ou qu'à leur défaut, la liquidation revient aux héritiers[84]. Les héritiers ou le testateur devront avoir établi le mode de remplacement du liquidateur ou bien les héritiers procèderont à une nouvelle désignation, le cas échéant. On peut également recourir à l'art. 788 C.c.Q. de façon à s'assurer qu'il ait toujours un liquidateur. À défaut de ce faire la liquidation revient de plein droit aux héritiers, tel que vu précédemment (art. 785 C.c.Q.).

ii) Dissidence d'un liquidateur

68. Il a été nécessaire de clarifier la responsabilité du liquidateur dissident quand les liquidateurs sont autorisés à agir à la majorité. Toute décision autre que celle résultant d'une situation d'urgence doit recevoir l'assentiment de tous les liquidateurs lorsque le document constitutif prévoit qu'ils agissent ensemble ou à défaut de disposition à l'effet contraire. Si la règle de la majorité prévaut, le liquidateur est présumé avoir approuvé les décisions prises par ses co-liquidateurs, même en son absence, à moins de leur manifester sa dissidence ainsi qu'aux héritiers dans un délai raisonnable après avoir pris connaissance de la décision. À défaut de ce faire le liquidateur dissident est solidaire de la décision prise[85].

iii) Délégation de pouvoirs

69. L'art. 1337 C.c.Q. reproduit le deuxième alinéa de 913 C.c.B.-C. Ainsi les liquidateurs peuvent agir généralement comme procureur les uns les autres et se déléguer l'exécution générale du testament, même l'exercice des pouvoirs discrétionnaires qu'il peut contenir, telles certaines facultés d'empiètement de capital. Ils peuvent également se faire représenter par un tiers mais pour des actes déterminés seulement. Le liquidateur répond alors du soin avec lequel il a choisi cette personne et lui a donné ses instructions. Nous distinguerons ces délégations de pouvoir autorisées par la loi des mandats que le liquidateur, à l'instar de ce que faisaient les héritiers, peut confier à différents professionnels pour l'assister dans ses tâches, telles la préparation des impôts au décès, l'élaboration d'une planification fiscale post mortem, la gestion des actifs, etc., dont il demeure responsable ès qualité.

6. Fonctions du liquidateur

70. Nous avons vu que dans le cadre de l'organisation de la liquidation, le législateur a réservé le rôle principal au liquidateur à qui il a conféré un statut spécial et des pouvoirs étendus. Par conséquent il n'est pas loisible à ce liquidateur, pas plus qu'il ne l'était à l'héritier bénéficiaire, de passer outre à certaines formalités imposées dans l'intérêt des héritiers et des créanciers de la succession. Nous analyserons certaines de ces formalités en insistant plus particulièrement sur celles entourant l'inventaire et le paiement des dettes et des legs particuliers, toutes deux pierre d'assise de l'organisation de la liquidation.

a) L'accomplissement de certaines formalités
lors du règlement initial

i) Les funérailles

71. Il est bien connu que l'exécuteur testamentaire doit veiller aux funérailles du défunt (art. 919 C.c.B.-C.) qui constituent une charge à laquelle sont tenus les légataires universels. L'art. 42 C.c.Q. prévoit qu'à défaut de volonté exprimée par le défunt on s'en remet à la volonté des héritiers ou des successibles. D'ailleurs ces derniers se doivent d'agir. Les frais en demeurent

cependant à la charge des héritiers. Par conséquent il revient non seulement aux héritiers ou aux successibles d'en fixer les modalités mais d'y voir. On peut noter que sous le régime actuel il revient aux plus proches parents du défunt ou à ceux qui demeuraient avec lui de fixer les modalités des funérailles, ce qui peut éviter des conflits potentiels[86]. Il est de coutume d'en laisser le soin à l'exécuteur testamentaire, maintenant le liquidateur.

ii) La recherche des successibles

72. Il incombe au liquidateur d'identifier et d'appeler les successibles (art. 776 C.c.Q.). À l'obligation du successible de se faire reconnaître (art. 626 C.c.Q.) ou de se saisir de l'hérédité, se juxtapose le devoir pour le liquidateur de faire les recherches nécessaires à cette fin. Le liquidateur est tenu sous sa responsabilité de rechercher les successibles, preuves à l'appui si nécessaire et enfin à établir la dévolution successorale. Ainsi le liquidateur est certainement l'un des intéressés dont parle l'art. 87 C.c.Q. autorisé à demander l'ouverture d'une tutelle à l'absent en vue de protéger les droits de ce successible, le cas échéant. Non seulement doit-il identifier les successibles mais également les appeler. Le législateur, au contraire de ce qu'il a prévu au titre de l'inventaire, n'a pas indiqué quelle forme doit prendre cet avis ni son contenu. Puisque le successible qui a ignoré sa qualité ou ne l'a pas fait connaître durant dix ans à compter du jour où son droit s'est ouvert est reputé avoir renoncé à la succession (art. 650 C.c.Q.), il sera important que le liquidateur conserve la preuve des avis qu'il aura signifiés par les journaux ou de toute autre manière afin de retracer les successibles. À cet effet l'avis publié dans un journal distribué dans la localité de la dernière adresse connue du défunt exigé aux termes de l'art. 795 C.c.Q. pourra certainement valoir à ce titre. Il reviendra au liquidateur de juger des démarches à entreprendre dans ce but.

iii) La recherche et l'enregistrement du testament

73. Le liquidateur doit rechercher si le défunt à fait un testament[87]. À fortiori il doit s'assurer qu'il détient le dernier testament du défunt et effectuer les recherches auprès des registres institutionnels[88] ou entreprendre les autres démarches usuelles à

cet fin, telle l'ouverture du coffret de sûreté du défunt. Le
défaut du respect de cette obligation le rendra responsable vis-
à-vis des héritiers lésés, compte tenu du délai de déchéance
prévu à l'art. 627 C.c.Q.

74. Le liquidateur doit également faire vérifier le testament
olographe ou sous la forme anglaise. Contrairement à la
procédure actuelle[89], les héritiers et successibles connus doivent
dorénavant être appelés à la requête présentée par le liquidateur[90]. Enfin il doit prendre toutes les mesures nécessaires à
l'exécution du testament. Ainsi il doit procéder à son enregistrement dans les cas requis par la loi de façon à protéger le droit
des légataires et des créanciers de la successions[91].

iv) L'identification et la récupération du patrimoine
successoral

75. Pareillement il incombe au liquidateur d'entreprendre toutes
les démarches et de compléter les formalités d'ordre adminis
tratif et technique en vue d'appréhender sous son contrôle et sa
surveillance les actifs de la succession et d'obtenir les renseignements relatifs aux dettes du défunt. Dans certains cas cette
recherche peut même s'étendre au bien du conjoint survivant
ainsi qu'aux libéralités consenties par le défunt avant son décès.
Ces renseignements seront utiles dans l'établissement de la
pension alimentaire post mortem[92], le cas échéant, ou dans le
calcul de la créance résultant du partage du patrimoine familial[93].

76. Bien que cette activité retienne peu l'attention du législateur, en pratique la liquidation de la succession consiste
principalement dans bien des cas à l'accomplissement de ces
formalités de transfert en faveur des héritiers. Étant donné la
saisine conférée au liquidateur, toutes les transmissions, telles
de dépôts bancaires, de produits d'assurance, de rentes et autres
produits financiers, seront effectuées en premier lieu au profit
de ce représentant puisqu'il lui appartient de faire la délivrance
aux héritiers, une fois les dettes payées[94].

b) L'inventaire

77. Non seulement le liquidateur doit-il appréhender les biens
de la succession et identifier ses passifs mais la loi lui impose

l'obligation essentielle à la protection des créanciers et des légataires particuliers de procéder à un inventaire du patrimoine successoral[95]. En effet c'est sur la base de cet inventaire que les successibles peuvent exercer judicieusement l'option la plus favorable, que les créanciers établiront la valeur de leur réclamation ou que le liquidateur pourra s'appuyer pour décider des modalités de liquidation en jugeant de la solvabilité de la succession. D'ailleurs l'héritier sous bénéfice d'inventaire y était tenu sous peine de perdre les avantages de son option[96]. Quant à l'exécuteur testamentaire il s'agissait là de l'une des formalités auxquelles il était astreint[97]. Cependant le testateur pouvait l'en dispenser ou en réduire le formalisme[98], ce qui n'est plus possible sous le nouveau code.

i) Délai pour sa confection

78. On sait qu'aux termes de la loi actuelle, l'héritier dispose d'un délai de trois mois pour faire inventaire et de quarante jours pour se prononcer sur son option et qu'à l'intérieur de ces délais un créancier ou tout autre intéressé ne peut le forcer à prendre option[99]. Quant à l'exécuteur testamentaire, aucun délai n'est prévu pour son acceptation de la charge et, par conséquent, de l'inventaire auquel il peut être tenu. C'est par le biais de sa responsabilité qu'on peut le forcer à y procéder quand il y est tenu. Curieusement le C.c.Q. ne prévoit aucun délai de confection de l'inventaire.

79. Sans imposer un tel délai de rigueur au liquidateur, c'est par une voie détournée que le législateur a cru atteindre le résultat souhaité en vue d'éviter les atermoiements des personnes désignées. Mesure d'autant plus impérative que les successibles n'ont aucune saisine sur les biens successoraux, leur seul recours demeurant de prendre les mesures conservatoires. Ainsi l'art. 640 C.c.Q., au titre de l'acceptation de succession, redoublé par l'art. 800 C.c.Q., précise, d'une part, que le successible est présumé avoir accepté la succession lorsque le liquidateur refuse ou néglige de faire l'inventaire dans les soixante jours qui suivent l'expiration de son délai de six mois pour se prononcer et, d'autre part, que l'héritier qui néglige de procéder dans ce délai de soixante jours est tenu personnellement au paiement des dettes de la succession au-delà de la valeur des biens qu'il recueille.

80. En aucun cas le testateur ne peut dispenser le liquidateur de procéder à l'inventaire ou de suivre les formalités l'entourant. Les héritiers ou les successibles le peuvent cependant, s'ils sont unanimes, si aucun liquidateur n'a été nommé. On peut conclure de ceci que les héritiers disposent en définitive d'un délai de huit mois avant de se prononcer sur leur option plutôt que les trois mois et quarante jours prévus au Code actuel. Par contre les créanciers et tous autres intéressés peuvent se prévaloir de l'art. 792 C.c.Q. et faire procéder à un inventaire, si nécessaire pour protéger leurs droits. Dans un tel cas ou lorsque l'inventaire aura été fait par un autre que le liquidateur, ce dernier est tenu de le vérifier (art. 798 C.c.Q.) et de produire les avis de clôture d'inventaire.

ii) Forme et contenu de l'inventaire

81. Le liquidateur doit faire l'inventaire de la manière prévue au titre de l'Administration du bien pour autrui suivant les articles 1324 et ss C.c.Q. L'inventaire contient la description des biens que le liquidateur est tenu d'administrer. Est-il besoin d'insister que le liquidateur, à l'instar d'un vérificateur, doit s'assurer de la véracité du contenu de l'inventaire dont il est garant. Il ne s'agit pas d'une simple récapitulation des informations qu'il a pu recueillir mais du document attestant de l'existence et de l'exactitude du contenu du patrimoine successoral. La valeur des biens doit y apparaître ainsi que leur désignation complète. On doit également y indiquer l'état des biens, à défaut de quoi le liquidateur sera présumé en avoir pris possession en bon état (art. 1330 C.c.Q.). L'inventaire fait état des dettes et se termine par une récapitulation. Le C.c.Q. n'indique pas que les héritiers ou successibles doivent être appelés à cet inventaire et n'exige pas la présence d'évaluateur, contrairement aux dispositions actuelles[100]. Il revient au liquidateur de convoquer les parties en cause en vue d'éviter une contestation ultérieure. Compte tenu des avis que le liquidateur est requis de leur signifier, cette disposition aurait été inutile. Enfin l'inventaire est fait en forme notariée ou, ce qui est nouveau, sous seing privé[101]. On peut privilégier la forme notariée étant donné que cet inventaire doit être transmis à toutes les parties intéressées, successibles, héritiers, légataires particuliers et créanciers, si cela peut être fait aisément[102].

iii) Avis de clôture d'inventaire et publication

82. Non seulement le liquidateur doit-il procéder à l'inventaire mais encore faut-il qu'il en avise les parties intéressées. Le législateur n'a pas jugé opportun de publiciser le contenu de l'inventaire, respectant en cela le caractère familial et privé de la transmission par voie de succession mais a prévu tout au moins qu'un avis de clôture d'inventaire soit publié au registre des droits personnels et réels mobiliers[103]. Cet avis identifie le défunt et le lieu où l'inventaire peut être consulté, généralement le domicile du liquidateur ou du professionnel avec qui ce dernier aura fait affaire. Cet avis doit également être publié dans un journal distribué dans la localité de la dernière adresse connue du défunt. L'héritier bénéficiaire, quant à lui, était soumis à deux publications, soit la Gazette officielle du Québec et un journal[104]. Le nouveau Code réduit cette formalité à une seule publication.

83. Le liquidateur doit également signifier cet avis de clôture d'inventaire aux héritiers et successibles ainsi qu'aux légataires à titre particulier et aux créanciers connus. Ces derniers pourront consulter cet inventaire[105].

iv) Contestation de l'inventaire

84. Puisque, règle générale, ces personnes n'auront pas été appelés à l'inventaire il se peut qu'elles aient à en contester le contenu. Aussi l'art. 797 C.c.Q. leur permet-elle de contester l'inventaire ou l'une de ses inscriptions. Il y a lieu alors de procéder à une révision de l'inventaire à l'amiable ou tout simplement de procéder à un nouvel inventaire. Si les parties ne peuvent s'entendre, on recourra au tribunal. Un nouvel avis de clôture d'inventaire doit être signifié à toutes les parties concernées par cette révision.

v) Confusion des biens inventoriés

85. L'art. 801 C.c.Q. édicte une sanction additionnelle applicable à l'héritier qui a confondu les biens de la succession avec ses biens personnels. Déjà l'art. 639 C.c.Q. prévoit qu'il y a alors acceptation de succession par le successible. En plus l'héritier qui a confondu les biens avant l'inventaire est, dès lors, tenu au paiement des dettes de la succession au-delà de la

valeur des biens recueillis, sauf naturellement si les biens étaient déjà confondus avant le décès, par exemple si le successible habitait avec le défunt. Si la confusion survient après l'inventaire, l'héritier est tenu personnellement aux dettes du défunt jusqu'à concurrence de la valeur des biens confondus.

7. Le paiement des dettes et des legs particuliers

86. C'est certainement au chapitre du paiement des dettes et des legs particuliers que le personnage du liquidateur prend toute son ampleur, alors qu'on se situe au cœur même du processus de liquidation, du moins dans sa finalité première. Compte tenu des diverses situations qui peuvent se présenter, il a fallu assurer la protection des créanciers et des légataires particuliers tout en conservant au liquidateur l'autonomie suffisante lui permettant de procéder à la liquidation sans qu'elle puisse être paralysée par les héritiers ou par les créanciers. C'est donc ici que le processus de liquidation prend tout son sens.

a) Ordre de préférence: créanciers et légataires particuliers vs héritiers

87 Ici qu'on nous permette de revoir brièvement les nouvelles règles établissant l'ordre de paiement que doit suivre le liquidateur en regard des héritiers ou des légataires, d'une part, et des légataires à titre particulier, d'autre part.

88. L'héritier le devient par voie légale ou en vertu d'un testament. Le titre d'héritier est réservé au légataire universel ou à titre universel seulement (art. 738 C.c.Q.). Qu'en est-il du légataire à titre particulier? L'art. 739 C.c.Q. nous indique qu'il n'est pas un héritier mais qu'il est néanmoins saisi des biens légués suite au décès du défunt. On sait par ailleurs que sa saisine est subordonnée à celle du liquidateur. N'étant pas un héritier, il n'est pas en principe tenu au paiement des dettes. Par contre son legs peut être réduit en cas d'insuffisance des autres biens de la succession. C'est ce qu'il est communément convenu d'appeler la réduction des legs[106].

89. Le liquidateur doit en premier lieu non seulement identifier les dettes mais également les legs particuliers puisque ces deux types de créance jouissent d'un paiement préférentiel. Nous analyserons dans un premier temps les dispositions spécifiques

relatives au paiement des dettes et des legs particuliers et les recours des créanciers et légataires particuliers lorsqu'ils n'ont pas été intégralement satisfaits au cours du processus de liquidation. Cependant il peut arriver que ces dettes et legs particuliers ne soient pas payés parce que les héritiers, avec le concours du liquidateur, ont jugé préférable d'en assumer le paiement. Il s'agit alors de déterminer quelles sont les obligations des héritiers entre eux à ce sujet et d'examiner le recours des créanciers et légataires à titre particulier à leur égard. Cette étude fait l'objet du chapitre suivant.

90. De fait le processus de liquidation mis en place par le législateur relativement au paiement des dettes et des legs est déjà suivi dans de nombreux cas. Ainsi il est d'usage dans le cadre d'une planification testamentaire de confier toute la saisine de ses biens à son exécuteur testamentaire et de lui donner tous les pouvoirs afin de payer seul les dettes et les legs particuliers, sans l'intervention des légataires, et de le charger de remettre le résidu aux héritiers. Les créanciers sont alors tenus à l'écart du processus de liquidation puisque, de toute façon, les légataires, du fait de leur acceptation, sont personnellement responsables des dettes du défunt sur leurs biens personnels[107]. Si sa créance est en péril, le créancier peut toujours demander la séparation des patrimoines[108]. Cette mesure de protection est peu utilisée puisque l'exécuteur testamentaire conserve les biens sous sa saisine pendant toute l'exécution et qu'il les affecte prioritairement au paiement des dettes. Étant donné que les héritiers ne sont plus obligés sur leurs biens personnels, il faut s'assurer que les créanciers ont été avisés du décès et que le liquidateur suive un certain ordre dans les paiements de façon à ce que ces derniers soient protégés pendant la liquidation. On a vu que le législateur n'a pas retenu l'intervention ou la participation des créanciers dans la réalisation des biens alors que c'était le cas lorsque l'héritier bénéficiaire voulait disposer de certains actifs. L'avis de clôture d'inventaire constitue dorénavant la mesure de protection leur permettant de protéger leurs droits. En plus, dans certaines circonstances, le paiement des dettes s'effectuera sous contrôle judiciaire.

b) Dettes et charges successorales

91. L'art. 776 C.c.Q. stipule que la liquidation consiste à payer les dettes de la succession, qu'il s'agisse en l'occurrence des dettes du défunt, des charges de la succession ou des dettes résultant d'une obligation légale. On reconnaît ici qu'il s'agit des obligations contractées par le défunt et qui ne s'éteignent pas par son décès et celles qui sont nées lors de son décès ou actualisées à l'occasion de ce décès. On s'attardera en particulier à la créance alimentaire[109], la créance résultant du partage du patrimoine familial[110] ou résultant de la liquidation du régime matrimonial et des droits matrimoniaux[111], les frais funéraires, la prestation compensatoire[112] et l'impôt au décès.

92. Le liquidateur n'est tenu de payer que les dettes certaines et exigibles. Il doit s'assurer de l'existence de la dette, par exemple vérifier les cas de prescription, et obtenir les pièces justificatives que lui commande par ailleurs son devoir de prudence et la protection des créanciers et héritiers. De même il doit apprécier s'il est préférable de payer la dette non échue ou de proposer aux héritiers de l'assumer. En effet le processus de liquidation n'impose pas l'obligation au liquidateur de payer toutes les dettes, le décès du débiteur ne constituant que rarement un terme d'échéance d'une dette.

93. Nous examinerons brièvement certaines de ces dettes nées à l'occasion du décès du défunt en nous limitant à y cerner le rôle que le législateur a entendu confier au liquidateur, notamment dans la fixation des créances dont il sera question.

i) Les frais funéraires

94. Ces frais sont à la charge de la succession et sauf le cas où le testateur ou les héritiers en conviennent autrement, le liquidateur ne peut s'objecter au paiement, exception faite où la dépense serait disproportionnelle à l'état de fortune du défunt[113].

ii) Les créances résultant de la liquidation des droits patrimoniaux des époux

95. Nous regroupons sous cette rubrique la créance résultant de la prestation compensatoire et celles résultant du partage du

patrimoine familial et de la liquidation de la société d'acquêts. Le rôle du liquidateur y est décrit à l'art. 809 C.c.Q.. Le paiement de la créance est fait par le liquidateur qui cependant ne jouit d'aucune autonomie dans la fixation du montant déterminée suivant ce que conviennent entre eux les héritiers, les légataires et les légataires particuliers et le conjoint. Il nous semble normal qu'on exige l'intervention des héritiers en raison du caractère familial de ces créances même si le législateur a fixé des règles précises pour leur détermination. Ce sont certainement les membres de la famille immédiate du défunt qui connaissent le mieux les éléments pris en compte dans l'établissement de ces créances actives ou passives et qui, par exemple, peuvent avoir intérêt à demander un partage inégal, le cas échéant. On comprend mal cependant l'intervention du légataire à titre particulier puisque si les biens de la succession sont insuffisants pour acquitter son legs, suite à la fixation de ces créances, la proposition de paiement du liquidateur devra être homologuée par la Cour[114]. Par ailleurs l'intervention des créanciers pourrait se justifier puisque leur créance viendra en concurrence avec celle du conjoint. Le testateur peut toutefois confier le pouvoir au liquidateur de fixer lui-même le montant de la dette. Cependant le liquidateur sera tout de même soumis aux prescriptions de l'art. 811 C.c.Q. suivant l'état de solvabilité de la succession. À défaut d'entente, le tribunal fixe le montant de la créance.

iii) L'obligation alimentaire

96. La contribution est fixée par le liquidateur agissant avec le consentement des héritiers et des légataires à titre particulier, sauf si l'ex-conjoint du défunt percevait une pension alimentaire au moment du décès. Dans ce cas, seul le tribunal a juridiction (art. 685 C.c.Q.). Si les parties ne peuvent s'entendre sur le quantum, le tribunal a juridiction. Les art. 686 et ss. C.c.Q. fixent les règles dont on doit tenir compte dans l'établissement de la créance. On retient qu'exceptionnellement le tribunal peut réduire certaines libéralités consenties par le défunt dans les trois ans de son décès si les biens de la succession sont insuffisants pour acquitter la créance[115]. Pareille exception n'a pas été retenue pour les autres dettes de la succession. Par contre ce créancier d'aliments n'est payé, en tout ou en partie, qu'à la

suite des autres créanciers suivant l'art. 812 C.c.Q., si les biens de la succession sont insuffisants pour payer toutes les dettes.

iv) L'impôt au décès

97. Nous ne saurions passer sous silence le rôle que joue le liquidateur à l'étape du paiement des impôts qui constituent souvent la dette la plus importante à payer au décès, en raison notamment des règles particulières d'imposition applicables au décès d'un contribuable[116]. À titre de représentant légal de la succession, le liquidateur est tenu de produire les rapports d'impôt de l'année du décès et des années antérieures, le cas échéant[117]. Le liquidateur est également responsable, comme administrateur du bien pour autrui, de s'assurer des choix fiscaux les plus favorables à l'ensemble du patrimoine successoral.

98. Comme représentant légal de la succession le liquidateur est également tenu, avant toute remise aux héritiers et légataires d'obtenir les certificats de distribution émis par les autorités fiscales sous peine d'être personnellement responsable des impôts dus par le défunt ou sa succession[118].

c) Modalités de paiement des dettes et des legs

99. Indifféremmemt des situations qui pouvaient se présenter, l'héritier bénéficiaire, après avoir rempli certaines exigences, n'était tenu de payer les créanciers qu'au fur et à mesure qu'ils se présentaient[119]. Le C.c.Q. a retenu cette modalité mais, avant de l'exercer, le liquidateur doit apprécier la situation à la lumière du bilan successoral qu'il a établi. Nous analyserons maintenant les modalités qui lui sont imposées et qui constituent la seconde mesure obligatoire essentielle à la liquidation légale, après l'inventaire. Le défaut de respecter ces formalités entraînera la responsabilité du liquidateur à l'égard des créanciers et légataires à titre particulier et la responsabilité personnelle des héritiers si telle liquidation non organisée a lieu avec leur consentement.

100. Notion de solvabilité de succession. Le législateur distingue trois situations soumises chacune à un régime différent. Ainsi le liquidateur doit déterminer, à la lumière du bilan successoral si la succession est manifestement solvable, non

manifestement solvable ou insolvable. Le législateur n'a pas jugé opportun de définir ces notions. Par conséquent la solvabilité d'une succession se mesurera à des actifs supérieurs aux passifs, établissant une valeur nette ou au contraire un déficit. Cependant il est important de noter que pour les fins de ce calcul, en vue de déterminer les articles applicables, on doit inclure parmi les passifs non seulement les dettes actualisées à l'occasion du décès mais également les legs à titre particulier. Ainsi une succession manifestement solvable financièrement ne l'est plus si les legs particuliers ajoutés aux dettes excèdent la valeur des actifs.

i) Succession manifestement solvable

101. Si les biens de la succession sont suffisants pour payer tous les créanciers et les légataires particuliers et en autant qu'une provision a été prise pour payer les créances qui font l'objet d'une instance, le liquidateur est autorisé de plein droit à payer les créanciers et légataires connus au fur et à mesure qu'ils se présentent[120]. Cette autorisation n'est assortie d'aucun délai mais doit être postérieure à la confection de l'inventaire et à la publication des avis. Également, dans ce cas, le liquidateur est autorisé à verser des acomptes aux héritiers, aux créanciers d'aliments ainsi qu'aux légataires à titre particulier de sommes d'argent (art. 807 C.c.Q.). Le législateur n'a pas établi de limites aux versements d'acomptes qu'il laisse à l'appréciation du liquidateur.

ii) Succession non manifestement solvable

102. Ce cas reproduit la situation qui de fait était couverte par l'art. 676 C.c.B.-C. applicable à l'héritier bénéficiaire. Ainsi lorsque la succession n'est pas manifestement solvable, le liquidateur ne peut payer les dettes ou les legs particuliers avant l'expiration d'un délai de soixante jours qui suit l'avis de clôture d'inventaire[121]. Toutefois le liquidateur peut payer de son propre chef, avant l'expiration du délai de soixante jours, les comptes usuels d'entreprises de services publics ainsi que les dettes urgentes.

iii) Succession insolvable

103. Ce cas mérite plus d'attention puisque tous les créanciers et légataires particuliers ne pourront être payés. Aussi le législateur a voulu en fixer précisément les modalités de liquidation. Ainsi le liquidateur a récupéré tous les actifs et réalisé certains d'entre eux. Le bilan final établit un passif supérieur à l'actif, incluant les provisions pour les créances en instance et le paiement des legs particuliers. Le liquidateur ne peut alors payer aucune dette ou legs particulier, pas même les comptes usuels d'entreprises de services publics ou les dettes urgentes, avant l'accomplissement de certaines formalités[122].

104. Dépôt d'une proposition de paiement. En premier lieu le liquidateur doit dresser un état, type bilan, démontrant la situation financière de la succession. L'inventaire à la date du décès servira de base à la préparation de cet état comptable illustrant les réalisations effectuées par le liquidateur et l'administration des actifs. En plus cet état devra inclure une proposition de paiement des dettes et des legs particuliers. Avis de cet état, accompagné de la proposition de paiement, sera signifié à toutes les parties intéressées, créanciers, légataires à titre particulier et héritiers. Enfin cette proposition devra être soumise au tribunal pour être homologuée, après quoi elle deviendra exécutoire.

105. L'ordre de paiement des créanciers dans la proposition. La proposition de paiement du liquidateur doit prévoir l'ordre de paiement des dettes et des legs particuliers. L'art. 812 C.c.Q. établit les règles applicables: ainsi doivent d'abord être payés les créanciers prioritaires ou hypothécaires, suivant leur rang. Viennent ensuite les autres créanciers, au prorata de leur créance entre eux, si les biens sont insuffisants pour les payer au complet et exception faite du créancier alimentaire qui n'est payé que s'il reste des biens après le paiement des autres créanciers. Enfin le liquidateur paie les légataires à titre particulier, conformément au principe que les dettes priment toujours les legs.

106. Paiement des legs particuliers: réduction des legs. Conformément au principe qui tenait l'héritier personnellement responsable au paiement des dettes et des legs, la réduction des legs particuliers n'avait lieu qu'à l'initiative du créancier et en

autant qu'il se soit prévalu de la séparation des patrimoines (art. 886 C.c.B.-C.). Le liquidateur est maintenant responsable du paiements à l'égard des créanciers, à même l'actif successoral seulement. Il lui revient de déterminer quand il est nécessaire pour ce faire, soit de procéder à l'aliénation des biens légués à titre particulier, soit de procéder à la réduction de ces legs et d'établir l'ordre de préférence entre les légataires. Les art. 813 et 814 C.c.Q. énoncent les règles qu'on doit suivre. Le liquidateur doit d'abord distinguer parmi les les legs particuliers ceux qui ont la préférence, ensuite les legs d'un bien individualisé et enfin les autres legs. Concernant le paiement des dettes au moyen des legs particuliers, les légataires peuvent s'entendre entre eux, auquel cas la réduction se fait dans l'ordre et suivant les proportions dont ils ont convenu. À défaut d'accord, le liquidateur, aux termes de sa proposition, réduit les legs qui n'ont aucune préférence en vertu du testament et qui ne portent pas sur un bien individualisé, tels les legs d'une somme d'argent. Si nécessaire, il propose l'aliénation des legs de biens individualisés puis, en cas d'insuffisance, la réduction des legs qui ont la préférence, proportionnellement à leur valeur.

d) Recours des créanciers et des légataires particuliers après le paiement par le liquidateur

i) Les créanciers et légataires particuliers qui ont été omis

107. Différents recours sont prévus spécialement pour ces créanciers et légataires afin de les rétablir dans leur droit. Ainsi outre le recours en responsabilité contre le liquidateur, l'article 815 C.c.Q. leur reconnaît un recours contre les héritiers qui ont reçu des acomptes et les légataires particuliers payés à leur détriment. Subsidiairement ils peuvent recourir contre les autres créanciers en proportion de leurs créances, compte tenu des causes de préférence. On peut également retenir que tant et aussi longtemps que le liquidateur n'a pas fait la délivrance finale des biens, ces créanciers et légataires peuvent exiger le paiement du liquidateur.

ii) Les créanciers et les légataires inconnus

108. À l'instar des créanciers dans le cadre de l'acceptation sous bénéfice d'inventaire, les créanciers et légataires retarda-

taires demeurés inconnus n'ont de recours que contre les héritiers qui ont reçu des acomptes et les légataires particuliers et en autant qu'ils justifient leur retard d'un motif sérieux[123]. Ce recours est d'ailleurs éteint de plein droit après l'expiration d'un délai de trois ans depuis la décharge du liquidateur. Enfin même avant l'expiration de ce délai, ces créanciers ne bénéficient d'aucune préférence par rapport aux créanciers personnels du légataire ou de l'héritier.

iii) Cas d'insuffisance de la provision (art. 817 C.c.Q.)

109. Le créancier qui n'a pas été payé de sa créance à la garantie de laquelle une provision avait été prise peut recourir contre les héritiers qui ont reçu des acomptes et les légataires particuliers et subsidiairement contre les autres créanciers, en proportion de leur créance, s'il s'avère que la provision mise de côté est insuffisante pour payer sa créance.

D. La fin de la liquidation

110. L'art. 806 C.c.Q. édicte que si la liquidation se prolonge au-delà d'une année, le liquidateur doit, à la fin de la première année, et par la suite, au moins une fois l'an, rendre un compte annuel de sa gestion aux héritiers, aux créanciers et légataires particuliers restés impayés. Il peut en être ainsi, par exemple, dans le cas où des biens ont été légués à un mineur ou un majeur protégé à la condition qu'ils soient administrés par le liquidateur (art. 210 C.c.Q.) ou lorsqu'en raison de la nature des actifs ou de certains passifs, tels les impôts au décès, il est impossible au liquidateur de faire une délivrance définitive. Il en est ainsi lorsque le testateur ou les héritiers auront prolongé la saisine du liquidateur après le paiement intégral des dettes et des legs particuliers.

111. Le législateur a distingué à l'art. 819 C.c.Q., la situation de fait de la situation de droit. Ainsi la liquidation est-elle achevée lorsque tous les créanciers et légataires particuliers ont été payés ou le paiement de leur créance autrement réglé ou encore lorsque l'actif est épuisé. Mais la liquidation ne prend légalement fin que par la décharge du liquidateur. Les art. 819 à 822 C.c.Q. ayant trait à la fin de la liquidation doivent être complé-

tés par les art. 1363 et ss. C.c.Q. relatifs à reddition de compte
et la remise des biens par l'administrateur du bien d'autrui.

a) La reddition de compte

112. Le compte définitif a pour objet de déterminer l'actif net
ou le déficit de la succession[124]. Il doit également informer les
héritiers adéquatement sur l'administration du liquidateur. Par
conséquent non seulement doit-il énoncer les dettes et les legs
restés impayés et leur mode de règlement et les provisions pour
exécuter les jugements éventuels mais il doit faire état des biens
dont le liquidateur a pris possession et des transactions qu'il a
effectuées de telle sorte que les héritiers soient en mesure de
juger du résultat de son administration. Enfin, tel que le spécifie
l'art. 1363 C.c.Q., le compte doit être suffisamment détaillé
pour que les héritiers en vérifient l'exactitude. Au besoin, le
liquidateur doit mettre les livres et les autres pièces justificatives à la disposition des héritiers pour consultation.

113. Proposition de partage. Le liquidateur doit également si le
testament ou la majorité des héritiers le requièrent, y joindre
une proposition de partage[125].

114. Formulation du compte. Le compte n'est dû qu'aux héritiers. La loi ne règlemente pas la formulation que doit prendre
le compte et son acceptation par les héritiers mais en laisse
plutôt le soin aux parties intéressées. On doit cependant exclure
le compte-rendu verbal puisque la reddition de compte doit être
disponible pour consultation par les intéressés[126]. Cette reddition de compte a lieu à l'amiable ou, à défaut de l'approbation
de tous les héritiers, judiciairement.

115. En résumé on retrouvera généralement dans le compte
présenté par le liquidateur les éléments suivants:[127]

— la comparution du liquidateur et des légataires;
— les détails concernant la nomination du liquidateur;
— le bilan de la succession au décès;
— la description des opérations de liquidation accompagnée
   d'un bilan final;
— la délivrance des biens avec l'assumation des dettes, le cas
   échéant;
— la décharge du liquidateur.

116. Décharge du liquidateur. L'acceptation du compte par les héritiers met fin à l'administration du patrimoine successoral par le liquidateur et constitue en tant que tel sa décharge. C'est de cette date que court le délai de trois ans prévu à l'art. 816 C.c.Q.. Encore faut-il que les tiers soit informés de la fin de la liquidation. Aussi l'art. 812 C.c.Q. prévoit que la clôture du compte est publiée au registre des droits personnels et réels mobiliers au moyen de l'inscription d'un avis qui identifie le défunt et indique le lieu où le compte peut être consulté.

b) La délivrance des biens et le partage

117. La délivrance dans le C.c.B.-C. L'art. 891 C.c.B.-C. confirme qu'il n'est pas nécessaire que le légataire obtienne la délivrance de son legs puisqu'il en est saisi dès l'instant du décès du testateur sans qu'il soit nécessaire d'être envoyé en possession. Même en présence d'un exécuteur testamentaire, il n'est pas nécessaire de formaliser la formalité du dessaisissement puisque la saisine de l'exécuteur testamentaire s'éteint de plein droit après l'an et le jour. La question se pose toutefois en présence de l'exécuteur testamentaire ayant une saisine élargie. Par souci de clarté il est d'usage, à la fin de l'exécution, que l'exécuteur se désaisisse formellement des biens en faveur des légataires. L'obligation du fiduciaire, dans le cas d'une fiducie testamentaire, est impérative puisque l'art. 981l C.c.B.-C. lui impose l'obligation de faire la délivrance des biens aux bénéficiaires.

118. La délivrance des biens aux termes du C.c.Q. La saisine du liquidateur primo celle des héritiers et dure tout le temps nécessaire à la liquidation. Il est donc nécessaire de fixer dans le temps la date où cette liquidation prend fin. C'est ce que fait la reddition de compte. Cette dernière s'accompagne de la délivrance des biens en faveur des héritiers qui devient une formalité essentielle à la plénitude des droits de l'héritier[128]. Soulignons à cet effet que si la valeur des biens à lui remettre excède 25,000.00$, le liquidateur d'une succession échue à un mineur doit déclarer le fait au curateur public et indiquer la valeur des biens[129]. L'héritier prend les biens dans l'état où ils se trouvent lors de l'ouverture de la succession, sans autre garantie (art. 744 C.c.Q.). Le liquidateur aura pris soin de le spécifier lors de l'inventaire. On suit à ce sujet les dispositions des art. 743 et ss. C.c.Q.. Le liquidateur doit également des intérêts sur le reliquat à compter de la clôture du compte définitif (art. 1368 C.c.Q.).

119. Vers le partage. Il est possible que les héritiers désirent donner suite à la proposition de partage présentée par le liquidateur ou même que le testateur ou les héritiers demandent au liquidateur de procéder au partage. Le partage doit obéir à certaines règles nouvelles qui font l'objet du titre suivant. Dans le cas contraire, les héritiers, propriétaires des biens, seront soumis au régime général des propriétaires indivis.

E. L'assumation des dettes et des legs particuliers par les héritiers après la liquidation ou/et en l'absence d'une liquidation formelle

120. Règle générale, le liquidateur ou les héritiers, en l'absence d'un liquidateur, auront payé toutes les dettes du défunt et remis les legs particuliers. Cependant, dans certains cas, les héritiers, seuls ou avec le concours du liquidateur, auront décidé d'assumer certaines de ces dettes et legs. Si les héritiers n'ont pas procédé à la nomination d'un liquidateur ou l'ont dispensé de faire inventaire, ils auront néanmoins procédé à la liquidation de la succession à leur façon. En plus ils seront tenus aux dettes non seulement sur le patrimoine successoral mais également sur leurs biens personnels. Dans l'un ou l'autre de ces cas, il y a lieu d'établir la responsabilité des héritiers à l'égard de ces dettes et legs, leur contribution entre eux, les droits des créanciers successoraux ou personnels à l'héritier sur les biens successoraux et ceux de son débiteur. Enfin il y a lieu de se pencher sur la responsabilité des légataires particuliers. À cet égard il est important de noter qu'en aucun cas l'héritier ne peut être tenu au paiement des legs particuliers au-delà des biens qu'il recueille, que l'héritier ait procédé suivant les formalités de la liquidation ou non[130].

a) De la responsabilité quant aux dettes et legs particuliers

121. L'art. 826 C.c.Q. énonce que l'héritier est tenu, comme pour le paiement des dettes, au paiement des legs particuliers restés impayés par le liquidateur, mais dans ce cas sa respon-

sabilité ne peut excéder la valeur des biens qu'il recueille. Par contre l'héritier qui est tenu aux dettes au-delà des biens de la succession peut être contraint sur ses biens personnels (art. 834 C.c.Q.). Dans le cas d'un legs en usufruit, c'est le légataire à titre universel de l'usufruit qui est tenu à la dette, même du capital et aussi des hypothèques grevant le bien[131].

122. Quant au légataire à titre particulier, il n'est tenu au paiement des dettes et des legs particuliers qui lui sont préférentiels qu'en cas d'insuffisance des biens (art. 827 C.c.Q.). De fait il serait plus exact de dire que le legs du légataire est alors sujet à réduction par le liquidateur ou par les créanciers, en l'absence d'un liquidateur, s'ils se sont prévalus à temps de l'art. 792 C.c.Q. pour protéger leurs droits puisque les dettes priment les legs (art. 739 C.c.Q.). Exceptionnellement le légataire à titre particulier est tenu aux dettes lorsque son legs comprend une universalité d'actifs et de passifs, tel le legs d'un fonds de commerce (art. 828 C.c.Q.).

b) *La contribution aux dettes et aux legs particuliers*

123. De la division des dettes. L'héritier qui vient seul à la succession est responsable des dettes et des legs demeurés impayés par le liquidateur jusqu'à concurrence des biens recueillis ou, s'il n'a pas suivi les formalités essentielles à la liquidation, ou même s'il y est tenu pour une autre raison, par exemple disposition expresse du testateur à cet effet, jusqu'au paiement intégral des dettes. Par contre lorsque la succession est dévolue à plusieurs héritiers, chacun n'est tenu qu'en proportion de la part qu'il reçoit, soit jusqu'à concurrence des biens recueillis pour les dettes et les legs particuliers, soit jusqu'à concurrence des dettes sur ses biens personnels en l'absence d'un liquidateur. Dans le cas du legs en usufruit, la contribution entre l'usufruitier et lenu-propriétaire s'établit selon les règles prévues au titre de l'usufruit[132]. Règle générale, il y a division des dettes entre les héritiers. Par conséquent, le créancier doit en principe exercer son recours contre chacun d'eux.

c) *Recours des héritiers entre eux*

124. L'art. 829 C.c.Q. stipule que l'héritier ou le légataire qui a payé une portion des dettes ou des legs supérieure à sa part

peut demander le remboursement de ce qui excède sa part à un co-héritier ou à ses co-légataires. En cas d'insolvabilité de l'un d'eux, sa part dans le paiement des dettes et des legs est répartie entre ses co-héritiers ou co-légataires en proportion de leur part respective.

d) Recours des créanciers et légataires à titre particulier

125. La séparation des patrimoines du défunt et des héritiers ayant lieu de plein droit, sans que les créanciers et légataires particuliers n'aient à la demander, il s'en suit que les biens de la succession sont employés de préférence au paiement des dettes et des legs. La protection à l'égard des créanciers et des légataires a lieu jusqu'à la fin de la liquidation. Mais il nous faut déterminer l'ordre de préférence des créanciers lorsque l'héritier est tenu aux dettes sur ses biens personnels. L'art. 782 C.c.Q. règle l'ordre de paiement des créanciers à l'égard des biens de l'héritier suivant que la créance est née avant ou après l'ouverture de la succession. Le paiement des créanciers de la succession ne vient qu'après le paiement des créanciers dc chaque héritier dont la créance est née avant l'ouverture de la succession. Toutefois, les créanciers de l'héritier dont la créance est née après l'ouverture de la succession sont payés concurremment avec les créanciers impayés de la succession. De plus les créanciers auront pu se prévaloir de l'art. 792 C.c.Q. pour protéger leur droit à l'égard des créanciers personnels de l'héritier. Enfin l'art. 832 C.c.Q. laisse prévoir un autre recours, en l'occurrence le créancier peut assigner collectivement les héritiers avant le partage. Dans ce cas il peut exercer son recours seulement sur les biens faisant partie du patrimoine successoral non encore partagé.

e) Cas d'exception

126. Enfin le legislateur a prévu certaines situations particulières[133]. D'abord l'obligation du défunt peut être indivisible par sa nature même ou bien l'indivisibilité avoir été expressément stipulée par les parties au contrat. Dans ce cas le créancier peut exercer son recours pour le tout contre l'héritier. Il en est ainsi d'ailleurs de la créance hypothécaire impayée. Le créancier hypothécaire conserve, outre son recours personnel, ses droits

hypothécaires contre le légataire qui a reçu le bien hypothéqué (art. 818 C.c.Q.). Enfin le testateur peut changer dans son testament le mode et les proportions d'après lesquels la loi rend responsables les héritiers et les légataires à titre particulier. À noter que ces modifications ne peuvent être opposées au créancier qui peut toutefois s'en prévaloir.

f) Limitation à la responsabilité personnelle de l'héritier

127. Quitte à être taxé de cynique en fin d'analyse, nous estimons que le réforme du droit de la liquidation de succession aurait pu se résumer en tout et pour tout dans l'insertion dans le C.c.B.-C. de l'art. 835 C.c.Q. En effet, cet article accorde le pouvoir au tribunal de réduire l'obligation ou de limiter la responsabilié de l'héritier tenu aux dettes sur ses biens personnels. Cet article créé donc une exception à l'exception que devrait devenir la responsabilité personnelle de l'héritier sous le régime proposé.

128. Condition d'application. Il est vrai que le législateur, dans sa mansuétude, pose une condition à l'exercice de ce recours. Ainsi l'héritier doit-il être de bonne foi. Il le sera, entre autres, nous dit-on, si son obligation résulte de faits nouveaux qu'il ne pouvait connaître au moment où il s'est engagé ou s'il se présente un créancier jusqu'alors inconnu, lorsque ces événements modifient substantiellement l'étendue originale de son obligation. Cette énumération n'est pas limitative, La discrétion d'apprécier les situations est laissée au tribunal.

F. Mesures transitoires relatives à la liquidation successorale

129. Application immédiate de la loi. Un seul article règle le cas des mesures transitoires relativement aux successions qui seront ouvertes lors de la mise en vigueur de la nouvelle loi[134]. Ainsi les successions ouvertes dont la liquidation ne sera pas commencée à cette date seront liquidées suivant la loi nouvelle. Il est même dit qu'il pourra être fait application de l'art. 835 C.c.Q. Toutefois, de façon à ne pas nuire aux créanciers et aux légataires particuliers dont les recours sont diminués sous la nouvelle loi, étant limités, en principe, au patrimoine succes-

soral, on retiendra cette définition ponctuelle de la liquidation ayant pour effet de limiter la rétroactivité de cette mesure transitoire: la liquidation sera réputée commencée si une dette ou un legs particulier a été payé, à l'exclusion cependant de la dette résultant de comptes usuels d'entreprises de services publics ou celle dont le paiement a revêtu un caractère de nécessité. De cette façon on s'assure que tous les créanciers et légataires particuliers sont placés sur le même pied, quelle que soit la loi qui s'applique.

III. Le partage de la succession

A. Introduction

130. Mise en situation. Diverses situations peuvent se présenter à la fin de la liquidation initiale:

— le testateur ou les héritiers auront pourvu à la nomination d'un liquidateur et lui auront confié le pouvoir de faire lui-même le partage des biens de la succession, en nature ou en argent, et à cette fin de les évaluer, de les former en lots et de les attribuer à qui de droit, suivant les méthodes qu'il peut juger convenables, sans que les légataires n'aient même à intervenir dans le processus du partage. On retrouve d'ailleurs toutes telles clauses couramment dans le testament préparé par un professionnel;

— le testateur ou les héritiers, liquidateurs de la succession, auront prévu ou décidé de reporter la date du partage, maintenant l'indivision successorale entre les mains du liquidateur ou sous leur gouverne jusqu'à l'époque qu'ils auront déterminée;

— le liquidateur aura fait la délivrance des biens aux héritiers sans joindre à son compte une proposition de partage;

— les héritiers n'auront pas procédé à la nomination d'un liquidateur et n'auront pas adopté le système de liquidation.

Quelle que soit la situation retenue, deux questions se posent: quelles sont les règles applicables à l'indivision successorale, notamment quant à sa gestion, sa durée et les droits et obligations des indivisaires et quels sont les droits de l'héritier quant au partage du patrimoine successoral? Le testateur peut-il maintenir indéfiniment l'indivision? L'héritier peut-il exiger le partage dans tous les cas? Peut-il réclamer certains biens par préférence?

131. Revue des quelques principes à la base de la réforme. Au contraire du législateur de 1866 qui envisageait l'indivision comme une situation transitoire, celui de 1993 reconnaît que l'indivision peut constituer une situation de fait envisagée avantageusement par les héritiers et qu'il y a même lieu de la favoriser dans certaines circonstances mais à certaines conditions dans l'intérêt de la famille[135]. Par conséquent, au principe que nul n'était tenu de demeurer dans l'indivision[136], on apporte quelque tempérament en plus de mettre en place certains mécanismes en vue d'assurer une gestion pratique de l'indivision. Ces dispostions se retrouvent aux art. 1012 et ss. C.c.Q. et s'appliquent aussi bien à l'indivision successorale que conventionnelle. Quant au partage de la succession, opération visant à mettre fin à l'indivision successorale, de nouvelles règles viennent atténuer la rigueur du principe de l'égalité entre les héritiers, tout au moins en favorisant certains d'entre eux dans le composition des lots[137] et en actualisant la volonté présumée du donateur ou du testateur, notamment au niveau des règles entourant le rapport des dons, des legs et des dettes[138]. Ces dispositions particulières en matière de succession, visant à protéger la famille immédiate du défunt, complètent les mesures de protection adoptées au cours des dernières années dans le respect du principe de la liberté de tester que reconnaît de nouveau le Code civil[139]. Il est à noter que l'organisation de la gestion de l'indivision prévue aux art. 1012 et ss. C.c.Q. s'applique à tous les cas d'indivision alors que les règles du partage, propres aux successions, trouvent, quant à elles, application dans les autres cas d'indivision. Dans l'un et l'autre cas, on aura donc soin de faire les adaptations nécessaires[140].

B. L'indivision successorale

132. Si les héritiers ne se sont pas prévalus du système de liquidation prévu par le législateur ou si le liquidateur a fait la délivrance des biens sans procéder au partage, il subsistera donc une période, plus ou moins longue, pendant laquelle ces derniers devront administrer les biens indivis, gestion qui n'est pas réglementée par la liquidation légale mise hors cause mais qui durera jusqu'au partage décidé par les héritiers. Nous analyserons successivement le contenu de cette masse indivise, l'administration de l'indivision et les droits et obligations des propriétaires indivis et la durée de cette indivision.

1. Contenu de la masse indivise

133. On doit comprendre dans cette masse tous les biens qui seront inclus dans le partage à intervenir. Ainsi, en sus des biens composant le patrimoine du défunt lors de son décès et ceux acquis en remploi, déduction faite des dettes et des legs particuliers qui ont été payées ou remis, on y inclura les biens que l'héritier ou le légataire doit rapporter[141]. Quant aux fruits et revenus provenant de ces biens, ils accroissent à l'indivision, suivant l'art. 1018 C.c.Q. et ce, malgré tout effet déclaratif attaché au partage[142]. Il feront donc partie de la masse à partager, à défaut de partage provisionnel, ou même en cas d'accord à cet effet, s'ils n'ont pas été réclamés dans les 3 ans de leur date d'échéance.

2. L'administration de l'indivision

134. Le principe applicable aux héritiers dans le droit actuel est bien connu[143]:

> Lorsqu'il n'existe aucun responsable de l'administration de l'indivision, le principe de l'unanimité de tous les héritiers ou légataires doit être respecté: tous les actes juridiques affectant la masse indivise devront donc émaner d'une décision unanime des intéressés et tous devront apporter leur consentement à ces actes.

On reconnaît ainsi qu'un droit de veto existe en faveur de chacun des héritiers. Le législateur a modifié cette règle, véritable obstacle à toute efficacité dans l'administration de biens indivis, notamment dans le cadre familial du règlement d'une succession où le refus d'un héritier était suffisant pour retarder toute liquidation des biens.

135. Il est dorénavant prévu qu'à défaut d'entente contraire les décisions relatives à l'administation des biens indivis peuvent être prises à la majorité des héritiers, en nombre et en parts (art. 1026 C.c.Q.). Toutefois toute décision visant à aliéner un bien indivis, à le partager, à le grever d'un droit réel, à en changer

la destination ou à y apporter les modifications substantielles
doit être prise à l'unanimité. Il est également prévu que l'administration des biens peut être confiée à un gérant. Par ailleurs
l'héritier qui administre le bien à la connaissance des indivisaires est présumé avoir été nommé gérant. Il y aura avantage,
si l'indivision doit se prolonger, à élargir les pouvoirs de ce
gérant qui ne disposera que des pouvoirs reliés à la simple
administration (art. 1301 C.c.Q.). Les charges communes et les
frais d'administration sont supportés par les indivisaires (art.
1019 C.c.Q.). Le Code reconnaît également que l'héritier peut
aliéner ou hypothéquer seul sa part indivise (art. 1015 C.c.Q.).
Cependant, compte tenu de l'effet déclaratif du partage en
matière successorale, l'exercice de cette clause aura un effet
très limité en pratique.

3. Les droits et obligations des indivisaires pendant l'indivision

a) Le retrait successoral

136. Non seulement le droit du tiers-acquéreur sera-t-il mis en
péril dépendamment des résultats de l'opérations de partage,
mais son acquisition sera sujette au droit de retrait réglementé
à l'art. 845 C.c.Q. Ainsi tout héritier peut écarter du partage une
personne qui n'est pas un héritier et à laquelle un autre héritier
aura cédé son droit à la succession. Ce droit est connu sous le
Code actuel mais on en a modifié les conditions d'application
(art. 710 C.c.B.-C.).

137. Conditions rattachées au retrait successoral. Alors que
l'art. 710 C.c.B.-C. ne requiert comme condition d'exercice du
droit de retrait que le simple remboursement du prix de la
cession à l'époque de celle-ci, l'art. 848 C.c.Q. exige désormais
le remboursement de la valeur des droits cédés à l'époque du
retrait ainsi que des frais acquittés lors de la cession, le cas
échéant. Aucun délai ne s'applique à ce retrait successoral, au
contraire du retrait prévu au titre de l'indivision (art. 1022
C.c.Q.). Enfin on exige qu'il y ait eu cession et déboursés,
excluant de ce fait la cession à titre gratuit de l'application de
cette disposition. Rappelons que le légataire à titre particulier
n'est pas un héritier. Il devra donc être considéré à cet égard
comme tout autre étranger à la succession.

b) La jouissance des biens indivis

138. Enfin il est intéressant de remarquer que chacun des héritiers peut se servir des biens indivis en autant qu'il ne porte pas atteinte à la destination du bien ou aux droits des autres indivisaires. Une indemnité est cependant payable par celui qui jouit privément de l'usage d'un bien (art. 1016 C.c.Q.). Quant aux fruits produits par les biens il y aura avantage que les héritiers se les partagent afin d'éviter l'accroissement au profit du patrimoine indivis. Dans le cadre d'une liquidation qui se prolonge, il sera important que le testateur indique clairement quelle utilisation son liquidateur devra faire des revenus générés par le patrimoine successoral puisque, si les revenus ne sont pas versés, ils doivent être accumulés dans la succession (art. 1018 C.c.Q.).

4. La durée de l'indivision

139. Le partage est un droit puisque nul n'est tenu de demeurer dans l'indivision[144]. Par conséquent un seul cohéritier peut imposer le partage à tous les autres héritiers. Il est vrai que la rigueur de ce principe pouvait être atténuée par le copartageant ou les tribunaux puisque l'art. 689 C.c.B.-C. reconnaissait que le partage pouvait être différé pendant un temps limité, s'il existait quelque raison d'utilité à cet effet. La loi nouvelle reconnaît que l'indivision peut être maintenue par une convention, par une disposition testamentaire, par un jugement, par l'effet de la loi ou en raison de l'affectation du bien à un but durable. Nous en analyserons maintenant l'application dans le cadre du droit testamentaire.

a) Maintien de l'indivision par l'effet de la loi

140. Le partage ne peut avoir lieu ni être exigé avant la fin de la liquidation, soit la décharge du liquidateur (art. 836 C.c.Q.). Cette règle nous semble des plus évidentes, compte tenu de la saisine légale attribuée au liquidateur. Par contre il est loisible au liquidateur, notamment si sa saisine doit se prolonger, de verser des acomptes ou même d'effectuer certains partages provisionnels avec le concours des héritiers.

b) Maintien de l'indivision par une disposition testamentaire

141. L'art. 837 C.c.Q. reconnaît que le testateur peut ordonner que le partage soit totalement ou partiellement différé. Cette faculté est soumise à deux conditions: telle stipulation doit se justifier par une cause sérieuse et légitime et être limitée dans le temps. Ainsi le testateur peut subordonner la remise de la part de l'héritier à un terme, tel l'âge de la majorité ou tout autre événement (établissement dans la vie, fin des études universitaires, etc.). On doit distinguer ce cas d'indivision forcée soumis à la condition posée par le testateur ou à l'appréciation du liquidateur de la situation où les pouvoirs et obligations du liquidateur doivent continuer à s'exercer à un autre titre, par exemple à titre de fiduciaire (art. 1260 et ss. C.c.Q.), de tuteur au biens (art. 200 et ss. C.c.Q.) ou même d'administrateur (art. 1299 et ss. C.c.Q.). Chacune de ces fonctions obéit à des règles qui lui sont propres et on aura soin de les appliquer au liquidateur qui, malgré son titre, sera tenu à l'observance de ces nouvelles règles. La loi ne prévoit pas de mécanisme de transition entre l'une et l'autre fonction qui lui seront applicables dans le temps. Il sera utile qu'à la fin de la liquidation initiale, possiblement au moyen d'un acte declaratoire, le liquidateur indique qu'il agit dorénavant à un autre titre de façon à éclairer les tiers transigeant avec lui.

c) Maintien de l'indivision par les héritiers

142. Puisque le maintien de l'indivision peut résulter d'un contrat (art. 1012 C.c.Q.), rien ne s'oppose à ce que les héritiers conviennent de reporter le partage des biens de la succession[145]. Toute telle convention doit être consentie par écrit et ne peut excéder 30 ans (art. 1013 C.c.Q.). Le mineur devenu majeur pourra cependant y mettre fin dans l'année qui suit sa majorité sauf si la convention a été autorisée par le conseil de tutelle (art. 215 C.c.Q.). Le partage étant un droit et le maintien de l'indivision une exception, nous sommes d'avis que telle convention doit répondre au critère de la cause sérieuse et légitime énoncé à l'art. 837 C.c.Q. Par conséquent nous n'écartons pas l'intervention du tribunal pour rescinder une telle entente lorsque les causes ayant justifié le maintien de l'indivision ont cessé ou lorsque l'indivision est devenue intolérable ou présente de grands risques pour les héritiers (art. 845 C.c.Q.).

d) Maintien de l'indivision par le tribunal

143. Au contraire du droit actuel où l'intervention du tribunal se limitait à apprécier si les conditions prévues à l'art. 689 C.c.B.-C. avait été respectées, le Code civil reconnaît un rôle accru au tribunal qui pourra décréter le maintien de l'indivision dans certaines circonstances. Nous analyserons maintenant ces cas en identifiant dans un premier temps les biens visés par ces dispositions et, en second lieu, les conditions d'exercice particulières rattachées à ces recours.

i) L'entreprise à caractère familial

144. L'indivision peut être maintenue à l'égard d'une entreprise à caractère familial dont l'exploitation était assurée par le défunt ou à l'égard des parts sociales, actions ou autres valeurs mobilières liées à l'entreprise, dans le cas où le défunt en était le principal associé ou actionnaire (art. 839 C.c.Q.). Bien que le législateur n'ait pas défini ce qu'il entendait par «entreprise à caractère familial», nous faisons nôtres les commentaires de Me Brière sur la question que nous résumons comme suit:

— l'entreprise doit constituer pour la famille son principal moyen de subsistance;

— la famille dont il est question ne se limite pas à la famille nucléaire (parents et enfants): l'entreprise exploitée avec les frères et sœurs, par exemple, est visée ici;

— cet article vise les entreprises familiales de toute nature: commerciale, industrielle, professionnelle ou autre.

145. Conditions rattachées à ce recours. Le maintien de l'indivision peut être demandé par tout héritier. La loi n'exige pas que cet héritier fasse partie de la famille. Ainsi donc, l'associé du défunt, par ailleurs héritier, pourra demander le maintien de l'indivision. Encore faudra-t-il qu'il ait participé activement à l'exploitation de l'entreprise avant le décès (art. 841 C.c.Q.), c'est-à-dire qu'il ait été associé directement à la gestion de l'entreprise à titre principal ou de personne-clé dans l'entreprise. Il reviendra d'ailleurs au tribunal d'apprécier cette participation en même temps qu'il prendra en considération les

dispositions testamentaires et les intérêts en présence, ainsi que les moyens de subsistance que la famille et les héritiers retirent des biens indivis (art. 842 C.c.Q.). Enfin il y a lieu de noter que la convention d'achat-vente à laquelle le défunt était partie sera opposable à telle demande de maintien de l'indivision.

ii) La résidence familiale ou les meubles qui servent à l'usage du ménage

146. L'indivision peut aussi être maintenue à l'égard de la résidence familiale ou des meubles qui servent à l'usage du ménage (art. 840 C.c.Q.). Nous ne nous attarderons pas sur ces notions qui ont fait l'objet de plusieurs commentaires et jugements depuis l'adoption des mesures relatives à la résidence familiale (art. 401 et ss. C.c.Q.), au patrimoine familial (art. 414 et ss. C.c.Q.) et à la prestation compensatoire (art. 427 et ss. C.c.Q.). On peut toutefois retenir que ce recours n'est ouvert qu'à l'héritier qui demeurait dans la résidence familiale avec le défunt (art. 841 C.c.Q.). Par contre tel recours pourra être exercé même dans le cas où un droit de propriété, d'usufruit ou d'usage est attribué au conjoint survivant. On observera toutefois que le maintien de l'indivision ne pourra être accordé à l'héritier si le droit de propriété de la résidence ou des meubles est attribué en totalité aux termes des dispositions applicables en la matière (art. 420, 429 et 482 C.c.Q.). En tout état de cause, le tribunal doit prendre en considération les dispositions testamentaires du défunt et les intérêts en présence ainsi que les moyens de subsistance que la famille et les héritiers retirent des biens indivis (art. 842 C.c.Q.).

iii) Le bien sujet à une perte

147. Le tribunal peut également intervenir, à la demande d'un héritier, et ordonner qu'on sursoie au partage immédiat afin d'éviter une perte. Une telle ordonnance s'applique à tout ou partie des biens (art. 843 C.c.Q.). Il en sera ainsi si les conditions économiques ne sont pas favorables à la réalisation des biens alors que le partage en nature serait impossible. Toute discrétion est laissé au tribunal d'apprécier les motifs économiques à l'appui de la demande.

iv) Conditions générales applicables au maintien judiciaire de l'indivision

148. Bien que le législateur ait élaboré certains critères en vue d'orienter la décision du tribunal dans l'appréciation de la situation lors de la demande de maintien de l'indivision, il lui a conféré une grande discrétion dans les conditions générales qu'il peut imposer aux héritiers à cette occasion. Ainsi le maintien de l'indivision a lieu aux conditions fixées par le tribunal (art. 844 C.c.Q.). Ces conditions pourront avoir trait à la gestion des biens indivis ou même au paiement d'une indemnité si elle profitait particulièrement à certains héritiers, par exemple ceux qui demeuraient avec le défunt dans la résidence familiale. Cependant tel maintien de l'indivision ne pourra être accordé pour une période supérieure à 5 ans, sauf l'accord de tous les héritiers à l'effet contraire. Une exception est cependant prévue en faveur du conjoint et des enfants puisque le maintien pourra être renouvelé en leur faveur jusqu'au décès du conjoint ou jusqu'à la majorité du plus jeune enfant du défunt (art. 844, 2e alinéa C.c.Q.).

149. Révision du jugement maintenant l'indivision et ordonnance de partage. L'art. 845 C.c.Q. permet en quelque sorte au tribunal de réviser sa décision, à la demande d'un héritier, lorsque les causes ayant justifié le maintien de l'indivision ont cessé ou que l'indivision décrétée est devenue intolérable ou présente de grands risques pour les héritiers. Il semble que ce pouvoir d'intervention du tribunal puisse s'appliquer non seulement à la suite d'une décision judiciaire du maintien de l'indivision mais également dans le cadre du maintien testamentaire de l'indivision, si la cause justifiant le maintien de l'indivision a disparu[147].

150. Ordonnance de partage partiel. Enfin si la demande de maintien de l'indivision ne vise qu'un bien particulier ou un ensemble de biens, les héritiers pourront convenir ou le tribunal ordonner de procéder au partage du résidu de la succession (art. 846 C.c.Q.). Le législateur reconnaît ici la validité du partage partiel à caractère définitif et autorise la possibilité de partages successifs. Par ailleurs les héritiers peuvent satisfaire celui qui s'oppose au maintien de l'indivision en lui payant sa part ou en lui attribuant certains autres biens de la succession, en suivant

la règle générale applicable aux indivisaires de l'art. 1033
C.c.Q.

C. Le partage

151. Dans la très grande majorité des cas, les héritiers désire-
ront sortir de l'indivision dès la fin de la liquidation, qu'elle soit
formelle ou informelle. Ou bien ils auront demandé au liquidateur de déposer une proposition de partage de façon à ce que
chacun soit propriétaire des biens représentant sa part, ou bien
ils en décideront d'eux-mêmes, de la manière qu'ils jugeront la
meilleure (art. 838 C.c.Q.). En premier lieu, préalablement à la
formation des lots et à leur attribution, il y aura lieu d'établir la
masse à partager. Entrent en ligne de compte les rapports
auxquels sont tenus les héritiers. Par la suite nous nous inté-
resserons aux formes du partage et à ces modalités. Enfin nous
traiterons de l'effet déclaratif du partage et des garanties qui y
sont attachées.

1. Les rapports

152. De façon à assurer l'égalité entre les héritiers, le législateur
de 1866 exigeait que soient rapportés les dons et les legs dont
l'héritier ab intestat avait été gratifié par le testateur. Quant aux
rapports des dettes, il s'est imposé au fil des années, tant dans
le cadre de la succession légale que testamentaire, même si le
code actuel ne le réglementait que très sommairement[148].

a) Le rapport des dons et des legs

i) Caractère exceptionnel du rapport

153. L'héritier légal était tenu au rapport des dons et des legs
consentis par le défunt à moins que ces dons et legs ne lui aient
été consentis avec dispense de rapport (art. 712 C.c.B.-C.). Il
faut reconnaître que cette règle ne correspondait plus à la
volonté présumée des donateurs ou des testateurs. Par conséquent le législateur a inversé la règle. Ainsi l'héritier n'est
désormais tenu de rapporter à la masse que ce qu'il a reçu du
défunt, par donation ou par testament, à charge expresse de
rapport. Bien entendu le successible qui renonce à la succession
ne doit pas le rapport (art. 867 C.c.Q.). Le rapport comprend

également les fruits et les revenus du bien rapporté à compter de l'ouverture de la succession (art. 878 C.c.Q.). Compte tenu qu'il était d'usage d'insérer expressément une telle clause de dispense de rapport dans les actes de donations ou dans un testament, on retient que les règles relatives au rapport des dons et legs ne recevront application désormais qu'exceptionellement.

ii) Les personnnes tenues au rapport

154. L'héritier n'est tenu au rapport des biens qu'à la succession du donateur ou du testateur et seul le cohéritier peut l'exiger de son cohéritier. Par conséquent le légataire particulier ou le créancier de la succession ne peut le lui demander (art. 869 C.c.Q.). L'héritier sera tenu de rapporter ce qu'il aura reçu personnellement du défunt sauf au cas de représentation. En effet l'art. 868 C.c.Q. prévoit que le représentant doit rapporter, outre ce qu'il reçu, ce que le représenté aurait eu à rapporter.

iii) Les modalités du rapport

155. En principe le rapport se fait en moins prenant (art. 870 C.c.Q.). Le testateur ne peut d'ailleurs exiger le rapport en nature. Par contre l'héritier peut choisir ce mode si le bien rapporté n'a pas été grevé d'usufruit, de servitude, d'hypothèque ou d'un autre droit réel, sauf si les cohéritiers y consentent (art. 877 C.c.Q.). Le rapport en moins prenant s'exécute suivant les modes déjà connus, soit par prélèvement par les cohéritiers de biens de même nature et valeur, au moyen du rapport en valeur par le rapportant ou par imputation dans le lot du rapportant (art. 871 et 872 C.c.Q.). L'évaluation du bien s'établit à la date de partage arrêtée par les héritiers ou à la date de l'aliénation, si le bien a été aliéné par l'héritier avant le partage. L'indemnité versée à la suite de la perte du bien devra être rapportée par l'héritier. Enfin la plus-value apportée au bien par l'héritier lui demeure acquise alors qu'on ajoutera à la valeur du bien la moins-value causée du fait de l'héritier (art. 874 C.c.Q.).

b) Le rapport des dettes

156. Le rapport des dettes de l'héritier vis-à-vis le défunt, maintenant bien réglementé par les art. 879 à 883 C.c.Q.,

constitue en fait une mesure de protection en faveur des cohéritiers qui autrement pourraient entrer en conflit avec les créanciers de l'héritier, advenant son insolvabilité. Ainsi il est prévu
expressément que le prélèvement effectué par le cohéritier ou
l'imputation de la somme au lot de l'héritier rapportant est
opposable aux créanciers personnels de ce dernier (art. 882
C.c.Q.). Il est important de noter que ce rapport s'appliquera de
plein droit dans toutes les successions légales et testamentaires.

i) Les dettes sujettes au rapport

157. L'héritier est tenu aux dettes qu'il avait envers le défunt et
des sommes dont il peut être débiteur envers ses copartageants,
encourues pendant l'indivision. On doit cependant exclure des
dettes de l'héritier celles dont le testateur avait stipulé la remise
à la date de son décès. L'héritier doit rapporter la valeur de la
dette en capital et intérêts au moment du partage. D'ailleurs un
intérêt doit être calculé sur la dette à compter du décès, si elle
lui est antérieure, ou sinon à compter du jour où elle est née
(art. 883 C.c.Q.). Plus important encore: la dette doit être
rapportée même si elle n'est pas échue au moment du partage.

ii) Les modalités du rapport

158. Le rapport se fait en moins prenant, soit par prélèvement
ou par imputation (art. 882 C.c.Q.). Si le montant de la dette
excède la part de l'héritier, ce dernier demeure débiteur de
l'excédent envers ces cohéritiers et est tenu au paiement de la
dette suivant les modalités prévues à l'acte. Enfin notons qu'il
y a compensation de plein droit si l'héritier est lui même
créancier de la succession, que sa créance soit exigible ou non,
et ce, jusqu'à concurrence des créances (art. 881 C.c.Q.).

2. Les modalités du partage

a) Les parties au partage

159. Il appartient aux héritiers indivisaires de procéder au
partage des biens, en l'ocurrence les héritiers légaux, les légataires universels ou à titre universel. Il est reconnu que l'héritier
doit jouir de la pleine capacité pour participer à un partage.
Ainsi des règles strictes s'appliquaient au mineur et à l'incapable sous le C.c.B.-C[149]. On retient que sous la nouvelle loi le

tuteur au mineur ou le tuteur au majeur, ne jouissant tous deux que de la simple administration, doivent être spécialement autorisés par le tribunal, sur avis du conseil de tutelle, pour participer au partage. L'art. 213 C.c.Q. ne leur reconnaît que le pouvoir de provoquer le partage définif des immeubles. Il en est de même concernant l'absent qui doit être représenté par son tuteur (art. 86 C.c.Q.). Quant au curateur au majeur, jouissant de la pleine admnistration, il a le pouvoir de participer au partage, sans autre formalité (art. 1307 C.c.Q.). Enfin il est prévu que les créanciers de la succession et même de l'héritier peuvent assister au partage en vue d'éviter qu'il ne soit fait en fraude de leurs droits (864 C.c.Q.). Cependant les héritiers n'ont pas à les aviser de la date du partage, le législateur ayant laissé la protection des droits de ces créanciers à leur seule initiative.

b) Les formes du partage

160. Si tous les héritiers ou leurs représentants sont d'accord, ils procèderont au partage soit suivant la proposition jointe au compte du liquidateur ou à l'amiable, selon qu'ils en décideront. Aucune forme n'est prévue à l'acte de partage qui peut être fait sous seing privé ou reçu devant notaire. En cas de désaccord entre les héritiers, on doit recourir au partage judiciaire dans les formes requises par le Code de procédure civile (art. 838 C.c.Q.).

c) La composition des lots

161. Le partage peut comprendre tous les biens indivis ou une partie seulement de ceux-ci (art. 849 C.c.Q.). Les héritiers pourront donc convenir de plusieurs partages partiels successifs jusqu'à un partage définitif. Concernant la composition des lots, leur formation et le tirage au sort, les règles du C.c.B.-C. ne posaient pas de difficultés. Le code actuel reconduit tout simplement ces règles aux art. 850 à 854 C.c.Q., en y apportant toutefois certaines précisions. On retiendra en particulier, tel qu'il est d'ailleurs d'usage en pratique, que dans la recherche de l'égalité des lots, pourront être prises en considération les incidences fiscales rattachées à certains biens et la commodité d'attribution des biens (art. 851 C.c.Q.). L'égalité des lots en nature est privilégiée. On doit cependant éviter de morceler les

immeubles et les entreprises (art. 852 C.c.Q.). Enfin l'inégalité de valeur des lots se compense par une soulte (art. 852 C.c.Q.)

d) Les attributions préférentielles

162. Les juristes sont maintenant familiers avec cette notion d'attribution préférentielle à laquelle peut donner lieu le partage du patrimoine familial (art. 420 C.c.Q.), le paiement d'une prestation compensatoire (art. 429 C.c.Q.) ou le partage de la société d'acquêts (art. 482 C.c.Q.). Pareil mécanisme est maintenant prévu en matière de partage successoral aux art. 855 à 859 C.c.Q. en vertu desquels l'héritier peut demander ou même exiger qu'on place dans son lot certains biens par préférence. Ce mécanisme fait donc échec au tirage au sort qui a cours dans l'attribution des lots et ce, en raison de l'intérêt que peuvent avoir les héritiers dans l'attribution de certains biens soumis au partage.

163. Les règles en sont assez simples. Ainsi chaque héritier peut demander qu'on lui attribue, par voie de préférence, un bien ou un lot compris dans la masse à partager (art. 855 C.c.Q.). Si plusieurs héritiers font valoir le même droit de préférence, le différend est tranché par le sort (art. 859 C.c.Q.). Cependant, s'il y a désaccord entre les héritiers quant à la détermination et au paiement de la soulte, le tribunal tranche la question (art. 860 C.c.Q.).

164. Droit de préférence et résidence familiale. Toutefois, en ce qui concerne la résidence familiale ou les meubles qui servaient à l'usage du ménage, le droit de préférence du conjoint survivant prime le droit des autres héritiers. Il en est de même des héritiers qui demeuraient avec le défunt au moment de son décès. Sous réserve des droits du conjoint survivant, l'héritier qui demeurait avec le défunt a la préférence. En cas de pluralité d'héritiers faisant valoir la même demande, on règle la question, non pas par tirage au sort, mais en s'adressant cette fois au tribunal qui tient compte des intérêts en présence, des motifs de préférence ou du degré de participation des héritiers à l'entretien de la résidence.

165. Droit de préférence et entreprise du défunt. Pareil droit de préférence est reconnu au profit de l'héritier qui participait activement à l'exploitation de l'entreprise du défunt au moment

de son décès (art. 858 C.c.Q.). Si plusieurs héritiers font valoir le même droit, le tribunal tranche le différend après avoir examiné les intérêts en présence, les motifs de préférence et le degré de participation de chacun à l'exploitation de l'entreprise.

166. Maintien de l'indivision et attribution préférentielle. On peut se demander ce qui arrive en présence d'une demande de maintien d'indivision d'un bien dont un héritier exige ou demande l'attribution par préférence? Quelle que soit la qualité de cet héritier, nous soumettons que le tribunal a toute autorité pour décider entre l'une ou l'autre demande, suivant les critères définis aux art. 842 ou 859 C.c.Q. en matière successorale. Le même raisonnement doit s'appliquer si l'attribution préférentielle est demandée en vertu d'autres dispositions particulières, telle celle relative à la prestation compensatoire, par exemple.

3. Les effets du partage

a) Effet déclaratif du partage

167. Le partage est déclaratif et non pas translatif du droit de propriété. C'est donc dire qu'il met fin rétroactivement à l'indivision ayant existé entre les héritiers. Chacun d'eux est réputé avoir succédé seul et immédiatement au décès à tous les biens compris dans son lot ou qui lui sont échus par l'acte de partage. Il est censé avoir la propriété de ces biens à compter du décès et n'avoir jamais été propriétaire des autres biens de la succession (art. 884 C.c.Q.). Cet effet s'applique aussi bien au partages partiels que pourront se consentir les héritiers.

b) Conséquence de l'effet déclaratif

168. Puisque le partage n'est que déclaratif, tous les actes posés par les indivisaires jusqu'au partage ne sont pas opposables à l'héritier à qui le bien échoit. Ainsi l'art. 886 C.c.Q. édicte-t-il que les actes accomplis par un indivisaire, de même que les droits réels qu'il a consentis sur les biens qui ne lui sont pas attribués, ne sont pas opposables aux autres indivisaires qui n'y consentent pas. L'art. 887 C.c.Q. apporte cependant un tempérament important à cette règle: les actes valablement faits pendant l'indivision résultant du décès conservent tous leurs effets, quelle que soit l'héritier qui reçoit les biens. Cet effet déclaratif s'applique pareillement aux créances contre les tiers (art. 888 C.c.Q.).

4. La garantie en matière de partage

169. La section relative à la garantie des copartageants (art. 889 à 894 C.c.Q.) reprend sensiblement les dispositions actuelles applicables en la matière (art. 748 à 750 C.c.B.-C.).

170. Les copartageants sont garants les uns envers les autres des seuls troubles et évictions qui procèdent d'une cause antérieure au partage (art. 889 C.c.Q.). Cependant telle garantie n'a pas lieu si l'éviction se trouve exceptée par une stipulation de l'acte de partage (art. 891 C.c.Q.). Faisant nôtres les commentaires de Me Brière à cet égard, nous sommes d'avis qu'une clause générale de non garantie ne sera plus valable et qu'il y aura désormais lieu d'identifier la cause d'éviction pour repousser la garantie[150]. En matière de créance, on reprend la règle que l'insolvabilité du débiteur d'une créance échue à l'un des copartageants ne donne lieu à la garantie que si l'insolvabilité est antérieure au partage (art. 890 C.c.Q.).

171. Privilège de copartageants? Le partage donnait droit aux copartageants à un privilège sur les immeubles compris dans le partage (art. 2014 C.c.B.-C.). Le législateur n'a pas retenu cette mesure de protection au profit des copartageants. Par conséquent il y aura lieu que ces derniers assurent le paiement des soultes et autres charges résultant du partage au moyen des garanties conventionnelles.

172. Délai de prescription. L'action en garantie se prescrit par trois ans depuis l'éviction ou la découverte du trouble ou depuis le partage, si elle a pour cause l'insolvabilité d'un débiteur de la succession (art. 894 C.c.Q.). Ce délai se substitue ainsi à celui de trente ans qui était applicable jusqu'à ce jour.

5. Moyens de remédier aux irrégularités entourant le partage

173. Le nouveau Code édicte que le partage, même partiel, peut être annulé pour les mêmes causes que les contrats (art. 895 C.c.Q.). On doit souligner ici que la lésion ne pourra être invoquée que dans les cas prévus à l'art. 1405 C.c.Q., en

l'occurrence à l'égard des mineurs et des majeurs protégés. Ainsi l'erreur portant sur la valeur des biens à partager ne donne pas ouverture au recours en nullité par le majeur capable. L'art. 898 C.c.Q. prévoit également que le défendeur à l'action en nullité peut en arrêter le cours en fournissant au demandeur le supplément de sa part dans la succession. Cette possibilité n'était offerte qu'au seul cas de lésion sous l'art. 753 C.c.B.-C.

174. Supplément à l'acte de partage. Plutôt que d'annuler le partage, les copartageants auront le loisir de procéder à un partage supplémentaire ou rectificatif, si cela peut leur être avantageux. On devra d'ailleurs procéder de cette façon dans le cas d'omission d'un bien, l'action en nullité étant alors refusée en vertu de l'art. 896 C.c.Q.

6. Mesures transitoires en matière de partage

175. Les articles relatifs au partage, à l'exception des art. 836, 848 et 867 à 883 C.c.Q. seront applicables, compte tenu des adaptations nécessaires, aux successions ouvertes avant l'entrée en vigueur de la loi nouvelle, quant aux biens dont le partage n'aura pas été commencé[151]. On y exclut donc les dispositions relatives au droit de retrait et aux rapports dont l'application aurait modifié le droit des parties au partage. On y considère que le partage d'un bien est réputé commencé dès lors qu'une opération est réalisée en vue d'y procéder, postérieurement à la décision des héritiers ou du tribunal de partager le bien. Par contre ces mesures transitoires ne s'appliqueront pas aux actions en partage en cours lors de l'entrée en vigueur de la loi nouvelle.

Notes

1. L.Q. 1991, c. 64.
2. On y édicte que «les actes relatifs au règlement d'une succession immobilière en tout ou en partie, ou au règlement d'une succession dans laquelle des personnes frappées d'une incapacité légale sont concernées, doivent être faits en forme authentique.
3. Marc-André Lamontagne, avec la collaboration de Mᵉ Denys-Claude Lamontagne et de Mᵉ Julien Mackay, «Le règlement des successions à la suite de l'abolition des droits successoraux», (1987) *C.P. du N.* 356.
4. Art. 660 et ss., C.c.B.-C.

5. Ainsi les art. 472, 473, 735, 739 et ss., 875 et 876 C.c.B.-C.

6. Ainsi les art. 474, 736, 737, 877, 880 C.c.B.-C.

7. Art. 689 C.c.B.-C. et 1030 C.c.Q.

8. Art. 820 C.c.Q.

9. Art. 1012 et ss. C.c.Q.

10. Art. 1301 et ss. C.c.Q.

11. Art. 1012 et ss. C.c.Q.

12. Germain Brière, Les successions, Montréal, Les Éditions Yvon Blais Inc., 1990.

13. Art. 660 et ss. C.c.B.-C.

14. Art. 625 C.c.Q.

15. Art. 671 C.c.Q.

16. Art. 355 et ss. C.c.Q.

17. Par le jeu combiné des art. 632, 640 et 800 C.c.Q.

18. Art. 625 C.c.Q.

19. Ainsi Mᵉ Jacques Beaulne dans «Le règlement des successions» Chambre des notaires, Diplôme de droit notarial, automne 1992, distingue les étapes suivantes: l'obtention de la preuve du décès; la détermination des successibles; la détermination préliminaire du patrimoine successoral; la liquidation des droits matrimoniaux; l'option des successibles et la détermination définitive du patrimoine successoral; les gestion de l'indivision successorale; l'obtention des certificats fiscaux; la transmission du patrimoine successoral; la reddition de compte et le partage.

20. Armand LAVALLÉ, «Le règlement des successions», (1925-26) 28 R. du N. 302, 303.

21. Art. 786, 2ᵉ alinéa C.c.Q.

22. Ainsi en est-il du patrimoine fiduciaire, art. 1261 C.c.Q.

23. Art. 780 C.c.Q.

24. BRIÈRE, ibid., n° 124, p. 147

25. Art. 607 et 891 C.c.B.-C.

26. Art. 918 C.c.B.-C.

27. Puisque l'art. 643 C.c.Q. reconnaît que la répartition de ces biens par les successibles n'emporte pas à elle seule acceptation de la succession. L'unité de la succession n'est plus un principe aussi absolu qu'il l'était.

28. Art. 777 C.c.Q.

29. Art. 778 C.c.Q.

30. Art. 777 C.c.Q.

31. Art. 891 C.c.B.-C.

32. Le texte de l'art. 779 C.c.Q. n'apparaissait pas lors de la présentation en première lecture du Projet de loi 125 (1990) devenu L.Q. 1991 c. 64.

33. Journal des débats, S.C.I., 10 septembre 1991, p. 320.

34. Art. 625 C.c.Q. et 660 et 671 C.c.B.-C.

35. Art. 646 C.c.Q.

36. Notamment les art. 795 et 796 C.c.Q.

37. Art. 785 C.c.Q.

38. Art. 786 C.c.Q.

39. La Chambre des notaires, Commentaires sur le Livre Troisième: Des

successions, Mémoire présenté au Comité de législation sur le Projet de loi 125 (1990), p.58 et ss.

40. Suivant l'expression heureuse utilisée par M° Georges Garneau, *in* «Réforme du droit des successions; le 29 mars 1983, texte d'une causerie portant sur le Projet de loi 107» (1982).

41. Art. 786 C.c.Q.

42. Art. 645 C.c.Q.

43. En particulier les art. 674, 675 et 676 C.c.B.-C.

44. Art. 2098 C.c.B.-C.

45. Art. 795 C.c.Q.

46. Art. 809 C.c.Q.

47. Art. 811 C.c.Q.

48. Art. 811 C.c.Q.

49. Art. 675 C.c.Q.

50. Art. 811 C.c.Q.

51. Ainsi des dispositions des art. 796, 804, 806, 809, 811, 813, 820 C.c.Q.

52. Art. 808 et ss. C.c.Q.

53. Art. 813 C.c.Q.

54. Puisque l'art. 816 C.c.Q. prévoit que les créanciers demeurés inconnus n'ont aucun recours s'ils se présentent après l'expiration d'un délai de 3 ans depuis la décharge du liquidateur.

55. Art. 1312 et 1315 C.c.Q.

56. Art. 783 C.c.Q.

57. Art. 783, 2° alinéa C.c.Q.

58. L.R.Q. c. C.41.

59. Art. 785 C.c.Q.

60. Leur saisine limitée est définie aux art. 642 et 643 C.c.Q.

61. Voir commentaires à ce sujet de Camille Charron. «Le silence de l'exécuteur devant son droit d'option et sa saisine», (1977) 37 *R. du B.* 650.

62. Art. 1709 C.c.B.-C.

63. Art. 910, 1er alinéa C.c.B.-C.

64. Art. 789 C.c.Q.

65. Art. 910, 2° alinéa C.c.B.-C.

66. Art. 789, 2° alinéa C.c.Q.

67. Art. 789, 3° alinéa C.c.Q.

68. Art. 790, 1er alinéa C.c.Q.

69. Art. 663 C.c.B.-C.

70. Art. 1331, 2° alinéa C.c.Q.

71. Art. 806 C.c.Q.

72. Art. 1301 C.c.Q.

73. Art. 1302 C.c.Q.

74. À ce sujet voir Denys-Claude Lamontagne, «Les radiations», *R.D.,* titres immobiliers, *Doctrine,* document 13.

75. Art. 1303 C.c.Q.

76. Art. 1304 C.c.Q.

77. Art. 674 et 675 C.c.B.-C.
78. Projet de loi 125 (1990), art. 804.
79. Art. 813 C.c.Q.
80. Art. 813 C.c.Q.
81. Art. 913 C.c.B.-C.
82. Art. 981f C.c.B.-C.
83. Art. 1334 C.c.Q.
84. Art. 905, dernier alinéa C.c.B.-C.
85. Art. 1336 C.c.Q.
87. François Heleine, «Le dogme de l'intangibilité du corps humain et ses atteintes normalisées dans le droit des obligations du Québec Contemporain», (1976) 36 *R. du B.* 2, 73
88. Art. 803 C.c.Q.
89. Art. 803, 2ᵉ alinéa C.c.Q. et voir le *Règlement sur le registre des testaments de la Chambres des notaires du Québec*, R.R.Q., c.N-12, M.14, et *Règlement sur le registre des testaments du Barreau du Québec*, R.R.Q. 1981, c. B-a, r.12.
89. Art. 858 C.c.B.-C.
90. Art. 772 C.c.Q.
91. Art. 2998 et 2999 C.c.Q.
92. Art. 685 C.c.Q.
93. Art. 414 et ss. C.c.Q.
94. Art. 822 C.c.Q.
95. Art. 794 C.c.Q.
96. Art. 662 C.c.B.-C.
97 Art. 919 C.c.B.-C.
98. Art. 916 C.c.B.-C.
100. Art. 913 et ss. C.p.c.
101. Art. 1327 C.c.Q.
102. Art. 796 C.c.Q.
103. Art. 795 C.c.Q.
104. Art. 676 C.c.B.-C.
105. Art. 796 C.c.Q.
106. Art. 885 à 887 C.c.B.-C.
107. Art. 875 et 735 C.c.B.-C.
108. Art. 886 C.c.B.-C.
109. Art. 684 et ss. C.c.Q.
110. Art. 414 et ss. C.c.Q.
111. Art. 465 et ss. C.c.Q.
112. Art. 427 et ss. C.c.Q.
113. François Heleine, *ibid.*, p. 73.
114. Art. 811 C.c.Q.
115. Art. 687 C.c.Q.
116. Voir à ce sujet Pierre Lessard, «Le règlement d'une succession», (1987) *C.P. du N.* 265.
117. Au plus tard le 30 avril de l'année suivant le décès ou 6 mois après la date du décès, selon la dernière des deux dates.
118. L.I.R. art. 159(2) et L.R.Q., c M-31, art. 14.

119. Art. 676, 2ᵉ C.c.B.-C.
120. Art. 808 C.c.Q.
121. Art. 810 C.c.Q.
122. Art. 811 C.c.Q.
123. Art. 816 C.c.Q.
124. Art. 820 C.c.Q.
125. Art. 820, 2ᵉ alinéa C.c.Q.
126. Art. 822, 2ᵉ alinéa C.c.Q.
127. Les éléments sont repris de Jacques Beaulne, *ibid.*, p. 182.
128. Art. 822 C.c.Q.
129. Art. 217 C.c.Q.
130. Art. 826 C.c.Q.
131. Art. 824 C.c.Q.
132. Art. 1154 et ss. C.c.Q.
133. Art. 833 et 834 C.c.Q.
134. L.Q. 1992, C-57, art. 45.
135. Art. 839, 840 et 843 C.c.Q.
136. Art. 689 C.c.B.-C.
137. Art. 856 et ss. C.c.Q.
138. Art. 867 et ss. C.c.Q.
139. Art. 703 C.c.Q.
140. Art. 1037 C.c.Q.
141. Art. 867 C.c.Q.
142. Art. 884 C.c.Q.
143. Jacques BEAULNE, *ibid.*, p. 143.
144. Art. 1030 C.c.Q.
145. Germain Brière, *ibid.*, p. 828. Mᵉ Brière hésite à appliquer l'art. 1012 C.c.Q. à l'invidision successorale au motif que cet article ne viserait que les biens individuellement et non pas l'universalité de masse héréditaire.
146. Germain Brière, *ibid.*, p. 831.
147. Germain Brière, *ibid.*, p. 846. Ne pourrait-on pas étendre ce recours au maintien conventionnel de l'indivision par les héritiers, si la cause de l'indivision a cessé?
148. Art. 700 C.c.B.-C.
149. Art. 693 C.c.B.-C.
150. Germain Brière, *ibid.*, p. 975.
151. L.Q. c. 57, art. 46.

LA DONATION DANS LA RÉFORME DU CODE CIVIL

Table des matières

La donation
dans la réforme du Code civil
(art. 1806 à 1841 *C.c.Q.*)

*Denis Vincelette**

Introduction

1. Les articles 1806 à 1841 du nouveau *Code civil du Québec* viennent se substituer aux articles 754 à 830 du *Code civil du Bas Canada*. 35 articles viennent en remplacer 75. Cette constatation suffit pour laisser soupçonner à première vue un changement législatif considérable. Voyons dans quelle mesure cette impression s'avère bien fondée et surtout la nature même des modifications apportées.

2. Tout d'abord, pour mettre ces changements en perspective, nous devons admettre que la notion de donation n'a pas changé: il s'agit encore d'une libéralité reposant sur deux éléments, l'un matériel, l'autre intentionnel. L'élément matériel consiste en l'appauvrissement du donateur, au bénéfice du donataire et sans contrepartie correspondante. L'élément intentionnel consiste en l'intention libérale, soit justement la volonté d'enrichir le donataire sans contrepartie. Jusque là, la réforme demeure fidèle au droit actuel.

3. Toutefois, en 1866 la notion de libéralité suscitait une grande méfiance chez notre législateur, au point d'assortir la donation comme le testament de conditions sévères, précises et complexes de forme et de fond. Notre législateur entendait ainsi protéger le patrimoine du donateur à son propre bénéfice, celui de sa famille et celui de ses créanciers. Le nouveau *Code civil*

---

* Professeur titulaire à l'Université d'Ottawa.

du Québec marque un net assouplissement à cet égard, accompagné d'une simplification correspondante. Il présente la donation comme un contrat parmi d'autres, moins formaliste et plus consensualiste qu'auparavant, d'où l'application plus fréquente du droit commun des obligations.

4. Le premier paragraphe de l'article 1806 du *Code civil du Québec* définit la donation en mettant en lumière son élément matériel. Il remplace avantageusement les articles 755 et 795 *C.c.B.C.* qu'il simplifie et rajeunit. L'omission de toute référence à l'acceptation de la donation nous renvoie à cet égard aux règles du droit commun des obligations, tout simplement. L'élément intentionnel ressort plutôt de l'article 1381 sur le contrat à titre gratuit.

5. La précision nouvelle que la donation peut «porter sur un démembrement» de la «propriété ou sur tout autre droit dont on est titulaire» ne fait qu'exprimer le droit actuel. Malgré le mot «transfert», elle ne vise aucunement à interdire les donations par pure renonciation du créancier donateur en faveur du débiteur donataire, ni celles par création d'un nouveau droit, lorsque le donateur se rend débiteur de son donataire. À notre avis, de telles donations demeurent parfaitement légales, même si le texte de la loi n'en parle pas. On peut très bien lire l'article 1806 à la lumière des articles 1809, 1807 et 1381 du *Code civil du Québec*. L'article 1809 mentionne que la renonciation à un droit «pas encore acquis» «ne constitue pas une donation.» *A contrario*, la renonciation au droit acquis du créancier en faveur de son débiteur peut-elle constituer une donation. L'article 1807 prévoit que le donateur se dessaisit en devenant débiteur, lors même qu'il donne un bien à acquérir, et l'article 1381 définit le contrat à titre gratuit par l'obligation contractée intentionnellement sans contrepartie équivalente. Ces textes laissent ouverture à l'obligation comme moyen d'effectuer une donation.

6. Le second paragraphe de l'article 1806 *C.c.Q.* classe les donations en deux sortes seulement: les donations entre vifs et celles à cause de mort. Il n'est plus question des donations cumulatives dans le nouveau code. L'article 1807 reprend la définition de la donation entre vifs et l'article 1808 celle de la donation à cause de mort. Conformément au droit actuel, la donation entre vifs exige le dessaisissement actuel, mentionne

l'article 1807 *C.c.Q.* à la suite de l'article 777 *C.c.B.C.* Le second paragraphe de l'article 1807 laisse encore ouverture à la donation entre vifs avec livraison retardée au décès du donateur. Quant à l'article 1808, il fait bien ressortir la différence avec une telle donation entre vifs, en montrant que dans la donation à cause de mort la naissance même de la donation, pas seulement l'exigibilité, dépend du décès du donateur. Remarquons que la donation à cause de mort figure bien parmi les donations par ses conditions d'existence, mais elle emporte les mêmes effets qu'un testament, s'offrant ainsi comme une institution hybride entre ces deux libéralités.

7. L'article 1809 du *Code civil du Québec* se contente d'exprimer le droit actuel en affirmant que la renonciation purement abdicative n'emporte pas donation, contrairement à la renonciation transmissive. Ainsi, la renonciation pure et simple à une succession fait qu'on n'hérite pas, sans plus, tandis que la renonciation en faveur de son frère implique acceptation et transfert, normalement par donation, à défaut de compensation financière. Brière trouve cette solution critiquable car artificielle. Il y verrait parfois une donation indirecte[1]. Pour notre part, nous apprécions la solution du législateur, qui a le mérite, en pratique, de la clarté. Le *Code civil du Bas Canada* reste silencieux là-dessus.

8. L'article 1810 *C.c.Q.* traite des donations rémunératoires ou avec charges, qui ne valent donation que pour ce qui dépasse la contrepartie. Il s'agit d'une simple application particulière de la définition de la donation énoncée à l'article 1806, application nouvelle mais conforme au droit actuel comme au principe de la donation avec son élément matériel.

9. Dans le même sens, l'article 1811 *C.c.Q.* confirme la validité de la donation indirecte et de la donation déguisée, soumises aux règles de fond des donations et aux règles de forme de l'acte apparent. À en croire la position dominante[2], c'est exprimer le droit actuel que le *Code civil du Bas Canada* passe sous silence sur ce point.

10. En somme, le *Code civil du Québec* ne rompt pas fondamentalement avec la tradition en ce qui concerne la donation. La notion de donation demeure la même. Quant aux conditions et aux effets de la donation, nous observerons tour à tour dans quelle mesure le nouveau droit s'écarte de l'ancien.

A- *Conditions*

11. Puisque la donation figure parmi les contrats, nous pouvons tout naturellement nous attendre à ce que les conditions générales des contrats s'y appliquent, avec ou sans modifications. Cette attente vaut aussi bien pour les conditions de fond des contrats, comme le consentement, l'objet et la cause, que pour leurs conditions de forme. Nous examinerons les particularités des donations sous ces divers aspects, sans oublier que le droit commun des obligations s'appliquera à titre supplétif.

I- Consentement

12. Qui peut participer à une donation? Quelles parties ont la capacité d'y consentir? On pourrait remarquer tout d'abord à cet égard la disparition de certains articles du *Code civil du Bas Canada*, qui ne se retrouvent plus dans le *Code civil du Québec*: les articles 759, 761, 765, 766 et 775. Pure disposition de coordination, l'article 759 affirmait que les limites à la capacité de contracter établies ailleurs au code s'appliquent également aux donations. Il va sans dire; le silence à ce sujet ne modifie pas le droit. L'article 761 posait le principe de la capacité de donner et l'article 765 celui de la capacité de recevoir par donation, plus une référence à la nécessité de l'acceptation légale. La nécessité d'acceptation légale ne fait pas le moindre doute dans le nouveau droit, puisque la formation du contrat en dépend selon les articles 1385 et 1386 du *Code civil du Québec*. Enfin, la capacité reste de règle générale selon l'article 4 *C.c.Q.*, ce qui s'applique aussi à la capacité de recevoir des donations prévue à l'article 766 *C.c.B.C.* Quant à l'article 775 *C.c.B.C.*, sa disparition ne vient certainement pas rescusciter la légitime, qu'il ne faudrait évidemment pas confondre avec la réduction des donations prévue à l'article 689 *C.c.Q.* en cas de survie de l'obligation alimentaire. En somme, la suppression de ces articles au chapitre des donations entre vifs du *Code civil du Bas Canada* ne modifie en rien le fond du droit.

13. Dans le même sens, on notera la disparition des articles 771, 787 et 791 *C.c.B.C.*, quant aux moments où la capacité doit subsister. Il suffira désormais de s'en rapporter au droit commun des obligations, sans distinction artificielle entre la

capacité du donateur et celle du donataire. En effet, l'article 791 semblait exiger uniquement du donateur qu'il conserve la capacité de donner entre l'offre et l'acceptation. Cette simplification s'avère bienvenue.

14. En général, le *Code civil du Québec* ne retient pas non plus les dispositions particulières à l'acceptation des donations, soit les articles 755, 787, 788, 790 et 794 *C.c.B.C.* Dans cette mesure, les règles des obligations s'appliqueront, puisque la donation figure parmi les contrats. L'article 794 exprimait l'impossibilité d'accepter une donation après le décès du donataire. Rien ne change, faute de capacité du donataire de consentir après sa mort. L'article 790 prévoyait que l'acceptation par les enfants nés ou leurs représentants valait pour ceux à naître. L'article 788 établissait des présomptions légales d'acceptation, dont celle en faveur des enfants à naître, en matière de contrat de mariage, celle qui découle des signatures et celle qui résulte de la délivrance des meubles. Ces deux dernières présomptions demeureront sans aucun doute comme présomptions de fait. Par ailleurs, on peut certainement regretter l'abolition de la présomption en faveur des enfants à naître. Le nouvel article 1279 *C.c.Q.* prévoit seulement en matière de donation fiduciaire que la capacité d'un bénéficiaire qui accepte puisse protéger le droit d'option des autres bénéficiaires, s'ils s'en prévalent plus tard. Cette acceptation se présumera d'ailleurs, selon l'article 1285 *C.c.Q.*, tandis que la renonciation à la donation fiduciaire profiterait aux autres bénéficiaires qui acceptent, selon l'article 1286 *C.c.Q.* Néanmoins l'amputation de la présomption d'acceptation de la donation par les enfants à naître nous paraît plus drastique que nous l'aurions espéré.

15. Que restera-t-il donc? Le *Code civil du Québec* ne contient plus de dispositions particulières à l'acceptation des donations que pour l'enfant seulement conçu, le mineur et le majeur protégé. L'article 1814 permet au père, à la mère ou au tuteur d'accepter la donation pour l'enfant conçu qui naîtra vivant et viable, ainsi que pour le mineur, tandis que le tuteur ou le curateur peuvent accepter pour le majeur protégé; le mineur et le majeur pourvu d'un tuteur peuvent toutefois accepter sans assistance les biens de faible valeur et les cadeaux d'usage. L'article 211 *C.c.Q.* confirme la capacité du tuteur d'accepter seul la donation au mineur, sauf quand il s'y greffe une charge;

alors le tuteur doit-il obtenir l'autorisation du conseil de tutelle, sinon le mineur pourrait contester s'il en souffre préjudice, tout comme il pourrait attaquer la donation considérable avec charge, inexplicable comme cadeau d'usage, qu'il aurait accepté seul de recevoir et qui aurait tourné à son préjudice, comme le prévoit l'article 163 *C.c.Q.* Le tuteur s'occupera du bien donné au mineur comme administrateur chargé de la simple administration, sauf si l'acte de donation confie ce soin à quelqu'un d'autre, qui pourrait fort bien se retrouver avec les mêmes droits et les mêmes obligations que le tuteur, selon les articles 208 et 210 *C.c.Q.* Quant au père et à la mère, leur administration échapperait au formalisme, sauf ordonnance du tribunal ou patrimoine du mineur supérieur à $25000,00, conformément à l'article 209 *C.c.Q.* L'article 1815 laisse entendre qu'il se pourrait que l'assistance du conseiller soit nécessaire à la validité de l'acceptation du majeur protégé, selon les termes du jugement constitutif; alors le majeur aurait d'autant plus besoin de l'assistance de son conseiller pour donner.

16. À défaut d'autres dispositions spécifiques aux donations, le nouveau droit commun des obligations contractuelles s'applique également aux donations. Ainsi, le consentement valide requiert la capacité de s'obliger, selon l'article 1398 *C.c.Q.* Le contrat de donation prend naissance au moment et au lieu où l'offrant reçoit l'acceptation, même sous réserve d'entente sur des points secondaires, selon l'article 1387 *C.c.Q.*, mais pas sur des points importants, selon l'article 1393 *C.c.Q.* L'offrant peut retirer son offre avant la réception de l'acceptation, sauf s'il l'avait assortie d'un délai. L'expiration du délai stipulé ou, à défaut de stipulation, du délai raisonnable, le refus, la révocation reçue avant l'offre, le décès ou la faillite de l'offrant, ou encore l'ouverture d'un régime de protection pour le donateur ou le donataire, tout cela entraîne la caducité de l'offre avant la conclusion de la donation, selon les articles 1390 à 1392 *C.c.Q.* Le silence seul n'emporte pas acceptation, précise l'article 1394 *C.c.Q.*

17. En somme, il apparaît évident que la capacité de consentir à la donation demeure la règle générale et l'incapacité, l'exception. Voyons maintenant quelles exceptions subsistent, c'est-à-dire en quoi consistent les incapacités générales et les incapacités spéciales.

1) Incapacités générales

18. On distingue traditionnellement entre les incapacités générales de donner et les incapacités générales de recevoir. Examinons-les tour à tour.

a) Incapacités de donner

19. La méfiance du législateur à l'égard des libéralités semble avoir diminué. La suppression de l'article 764 *C.c.B.C.* au sujet du futur conjoint en secondes noces n'a certainement pas pour effet de restreindre sa capacité de donner. En effet, si la capacité reste de règle, se taire sur une application particulière n'entraîne pas d'exception. Par ailleurs, même l'administrateur du bien d'autrui peut disposer à titre gratuit, dans l'intérêt de sa charge toutefois, des biens de peu de valeur, selon l'article 1315 *C.c.Q.* Le successible peut donner des biens de la succession susceptibles de dépérissement à des organismes de bienfaisance avant même la nomination du liquidateur, énonce l'article 644 *C.c.Q.* Cependant, contrairement à l'article 869 du *Code civil du Bas Canada* en matière de succession, le *Code civil du Québec* ne prévoit plus de faculté d'élire les bénéficiaires de la donation que dans le cadre d'une fiducie, aux articles 1256, 1258 et 1270. De tout cela, nous pouvons conclure à une certaine souplesse du législateur, mais des incapacités absolues de donner, subsistent néanmoins les cas du mineur et du majeur protégé; ceux-ci ne peuvent donner que des biens de peu de valeur et des cadeaux d'usage, sauf par contrat de mariage, selon l'article 1813 *C.c.Q.*, que confirment les articles 213 et 221 *C.c.Q.*

1- Mineur

20. D'ailleurs, tous les mineurs ne se trouvent pas réduits à la même incapacité générale de donner. Il importe de distinguer entre le mineur ordinaire et le mineur émancipé, soit simplement, soit pleinement. Nous avons décrit la capacité du mineur typique, le mineur ordinaire. Le mineur simplement émancipé peut poser les mêmes actes que le mineur ordinaire, ainsi que tous les actes de simple administration. Aussi peut-il donner tout seul «suivant ses facultés», sans entamer «notablement son capital», affirme de façon imprécise l'article 172 *C.c.Q.*, sans

contradiction fondamentale avec l'article 1315 *C.c.Q.* Il reste à voir comment la jurisprudence voudra bien appliquer ces critères; il ne s'agira pas toujours de biens de peu de valeur. Toutefois, le mineur simplement émancipé ne peut accepter une donation avec charge qu'avec l'assistance de son tuteur, ajoute l'article 173 *C.c.Q.* Quant au mineur pleinement émancipé, par mariage ou par le tribunal, il jouit de l'entière capacité de donner, comme le majeur. Ainsi le prévoit l'article 176 *C.c.Q.* En somme, seul le mineur pleinement émancipé échappe vraiment à l'incapacité générale de donner du mineur ordinaire.

2- Majeur

21. Le *Code civil du Québec* ne prévoit pas non plus la même protection pour le majeur, selon qu'il se trouve en curatelle, en tutelle, ou tout juste pourvu d'un conseiller. On ne s'étonnera pas que le majeur en curatelle ne bénéficie d'aucun allègement à son incapacité générale de donner: c'est lui qui a besoin de la protection la plus étendue contre lui-même, selon les articles 258, 259 et 281 *C.c.Q.* Il pourra faire annuler ou modifier la donation effectuée tout seul contrairement aux disposition de la loi, sans même avoir à prouver un préjudice. Ainsi le spécifie l'article 283 *C.c.Q.* L'article 284 *C.c.Q.* étend cette règle aux actes antérieurs à la curatelle, en cas d'incapacité notoire ou connue du cocontractant. Le majeur en curatelle ne peut même pas accepter validement une donation en sa faveur, selon l'article 1814 *C.c.Q.*

22. Quant au majeur en tutelle, il pourra au moins accepter les donations de peu de valeur et les cadeaux d'usage, tout comme le mineur, suivant l'article 1814 *C.c.Q.* De toute façon, ces donations sont les plus fréquentes. Bien sûr, le tribunal pourrait modifier l'étendue de son incapacité, précisent les articles 288 et 286 *C.c.Q.*, mais il serait étonnant qu'il augmente sa capacité de donner, sauf peut-être par contrat de mariage. Normalement, le majeur en tutelle ne pourrait passer de convention matrimoniale sans l'assistance de son tuteur autorisé par le tribunal sur avis du conseil de tutelle, au risque de contestation, soit par le majeur, soit par son tuteur, dans l'année du contrat ou du mariage; ainsi le prévoit l'article 436 *C.c.Q.* En général, l'article 290 *C.c.Q.* étend aux actes antérieurs à la tutelle l'annulation ou la modification pour cause d'inaptitude connue ou

notoire. Les règles de la tutelle au mineur s'appliqueront à ce majeur à titre supplétif, selon les articles 266 et 287 *C.c.Q.* Signalons que l'article 286 *C.c.Q.* confère au tuteur au majeur la simple administration, comme pour le tuteur au mineur.

23. Quant au majeur pourvu d'un conseiller, sa capacité dépend essentiellement des indications du tribunal, comme l'affirme l'article 293 *C.c.Q.* On s'attendrait alors à ce qu'il puisse accepter une donation seul, sauf si elle comporte une charge. À défaut d'indications du tribunal, ce majeur devra obtenir l'assistance de son conseiller pour tout ce qui excède la capacité du mineur simplement émancipé, précise l'article 293 *C.c.Q.* Donc, en règle générale tous les actes excédant la simple administration, comme l'acceptation d'une donation avec charge, nécessite l'assistance du conseiller; ainsi le veut l'article 173 *C.c.Q.* En plus des biens de peu de valeur et des cadeaux d'usage, ce majeur peut donner tout seul «suivant ses facultés», sans entamer «notablement son capital», selon les critères imprécis de l'article 172 *C.c.Q.* Toute autre donation, selon l'article 1815 *C.c.Q.*, et toute convention matrimoniale, selon l'article 436 *C.c.Q.*, requièrent l'assistance du conseiller. Sinon, le majeur ou son conseiller pourrait attaquer la convention matrimoniale dans l'année de sa signature ou du mariage, mentionne encore l'article 436, ou, advenant préjudice seulement, obtenir la réduction ou l'annulation de la donation, suivant l'article 294 *C.c.Q.* En somme, le majeur pourvu d'un conseiller venu sa capacité limitée par le tribunal ou, à défaut, par la loi. Dans ce dernier cas, le *Code civil du Québec* élargit sa capacité de donner, en comparaison avec les articles 335.2, 319 et 322 *C.c.B.C.*, mais pas sa capacité d'accepter une donation, en comparaison avec l'article 789 *C.c.Q.*

24. Les mineurs et les majeurs protégés pourront désormais donner sans assistance des biens de peu de valeur et des cadeaux d'usage, contrairement au droit actuel énoncé aux articles 763 et 986 *C.c.B.C.* Par contre, sauf son père et sa mère, les autres ascendants du mineur ne pourront plus accepter pour lui la donation en sa faveur, contrairement à l'article 303 *C.c.B.C.* Plus généralement, les mineurs et majeurs en tutelle ou pourvus d'un conseiller voient sérieusement restreinte leur capacité d'accepter sans assistance la donation, par rapport à l'article 789 *C.c.B.C.* En pratique toutefois, leur autonomie se

trouve augmentée la plupart du temps, en comparaison avec le droit actuel, puisqu'il s'agit de cadeaux d'usage.

b) Incapacités de recevoir

25. En ce qui concerne les incapacités de recevoir par donation, le nouveau code n'innove pas beaucoup. Bien sûr, pour contracter il faut consentir et pour cela, il faut exister juridiquement. Or nous remarquons la suppression de l'article 772 *C.c.B.C.*, qui affirmait la validité des donations par contrat de mariage aux enfants à naître du mariage; l'article 1840 *C.c.Q.* conduit à un résultat similaire en permettant de donner aux enfants nés ou à naître du mariage. Ils pourraient donc recevoir. De plus, pour les donations avec substitution, il suffit d'un appelé capable de recevoir par donation à l'ouverture de la substitution, pour protéger le droit de tous les autres appelés, selon les articles 1242 et 1244 *C.c.Q.* De même en cas de donation fiduciaire, il suffit d'un bénéficiaire capable de recevoir pour protéger le droit des autres bénéficiaires du même ordre, selon l'article 1279 *C.c.Q.* Hormis ces exceptions, le père ou la mère peuvent toujours accepter valablement la donation en faveur de leur enfant conçu mais pas encore né, pourvu qu'il naisse ensuite vivant et viable, précise l'article 1814 *C.c.Q.* à la suite de l'article 192 *C.c.Q.* Encore faut-il alors que l'enfant existe, condition minimale que les articles 1239 et 1289 *C.c.Q.* n'exigent pas en cas de donation par substitution ou par fiducie personnelle.

26. Quant à l'absent, présumé vivant pendant sept ans selon l'article 85 *C.c.Q.*, il conserve pendant ce temps la capacité de recevoir une donation et son tuteur peut accepter pour lui, selon l'article 86 *C.c.Q.*

27. En somme, on remarque peu de changements substantiels aux incapacités générales de donner et surtout de recevoir par donation.

2) Incapacités spéciales

28. Au sujet des incapacités spéciales, dites relatives, de donner et de recevoir, déterminons qui elles frappent et sous peine de quelle sanction. La disparition de l'article 769 *C.c.B.C.* au sujet du prêtre, médecin, directeur spirituel ou avocat du donateur ne

vient certes pas rétablir des incapacités de l'ancien droit,
oubliées depuis très longtemps et par conséquent devenues de
mention inutile, mais seulement laisser libre cours au principe
général de la capacité, sous réserve de disposition spécifique.
Dans le même sens, nous pouvons constater que la suppression
de l'article 767 *C.c.B.C.* abolit tout simplement l'exception
d'incapacité de donner des anciens mineurs et majeurs protégés
à leur ancien tuteur ou curateur. La règle de la capacité
s'applique donc aussi à eux. Enfin, on ne retrouve plus au *Code
civil du Québec* les présomptions légales d'interposition de
personne de l'article 774 *C.c.B.C.*; il ne reste plus donc à ce
sujet que des présomptions de fait, moins contraignantes.
D'incapacité relative, il demeure toutefois l'article 1817 *C.c.Q.*,
qui vise les donations à un membre de la famille d'accueil du
donateur, et aussi, sauf relation de conjoint ou de proche parent,
les donations au propriétaire, administrateur ou salarié d'un
établissement de santé ou de services sociaux qui prend soin du
donateur. On y constate le même souci du législateur de soustraire le donateur à d'éventuelles pressions indues. On n'y parle
plus d'accepter ni de solliciter le don; en conséquence, on
n'aura pas besoin de prouver la sollicitation, mais déjà suffisait-
il de prouver l'acceptation, interdite elle aussi. Or le contrat de
donation n'existe que si l'acceptation en rejoint l'offre. On
pourra alors se contenter d'ignorer l'acceptation, le donateur
n'étant pas capable de donner.

29. L'article 774 *C.c.B.C.* sanctionnait textuellement l'incapacité spéciale de nullité. Il en va de même de l'article 1817
C.c.Q., y compris en cas de donation déguisée ou par personne
interposée. Cette sanction se conforme au droit commun des
obligations mentionné à partir de l'article 1416 *C.c.Q.* Il s'agit
d'une nullité relative, puisque l'article 1417 *C.c.Q.* la présume
et que l'article 1817 *C.c.Q.* protège des intérêts particuliers,
conformément au critère de l'article 1419 *C.c.Q.* En matière
d'incapacité générale, nous favorisons la même solution, sauf
advenant l'absence totale de rencontre des volontés où, faute de
contrat sans consentements, il faudrait appliquer la nullité absolue. On s'interrogera aussi sur la possibilité de réduire à l'occasion une donation pour qu'elle tombe dans le champ de capacité
du donateur. À notre avis, une donation partielle pourrait se
scinder et le juge pourrait ainsi réduire le montant de la

donation à l'acte à titre onéreux, le paiement par exemple, pour lequel le disposant détenait la capacité. De là à diminuer le montant de la donation au cadeau d'usage ou au bien de peu de valeur pour lequel le donateur pourrait éventuellement bénéficier de la capacité requise selon l'article 1813 *C.c.Q.*, il ne reste qu'un pas que les juges auront sans doute de la peine à franchir devant l'imprécision de ces critères. Remarquons également que le don d'une automobile ou d'un immeuble, par exemple, ne sauraient se prêter matériellement à réduction. De toute façon, le consentement demeure une condition d'existence de la donation, comme des autres contrats.

II- Objet

30. L'objet constitue la deuxième condition de fond des contrats en général. Au niveau de l'objet, on caractérise traditionnellement la donation par la règle de l'irrévocabilité. Voyons alors comment cette règle s'appliquera désormais à la donation entre vifs et à celle à cause de mort, après avoir jeté un coup d'œil sur ce qui advient de la promesse de donation.

1) Promesse de donation

31. Comme en droit actuel, la promesse de donation n'équivaut pas à donation. Ainsi le prévoit l'article 1812 *C.c.Q.* Mais cette disposition va plus loin que le droit actuel en sanctionnant néanmoins cette promesse par l'indemnisation des frais encourus et par des dommages-intérêts compensatoires du transfert de propriété qui n'aura jamais lieu. Ces nouvelles sanctions vont dans le même sens que celles qui s'attachent aux promesses de contracter en général, selon les nouveaux articles 1396 et 1397 *C.c.Q.* Signalons enfin que la *Loi sur l'application de la réforme du Code civil* confère à son article 103 la rétroactivité à l'article 1812 *C.c.Q.*, sauf pour les sanctions, qui n'opéreront que pour les conséquences de la promesse encourues à compter de l'entrée en vigueur du nouveau code.

2) Donation entre vifs

32. La règle de l'irrévocabilité des donations s'applique dans toute sa splendeur aux donations entre vifs ou de biens présents.

Le nouveau *Code civil du Québec* ne parle d'ailleurs plus des donations de biens présents ou de biens à venir, sauf à l'article 1818, pour signaler que la donation entre vifs ne peut porter que sur des biens présents, tandis que la donation de biens à venir constitue une donation à cause de mort et que si on donne à la fois des biens présents et des biens à venir, il convient d'y distinguer deux donations, l'une entre vifs pour les biens présents et l'autre à cause de mort pour les biens à venir. Ces affirmations ne s'écartent pas du sens de l'article 778 *C.c.B.C.* Pour constater une différence avec le droit actuel, il faut aller plus loin et remarquer à l'article 1823 *C.c.Q.* que toute donation entre vifs doit nécessairement s'effectuer à titre particulier, d'où l'impossibilité à l'avenir des donations entre vifs universelles ou à titre universel, quitte à tout donner spécifiquement à titre particulier. Nous verrons comment la donation entre vifs peut s'avérer irrévocable, même lorsqu'elle porte sur la chose d'autrui.

a) Irrévocable

33. Au sujet de l'irrévocabilité de la donation entre vifs, nous constatons la disparition des articles 779 et 785 *C.c.B.C.* L'article 779 prévoyait que le droit de retour et les autres conditions résolutoires s'exerçaient dans la donation comme le droit de réméré dans la vente. L'article 785 *C.c.B.C.* exprimait le caractère impératif des articles 782 à 784 *C.c.B.C.* sur les conditions résolutoires potestatives et les charges de dettes futures et imprécises. Ne reste-t-il plus rien de spécifique sur le caractère irrévocable des donations? Oui pourtant, l'article 1821 *C.c.Q.* réserve, conformément au droit actuel, la possibilité de donner à charge de dettes seulement aux dettes futures déterminées et aux dettes actuelles, ce qui exclut les dettes futures indéterminées qui pourraient permettre d'effacer complètement la donation ou même davantage, par une volonté subséquente et unilatérale du donateur. Il en résulterait la nullité de la donation. En effet, l'article 1822 *C.c.B.C.* frappe de nullité les donations sous condition potestative.

34. À notre avis, tel que rédigé, cet article met fin à une controverse et simplifie le droit actuel en prohibant toute condition potestative, lesquelles dépendent vraiment de «la seule discrétion du donateur», pas seulement les conditions purement

potestatives, mais aussi les conditions simplement potestatives, autorisant seulement les conditions casuelles et les conditions mixtes. De plus, ces nouvelles dispositions n'expriment plus d'exception pour les donations par contrat de mariage. En droit commun des obligations, l'article 1500 *C.c.Q.* admettrait au contraire la condition suspensive simplement potestative, mais pas la condition suspensive purement potestative.

b) Chose d'autrui

35. Autre conséquence de la règle de l'irrévocabilité des donations, l'article 1816 *C.c.Q.* prévoit la nullité de la donation de la chose d'autrui, sauf engagement exprimé à l'obtenir pour le donataire. Cette nouvelle disposition suit au fond l'article 773 *C.c.B.C.*, sauf qu'il exige l'expression ferme de l'engagement à obtenir la chose d'autrui. Pour le reste, nous pouvons déjà donner par dation, en transmettant un droit réel du patrimoine du donateur à celui du donataire, par libération d'une dette du donataire envers le donateur, ou par obligation, la nouvelle dette que le donateur contracte unilatéralement envers le donataire en s'engageant à lui obtenir la chose d'autrui, par exemple. L'article 1809 *C.c.Q.* vient préciser que la renonciation purement abdicative au lieu de transmissive à une personne déterminée n'emporte pas donation. Il valait mieux le dire, bien que cette nouvelle disposition législative se contente au fond d'exprimer le droit actuel. En somme, la règle de l'irrévocabilité des donations entre vifs demeure en vigueur, autant et même plus qu'en droit actuel.

3) *Donation à cause de mort*

36. Il en va tout autrement des donations à cause de mort, désormais révocables en principe. Cette modification pose avec d'autant plus d'acuité le problème de la donation effectuée pendant la maladie réputée mortelle du donateur.

a) Révocable

37. Tout d'abord, signalons que le nouveau *Code civil du Québec* ne mentionne plus l'institution contractuelle, contrairement au rapport de l'Office de Révision du Code civil et à l'article 830 du *Code civil du Bas Canada*. Par ailleurs, il

assimile la donation à cause de mort à une disposition testamentaire, à l'article 613 *C.c.Q.*, à l'égard de la dévolution des biens. Comme toute disposition testamentaire, on pourra donc normalement la révoquer jusqu'au décès et il ne se produira ni engagement ferme, ni dessaisissement irrévocable avant le décès. Cette donation sans effet immédiat, exception à la règle de l'irrévocabilité, ne se tolère que dans deux circonstances, comme en droit actuel selon l'article 758 *C.c.B.C.*: lorsqu'elle vaut comme legs dans un testament valide, ou dans un contrat de mariage. Bref, la donation à cause de mort demeure exceptionnelle.

b) Maladie réputée mortelle

38. De ce caractère exceptionnel résulte la méfiance du législateur à l'égard de la donation effectuée pendant la maladie apparemment mortelle du donateur. A-t-il voulu se dépouiller de son vivant, préférant le donataire à lui-même, ou l'a t-il seulement préféré à ses héritiers, ne voulant donner qu'à cause de sa mort prochaine? À l'article 1820 *C.c.Q.*, le législateur maintient la nullité de telles donations, à moins que le rétablissement du donateur non suivi de réclamation de l'objet donné ne vienne confirmer qu'il s'agissait bien dès l'origine d'une véritable donation entre vifs. À ce sujet, l'article 1820 *C.c.Q.* vient améliorer l'article 762 *C.c.B.C.*, en remplaçant le «temps considérable» par trois ans, critère beaucoup plus facile à constater. Nous regrettons seulement que le législateur n'ait pas manifesté plus souvent le même souci de précision.

39. En somme, quant à l'objet de la donation, celle à cause de mort devient révocable en principe, celle entre vifs demeure essentiellement la même, et la promesse de donation fait son entrée officielle, en portant à conséquence. Après le consentement et l'objet, examinons maintenant les effets de la réforme sur la cause des donations.

III- Cause

40. Troisième condition de fond des contrats, la cause concerne tout naturellement le contrat de donation. Ainsi, la raison déterminante qui a présidé à la donation dans l'esprit des parties ne doit absolument pas offenser la loi ou l'ordre public, sous peine de nullité à en croire les articles 8, 9, 1410 et 1411 *C.c.Q.* Dans le même sens, l'article 757 *C.c.Q.* considère non écrite dans un testament la condition impossible ou contraire à l'ordre public, tandis que dans un contrat, l'article 1499 *C.c.Q.* ne prévoit pas seulement la nullité de la condition mais de toute l'obligation qui en dépend, c'est-à-dire en l'occurrence de la donation.

41. Une condition d'inaliénabilité demeure légale en matière de donation ou de testament, selon l'article 1212 *C.c.Q.*, pourvu qu'elle soit temporaire et justifiée; elle entraîne aussi l'insaisissabilité, selon l'article 1215 *C.c.Q.*, conformément au droit actuel[3]. Le tribunal peut la reviser, ajoute l'article 1213 *C.c.Q.* L'article 1216 *C.c.Q.* prévoit la nullité de toute clause pénale visant à décourager la revision ou la contestation judiciaire de cette condition d'inaliénabilité.

42. Si la condition d'inaliénabilité évoque un aspect spécifique qui relève encore de la notion de cause, la charge stipulée et, éventuellement, le mariage peuvent s'y rattacher plus étroitement.

1) Charge

43. Les charges de la donation demeurent compatibles avec la notion de libéralité: l'élément matériel de la donation se trouvera en entier dans l'excédent de contrepartie, tout comme pour la donation rémunératoire, selon le nouvel article 1810 *C.c.Q.* qui ne s'écarte pas du droit actuel. Il suffira ainsi d'une charge déterminée ou déterminable précisément selon l'article 1821 *C.c.Q.* L'article 1831 *C.c.Q.* réfère à la stipulation pour autrui, dont les articles 1444 à 1450 *C.c.Q.* s'appliqueront à titre supplétif.

2) Mariage

44. Les donations par contrat de mariage ont généralement le mariage pour cause. Aussi l'article 1839 *C.c.Q.* soumet-il leur validité à l'efficacité du contrat de mariage lui-même, laquelle dépend entièrement de la célébration du mariage, selon l'article 433 *C.c.Q.* Au fond, le nouveau droit reste ainsi naturellement fidèle à l'article 822 *C.c.B.C.*

45. Plus original, l'article 1840 *C.c.Q.* vient limiter les parties éventuelles à une donation par contrat de mariage, en comparaison avec les articles 818 à 820 *C.c.B.C.* Premièrement, en ce qui concerne les donations entre vifs par contrat de mariage, n'importe qui pourra se porter donateur, mais seulement envers les époux ou futurs époux et leurs enfants, aussi bien respectifs que communs. Deuxièmement, ces même donataires, les époux ou futurs époux et leurs enfants, pourront à l'exclusion de quiconque donner ou recevoir à cause de mort en un contrat de mariage. Conformément à l'évolution de notre société, le législateur reconnaît ainsi le caractère plus intime de ces conventions.

46. Après avoir ainsi examiné les changements apportés par le *Code civil du Québec* aux conditions de fond de la donation, le consentement, l'objet et la cause, nous nous pencherons maintenant sur les conditions de forme de ce contrat spécifique.

IV- Forme

47. Tout d'abord, nous devons continuer à admettre le caractère solennel relatif des donations. Relatif, ce caractère solennel implique des règles de forme qui ne s'appliquent pas aux donations indirectes ni aux donations déguisées; ainsi le veut l'article 1811 *C.c.Q.*, conformément à l'interprétation dominante du droit actuel[4]. La définition des donations contenue aux articles 1806 et 1807 indiquerait plutôt un caractère strictement consensuel. De caractère solennel néanmoins, la donation doit s'effectuer en principe par acte notarié en minute, sous peine de nullité absolue, énonce l'article 1824 *C.c.Q.* en exigeant aussi la publicité de la donation.

48. Pure question d'opposabilité aux tiers acquéreurs, pas de validité intrinsèque, selon les articles 2941 à 2944 et 2962 *C.c.Q.*, l'enregistrement visé ici en principe toute donation, pas seulement la transmission de droits réels immobiliers prévue à l'article 2938 *C.c.Q.*, ni seulement toute donation, même de meubles, par substitution, prévue à l'article 1218 *C.c.Q.* Toutefois, le nouveau code excepte encore, à l'article 1824, le don de meuble avec délivrance et possession immédiate, formalités qui remplacent l'acte notarié et l'enregistrement, sauf dans la

donation par substitution, prévue à l'article 1218 *C.c.Q.* Remarquons que les biens meubles n'incluent pas seulement la propriété d'une chose meuble, mais aussi les autres droits réels qui portent dessus et les droits personnels identifiés au titre qui les constate, comme le chèque, selon les articles 899 à 907 *C.c.Q.*

49. Pour le reste, des exigence de forme peuvent exceptionnellement affecter le transfert de certains biens, mais cela n'offre rien de particulier aux donations. Les articles 786 et 788 *C.c.B.C.* disparaissent, ce qui ne vient certainement pas imposer l'exigence d'un état des meubles, il va sans dire, ni celle de l'acceptation expresse, sauf nécessité de preuve ou d'enregistrement pour l'opposabilité aux tiers. Encore faut-il distinguer entre la donation entre vifs et la donation à cause de mort. En effet, la donation à cause de mort comporte des exigences supplémentaires de forme, puisque l'article 1819 *C.c.Q.* la réserve au contrat de mariage et au testament, à la rigueur, où elle vaudra comme legs. En somme, les règles de forme se simplifient, ainsi que les conditions des donations en général. Voyons maintenant quels effets emporte dans le nouveau droit une donation valide.

B- Effets

50. Les donations peuvent entraîner diverses conséquences, comme par exemple leur incidence dans le calcul du patrimoine familial, ainsi qu'il appert des articles 415 et 418 *C.c.Q.* Nous nous pencherons tout d'abord sur effets normaux des donations, pour envisager ensuite certaines situations particulières.

I- Situation normale

51. La donation modifie le patrimoine des parties; elle entraîne pour celles-ci des droits et des obligations. Les droits de l'une correspondant aux obligations de l'autre, nous examinerons tour à tour les obligations du donateur et puis celles du donataire.

1) Obligations du donateur

52. En soi, la donation n'implique pas l'obligation pour le donateur de remettre les titres, contrairement à d'autres contrats ou

circonstances juridiques comme l'hypothèque mobilière avec
dépossession aux dires des articles 2702 à 2704, 2709 et 2711
C.c.Q., le dépôt selon l'article 2285 *C.c.Q.*, le partage de la
succession prévu aux articles 865 et 866 *C.c.Q.*, ou le paiement
par le débiteur dont traite l'article 1568 *C.c.Q.* Bien sûr, l'enregistrement requiert un titre, mentionné à l'article 2945 *C.c.Q.*
Nous passerons en revue les obligations du donateur concernant
la délivrance, la garantie et les frais d'acte.

a) Délivrance

53. Contrairement au *Code civil du Bas Canada*, l'article 1825
du *Code civil du Québec* exprime clairement l'obligation pour
le donateur de livrer, soit en remettant le bien donné, soit en
laissant le donataire en prendre possession, tout obstacle enlevé.
Cela demeure conforme au droit actuel.

b) Garantie

54. En principe et à défaut de stipulation contraire, la donation
continue de s'effectuer sans garantie, le donateur ne devant pas
transmettre plus de droits que les siens. L'article 1826 *C.c.Q.*
confirme ainsi l'article 796 *C.c.B.C.* Le donateur ne répond pas
des vices cachés, sauf des conséquences de son imprudence
élémentaire s'il n'a pas révélé au donataire le vice caché qu'il
connaissait pourtant et qui portera ensuite atteinte à l'intégrité
physique de ce même donataire qu'il prétendait avantager.
Ainsi le veut à bon droit l'article 1828 *C.c.Q.* En cas de donation partielle ou avec charge, la garantie ne commence à courir
qu'à compter de l'épuisement de la gratuité, du surplus, selon
l'article 1827 *C.c.Q.* Cette disposition prévoit également en ce
sens, en cas d'éviction pour vice connu du donateur mais caché
au donataire, le remboursement des frais encourus par le donataire au delà de ce qui lui reste. En somme, ces exceptions à
l'absence de garantie des donations restent marginales.

c) Frais d'acte

55. L'article 1829 *C.c.Q.*, de droit nouveau mais pas d'ordre
public, met les frais de passation de l'acte de donation au
compte du donateur. À lui de les payer, tandis que le donataire
se contentera d'assumer d'autres coûts, sauf convention contraire.

2) Obligations du donataire

56. Au donataire incombent les frais d'enlèvement et les dettes afférentes à la donation.

a) Frais d'enlèvement

57. Si on peut se surprendre que le législateur impose au donateur les frais d'acte, il apparaît tout à fait naturel que le donataire acquitte les frais d'enlèvement de la chose donnée. Ainsi le prescrit le même article 1829, toujours à défaut de convention contraire.

b) Dettes afférentes

58. Quant aux dettes du donateur, elles demeurent à sa charge et ne passent pas au donataire, normalement, c'est-à-dire en l'absence de stipulation conventionnelle ou législative, sauf lorsque la donation porte sur une universalité d'actif et de passif, comme une entreprise. Alors le bénéficiaire de l'actif accepte implicitement le passif, puisque telle semble se dessiner l'intention des parties que l'article 1830 *C.c.Q.* vient présumer à bon droit, en dérogation à l'article 799 *C.c.B.C.* et en conformité avec le nouvel article 828 *C.c.Q.* en matière de succession. Toutefois, il paraîtra souvent difficile de prévoir exactement, en pratique, ce que la jurisprudence considérera comme une universalité d'actif et de passif.

59. Par ailleurs, on ne retrouve plus dans le *Code civil du Québec* la faculté d'abandon de l'article 798 *C.c.B.C.*, pour se soustraire aux réclamations des créanciers du donateur. Ce silence volontaire s'explique par l'article 1823 *C.c.Q.*, qui n'admet de donation entre vifs qu'à titre particulier; le nouveau droit ne tient donc pas normalement le donataire responsable au delà de la valeur de ce qu'il reçoit du donateur, dont il n'assume pas les autres dettes. Quant à la donation à cause de mort, l'article 613 *C.c.Q.* l'assimile à certains égards à une disposition testamentaire, de sorte que l'on pourrait prétendre qu'universelle, à titre universel ou à titre particulier, elle n'entraîne pas normalement pour le donataire de responsabilité supérieure à la valeur de ce qu'il a reçu. Aussi le donataire n'acquittera en fonction du droit commun que les frais d'enlèvement et les frais

afférents à l'universalité reçue, tandis que les frais d'acte reviendront au donateur. De toute façon, la convention primera.

II- Situations particulières

60. À côté de la donation typique et sans problème inusité, certaines situations particulières ont retenu l'attention du législateur. Elles concernent les charges conventionnelles, les possibilités de révocation de la donation, et les donations par contrat de mariage.

1) Charges

61. Les charges stipulées à la donation soulèvent des difficultés sous deux principaux aspects: la possibilité de les reviser et leur sort au cas d'accroissement.

a) Revision

62. De droit nouveau, l'article 1833 *C.c.Q.* impose au donataire de la propriété d'une chose de rembourser personnellement les dettes qui grèvent cette chose. Ainsi responsable des charges, le donataire de l'immeuble hypothéqué devra lui-même acquitter la dette hypothécaire. Tout comme en droit actuel, le contrat de donation a pu également prévoir des charges ou stipulations pour autrui, énonce l'article 1831 *C.c.Q.* Les règles de la stipulation pour autrui des articles 1444 à 1450 C.c.Q. s'y appliqueront. Toutefois, le *Code civil du Québec* innove ici à l'article 1834 comme en matière de succession à l'article 771, en permettant au tribunal de réduire ou même abolir la charge, si des circonstances imprévisibles surviennent. Je vous laisse deviner avec quelle rigueur on appliquera ce critère des circonstances imprévisibles. Dans sa décision, le tribunal devra tenir compte notamment de l'intention du donateur, que la valeur de la donation pourra d'ailleurs contribuer à éclairer, et des circonstances, y compris les moyens du donataire. Les critères à appliquer restent vagues à souhait. Si le droit y gagne en souplesse, il y perd certainement en clarté.

b) Accroissement

63. Qu'advient-il de la charge en cas d'impossibilité pour le bénéficiaire ou l'un des bénéficiaires d'en profiter? Qui en profitera à sa place?

1- Un seul bénéficiaire

64. De droit nouveau, l'article 1835 *C.c.Q.* prévoit que si l'unique bénéficiaire de la charge ne peut en profiter, pour cause de révocation ou de caducité, il appartient au donataire de s'en réjouir car il n'aura pas à l'acquitter. Par contre, si l'acte de donation avait prévu un bénéficiaire substitut, c'est lui au lieu du donataire qui en profiterait. Notons que d'une façon ou de l'autre, le donateur n'y gagne rien et la règle de l'irrévocabilité des donations entre vifs brille dans toute sa splendeur.

2- Plus d'un bénéficiaire

65. Si au contraire le donateur avait stipulé la charge en faveur de plusieurs bénéficiaires de même rang, l'article 1832 *C.c.Q.*, aussi de droit nouveau, distingue entre les parts déterminées par l'acte de donation et les parts indéterminées. Si l'acte de donation précise la part de chacun des bénéficiaires de la charge, le défaut de l'un n'avantage pas les autres, mais le donataire qui n'aura pas à remplir cette part de son obligation originelle. Si au contraire l'acte de donation ne mentionne pas les parts de chacun, le défaut de l'un profite aux autres bénéficaires qui se partageront le tout en nombre plus restreint. Alors ils s'enrichiront davantage au lieu du donataire, mais jamais le donateur ne pourra saisir l'occasion, à moins de stipulation conventionnelle; en droit commun, ni la revision des charges, ni leur accroissement ne lui bénéficieront. Après tout, il ne s'agit pas de la révocation de la donation.

2) *Révocation*

66. Quant à la révocation des donations, on remarquera la disparition de l'article 816 *C.c.B.C.*, qui exigeait une stipulation conventionnelle pour fonder la résolution de la donation sur l'inexécution des charges. Il en va de même de l'abrogation de l'article 779 *C.c.B.C.*, sur les clauses de droit de retour. Qu'en

résulte-t-il? Examinons les causes de la révocation des donations, puis ses effets, soit la restitution de l'objet.

a) Causes

67. L'abolition de l'article 812 *C.c.B.C.* ne porte pas à conséquence. Il va sans dire qu'à défaut de stipulation conventionnelle, la survenance d'enfants au donateur n'entraîne pas la résolution de ses donations. Le silence du législateur incite à suivre la règle générale, soit la survivance de la donation.

68. Il en va de même de l'article 803 *C.c.B.C.*; sa suppression ne doit pas pousser à la panique. Au moins en ce qui concerne son deuxième paragraphe, la faillite relève de la juridiction fédérale, d'après l'article 91 (21) de la *Loi constitutionnelle de 1867*. Quant au premier paragraphe, il s'agit d'une application particulière de l'action paulienne. On se tournera donc dorénavant vers le droit commun des obligations. Or la nouvelle action en inopposabilité opère la même distinction entre les actes à titre onéreux et les actes à titre gratuit, aux articles 1632 et 1633 *C.c.Q.* La donation de l'insolvable est réputée, donc présumée absolument, connue du donataire; elle prête ainsi flanc à l'action en inopposabilité, selon les articles 2847 et 1631 *C.c.Q.*, sans avoir à prouver autrement la complicité du cocontractant comme dans un acte à titre onéreux.

69. Quant à la révocation de la donation pour cause d'ingratitude, elle fait au contraire l'objet de dispositions législatives spécifiques, au chapitre de la donation qui lui consacre sa quatrième section. L'article 1836 *C.c.Q.* la prévoit précisément pour la donation entre vifs, la donation à cause de mort devenant naturellement révocable à volonté, en vertu de l'article 1841 *C.c.Q.* Malheureusement, le nouveau code se montre encore ici aussi très nébuleux pour définir cette ingratitude. Au lieu d'établir une liste bien nette, il se contente d'un comportement qualifié de «gravement répréhensible, eu égard (...) aux circonstances.» C'est s'en remettre au sens commun des juges, à la teneur presque aussi variable que les opinions personnelles. Nous ne parvenons pas à trouver dans cette caractéristique du *Code civil du Québec* un progrès législatif; heureusement qu'il en offre d'autres. En tout cas, nous prédisons que la jurisprudence fera état de nombreuses disputes familiales. D'ailleurs,

les nouveaux articles 510 et 520 *C.c.Q.* offrent la plus grande liberté au tribunal pour reviser les donations en cas de séparation de corps ou de divorce, sauf la caducité des donations à cause de mort d'un époux envers l'autre en cas de divorce prononcée par le législateur à l'article 519 *C.c.Q.*

70. L'action en révocation de la donation devra encore s'intenter dans l'année de la connaissance des faits reprochés, dispose l'article 1837 *C.c.Q.* En cas de décès du donateur durant cette année, ses héritiers disposeront également d'un an, à compter du décès, pour l'intenter. En comparaison avec l'article 814 *C.c.B.C.*, il devient moins évident que ce recours demeure exclusivement attaché à la personne du donateur et donc soustrait à l'action oblique de l'article 1627 *C.c.Q.*

71. Amélioration à signaler, le *Code civil du Québec* n'impose plus le rapport successoral des donations, à l'article 867, que lorsque l'acte de donation ou le testament le stipule. Bien sûr, de toute façon le rapport ne constituerait pas une révocation, mais lorsqu'il s'applique, l'héritier acceptant perd néanmoins les avantages de la donation. Ajoutons quelques mots sur la restitution, principale conséquence de la révocation.

b) Restitution

72. Une fois la donation révoquée, on s'empressera de la défaire, tout en respectant les droits des tiers. Pour l'avenir, les charges de la donation tombent dans le néant, explique l'article 1838 *C.c.Q.* On appliquera les règles de la restitution des prestations des articles 1699 à 1707 *C.c.Q.* Autrement dit, les tiers de bonne foi n'auront à remettre que les biens acquis par eux à titre gratuit, d'après l'article 1707. Le donataire devra restituer en nature si possible, sinon par équivalent, mentionne l'article 1700, soit la valeur du bien donné lors de la donation, de son aliénation ou de la restitution, la plus élevée des trois valeurs si la révocation résulte de la faute ou de la mauvaise foi du donataire, ajoute l'article 1701. Rappelons que tandis que l'ingratitude constitue une faute du donataire, l'action en inopposabilité considère le donataire de mauvaise foi, d'après l'article 1633 *C.c.Q.* Les articles 1604 à 1606 *C.c.Q.* sur la résolution ou la résiliation des contrats et la réduction des obligations pourraient aussi s'appliquer aux donations à titre sup-

plétif, volontairement par exemple. On n'y aura généralement pas recours, à cause de l'article 1838 *C.c.Q.*, spécifique aux donations, qui réfère expressément aux règles de la restitution des prestations.

3) Contrat de mariage

73. À la suite de l'étude des charges et de la révocation des donations, concentrons-nous sur les particularités d'une situation des plus fréquentes en matière de donation, la donation par contrat de mariage. À ce sujet aussi, le législateur a élagué plusieurs dispositions législatives, en particulier les articles 782 et 783, ainsi que 824 à 830 *C.c.B.C.* On devra par conséquent se rapporter au droit commun des donations ou, à défaut de disposition législative pertinente, au droit commun des obligations, comme pour les donations en général, ainsi qu'aux articles 431 à 442 *C.c.Q.* sur le choix du régime matrimonial. Ainsi, on ne pourra plus établir par contrat de mariage une donation entre vifs réductible ou sujette à des réserves indéterminées purement potestatives. Il s'agirait alors d'une donation à cause de mort et elle pourrait valoir comme telle.

74. Quant à la donation cumulative, qui s'évanouit, elle ne jouissait déjà plus de la faveur populaire. Tout dépendant de sa rédaction évidemment, nous prévoyons qu'on l'interprétera généralement comme une donation à cause de mort. Cependant, on la scindera autant que possible en une donation entre vifs et une donation à cause de mort, en vertu de l'article 1818 *C.c.Q.*

75. Rappelons enfin que ni la donation entre vifs, ni celle à cause de mort ne doivent leur existence à une appellation magique et que la suppression de l'article 830 *C.c.B.C.* en ce sens ne modifiera en rien la réalité. Toutefois, l'article 1839 *C.c.Q.* les soumet toutes deux à la validité du contrat de mariage, au lieu de la validité du mariage comme le faisait l'article 822 *C.c.B.C.* Cela revient au même, d'après l'article 433 *C.c.Q.*, puisque le contrat de mariage ne prend effet qu'au jour du mariage. La nouvelle formulation n'écarte pas non plus les effets du mariage putatif. Signalons aussi qu'on peut modifier toute donation par contrat de mariage, même stipulée irrévocable, du consentement de tous les intéressés, conformément à l'article 438 *C.c.Q.* Les créanciers bénéficient toujours

de leur action en inopposabilité, s'ils en souffrent préjudice, pourvu qu'ils l'intentent dans l'année de leur prise de connaissance. Distinguons maintenant entre les donations entre vifs et celles à cause de mort.

a) Donations entre vifs

76. Le changement majeur qu'introduit le *Code civil du Québec* dans les donations entre vifs par contrat de mariage consiste tout simplement dans l'identité des effets des donations entre vifs, qu'elles se produisent dans un contrat de mariage ou ailleurs. Ainsi, a-t-on aboli les limites à la règle de l'irrévocabilité des donations entre vifs qui exemptaient les donations par contrat de mariage, notamment aux articles 823 à 825 *C.c.B.C.*, pour suivre cette règle aux articles 1821 et 1822 *C.c.Q.* Les effets du défaut d'enregistrement deviennent aussi les mêmes, que la donation entre vifs s'effectue par contrat de mariage ou autrement, l'article 1824 *C.c.Q.* remplaçant sans distinction l'article 807 *C.c.B.C.* Mais la maxime «donner et retenir ne vaut» s'appliquera aux donations entre vifs par contrat de mariage comme aux autres donations entre vifs.

77. En ce qui concerne les contrats de mariage antérieurs à la mise en vigueur du nouveau droit, l'article 104 de la *Loi sur l'application de la réforme du Code civil*, 1992 L.Q. c.38, maintient toutefois la validité des donations entre vifs y effectuées moyennant charges et dettes indéterminées, mais il limite la responsabilité du donataire à la valeur des biens donnés.

b) Donations à cause de mort

78. En ce qui concerne la donation à cause de mort, le législateur continue d'élaguer. Il efface notamment l'article 826 *C.c.B.C.* sur le rapport effectué pour se soustraire à la donation à cause de mort; on se contentera de suivre la règle générale. Il supprime également l'article 829 *C.c.B.C.*, qui ajoute que toutes les donations à cause de mort, sauf celles entre les deux époux, profiteraient normalement aux enfants à naître si le donateur survit à l'époux donataire; cette présomption disparaît. Par ailleurs, la réforme ne retient pas l'article 980 *C.c.B.C.* qui accordait dans les donations comme dans les testaments aux termes «enfants» et «petits enfants» la signification plus étendue de descendants.

79. On ne trouve plus trace de l'article 825 *C.c.B.C.* et l'article 1821 *C.c.Q.* ne traite de la responsabilité des dettes que pour la donation entre vifs. Dans le contexte de la donation à cause de mort, il faudra donc se tourner vers le droit commun des successions pour s'y retrouver, d'autant plus que l'article 613 *C.c.Q.* assimile la donation à cause de mort à une disposition testamentaire. En conséquence, le donataire même universel ou à titre universel n'encourra normalement plus de responsabilité au delà de la valeur de ce qu'il recevra, à en croire les articles 739, 779 et 823 *C.c.Q.*, sans oublier la possibilité de révocation ou de révision à la baisse de la charge éventuelle par le tribunal, conformément à l'article 1834 *C.c.Q.*

80. La règle de l'irrévocabilité des donations entre vifs s'adresse d'autant moins aux donations à cause de mort qu'avec le remplacement de l'article 823 *C.c.B.C.* par les articles 706 et 1841 *C.c.Q.* la donation à cause de mort devient révocable sauf stipulation contraire. Non seulement le donataire peut-il y contracter des dettes futures et indéterminées, comme en droit actuel selon les articles 825 et 784 *C.c.B.C.*, mais le donateur pourra néanmoins tester autrement ou ne départir à sa guise des biens donnés, toujours sous réserve de mention contraire à l'acte de donation. La donation à cause de mort s'apparentera d'autant plus aux dispositions testamentaires.

81. Par ailleurs, advenant stipulation au contrat de mariage de l'irrévocabilité de la donation à cause de mort, le donateur ne pourra plus disposer à titre gratuit des biens donnés, sauf biens de peu de valeur ou cadeaux d'usage, l'article 1841 *C.c.Q.* suivant alors l'article 823 *C.c.B.C.*, ou encore du consentement de tous les intéressés.

82. À titre de droit transitoire, mentionnons que les donations à cause de mort actuellement valides porteront effet au décès, bien qu'avec l'entrée en vigueur du nouveau code les mêmes parties ne puissent plus nécessairement en créer de semblables. Ainsi l'établit l'article 105 de la *Loi sur l'application de la réforme du Code civil*, 1992 L.Q. c. 38. L'article 106 de cette même loi ajoute cependant que les stipulations actuelles de donation à cause de mort deviendront révocables, sauf mention contraire, lors de l'entrée en vigueur du nouveau code, en ce sens qu'il leur applique l'article 1841 *C.c.Q.* En pratique toute-

fois, les stipulations rencontrées prévoient justement le caractère révocable de la donation. Ces quelques changements n'entraîneront donc pas de profonds bouleversements.

Conclusion

83. En somme, la notion de donation demeure identique. Les grandes conditions à la donation subsistent: il faut toujours l'échange des consentements, l'objet et la cause, quant au fond, et respecter les exigences de forme. Au niveau du consentement, les règles particulières à l'acceptation des donations ont disparu, ainsi que la présomption d'acceptation des enfants à naître. La capacité reste de règle, mais nous retrouvons les incapacités générales du mineur, à laquelle n'échappe complètement que le mineur pleinement émancipé, l'incapacité géné rale des majeurs sous régime de protection, dont l'autonomie s'accroît le plus souvent, les incapacités générales de recevoir, qui demeurent presque pareilles, et les incapacités spéciales, qui n'affectent plus les relations entre l'ancien mineur ou le majeur autrefois sous régime de protection, d'une part, et leur ancien tuteur ou curateur, d'autre part. De plus, les présomptions légales d'interposition de personne se sont volatilisées, ce qui n'enlève pas les présomptions de fait.

84. Quant à l'objet de la donation, la promesse de donation fait une entrée remarquée avec les sanctions qui s'y rattachent. Donner et retenir ne vaut toujours pas dans la donation entre vifs, où toute condition potestative cause un empoisonnement mortel, même pour la donation par contrat de mariage. Non seulement cette maxime ne s'applique pas aux donations à cause de mort par contrat de mariage, celles-ci deviennent révocables en principe. En ce qui concerne la donation pendant la maladie réputée mortelle du donateur, on optera encore pour la donation à cause de mort, sauf rétablissement du donateur et possession paisible du donataire pendant trois ans au lieu d'un temps considérable.

85. Quant à la cause, nous avons remarqué que la condition prohibée ou contraire à l'ordre public entraîne la nullité de la donation. Par ailleurs, les donations par contrat de mariage dépendent toujours du mariage lui-même, mais elles deviennent

accessibles à moins de monde. Ces donations, avec les autres, connaissent une légère simplification des règles de forme.

86. Les effets des donations demeurent fondamentalement identiques. Notons toutefois que le donateur paiera les frais d'acte, à moins de convention contraire. Le donataire acquittera les charges qui grèvent le bien donné et le passif de l'universalité donnée. De toute façon, sa responsabilité se limitera normalement à la valeur des biens reçus et le tribunal pourrait même reviser les charges. À cet égard, l'accroissement ne profite pas au donateur. Quant à la révocation pour cause d'ingratitude, elle s'obscurcit sensiblement. La donation cumulative, elle, s'efface complètement.

87. De la réforme du droit des donations, nous pouvons conclure à une continuité plus grande que dans d'autres domaines. La donation demeure évidemment une libéralité qui repose sur les mêmes éléments. Le législateur s'en méfie encore, mais moins, dans la mesure où il rejoint les règles générales des obligations et tempère un peu le formalisme. En plus d'une modernisation du style, le nouveau code civil nous offre certainement une simplification bienvenue de la règle juridique en matière de donation, en même temps qu'il manifeste encore ici, par ailleurs, une tendance à la judiciarisation du droit.

Table de concordance

C.c.Q.	C.c.B.C.
1806	755, 795
1807	777 al.1
1808	757, 758
1813	763, 986
1814	303, 789, 792, 821
1815	789, 335.2
1816	773
1818	778
1819	757, 758, 778
1820	762
1821	784
1822	782, 783

C.c.B.C.	C.c.Q.
1823	780, 781, 797
1824	776, 804 à 810
1825	1491, 1492, 1493
1826	796 al.1
1827	796 al.2
1828	796 al.1
1830	797, 799
1836	811, 813
1837	814
1838	815
1839	758, 817, 822
1840	818, 819, 820
1841	823
303	1814
335.2	1815
755	1806
757	1808, 1819
758	1808, 1819, 1839
762	1820
763	1813
773	1816
776	1824
777	1807
778	1818, 1819
780	1823
781	1823
782	1822
784	1821
789	1815
792	1814
795	1806
796	1826, 1827, 1828
797	1823, 1830
799	1830
804 à 810	1824
811	1836
813	1836
814	1837
815	1838

C.c.B.C.	C.c.Q.
817	1839
818	1840
819	1840
820	1840
821	1814
822	1839
823	1841
986	1813
1491	1825
1492	1825
1493	1825

Notes

1. *Cf.* Germain BRIÈRE, *Donations, substitutions et fiducie*, coll. bleue, Montréal, Wilson et Lafleur, 1988, p.111.
2. J.-Émile BILLETTE, *Traité théorique et pratique de droit civil canadien, donations et testaments*, Montréal, 1933, n°° 357 et 360, p. 295 à 299, 306 et 307; Roger COMTOIS, «Les libéralités» Rép. de Droit, Libéralités, Montréal, Wilson et Lafleur, 1988, n°° 504, 505 et 509, p. 192 et 194; Germain BRIÈRE, *op. cit.*, note 1, n°° 156 à 170, p. 108 à 119; *O'Meara c. Bennett*, (1919) 28 B.R. 332, p. 354; *Goodman c. Legault*, (1924) 36 B.R. 238, p. 245; *Brault c. Perras*, (1939) 66 B.R. 110; *Daoust c. Lavigne*, (1941) 71 B.R. 22, p. 36 et 37; *Derome c. Héritiers Derome*, [1960] B.R. 1236.
3. *Cf.*, Germain Brière, *op. cit.*, note 1, n° 99, p.70.
4. *Cf* Germain Brière, *op.cit.*, note 1, n°° 160 à 170, p. 112 à 119.

DISTINCTION DES BIENS, DOMAINE, POSSESSION ET DROIT DE PROPRIÉTÉ

Table des matières

Distinction des biens, domaine, possession et droit de propriété

*Denys-Claude Lamontagne**

Introduction

1 - Les articles 899 à 975 C.c.Q. traitent de la distinction des biens et du droit de propriété, excluant les règles particulières à la propriété immobilière.

2 - Les modifications apportées par le législateur en cette matière s'avèrent secondaires. Les changements les plus importants concernent les meubles perdus ou oubliés, l'immobilisation par destination, certains aspects du domaine et de la possession, l'accession immobilière artificielle.

3 - Nous étudierons dans l'ordre les différents sujets annoncés par le titre de cette étude: distinction des biens, domaine, possession et droit de propriété. Nous avons traité ailleurs des «Règles particulières à la propriété immobilière et servitudes». Le droit transitoire a été pris en considération.

I - Distinction des biens

4 - Il existe plusieurs classifications des biens. Nous verrons dans un premier temps les choses, par opposition aux biens. Puis, nous nous attarderons à l'importante classification des biens meubles et immeubles. Finalement, après quelques considérations sur les droits réels, nous examinerons certaines classifications secondaires.

* Notaire, professeur agrégé à l'Université de Montréal.

A) Choses et biens

5 - D'une façon globale, le législateur a voulu rajeunir le vocabulaire civiliste en matière de choses et biens. Ainsi, en ce qui concerne les meubles perdus ou oubliés, l'équivoque expression «épave terrestre» — pour désigner un portefeuille égaré — est elle-même appelée à disparaître (939 à 946 C.c.Q.). De même, le «père de famille» qui établit une servitude par destination devient un propriétaire androgyne (1181 C.c.Q., 551 C.c.B.-C.). Ce rajeunissement se reflète aussi au niveau de la formulation des textes, exprimés dans une langue plus moderne, et de la suppression de certains exemples surannés — que seuls les nostalgiques regretteront — ayant trait aux chemins de halage, aux forges, aux moulins à vent, aux fossés et remparts des places de guerre ou forteresses (507, 532, 377, 402, 403 C.c.B.-C.), etc.

6 - Comme sous l'article 374 C.c.B.-C.[1], les biens sont corporels (les choses appropriables) ou incorporels, c'est-à-dire sans *corpus*, (les droits) (899 C.c.Q.). Le législateur a généralement su éviter la confusion du Code civil du Bas-Canada (entre autres, aux articles 406 et suiv. C.c.B.C.) entre les «choses» (tout ce qui existe matériellement) et les «biens» (947, 954, 1127 C.c.Q.), mais les vieilles errances reviennent aux articles 905, 914 et 2698 C.c.Q. Fort heureusement, le pléonasme «droits incorporels», qu'on retrouvait dans l'Avant projet de loi 125 (2701, etc.), a été abandonné.

7 - Tel qu'antérieurement, les choses sont appropriables ou non.

1 - Choses appropriables

8 - Les choses appropriables ou biens corporels peuvent faire l'objet d'une appropriation selon l'un des modes d'acquisition énumérés à l'article 916 C.c.Q. — remplaçant l'article 583 C.c.B.-C.

9 - Les biens corporels non appropriés constituent des biens vacants, qui comprennent les biens sans maître et les meubles perdus ou oubliés. Les premiers s'acquièrent par occupation, parfois par prescription, les seconds toujours par prescription.

10 - Les biens sans maître correspondent aux *res nullius*, aux *res derelictae* et aux trésors des articles 584 et suiv. C.c.B.-C. (914, 934 à 938 C.c.Q.)² 1) Les biens sans propriétaire (ou *res nullius*) sont les biens qui n'appartiennent à personne (934 C.c.Q.), tels le gibier ou la faune aquatique. Quoique l'article 934 C.c.Q. ne le précise pas, il s'agit nécessairement de biens meubles parce que les immeubles appartiennent généralement à quelqu'un (particuliers, État ou ses substituts), fussent-ils abandonnés (918, 936 C.c.Q.). À l'instar des articles 587 et suiv. C.c.B.-C., les articles 914 et 935 C.c.Q. permettent l'appropriation des biens sans propriétaire par occupation: le premier occupant en devient propriétaire, même en l'absence de droit sur l'immeuble où ces biens se trouvent. Peuvent être également appropriés par occupation (mais sans qu'il s'agisse en soi de biens «sans propriétaire») les biens de l'État acquis par succession, confiscation ou vacance — successorale ou autre — tant qu'ils n'ont pas été confondus avec ses autres biens (618, 917, 696 à 702, 361, 916 C.c.Q.). 2) Les biens abandonnés (ou *res derelictae*) sont le plus souvent des biens meubles délaissés volontairement par leur propriétaire, quoique la déréliction puisse avoir lieu en matière d'immeubles (934 à 937, 2918 C.c.Q.). Le Code civil du Québec édicte deux dispositions de droit nouveau — la seconde s'inspirant partiellement de l'article 2216 C.c.B.-C.: a) Les meubles (sous entendu: corporels) abandonnés et non appropriés par droit d'occupation appartiennent aux municipalités qui les recueillent sur leur territoire ou, à défaut, à l'État (Québec) (935 C.c.Q.); b) Les immeubles (sous entendu: corporels) abandonnés par leur ancien propriétaire appartiennent à l'État (Québec)... s'ils n'ont pas été vendus pour non-paiement des taxes foncières! Mais l'État doit toutefois posséder ces immeubles — d'une possession utile, ce qui suppose que l'État veuille bien des immeubles — ou s'en déclarer propriétaire par avis du curateur public dûment publié, afin d'éluder l'accession naturelle ou la prescription décennale (934, 936, 2918, 3070 C.c.Q.). On peut supposer que cet avis sera publié de façon systématique, ne serait-ce que pour écarter un tiers possesseur ou pour fins de clarification de titre. Si ce n'était de la possession de l'État ou de l'avis (qui équivalent en fait ou en droit à un constat d'appropriation par occupation), la preuve de l'abandon de la propriété — qui n'est pas seulement celle de l'abandon de la

possession — risquerait d'être particulièrement difficile, puisque le propriétaire a le droit de ne pas user du bien (nous y reviendrons plus bas). 3) Les trésors sont régis par une disposition analogue à l'article 586 C.c.B.-C. On peut toutefois regretter qu'ils ne soient plus définis (938 C.c.Q., *cf.* 586 C.c.B.-C.)[3]. Faut-il y voir un signe de rareté? Quoiqu'il en soit, nous estimons que la définition de l'article 586 C.c.B.-C. est toujours pertinente.

11 - Les meubles perdus ou oubliés (correspondant aux épaves des articles 589 et suiv. C.c.B.-C., ainsi que nous l'avons évoqué) sont assujettis aux articles 939 à 946 C.c.Q. Il faut noter que la *Loi sur la marine marchande*[4] — constitutionnalité oblige — continue de s'appliquer aux épaves maritimes. Par ailleurs, l'abandon est réputé lorsque le meuble laissé en un lieu public a peu de valeur ou s'avère très détérioré. Dans cette dernière hypothèse, il faut appliquer les dispositions sur les biens sans maître *(supra)* et non sur les biens perdus ou oubliés. Sous ces réserves, celui qui trouve un bien perdu — sur terre ou ailleurs — doit tenter de retrouver le propriétaire, qui a été privé involontairement de la possession sans avoir renoncé à la propriété (939, 940 C.c.Q.). Le tiers possesseur pourra garder provisoirement le bien après avoir fait certaine déclaration prévue par le Code (et non plus par des lois ou règlements), le remettre à la personne à qui il a fait la déclaration pour que cette personne le détienne ou en dispose comme un détenteur (941, 942, 944, 945 C.c.Q.). L'occupation n'a pas sa place ici parce qu'il y a encore un propriétaire, dont le droit est protégé par la loi. Certes, il est vrai que le tiers possesseur — mais sujet aux déclarations susdites — peut prescrire soit le bien, soit le prix qui lui est subrogé (941 C.c.Q.). Toutefois la prescription ne peut être que décennale et non pas triennale, le possesseur étant forcément de mauvaise foi (2917, 2919 C.c.Q.). De plus, en corollaire, «tant que son droit de propriété n'est pas prescrit» — dit l'article 946 C.c.Q. — le propriétaire peut revendiquer son bien ou réclamer le prix (déduction faite de certains frais), advenant disposition: comme la prescription a lieu par dix ans, il faut conclure que le délai de revendication est aussi de dix ans, par exception à la règle établie par l'article 2925 C.c.Q. Mais il faudrait revenir à la règle, advenant vente à un tiers de bonne foi (2919 C.c.Q.).

12 - L'article 946 susdit ne pèche pas par excès de clarté. Que signifient les termes «tant que son droit de propriété n'est pas prescrit»? Prescrit acquisitivement par un tiers ou prescrit extinctivement, au détriment du propriétaire? À notre point de vue, cette disposition renvoie aux articles 2918 à 2920 C.c.Q., qui traitent de la prescription acquisitive du droit de propriété. On ne devrait pas pouvoir invoquer l'article 946 pour soutenir que le droit de propriété se perd par le non-usage. D'abord, il n'existe pas de disposition spécifique en ce sens, comme en matière d'usufruit, de servitude ou d'emphytéose (1162, 1191, 1208 C.c.Q.). Ensuite, l'article 934 C.c.Q. n'énonce pas que les biens sans maître — outre les biens sans propriétaire, les biens abandonnés ou les trésors — comprennent également les biens non utilisés. Par ailleurs, s'il fallait admettre que le droit de propriété se prescrive par le non-usage, où serait alors la frontière entre le non-usage et l'absence temporaire d'utilisation (le propriétaire étant libre d'exercer ou non son droit)? Tout au plus pourrions-nous admettre que le droit de propriété se perd par le non-usage lorsque, en parallèle, un tiers proscrit acquisitivement ce droit. En ce sens, la prescription libératoire — même dans le cas de la propriété — est «un moyen d'éteindre en droit par non-usage» (2921 C.c.Q.). Mais, en l'absence de toute contradiction ou emplétement émanant d'un tiers, le droit de propriété ne saurait se perdre de cette manière.

2 - Choses non appropriables

13 - Les choses non appropriables sont les choses communes à tous (res communes), généralement d'une importance cruciale ou d'une abondance telle que leur appropriation n'est pas recherchée, tels l'air et l'eau. Exceptionnellement, ces derniers peuvent cependant être appropriés partiellement par occupation (air comprimé, eau minérale embouteillée, etc.) et donc devenir des biens, lorsque, n'étant pas destinés à «l'utilité publique», ils sont recueillis dans un récipient (913, cf. 916, C.c.Q.). Le législateur reprend ici à son compte des positions doctrinales bien établies[5].

B) Biens meubles et immeubles

14 - Les changements apportés par le Code civil du Québec tiennent compte de la possibilité élargie de la publicité en matière d'hypothèque mobilière[6]. Ces changements nous satisfont dans l'ensemble.

15 - La distinction binaire des biens — meubles ou immeubles (qu'ils soient corporels ou incorporels) — est reprise (899 C.c.Q.). Même si cette classification apparaît dépassée à certains[7], elle reste primordiale pour le commun des mortels, ce qui se reflète dans presque tous les Livres du nouveau Code civil.

1 - Immeubles

16 - Concernant les immeubles, le législateur reprend les sous-catégories que l'on connaît, en évitant heureusement de donner des exemples à la place de définitions — à une exception près (900, second alinéa, C.c.Q.) — comme c'est le cas dans le Code civil du Bas-Canada: immeubles par nature (900 C.c.Q.), par attache ou réunion (antérieurement, par destination) (903 C.c.Q.), par l'objet (904 C.c.Q.) et même par la loi (907 *a contrario* C.c.Q.). Toutefois, un meuble ne peut être immobilisé par attache ou réunion que de façon physique (et non plus physique et intellectuelle) et ce, même si le meuble n'appartient pas au propriétaire de l'immeuble auquel il s'attache ou se réunit (903 C.c.Q.). De plus, le législateur cesse d'utiliser les dénominations traditionnelles, se contentant de traiter d'immeubles dans tous les cas. En somme, les appellations d'origine sont abandonnées! Et pour cause: adieu alambics, cuves et pressoirs, tels que mentionnés à l'article 379 C.c.B.-C. L'abolition dans le texte de ces différentes appellations est-elle justifiée? À ce sujet on peut méditer cette pensée: «Ce qu'un mot gagne en extension, il le perd en compréhension» (Spinoza).

Afin de mieux nous situer, nous faisons appel à la terminologie antérieure — qui doit ainsi reprendre du service pour le bénéfice du nouveau droit — même si on semble avoir voulu l'abolir[8]. Nous préférons toutefois remplacer la dénomination d'immeubles par destination par celle d'immeubles par attache ou réunion, étant données les différences de concepts.

17 - Les immeubles par nature sont les biens immobiles à l'état normal, soit: les fonds de terre, les végétaux qui font corps avec le sol, les constructions ou ouvrages «à caractère permanent» intégrés à un fonds de terre — c'est-à-dire les bâtiments et structures qui adhèrent au sol plutôt que d'y reposer tout simplement, sans lien définitif avec le fonds de terre — ainsi que les biens meubles intégrés à une construction ou à un ouvrage (900 C.c.Q.)[9].

À ce dernier sujet, l'article 901 C.c.Q. — syncrétisme de la jurisprudence — énonce trois conditions pour qu'il y ait intégration du bien meuble: a) celui-ci doit être «incorporé à l'immeuble» par nature, autrement dit faire corps avec lui[10]; b) le meuble doit avoir perdu son «individualité»: la séparation du meuble de l'immeuble lui enlèverait sa raison d'être[11]; c) le bien meuble doit assurer «l'utilité de l'immeuble» (901 C.c.Q.), de sorte que l'immeuble soit fonctionnel, qu'il puisse servir selon sa fin. Cela suppose que le bien meuble complète l'immeuble — qu'il soit indispensable (fournaise, etc.) ou non (paratonnerre, etc.). En définitive, l'article 901 C.c.Q. amalgamerait en bonne partie certains arrêts rendus sous le Code civil du Bas-Canada[12]. Si les deux premières conditions y prévues ne sont pas remplies — la dernière nous paraissant une condition alternative — le bien concerné est un immeuble par attache ou réunion ou un meuble par nature.

Nous croyons en effet que l'article 901 C.c.Q. établit une hiérarchisation. Il existe deux conditions de base, l'incorporation et la perte d'individualité. Le meuble intégré est essentiellement un meuble incorporé. Ainsi, l'article 1468 C.c.Q. oppose-t-il le bien meuble «incorporé à un immeuble» au bien meuble «placé pour le service ou l'exploitation» de cet immeuble. On constate donc l'importance de l'incorporation. La condition relative à la perte d'individualité va dans le sens de cette incorporation. Elle est d'ailleurs reprise presque à chaque fois que le législateur oppose le meuble immobilisé par nature à celui immobilisé par attache ou réunion, ce dernier étant celui qui, sans être incorporé, ne perd pas son individualité (903, 1843, 2672 C.c.Q.). Quant à la troisième condition (assurer l'utilité de l'immeuble), elle nous semble d'importance secondaire, permettant surtout de faire la distinction entre, d'une part, le bien meuble immobilisé par nature, attache ou réunion et, d'autre part, le bien meuble non immobilisé. Autrement dit, cette condition — parmi d'autres — sert à déterminer s'il y a immobilisation ou non.

18 - Dans le but de sauvegarder l'unité économique des biens, le législateur a maintenu — mais avec plusieurs modifications substantielles — la catégorie des immeubles par attache ou réunion, antérieurement par destination[13] (903 C.c.Q.). Sauf impossibilité de transposition (hypothèque légale du fournisseur — 2926, 956 C.c.Q.), les règles du droit immobilier s'appliquent intégralement à ces immeubles (capacité, succession, prescription, etc.). Ainsi, ils ne peuvent faire l'objet d'une saisie mobilière; en temps normal, l'hypothèque grevant l'immeuble par nature s'étend de plein droit aux biens meubles immobilisés, pourvu que ceux-ci appartiennent au propriétaire de l'immeuble par nature (2662, 2671 C.c.Q.).

Par ailleurs, dans certaines situations exceptionnelles, le bien immobilisé par attache ou réunion conservera son caractère mobilier (saisie mobilière, etc.). La raison en est que le lien physique du bien meuble à l'immeuble par nature est plus ténu que dans les cas visés par l'article 901 C.c.Q. Car si l'immobilisation a lieu matériellement, il reste que le bien immobilisé n'est pas incorporé ou n'a pas perdu son individualité. Cependant, ce bien assure l'utilité d'un immeuble par nature. C'est pourquoi, sauf exceptions, le législateur n'entend pas que le bien soit séparé de l'immeuble par nature, par saisie mobilière ou autrement.

Les exceptions mentionnées sont les suivantes: 1) L'hypothèque mobilière grevant un bien meuble immobilisé par attache ou réunion survit pour fins de son exécution, c'est-à-dire que le bien est considéré comme un meuble tant que subsiste l'hypothèque (2672 C.c.Q., cf. 1979 h C.c.B.-C.). Cet article 2672 constitue le principal intérêt à distinguer les immeubles par attache ou réunion des immeubles par nature, alors que le principe ne joue pas (2795, 2796, 2951 C.c.Q.). Advenant immobilisation par attache ou réunion d'un bien meuble hypothéqué, celui-ci pourra faire l'objet d'une saisie mobilière autonome, par exception à la règle voulant que, dans le cas de la propriété unique, l'immeuble par attache ou réunion ne peut être saisi qu'avec l'immeuble par nature[14]. 2) Le bien meuble qui a fait l'objet d'un crédit-bail conserve sa nature mobilière tant que dure le contrat, même s'il est attaché ou réuni à un immeuble. Mais, ajoute l'article 1843 C.c.Q., le bien ne doit pas avoir perdu son individualité. Contrairement aux immeubles par nature, les immeubles par attache ou réunion peuvent être envisagés comme des biens meubles dans ces circonstances. 3) Il est possible de rechercher la responsabilité du fabricant, du fournisseur ou du distributeur d'un bien meuble non sécuritaire, même si ce bien s'est immobilisé par nature ou par attache ou réunion (1468 C.c.Q.). 4) Aux termes de l'article 48 de la *Loi sur l'application de la réforme du Code civil* (L.Q. 1992, c. 57), qui modifie indirectement l'article 903 C.c.Q., le bien meuble qui, dans l'immeuble, sert à l'exploitation d'une entreprise (1525 C.c.Q.) ou à la poursuite d'activités (économiques, professionnelles, sociales) est censé demeurer meuble pour fins d'application de cet article 903. Il n'importe pas que le meuble soit lié physiquement (machine, etc.) ou intellectuellement (véhicule moteur, etc.) à l'immeuble par nature: il reste meuble dans les deux cas, ce qui a pour effet de réduire l'impact de l'article 1843 C.c.Q., le crédit-bail ne pouvant être consenti qu'à des fins d'entreprise (1842 C.c.Q.). L'extension du domaine de l'hypothèque mobilière (2696 et suiv. C.c.Q.) explique vraisemblablement la nouvelle orientation législative. Celle-ci est d'autant plus évidente que le législateur n'a pas reconduit les dispositions de l'article 902 du Projet de loi 125, qui reprenaient le droit antérieur en matière d'immobilisation par destination. Au demeurant, les biens que la loi ne qualifie pas autrement sont meubles (907 C.c.Q.).

19 - Le législateur modifie passablement les conditions prévues par le Code civil du Bas-Canada en matière d'immobilisation par destination[15]. L'immobilisation par attache ou réunion nécessite l'accomplissement de six conditions:

1) Comme antérieurement, cette forme d'immobilisation suppose au départ l'existence d'un immeuble par nature (un terrain, etc.) et d'un meuble par nature (une roulotte, etc.). Mais, contrairement à l'article 379 C.c.B.-C. — et avec raison — l'article 903 C.c.Q. ne requiert plus que le meuble qui va être immobilisé par attache ou réunion et l'immeuble par nature appartiennent à la même personne. En cas de propriété unique, le bien immobilisé ne peut être saisi

(saisie immobilière) qu'avec l'immeuble auquel il s'attache ou s'est réuni (571 C.p.c.). Par ailleurs, tel que déjà expliqué, le bien meuble immobilisé conservera son caractère mobilier (saisie mobilière, etc.) dans certaines situations exceptionnelles. En cas de propriétés parallèles — dans le cadre d'une détention précaire (bail, etc.) — le bien immobilisé qui appartient au détenteur précaire peut être saisi (saisie immobilière) séparément par un créancier (571 C.p.c.). *Quid* lorsque la détention précaire prend fin, en l'absence de tout droit superficiaire (1110 et 1116 C.c.Q.)? Le propriétaire de l'immeuble par nature peut-il invoquer l'accession? À notre point de vue, cette règle jouera si le détenteur n'enlève pas le bien immobilisé et ne remet pas l'immeuble en l'état ou n'est pas contraint de le faire (948, 1890 1207, 1167 C.c.Q., etc.). Une compensation pourra devoir être versée au détenteur précaire lorsque le bien attaché ou réuni est une construction, un ouvrage ou une plantation, quoique non immobilisés par nature (964, 1891 C.c.Q.). Évidemment, les hypothèques publiées demeureront opposables au propriétaire de l'immeuble par nature (2660, 2941 C.c.Q.).

2) Le bien meuble par nature doit être lié physiquement à l'immeuble par nature, et non plus physiquement ou intellectuellement. L'article 903 C.c.Q. utilise les participes passés à peu près équivalents «matériellement attachés ou réunis», avec une légère nuance (l'attache supposant une adjonction ou une annexion comme dans le cas d'une maison mobile placée sur un terrain (sans y être intégrée), la réunion, une superposition ou une juxtaposition comme dans le cas d'un ascenseur privé se déplaçant sur un rail, le long d'un escalier). En effet, l'adverbe «matériellement» s'applique indifféremment aux mots «attachés» ou «réunis». Ces derniers termes, dans le contexte, ne peuvent que référer à un lien physique, tel le mot «union» dans le domaine de l'accession (948, 971, 1124 C.c.Q.). Du reste, la proposition «sans perdre leur individualité et sans y être incorporés» fait manifestement allusion à une situation physique, matérielle.

3) L'attache ou la réunion doit être «à demeure» (903 C.c.Q.), non pas de façon perpétuelle mais indéfinie, pour un temps

indéterminé — par opposition à «temporaire» — permettant ainsi le remplacement du bien immobilisé en cas de vétusté, sans qu'il perde sa nature[16]. La détention précaire n'empêche pas que l'attache ou la réunion soit considérée comme étant à demeure, le cas échéant (571 C.p.c.).

4) Le bien meuble doit assurer l'utilité de l'immeuble par nature, de sorte que ce dernier soit fonctionnel (article 48, *Loi sur l'application de la réforme du Code civil* (L.Q. 1992, c. 57)). Cette condition est commune aux biens meubles immobilisés par attache ou réunion et par nature (*supra*, n° 17). Elle permet d'éviter certaines situations aberrantes. Ainsi, une affiche ou un calendrier cloués sur un mur ne peuvent être considérés comme des immeubles par attache, puisque n'assurant pas l'utilité de l'immeuble par nature.

5) Il va de soi que le bien meuble ne doit pas être intégré à l'immeuble par nature, c'est-à-dire qu'il ne doit pas y être incorporé au point de perdre son individualité (903 C.c.Q.). Autrement, il y aurait immobilisation par nature et non par attache ou réunion (900, 901 C.c.Q.).

6) Le bien meuble devenu immeuble par attache ou réunion conserve sa nature immobilière tant qu'il reste immobilisé (903 C.c.Q., *id.*, 379 C.c.B.-C.).

20 - Partant de ces conditions, bien définies par la loi — et quoique le législateur évite de recourir aux notions d'exploitation ou de service foncier, sauf à l'article 1468 C.c.Q. (reliquat de projets de loi antérieurs) — les immeubles par attache ou réunion comprennent essentiellement les immeubles par destination voluptuaire prévus par l'article 380 C.c.B.-C., avec les changements susrelatés.

Si un bien meuble peut s'immobiliser matériellement par attache ou réunion, inversement, le bien immobilisé redevient meuble quand il est détaché physiquement et de façon permanente de l'immeuble par nature (903 *in fine* C.c.Q.), par décision du propriétaire du bien. Le détachement peut aussi avoir lieu intellectuellement, par changement d'affectation du bien immobilisé, le plus souvent à la suite de la conclusion d'un acte juridique (vente, etc.)[17]. Dans cette dernière situation, il y a mobilisation par anticipation (900 C.c.Q.), quitte à ce que cette mobilisation se concrétise ultérieurement pour fins d'opposabilité. Faute de texte de loi, le créancier qui détenait une hypothèque immobilière perd ses droits sur le bien détaché, sous réserve de ses recours contre le débiteur (2734 C.c.Q.).

21 - Les immeubles par l'objet sont les immeubles incorporels. Doivent être classés ici — comme sous l'article 381 C.c.B.-C.

— les droits réels portant sur des immeubles (à l'exclusion du droit de propriété afférent aux immeubles corporels, puisque le droit se confond avec l'objet — cf. 916 et 2910 C.c.Q.), les actions qui tendent à faire valoir des droits réels immobiliers (action pétitoire, en revendication, en bornage, etc.) et les actions possessoires, forcément de nature immobilière (904 C.c.Q.).

22 - Enfin, le législateur se laisse la possibilité de décréter l'immobilisation de certains biens (907 C.c.Q.), donc par détermination de la loi.

2 - Meubles

23 - En ce qui a trait aux biens meubles, le législateur conserve les sous-catégories du Code civil du Bas-Canada, toujours sans dénominations spécifiques: meubles par nature (905 C.c.Q.), par détermination de la loi (906 et 904 a contrario C.c.Q.), par anticipation (900 C.c.Q.).

24 - Les meubles par nature ou meubles corporels sont les biens mobiles en soi, qui peuvent se transporter (905 C.c.Q.). Jean Carbonnier rapportait à leur sujet qu'ils sont «oiseau et liberté»[18]. Cette catégorie englobe les titres au porteur, le gaz, l'électricité, les ondes radiophoniques (906 C.c.Q.), les meubles (non intégrés) qui, dans un immeuble, servent à l'exploitation d'une entreprise ou à la poursuite d'activités (article 48, Loi sur l'application de la réforme du Code civil (L.Q. 1992, c. 57)), (supra, no 18).

25 - Les meubles par détermination de la loi ou meubles incorporels regroupent les droits réels portant sur les meubles (à l'exclusion du droit de propriété sur les biens meubles corporels — cf. 916 et 2910 C.c.Q.), les droits personnels, les droits intellectuels[19], les actions afférentes à ces divers droits (904, 907 C.c.Q.).

26 - Les biens meubles par anticipation sont au départ des immeubles corporels, mais considérés d'avance par les parties à une convention comme des biens meubles. La jurisprudence élaborée à ce sujet trouve ici sa codification[20]. Ainsi, l'article 900 C.c.Q. autorise la mobilisation par anticipation des fruits et produits du sol (910 C.c.Q.) dans les actes de disposition dont ils sont l'objet. L'article 2698 C.c.Q. permet en outre la mobilisation anticipée des matériaux ou autres éléments qui font partie intégrante d'un immeuble par nature[21]. Par analogie, nous estimons que les immeubles par attache ou réunion peuvent faire l'objet d'une mobilisation par anticipation. Il s'agit en fait du mécanisme inversé de l'immobilisation par attache ou réunion: les contractants détachent intellectuellement ce qui a été matériellement attaché ou réuni (lien physique) à l'immeuble par nature (supra, n° 20). Par contre, il ne peut être question d'immobilisation par anticipation, faute de texte de loi dans ce sens — si ce n'est dans le cas des biens futurs (1374, 1785 C.c.Q.) — et parce que le Code privilégie la mobilisation des biens et non le contraire (907 C.c.Q.).

27 - Enfin, les règles interprétatives du Code civil du Bas-Canada (395 à 398 C.c.B.-C.) en matière de «meubles,»«meubles meublants«, etc., ne sont pas reprises. Toutefois, le législateur intègre un principe bien établi en droit, selon lequel tous les biens que la loi ne qualifie pas autrement sont des meubles (907 C.c.Q.)[22]. Ceux-ci constituant une catégorie résiduelle, on consacre par le fait même le caractère exceptionnel du droit immobilier, qui est donc d'interprétation stricte.

C) Droits réels

28 - Les biens incorporels, mobiliers ou immobiliers, comprennent les droits personnels, réels et intellectuels.

29 - La classification des droits réels, avec les attributs que cela comporte, apparaît essentielle en Droit des biens ou des sûretés. Le Code civil du Québec apporte peu de modifications à ce sujet.

30 - Comme actuellement, on peut, à l'égard d'un bien, être titulaire d'un droit réel principal ou accessoire (911, 2661 C.c.Q.)[23]. Ce dernier droit résulte d'une hypothèque ou d'une

clause résolutoire (1742 C.c.Q.). Le droit réel principal est normalement protégé par le pétitoire et, le cas échéant, par le possessoire (912, 928, 929 C.c.Q.). Le créancier hypothécaire
bénéficie évidemment des recours hypothécaires (2748 C.c.Q.).
Sous réserve de certaines exceptions (2674, 2732 C.c.Q., etc.)
et des règles relatives à la publicité (1454, 1455, 2938, 2969,
2970 C.c.Q.), le droit réel confère un droit de suite, comme en
matière de servitude, d'hypothèque ou d'usufruit (1182, 2660,
831 C.c.Q.). Il confère aussi un droit de préférence au créancier
hypothécaire, sauf quant aux priorités (2646, 2647, 2660
C.c.Q.). Enfin, il autorise l'abandon du bien affecté: mur
mitoyen, fonds servant, terrain et plantation, ouvrage ou construction faits dans le cadre d'une emphytéose (1006, 1185, 1211
C.c.Q.), etc.

31 - Le Code civil du Québec introduit certains droits mixtes
— «mâtiné(s) de réalité[24]» — qui se situent à mi-chemin entre
les droits personnels et les droits réels. Outre le droit du locataire d'un logement au maintien dans les lieux ou, au contraire,
à l'abandon — qui existaient déjà sous le Code civil du Bas-
Canada (1657 et 1652.9 C.c.B.-C.)[25] — on peut citer le droit
résultant d'un contrat de travail, qui survit à l'aliénation d'une
entreprise ou la créance prioritaire (1936, 2097, 2651 C.c.Q.).
Cette dernière apparaît comme un droit réel atrophié. Car, si
elle confère un droit de préférence — même par rapport aux
créanciers hypothécaires — le droit de suite semble confiné aux
cas de la créance pour les impôts fonciers sur les immeubles y
assujettis et de la créance du détenteur d'un bien meuble pourvu
que le droit subsiste (2646, 2647, 2650, 2651, 2770 C.c.Q.). Par
ailleurs, les créanciers prioritaires ne peuvent se prévaloir des
recours hypothécaires (2656, 2748 C.c.Q.)[26]. Enfin, les priorités
ne devraient pas prendre rang avant les hypothèques si le débiteur est devenu en faillite, puisque le législateur québécois ne
peut modifier l'ordre de collocation prévu par la *Loi sur la
faillite et l'insolvabilité*[27]. Cela fait naturellement peser sur le
système une lourde... hypothèque!

32 - Une question importante pour le praticien — à laquelle
nous aurions souhaité que le législateur réponde clairement: le
Code civil du Québec énumère-t-il limitativement les droits
réels principaux? Étant donné le libellé des articles 911 («On
peut (...) être titulaire (...) d'un droit de propriété ou d'un autre

droit réel (...)».), 947 («La propriété (...) est susceptible de modalités et de démembrements».) et surtout 1119 C.c.Q. («L'usufruit, l'usage, la servitude et l'emphytéose sont des démembrements du droit de propriété et constituent des droits réels».), de même que le retrait de l'article 1174 de la *Loi 20*[28] (qui énonçait que les contractants peuvent établir d'autres démembrements que ceux prévus par la loi), nous estimons que les droits réels ne peuvent être constitués qu'à l'intérieur du cadre du droit de propriété et de ses démembrements. Ainsi, il est permis d'aménager conventionnellement certains droits réels principaux — dont la servitude réelle, pouvant se muer en servitude personnelle. Par ailleurs, le principe du *numerus clausus* n'exclut pas la possibilité pour le législateur d'apporter des compléments aux droits réels, comme le droit de passage en cas d'enclave ou le droit d'usage d'une eau courante (997, 981 C.c.Q.); du reste, il est le seul à pouvoir créer d'autres droits réels, tels les droits miniers énumérés à l'article 8 de la *Loi sur les mines* (L.R.Q., c. M-13). Pour reprendre les propos des Mazeaud, «il ne peut appartenir qu'au législateur de définir les pouvoirs que l'homme est en droit d'exercer (sur un bien) (...)[29]».

En marge des droits réels, il existe certaines obligations réelles ou *propter rem* (qualifiées également des droits réels *in faciendo*), par exemple la prestation positive pouvant échoir au propriétaire du fonds servant dans le cas des servitudes ou l'obligation des copropriétaires d'un mur mitoyen de contribuer à l'entretien (1178, 1006 C.c.Q.). Étant donnée la connotation des droits réels et des obligations réelles, nous estimons qu'il faut adopter une conception restrictive du domaine d'application de ces obligations.

D) Autres classifications

33 - La distinction entre les biens dans le commerce et hors commerce est maintenue (2795, 2876 C.c.Q.). Entre autres, sont hors commerce les biens du domaine public, dont les terres publiques (916 à 919 C.c.Q.). Même si la disposition relative aux «choses sacrées» n'a pas été reprise (2217 C.c.B.-C.), nous estimons que la jurisprudence y relative — notamment l'affaire *Prévost c. Fabrique de la paroisse de l'Ange-Gardien*[30] —

continuera de s'appliquer. Il s'agit en effet de biens qui, par leur «affectation», ne sont pas susceptibles d'obligations (2876 C.c.Q.).

34 - Le législateur conserve également les distinctions actuelles entre les biens fongibles ou non (1453, 1562, 1563 C.c.Q.), consomptibles ou non (1127, 1556 C.c.Q.)[31].

35 - Les biens peuvent aussi se diviser en capitaux et en fruits et revenus (908 à 910 C.c.Q.). Cette classification revêt une grande importance dans le cas de l'usufruit (1126 et suiv. C.c.Q.) ou de l'administration du bien d'autrui (1345 et suiv. C.c.Q.).

II - Domaine

36 - Le domaine est aux corps publics ce que le patrimoine est aux particuliers, quoique le premier concept englobe le second. À l'instar du Code civil du Bas-Canada — mais de façon beaucoup plus articulée — le Code civil du Québec oppose les biens qui appartiennent aux particuliers à ceux de l'État ou ses substituts (915, 916 C.c.Q.).

A) Domaine des particuliers

37 - Le nouveau Code maintient la conception personnaliste du patrimoine, quoique le législateur ait prévu l'affectation ou la division de certains biens[32]. Cette double intégration apparaît comme un juste équilibre, tenant compte de la tradition et de la réalité contemporaine.

38 - Ainsi, toute personne, même entièrement démunie — comme le bébé naissant ou le contribuable qui vient de payer ses impôts — possède de droit un patrimoine (2 et 3 C.c.Q.) car cette personne reste apte à exercer des droits. Cela explique que le patrimoine comme tel (et non les biens qui le composent) soit intransmissible entre vifs. Il peut toutefois être transmis à cause de mort, comme actuellement, par la fiction voulant que l'héritier continue la personne du *de cujus*. En principe, cependant, contrairement au Code civil du Bas-Canada, l'héritier cesse d'être tenu des dettes du défunt *ultra vires successionis*, c'est-à-dire au-delà de l'actif successoral (625 C.c.Q.).

39 - Parallèlement, le législateur introduit la notion allemande de patrimoine d'affectation[33]: outre le patrimoine général, il peut exister des patrimoines affectés à des fins particulières (2, 301, 915 C.c.Q.). Ainsi en est-il du patrimoine fiduciaire — formé des biens transférés en fiducie par contrat à titre onéreux ou gratuit, par testament ou par la loi — patrimoine qui se révèle distinct du patrimoine général du constituant, du fiduciaire ou du bénéficiaire et sur lequel aucun d'entre eux n'a de droit réel (1261, 1262 C.c.Q.). Il s'agit en quelque sorte d'un patrimoine-but, dépourvu de sujet de droit, quoique émanant évidemment d'une personne physique ou morale (1, 2, 915, 918, 302 C.c.Q.). La fondation constitue également un autre exemple de patrimoine d'affectation, en autant qu'elle soit assujettie aux règles de la fiducie (1256 et suiv. C.c.Q.). Étant donnée l'autonomie dont jouit le patrimoine d'affectation (1257, 1261 C.c.Q.), les biens qui le composent ne devraient pas pouvoir être saisis pour les dettes du constituant. À ce sujet, l'article 2645 C.c.Q. nous semble parler inopinément de «division de patrimoine», alors qu'il ne devrait être question ici que d'affectation.

40 - Par ailleurs, le Code civil du Québec édicte plusieurs règles spécifiques pour certaines masses de biens — considérées comme des patrimoines séparés (que l'on connaissait déjà sous le Code civil du Bas-Canada) — se détachant aussi bien du patrimoine général que des patrimoines d'affectation[34]. Le législateur parle alors de division du patrimoine comme en matière de substitution avant ouverture, de succession avant liquidation, d'administration du bien d'autrui, de patrimoine familial (une fois ouvert le droit au partage) (2, 1223, 780, 1313, 414 et suiv. C.c.Q.), etc. Ici encore, les divisions peuvent émaner d'une personne physique ou morale, conformément à la loi (1, 2, 302 C.c.Q.). Des mécanismes juridiques variés assurent leur protection (de même que celle des affectations), tels le droit de suite en matière d'hypothèque, la subrogation en droit des sûretés ou en droit matrimonial (2660, 2674 et suiv., 450, 414 et suiv. C.c.Q.), etc.

41 - Pour le reste, on assiste à une certaine «patrimonialisation» des droits extrapatrimoniaux. Ainsi, le droit à la vie privée est transmissible à cause de mort, dans une certaine mesure; les droits à des dommages-intérêts, résultant de la violation de

certains droits de la personnalité, sont transmissibles aux héritiers (35, 36, 625, 1610 C.c.Q.). En contrepartie, certains droits
patrimoniaux ne peuvent être transmis aux héritiers parce que
trop personnels au *de cujus*. Il y a en quelque sorte une «dépatrimonialisation» de ces droits, au décès du titulaire. Ainsi en
est-il des droits résultant d'une charge personnelle, d'une offre
de contracter, d'un legs assorti d'une condition purement
personnelle, d'un contrat conclu à titre *intuitus personae* (179,
181, 232, 1392, 747, 750, 1441 C.c.Q.), etc. De même, on peut
parler de «dépatrimonialisation» de certaines obligations patri-
moniales, liées très fortement à la personne du débiteur, d'où
leur intransmissibilité à son décès. Ainsi en est-il des obligations résultant d'un cautionnement (2361 C.c.Q.) ou de la dette
alimentaire — sous réserve des articles 684 et suiv. C.c.Q. Sur
toutes ces questions, à vrai dire, le Code civil du Québec
n'apporte rien de vraiment nouveau — tout cela étant déjà à
l'état d'incubation dans le Code civil du Bas-Canada ou la jurisprudence[35] — mais le nouveau Code a le grand mérite de
clarifier et d'ordonner des principes obscurs et épars.

B) Domaine de l'État ou ses substituts

42 - Comme présentement, la loi ne fait pas la distinction entre
les domaines public et privé de l'État[36]. Le domaine public
comprend donc tous les biens de l'État, notamment: les terres
publiques (918 C.c.Q., *id.* 400 C.c.B.-C.), le lit (incluant les
îles) des cours d'eau navigables et flottables, le lit des cours
d'eau non navigables ni flottables pour autant que ces derniers
bordent des terrains aliénés par l'État après le 9 février 1918
(919, 968 C.c.Q., *id.* 400, 424, 425 C.c.B.-C.) les biens
confisqués (917 C.c.Q., *cf.* 2216 C.c.B.-C.), ou acquis par
vacance (361, 696, 916 C.c.Q., *cf.* 401 C.c.B.-C.), les meubles
sans maître qui n'ont pas été appropriés ou recueillis par une
municipalité (entre autres), les immeubles sans maître (935, 936
C.c.Q., *cf.* 401 C.c.B.-C.). La domanialité publique implique
plusieurs conséquences: 1) les biens de l'État sont inaliénables,
inappropriables par occupation, prescription ou accession (916,
2876 C.c.Q., *id.* 2213 et 2220 C.c.B.-C.). On décèle une
contradiction entre les articles 916 («nul ne peut s'approprier
par (...) prescription des biens de l'État...») et 2877 C.c.Q. («la

prescription s'accomplit à l'encontre de tous, même de l'État»). La contradiction est plus apparente que réelle: les biens de l'État sont en principe imprescriptibles (916 C.c.Q.), ce qui n'empêche pas les tiers d'invoquer exceptionnellement la prescription à l'encontre de l'État (2877 C.c.Q.). Ainsi, tant qu'ils n'ont pas été confondus avec ses autres biens (cf. 698 C.c.Q.), les biens de l'État acquis par succession, vacance ou confiscation sont appropriables par occupation, prescription ou accession (916 C.c.Q.). De même, toute personne peut acquérir par accession naturelle ou prescription les immeubles sans maître, propriété de l'État, à moins que celui-ci ne possède ces immeubles ou ne s'en soit déclaré propriétaire par avis inscrit au registre foncier (936 C.c.Q.); 2) les biens de l'État sont insaisissables puisque inaliénables (1173, cf. 1215 C.c.Q.); 3) conséquence de l'insaisissabilité, ces biens ne sont pas susceptibles d'hypothèques (2668 C.c.Q.).

43 - Les principes relatifs à la domanialité publique régissent également les biens des collectivités locales et des établissements publics, dans la mesure où lesdits biens sont «affectés à l'utilité publique» (916, cf. 913 ou 1726, C.c.Q.). Le législateur reconduit ici le principe de la dualité domaniale[37], dont la portée s'avère toutefois beaucoup plus large qu'actuellement — les articles 2220 et 2221 C.c.B.-C. s'appliquant essentiellement aux municipalités, alors que l'article 916 C.c.Q. vise les «personnes morales de droit public». Les biens du domaine privé de ces personnes se définissent habituellement de façon résiduelle: ce sont ceux qui ne font pas partie de leur domaine public. À notre point de vue, les biens du domaine public — «affectés à l'utilité publique» (916 C.c.Q.) — devraient couvrir deux catégories de biens: les biens destinés à l'usage direct du public et ceux affectés à un service public (essentiels à la personne morale de droit public)[38], incluant leurs dépendances et accessoires indissociables (à l'opposé de ce que soutiennent certains juges[39]). Pour éviter toute controverse future, il nous semble que le législateur aurait dû circonscrire ces questions de façon plus précise.

III - Possession

44 - Le Code civil du Bas-Canada regroupait les dispositions portant sur la possession et la prescription. Pour bien marquer

que la possession ne contredit pas, mais accompagne généralement le droit de propriété ou l'un de ses démembrements, le législateur a choisi de traiter de la possession et du droit de propriété dans le même livre (Livre IV) et d'aborder ailleurs la question de la prescription (Livre VIII). Pour le reste, le Code civil du Québec maintient les principales règles relatives à la possession, avec quelques assouplissements.

45 - Seront étudiés dans l'ordre les sujets suivants: la nature et les éléments constitutifs de la possession; les présomptions afférentes à la possession; le recours possessoire; les effets de la possession; la détention précaire.

A) Nature

46 - La possession est l'exercice de fait des prérogatives d'un droit réel principal avec l'intention d'agir comme le titulaire de ce droit (921 C.c.Q., id. 2192 C.c.B.-C.)[40].

47 - Normalement, la possession et le droit réel coïncident: le possesseur et le titulaire du droit sont une seule et même personne. En protégeant le possesseur, la loi avantage donc le titulaire du droit. Ainsi, le propriétaire d'un immeuble pourra intenter les actions possessoires ou faire la preuve de la propriété en faisant celle de la possession, qui fait présumer le titre (928 et 929 C.c.Q., id. 2194 C.c.B.-C.)[41]. On doit cependant admettre que la preuve de la propriété foncière peut désormais se faire autrement, et même sans difficulté, en démontrant l'inscription du droit. Le nouveau Code prévoit en effet une présomption simple de l'existence d'un droit inscrit, en ajoutant que l'inscription sur le registre foncier d'un droit de propriété dans un immeuble immatriculé (pour autant que le registre foncier soit opérationnel et qu'un rapport d'actualisation ait été publié), si elle n'est pas contestée dans les dix ans, emporte présomption absolue de l'existence du droit. La loi confère ainsi une valeur probatoire à l'inscription d'un droit, comme dans le système des livres fonciers (articles 2944 C.c.Q. et 155 de la *Loi sur l'application de la réforme du Code civil* (L.Q. 1992, c. 57)).

48 - Lorsque le possesseur et le titulaire sont deux personnes différentes, il peut paraître inconvenant de favoriser le

possesseur, surtout de mauvaise foi. En réalité, il y a lieu de protéger la possession stable. D'une part, le possesseur qui voit à la conservation du bien mérite d'être avantagé par la loi, notamment par le biais du possessoire. D'autre part, le titulaire peut faire valoir ses droits par le pétitoire ou la revendication avant l'accomplissement de la prescription (912, 953 C.c.Q.). En prévoyant des règles précises qui équilibrent ainsi les droits du possesseur et du titulaire, le Code assure la paix sociale.

B) Éléments constitutifs

49 - La possession suppose la coexistence de deux éléments: le *corpus* (élément objectif) et l'*animus* (élément subjectif) (921 C.c.Q., *id.* 2192 et 2193 C.c.B.-C.).

1 - Corpus

50 - Le *corpus*, c'est l'ensemble des faits de possession, matériels ou parfois juridiques (bail, etc.), soumis à l'appréciation du juge[42].

51 - La détention d'un bien par soi même[43] ou la jouissance *corpore alieno* permettent de fonder la possession (921 C.c.Q., *id.* 2192 C.c.B.-C.). Dans cette dernière situation, le possesseur se contente de retirer les fruits et revenus du bien, sans le détenir. Ainsi, dans le cas du bail, la maîtrise matérielle du bien appartient au locataire et non pas au locateur. Pourtant, ce dernier demeure possesseur, par l'intermédiaire du locataire: la possession a lieu par autrui (le locataire) et pour autrui (le possesseur).

52 - Contrairement aux actes de détention ou de jouissance, les actes de pure faculté ou de simple tolérance supposent l'accord tacite du propriétaire à l'utilisation du bien. Étant dépourvus du caractère provocateur (découlant des empiétements véritables) inhérent à la possession utile, ces actes ne peuvent fonder la possession (924 C.c.Q., *id.*, 2196 C.c.B.-C.)[44].

2 - Animus

53 - L'*animus* consiste dans la volonté de se comporter comme le titulaire du droit réel concerné. Cette volonté se présume

(921 C.c.Q., *id.*, 2193 et 2194 C.c.B.-C.). L'élément subjectif de la possession est essentiel: le dormeur auprès duquel on dépose un objet ne peut devenir possesseur qu'à son réveil.

54 - Le *corpus* et l'*animus* doivent exister simultanément chez le possesseur. Il n'y a plus de possession lorsque le *corpus* et l'*animus* disparaissent, par exemple, advenant abandon (*supra*, no 10). Il en est de même lorsque le *corpus* ou l'*animus* cesse d'exister, par exemple, en cas de vol du bien possédé ou d'une interversion de titre résultant de la reconnaissance d'un domaine supérieur au sien. Exceptionnellement, en matière d'immeubles, la possession se maintient *solo animo*, de façon purement intellectuelle, mais pendant un an et un jour seulement: le possesseur évincé peut intenter une action possessoire tant que le délai n'est pas expiré (929, 2923 C.c.Q., *id.* 2223 C.c.B.-C.).

55 - L'*animus* fait défaut au détenteur précaire, à l'utilisateur temporaire, qui a reconnu un domaine supérieur au sien; c'est pourquoi ce détenteur ne peut prescrire contre le propriétaire (923 C.c.Q., *id.* 2203 C.c.B.-C.)[45]. Toutefois, le détenteur précaire qui est titulaire d'un droit réel principal (autre que le droit de propriété) s'avère un possesseur à l'égard des tiers, incluant le propriétaire: d'où le fait que les tiers peuvent prescrire contre l'usufruitier, le titulaire d'un droit d'usage ou l'emphytéote — acquisitivement (mais pour autant que le droit soit cessible) ou extinctivement — ou que ces derniers titulaires peuvent recourir au possessoire contre les tiers (921 C.c.Q., *id.* 2203 C.c.B.-C.)[46].

56 - Le voleur (d'un bien meuble) a le *corpus* et l'*animus*. Contrairement au détenteur précaire, il ne reconnaît aucun domaine supérieur au sien: tout lui appartient. Heureusement, la loi a prévu que cet escamoteur ne peut invoquer les effets de la possession (927 C.c.Q., *id.* 2198 C.c.b.-C.).

C) Présomptions

57 - Le Code attache plusieurs présomptions à la possession: présomption d'*animus*, de continuité, d'exemption de vices, de titulariat — sans compter la présomption de bonne foi, qui vise toute personne, et non pas seulement le possesseur (921, 925, 928, 2805 C.c.Q., *id.* 2194, 2199, 2202 C.c.B.-C.)[47].

58 - Ces présomptions sont relatives (2847 C.c.Q.). Ainsi, la présomption de titulariat pourra se heurter à celle de l'existence du droit de propriété découlant d'une inscription antagoniste. La seconde présomption semble avoir priorité sur la première, puisque s'imposant «à l'égard de tous» (2944 C.c.Q.), ce qui pourra obliger le possesseur d'un immeuble à démontrer l'accomplissement de la prescription ou à établir autrement la preuve de sa propriété (2918 C.c.Q., etc.). On notera que la publicité d'un droit de propriété dans un immeuble immatriculé (pour autant que le registre foncier soit opérationnel et qu'un rapport d'actualisation ait été inscrit) interrompt la prescription, dès lors rendue impossible, sauf exceptions (articles 2918, 2957 C.c.Q. et 155 de la *Loi sur l'application de la réforme du Code civil* (L.Q. 1992, c. 57)).

D) Recours possessoire

59 - Le possesseur d'un immeuble — à titre de propriétaire ou de titulaire d'un autre droit réel principal — bénéficie du recours possessoire, en complainte ou en réintégration (904, 922, 929, 2890, 2923 C.c.Q.)[18]. Sauf quant à l'impossibilité de cumuler le possessoire et le pétitoire (*infra*, n° 88), le droit antérieur est maintenu (*cf.* 770 C.p.c. (ancien)), entre autres la nécessité pour le demandeur d'avoir une possession utile, c'est-à-dire paisible, continue, publique et non équivoque pendant plus d'une année avant le trouble ou la dépossession[49]. L'absence d'indication à l'article 922 C.c.Q. à l'effet que la possession doive être ininterrompue et à titre de propriétaire ou titulaire du droit ne porte pas à conséquence, puisque ces exigences découlent de la notion même de prescription (921, 2889, 2910 et suiv. C.c.Q., *cf.* 2193 C.c.B.-C.).

60 - Le Code civil du Québec passe sous silence la dénonciation de nouvel œuvre[50]. Nous croyons que ce recours — une variété de la complainte, d'ailleurs autrefois désignée sous le nom de «complainte en cas de saisine ou de nouvelleté» — pourra encore être intenté dans le futur (929 C.c.Q.). Mais il aurait été utile de le préciser. Par ailleurs, on peut regretter que le locataire (quoique détenteur précaire et non pas possesseur) ne puisse exercer le possessoire contre les tiers, plutôt que de devoir s'adresser au locateur. Plusieurs États de tradition

civiliste (France, Allemagne, Suisse, etc.) admettent pourtant ce recours[51].

E) Effets de la possession

61 - La possession utile, non viciée, fait acquérir les fruits et revenus du bien, et surtout le droit de propriété ou l'un de ses démembrements, par prescription. Elle est également déterminante en matière d'impenses. Dans tous les cas, la possession entachée de quelque vice ne commence à produire des effets qu'à compter du moment où le vice a cessé (926 C.c.Q., *id.* 2198 C.c.B.-C.). Il faut à l'occasion distinguer la bonne ou la mauvaise foi du possesseur (922, 930 à 933, 2910 C.c.Q., *cf.* 2193, 410 à 412, 417, 2183 C.c.B.-C.).

1 - Acquisition des fruits et revenus

62 - Le possesseur de bonne foi est dispensé de rendre compte des fruits et revenus au propriétaire (931 et 932 C.c.Q., *cf.* 411 et 412 C.c.B.-C.)[52]. Nous abordons cette question au chapitre IV, nos 91 et suiv. On remarquera seulement que la bonne foi du possesseur cesse du jour où l'absence de titre ou les vices de sa possession ou de son titre lui sont dénoncés par une «procédure civile» (932 C.c.Q.). Cette expression paraît équivaloir à l'«interpellation judiciaire» des articles 412 ou 1067 C.c.B.-C.[53], c'est-à-dire une assignation ou «demande en justice» (1594 C.c.Q.), telle l'action en revendication.

2 - Prescription

63 - Sauf exceptions, le droit de propriété ou l'un de ses démembrements peuvent être acquis par l'effet de la possession utile pendant le temps requis par la loi (930 C.c.Q., *id.* 2183 C.c.B.-C.).

64 - Changement important en matière d'immeubles: l'ayant cause universel ou à titre universel ne souffre plus des vices dans la possession (et non pas dans le titre) de celui dont il continue la possession. Il en a toujours été ainsi en ce qui concerne l'ayant cause à titre particulier qui joint sa possession à celle de son auteur (926, 2912 C.c.Q., *cf.* 2198, 2200 et 2253

C.c.B.-C.)[54]. Cette règle homogène veut permettre plus facilement l'accomplissement de la prescription[55]. Si l'on interprète littéralement l'article 926 C.c.Q., des situations aberrantes pourront se produire, notamment en cas de possession clandestine ou violente de l'auteur (922 C.c.Q.). À notre avis, le législateur permet tout au plus que l'ayant cause d'un possesseur ne souffre pas des vices dans la possession de cet auteur lorsqu'il n'a pas soupçonné l'existence des vices (cf. 932 C.c.Q.). Car le possesseur clandestin ou violent peut être assimilé jusqu'à un certain point à un voleur ou un fraudeur, dans quel cas ses ayants cause, à quelque titre que ce soit, ne peuvent souffrir des vices de la possession antérieure, pourvu qu'eux-mêmes aient ignoré ces vices au moment de l'acquisition et aient eu une possession utile par la suite (cf. 927 C.c.Q.)[56]. Dès lors, on peut se demander s'il n'aurait pas été plus simple de tout mettre sous la même étiquette: la jonction des possessions.

3 - Impenses

65 - Le possesseur peut être indemnisé pour les constructions, ouvrages ou plantations faits sur l'immeuble d'autrui, sans que la prescription ait pu s'accomplir (933 C.c.Q.). Ce sujet est étudié au chapitre IV, nos 95 et suiv.

F) Détention précaire

66 - Privé de l'*animus* (*supra*, n° 55), le détenteur précaire ne peut prescrire, sauf interversion de titre non équivoque (923 C.c.Q., *id.* 2203 et 2205 C.c.B.-C.)[57].

67 - L'interversion de titre résulte d'un acte catégorique — matériel, juridique, judiciaire ou non — du détenteur inconciliable avec la précarité, ou encore du fait d'un tiers non propriétaire ou non titulaire du droit réel susceptible de possession, quoique transféré par ce tiers[58]. En toutes hypothèses, l'interversion doit être notifiée au propriétaire ou titulaire du droit (2914 C.c.Q., *id.* 2205 C.c.B.-C.)[59]. Cette exigence paraît entièrement fondée, surtout lorsque l'interversion résulte du fait d'un tiers et que celui-ci n'est même pas possesseur ou est un possesseur clandestin. Dans ce dernier cas, en particulier, le détenteur précaire devenu possesseur ne pourra joindre sa

possession à celle de son auteur — sans souffrir des vices de la
possession clandestine antérieure — qu'en autant que sa propre
possession soit utile, notamment publique (*supra*, n° 64). Cela
suppose évidemment la dénonciation de l'interversion au véritable propriétaire (925, 926, 2914 C.c.Q.).

68 - Sauf le cas d'interversion de titre, la détention précaire est
indélébile (923, 2913 C.c.Q., *id.* 2203 C.c.B.-C.)[60]. Cela vaut-
il pour les héritiers universels ou à titre universel du détenteur,
qui continuent sa personne (625, 738, 739 C.c.Q.)? Règle générale, on constate que le législateur n'a pas voulu pénaliser les
ayants cause (à quelque titre que ce soit) d'un auteur, mais à
certaines conditions (926 et 927 C.c.Q.). À notre avis, il faut
faire une distinction selon que la détention précaire concerne un
meuble ou un immeuble. Dans le cas des meubles, ne peut-on
pas appliquer l'article 927 C.c.Q., qui traite surtout de meubles
volés? Le détenteur précaire qui dispose d'un bien meuble ne
lui appartenant pas en faveur de ses héritiers peut être considéré
comme un fraudeur. Or, l'ayant cause du voleur, à quelque titre
que ce soit, peut invoquer les effets de la possession s'il ignorait
le vice, avec la conséquence qu'il bénéficie de l'interversion de
titre. Comparativement, le droit antérieur prévoyait que le
voleur ou autre possesseur violent ou clandestin et leurs successeurs universels ou à titre universel ne pouvaient prescrire (927
C.c.Q., *cf.* 2198, 2268 C.c.B.-C.). Par analogie avec le cas du
voleur, nous estimons que l'ayant cause (à quelque titre que ce
soit) du détenteur précaire peut invoquer les effets de la
prescription s'il ignorait la précarité du titre de son auteur (927
C.c.Q.). Dans le cas des immeubles, l'article 927 C.c.Q. ne peut
trouver application. En effet, l'ayant cause du détenteur précaire
ne pourrait jamais prescrire si l'on exigeait qu'il ait ignoré
l'existence de la précarité au moment de l'ouverture de la
succession. Car l'article 2943 C.c.Q., qui a trait aux vices de
titre (et non de possession), établit une présomption de connaissance des inscriptions antagonistes, en l'occurrence, le droit de
propriété. Or, le législateur a bien pris garde de ne pas reproduire l'article 2204 C.c.B.-C., qui empêchait les successeurs
universels ou à titre universel du détenteur précaire de prescrire.
Nous décelons là une volonté de permettre aux ayants cause
d'invoquer la prescription, nonobstant l'article 2943 précité,
mais sous réserve de l'article 2918 C.c.Q. Par ailleurs, dans le

cas de la succession testamentaire, l'interversion résulte avant
tout d'un acte juridique (testament) du détenteur. Aussi l'interversion devrait-elle être notifiée au véritable propriétaire (2914
C.c.Q.).

IV - Droit de propriété

69 - Le Code civil du Québec apporte très peu de modifications
en matière de propriété.

70 - Nous nous pencherons successivement sur la nature du
droit de propriété, les droits et les obligations du propriétaire,
les recours relatifs à la propriété, l'accession.

A) Nature

1 Définition

71 - Le droit de propriété est défini comme un droit réel sur un
bien (911, 947 C.c.Q.), et non pas seulement sur une chose
(nécessairement matérielle et appropriable), comme le prévoit
l'article 406 C.c.B-C. Les biens pouvant être corporels ou
incorporels (899 C.c.Q.), le droit de propriété porte indifféremment sur les uns ou les autres. Juridiquement, il devient
donc exact de parler de la propriété d'un droit personnel ou
intellectuel, qui s'imprègnent ainsi de réalité. Mais, le législateur ne va pas jusqu'à disqualifier ces dernières catégories,
comme en témoignent les articles 921 et 2910 (prescription
acquisitive des droits réels principaux), 2938 (publicité de
certains droits réels et personnels), 458 et 909 C.c.Q. (droits
intellectuels).

72 - Comme antérieurement, le législateur reprend d'une main
ce qu'il donne de l'autre. Le droit de propriété (*plena potestas*)
comprend trois éléments, selon la trilogie classique: *usus, fructus, abusus*[61] dont l'exercice est laissé complètement au titulaire, mais sous réserve des limites fixées par la loi (911, 947
C.c.Q., *id.* 406 C.c.B.-C.)[62]. On nous présente en quelque sorte
le droit de propriété comme un gruyère plein, sous réserve des
trous dont il peut être percé.

2 - *Modalités et démembrements*

73 - La propriété est susceptible de modalités (notamment, la copropriété et le droit de superficie)[63] et de démembrements (l'usufruit, le droit d'usage, l'emphytéose, la servitude) (947 C.c.Q.). On le savait déjà, mais il est bon de le préciser. Nous dirons seulement quelques mots sur la propriété superficiaire, que le Code civil du Bas-Canada ignorait à peu près totalement[64].

74 - Le Code civil du Québec consacre maintenant un chapitre complet à la propriété superficiaire, sans compter plusieurs dispositions éparses (955, 1011 C.c.Q., etc.). La pratique et la doctrine — en particulier l'ouvrage de Jean-Guy Cardinal, *Le droit de superficie, modalité du droit de propriété*[65] — ont joué ici un rôle créateur.

75 - L'idée «cardinale» de cette institution est de permettre au superficiaire d'être propriétaire d'une partie délimitée du fonds appartenant au tréfoncier (le «tréfonds») ou de la totalité ou d'une partie des constructions, ouvrages ou plantations faits ou à être faits sur ou à l'intérieur de ce fonds (1011 C.c.Q.). Il s'agit en quelque sorte d'un régime de promiscuité organisée: une superposition de droits de propriété.

76 - Le nouveau Code énonce de façon lapidaire que la propriété superficiaire résulte de la division de l'objet du droit de propriété portant sur un immeuble ou encore de la cession du droit d'accession ou de la renonciation au bénéfice de l'accession (1110 C.c.Q.). D'une part, la propriété superficiaire peut naître du morcellement d'un immeuble existant, par aliénation ou prescription. Cette aliénation prend le plus souvent la forme d'un acte de vente ou de donation consenti par le tréfoncier au superficiaire. Un tiers possesseur peut également acquérir des droits superficiaires par prescription, accessoirement à un droit de propriété[66]: ayant agi comme un propriétaire superficiaire pendant dix ans, le possesseur aura acquis un droit de propriété et des droits de superficie, dans les limites fixées par l'article 2918 C.c.Q. D'autre part, la propriété superficiaire peut aussi résulter de l'abandon du droit d'accession par le propriétaire tréfoncier. Cette abdication peut prendre diverses formes[67]: le bail avec permission de construire, la simple permission de

construire, la convention de superficie, etc. En toutes hypothèses, le tréfoncier aliène une portion d'espace dans lequel s'insérera éventuellement un immeuble (construction, ouvrage ou plantation), propriété du superficiaire (1374 C.c.Q.). Quelle que soit la source de la propriété superficiaire, le propriétaire superficiaire doit pouvoir exercer ses droits. C'est pourquoi l'article 1111 C.c.Q. précise qu'à défaut de convention, le tréfonds est grevé des servitudes nécessaires — petite barque détachée du lourd vaisseau de la propriété.

B) Droits et obligations du propriétaire

1 - Accession

77 - Comme antérieurement, la propriété emporte l'accession (*infra*, n°s 91 et suiv.). Ainsi, les fruits et revenus du bien appartiennent inconditionnellement au propriétaire, sous réserve des exceptions apportées par la loi (932, 948 et 949 C.c.Q., *cf.* 408, 410 à 413 C.c.B.-C.).

2 - Risques et pertes

78 - La règle *res perit domino* — sous-jacente à divers articles du Code civil du Bas-Canada — n'est plus absolue. Certes, en principe, le propriétaire assume les risques du bien (950 C.c.Q.), mais sous réserve des articles 1456 et 1746 C.c.Q.: l'acquéreur ne supporte les risques qu'à compter de la délivrance, même aux termes d'une vente à tempérament. Il nous semble pertinent de lier les risques du bien au contrôle de fait — et non de droit — dans ces circonstances. On notera toutefois, conformément à l'article 84 de la *Loi sur l'application de la réforme du Code civil* (L.Q. 1992, c. 57), que les dispositions de l'article 1456 C.c.Q. ne s'appliquent pas aux situations où l'obligation de délivrance du bien, même exigible après l'entrée en vigueur du nouveau Code, découle d'un transfert effectué antérieurement.

3 - Propriété du sol

79 - La propriété du sol emporte celle du dessus et du dessous, avec les restrictions que l'on connaît (951 C.c.Q., *id.* 414

C.c.B.-C.). Le législateur ajoute que le propriétaire doit respecter les droits publics sur les nappes d'eau et les rivières souterraines.

80 - L'axiome du Code est emprunté au droit romain: *Cujus est solum, cujus est usque ad coelum et usque ad inferos* (De qui est le sol, il doit être à lui des astres aux enfers). Théoriquement donc, le propriétaire du sol l'est aussi du sous-sol ou tréfonds, qu'il faudrait se représenter «comme une pyramide (renversée) ayant un sommet au centre de la terre»[68]; il est aussi le maître de l'espace aérien qui surplombe perpendiculairement le sol, jusqu'au zénith[69].

81 - Cette idéologie paraît aujourd'hui dépassée. En pratique, le propriétaire foncier n'a besoin que d'un certain volume au-dessus et au-dessous de son terrain. Pour cette raison et aussi parce que la propriété a en bonne part une fonction sociale, le droit public a limité, entre autres, la hauteur et la profondeur de l'espace nécessaire: la propriété foncière ne porte plus que sur un volume infime compris entre deux espaces, l'un, mesurable et relevant du domaine public de l'État (le tréfonds), l'autre, infini et régi en sa partie pratiquement accessible par des lois d'intérêt public (l'espace aérien).

82 - Ainsi, au-delà d'un plafond évidemment variable, l'espace aérien devient en quelque sorte un bien collectif. On sait, par exemple, que les municipalités peuvent réglementer la hauteur des constructions pour les fins d'urbanisme[70]. C'est donc dire qu'à un certain palier, l'exercice du droit de construire relève de la collectivité. De même, le ministre responsable de la *Loi sur l'aéronautique*[71] peut édicter des règlements concernant les routes aériennes, la hauteur, l'usage et l'emplacement de constructions situées sur les terrains à proximité des aéroports, y inclus des règlements interdisant l'accomplissement de certains actes sur ces terrains ou l'établissement de constructions, etc. La jurisprudence a justifié l'existence de ces servitudes aériennes pour des raisons d'intérêt public, restreignant d'autant les droits du propriétaire foncier sur l'espace aérien[72]. La théorie de l'abus de droit et des troubles de voisinage a également trouvé application ici[73].

83 - En ce qui a trait au tréfonds, il ressort de l'étude de la *Loi sur les mines* que le sol ou couche arable (l'horizon A)

appartient exclusivement au propriétaire foncier[74]. Le sous-sol ou tréfonds est la propriété de l'État, sauf en ce qui regarde les droits miniers non révoqués par la *Loi sur la révocation des droits de mine et modifiant la Loi sur les mines*[75] de 1982, aux conditions y mentionnées, et sauf quant aux substances minérales inférieures (tels le sable, le gravier, etc.). Sur ce dernier point, la propriété tréfoncière de l'État coexiste tantôt avec une autre, se révèle tantôt une propriété démembrée, tantôt une pleine propriété sans aucune concurrence. D'une part, en effet, lorsqu'une terre a été concédée à des fins non minières avant le 1er janvier 1966, le propriétaire foncier est propriétaire exclusif des substances minérales inférieures — qui sont surtout localisées dans la couche (l'horizon B) située entre le sol et la roche-mère — l'État étant propriétaire des autres minéraux. D'autre part, si la terre a été concédée depuis le 1er janvier 1966, ces substances n'appartiennent pas au propriétaire foncier, mais il a le droit de les déplacer et de les utiliser pour ses besoins domestiques. Enfin, dans toutes les hypothèses, l'État est pleinement propriétaire de la roche-mère (l'horizon C) puisqu'on n'y décèle généralement pas ces substances minérales inférieures.

84 - On peut chercher à concilier ces divers principes. Les droits du propriétaire foncier s'analysent alors en un droit de propriété sur la couche arable et les bâtiments érigés, ainsi qu'en un droit de propriété ou d'usage sur les substances minérales inférieures. En outre, le tréfonds appartenant normalement à l'État est grevé des servitudes nécessaires (droits d'excavation, de construction, d'appui, etc.) à l'exercice du droit du propriétaire foncier (951 C.c.Q.). On pense naturellement ici au droit de superficie (1011 C.c.Q.)[76].

85 - Non seulement la règle reconduite par l'article 951 C.c.Q. connaît-elle plusieurs limitations légales (980, 985, 1110 C.c.Q., etc.), mais le principe lui-même prête à caution: la propriété du sol n'emporte celle du dessus et du dessous — et partiellement encore — que lorsque l'État est propriétaire du fonds de terre. C'est pourquoi nous estimons que le législateur aurait dû recourir à la notion de «propriété superficiaire» (1011 C.c.Q.), qui correspond à la réalité de la propriété foncière — le propriétaire étant à la fois tréfoncier (par rapport au dessus) et superficiaire (par rapport au dessous).

4 - *Expropriation*

86 - Comme sous le Code civil du Bas-Canada, le propriétaire ne peut être obligé de céder sa propriété, si ce n'est par voie d'expropriation pour cause d'utilité publique et moyennant une juste indemnité (952 C.c.Q., *id.* 407 C.c.B.-C.)[77].

C) Recours

87 - Outre le possessoire, le cas échéant (*supra*, n°s 59 et 60), le propriétaire peut notamment intenter le recours pétitoire ou en revendication.

1 - *Pétitoire*

88 - Le recours pétitoire vise le fond du droit, la reconnaissance du droit de propriété ou d'un autre droit réel principal (912 C.c.Q.)[78]. Étant donnée la non-reconduction de l'article 772 C.p.c.[79] le cumul du possessoire et du pétitoire paraît désormais possible — la règle contraire ayant été jugée inutilement contraignante. Seul le pétitoire demeurera possible lorsque le délai pour intenter le possessoire (un an depuis le trouble ou la dépossession) sera expiré. Le pétitoire se prescrit par dix ans dans le cas des immeubles et trois ans dans celui des meubles (2923, 2925 C.c.Q.).

2 - *Revendication*

89 - Le propriétaire d'un bien bénéficie aussi du droit de revendication contre le possesseur (si la prescription n'est pas acquise et sauf le cas de la vente en justice) ou le détenteur qui détient le bien sans droit. Ce recours pétitoire n'appartient qu'au propriétaire, excluant les autres titulaires de droits réels (953, 1714, 2919 C.c.Q.). La demande tend à la restitution du bien, à charge par le propriétaire du prouver son titre: *actor incumbit probatio.* Dans le cas des immeubles, cette preuve est relativement facile: l'inscription d'un droit emporte présomption simple de l'existence du droit; dix ans après l'inscription, pour autant que le registre foncier soit opérationnel, la présomption devient absolue (2944 C.c.Q.). En principe, l'action en revendication est imprescriptible puisque se rattachant à la

propriété, normalement perpétuelle. Mais l'accomplissement de la prescription acquisitive a pour effet de mettre cette règle en échec. Étant de nature pétitoire, la demande en revendication se prescrit par les délais ci-dessus mentionnés (no 88). Toutefois, nonobstant les articles 2923 et 2925 C.c.Q., le délai est de dix ans lorsque le possesseur d'un bien meuble était de mauvaise foi au moment de l'acquisition (2917, 2920 C.c.Q.); de plus, dans le cas des immeubles, la revendication peut être exercée tant que la prescription n'est pas accomplie (2918 C.c.Q.). En effet, le droit de propriété ne se perd par le non-usage que dans le cas où un tiers prescrit acquisitivement ce droit, en parallèle (*supra*, n° 12). Tant que le tiers est empêché de prescrire, le propriétaire devrait pouvoir revendiquer son bien. Le jugement faisant droit à la revendication consacre un droit de propriété et opère un transfert de possession. Il constate également diverses obligations entre les parties au titre des impenses et des compensations de restitution[80]

90 - Le propriétaire peut également s'opposer à tout empiétement qu'il n'a pas autorisé (953 C.c.Q.). Ce droit doit être conjugué avec celui découlant de l'article 992 C.c.Q.[81].

D) Accession

91 - Les dispositions du Code civil du Québec traitant de l'accession empruntent beaucoup au droit antérieur, avec quelques variations dictées par un souci d'équité ou d'harmonisation. Le législateur n'atteint pas toujours ses objectifs.

92 - L'accession a lieu par production ou par union (948 C.c.Q., *id.* 408 C.c.B.-C.).

1 - Accession par production

93 - La législation nouvelle reprend substantiellement les règles du Code civil du Bas-Canada. En principe, les fruits et revenus issus d'un bien appartiennent à son propriétaire, par droit d'accession (948, 949 C.c.Q., *id.* 409 C.c.B.-C.) (*supra*, n° 77), à charge d'indemniser le tiers qui a engagé des frais dans la production de ces fruits et revenus. Mais le droit du propriétaire dans les fruits et revenus ne dépend plus de l'acquittement des frais (949 et 1493 C.c.Q., *cf.* 410 C.c.B.-C.). Pour le reste, et

comme antérieurement, le propriétaire ne peut réclamer les fruits et revenus perçus par le possesseur (incluant l'héritier apparent) de bonne foi (931, 932 et 101 C.c.Q., *id.* 411 et 412 C.c.B.-C.). La croyance de ce possesseur en sa qualité de propriétaire l'ayant amené à administrer le bien, et donc à le conserver, il garde les fruits et revenus qui ont pu servir à l'entretien[82] (*supra*, n° 62). Pour éluder l'application de cette règle, le véritable propriétaire devra démontrer la mauvaise foi du possesseur qui connaissait ou devait connaître l'absence de titre de son auteur (2805, 2847 C.c.Q.). En matière d'immeubles, l'inscription d'un droit antagoniste pourra revêtir une grande importance (2943 C.c.Q.). Précision apportée par le législateur: le possesseur de bonne foi qui perçoit les fruits et revenus supporte les frais engagés pour les produire (931 C.c.Q.). Il serait injuste que le propriétaire, qui ne bénéficie pas du *fructus*, doive rembourser ces frais.

94 - À l'instar des articles 409 et suiv. C.c.B.-C., les articles 931 et suiv. C.c.Q. laissent de côté la problématique afférente aux produits du bien, comme les arbres ou les minéraux, dont la coupe ou l'extraction ont pour effet d'entamer la substance du capital (909 C.c.Q.). Certes, le propriétaire du bien l'est aussi des produits, mais en vertu de son droit de propriété comme tel, et non pas du droit d'accession: les produits constituent une portion, non pas un accroissement du bien[83].

2 - Accession par union

95 - Comme sous le Code précédent, l'accession par union est immobilière (artificielle ou naturelle) ou mobilière (toujours artificielle).

a) accession immobilière artificielle

96 - L'accession immobilière artificielle ou industrielle a lieu lorsque des constructions, ouvrages ou plantations sont faits par le propriétaire avec les matériaux d'autrui ou par le possesseur ou le détenteur précaire sur l'immeuble d'autrui. Toute impense faite avant l'entrée en vigueur du nouveau Code est régie par ce Code, conformément à l'article 49 de la *Loi sur l'application de la réforme du Code civil* (L.Q. 1992, c. 57).

i) constructions, ouvrages ou plantations faits par le
    propriétaire avec les matériaux d'autrui

97 - Les constructions, ouvrages ou plantations «sur un immeuble» — c'est-à-dire sur ou à l'intérieur d'un fonds de terre ou
un autre immeuble par nature — sont présumés avoir été faits
par le propriétaire et à ses frais. Mais cette présomption n'est
que relative (955, 2847 C.c.Q., *id.* 415 C.c.B.-C.). Lorsque le
propriétaire fait des constructions, ouvrages ou plantations avec
des matériaux (incluant des semences et plants repiqués) qui
appartiennent à un tiers, ces matériaux deviennent sa propriété
par droit d'accession, sans égard à la bonne ou mauvaise foi du
propriétaire (900, 948 C.c.Q.). Cela se justifie par le fait que la
démolition ou l'arrachage ne profiteraient pas suffisamment au
fournisseur. Celui-ci ne peut donc enlever les matériaux, bien
qu'il puisse évidemment en réclamer la valeur — sans quoi il
y aurait enrichissement injustifié pour le propriétaire — et
parfois des dommages-intérêts (1590 C.c.Q.). Le nouveau Code
reconduit de la sorte les dispositions de l'article 416 C.c.B.-C.[84],
en précisant toutefois que les matériaux doivent être évalués à
la date de leur incorporation et que le fournisseur ne peut être
contraint de les reprendre (956 C.c.Q.). Ce fournisseur peut
bénéficier de l'hypothèque légale du constructeur — nouvelle
forme du privilège ouvrier — sur l'immeuble concerné (2726,
2727 C.c.Q., *cf.* 2013 e C.c.B.-C.). Mais cette hypothèque ne
semble garantir la plus-value donnée à l'immeuble qu'en autant
que les matériaux ont été utilisés dans la construction ou
rénovation ou spécialement préparés à ces fins, même si non
utilisés[85].

ii) constructions, ouvrages ou plantations faits par le
    possesseur ou le détenteur précaire sur l'immeuble
    d'autrui

98 - Le Code civil du Québec apporte quelques modifications
au droit antérieur dans le cas des améliorations (constructions,
ouvrages ou plantations) réalisées par un possesseur ou par un
détenteur précaire sur l'immeuble d'autrui.

99 - D'abord, selon l'article 957 C.c.Q., le propriétaire de
l'immeuble acquiert par accession les améliorations nécessaires
(les impenses incluant les réparations majeures, et même les

réparations d'entretien effectuées par un possesseur de mauvaise foi, privé des fruits et revenus du bien), utiles (qui
apportent une plus-value à l'immeuble, sans être nécessaires ni
voluptuaires) et d'agrément (profitables à la personne et non à
l'immeuble) faites par un possesseur. L'article 417 C.c.B.-C.
liait le droit du propriétaire à la nature des améliorations, ainsi
qu'à la bonne foi ou la mauvaise foi du possesseur[86]. La
nouvelle règle paraît intangible.

100 - Par ailleurs, selon les articles 958 et 959 C.c.Q., le possesseur peut être remboursé pour les améliorations nécessaires
(existantes ou non) ou utiles (existantes)[87] qu'il a faites, dépendamment de sa bonne ou mauvaise foi (envisagée au moment
de l'édification ou de la plantation) et déduction faite des fruits
et revenus perçus en cas de mauvaise foi[88]. Bien que la loi ne
le précise pas, on peut croire que le possesseur pourra faire cette
réclamation en défense seulement, dans le cadre d'une action en
revendication intentée par le propriétaire[89]. Les options qui
s'offrent à ce dernier (indemnité, remise en état, etc.), le cas
échéant, sont les mêmes que celles prévues à l'article 417
C.c.B.-C., avec cette réserve que la notion de «valeur actuelle»
(dans le cas des impenses utiles faites par le possesseur de
mauvaise foi) est remplacée par celle de «plus-value». En outre,
il faudra tenir compte de l'article 2943 C.c.Q. (inscription d'un
droit adverse) aux fins d'estimation de la bonne ou mauvaise foi
du possesseur — cette bonne ou mauvaise foi étant toutefois
déterminante surtout en matière d'impenses utiles ou d'agrément — ainsi que des articles 960 et 963 C.c.Q., qui introduisent des changements de fond en matière de droit de
rétention, relevant du propriétaire ou du possesseur.

1) En ce qui concerne le droit de rétention du propriétaire, le
    possesseur — de bonne ou de mauvaise foi — peut être
    contraint à acquérir l'immeuble du propriétaire et à lui en
    payer la valeur, lorsque les impenses utiles sont consi-
    dérables, eu égard à cette valeur (960, *cf.* 992 C.c.Q.). Les
    articles 417 et 418 C.c.B.-C. ne permettaient la rétention
    d'immeuble qu'au détriment du possesseur de bonne foi.
    La nouvelle règle apparaît plus logique: il n'y a pas lieu de
    désavantager le propriétaire lorsque des améliorations utiles
    mais coûteuses (pouvant générer des hausses d'impôt fon-
    cier, etc.) sont faites par un possesseur de mauvaise foi;

autrement, ce possesseur serait dans une situation privilégiée par rapport au possesseur de bonne foi.

2) En ce qui a trait au droit de rétention du possesseur, le possesseur de bonne foi peut retenir l'immeuble jusqu'au remboursement des impenses nécessaires ou utiles (963 C.c.Q., *id.* 419 C.c.B.-C.). Mais le possesseur de mauvaise foi ne peut désormais exercer le droit de rétention qu'à l'égard des impenses nécessaires (963 C.c.Q.) excluant les impenses utiles, même **agréées** par le propriétaire. On peut se demander pourquoi ce possesseur ne bénéficie pas du même droit que le possesseur de bonne foi, dans de telles circonstances. L'article 419 C.c.B.-C. n'était pas des plus limpides, mais les termes utilisés n'empêchaient pas une interprétation favorable au possesseur de mauvaise foi[90], contrairement au nouveau texte. Si ce dernier est plus clair, il n'est certainement pas plus équitable.

101 - Le Code civil comporte dorénavant des règles spécifiques en matière d'impenses d'agrément — non compensables sous le Code civil du Bas-Canada, faute de dispositions. Les nouveaux articles nous satisfont. Le possesseur de bonne foi peut — mais au choix du propriétaire — enlever les améliorations d'agrément ou les abandonner. Dans ce dernier cas, le propriétaire doit rembourser le coût ou la plus-value apportée par l'impense (961 C.c.Q.), sans que le possesseur bénéficie cependant d'un droit de rétention. Le propriétaire peut contraindre le possesseur de mauvaise foi à remettre les lieux dans leur état antérieur et — advenant impossibilité — conserver les améliorations sans indemnité ou contraindre le possesseur à les enlever (962 C.c.Q.). Si l'on compare la position du possesseur (de bonne foi ou non) qui a réalisé des impenses d'agrément avec celle du possesseur qui a effectué des impenses utiles, on constate que l'on recule d'un cran. Alors que le possesseur de bonne foi qui a effectué des impenses utiles est toujours indemnisé, un tel possesseur qui a fait des impenses voluptuaires n'a que la possibilité de recevoir une compensation (959, 961 C.c.Q.). Tandis que le possesseur de mauvaise foi qui a fait des impenses utiles a la possibilité d'être indemnisé, un tel possesseur qui a effectué des impenses d'agrément ne reçoit jamais d'indemnité (962 C.c.Q.).

102 - Autre nouveauté, toujours en ce qui a trait aux impenses: le détenteur est désormais assimilé à un possesseur de mauvaise foi[91], sous réserve qu'il ne peut être contraint d'acquérir le bien (964 C.c.Q.). Ce principe surprend: le détenteur précaire — qui a reconnu un domaine supérieur au sien, contrairement au possesseur (921, 923 C.c.Q.) — ne devrait pas être mis sur le même pied qu'un possesseur, fût-il de mauvaise foi. Quoiqu'il en soit, le principe est vidé de son contenu en bonne partie, puisque des dispositions particulières règlent le sort des immobilisations réalisées par le locataire, l'usufruitier ou l'emphytéote (1891, 1137, 1138, 1210 C.c.Q.). La règle pourra cependant s'avérer utile à l'occasion, par exemple, lorsque le locataire a effectué certaines réparations majeures, normalement à la charge du locateur (1864 C.c.Q.), ou que l'usufruitier a réalisé des impenses d'agrément (cf. 1137 et 1138 C.c.Q.).

b) Accession immobilière naturelle

103 - L'accession immobilière naturelle concerne certains éléments adventices, qui ne font pas partie d'un bien, mais s'y ajoutent accessoirement. Ainsi, l'accession peut découler du déplacement d'objets, par l'effet d'une force naturelle ou majeure (989 C.c.Q.)[92]. Elle peut aussi résulter du mouvement des cours d'eau — donnant lieu à un accroissement ou à un rétrécissement de terrain — en rapport avec le lais ou l'alluvion (965 C.c.Q.), l'avulsion (967 C.c.Q.), le relais (966 C.c.Q.), la formation d'îles (968, 969 C.c.Q.), l'abandon de lit (970 C.c.Q.).

104 - Les dispositions relatives à ces différents phénomènes s'inspirent *grosso modo* des articles 420 à 428 C.c.B.-C. Signalons quelques divergences:

1) La mention à l'effet que l'alluvion n'a pas lieu sur les bords des lacs et étangs privés n'a pas été reproduite (422 C.c.B.-C.). Il en est de même de la référence au marchepied ou chemin de halage (420 C.c.B.-C.).

2) Les distinctions entre les cours d'eau navigables et flottables et ceux qui ne le sont pas ont été abandonnées ici (420, 424 à 427 C.c.B.-C.). Elles n'avaient d'ailleurs aucune incidence, sauf à l'article 427 C.c.B.-C., devenu l'article 970 C.c.Q.

3) Lorsqu'un cours d'eau quelque peu folâtre, primesautier, abandonne son lit pour s'en former un nouveau, l'ancien lit est attribué au prorata aux propriétaires des fonds nouvellement occupés (970 C.c.Q.). Cette dernière disposition est certainement plus équitable que l'article 427 C.c.B.-C., aux termes duquel l'ancien lit d'un cours d'eau navigable ou flottable appartient à l'État[93]. Le législateur fait montre de largesse. Il est vrai que le phénomène visé s'apparente au monstre du Loch Ness: on en entend parler, mais on ne le voit jamais.

c) Accession mobilière

105 - L'accession mobilière concerne les biens meubles appartenant à plusieurs personnes et dont les composantes ne peuvent être séparées sans détérioration ou sans un travail excessif (mélange ou adjonction) ou qui ont été travaillés ou transformés par autrui (spécification)[94].

106 - Le législateur reprend les règles antérieures, tout en les simplifiant et en introduisant quelques changements mineurs. Ainsi, l'accession mobilière s'apparente encore à une sorte d'expropriation privée: le bien nouvellement formé appartient à la personne qui a contribué davantage à sa création, par la valeur du bien initial ou par le travail apporté, à charge de payer la valeur de la matière ou de la main-d'œuvre à celui qui l'a fournie (971, 972 C.c.Q., cf. 430 à 441 a C.c.B.-C.). On voit par là que le législateur a voulu éviter les situations d'indivision, avec les problèmes qui s'ensuivent. Mais, s'il est impossible de déterminer qui a contribué davantage à la constitution du nouveau bien, les intéressés en sont copropriétaires indivis (973 C.c.Q.). Celui qui doit restituer le bien nouveau, le cas échéant, bénéficie d'un droit de rétention jusqu'au remboursement de l'indemnité qui lui est due (974 C.c.Q., id. 441 C.c.B.-C.). Ce droit ne paraît plus garantir le paiement de dommages-intérêts pouvant être dus selon les principes du droit commun (1592 C.c.Q., cf. 441 a C.c.B.-C.). En revanche, le droit de rétention est désormais protégé par priorité, de portée plus large que le privilège de rétenteur (2651, 2770 C.c.Q., cf. 1994, 2001 C.c.B.-C.). Pour le reste, dans les circonstances non prévues par les articles 971 à 974 C.c.Q., le droit d'accession mobilière est subordonné aux principes de l'équité (975 C.c.Q., id. 429 C.c.B.-C.).

Conclusion

107 - Que conclure de ce simple survol d'une partie du nouveau Droit des biens?

108 - *Grosso Modo*, la *Loi 125* a repris les principes du droit positif antérieur, sous réserve de changements mineurs ça et là. La modification la plus notable a trait aux immeubles par destination. La notion d'immobilisation a été restreinte en raison de l'introduction, en Droit des sûretés, de l'hypothèque mobilière.

109 - Somme toute, la révision du Code (dans les limites de notre sujet) n'apporte pas de changements fondamentaux pour les praticiens.

Notes

1. Voir Philippe Malaurie et Laurent Aynès, *Droit civil, Les biens*, Paris, Cujas, 1990, 57 et suiv.
2. Voir Philippe Malaurie et Laurent Aynès, *Droit civil, Les biens*, Paris, Cujas, 1990, 166 et suiv.
3. Philippe Malaurie et Laurent Aynès, *Droit civil, Les biens*, Paris, Cujas, 1990, 168 et suiv.; Pierre-Claude Lafond, *Droit des biens* (d'après l'œuvre de Pierre Martineau), Montréal, Thémis, 1991, 625.
4. L.C., c. S-9, articles 422 à 516. On notera, conformément à l'article 50 de la *Loi sur l'application de la réforme du Code civil* (L.Q. 1992, c. 57), qu'à certaines conditions le détenteur d'un bien qui lui a été confié pour être gardé, travaillé ou transformé peut procéder à la vente conformément à la loi ancienne.
5. Voir notamment Henri Mazeaud, Léon Mazeaud, Jean Mazeaud et François Chabas, *Leçons de droit civil, Introduction à l'étude du droit*, Tome 1, Vol. 1, 7e éd., Paris, Montchrestien, 1983, 274 et 275.
6. Assemblée nationale, *Journal des débats*, Commission parlementaire, Sous-commission des institutions, 34e législature, 1re session, 1991, 339.
7. Voir Frédéric Zénati, «Le droit des biens dans l'œuvre du doyen Savatier», in *L'évolution contemporaine du droit des biens*, Paris, P.U.F., 1991, 17; Philippe Malauric et Laurent Aynès, *Droit civil, Les biens*, Paris, Cujas, 1990, 33.
8. Assemblée nationale, *Journal des débats*, Commission parlementaire, Sous-commission des institutions, 34e législature, 1re session, 1991, 337.
9. Pour comparaison, voir l'article 3-3 du nouveau Code civil néerlandais dont le législateur s'est peut-être inspiré: *Nouveau Code civil néerlandais*, Deventer, Kluwer, 1990, Livre 3, article 3.
10. *Cablevision (Montréal) Inc. c. Sous-ministre du Revenu du Québec*, (1978) 2 R.C.S. 64; *Nadeau c. Rousseau*, (1928) 44 B.R. 545.

11. Voir *St-Germain et fils* c. *Hôpital des Monts*, [1976] C.S. 125; *Laurence Caplan Ltd.* c. *Le ministre du Revenu du Québec*, [1977] C.P. 44 et [1977] R.D.F.Q. 121.

12. *Nadeau* c. *Rousseau*, (1928) 44 B.R. 545; *Cablevision (Montréal) Inc.* c. *Sous-ministre du Revenu de la province de Québec*, (1978) 2 R.C.S. 64.

13. Voir Frédéric Zénati, *Les biens*, Paris, P.U.F., 1988, 70 et suiv. Dans le nouveau Code, le législateur paraît s'être inspiré de la définition d'immeuble à l'article 1 de la *Loi sur la fiscalité municipale*, L.R.Q., c. F-2.1.

14. Article 571 C.p.c., tel qu'amendé par la *Loi sur l'application de la réforme du Code civil* (L.Q. 1992, c. 57), article 303.

15. *Cité de Sherbrooke* c. *Bureau des commissaires d'écoles catholiques romains de la cité de Sherbrooke*, [1957] R.C.S. 476.

16. *Id.*; *Cie de Téléphone Saguenay-Québec* c. *Commissaires d'écoles pour la municipalité de Port-Alfred*, [1955] B.R. 855.

17. *Québec (Sous-ministre du Revenu)* c. *Robin le Pain Moderne Inc.*, J.E. n° 89-1339 (C.A.). Voir aussi *Lainé* c. *Béland*, (1896) 26 R.C.S. 419.

18. Jean Carbonnier, *Droit civil, Les biens*, Vol. 3, 12ᵉ éd., Paris, P.U.F., 1988, 337.

19. Henri Mazeaud, Léon Mazeaud, Jean Mazeaud et François Chabas, *Leçons de droit civil, Introduction à l'étude du droit*, Tome 1, Vol. 1, 7ᵉ éd., Paris, Montchrestien, 1983, 230.

20. Voir notamment *Vézina* c. *Morneau*, [1977] C.S. 668.

21. On se demande pourquoi l'article 2698 est placé au Livre VI (Des priorités et des hypothèques) plutôt qu'au Livre IV (Des biens) du Code, où l'on devrait trouver un énoncé de principe complet.

22. Jean Carbonnier, *Droit civil, Les biens*, Vol. 3, 12ᵉ éd., Paris, P.U.F., 1988, 78.

23. Henri Mazeaud, Léon Mazeaud, Jean Mazeaud et François Chabas, *Leçons de droit civil, Biens: droit de propriété et ses démembrements*, 7ᵉ éd., Tome 2, Vol. 2, Paris, Montchrestien, 1989, 4 et suiv.

24. Frédéric Zénati, «Le droit des biens dans l'œuvre du doyen Savatier» in *L'évolution contemporaine du droit des biens*, Paris, P.U.F., 1991, 18.

25. Denys-Claude Lamontagne, «L'opposabilité des droits du locataire et du locateur», (1991) 93 R. du N. 306, 317 et 318.

26. Marc Boudreault, «L'exécution des sûretés mobilières sous le nouveau C.c.Q.», (1992) 23 R.G.D. 411, 412.

27. L.R.C. (1985), c. B-3, articles 2 et 136. Voir Raymond A. Landry, «La priorité fiscale sur les meubles et le projet de Code civil du Québec», (1991) 22 R.G.D. 649, 655.

28. L.Q. 1987, c. 18.

29. Henri Mazeaud, Léon Mazeaud, Jean Mazeaud et François Chabas, *Leçons de droit civil, Biens: droit de propriété et ses démembrements*, 7ᵉ éd., Tome 2, Vol. 2, Paris, Montchrestien, 1989, 4; Jacques Ghestin et Bernard Desché, *Traité des contrats*, Paris, L.G.D.J., 1990, 671, 672. *Contra*: Alex Weill, François Terré et Philippe Simler, *Droit civil, Les biens*, 3ᵉ éd., Paris, Dalloz, 1985, 47; Madeleine Cantin-Cumyn, «De

l'existence et du régime juridique des droits réels innommés: essai sur l'énumération limitative des droits réels», (1986) 46 R. du B. 3, 5 et suiv.

30. J.E. n° 87-657 (C.A.).

31. Consulter à ce sujet Alex Weill, François Terré et Philippe Simler, *Droit civil, Les biens*, 3ᵉ éd., Paris, Dalloz, 1985, 19; Jean Carbonnier, *Droit civil, Les biens*, Vol. 3, 12ᵉ éd., Paris, P.U.F., 1988, 88 et suiv.

32. Sur ces théories, voir Pierre-Claude Lafond, *Droit des biens* (d'après l'œuvre de P. Martineau), Montréal, Thémis, 1991, 121 et suiv.; Henri De Page, *Traité élémentaire de droit civil belge*, Vol. V, 3ᵉ éd., Bruxelles, Bruylant, 1962, 578.

33. Pierre Charbonneau, «Les patrimoines d'affectation: vers un nouveau paradigme en droit québécois du patrimoine», (1983) 85 R. du N. 491.

34. Alex Weill, François Terré et Philippe Simler, *Droit civil, Les biens*, 3ᵉ éd., Paris, Dalloz, 1985, 4 et suiv.

35. *Driver et al.* c. *Coca-Cola Limited*, [1961] R.C.S. 201; D.F. 378, J.E. n° 87-768 (C.S.) et 89-385 (C.A.).

36. *Lasalle Construction Limited* c. *Concepts Limited*, [1973] C.A. 944. Voir cependant *Bilodeau* c. *Dufour*, (1952) 2 R.C.S. 264. On pourrait tout au plus parler d'un domaine privé temporaire, dans le cas des biens de l'État acquis par succession, vacance ou confiscation, tant qu'ils n'ont pas été confondus avec ses autres biens (916 C.c.Q.) ou des immeubles sans maître prescriptibles (936 C.c.Q.).

37. P. Hutchins et P. Kenniff, «La dualité domaniale en matière municipale», (1971) 12 C. de D. 439.

38. *Plomberie Chouinard* c. *Commission scolaire Outaouais-Hull*, [1992] R.D.I. 497 (C.S.).

39. *La Cité de Montréal* c. *Hill-Ckark Francis Limited*, [1968] B.R. 211.

40. Pierre Martineau, *Les biens*, Montréal, Thémis, 1977, 56; Pierre-Basile Mignault, *Le droit civil canadien*, Tome 2, Montréal, Théorêt, 1896, 481 et suiv.

41. Henri Mazeaud, Léon Mazeaud, Jean Mazeaud et François Chabas, *Leçons de droit civil, Biens: droit de propriété et ses démembrements*, 7ᵉ éd., Tome 2, Vol. 2, Paris, Montchrestien, 1989, 171; Philippe Malaurie et Laurent Aynès, *Droit civil, Les biens*, Paris, Cujas, 1990, 144.

42. William de Montmollin Marler, *The Law of Real Property*, Toronto, Burroughs, 1932, n° 42; Jean Carbonnier, *Les biens*, 12ᵉ éd., Paris, P.U.F., 1988, 183 (actes matériels). Voir aussi Alex Weill, François Terré et Philippe Simler, *Les biens*, 3ᵉ éd., Paris, Dalloz, 1985, 142; Philippe Malaurie et Laurent Aynès, *Les biens*, Paris, Cujas, 1990, 127 (actes juridiques).

43. *Gatineau Power G.* c. *Ramsay*, (1930) 49 B.R. 288.

44. *Bélanger* c. *Morin*, (1922) 32 B.R. 208; *Miller* c. *Anglo-Canadian Pulp & Paper Mills Ltd.*, [1952] B.R. 719; *Gignac* c. *Gignac*, [1956] B.R. 586.

45. *Rhéault* c. *Fouquette*, [1985] C.A. 522.

46. Alex Weill, François Terré et Philippe Simler, *Les biens*, 3ᵉ éd., Paris, Dalloz, 1985, 150.

47. Jean Goulet et al., *Théorie générale du domaine privé*, 2ᵉ éd., Montréal, Wilson et Lafleur, 1986, 271.

48. *Id.*, 274; Charles Aubry et Charles Rau, *Droit civil français*, 7ᵉ éd. par Paul Esmain, Tome 2, Paris, Librairies techniques, 1961, 225 et suiv.; Gabriel Marty et Pierre Raynaud, *Les biens*, 2ᵉ éd., Paris, Sirey, 1980, 261 et suiv.; Frédéric Zénati, *Les biens*, Paris, P.U.F. 1988, 353; Denis Vincelette, «La possession», *R.D., Biens*, Doctrine, document 5, nᵒˢ 395 et suiv. Voir également les articles 9 et 10 de la *Loi sur l'application de la réforme du Code civil* (L.Q. 1992, c. 57).

49. Jean Carbonnier, *Les biens*, 12ᵉ éd., Paris, P.U.F., 1988, 185; Alex Weill, François Terré et Philippe Simler, *Les biens*, 3ᵉ éd., Paris, Dalloz, 1985, 159; Philippe Malaurie et Laurent Aynès, *Les biens*, Paris, Cujas, 1990, 132; Pierre-Basile Mignault, *Le droit civil canadien*, Tome IX, Montréal, Wilson et Lafleur, 1916, 360; Pierre Martineau, *La prescription*, Montréal, P.U.M., 1977, 83; Denis Vincelette, «La possession», *R.D., Biens*, Doctrine, document 5, 128; Jean Goulet et al., *Théorie générale du domaine privé*, 2ᵉ éd., Montréal, Wilson et Lafleur, 1986, 269.

50. Alex Weill, François Terré et Philippe Simler, *Les biens*, 3ᵉ éd., Paris, Dalloz, 1985, 173.

51. Henri Mazeaud, Léon Mazeaud, Jean Mazeaud et François Chabas, *Leçons de droit civil, Biens: droit de propriété et ses démembrements*, 7ᵉ éd., Tome 2, Vol. 2, Paris, Montchrestien, 1989, 178.

52. Voir Alex Weill, François Terré et Philippe Simler, *Les biens*, 3ᵉ éd., Paris, Dalloz, 1985, 167; Denis Vincelette, «La possession», *R.D., Biens*, Doctrine, document 5, 250. Consulter aussi Pierre-Basile Mignault, *Le droit civil canadien*, Tome 2, Montréal, Théorêt, 1896, 482.

53. *Dictionnaire de droit privé*, 2ᵉ éd., Cowansville, Yvon Blais, 1991, 453 («procédure civile»). *Contra:* Paul-Yvan Marquis, «De la distinction des biens et de leur appropriation et de la propriété», (1988) 3 C.P. du N. 1, 52, note 93. Voir aussi Charles Aubry et Charles Rau, *Droit civil français*, 7ᵉ éd. par Paul Esmein, Tome 2, Librairies techniques, 1961, 374.

54. Henri Mazeaud, Léon Mazeaud, Jean Mazeaud et François Chabas, *Leçons de droit civil, Biens: droit de propriété et ses démembrements*, 7ᵉ éd., Tome 2, Vol. 2, Paris, Montchrestien, 1989, 223.

55. Assemblée nationale, *Journal des débats*, Commission parlementaires, Sous-commission des institutions, 32ᵉ législature, 5ᵉ session, 1985, 680, à propos de l'article 966 de la *Loi 20* (1987 L.Q., c. 18), correspondant à l'article 926 C.c.Q.

56. À ce sujet, on remarquera que l'article 2920 C.c.Q., second alinéa, requiert la bonne foi de chacun des possesseurs lorsque le dernier d'entre eux, étant de bonne foi, invoque la jonction des possessions. Toutefois, cette disposition — qui paraît être un reliquat de projets de loi antérieurs — ne se rattache à rien: ni à l'article 2919 (la jonction n'ayant pas lieu dans le cas des meubles, puisque la loi met l'accent sur la dépossession du titulaire et la possession du seul possesseur actuel), ni à l'article 2918 (le législateur ne considérant plus la bonne ou mauvaise foi du

possesseur dans le cas des immeubles), ni à l'article 926 C.c.Q. (qui ne requiert pas la bonne foi de l'auteur du possesseur).

57. *Columbia Granite Inc.* c. *Granit Bergeronne Inc.*, J.E. n° 90-1641 (C.A.); *Rivermead Golf Club* c. *Connaught Park Jockey Club*, [1965] R.P. 174; *Rhéault* c. *Fouquette*, [1985] C.A. 522.

58. Henri Mazeaud, Léon Mazeaud, Jean Mazeaud et François Chabas, *Leçons de droit civil, Biens: droit de propriété et ses démembrements*, 7ᵉ éd., Tome 2, Vol. 2, Paris, Montchrestien, 1989, 180; Pierre-Basile Mignault, *Le droit civil canadien*, Tome IX, Montréal, Wilson et Lafleur, 1916, 391; Pierre Martineau, *La prescription*, Montréal, P.U.M., 1977, 67; Denis Vincelette, «La possession», *R.D., Biens*, Doctrine, document 5, 114; *Rivermead Golf Club* c. *Connaught Park Jockey Club*, [1965] R.P. 174.

59. Denis Vincelette, «La possession», *R.D., Biens*, Doctrine, document 5, 127.

60. Pierre-Basile Mignault, *Le droit civil canadien*, Tome IX, Montréal, Wilson et Lafleur, 1916, 387.

61. Pierre-Basile Mignault, *Le droit civil canadien*, Tome 2, Montréal, Théorêt, 1896, 477; William de Montmollin Marler, *The Law of Real Property*, Toronto, Burroughs, 1932, n° 62; Pierre Martineau, *Les biens*, Montréal, Thémis, 1977, 30.

62. Christian Atias, *Les biens, Droit immobilier*, vol. 2, Paris, Litec, 1982, 243.

63. Jean Carbonnier, *Droit civil, Les biens*, 12ᵉ éd., Paris, P.U.F., 1988, 132.

64. L'article 415 C.c.B.-C. traitait indirectement du droit de superficie, par ailleurs mentionné au chapitre de la copropriété (441 b et suiv. C.c.B.-C.).

65. Jean-Guy Cardinal, *Le droit de superficie, modalité du droit de propriété*, Montréal, Wilson & Lafleur, 1957, 286 p.

66. *Lebœuf* c. *Douville*, [1969] B.R. 472.

67. *Morin* c. *Grégoire*, 15 Mc G.L.J. 103; *Habel* c. *Charbonneau*, J.E. 84-389 (C.S.).

68. Marcel Planiol et Georges Ripert, *Traité pratique de droit civil français*, 2ᵉ éd., Tome 3, par Maurice Picard, Paris X, L.G.D.J., 1952, 258, n° 253.

69. Charles Aubry et Charles Rau, *Droit civil français*, 7ᵉ éd., Tome 2, par Paul Esmein, Paris, Librairies techniques, 1961, 249, n° 146.

70. *Loi sur l'aménagement et l'urbanisme*, (L.R.Q., c. A-19.1), art. 113 et suiv.

71. L.R.C. 1985, c. A-2. Voir Yehuda Abramovitch, «The Maxim »Cujus est solum ajus ad coelum«, as Applied to Aviation», (1962) 8 R.D. McGill 247; David Doham, «Airspace and Article 414 C.c.», (1956) 2 R.D. McGill 114.

72. *Shepherd* c. *R.*, [1964] R.C. de L'É. 274 et Hugh R. Smart, «Case and Comment, *Lacroix* v. *The Queen*», (1956) 2 R.D. McGill 154.

73. *Air Rimouski Ltée* c. *Gagnon*, [1952] C.S. 149.

74. L.R.Q., c. M-13.1, articles 3 et suiv.

75. L.Q. 1982, c. 27.

76. Denys-Claude Lamontagne, «Les droits du propriétaire dans le sol et le sous-sol», (1989) 3 C.P. du N. 141.

77. Lorne Giroux, «L'expropriation en droit québécois», (1979-80) 10 R.D.U.S. 629; Jacques Roy, «L'expropriation en droit fédéral», *R.D.*, *Titres immobiliers*, Doctrine, document 6 b; Denys-Claude Lamontagne, «La loi sur l'expropriation et les titres immobiliers», *R.D. Titres immobiliers*, Doctrine, document 6 a.

78. *Dupont* c. *St-Arnaud*, J.E. n° 91-1032 (C.A.).

79. Voir la *Loi sur l'application de la réforme du Code civil*, (L.Q. 1992, c. 57), articles 9, 10, 303 et suiv.; Denis Vincelette, «La possession», *R.D., Biens*, Doctrine, document 5, 209.

80. Frédéric Zénati, *Les biens*, Paris, P.U.F., 1988, 194.

81. Voir notre étude portant sur les «Règles particulières à la propriété immobilière et servitudes».

82. Pierre-Basile Mignault, *Le droit civil canadien*, tome 2, Montréal, Théorêt, 1896, 485; William de Montmollin Marler, *The Law of Real Property*, Toronto, Burroughs, 1932, n°s 87 et suiv.; Jean Carbonnier, *Les biens*, 12e éd., Paris, P.U.F., 311 et suiv.

83. Paul-Yvan Marquis, «De la distinction des biens et de leur appropriation et de la propriété», (1988) 3 C.P. du N. 1, 65; Pierre Martineau, *Les biens*, Montréal, Thémis, 1977, 11. Sur les différences entre les fruits et les produits, consulter Philippe Malaurie et Laurent Aynès, *Cours de droit civil, Les biens*, Paris, Cujas, 1990, 51.

84. *Dulac* c. *Nadeau*, (1953) 1 R.C.S. 164. Voir aussi *Valco Métal (1979) Ltée* c. *Poissant, Richard et associés*, J.E. n° 90-1655 (C.S.).

85. Voir Denise Pratte, «La création de l'hypothèque légale immobilière», (1992) 23 R.G.D. 385, 392.

86. Pierre Martineau, *Les biens*, Montréal, Thémis, 1977, 72.

87. *Zappa* c. *Gagnon*, (1938) 64 D.R. 433. Voir aussi *Plamondon* c. *Dionne*, [1949] R.C.S. 522; André Montpetit et Gaston Taillefer, *Traité de droit civil du Québec*, tome 3, Montréal, Wilson et Lafleur, 1945, 156; William de Montmollin Marler, *The Law of Real Property*, Toronto, Burroughs, 1932, n°s 50 et suiv.; Pierre-Basile Mignault, *Le droit civil canadien*, tome 2, Théorêt, Montréal, 1896, 498; François Frenette, «Des améliorations à l'immeuble d'autrui», (1980) 1 C.P. du N. 1.

88. *Damato* c. *Collerette*, [1950] C.S. 414.

89. Voir notamment *Gagnon* c. *Loubier*, [1952] R.C.S. 334 et *St-Hilaire* c. *Ville de Montréal*, [1979] C.A. 398.

90. William de Montmollin Marler, *The Law of Real Property*, Toronto, Burroughs, 1932, n° 90, 40; André Montpetit et Gaston Taillefer, *Traité de droit civil du Québec*, t. 3, Montréal, Wilson & Lafleur, 1945, 159. *Contra*: Pierre-Basile Mignault, *Le droit civil canadien*, t. 2, Montréal, Théorêt, 1896, 503.

91. Ce principe a déjà été suggéré par la doctrine. Voir notamment William de Montmollin Marler, *The Law of Real Property*, Toronto, Burroughs, 1932, 43, n° 93.

92. Voir notre étude portant sur les «Règles particulières à la propriété immobilière et les servitudes», nᵒ 54.

93. Office de révision du Code civil, *Rapport sur le Code civil du Québec*, vol. 2, t. 1, *Commentaires*, Québec, Éditeur officiel, 1978, 405 à propos de l'article 90.

94. Sur ces questions, Voir Charles Aubry et Charles Rau, *Droit civil français*, 7ᵉ éd., par Paul Esmein, tome 2, Paris, Librairies techniques, 1961, 365. Si la séparation des meubles s'avère possible, il est permis de croire à la possibilité d'un recours en dommages-intérêts de la part du propriétaire lésé: Paul-Yvan Marquis, «De la distinction des biens et de leur appropriation et De la propriété», (1988) 3 C.P. du N. 1, 75.

RÈGLES PARTICULIÈRES À LA PROPRIÉTÉ
IMMOBILIÈRE ET SERVITUDES

Table des matières

Règles particulières à la propriété immobilière et servitudes

Denys-Claude Lamontagne*

À *la mémoire*
de Jean-Guy Cardinal

Introduction

1 – Nous entendons vous présenter une introduction générale du nouveau Droit des servitudes.

En cette matière, le Code civil du Québec a surtout le mérite de clarifier ou simplifier le Code civil du Bas-Canada et de codifier le droit prétorien, par exemple la théorie de l'abus de droits et des troubles de voisinage. Ainsi, *grosso modo*, le législateur s'est contenté de reconduire les principes du droit positif antérieur, tout en les reformulant — avec plusieurs innovations toutefois, qui concernent notamment le régime hydrique, l'échelage ou le rachat des servitudes.

2 – Le Code civil du Bas-Canada distinguait trois espèces de servitudes: 1° les servitudes dérivant de la situation des lieux ou naturelles; 2° les servitudes établies par la loi ou légales; 3° les servitudes établies par le fait de l'homme, soit essentiellement les servitudes conventionnelles. Les deux premières catégories sont devenues des «règles particulières à la propriété immobilière», la dernière catégorie correspondant aux »servitudes» proprement dites.

3 – Les règles particulières à la propriété immobilière font l'objet du titre I de la présente étude; il est traité des servitudes

---

* Notaire, professeur agrégé à l'Université de Montréal.

comme telles au titre II. Le droit transitoire a été pris en considération.

I - Règles particulières à la propriété immobilière

«Le voisinage est un quasi-contrat qui forme des obligations réciproques entre voisins, c'est-à-dire entre les propriétaires.»

Pothier

4 – Le nouveau Code prévoit plusieurs règles spécifiques à la propriété foncière (articles 976 à 1008 C.c.Q.). Ces règles visent à assurer des relations pacifiques entre propriétaires voisins. Elles portent sur l'abus de droits et les troubles de voisinage, le bornage, les eaux, les arbres, l'accès au fonds d'autrui, les vues, le droit de passage (enclave) et la mitoyenneté.

5 – Le législateur adopte la théorie classique selon laquelle les servitudes naturelles et légales constituent des limitations du droit de propriété plutôt que des servitudes[1]. C'est pourquoi il regroupe ces pseudo-servitudes dans un chapitre portant sur les «règles particulières à la propriété immobilière».

6 – Tout en enlevant certaines entraves à la propriété foncière (jours, vues, etc.), le législateur s'est empressé d'en ajouter d'autres (circulation sur l'eau, accès au fonds d'autrui, jours, etc.).

A. Abus de droits et troubles de voisinage

«L'enfer, c'est les autres.»

Jean-Paul Sartre

7 – Certains estiment que le voisinage tient le premier rang après l'amitié. Notre législateur, sans doute plus réaliste, a cru nécessaire d'incorporer dans le Code la théorie de l'abus de droits (7, 1103, 1168, 1189, 1403 C.c.Q.) et des troubles de voisinage (7, 976, 990, 991 C.c.Q.) amorcée par les tribunaux.

8 – Cette théorie trouve sa justification dans les principes relatifs à la responsabilité civile (6, 7, 1375, 1457 C.c.Q.). Elle

ne vise pas exclusivement l'obligation *propter rem*, rattachée au droit de propriété. Nous nous en tiendrons toutefois à la propriété foncière.

9 – Nonobstant l'absolutisme de son droit, le propriétaire ne peut s'enfermer dans son domaine. Des rapports juridiques s'établissent nécessairement entre les voisins. Entre autres, la loi restreint les droits du propriétaire en fonction du caractère exorbitant, excessif, des inconvénients qu'il peut causer dans le voisinage (976 C.c.Q.) ou, de façon plus générale, à autrui[2].

10 – Deux hypothèses sont envisagées: l'usage malicieux et l'usage maladroit du droit de propriété.

1. Usage malicieux du droit de propriété

11 – C'est l'aspect «abus de droits» de la théorie (7 C.c.Q.), en application de la maxime *malitiis non est indulgendum*. Le propriétaire commet une faute s'il pose un acte de propriété dans le dessein de nuire à autrui, sans intérêt sérieux et légitime, pour autant qu'il en résulte un dommage au voisin concerné[3].

12 – L'exclusivité d'intention malicieuse est nécessaire pour faire appel à ce premier aspect de la théorie[4].

2. Usage maladroit du droit de propriété

13 – C'est le volet «troubles de voisinage» du système (7, 976 C.c.Q.). Le propriétaire commet une faute (dans le sens d'une faute de négligence ou d'imprudence) lorsque l'acte de propriété qu'il pose est source d'inconvénients anormaux, hors de l'ordinaire, pour son voisin qui en subit un préjudice généralement continu. En somme, ce voisin a droit à la quiétude, tout en sachant qu'il ne peut espérer bénéficier des avantages de l'isolement[5].

14 – Le nouveau Code fournit trois exemples d'usage maladroit du droit de propriété, dont les deux premiers sont tirés des articles 908 et 909 du Code civil allemand: l'absence d'entretien pouvant entraîner la chute d'une construction ou d'un ouvrage sur le fonds voisin (990 C.c.Q.); l'excavation, la construction ou la plantation qui ont pour effet d'ébranler le fonds voisin ou de compromettre la solidité des constructions, ouvrages ou plantations qui s'y trouvent (991 C.c.Q.)[6]; l'utilisation

d'un ouvrage qui pollue ou épuise l'eau (982 C.c.Q.) (*infra*, nᵒ 37).

15 – Les tribunaux se sont prononcés à de multiples reprises sur l'usage anormal du droit de propriété ou de tout autre droit[7]. Le juge considère les circonstances propres à chaque espèce: le comportement des parties (faute contributoire du demandeur, etc.), la légalité et la nécessité de l'exploitation, la gravité du préjudice, etc.[8].

16 – Qu'il s'agisse de l'un ou l'autre aspect de la théorie, le voisin lésé peut demander une injonction (1601 C.c.Q.) ou des dommages-intérêts (1607 C.c.Q.) ou les deux à la fois — avec possibilité de levée du voile corporatif (317 C.c.Q.). Le délai de prescription pour exercer les recours est de trois ans (2925 C.c.Q.). En autorisant ces recours, la théorie de l'abus de droits et des troubles de voisinage institue un équilibre judicieux entre les droits du propriétaire et ceux des voisins.

B. Bornage

> *«Tu ne reculeras pas la borne de ton voisin,*
> *celle qu'auront fixée les devanciers*
> *dans l'héritage que tu auras reçu.»*

Deutéronome, 19-14.

17 – Les articles 977 et 978 C.c.Q. reprennent sensiblement les articles 504 C.c.B.-C. et 762 C.P. La publicité du procès-verbal de bornage est dorénavant prévue au Code civil (978, 2989, 2996, 3009 C.c.Q.).

18 – Tout propriétaire peut obliger son voisin au bornage de leurs propriétés contiguës pour établir les bornes, rétablir des bornes déplacées ou disparues, reconnaître d'anciennes bornes ou rectifier la ligne séparative de leurs fonds (977, 978, 1100 C.c.Q.).

19 – En réalité, l'initiative du bornage peut être prise par tout titulaire d'un droit réel principal: propriétaire, usufruitier, etc. Il suffit que les immeubles concernés soient contigus et qu'ils appartiennent à des personnes différentes[9].

1. Procédure

20 – Le bornage débute par une mise en demeure ou un accord à procéder. Il est judiciaire ou extrajudiciaire (978 C.c.Q., *id.* 504 C.c.B.-C.). Les articles 789 à 796 C.P., tels qu'amendés par la *Loi sur l'application de la réforme du Code civil* (Projet de loi 38, 1992) décrivent les deux sortes de bornage.

a) Bornage extrajudiciaire

21 – Lorsque les propriétaires des immeubles contigus conviennent du bornage et d'un arpenteur-géomètre, la mise en demeure prévue par l'article 978 C.c.Q. devient superfétatoire, étant remplacée par un accord à procéder (qui nécessite la seule capacité d'administration). Cet accord peut également être conclu après la mise en demeure, si les propriétaires conviennent du bornage et d'un arpenteur (790 C.P.). L'arpenteur-géomètre procède au bornage, dresse procès-verbal de ses opérations, indiquant la ligne de division des immeubles (791 C.P.)[10].

b) Bornage judiciaire

22 – Le bornage judiciaire a lieu dans deux circonstances. D'abord, si les parties ne s'entendent pas après mise en demeure de procéder au bornage, celle qui a donné l'avis peut saisir le tribunal par requête pour qu'il décide du droit au bornage et désigne un arpenteur afin de faire rapport (790 C.P.). Ou encore, si les parties se sont entendues à ces derniers sujets, mais que l'une d'elles rejette les conclusions du rapport de l'arpenteur, il reste possible de s'adresser par requête au tribunal, pour qu'il se prononce sur ce rapport (792 C.P.). Le tribunal décide de la ligne séparative à l'aide du rapport précité, des titres antérieurs, des plans cadastraux, etc. Le «bornage» conventionnel ou ligne d'accord peut être invoqué si la preuve en est faite. Car la pose de repères par les voisins, sans recourir aux services d'un arpenteur, ne constitue pas une renonciation au droit de demander un véritable bornage, qui est un droit absolu[11]. La ligne séparative ayant été délimitée par le tribunal, celui-ci commet un arpenteur qui pose les bornes et dresse procès-verbal, lequel sera éventuellement homologué pour fins de preuve d'exécution du jugement (794 C.P.).

2. Titre

23 – Que le bornage soit extrajudiciaire ou judiciaire, le procès-verbal de l'arpenteur-géomètre est publié au bureau de la publicité des droits (978, 2989, 2996, 3009 C.c.Q.). Ce procès-verbal n'est pas constitutif de droits. Il ne fait que constater une situation de faits: le bornage a uniquement un effet déclaratif. La procédure devra éventuellement être complétée par un acte de transfert ou un jugement en reconnaissance judiciaire du droit de propriété (916, 2918 C.c.Q.)[12].

C. régime hydrique

> «La source désapprouve presque
> toujours l'itinéraire du fleuve.»
>
> Jean Cocteau

24 – Les articles 979 à 983 C.c.Q. traitent de l'écoulement de l'eau et de l'utilisation des sources et cours d'eau. Le nouveau Code reprend la plupart des règles traditionnelles, mais il les adapte pour assurer davantage la protection de l'environnement. Ces dispositions sont complétées par l'article 920, portant sur la circulation sur l'eau.

1. Écoulement de l'eau

25 – L'article 979 C.c.Q. maintient *grosso modo* le droit antérieur en ce qui a trait à l'écoulement de l'eau.

26 – Le fonds inférieur doit recevoir les eaux qui découlent naturellement du fonds supérieur (979 C.c.Q., 501 C.c.B.-C.). Son propriétaire ne peut endiguer cet écoulement: eaux pluviales ou provenant de la fonte des neiges ou découlant des terres sans qu'il y ait eu intervention humaine, ce qui exclut les eaux ménagères[13].

27 – Parallèlement, le propriétaire du fonds supérieur ne peut rien faire qui aggrave la situation du fonds inférieur (979 C.c.Q., *cf.* 501 C.c.B.-C.), même si les deux fonds sont séparés par une voie publique. Il n'est toutefois pas présumé le faire — précise désormais le Code — s'il effectue des travaux pour conduire plus commodément les eaux à leur pente naturelle ou,

si son fonds étant voué à l'agriculture, il exécute des travaux de drainage. Le législateur s'inspire ici des décisions rendues par les tribunaux, qui ont généralement fait preuve de libéralité en matière d'exploitation agricole[14]. Le mot «présumé» laisse cependant entendre qu'il peut y avoir aggravation, par exemple, lorsque des maisons voisines sont inondées alors que le propriétaire du fonds supérieur n'a pas pris tous les moyens nécessaires pour empêcher ce surplus d'eau. En toutes hypothèses, le propriétaire du fonds supérieur ne pourra employer celui-ci à des usages qui auront pour résultat de polluer les eaux qui en découlent (982 C.c.Q.). Il répondra de tous dommages résultant de travaux entrepris et ayant pour effet d'occasionner un surplus d'eau chez le voisin, propriétaire du fonds inférieur (même dans les deux situations susdites, lorsque toutes les mesures nécessaires n'ont pas été prises). Par contre, le propriétaire du fonds supérieur ne sera pas tenu de faire des travaux sur son fonds pour empêcher l'écoulement naturel de l'eau ou les éboulements naturels, à moins de faute de sa part[15].

28 – À notre avis, l'article 979 C.c.Q. n'est pas d'ordre public, protégeant des intérêts strictement privés. Les propriétaires des fonds concernés pourraient donc ecarter conventionnellement les règles y prévues.

29 – L'article 983 C.c.Q. (id. 539 C.c.B.-C.) constitue une application particulière de l'article 979: les toits doivent être établis de manière que les eaux, les neiges et les glaces (ces dernières implicitement comprises à l'article 539 C.c.B.-C.) tombent sur le fonds du propriétaire et non pas sur le fonds voisin. Ici encore, il est possible de déroger à la règle, par le biais d'une servitude de déversement.

30 – Le Code ne renferme plus de disposition sur les distances des constructions (532 C.c.B.-C.). Cela était devenu inutile: la *Loi sur l'aménagement et l'urbanisme* (L.R.Q., c. A-19.1) autorise déjà les municipalités à adopter des règlements à ce sujet.

2. Utilisation de l'eau

31 – Seront abordés ici trois sujets: les sources (sous l'angle du droit de propriété); l'utilisation des cours d'eau; la pollution de l'eau.

a) Sources

32 – Nous nous en tiendrons à quelques observations en ce qui a trait à la propriété de l'eau.

On sait déjà que l'eau de pluie (ou la neige), *res nullius*, appartient au propriétaire du fonds où elle tombe, par voie d'occupation (934, 935, 948 C.c.Q., *id.* 408, 583 C.c.B.-C.)[16]. Si le propriétaire ne l'utilise pas, les dispositions portant sur l'écoulement de l'eau s'appliquent (*supra*, n°s 25 et sqq).

33 – L'eau de source, quant à elle, appartient au propriétaire du fonds d'émergence (980 C.c.Q., *id.* 502 C.c.B.-C.)[17]. À notre avis, cela est vrai pour autant que le propriétaire utilise cette eau ou en dispose, matériellement ou juridiquement. Sinon, deux hypothèses se présentent principalement: 1) l'eau forme un étang ou un lac qui se trouve entièrement sur le fonds du propriétaire. Celui-ci peut alors «user» de l'eau, «pour ses besoins», en ayant soin d'en conserver la qualité (980 C.c.Q.). Le Code prend garde d'ajouter que le propriétaire peut disposer (juridiquement) de l'eau, comme dans le cas d'une source. Or, l'*abusus* est une prérogative essentielle de la propriété. Il faut conclure que le propriétaire du lit de l'étang ou du lac n'a qu'un droit d'*usus* (droit d'usage, se confondant occasionnellement avec le droit de disposition matérielle) sur l'eau, par exception au principe voulant que la propriété du sol emporte celle du dessus (947, 951 C.c.Q.); 2) l'eau forme un cours d'eau qui se dirige vers les fonds voisins. Il est alors régi par les articles 979 et 981 C.c.Q. Le fonds inférieur doit recevoir les eaux qui découlent naturellement du fonds supérieur. Tout propriétaire riverain peut se servir du cours d'eau à son passage, mais sans pouvoir jamais prétendre à des droits acquis relativement aux eaux de source (924 C.c.Q.).

34 – L'eau souterraine appartient également au propriétaire du fonds de terre, pour autant qu'il l'utilise ou en dispose (980 C.c.Q., *id.* 502 C.c.B.-C.). D'ailleurs, aux termes des articles 3 et sqq de la *Loi sur les mines* (L.R.Q., c. M-13.1), l'eau souterraine est exclue des substances minérales non dévolues au propriétaire foncier[18]. Au demeurant, le législateur ne prévoit pas ici d'exception à la règle selon laquelle la propriété du sol emporte celle du dessous (951 C.c.Q., *id.* 414 C.c.B.-C.). L'eau souterraine appartient donc au propriétaire superficiaire qui en

use ou en dispose, matériellement ou juridiquement. Ce propriétaire doit cependant respecter les droits publics (*Loi sur la qualité de l'environnement*, etc.) sur les nappes d'eau et les rivières
souterraines (951 C.c.Q.). En corollaire, il peut exiger la
suppression ou la modification de tout ouvrage qui pollue ou
épuise l'eau (982 C.c.Q.). Lorsque plusieurs propriétaires
voisins se partagent la propriété d'une eau souterraine, chacun
d'eux peut empêcher que les autres polluent ou épuisent l'eau.

35 – On peut se demander — dans le contexte environnemental
que nous connaissons — s'il est opportun que le propriétaire
foncier puisse devenir *propriétaire* des eaux pluviales (recueillies dans un bassin), des eaux de source et des eaux souterraines. Du reste, comment concilier les dispositions à ce sujet
avec l'article 913 C.c.Q.: en principe, l'eau n'est-elle pas une
chose commune à tous, non appropriable? Peut-être le nouveau
Code aurait-il dû octroyer au propriétaire foncier un droit
d'*usage* seulement, comme dans le cas des lacs et étangs privés
(980 C.c.Q. — n° 33), des cours d'eau (981 C.c.Q. — n° 36),
ou de certaines substances minérales inférieures lorsque la terre
en surface a été concédée après le 31 décembre 1965[19].

b) Cours d'eau

36 – Alors que l'article 503 C.c.B.-C. s'appliquait aux cours
d'eau privés seulement, l'article 981 C.c.Q. régit l'utilisation de
tous les cours d'eau (fleuve, rivière, ruisseau, etc.), privés ou
publics, qui bordent ou traversent le fonds d'un propriétaire
riverain. Celui-ci peut se servir de l'eau à son passage (puisage,
abreuvage, baignade, circulation, etc.) et bénéficier éventuellement de la protection possessoire (921, 929 C.c.Q.). Mais le
droit d'usage de l'eau exclut celui de disposition (juridique). En
toutes circonstances, le propriétaire riverain qui se sert de l'eau
ne doit pas priver les propriétaires opposés ou en aval du même
droit. Il ne peut retenir ou épuiser l'eau, ni la polluer (982
C.c.Q.). Si le propriétaire d'un fonds traversé par un cours
d'eau peut en détourner le lit, il doit rendre l'eau, à la sortie du
fonds, à son cours ordinaire (981 C.c.Q., *id.* 503 C.c.B.-C.).

c) Pollution de l'eau

37 – Qu'il s'agisse d'une source, d'un lac, d'une nappe d'eau
ou d'une rivière souterraine, ou d'une eau courante, celui qui a

droit d'user de l'eau peut exiger la destruction ou la modification de tout ouvrage qui pollue ou épuise l'eau, à moins que cela ne soit contraire à l'état général (982 C.c.Q.): le droit à la dépollution, mais aussi à la pollution, sont consacrés en même temps! Cette disposition de droit nouveau complète les articles 20 et sqq de la *Loi sur la qualité de l'environnement* (L.R.Q., c. Q-2). Les tribunaux pourront s'inspirer des interprétations données à ces articles ou aux articles 501 et sqq C.c.B.-C. pour définir le terme «pollue»[20]. La jurisprudence relative à la théorie de l'abus de droit et des troubles de voisinage pourra s'avérer utile pour circonscrire la notion d'intérêt général[21]. Par ailleurs, on peut se demander pourquoi le législateur ne considère pas les autres formes de pollution, terrestre ou aérienne...

3. Circulation sur l'eau

38 – Aux termes de l'article 920 C.c.Q. — de droit nouveau — toute personne peut circuler sur les cours d'eau et les lacs privés ou publics[22], considérés comme des chemins liquides, à la condition de pouvoir y accéder légalement, de ne pas porter atteinte aux droits des propriétaires riverains, de ne pas prendre pied sur les berges et de respecter les conditions d'utilisation de l'eau. L'accès peut avoir été accordé ou être toléré par le propriétaire riverain ou s'avérer possible par une voie publique, terrestre (rue ou plage municipale) ou aérienne (hydravion).

39 – Dans le cas des cours d'eau et lacs privés, le tiers qui a accès à l'eau ne pourra exercer des droits de baignade (autrement que pour circuler) ou de pêche — sauf autorisation ou tolérance du propriétaire et sujet aux lois de pêche, le cas échéant — car il n'a que le droit de «circuler» sur l'eau, d'y passer, sans pouvoir porter atteinte aux droits du propriétaire riverain (920 et 980 C.c.Q.). Même si l'eau est une chose commune, l'usage des cours d'eau et lacs privés par le public demeure fortement limité. Ainsi il suffira au propriétaire d'invoquer son droit de propriété afin qu'il soit mis fin aux incursions ou excursions non permises.

D. Arbres

> *«Il y a un temps pour tout (...),*
> *un temps de planter et un temps*
> *d'arracher ce qui est planté.»*
>
> Ecclésiaste 3-1 et 2

40 – Les articles 984 à 986 C.c.Q. (inspirés des articles 528 à 531 C.c.B.-C.) concernent les fruits des arbres, les branches et les racines, l'abattage des arbres et le découvert. D'autres dispositions traitent (directement ou indirectement) des distances et de la situation des arbres. Règle générale, on constate que le législateur a cherché à accroître la protection des arbres.

1. Fruits

41 – Les fruits qui tombent d'un arbre sur un fonds voisin deviennent des fruits défendus: ils appartiennent au propriétaire de l'arbre (984 C.c.Q.), qui peut donc les enlever (989 C.c.Q.)[23] Cette disposition de droit nouveau renforce le principe voulant que les fruits et revenus appartiennent au propriétaire du bien dont ils sont issus (949 C.c.Q.). Pour le voisin, il s'agit d'une exception à la règle de l'accession (948 C.c.Q.): il sera passible de dommages-intérêts s'il empêche le propriétaire d'exercer son droit d'enlèvement et s'il en résulte un préjudice (1457 C.c.Q.).

2. Branches et racines

42 – En principe, on ne doit pas laisser un arbre pousser ses branches ou racines sur le fonds d'autrui. Car le droit du propriétaire d'utiliser le dessus ou le dessous de son fonds emporte celui d'interdire leur envahissement (951 C.c.Q., *id.* 414 C.c.B.-C.). Aussi, le propriétaire du fonds envahi peut-il obliger son voisin — en cas de refus de ce dernier — à couper les branches et racines qui s'avancent sur ce fonds (985 C.c.Q., *cf.* 529 C.c.B.-C.). Le Code précise toutefois que les branches et racines doivent nuire sérieusement à l'usage du fonds, condition qui revient à l'article 986. Pour qu'il y ait nuisance, il faut que le trouble soit réel (non pas seulement virtuel) et d'une certaine gravité. Tout est affaire de circonstances: branches basses

528 DROIT DES BIENS

empêchant de passer sur une partie de son terrain, racines entravant la culture du sol, etc.

43 – L'article 529 C.c.B.-C. prévoyait également la possibilité de la coupe forcée des branches, mais sans ajouter que celles-ci devaient nuire sérieusement à l'usage d'un fonds voisin[24]. Alors que le propriétaire du fonds envahi ne pouvait tronquer les branches, ce propriétaire conservait le droit d'amputer les racines. Il ne semble plus pouvoir le faire — curieux manchot — puisque le droit octroyé par l'article 529 C.c.B.-C. (ou l'article 1024 de la *Loi 20*, L.Q. 1987, c. 18) n'est plus mentionné à l'article 985 C.c.Q. En définitive, cette nouvelle disposition empêche le propriétaire envahi d'invoquer la règle de l'accession, et donc de trancher les tentacules qui risquent de l'étouffer! Le législateur judiciarise inutilement le droit: on pourrait souhaiter que l'arbre soit émondé.

44 – Quoiqu'il en soit, à défaut d'avoir contraint son voisin à couper les branches ou les racines de son arbre, le propriétaire qui subit des dommages pourrait obtenir réparation. Car il n'est *pas obligé de contraindre* le voisin à couper ses branches ou racines (985, 991 C.c.Q., *id.* 529 C.c.B.-C.). Les principes du droit commun s'appliquent donc à titre supplétif (1457 C.c.Q.), mais sans que le propriétaire ait à établir la faute ou l'incurie du voisin[25].

3. *Arbres dangereux*

45 – Le propriétaire d'un fonds peut obliger son voisin — vraisemblablement aux frais de celui-ci — à faire abattre ou redresser l'arbre qui menace de tomber sur ce fonds (985, 991 C.c.Q.). Il ne peut pas y procéder lui-même. Contrairement aux articles 528 et 529 C.c.B.-C., l'article 985 C.c.Q. ne vise plus uniquement l'arbre planté «auprès» de la ligne séparative[26]: l'arbre peut se trouver sur ou auprès de la ligne séparative ou même à une distance assez éloignée, pourvu qu'il présente un danger. Par ailleurs, le Code laisse désormais la possibilité d'exiger le redressement de l'arbre plutôt que son abattage: l'arbre du mal peut devenir celui du bien. À notre avis, le juge pourra user de sa discrétion et rendre l'ordonnance qui s'impose, selon les circonstances. La prescription décennale (pour autant qu'elle puisse s'accomplir avant que l'arbre ne tombe!)

ne corrigera pas la situation puisque l'article 1191, paragraphe 5, C.c.Q. (non-usage pendant dix ans) ne vise que les servitudes, et non pas les règles particulières à la propriété immobilière.

4. Découvert

46 – Le propriétaire d'un fonds exploité à des fins agricoles a droit au découvert: il peut requérir l'abattage des arbres qui «nuisent sérieusement» (et non plus «sont de nature à nuire») à l'exploitation de son fonds, sur une lisière d'au plus cinq mètres, le long (c'est-à-dire «sur ou auprès») de la ligne séparative (986 C.c.Q., cf. 531 C.c.B.-C.). Comme à l'article 985 C.c.Q., les arbres doivent occasionner un trouble réel, grave, persistant, qui empêche ou gêne l'exploitation du fonds (zoné agricole ou non) à des fins agricoles. La largeur de la lisière où les arbres devront être abattus sera déterminée par entente ou par le tribunal, selon la nature des arbres ou de la culture impliqués.

47 – Le découvert ne peut être requis en ce qui concerne les arbres se trouvant «dans les vergers et les érablières» (réduction des arbres fruitiers, des érables et des planes de l'article 531 C.c.B.-C.) ou les arbres qui contribuent «à l'embellissement de la propriété» (986 C.c.Q.). Cette dernière exception n'apparaissait pas à l'article 531 C.c.B.-C.[27]. Dans la balance du législateur, le plateau de l'esthétique devient plus lourd que celui de l'agriculture. Or, l'esthétique ouvre la porte à la subjectivité: comme chacun sait, les goûts ne se discutent pas. La règle du découvert risque ainsi d'être inefficace à maintes occasions — quitte à invoquer l'article 985 C.c.Q. (coupe des branches et racines), le cas échéant.

5. Distance et situation des arbres

48 – Le nouveau Code ne régit plus la distance des arbres (528 C.c.B.-C.), ni leur situation dans une haie mitoyenne (530 C.c.B.-C.). Toutefois, les dispositions portant sur l'abus de droits et les troubles de voisinage ou sur les branches et racines font conclure que la distance doit être déterminée de manière à ne pas nuire à autrui (7, 976, 985, 991 C.c.Q.)[28]. Par ailleurs, l'article 1003 C.c.Q. énonce que toute clôture — dont une haie — qui chevauche la ligne séparative est présumée

mitoyenne; les arbres qui se trouvent *dans* la haie mitoyenne sont donc mitoyens comme la haie. Comme il s'agit d'un cas de copropriété forcée, aucun des voisins ne peut demander l'abattage, sauf si l'arbre n'est d'aucune utilité (1030 C.c.Q.). Quand un arbre ne fait pas partie d'une telle haie mais se trouve *sur* la ligne séparative, il appartient divisément à chaque voisin: aucun d'eux ne peut exiger l'abattage, sauf si la loi l'autorise[29].

E. Accès au fonds d'autrui

> *«S'il fallait tolérer aux autres tout ce*
> *qu'on se permet à soi-même,*
> *la vie ne serait plus tenable.»*
>
> Georges Courteline

49 – Le nouveau Code permet l'«accès au fonds d'autrui» (au sens large) dans trois cas: l'échelage, le déplacement de certains biens, l'empiètement mineur.

1. Échelage ou tour d'échelle

50 – Tout propriétaire doit autoriser l'accès à son fonds — après avis (verbal ou écrit et, bien entendu, donné dans un délai raisonnable) — si cela s'avère «nécessaire», indispensable, pour faire ou entretenir une construction, un ouvrage ou une plantation (987 C.c.Q.). Ainsi en est-il lorsque le voisin doit procéder à la réparation d'un mur privatif érigé sur ou le long de la ligne séparative. Le droit de tour d'échelle permet de la sorte de maximaliser l'exploitation ou l'utilisation d'un terrain.

51 – Le propriétaire qui subit l'accès a droit à la réparation du préjudice qui découle de ce seul fait (988 C.c.Q.), indépendamment de tout comportement fautif[30]. L'absence de paiement ne prive pas le voisin d'exercer son droit d'accès (987 C.c.Q.), mais l'expose à une action en recouvrement, comme en matière d'enclave (997 C.c.Q.). Somme toute, voilà l'échelle: la loi ou les montants, l'avis ou les barreaux!

52 – La soi-disant «servitude légale» (ou coutumière) d'échelage est ainsi introduite dans le Code civil du Québec[31]. Cette intégration est-elle justifiée? En construisant à la limite de son terrain, un propriétaire ne s'enclave-t-il pas lui-même? Puisque

l'enclave résulte de son fait personnel, pourquoi lui permettre de réclamer subséquemment un droit de passage[32]? Quoiqu'il en soit, le législateur a choisi de reconnaître l'échelage, qui apparaît comme une forme de droit de passage temporaire (cf. 997 C.c.Q.), à la fois extension et limitation du droit de propriété, dépendamment du point de vue où l'on se place: celui de l'enclavé ou de son voisin.

53 – Le propriétaire qui doit l'accès n'est évidemment pas empêché d'acquérir la mitoyenneté du mur concerné, le cas échéant (1004 C.c.Q.), ou de construire contre le mur rendu mitoyen (1005 C.c.Q.) si les règlements municipaux de construction l'autorisent. Il va de soi que le propriétaire n'a aucun avantage à construire près du mur, dans le but d'empêcher le voisin d'exercer son droit d'accès: ce serait se priver *ipso facto* du même droit, sans compter l'application possible de la théorie de l'abus de droits et des troubles de voisinage (*supra*, nos 7 et sqq).

2. Déplacement des biens

54 – L'article 989 C.c.Q. traite du déplacement ou transport de biens sur le fonds d'autrui. On peut penser à des essaims d'abeilles ou à des pigeons vivant sur un fonds et partis définitivement dans le voisinage (cf. 428 C.c.B.-C.) ou à un ouvrage qu'une force majeure aurait déplacé sur un terrain voisin, etc. Ces biens continuent d'appartenir à leur propriétaire, qui peut en entreprendre la quête à moins que le propriétaire du terrain voisin n'y procède lui-même immédiatement et ne remette les biens. Advenant abandon des recherches par le propriétaire des biens, le propriétaire du fonds où ils se trouvent en devient propriétaire par occupation (935 C.c.Q.) ou accession (948 C.c.Q.), sauf contrainte à enlever (*jus tollendi*) (989 C.c.Q.).

55 – Les articles 967 et 984 C.c.Q. complètent l'article 989 dans le cas de l'avulsion et des fruits des arbres.

3. Empiètement mineur

56 – L'article 992 C.c.Q. — de droit nouveau — traite d'empiètement terrestre, quoique les principes en cause pourraient être

appliqués *mutatis mutandis* en cas d'empiètement aérien (corniche, etc.). Le propriétaire de bonne foi qui a bâti sur le fonds de son voisin, sans causer d'empiètement considérable ou préjudiciable, doit, au choix de ce voisin, acquérir la parcelle concernée selon sa valeur (sorte d'autoexpropriation pour le voisin) ou lui verser une indemnité pour la perte d'usage subie. Cette perte d'usage étant qualifiée de «temporaire», on conclut (dans cette seconde hypothèse) qu'advenant destruction de l'immeuble bâti, son propriétaire ne peut procéder à la reconstruction sur le fonds voisin. Si l'empiètement est considérable (*cf.* 960 C.c.Q.) ou préjudiciable ou fait de mauvaise foi, le propriétaire lésé peut contraindre le «constructeur» (c'est-à-dire le propriétaire empiétant et ses ayants droit) à acquérir son immeuble au complet, selon sa valeur (autre forme d'auto-expropriation), ou à enlever la construction et remettre les lieux en l'état (953, 992 C.c.Q.). Par interprétation *a contrario*, la démolition ne peut être requise en cas d'empiètement de bonne foi.

57 – Ce régime particulier pourrait s'expliquer comme suit. Alors que les articles 957 et sqq C.c.Q. concernent le possesseur non propriétaire, sans titre de propriété aucun ou sans titre suffisant ou définitif (911 C.c.Q.), qui a construit sur le fonds d'autrui, l'article 992 vise le propriétaire qui détient un bon et valable titre sur un terrain donné et qui bâtit au-delà des limites de cet immeuble. Tout en favorisant le propriétaire qui est victime de l'empiètement, la loi ne veut pas défavoriser outre mesure le voisin, possesseur d'une parcelle de terrain qui ne lui appartient pas mais également propriétaire d'un immeuble bâti.

L'article 992 C.c.Q. ne s'oppose pas à l'article 2943 C.c.Q. puisque opérant sans qu'il y ait de mutation ou publication sur le fonds empiété. Il ne contredit pas le principe de l'accession, en ce sens qu'il protège essentiellement le propriétaire du fonds envahi (953 C.c.Q.). Il exclut d'ailleurs l'application des articles 957 et sqq C.c.Q.[33]. Le propriétaire du fonds empiétant doit être considéré comme un propriétaire superficiaire, mais qui n'a pas reconnu de domaine supérieur au sien: propriétaire du bâtiment qui empiète, possesseur de la parcelle de terrain sur laquelle la construction s'appuie partiellement. Il pourra éventuellement invoquer la prescription décennale en ce qui concerne cette parcelle de terrain. Cependant, l'exercice de cette prérogative est limité par l'article 992, susceptible de s'appliquer pendant dix ans — sauf dans le cas de la réclamation de l'indemnité prévue, le délai étant alors réduit à trois ans à compter de la connaissance de l'empiètement (2925 C.c.Q.) —, et même indéfiniment en cas d'impossibilité de prescription (2918 C.c.Q.). Le versement de l'indemnité y prévue a pour effet de créer une interversion de titre: de possesseur, le propriétaire empiétant devient le détenteur (précaire) de la parcelle de terrain concernée, sans que la prescription soit désormais possible (2913 C.c.Q.).

Cet article 992 C.c.Q. corrige en partie les carences que l'on peut relever en matière de prescription acquisitive immobilière. Il reste à souhaiter que certains propriétaires — présumés de bonne foi au départ (2805 C.c.Q.) — ne profiteront pas de cette disposition pour étendre indûment leur domaine.

F. Jours et vues

> «*Observer est le plus durable des plaisirs de la vie.*»
>
> George Meredith

58 – Les articles 993 à 996 C.c.Q. — remplaçant les articles 533 à 538 C.c.B.-C. — concernent les jours et les vues sur les propriétés voisines. On peut se demander pourquoi le législateur n'a pas laissé aux municipalités le soin d'établir les normes en ce domaine: l'intimité ne nécessite pas partout la même protection, de façon uniforme. Il aurait suffi de prévoir que le règlement de construction d'une municipalité (*Loi sur l'aménagement et l'urbanisme*, L.R.Q., c. A-19.1, article 118) peut contenir des dispositions à ce sujet.

59 – La présence de jours ou vues ne satisfaisant pas aux prescriptions légales constitue en soi un vice de titre[34]. L'action du voisin pour faire cesser les jours ou vues illégaux est imprescriptible. À cet égard, il ne faut pas confondre la prohibition des jours ou vues (règle particulière à la propriété immobilière) et le droit à ces jours ou vues (servitude de vues autorisant des jours ou vues autrement illégaux ou servitude de prospect accordant des droits de percée visuelle). La prescription acquisitive ne joue pas ici (1181 C.c.Q., *id.* 549 C.c.B.-C.)[35].

Selon les articles 3 et sqq de la *Loi sur l'application de la réforme du Code civil* (Projet de loi 38, 1992), le nouveau Code est applicable aux situations juridiques en cours lors de son entrée en vigueur.

1. *Jours*

60 – Les jours sont des fenêtres qui ne peuvent s'ouvrir: ils laissent passer la lumière mais non l'air.

a) Mur mitoyen ou mur privatif construit sur la ligne de division

61 – L'un des voisins ne peut pratiquer de jour dans un mur mitoyen sans l'accord de l'autre (996 C.c.Q., *id.* 533 C.c.B.-C.). Par analogie, il en est de même pour le constructeur d'un mur érigé à cheval sur la ligne de division, sans être mitoyen[36]; *a fortiori*, celui qui a acquis la mitoyenneté d'un tel mur privatif peut demander l'obstruction des jours illégaux. L'accord susdit constitue une servitude conventionnelle et doit être publié pour fins d'opposabilité (2938 C.c.Q., *id.* 2158 C.c.B.-C.).

b) Mur privatif situé à moins d'un mètre cinquante de la ligne de division

62 – Le propriétaire d'un mur non mitoyen, situé à moins d'un mètre cinquante de la ligne séparative, peut pratiquer des jours dans ce mur, aux conditions déterminées par l'article 995 C.c.Q: 1) le jour doit être «dormant», de façon qu'il ne puisse être ouvert. Ainsi, un châssis tenant par des vis serait conforme à l'article 995 C.c.Q., contrairement à ce qu'enseignait l'ancienne jurisprudence[37], puisque le châssis n'a plus à être «scellé en plâtre» (534 C.c.B.-C.; 2) le jour doit être «translucide»[38], mais non transparent, filtrant la lumière tout en interceptant la vue (un verre dépoli, par exemple). Le jour n'est permis que pour éclairer, non pour voir.

63 – Contrairement au droit antérieur, il n'est plus question de fer maillé (qui conférait un caractère hispanisant aux ouvertures) ou de hauteurs minimales (qui, dans le cas des rez-de-chaussée, excédaient celles des plafonds d'aujourd'hui). Par contre, le nouveau Code ne régit plus uniquement les jours qui

se trouvent dans un «mur non mitoyen, joignant immédiatement l'héritage d'autrui» (534 et 535 C.c.B.-C.), mais aussi ceux aménagés tel que mentionné.

64 – On notera l'application possible de la théorie de l'abus de droits et des troubles de voisinage lorsqu'un voisin plante des arbustes ou des arbres dans le but malicieux d'assombrir des fenêtres aménagées légalement[39]. Par ailleurs, ce voisin pourra exiger que les jours soient bouchés s'il désire acquérir la mitoyenneté du mur ou bâtir contre le mur rendu mitoyen, conformément aux articles 1004 et 1005 C.c.Q.

c) Autres murs privatifs

65 – Le propriétaire d'un mur situé au-delà d'un mètre cinquante peut pratiquer tous les jours qu'il désire. Le Code ne réglemente pas cette situation.

2. Vues

66 – Les vues sont des jours libres ou jours qui s'ouvrent, surtout des fenêtres ouvrantes: ils peuvent laisser passer l'air aussi bien que la lumière.

67 – Les vues pratiquées dans un mur mitoyen ou dans un mur privatif construit sur la ligne de division sont soumises mutatis mutandis aux règles gouvernant les jours aménagés dans de tels murs (996 C.c.Q., id. 533 C.c.B.-C.), rapportées supra, n° 61.

68 – Les règles qui suivent s'appliquent dans le cas des autres murs privatifs.

a) Vues illégales

69 – En matière de vues, les indiscrets seront à la fois déçus et satisfaits. Les vues droites sont toujours prohibées à une distance moindre (maintenant) d'un mètre cinquante de la ligne séparative (993 C.c.Q., cf. 536 et 537 C.c.B.-C.). Quant aux vues obliques — ignorées par le nouveau Code — elles sont désormais permises... au seul risque d'un torticolis (cf. 537 C.c.B.-C.): inclusio unius fit exclusio alterius. Rappelons qu'il y a vue droite lorsqu'une perpendiculaire au plan de l'ouverture peut rencontrer en un point quelconque la propriété voisine[40]. Les vues obliques sont les ouvertures dont l'axe, quelque pro-

longé qu'il fût, n'atteindrait pas le fonds voisin et au moyen desquelles on ne peut se procurer de vue sur ce fonds qu'en se plaçant dans une direction différente de celle de cet axe, c'est-à-dire en se tournant à droite et à gauche[41].

70 – Les vues droites résultent surtout de fenêtres ouvrantes, mais elles comprennent aussi les galeries, les terrasses ou patios, les balcons, les escaliers, etc.[42]. S'il y a une fenêtre en saillie, la distance d'un mètre cinquante se calcule depuis la ligne extérieure (994 C.c.Q.). Dans les autres situations, la distance se mesure depuis le parement extérieur du mur où l'ouverture est faite, et perpendiculairement jusqu'à la ligne de division (994 C.c.Q.); lorsqu'un mur mitoyen sépare deux immeubles, la ligne du milieu détermine la distance parce que, si le mur est détruit, l'état de fait perdurera[43]. Ainsi, dans le cas d'un balcon, le point de référence est le parement extérieur du mur où l'ouverture est pratiquée (de face et de chaque côté de l'ouverture) et non plus la ligne extérieure du balcon (994 C.c.Q., cf 538 C.c.B.-C.); la plupart des vues illégales générées par des balcons, galeries, terrasses, patios et escaliers deviennent par le fait même autorisées[44]. Le rétrécissement des distances requises (un mètre cinquante au lieu des six pieds français de l'article 536 C.c.B.-C.) a le même effet, mais d'une façon plus générale.

b) Vues légales

71 – Les vues droites ne sont pas toujours illégales lorsqu'elles sont situées en deçà des distances autorisées. Il en va ainsi dans les cas suivants: 1) la vue donne sur une voie publique (rue ou ruelle publique, cours d'eau public) ou un parc public, ce qui ne confère pas le droit de construire des balcons ou galeries au-dessus de cette propriété publique, sauf autorisation; 2) la vue résulte d'une porte pleine ou à verre translucide laissant filtrer la lumière mais non les regards (993 C.c.Q.). Ces dérogations ont déjà été consacrées par la jurisprudence et la doctrine[45].

72 – On sait que les exceptions légales sont d'interprétation restrictive. Cependant, il est un principe reconnu en droit qu'il ne peut y avoir d'action (telle une action visant à faire obstruer des ouvertures en soi illégales) sans intérêt (165 C.P.)[46]. C'est pourquoi nous estimons que les exceptions prévues par l'article

993 C.c.Q. ne sont pas limitatives. Ainsi que le prévoyait l'article 1033 de la *Loi 20* (L.Q. 1987, c. 18)[47], un propriétaire ne pourrait requérir l'obstruction d'une vue donnant sur un mur plein ou permettant la vue de façon momentanée ou occasionnelle (escalier de sauvetage) ou insuffisante (fenêtre bouchée partiellement, quoique de façon permanente, et ne laissant voir que le sol), etc. Il en serait de même lorsque la vue n'est pas aménagée dans un mur de bâtiment, par exemple, celle résultant d'une clôture à claire voie ou d'une grille. Ou encore lorsque la vue donne sur un passage mitoyen (détenu en indivision), pourvu que le passage ait au moins un mètre cinquante de largeur, sans quoi il y aurait vu illégale sur l'immeuble d'autrui. Si le passage est détenu divisément, chaque riverain étant propriétaire exclusif (mais sujet à une servitude de passage) de la moitié de la lisière, la suppression de la vue pourra être ordonnée lorsqu'elle se trouve à moins d'un mètre cinquante de la ligne médiane du passage, qui est aussi celle des immeubles[48].

c) Vues légalisées

73 – Comme sous le droit antérieur, les vues non conformes pourront être légalisées par obstruction ou servitude. Il appartiendra au praticien de juger si la légalisation est nécessaire. Ainsi, l'existence de vues réciproques identiques ou équivalentes (par exemple, des balcons exigus et contigus) *pourrait* le justifier de passer outre, *dépendamment* des circonstances. Mais il est certain que la légalisation des vues réglera les problèmes potentiels, une fois pour toutes, en particulier en cas de démolition ou de destruction d'un des immeubles.

i) Obstruction

74 – Le propriétaire de l'immeuble comportant des vues illégales pourra corriger la situation en les obstruant (ou modifiant) tout simplement, de façon que l'air et les regards ne puissent plus passer. Le moyen choisi devra avoir un caractère de permanence: mur de brique, panneau de bois fixe ou paravent métallique intégré au bâtiment, etc.[49]. Seront donc insuffisants en ce qui concerne les fenêtres: les persiennes, la peinture, le papier peint et les autres obstacles de même acabit. Le propriétaire pourra avoir choisi de transformer ses vues en jours,

lorsque cela est possible: on se référera aux critères mentionnés *supra*, n° 62.

ii) Servitude conventionnelle ou par destination du propriétaire

75 – Les prohibitions de vues n'étant pas d'ordre public, le ou les propriétaires intéressés pourront y déroger — par destination du propriétaire ou convention (1181 C.c.Q.) — que les vues soient existantes ou projetées[50]. Dans le cas des vues existantes, il est à noter que le déplacement ultérieur d'une vue équivaudra à son obstruction et à l'aménagement d'une nouvelle vue, nécessitant possiblement la signature d'un second acte de servitude. Ainsi une ouverture légalisée par servitude, obstruée et réaménagée ailleurs par la suite dans le même mur, à un endroit où elle est à une distance moindre que celle permise par la loi, deviendra à nouveau illégale.

76 – Il faut regretter que le législateur n'ait pas permis la prescription acquisitive des servitudes de vues, comme cela existe dans plusieurs législations étrangères (France, Allemagne, Suisse, etc.) et était prévu dans la *Loi 20* (L.Q. 1987, c. 18), sanctionnée mais jamais entrée en vigueur. De façon plus nuancée, on aurait pu permettre l'établissement par prescription des servitudes continues et apparentes, sans préjudice au droit du propriétaire du fonds servant de construire jusqu'à la limite de son fonds, à moins de lois ou règlements contraires. En minimisant le nombre de vues illégales, le législateur aurait pu assurer davantage la circulation des biens, le financement hypothécaire, la sécurité des transactions.

77 – La servitude conventionnelle sera réelle ou personnelle, selon qu'elle sera établie de fonds à fonds ou de fonds à personne; la servitude par destination sera généralement réelle (voir *infra*, nos 148 et 149). Dans le cadre d'une copropriété divise, et dépendamment de la situation, les signataires seront les administrateurs, représentants du syndicat en ce qui a trait aux parties communes, et les propriétaires des parties privatives concernées par la servitude. On appliquera respectivement les articles 1076, 1098, ainsi que 1047 C.c.Q., étant entendu que la déclaration de copropriété pourra restreindre les conditions de jouissance des parties communes ou privatives (1043, 1056 C.c.Q.).

78 – La jurisprudence et la doctrine ont toujours considéré que la création d'une servitude de vue comporte une obligation de non-construction (servitude de prospect) en deçà d'une certaine limite en ce qui concerne le fonds servant (1186 C.c.Q., *id.* 557 C.c.B.-C.) ou, en corollaire, un droit de lumière en faveur du fonds dominant[51]. Les mêmes principes devraient prévaloir dans le futur. Quand l'acte de servitude sera silencieux, les constructions ne pourront être érigées sur le fonds servant qu'à une distance d'au moins un mètre cinquante de la ligne séparative. Lorsque l'acte de servitude sera plus restrictif, permettant seulement au propriétaire du fonds dominant d'avoir des vues futures à une distance fixe de la ligne, mais moindre que celle prévue par la loi, le propriétaire du fonds servant pourra construire à un mètre cinquante du point où le titulaire est autorisé à ouvrir sa vue. Pour éluder ces problèmes, le praticien appelé à rédiger un acte de servitude de vue devra toujours préciser clairement si cette servitude comprend une servitude de prospect et à quelles conditions. Par ailleurs, lorsque le propriétaire du fonds servant possédera déjà une construction située à moins d'un mètre cinquante de la ligne séparative (ou du point où le titulaire est autorisé à ouvrir sa vue), lors de l'établissement de la servitude, il faudra prévoir que ce propriétaire ne sera pas tenu de démolir ou de déplacer sa construction par la suite[52].

79 – Enfin, nonobstant la suppression de l'article 522 C.c.B.-C., nous croyons que la servitude de vue perdurera à l'égard d'un bâtiment reconstruit et comportant les mêmes ouvertures que le précédent, pourvu que la reconstruction ait lieu avant que la prescription de dix ans ne soit acquise (1194, 2917 C.c.Q.). Pour éviter toute ambigüité, le législateur aurait dû trancher clairement toutes ces questions.

G. Droit de passage

> *«La tolérance ne devrait être qu'un état transitoire. Elle doit mener au respect. Tolérer, c'est offenser.»*
>
> Goethe

80 – Les articles 997 à 1001 C.c.Q. reprennent le droit positif antérieur en matière d'enclave. Quelques changements mineurs sont toutefois introduits par rapport aux articles 540 à 544

C.c.B.-C. Nous traiterons successivement de la situation d'enclave, du droit de passage et de la cessation de l'enclave.

1. Situation d'enclave

81 – L'enclave est un état de faits. La loi établit qu'un fonds est enclavé dans les circonstances suivantes:

i) le fonds n'a pas d'issue sur la voie publique (997 C.c.Q.). C'est l'enclave «juridique», hypothèse qu'envisageait l'article 540 C.c.B.-C.;

ii) le fonds possède une sortie sur la voie publique, mais elle s'avère «insuffisante, difficile ou impraticable», quels que soient les frais engagés. Ou encore, il pourra s'agir du cas où l'aménagement de l'issue nécessaire demanderait des dépenses hors de proportion avec la valeur ou l'exploitation du fonds ou d'une partie de ce fonds (997 C.c.Q.). C'est l'enclave «économique», ignorée par le Code civil du Bas-Canada mais reconnue depuis longtemps par la doctrine et la jurisprudence[53].

82 – Inversement, on pourra considérer qu'il n'y a pas d'enclave dans les situations suivantes:

i) le propriétaire du fonds jouit d'un passage de tolérance qui donne accès à la voie publique (997 C.c.Q. a contrario)[54];

ii) l'enclave résulte du fait personnel du propriétaire, sauf le cas des articles 987 et 999 C.c.Q.[55].

iii) l'issue sur la voie publique présente des inconvénients, mais reste praticable, ou requiert des investissements mineurs (997 C.c.Q. a contrario)[56]. Bien entendu, l'exploitation du fonds peut évoluer avec le temps et rendre insuffisant le passage jusque là praticable, d'où la nécessité d'assurer la desserte de ce fonds.

2. Droit de passage

83 – La loi favorisant l'exploitation des héritages (au sens de propriété foncière), le propriétaire du fonds enclavé (ou le titulaire d'un droit réel principal par l'intermédiaire duquel le propriétaire possède le bien), «si on refuse de lui accorder une servitude ou un autre mode d'accès», peut exiger de l'un de ses

voisins qu'il lui fournisse le passage requis (997 C.c.Q., *cf.*. 540
C.c.B.-C.). Mais il reste à savoir quel voisin devra accorder le
passage et comment le droit s'exercera.

a) Détermination du fonds assujetti

84 – Il faut d'abord préciser que le droit légal de passage
— comme le droit de propriété — peut s'exercer en surface, au-
dessus (fils électriques, etc.) ou au-dessous (canalisations
d'aqueduc ou d'égoût, etc.) du sol. Car le Code civil du Québec
— non plus que le Code civil du Bas-Canada, d'ailleurs — ne
fait pas de distinctions à ce sujet, se contentant de prévoir
d'octroi du «passage nécessaire à l'utilisation et à l'exploitation» du fonds enclavé (997 C.c.Q.)[57].

85 – Le droit de passage s'exerce contre le voisin à qui le
passage peut être «le plus naturellement réclamé» (998 C.c.Q.),
même l'État (pourvu que le droit de passage ne soit pas
contraire à la destination du bien du domaine public (916
C.c.Q., *id.* 399 C.c.B.-C.). Les articles 541 et 544 C.c.B.-C.
exigeaient que le passage soit pris du côté où le trajet est le plus
court, mais aussi dans l'endroit le moins dommageable. Si la
nouvelle règle est moins précise, elle permet de considérer
toutes les circonstances propres à une espèce, «compte tenu de
l'état des lieux, de l'avantage du fonds enclavé et des inconvénients que le passage occasionne au fonds qui le subit» (998
C.c.Q.).

86 – À l'instar du Code civil du Bas-Canada, le nouveau Code
apporte la preuve qu'on peut parfois se mettre impunément les
pieds dans le plat. Lorsque l'enclave résulte de la division ou du
fractionnement d'un fonds par suite d'un partage, d'un testament ou d'un contrat (et non plus seulement d'une «vente»,
dans cette dernière hypothèse), le passage doit alors être pris sur
la partie du fonds morcelé qui a accès à la voie publique (999
C.c.Q., *cf.* 543 C.c.B.-C.). Ainsi, le vendeur d'un fonds devenu
enclavé à la suite de l'aliénation devra fournir le passage, accessoire du bien vendu (1718 C.c.Q., *id.* 1499 et 543 C.c.B.-C.).
Inversement, l'acquéreur devra donner accès à son immeuble
lorsque le vendeur s'est enclavé lui-même lors de l'aliénation
(999 C.c.Q.)[58]. Nous sommes toutefois d'avis que l'un ou
l'autre contractant pourra réclamer le passage d'un autre voisin

si la sortie sur l'immeuble résiduaire s'avère insuffisante, difficile ou impraticable, ou si son aménagement exige des dépenses
déraisonnables (997 C.c.Q.) — les travaux d'aménagement
étant toujours supportés par l'enclavé (1000 C.c.Q.), même
dans le cas où le passage doit être accordé par le copartageant,
le colégataire ou le cocontractant.

b) Mode d'exercice du droit de passage et indemnité

87 – Une fois déterminé le fonds sur lequel le passage doit être
pris, encore faut-il prévoir le mode d'exercice du droit de passage (assiette et moyens de locomotion, qui pourront faire
l'objet de modifications ultérieures, selon les nouvelles néces-
sités de l'exploitation du fonds enclavé) et l'indemnité qui doit
être versée par l'enclavé, le cas échéant. À défaut d'entente, le
tribunal devra résoudre ces questions.

88 – L'assiette du droit de passage doit être fixée là où le
passage s'avère le plus avantageux pour le fonds enclavé et le
moins désavantageux pour le fonds servant. L'utilisation d'un
passage pendant dix ans établira une présomption absolue qu'il
s'agit du trajet le plus avantageux pour le fonds enclavé et le
moins désavantageux pour le fonds servant (998, 2917
C.c.Q.)[59].

89 – Le propriétaire qui subit le passage a droit à une indemnité
proportionnelle au préjudice causé (997 C.c.Q., id. 540 C.c.B.-
C.), sauf le cas de la renonciation ou celui de l'enclave résultant
de la division ou du morcellement d'un fonds par aliénation
partielle (999 C.c.Q., id. 543 C.c.B.-C.). L'indemnité est
payable sous forme de montant forfaitaire ou de redevances
périodiques; nous estimons que l'accroissement des besoins du
fonds enclavé (par exemple, en substituant une exploitation
industrielle à une exploitation agricole) pourra donner lieu à un
supplément d'indemnité (cf 1144 C.c.Q.). L'absence de paiement ne prive pas l'enclavé d'exercer son droit de passage,
qu'il détient de la loi, mais l'expose à l'action en recouvrement.
Le droit à l'indemnité, lorsque celle-ci n'a pas fait l'objet d'une
convention, se prescrit par trois ans, conformément à l'article
2925 C.c.Q.; le délai débute du jour où l'enclavé a commencé
à exercer son droit de passage. Le droit à l'indemnité convenue
mais non versée se prescrit aussi par trois ans, selon la même
disposition.

90 – Outre l'obligation de payer une indemnité, le propriétaire du fonds enclavé «doit» faire et entretenir les ouvrages nécessaires à l'exercice de son droit (1000 C.c.Q.). Cette disposition — inspirée de l'article 67 du Projet de Code civil (Office de révision du Code civil) — n'a pas d'équivalent dans le Code civil du Bas-Canada. Généralement, le propriétaire d'un fonds dominant «peut» effectuer de tels ouvrages (1184 C.c.Q.). En matière d'enclave, les travaux deviennent obligatoires afin que le droit de passage s'exerce «dans les conditions les moins dommageables» pour le fonds servant (1000 C.c.Q.).

3. Cessation de l'enclave

91 – Le droit de passage prend fin avec la cessation de l'état d'enclave (1001 C.c.Q., id. 544 C.c.B.-C.), par suite de l'établissement d'une servitude conventionnelle de passage (qui ne peut être rachetée — 1189 C.c.Q.), de l'ouverture d'une rue, de l'acquisition d'un immeuble adjacent à une rue, etc. Si la servitude conventionnelle met fin à l'enclave, la cessation de l'enclave par toute autre cause ne met pas fin à la servitude conventionnelle, par nature perpétuelle (1182 C.c.Q.)[60] Mais l'acte qui décrit seulement le mode d'exercice du droit de passage accordé par la loi deviendra sans effet quand cessera l'enclave, c'est-à-dire lorsque disparaîtra la cause qui a donné lieu à la naissance de l'acte: *cessante causa, cessat effectus*. Le praticien devrait prendre l'habitude de bien identifier la nature de l'entente qu'on lui demande de rédiger et de faire déclarer aux parties, le cas échéant, que la servitude conventionnelle prendra fin advenant cessation de l'enclave.

92 – L'indemnité payable par annuités ou versements cesse de l'être pour l'avenir. Contrairement à ce que prévoyait l'article 544 C.c.B.-C., l'indemnité payée globalement n'a pas à être remboursée (1001 C.c.Q.), ce qui n'est pas sans causer d'iniquité au propriétaire du fonds anciennement enclavé. Le législateur aurait dû prévoir que l'indemnité doit être remboursée au prorata (dépendamment de la durée de l'enclave) dans de telles circonstances. Autrement, il en résulte un enrichissement injustifié pour le propriétaire du ci-devant fonds servant[61].

H. Mitoyenneté

> *«Là où il n'y a pas de haie,*
> *le domaine est au pillage.»*
>
> Ecclésiastique 36-25

93 – Les articles 1002 à 1008 et 1045 C.c.Q. modifient quelque peu les articles 505, 510 à 527 et 441 g C.c.B.-C. en ce qui a trait à l'ouvrage de clôture et au mur mitoyen.

1. Ouvrage de clôture (autre qu'un mur)

94 – L'article 1002 C.c.Q. édicte que tout propriétaire peut clore son terrain à ses frais (et exercer éventuellement le droit d'échelage — 987 C.c.Q.) ou «obliger son voisin à faire sur la ligne séparative, pour moitié ou à frais communs, un ouvrage de clôture servant à séparer leurs fonds et qui tienne compte de la situation et de l'usage des lieux»[62]. Tout en maintenant le droit antérieur (406, 505 et 520 C.c.B.-C.), le législateur abandonne heureusement les distinctions que faisaient les articles 505 et 520 C.c.B.-C. selon les municipalités et la possibilité d'empiètement prévue par ce dernier article. La précision relative à la situation et l'usage des lieux devrait prévenir les litiges. Ainsi, il est à peu près impensable d'obliger un voisin à ériger à frais communs une clôture séparant des terres sur plusieurs centaines de mètres, voire plusieurs kilomètres. Par ailleurs, le terme «clôture» englobe les haies (ces ouvrages mouvant de thuyas ou de chèvrefeuilles) et les fossés[63], d'où la suppression des règles qu'on retrouvait à ce sujet aux articles 523 à 527 C.c.B.-C.

95 – Le propriétaire qui a fait un ouvrage de clôture à ses seuls frais pourra réclamer de son voisin la moitié du coût ou de la plus-value apportée (959, 1ᵉʳ alinéa, C.c.Q., *id.* 417 C.c.B.-C.) aux conditions suivantes: 1) l'ouvrage doit être sur la ligne séparative (1002 C.c.Q., *id.* 505 et 520 C.c.B.-C.). Si la clôture empiète, c'est l'article 992 C.c.Q., et non 1002, qui s'applique (*supra*, nᵒˢ 56 et 57); 2) le propriétaire doit avoir conclu une entente préalable avec son voisin ou obtenu un ordre du tribunal forçant ce voisin à contribuer à l'installation de l'ouvrage et en fixant les modalités en fonction «de la situation et de l'usage des lieux»[64]. Car l'article 1002 C.c.Q. dit bien qu'un pro-

priétaire peut «obliger son voisin à faire (...) un ouvrage de clôture», mais il ne dit pas qu'un propriétaire qui a aménagé un ouvrage à ses frais peut forcer son voisin à partager les dépenses, donc à acquérir la mitoyenneté[65]. Une simple mise en demeure — antérieure ou postérieure à l'installation de l'ouvrage — s'avère insuffisante: on ne peut se faire justice à soi-même sans que le voisin ait pu contrôler le coût de l'aménagement. La mitoyenneté étant en principe facultative, le voisin tenu de contribuer aux frais pourra se libérer de son obligation en abandonnant la lisière de terrain concernée.

96 – L'ouvrage de clôture qui se trouve sur la ligne séparative est présumé mitoyen (1003 C.c.Q., cf. 527 C.c.B.-C.). L'entretien doit donc se faire à frais communs (1019 C.c.Q., cf. 1006 C.c.Q.). La présomption de mitoyenneté peut être renversée (2847 C.c.Q.) par un titre contraire (droit de superficie — 1011 C.c.Q. — etc.). Les présomptions légales de non-mitoyenneté relatives aux fossés et haies ne sont pas reprises (524, 527 C.c.B.-C.); le juge pourra toutefois user de sa discrétion et se laisser guider, entre autres indices, par certaines présomptions de fait (rejet de la terre ou clôture d'un fossé d'un seul côté, haie n'existant que dans l'intérêt d'un seul voisin, etc.), compte tenu de la preuve apportée[66].

97 – Dans certaines circonstances, l'aménagement d'un ouvrage de clôture privatif pourra donner lieu à l'application des articles 1186 (aggravation de servitude), 7 et 976 (abus de droits et troubles de voisinage) ou 992 C.c.Q. (empiètements).

2. Mur mitoyen

98 – La mitoyenneté est une modalité de la propriété. Car la mitoyenneté implique un état forcé d'indivision (1030 C.c.Q.): l'ouvrage mitoyen, propriété de plusieurs indivisaires, assure l'exploitation des immeubles privatifs adjacents de ces indivisaires.

99 – Le nouveau Code traite surtout du mur mitoyen, une variété d'ouvrage de clôture (1002 C.c.Q.). Mais il est évident que tout autre objet répondant à la définition ci-dessus sera considéré comme mitoyen: passage, escalier, pignon, etc.

a) Présomption

100 – Tout mur qui se trouve sur la ligne séparative — que les fonds soient bâtis ou non — est présumé mitoyen (1003 C.c.Q., *cf.* 510 C.c.B.-C.). Lorsque des bâtiments sont appuyés au mur, celui-ci est présumé mitoyen jusqu'à l'héberge, c'est-à-dire jusqu'au toit du bâtiment le moins élevé (1003 C.c.Q., *id.* 510 C.c.B.-C.). L'article 1045 C.c.Q. (*id.* 441 g C.c.B.-C.) prévoit également une présomption de mitoyenneté en ce qui concerne certains murs et cloisons, dans le cadre de la copropriété divise.

101 – Comme dans le cas des ouvrages de clôture en général, la présomption de mitoyenneté d'un mur est relative (2847 C.c.Q.), pouvant être renversée par un titre contraire (droit de superficie — 1011 C.c.Q. — etc.). Il n'est plus question dans le nouveau Code de présomptions légales de non-mitoyenneté (511, 524 à 527 C.c.B.-C.); ici encore, le juge pourra user de sa discrétion et se laisser guider, *entre autres indices*, par certaines présomptions de fait, compte tenu de la preuve apportée.

b) Acquisition

102 – La mitoyenneté s'acquiert généralement de concert, les deux voisins fournissant la moitié du sol nécessaire et érigeant le mur à frais communs (1002 C.c.Q.). Elle peut aussi s'acquérir par prescription acquisitive, lorsque plusieurs personnes ont la possession utile d'un même bien (922, 2918 C.c.Q., *cf.* 2242 et 2251 C.c.B.-C.). Finalement, tout propriétaire (ou le titulaire d'un droit réel principal par l'intermédiaire duquel le propriétaire possède le bien) peut acquérir la mitoyenneté d'un mur *joignant directement la ligne séparative* — sauf s'il s'agit d'un mur faisant partie d'un édifice public, bien hors commerce —[67], en remboursant au voisin la moitié du coût de la construction et de la valeur du sol (1004 C.c.Q. *cf.* 518 C.c.B.-C.): c'est là un changement mineur par rapport au droit antérieur, l'article 518 C.c.B.-C. traitant de «valeur» et l'article 1004 C.c.Q. de «coût estimé» du mur à la date d'acquisition de la mitoyenneté ainsi que de la «valeur» du sol. Cet article 1004 ne contredit-il pas l'article 1008 C.c.Q., qui établit le prix de l'exhaussement du mur mitoyen en fonction (entre autres) du «coût» (non autrement actualisé) du mur exhaussé?

S'il est possible d'imposer la cession de mitoyenneté au propriétaire joignant la ligne séparative, l'inverse n'est pas vrai. Le propriétaire du mur ne peut forcer son voisin à acquérir la mitoyenneté, à moins que ce voisin n'ait pris appui sur le mur sans entente préalable et que cet appui porte à conséquence (construction autre que légère); le propriétaire pourrait également demander des dommages-intérêts ou la remise en l'état. *Quid* lorsque le mur, bien que privatif, chevauche la ligne de division? Nous estimons que le propriétaire empiété pourrait acquérir la mitoyenneté — puisque le mur joint la ligne de division, et même au-delà — à moins que ce propriétaire ne préfère recourir à l'article 992 C.c.Q. (*supra*, n°ˢ 56 et 57).

c) Exercice des droits

i) Réparations et entretien

103 – La mitoyenneté implique pour chaque propriétaire un droit d'usage exclusif sur le côté du mur qui délimite son fonds. Elle impose toutefois aux voisins l'obligation de procéder à frais communs aux réparations nécessaires — pouvant aller jusqu'à la reconstruction — destinées à assurer la conservation du mur et à prévenir son écroulement (1006 C.c.Q., *id.* 512 C.c.B.-C.). Ainsi que l'a déjà dégagé la jurisprudence, cette obligation repose sur la tête d'un seul copropriétaire lorsque les travaux sont exécutés dans son intérêt personnel ou requis par sa faute. La charge subsiste après la démolition de l'un des bâtiments. Advenant refus de contribution, un copropriétaire peut s'adresser au tribunal pour faire constater la nécessité des travaux et obliger son voisin à participer. En aucun cas, le copropriétaire ne doit agir seul, au risque de perdre son droit de recouvrer la moitié des frais, sans parler des dommages-intérêts possibles[68].

104 – L'un ou l'autre des copropriétaires peut se libérer de son obligation de contribuer aux charges — hormis celle relative aux dégradations provenant de son fait ou de sa faute[69] — en cessant d'utiliser le mur *et* en abandonnant le droit de mitoyenneté (1006 C.c.Q., *id.* 513 C.c.B.-C.). Cette faculté d'abandon se justifie par le caractère réel des charges de la mitoyenneté — des obligations *propter rem*. Certaines précisions sont apportées par rapport à l'article 513 C.c.B.-C.: l'abandon du droit de

mitoyenneté dans un mur se concrétise dans un «avis» unilatéral du renonçant, publié au bureau de la publicité des droits et dont copie est transmise aux autres copropriétaires (sauf intervention, faut-il comprendre). Cet avis «emporte renonciation à faire usage du mur» (1006 C.c.Q.). Selon nous, l'abandon requiert la capacité de disposer à titre gratuit, quoiqu'il existe une considération partielle: la cessation de toute contribution aux réparations, à l'avenir (1006, 1810 C.c.Q.). L'abandon devient non avenu lorsque le bénéficiaire ne répare pas le mur[70]. Il n'empêche pas le renonçant de rendre derechef le mur mitoyen (1004 C.c.Q., *id.* 518 C.c.B.-C.). Tant que la chose sera possible, le voisin pourra exercer le droit d'échelage (987 C.c.Q.).

ii) Enfoncement et appui

105 – Chaque propriétaire peut bâtir contre un mur mitoyen et y placer des poutres ou solives (désormais à quelque profondeur que ce soit). Mais il doit obtenir l'accord de l'autre propriétaire sur la façon de procéder ou, en cas de désaccord, faire déterminer par le tribunal — et non plus par des «experts», ainsi que le prévoyait l'article 519 C.c.B.-C. — les moyens nécessaires «pour que le nouvel ouvrage nuise le moins possible aux droits de l'autre propriétaire» (1005 C.c.Q.). À notre avis, les travaux faits sans le consentement de l'autre propriétaire ou l'intervention du tribunal constituent une violation du droit de propriété, pouvant justifier l'octroi de dommages-intérêts ou la remise du mur dans son état primitif, à moins que l'enfoncement ou l'appui (construction légère, etc.) ne portent pas à conséquence (947 C.c.Q., *id.* 406 C.c.B.-C.).

iii) Exhaussement

106 – Chacun des copropriétaires a le droit de faire exhausser le mur mitoyen à ses frais (1007 C.c.Q., *cf.* 515 C.c.B.-C.). Deux conditions sont posées, dont la première est nouvelle: 1) l'obtention d'une expertise à l'effet que le mur peut supporter l'exhaussement; 2) le versement d'une indemnité compensatoire (égale au sixième du coût de l'exhaussement) pour la surcharge du mur, occasionnant un surplus de frais d'entretien pour le voisin, et les autres inconvénients possibles. Si le mur est en mauvais état, le copropriétaire qui veut l'exhausser peut

exiger qu'il soit réparé à frais communs (1006 C.c.Q., *id.* 512 C.c.B.-C.). S'il est en bon état mais ne peut supporter l'exhaussement, on doit tenter de l'épaissir plutôt que de le refaire. En dernier ressort, le mur doit être reconstruit aux frais de celui qui veut l'exhausser, l'excédent d'épaisseur se prenant de son côté (1007 C.c.Q., *id.* 516 C.c.B.-C.). Aucune indemnité compensatoire ne doit être versée dans ce cas, faute de texte de loi: d'ailleurs, l'autre voisin ne bénéficie-t-il pas d'un mur neuf?

107 – La partie du mur exhaussé appartient exclusivement au propriétaire qui a fait l'exhaussement. Il en supporte en conséquence les charges (1008 C.c.Q., *id.* 515 C.c.B.-C.). Quant au droit de vue, la partie du mur exhaussé — prolongement privatif de l'assise commune — reste sujette aux règles applicables au mur mitoyen (996 C.c.Q.): *accessorium sequitur pincipale*[71].

108 – Le voisin qui n'a pas contribué à l'exhaussement peut en acquérir la mitoyenneté en payant la moitié du coût de l'exhaussement ou de la reconstruction et la moitié de la valeur du sol fourni pour l'excédent d'épaisseur, le cas échéant (1008 C.c.Q., *cf.* 517 C.c.B.-C.). On se demande pourquoi le législateur n'exige pas que le coût soit actualisé à la date d'acquisition, tel que prévu à l'article 1004 C.c.Q.

109 – De plus, le voisin qui acquiert la mitoyenneté du mur exhaussé doit rembourser l'indemnité reçue aux termes de l'article 1007 (1008 C.c.Q.). Le Code civil du Bas-Canada ne comportait pas disposition à ce sujet, la doctrine étant par ailleurs partagée[72]. Le nouveau Code tranche la difficulté, mais non sans incohérence (*cf.* 1001 C.c.Q.), ni iniquité: le législateur aurait dû prévoir que l'indemnité ne doit être remboursée que si la mitoyenneté est acquise aussitôt l'exhaussement terminé; le remboursement devrait diminuer proportionnellement avec l'écoulement du temps, suivant les règles de l'enrichissement injustifié.

II - Servitudes

> «Le bon accord est toujours
> la meilleure des affaires.»

> M. Valtorta

110 – Les articles 1177 et sqq C.c.Q. modifient peu le droit antérieur en matière de servitude. Celle-ci demeure un démembrement du droit de propriété (911, 1119 C.c.Q., *id.* 405 C.c.B.-C.), qui permet d'augmenter l'utilité d'un bien en l'affectant à la disposition de plusieurs personnes et ce, dans le respect de l'ordre public (9 C.c.Q., *id.* 545 C.c.B.-C.).

111 – Les changements les plus significatifs ont trait aux causes d'extinction de la servitude. Ils favorisent la libération du fonds servant dans certaines circonstances (rachat, non-usage, impossibilité d'exercice).

112 – Nous étudierons successivement l'établissement des servitudes, leurs catégories, l'exercice et l'extinction des servitudes.

A. Établissement (classification primaire)

> «Faire et non pas subir,
> tel est le fond de l'agréable.»

> Alain

113 – La servitude s'établit par contrat, par destination du propriétaire, par testament ou par l'effet de la loi (1181 C.c.Q.).

1. Servitude conventionnelle

114 – La servitude conventionnelle constitue un démembrement de la propriété d'un bien (1119 C.c.Q., *id.* 499 C.c.B.-C.), soit au profit d'un autre bien, soit au profit d'une personne[73]. Il existe donc deux sortes de servitudes conventionnelles: la servitude réelle et la servitude personnelle, que le Code désigne indifféremment sous le vocable «servitude» (1177 et sqq C.c.Q., *id.* 545 et sqq C.c.B.-C.).

115 – Ces servitudes supposent l'existence d'un *fonds servant*. À défaut, la convention ne générera que des obligations personnelles.

116 – Seront envisagés dans l'ordre: a) la servitude réelle; b) la servitude personnelle; c) l'obligation personnelle.

a) Servitude réelle

i) Nature

117 – La servitude réelle ou praediale est une charge imposée sur un immeuble en faveur d'un autre immeuble qui appartient à un propriétaire différent (1177 C.c.Q., *id.* 499 C.c.B.-C.).

ii) Conditions

118 – Partant de la définition précitée, la servitude réelle n'existera que si les conditions qui suivent sont respectées.

— Deux immeubles hiérarchisés

119 – Pour qu'il y ait servitude réelle, l'article 1177 C.c.Q, (*id.* 499 ou 545 C.c.B.-C.) exige l'asservissement d'un immeuble par nature, le fonds servant (qui rend un service), au bénéfice d'un autre immeuble par nature, le fonds dominant (qui reçoit ce service). Ces immeubles sont nécessairement des fonds de terre, constructions ou ouvrages, excluant les plantations. Les immeubles faisant partie du domaine public – biens hors commerce - ne peuvent faire l'objet d'une servitude, sauf lorsque la loi l'autorise (916 C.c.Q., *id.* 399 C.c.B.-C.).

120 – La servitude réelle, en soi indivisible, affecte les fonds servant et dominant dans leur intégralité. Ainsi, une servitude ne peut pas grever ou profiter à une quote-part indivise[74].

121 – Ces deux fonds, servant et dominant, doivent être désignés dans l'acte de servitude (3032 et sqq C.c.Q., *id.* 2168 C.c.B.-C.), quoique l'on ait déjà soutenu que la désignation du seul fonds servant suffit[75]. Le cas échéant, la désignation cadastrale s'impose, du moins pour fins de publicité (2938 C.c.Q., *id.* 2158 C.c.B.-C.)[76]; à défaut d'une telle désignation, mais pourvu que l'identification soit certaine et déterminée, un sommaire notarié pourra être fait (3005 C.c.Q., *id.* 2139 C.c.B.-C.). Que

la propriété soit détenue en indivision ou en copropriété divise, seuls les lots *concernés* par la servitude (incluant les fonds de terre et les parties communes) doivent être désignés.

122 – L'assiette de la servitude diffère généralement du fonds servant. C'est l'endroit où s'exerce la servitude. À défaut de désignation, l'assiette se confondra avec le fonds servant, sauf délimitation ultérieure publiée.

— Deux propriétaires

123 – L'article 1177 C.c.Q. (*id.* 499 ou 545 C.c.B.-C.) postule en outre que les deux immeubles doivent appartenir à des propriétaires différents. À cet égard, la servitude par destination du propriétaire, établie par un seul propriétaire, ne constitue pas un régime différent, puisqu'elle ne prend naissance qu'au moment de la séparation des fonds, donc lorsque ceux-ci cessent d'appartenir à la même personne (1183 C.c.Q., *id.* 551 C.c.B.-C.). Rien ne s'oppose à l'établissement d'une servitude lorsque le propriétaire exclusif de l'un des fonds est copropriétaire indivis de l'autre fonds: il y a à la fois servitude par destination (pour ce propriétaire) et servitude conventionnelle (pour tous les propriétaires).

— Utilité du fonds dominant

124 – La servitude réelle doit être consentie «en faveur d'un autre immeuble» (1177 C.c.Q.), pour son utilité (499 C.c.B.-C.). Autrement dit, le fonds dominant doit être avantagé par le fonds servant (droits de passage, de puisage, de vue, de non-construction, etc.). Si le bénéfice est dévolu au propriétaire du fonds dominant plutôt qu'au fonds lui-même, on parlera de servitude personnelle — d'usufruit, par exemple.

— Voisinage utile des immeubles

125 – Il ne peut y avoir profit entre immeubles, au sens de l'article 1177 C.c.Q., que si les immeubles sont voisins. La contiguïté n'est cependant pas une condition essentielle: il suffit en général que les fonds «soient assez rapprochés l'un de l'autre pour que l'exercice de la servitude offre un avantage appréciable»[77]. Ainsi, une servitude de non-construction peut être consentie par un deuxième voisin: la servitude sera profitable

ou utile tant que le premier voisin n'aura pas bâti. Sont aussi concevables des servitudes de passage, de vue, de puisage, etc., entre des fonds non contigus. Par exemple, lorsqu'une maison comporte des vues illégales sur deux fonds successifs appartenant à des personnes différentes, le propriétaire du fonds le plus éloigné peut consentir une servitude de vue sans que cela n'affecte les droits du propriétaire du fonds intermédiaire, et vice-versa.

126 – Le législateur reconduit ainsi la règle du voisinage utile des immeubles (cf 499 C.c.B.-C.). Nous estimons qu'il s'agit là d'un principe dépassé et contraignant dans le cas des servitudes environnementales ou écologiques, le milieu naturel formant un tout indivisible[78]. En conséquence, le Code aurait dû prévoir que les fonds servant et dominant ne doivent pas obligatoirement être situés à proximité l'un de l'autre, dans ces circonstances.

127 – A contrario, lorsque les fonds sont trop éloignés l'un de l'autre, on ne peut parler de servitude réelle. Cependant, les immeubles visés par l'article 1177 C.c.Q. ne sont pas nécessairement des fonds de terre (supra, no 119). Ainsi, dans le cas des servitudes de ligne de transmission, la jurisprudence a parfois considéré que le véritable fonds dominant est constitué par les ouvrages, fils, etc. (immeubles par nature selon les articles 900 C.c.Q. ou 376 C.c.B.-C.) qui adhèrent au fonds servant. Quant à nous, nous préférons l'opinion de Jean-Guy Cardinal, à l'effet que ces conventions établissent des droits de superficie (1110 C.c.Q., id. 415 C.c.B.-C.)[79]. Le praticien appelé à rédiger de telles conventions devrait dresser non pas un acte de servitude, mais un contrat de superficie comportant accessoirement toutes les servitudes nécessaires.

— Obligation de laisser faire ou de ne pas faire

128 – La servitude réelle génère un droit pour un fonds (dominant), une charge pour un autre fonds (servant). Le propriétaire de ce dernier immeuble doit supporter certains actes d'usage (passage, puisage, etc.) ou s'abstenir lui-même d'exercer certains droits inhérents à la propriété (construction, coupe de bois, demande d'obstruction de vues illégales voisines, émission de bruit sans limite du nombre de décibels, etc.) (1177

C.c.Q.). La responsabilité civile de ce propriétaire — c'est de droit nouveau — peut faire l'objet d'un contrat d'assurance (1465, 1467, 2498 C.c.Q.).

129 – *Servitus non in faciendo consistit*: si la convention assujettit le propriétaire du fonds servant à une obligation *in faciendo* — autrement que de façon accessoire pour le service ou l'exploitation de ce fonds (1178 C.c.Q., *cf.* 555 C.c.B.-C.) — et non *in patiendo*, il ne s'agit pas d'une servitude réelle, mais d'une obligation personnelle[80]. Le Code civil du Québec donne un exemple de prestation active accessoire (soit une obligation de faire «rattachée» (1178 C.c.Q.) à une obligation de laisser faire ou de ne pas faire): le propriétaire du fonds servant peut être chargé par le titre d'effectuer les ouvrages nécessaires pour l'usage de la servitude. Mais comme ce propriétaire est tenu *propter rem*, il pourra toujours s'affranchir de son obligation en abandonnant au propriétaire du fonds dominant soit le fonds servant, soit une portion du fonds servant «suffisante» pour l'exercice de la servitude (1185 C.c.Q., *cf.* 554 et 555 C.c.B.-C.). Cette portion d'immeuble devrait correspondre normalement à l'assiette de la servitude, convenue au départ ou délimitée ultérieurement par les parties. Autre illustration: l'obligation de reboiser ne devrait être que l'accessoire d'une servitude de non-déboisement, et non l'inverse.

— Perpétuité

130 – La servitude réelle, constituée de fonds à fonds, est perpétuelle comme la propriété dont elle est l'accessoire. Cette règle de l'accessoire explique que le droit conféré — un immeuble incorporel normalement cessible (904 C.c.Q., *id.* 381 C.c.B.-C.) — ne peut être cédé séparément du fonds auquel il est inhérent ou faire l'objet d'une saisie. Par exemple, le propriétaire du fonds dominant ne peut hypothéquer la servitude accordée au profit de son immeuble, bien qu'il puisse affecter hypothécairement cet immeuble, incluant l'accessoire qu'est la servitude (*cf.* 2671 C.c.Q.).

131 – En conséquence de la perpétuité et sous réserve des règles de la publicité des droits (1182, 2938 C.c.Q., *id.* 2158 C.c.B.-C.), la servitude réelle sera opposable à tout propriétaire successif des fonds servant ou dominant, tant que ces fonds existeront.

132 – La perpétuité se rattache à la nature et non pas à l'essence des servitudes réelles. C'est pourquoi la loi autorise le rachat des servitudes de passage (1189 C.c.Q.). Par ailleurs, il est possible de stipuler un terme extinctif dans un acte de servitude — sans que celle-ci perde son caractère réel (1191 C.c.Q.) — comme dans le cas de la propriété superficiaire temporaire (1111, 1114 C.c.Q.); les contractants pourront également prévoir une condition résolutoire (1507 C.c.Q.). Le Code civil du Bas-Canada ne contenait pas de disposition à ce sujet, mais la doctrine a toujours été dans ce sens[81]. Tant que le terme ne sera pas arrivé ou que la condition ne sera pas réalisée, les principes ci-dessus s'appliqueront.

iii) Constitution

— Capacité

133 – Même si le nouveau Code ne le précise plus, nous croyons que l'établissement d'une servitude conventionnelle nécessite la capacité de disposer (à titre onéreux ou gratuit, selon le cas) chez le propriétaire du fonds servant (cf. 545 C.c.B.-C.). Car cette constitution équivaut pour lui à l'aliénation partielle d'un immeuble, à la cession de droits immobiliers, soit sous la forme d'une renonciation à l'usus du bien, soit sous celle d'une répartition de l'usus entre deux personnes au moins (cf 2886 C.c.Q.). Du côté du propriétaire du fonds dominant, la seule capacité requise est celle d'administration, faute d'aliénation d'immeuble ou de droits immobiliers. D'une façon générale, l'incapacité de l'une ou l'autre des parties rend l'acte de servitude invalide (1385 C.c.Q., id. 984 C.c.B.-C.). Il devra donc être ratifié ou refait, selon les circonstances (nullité relative ou absolue), dans la mesure où cela est possible.

— Titre

134 – Comme par le passé, nulle servitude ne peut s'établir «sans titre», exception faite de celle afférente à un droit superficiaire (1111 C.c.Q.). La possession, même immémoriale, ne suffit pas à l'établissement du titre (1181 C.c.Q., id. 444 et 549 C.c.B.-C.). Les articles 924 et 2876 C.c.Q. confirment cette règle, en énonçant que la simple tolérance ne peut fonder la possession ou que l'incessibilité implique l'imprescriptibilité.

Ainsi que nous l'avons mentionné ailleurs, on doit regretter que
le législateur n'autorise pas l'acquisition par prescription des
servitudes continues et apparentes, tel que prévu dans plusieurs
législations étrangères (France, Allemagne, etc.) ou la *Loi 20*
(L.Q. 1987, c. 18). Cela aurait permis notamment de réduire le
nombre de vues illégales, facilitant d'autant la circulation des
biens ou le financement hypothécaire. Ces considérations
auraient dû prévaloir sur l'argument voulant que la prescription
des servitudes puisse entamer la fiabilité du système de la
publicité des droits. Le droit de propriété lui-même peut bien
s'acquérir par prescription (2910 C.c.Q.). Alors, pourquoi pas
les servitudes ci-dessus?

135 – Conformément à la doctrine et à la jurisprudence antérieures[82], le mot «titre» devrait s'entendre dans le sens de convention *(negotium)*(1181 C.c.Q., *id.* 549 C.c.B.-C.) — et non
pas d'écrit *(instrumentum)*, comme dans le cas de la servitude
par destination du propriétaire (1183 C.c.Q., *id.* 551 C.c.B.-C.).
Ainsi que nous l'avons dit, la simple tolérance ou la connaissance d'un arrangement n'est pas une entente[83]; de même, le
non-exercice d'une faculté que la loi accorde au propriétaire
d'un fonds n'est pas générateur de servitude pour le fonds
voisin (924, 1181 C.c.Q., *id.* 2196, 549 C.c.B.-C.).

136 – Les contractants pourront constituer une servitude à titre
onéreux par entente verbale, mais cela soulèvera des difficultés
de preuve. L'aveu émanant du propriétaire du fonds servant
pourra constituer une telle preuve (2850, 2852, 2832, *cf.* 3053
C.c.Q., *id.* 550, 1213 C.c.B.-C.)[84]. En pratique, la servitude sera
évidemment établie par écrit, ne serait-ce que pour fins de
publicité (2938 C.c.Q., *id.* 2158 C.c.B.-C.), ou encore pour
exclure la faculté de rachat d'une servitude de passage (1190
C.c.Q.) ou pour respecter la forme notariée en minute lorsque
la servitude est consentie à titre gratuit (1824 C.c.Q., *id.* 776
C.c.B.-C.). À ce dernier sujet, une servitude réciproque comporte deux servitudes consenties à titre d'échange (1795 C.c.Q.,
id. 1596 C.c.B.-C.), donc pour considération malgré l'absence
de mention à cet effet; la forme notariée en minute peut être
écartée.

137 – En plus des propriétaires des fonds dominant et servant
et des conjoints s'il y a lieu (plus particulièrement, en regard de

l'article 421 C.c.Q.), le praticien devra faire intervenir à l'acte de servitude — pour fins d'opposabilité — le créancier hypothécaire du propriétaire du fonds servant qui a fait inscrire un préavis de prise en paiement (2783 C.c.Q.) ou le vendeur (ou donateur) qui bénéficie d'une clause résolutoire relativement à ce fonds (1506, 1507, 1742 C.c.Q.)... pour autant qu'ils veuillent bien concourir, leur intérêt n'étant pas évident.

Dans le premier cas, la servitude créée après l'inscription du préavis est inopposable au créancier qui n'y a pas consenti[85]; dans le second cas, elle risque de disparaître rétroactivement si la condition se réalise. Le fait que la servitude soit réciproque n'affecte pas la nécessité d'obtenir le consentement du créancier ou du vendeur (ou donateur). Comme nous l'avons dit, il y a dans ce cas deux droits totalement indépendants, qui font l'objet d'un échange (1795 C.c.Q., id. 1596 C.c.B.-C.). Dans l'hypothèse où le créancier ou le vendeur (ou donateur) n'ont pas consenti à l'acte, le créancier qui exerce la prise en paiement ou le vendeur (ou donateur) qui se prévaut de la clause résolutoire contre l'un des propriétaires pourrait refuser de reconnaître la servitude grevant son immeuble. Il y aurait alors éviction au sens de l'article 1797 C.c.Q. (id. 1598 C.c.B. C.) pour l'autre propriétaire qui bénéficierait de cette servitude; sauf renonciation au droit de répétition ou recours en dommages-intérêts, ce second propriétaire pourrait à son tour nier la validité de la servitude grevant son propre immeuble. Pour éviter cette situation, on obtiendra le consentement susdit. Donné par un seul intervenant, ce consentement devra être conditionnel à ce que les autres créanciers ou vendeurs (ou donateurs) — sur les deux fonds — bonifient l'acte.

— Publicité

138 – La servitude non publiée a effet entre les parties contractantes. Mais, vis-à-vis les tiers, le propriétaire du fonds dominant est dans la situation du «propriétaire du fief en l'air», suivant une expression de l'Ancien droit. Aussi, la publication est-elle requise pour fins d'opposabilité (1182, 2938, 2941 C.c.Q., id. 2158, 2116 a, 2116 b C.c.B.-C.). Il faut signaler ici certaines règles importantes. L'acte de servitude peut porter sur une partie de lot (3030, 3054 C.c.Q., id. 2168 C.c.B.-C.). Lorsque le registre foncier est opérationnel, le constituant doit

référer à son titre de propriété (3013 C.c.Q.). Dans tous les cas,
l'acte fait après l'entrée en vigueur du nouveau Code doit
contenir ou être accompagné d'une attestation par notaire ou
avocat (2988, 2991 C.c.Q.) et, advenant introduction du registre
foncier, être précédé occasionnellement par la publication d'un
rapport d'actualisation (3047 C.c.Q.). La publicité a lieu à
compter de l'inscription du droit seulement et cesse par la
radiation de cette inscription (2934, 3057 C.c.Q., article 149 de
la *Loi sur l'application de la réforme du Code civil* (Projet de
loi 38, 1992). Exceptionnellement, une personne de bonne foi
peut devenir titulaire d'une servitude, sans même que le constituant ne soit le véritable propriétaire du fonds servant (immatriculé), mais pour autant que le registre foncier soit opérationnel. Le tout sous réserve du recours en dommages-intérêts
du propriétaire contre le constituant (2962 C.c.Q.) et sans
préjudice aux droits du créancier hypothécaire qui a fait
préalablement publier un avis de prise en paiement contre le
fonds servant (2783 C.c.Q.); il va sans dire qu'en cas de collusion du constituant et du titulaire, le propriétaire du pseudo
fonds servant pourra requérir la radiation de l'inscription,
pourvu que l'immeuble n'ait pas été acquis dans l'intervalle par
un tiers de bonne foi (2962, 3063 C.c.Q.).

b) Servitude personnelle

i) Nature

139 – La servitude personnelle est une charge imposée sur un
bien corporel en faveur d'une personne seulement, propriétaire
ou non d'un autre bien corporel. Tandis que la servitude réelle
est nécessairement immobilière (1177 C.c.Q., *id.* 499 C.c.B.-
C.), la servitude personnelle peut affecter des biens meubles ou
immeubles, comme dans le cas de l'usufruit ou du droit
d'usage. Nous nous confinerons toutefois à l'aspect immobilier
de cette servitude.

140 – Mais, les servitudes personnelles sont-elles vraiment
autorisées par le Code civil du Québec? Nous le croyons pour
les raisons suivantes:

1) Le Code civil du Québec n'interdit pas formellement les
   servitudes personnelles. Au contraire, il reconnaît expli-

citement l'existence de certaines charges réelles établies sur un immeuble en faveur d'une personne, qui n'est pas nécessairement propriétaire d'un autre immeuble: l'usufruit, le droit d'usage, l'emphytéose (1119 C.c.Q.). D'ailleurs, dans la plupart des cas, les servitudes personnelles innommées — qu'il s'agisse, par exemple, d'une servitude de passage, de puisage, de pacage — obligent le propriétaire du fonds servant à supporter certains actes d'usage. C'est donc dire que le bénéficiaire est titulaire de droits d'usage, mais réduits, qui sont reconnus par le Code civil du Québec.

2) Bien que le Code civil du Bas-Canada ne contienne pas de disposition sur les servitudes personnelles comme telles (sauf par le biais de l'article 405 C.c.B.-C., qui traite des droits de jouissance et dont le pendant pourrait être l'article 1017 C.c.Q.), la doctrine et la jurisprudence n'en ont pas moins consacré l'existence de ces servitudes[86]. Il s'agit simplement de l'application du principe élémentaire voulant que le plus comprenne le moins: ces servitudes sont en quelque sorte des servitudes réelles réduites, c'est-à-dire réelles par leur objet et personnelles par leur sujet. Par analogie, niera-t-on que ce que nous appelons aujourd'hui un droit d'habitation (afférent à l'*usus* du bien) ne pourrait être constitué dans le futur sous prétexte que le Code civil du Québec ne traite que de droits d'usage (afférents à l'*usus* et au *fructus* du bien) (1172 C.c.Q.)? Ou qu'un droit d'usufruit ne saurait exister parce qu'il ne porterait que sur une partie des biens (usufruit partiaire) ou que l'usufruitier, aux termes de l'acte constitutif, n'aurait droit qu'à une partie des fruits (1126 C.c.Q.)? Il a été, est et sera toujours possible pour un propriétaire de démembrer son droit de propriété comme le prévoit la loi, ou encore de façon réduite, amoindrie. Ainsi, selon nous, lorsque l'article 1119 C.c.Q. stipule que la «servitude» constitue un droit réel, ce vocable réfère à la servitude réelle proprement dite, établie de fonds à fonds (1177 C.c.Q.) et à la servitude personnelle, établie sur un fonds (caractère réel) en faveur d'une personne (caractère personnel).

ii) Conditions

141 – La servitude personnelle est imposée sur un immeuble en faveur d'une personne, abstraction faite des immeubles qu'elle peut posséder. On a ici un fonds servant, mais *pas de fonds dominant*: la charge — répétons-le — est réelle par son objet et personnelle par son sujet. Mises à part les règles de la publicité, le droit conféré subsiste donc malgré l'aliénation du fonds servant.

142 – Contrairement à la servitude réelle, la servitude personnelle est essentiellement temporaire, le plus souvent viagère lorsque le titulaire est une personne physique. Le décès de cette personne ou l'aliénation du pseudo-fonds dominant met généralement fin à la servitude[87]. Dans le cas des personnes morales, la servitude expire après trente ou cent ans tout au plus, selon qu'un terme n'a pas été ou a été fixé, par analogie avec l'article 1123 C.c.Q. (*id.* 481 C.c.B.-C.).

143 – Il est parfois malaisé de distinguer une servitude personnelle d'une servitude réelle. Tout est affaire d'interprétation des contrats (1425 et sqq C.c.Q., *cf.* 1013 et sqq C.c.B.-C.); il faudra considérer l'intention des parties, les clauses du contrat dans son ensemble, le comportement subséquent des contractants, le progrès technologique survenu depuis la convention, etc. Le doute devrait être interprété contre l'existence de la servitude réelle, puisque la loi favorise la liberté des immeubles (947 C.c.Q., *id.* 406 C.c.B.-C.), donc le fonds servant. Ainsi, selon les circonstances, un droit de coupe de bois pourra être protégé par servitude réelle ou personnelle; il pourra aussi résulter d'un contrat de vente de bien meuble par anticipation, d'une convention de superficie ou d'un contrat de louage, dépendamment de l'intention des contractants[88].

iii) Constitution

144 – En ce qui a trait à la constitution des servitudes personnelles, les principes qui régissent les servitudes réelles s'appliquent *mutatis mutandis*. On voudra bien se référer à ce qui a été dit précédemment.

c) Obligation personnelle

145 – Il y a obligation personnelle lorsque le service prévu par la convention est imposé de personne à personne, *sans fonds servant*: ni fonds servant, ni fonds dominant, ou parfois un seul fonds dominant.

146 – De même que la charge que constitue une servitude a comme corollaire un droit réel, de même une obligation a comme corollaire une créance (1371 C.c.Q.). Nous sommes ici dans le domaine des droits personnels *(jus in persona)*, par opposition aux droits réels *(jus in re)*. Car l'obligation personnelle n'intéresse pas les fonds, elle ne crée de liens juridiques qu'entre deux personnes: un créancier et un débiteur. Elle peut être ignorée par les tiers (1440 C.c.Q.), sauf assumation ou (exceptionnellement) publication (2938 C.c.Q., *id.* 2158 C.c.B.-C.).

147 – Ici encore, les règles d'interprétation des contrats devraient permettre de faire les distinctions entre la servitude réelle, la servitude personnelle et l'obligation personnelle (1425 et sqq C.c.Q., *cf.* 1013 et sqq C.c.B.-C.). Le fait de vouloir qu'une obligation personnelle se perpétue dans le temps n'en fait pas en soi une servitude réelle. Ainsi, un propriétaire qui a contracté une certaine obligation personnelle «qui liera également ses ayants droit et à toujours» s'engage à ne pas disposer de son immeuble sans s'assurer que l'acquéreur n'assume cette obligation et à y contraindre au besoin tout acquéreur éventuel[89]. On doit rappeler à nouveau que les servitudes étant d'interprétation stricte, le doute devra être interprété contre l'existence de toute servitude (947 C.c.Q., *id.* 406 C.c.B. C.). Les interprétations jurisprudentielles faites dans le passé devraient pouvoir continuer à servir de guide, notamment en matière de droits de chasse et de pêche, de clauses de non-concurrence, de servitudes d'architecture ou d'habitation[90].

2. Servitude par destination du propriétaire

a) Nature

148 – La servitude par destination du «propriétaire» (1181 C.c.Q.) — digne progéniture du «père de famille» (551 C.c.B.-C.) — est établie par une seule personne (1183 C.c.Q.). Malgré

les apparences, cette servitude ne déroge pas au principe voulant que les fonds servant et dominant (fonds de terre, constructions ou ouvrages) appartiennent à des propriétaires différents. Car la servitude par destination du propriétaire ne prend naissance qu'au moment du fractionnement des fonds, donc lorsque ceux-ci cessent d'appartenir à la même personne (1183 C.c.Q., *id.* 551 C.c.B.-C.).

149 – Cette servitude est nécessairement réelle (du moins, quant au fonds servant) puisque devant survivre au morcellement des immeubles qui en sont l'objet.

b) Conditions

150 – Comme antérieurement, la servitude par destination suppose l'accomplissement de certaines conditions relatives à un arrangement matériel, un écrit, une aliénation.

i) Arrangement matériel

151 – L'arrangement matériel constitue la destination (au sens de l'ancienne catégorie des immeubles par destination) du propriétaire, en quelque sorte écrite sur les murs. Cet arrangement consiste en une construction, un ouvrage ou une plantation (vouée au renouvellement), utiles et permanents, non strictement personnels, faits par un propriétaire unique à qui la loi prête fictivement l'intention d'établir une servitude. Si l'arrangement a été fait par un cohéritier indivis, l'effet du partage pourra anéantir le droit réel établi; l'aliénation par tous les cohéritiers en faveur d'un tiers équivaudrait toutefois à ratification de l'arrangement. Ce dernier exclut aussi les travaux exécutés par un locataire ou un usufruitier, sauf ratification par le propriétaire. En toutes hypothèses, l'arrangement (existant ou projeté) doit être constaté dans un écrit.

ii) Écrit

152 – Le propriétaire doit établir «la nature, l'étendue et la situation» de la servitude «dans un écrit» (1183 C.c.Q., *id.* 551 C.c.B.-C.). L'article 1183 C.c.Q. est d'interprétation stricte: le législateur n'a pas voulu que l'éventuel propriétaire du fonds servant soit lié par une servitude imprécise consentie par l'auteur commun, ce qui aurait pour effet de placer ce propriétaire

à la merci de l'éventuel propriétaire du fonds dominant. Ainsi, dans le cas des vues, en particulier, la servitude par destination, qu'elle concerne des vues existantes ou projetées, devrait décrire les fonds servant et dominant, la nature de la servitude (vue), son étendue (nombre de fenêtres dans tel ou tel mur), sa situation (distances)[91].

153 – L'écrit doit émaner «du propriétaire» (1183 C.c.Q., *cf.* 551 C.c.B.-C.) ou, faut-il comprendre, de son représentant.

154 – L'écrit doit-il être signé? Ne serait-ce que pour fins de publicité (2981 et sqq C.c.Q.), l'écrit doit porter la signature du propriétaire ou de son représentant. D'ailleurs, sauf exceptions (719, 729, 2831, 2835 C.c.Q.), le nouveau Code exige que les écrits soient signés (2826 C.c.Q., *cf.* 1208 et 1221 C.c.B.-C.).

155 – Idéalement, l'écrit revêtira la forme d'un acte unilatéral de servitude, signé par le propriétaire des deux fonds ou son représentant et comportant l'intervention des créanciers hypothécaires ayant fait inscrire un préavis de prise en paiement contre le fonds servant, ou encore le vendeur ou le donateur qui bénéficie d'une clause résolutoire relative à ce fonds (1506, 1507, 1742, 2783 C.c.Q.)

156 – L'écrit pourrait inclure un plan d'architecte, un certificat de localisation ou un plan de subdivision préparés par l'architecte ou l'arpenteur-géomètre mandatés par le propriétaire[92]. Seraient également acceptables, dans la mesure où ils satisfont aux prescriptions de l'article 1183 C.c.Q.: les instructions écrites données par le propriétaire à son architecte (pourvu qu'elles aient trait aux constructions ou ouvrages qui constituent le service); les devis et marchés conclus pour la construction; toutes conventions faisant état de rapports d'asservissement entre les fonds; un dernier testament (pourvu, répétons-le, qu'il satisfasse les conditions prévues par l'article 1183 C.c.Q.)[93]. Le cas échéant, il suffirait de procéder à la publication du document au moyen d'un sommaire — puisque la publicité de la servitude par destination est désormais obligatoire, ce dont personne ne se plaindra[94] (1182, 2938 C.c.Q., *cf.* 2116 a et b C.c.B.-C.) — le sommaire étant accompagné de l'attestation requise par la loi quant à l'identité, la qualité, la capacité du constituant, etc. (2991, 2992, 2994, 3005 C.c.Q.).

157 – Dans tous les cas, l'écrit doit être antérieur au morcellement des fonds ou, à tout le moins, concomitant.

iii) Aliénation

158 – La servitude par destination est latente, virtuelle, jusqu'à
ce que les fonds fassent partie de patrimoines distincts: l'arrangement constaté dans l'écrit devient une servitude par le «morcellement» des fonds (1183 C.c.Q.). Il n'y a pas de servitude
avant: qu*ia res sua nemini servit*. Sous réserve des règles de la
publicité, la servitude ne prend naissance qu'au moment de
l'aliénation (vente, échange, etc.), par convention tacite, le
fonds étant cédé avec tous ses services actifs ou passifs.

c) Constitution

159 – L'établissement d'une servitude par destination du
propriétaire nécessite la capacité de disposer (*cf.* 545 C.c.B.-C.).
Cependant, comme cette servitude naît véritablement au
moment du fractionnement des immeubles affectés, c'est à ce
moment qu'il faudra s'assurer de la capacité du constituant. On
voudra bien se référer pour le reste à ce qui a été dit des
servitudes conventionnelles (*supra*, n° 133).

3. *Servitude testamentaire*

160 – La servitude peut s'établir par testament (1181 C.c.Q.).
Outre le cas de la destination du propriétaire (1183 C.c.Q., *id.*
551 C.c.B.-C.), un testateur peut établir un usufruit ou un droit
d'usage par testament (1121, 831 C.c.Q., *id.* 444, 488 C.c.B.-
C.), affecter un immeuble légué d'une servitude qui va bénéficier à un tiers ou à l'immeuble de ce tiers (1444 et sqq C.c.Q.,
id. 1029 C.c.B.-C.). Dans cette seconde hypothèse, le legs est
double: legs du fonds servant (bien corporel), d'une part, legs
de la servitude constituée (bien incorporel), d'autre part (637 et
sqq, 831 C.c.Q.).

161 – Lorsque la servitude affecte un immeuble, le testament
devra être publié pour fins d'opposabilité (1182, 2938, 2968,
2998 C.c.Q., *cf.* 2158 C.c.B.-C.).

4. Servitude légale

162 – La servitude peut s'établir par l'effet de la loi (1181 C.c.Q.). À notre avis, le Code ne fait pas allusion à la servitude administrative, d'intérêt général (1725 C.c.Q.), mais à la servitude légale qui affecte des intérêts particuliers (1177 C.c.Q.). À titre d'exemple, l'article 45.5 de la *Loi sur les terres du domaine public* (L.R.Q., c. T-8.1) permet la sujétion de certaines terres riveraines, autrefois soumises à la réserve des «trois chaînes», à une servitude de passage d'utilité privée. Bien que la servitude résultant d'une expropriation soit d'utilité publique, on doit la considérer comme une servitude établie par l'effet de la loi, parce qu'elle n'affecte qu'un fonds déterminé, au bénéfice de l'expropriant.

163 – Généralement, la loi prévoiera les modalités de publication de la servitude créée (tel l'article 45.5 précité). À défaut, les règles du droit commun s'appliqueront (1182, 2938 et sqq C.c.Q.).

B. Qualification (classification secondaire)

> «Toute la paroisse rangée en deux haies.»
>
> Balzac

164 – Le nouveau Code classe les servitudes (conventionnelles, par destination du propriétaire, testamentaires ou légales) en quatre catégories, incluant leurs contraires, soit en deux catégories principales: les servitudes continues ou discontinues, les servitudes apparentes ou non apparentes (1179 C.c.Q., *id.* 547 et 548 C.c.B.-C.). La classification peu pratique des servitudes actives-passives et surtout rurales-urbaines est abandonnée (546 C.c.B.-C.).

1. Servitude continue et discontinue

165 – La servitude est continue quand elle ne nécessite pas le fait actuel de son titulaire; dans le cas contraire, elle est discontinue (1179 C.c.Q., *id.* 547 C.c.B.-C.)[95]. Ainsi, une servitude d'aqueduc ou d'égoût (*aquam non retinendi*: les eaux s'écoulent naturellement), de vue (la lumière passe naturellement), de

non-construction, d'enfoncement *(tigni immitendi)* ou d'appui *(oneris ferendi)* sont continues; une servitude de passage ou d'extraction de matériaux sont discontinues. Cette distinction est d'importance en matière de prescription extinctive pour cause de non-usage (1192 C.c.Q., *id.* 563 C.c.B.-C.) *(infra,* n° 193).

2. *Servitude apparente et non apparente*

166 – La servitude apparente se manifeste par un signe extérieur (par exemple, un aqueduc à la surface du sol), contrairement à la servitude non apparente (telle la servitude de gaz, de non-construction *(non aedificandi)*, de non-construction au-dessus d'une certaine hauteur *(non altius tollendi)* ou d'interdiction de faire des fouilles *(non fodiendi)* qui ne peut être décelée qu'après un examen de titres (1180 C.c.Q., *id.* 548 C.c.B.-C.). On peut se demander si cette classification est encore utile, étant donné que le nouveau Code n'en fait pas état ailleurs. Ainsi, en matière de vente, ce n'est plus l'apparence de la servitude qui détermine la bonne ou la mauvaise foi de l'acquéreur, mais l'immatriculation de l'immeuble grevé. Lorsque le registre foncier est opérationnel et qu'un rapport d'actualisation a été publié, un droit inscrit sur un immeuble est présumé connu (présomption simple) ou réputé connu (présomption absolue) de celui qui acquiert ou publie un droit sur le même bien, selon que l'immeuble n'est pas ou est immatriculé (2847, 2943 C.c.Q., *cf.* 1519 C.c.B.-C.). Lorsque le registre foncier n'est pas opérationnel, le droit inscrit est toujours présumé connu (article 155, *Loi sur l'application de la réforme du Code civil* (Projet de loi 38, 1992). Il resterait toutefois un cas où la classification conserverait son importance: le promettant-vendeur d'un immeuble devrait déclarer au promettant-acquéreur l'inexistence des servitudes actives apparentes dont bénéficierait normalement l'immeuble. Le promettant-acquéreur, présumé de bonne foi, n'aurait pas à se renseigner à ce sujet (1401, 1723, 2805, 2938 C.c.Q.); la promesse de vente ne pouvant être publiée, l'article 2943 C.c.Q. ne s'appliquerait pas[96].

C. Exercice des servitudes

«Justice sera faite, et ainsi de suite.»

Alfred Jarry

167 – L'exercice des servitudes est réglementé par les articles 1184 et sqq C.c.Q., traitant des droits et obligations des propriétaires des fonds dominant et servant. À cela, il faut ajouter certaines dispositions du Code sur les recours en justice pouvant être intentées dans ce domaine (912, 929 C.c.Q.). On doit également tenir compte des articles 3 et 4 de la *Loi sur l'application de la réforme du Code civil* (Projet de loi 38, 1992). Tout en prévoyant que le nouveau Code est applicable aux situations juridiques en cours lors de son entrée en vigueur, ces dispositions introduisent, à l'égard de ces situations, le principe de la survie de la loi supplétive ancienne pour tout ce qui concerne la détermination des droits et obligations des parties, ou celle des effets de leur convention. D'un autre côté, l'article 9 énonce que, sauf exception, les instances en cours demeurent régies par la loi ancienne.

1. Droits et obligations du propriétaire du fonds dominant (ou du titulaire de la servitude)

a) Droits

168 – Le propriétaire du fonds dominant a droit aux accessoires «nécessaire(s)» — et non pas simplement utiles, les limitations du droit de propriété appelant une interprétation restrictive — pour user de la servitude (1177 C.c.Q., *id.* 552 C.c.B.-C.). Ainsi, la servitude de baignade emporte le droit de passage, mais l'inverse n'est pas nécessairement vrai. Le droit de passage en voiture inclut les arrêts temporaires pour décharger des effets, mais non le stationnement[97]. La servitude de ligne de transmission comprend le droit d'essartage ou essartement. L'accessoire s'éteint évidemment avec le principal.

169 – Le propriétaire du fonds dominant peut effectuer tous les ouvrages «nécessaires», indispensables, afin d'exercer et de conserver son droit (1184 C.c.Q., *id.* 553 C.c.B.-C.). Mais il a le fardeau de prouver la nécessité de ces ouvrages, que l'acte constitutif de servitude peut prohiber (1184 C.c.Q.). À notre

avis, le propriétaire du fonds dominant doit informer le propriétaire du fonds servant de la date du commencement des travaux
ou de dépôt des matériaux, afin que ce dernier propriétaire
prenne toutes les mesures adéquates pour minimiser les dégâts.
À défaut d'avertissement, le propriétaire du fonds dominant
sera responsable de tous les dommages, alors qu'en principe, il
n'est pas tenu de réparer le préjudice inévitable, sauf vice
d'exécution. Les travaux doivent être effectués de la façon la
moins dommageable; le propriétaire du fonds servant peut en
fixer l'époque et le délai[98]. À moins d'une convention contraire,
les frais sont supportés par le propriétaire du fonds dominant
(1184 C.c.Q., *id.* 554 C.c.B.-C.): *ubi emolumentum ibi onus* (la
charge coïncide avec le profit). Le propriétaire du fonds servant
qui a assumé contractuellement les frais en tout ou en partie
peut se libérer en abandonnant ce fonds à l'autre propriétaire
ou, plus exactement, la partie de ce fonds qui était nécessaire à
l'exercice de la servitude (1185 C.c.Q., *id.* 555 C.c.B.-C.).

170 – Si la servitude réelle (et non pas personnelle) n'est pas
affectée par les mutations de propriété du fonds dominant (1182
C.c.Q.), *a fortiori* survit-elle à l'octroi de droits personnels ou
de démembrement. Toutes les personnes à qui le propriétaire du
fonds dominant permet accès (famille, amis, locataire, usufruitier, usager, emphytéote, titulaire d'une servitude de passage
(qui bénéficie, lui aussi, de droits d'usage, tels les détenteurs
précédents)) peuvent user de la servitude établie, pour autant
que son exercice se fasse tel que convenu et de façon utile, sans
donner lieu à une situation d'abus de droits ou de troubles de
voisinage. Pour éviter certains conflits, le propriétaire du fonds
servant pourra demander l'insertion dans l'acte de servitude
d'une clause ayant pour effet de limiter le nombre de bénéficiaires possibles, ou encore d'une stipulation d'inaliénabilité
empêchant le propriétaire du fonds dominant de grever lui-
même ce fonds d'une servitude de passage, dans le but de faire
bénéficier un tiers de la servitude d'origine (1212 C.c.Q.).

b) Obligations

171 – Le propriétaire du fonds dominant est tenu aux travaux
d'entretien du fonds servant, visant à la conservation de la
servitude et correspondant à l'usage qu'il fait de ce fonds (1185
a contrario C.c.Q., *id.* 555 C.c.B.-C.).

172 – Le propriétaire du fonds dominant ne peut user de son droit que suivant son titre: c'est le principe de la fixité de la servitude. Ce propriétaire ne peut causer d'aggravation, comme dans le cas du changement unilatéral d'assiette (1186 C.c.Q., *id.* 556 et 558 C.c.B.-C.)[99]. Toutefois les améliorations ou changements dans l'exploitation ou la destination du fonds dominant ne constituent pas des aggravations de la servitude établie autrement que pour un usage exclusif. L'acte de servitude doit s'interpréter en tenant compte de l'évolution technologique survenue depuis sa constitution. Ainsi, une servitude de passage «en voiture», établie au siècle dernier, permet certainement le passage en véhicule automobile[100]. C'est aux tribunaux qu'il appartient de décider si, dans une espèce donnée, il y a ou non aggravation de la servitude.

173 – Si le fonds dominant vient à être divisé (morcelé), la servitude — indivisible par nature — reste due. Il ne peut néanmoins y avoir aggravation, comme nous venons de le souligner. Le fait que plus d'une personne exerce la servitude de façon utile et par le même endroit ne constitue pas une aggravation en soi, la charge existant *propter rem* (à l'égard du bien, peu importe le nombre de propriétaires). Dans le cas de la servitude de passage et sauf enclave (999 C.c.Q., *cf.* 543 C.c.B.-C.), la division peut toutefois avoir pour effet de retirer à certains propriétaires du fonds dominant tout accès au fonds servant — *l'exercice* de la servitude (et non la servitude) étant divisible — à moins que des passages aient été aménagés sur les parties intermédiaires du fonds dominant au moment de la division[101]. Si c'est le fonds servant qui devient divisé, on appliquera les principes susdits *mutatis mutandis* (1188 C.c.Q.).

174 – À la fin de la servitude, le propriétaire du fonds dominant doit, à la demande du propriétaire du fonds servant, remettre les lieux dans leur état antérieur (1184 C.c.Q.). Cette dernière disposition est de droit nouveau; comme les servitudes sont le plus souvent perpétuelles (1182 C.c.Q.), elle s'appliquera rarement en pratique.

2. *Droits et obligations du propriétaire du fonds servant*

a) Droits

175 – Sous réserve des droits de jouissance du propriétaire du fonds dominant, le propriétaire du fonds servant continue d'exercer les facultés relatives à la propriété (947 et sqq C.c.Q., *id.* 406 et sqq C.c.B.-C.).

176 – Le propriétaire du fonds servant peut déplacer à ses frais l'assiette (déterminée conventionnellement ou autrement) de la servitude «s'il a un intérêt pour le faire», c'est-à-dire lorsque cela l'avantage tout en ne désavantageant pas le propriétaire du fonds dominant (1186 C.c.Q., *cf.* 557 C.c.B.-C.). Il s'agit d'un aménagement particulier du principe de la fixité de la servitude. Même si le nouveau Code semble plus permissif que le Code civil du Bas-Canada pour le propriétaire du fonds servant (qui ne pouvait qu'«offrir» un autre endroit et non pas «déplacer» l'assiette de la servitude), il reste que le changement doit être constaté dans une convention ou un jugement, pour fins de publicité. Évidemment, le propriétaire du fonds dominant pourrait demander le déplacement de l'assiette — mais non pas prendre l'initiative de la déplacer — lorsque cela s'avère bénéfique pour lui et non préjudiciable à l'autre propriétaire[102]. L'article 1186 C.c.Q. n'est pas d'ordre public: l'acte constitutif pourrait empêcher l'un ou l'autre propriétaire de se prévaloir du droit de déplacement. Qu'il soit conventionnel ou judiciaire, ce déplacement ne saurait modifier en soi l'usage qui peut être fait du fonds servant, à moins d'impossibilité matérielle.

177 – Voici deux exemples de déplacement de l'assiette d'une servitude. Dans une première hypothèse, un fonds (servant) grevé entièrement d'une servitude de passage — mais dont l'assiette ne correspond qu'à une parcelle du fonds — est subséquemment morcellé, l'assiette occupant le lot d'un seul propriétaire et non des autres. La convention étant la loi des parties, la servitude ne pourrait normalement être exercée que dans l'assiette désignée (1439 C.c.Q.). Cependant, le propriétaire du lot occupé par l'assiette — partiellement aux droits de l'ancien propriétaire de tout le fonds servant — pourra déplacer l'assiette (1186 C.c.Q.), pour autant que le changement ne cause pas de préjudice au propriétaire du fonds dominant ou au

propriétaire choisi d'une autre partie du fonds servant. De même, le propriétaire du fonds dominant pourra demander un changement d'assiette (dans l'éventualité où celle-ci se révèle incommode pour lui) si le déplacement ne génère pas de préjudice pour le propriétaire choisi. Dans une seconde hypothèse, un fonds (dominant) est divisé alors qu'il bénéficie d'une servitude de passage. L'unique propriétaire du fonds servant pourra déplacer l'assiette si cela l'avantage, pourvu que le déplacement n'ait pas pour effet de causer un préjudice à l'un des propriétaires du fonds dominant (1186 C.c.Q.). De leur côté, chacun de ces derniers propriétaires pourra demander le déplacement de l'assiette lorsque cela s'avère bénéfique pour lui et non préjudiciable aux autres propriétaires du fonds dominant ou au propriétaire du fonds servant.

178 – Sauf en cas d'enclave ou de convention écrite contraire pour au plus trente ans (cf. 1013 C.c.Q.), le propriétaire d'un fonds assujetti à une servitude réelle de passage peut racheter cette servitude – volontairement ou judiciairement — si elle se révèle plus désavantageuse pour le fonds servant qu'avantageuse pour le fonds dominant (1189, 1190 C.c.Q.)[103]. Nous croyons que le législateur était justifié d'adopter ce mécanisme ingénieux — sorte d'expropriation privée moyennant indemnité — qui permettra notamment d'éliminer les éventuelles servitudes anachroniques de passage[104]. Nous disons «éventuelles» parce que la faculté de rachat ne peut être exercée, pour les servitudes existantes (lors de l'entrée en vigueur du Code civil du Québec), qu'à l'expiration d'un délai de trente ans à compter de l'entrée en vigueur du nouveau Code (article 64, Loi sur l'application de la réforme du Code civil (Projet de loi 38, 1992)). Sous cette réserve, la nouvelle disposition ne peut que renforcer le principe de la libre circulation des biens, tout en ne pénalisant pas indûment le propriétaire du fonds dominant (qui est d'ailleurs protégé en cas d'enclave — sinon, ce titulaire pourrait se retrouver en situation d'enclave — ou de convention écrite prohibitive cf. 1171, 1173 et 1213 C.c.Q.)). Évidemment, seule une servitude de passage consentie à titre principal (et non à titre d'accessoire nécessaire, comme dans le cas d'une servitude de baignade) devrait pouvoir être rachetée. Par ailleurs, on peut se demander pourquoi le législateur a limité l'article 1189 C.c.Q. à la servitude de passage. Ainsi, une règle sem-

blable aurait pu être édictée dans le cas de la servitude de non-construction. En définitive, peut-être le législateur a-t-il voulu sauvegarder les servitudes environnementales, qui s'apparentent souvent à des servitudes de non-construction[105]. Il faut remarquer qu'en cas de servitude de passage réciproque, l'un ou l'autre des voisins concernés pourra exercer la faculté de rachat pourvu qu'il satisfasse aux conditions prévues par la loi. Enfin, nous estimons que le rachat pourra être requis contre le titulaire d'une servitude personnelle de passage lorsque l'utilité pour ce titulaire est hors de proportion avec l'inconvénient ou la dépréciation entraînés pour le fonds servant. Du moment que nous acceptons que les servitudes personnelles (nommées et innommées) existent sous le Code civil du Québec — comme nous l'avons démontré — nous ne voyons pas pourquoi on ne donnerait pas une extension tout à fait pertinente à l'article 1189. Si le titulaire ne peut être retracé, il ne restera toutefois que le recours à une loi privée.

179 – Le propriétaire du fonds servant peut également exercer la faculté d'abandon (1185 C.c.Q., *id.* 555 C.c.B.-C.) (*supra*, no 129, *infra*, n° 187).

b) Obligations

180 – Le propriétaire du fonds servant ne peut rien faire qui tende à diminuer l'usage de la servitude ou à la rendre plus incommode au propriétaire du fonds dominant (1186 C.c.Q., *id.* 557 C.c.B.-C.). Ainsi, il ne peut ériger une construction dans l'assiette d'une servitude de passage — celle-ci incluant la servitude de non-construction[106] — ou autrement priver le propriétaire du fonds dominant d'un usage convenable de la servitude.

3. *Recours en justice*

181 – Les principaux recours que le propriétaire du fonds dominant peut exercer sont l'action confessoire de servitude, de nature pétitoire, (912 C.c.Q.) ou l'action possessoire en complainte — la première sanctionnant les troubles de droit, la seconde les troubles de fait (926 C.c.Q.).

182 – De son côté, le propriétaire du fonds servant dispose principalement de l'action négatoire de servitude (912 C.c.Q.), recours pétitoire visant à nier l'existence d'une servitude, ou

l'action possessoire, afin de faire cesser un trouble de fait (926 C.c.Q.)[107]. On voudra bien consulter à ce sujet notre étude intitulée «Distinction des biens, domaine, possession et droit de propriété», nos 59, 60, 87 et 88.

D. Extinction des servitudes

> «Eh quoi! N'y a-t-il donc rien de durable?»
>
> N.V. Gogol

183 – Les principales causes d'extinction des servitudes sont prévues aux articles 1191 à 1194 C.c.Q. Comme antérieurement, nous croyons qu'il sera en outre possible d'obtenir la passation d'une loi privée, dans certaines circonstances exceptionnelles[108] — par exemple, lorsqu'une servitude de passage ne peut être rachetée, faute de pouvoir retracer le titulaire (servitude personnelle) ou d'obtenir son consentement (servitude réelle, existante, anachronique). Notons qu'aux termes de l'article 3 de la *Loi sur l'application de la réforme du Code civil* (Projet de loi 38, 1992)), les situations juridiques en cours d'extinction lors de l'entrée en vigueur du nouveau Code sont régies par ce Code quant aux conditions d'extinction qui n'ont pas encore été remplies; la loi nouvelle régit également les effets à venir des situations juridiques en cours.

1. Confusion

184 – La servitude est éteinte par confusion ou consolidation lorsque les fonds dominant et servant se trouvent réunis dans la même main par suite d'une vente, etc. (1191 C.c.Q., *id*. 561 C.c.B.-C.). La charge ne renaît pas lors de la revente de l'un des fonds.

185 – Il y a exception à ces règles dans certains cas. D'une part, le propriétaire des deux fonds réunis peut avoir maintenu le rapport d'asservissement entre les fonds et l'avoir constaté dans un écrit publié (1183 C.c.Q., *id*. 551 C.c.B.-C.). D'autre part, la servitude revit lorsque les parties à l'acte de revente y soumettent l'un des deux fonds, comme si la servitude n'avait jamais cessé d'exister. Il en est de même, enfin, lorsque l'acte qui a provoqué la confusion est anéanti rétroactivement (1506, 1507 C.c.Q., *id*. 1088 C.c.B.-C.).

2. Renonciation expresse à la servitude, abandon du fonds servant, résiliation ou rachat

186 – La servitude s'éteint par la renonciation «expresse» du propriétaire du fonds dominant (1191 C.c.Q.) — et non plus expresse ou tacite (1138 C.c.B.-C.) — sous réserve de l'article 1191, paragraphe 5, C.c.Q. (non-usage décennal). On élimine ainsi tous les problèmes liés aux subtiles distinctions entre la renonciation tacite à une servitude et la tolérance d'obstacles (physiques et non permanents) à son exercice[109].

187 – La renonciation a son pendant dans l'abandon, exprès ou tacite, qu'on peut aussi envisager comme un cas particulier de confusion. Le propriétaire du fonds servant peut abandonner son immeuble, ou une portion suffisante pour l'exercice de la servitude, afin de se libérer de ses obligations aussi bien pour le passé que pour l'avenir (1185 C.c.Q., id. 555 C.c.B.-C.); l'exercice de cette faculté est toutefois subordonné à ce que le propriétaire répare le préjudice causé par sa faute. L'acte constitutif de servitude ne peut interdire l'abandon, faute de texte de loi dans ce sens, comme en matière d'emphytéose (1211 C.c.Q.), et parce qu'il correspond à l'exercice d'un droit de propriété (947 C.c.Q.). Mais, le cas échéant, les créanciers du propriétaire du fonds servant pourraient faire déclarer l'abandon inopposable à leur égard, par voie d'action en inopposabilité (1631 C.c.Q.).

188 – La renonciation ou l'abandon constituent des actes abdicatifs, unilatéraux[110], quoique pouvant revêtir la forme d'une convention entre les propriétaires concernés. L'acte de renonciation sera publié pour autant que la servitude l'a été (3013 C.c.Q.). L'acte d'abandon devra être publié pour fins d'opposabilité puisqu'un immeuble est délaissé.

189 – Les parties peuvent décider de résilier la servitude (1439 C.c.Q.) ou celle-ci peut être rachetée de concert ou judiciairement (1189, 1190 C.c.Q.). La convention ou le jugement seront publiés si la charge l'a été (3013 C.c.Q.).

3. Arrivée du terme

190 – La servitude qui comporte un terme prend fin par son arrivée (1191 C.c.Q., cf. 1138 C.c.B.-C.). On voudra bien se référer à ce qui a été dit à ce sujet (supra, nos 130 et sqq).

4. Prescription

a) Non-usage

191 – Le non-usage constitue la seule possibilité de renonciation tacite à la servitude par le propriétaire du fonds dominant. Sauf cause de suspension (2904 et sqq C.c.Q.), la servitude s'éteint par le non-usage volontaire pendant dix ans, au lieu de trente *ou* dix ans (1191 C.c.Q., *cf.* 2242 et 2251 C.c.B.-C.)[111]. De plus, la prescription peut être opposée indifféremment au mineur ou au majeur inapte, jusque là privilégiés (2877 C.c.Q., *cf.* 562, 565, 566, 2232 et 2233 C.c.B.-C.). Par ailleurs, faute de reconduction de l'article 565 C.c.B.-C., l'exercice de la servitude par l'un des propriétaires du fonds dominant n'empêche plus la prescription de courir à l'encontre des autres indivisaires inactifs. Les nouvelles dispositions avantagent nettement le propriétaire du fonds servant. Comme la servitude réciproque est constituée de charges indépendantes (*supra*, no 136), l'extinction de l'une par prescription n'affecte pas l'autre.

192 – La prescription court même en cas d'impossibilité d'user de la servitude, ce qui est un renversement de la règle antérieure, toujours au bénéfice du propriétaire du fonds servant (1194 C.c.Q., *cf.* 559 et 560 C.c.B.-C.). Il y a impossibilité d'user lorsque l'exercice de la servitude est entravé complètement à la suite d'un obstacle physique, d'un changement survenu dans l'un ou l'autre des fonds, qui fait disparaître l'utilité du droit: inondation, tarissement d'une source, ouverture d'une rue à l'endroit d'un chemin de passage ou autre changement matériel détruisant ou affectant gravement le fonds servant ou dominant[112]. Ainsi, la servitude de vue prendra fin dix ans après la démolition du bâtiment (comportant des vues illégales) érigé sur le fonds dominant; inversement, nonobstant la suppression de l'article 522 C.c.B.-C., nous estimons que la servitude perdurera à l'égard du bâtiment reconstruit et comportant les mêmes ouvertures, pourvu que la reconstruction ait lieu avant que la prescription décennale ne soit acquise. Il nous semble difficile — *en équité* — d'admettre la nouvelle règle voulant que la prescription coure même lorsque le fonds dominant ou le fonds servant subit un changement de nature à rendre impossible l'exercice de la servitude. L'article 1194

C.c.Q. paraît toutefois justifié *en droit* puisqu'il élimine toutes les incertitudes liées à l'actuelle suspension de la prescription dans ces circonstances (559 et 560 C.c.B.-C.).

193 – Selon l'article 1192 C.c.Q. (*id.* 563 C.c.B.-C.), le délai de dix ans commence à courir pour les servitudes continues, le jour où il est fait un acte matériel contraire à leur exercice (exemple: l'obstruction d'une canalisation d'égoût) et, pour les servitudes discontinues, le jour où l'on cesse d'en jouir (exemple: la cessation d'utilisation d'un chemin de passage). Dans ce dernier cas, le délai recommence perpétuellement, du moment que le titulaire cesse d'exercer ses droits, tant que la prescription n'est pas accomplie.

194 – La prescription extinctive de dix ans peut être interrompue par la renonciation au bénéfice du temps écoulé que fait le propriétaire du fonds servant (2898 C.c.Q., *id.* 2227 C.c.B.-C.). Cependant, une renonciation ne se présumant pas, les faits doivent démontrer une volonté claire et nette de renoncer au bénéfice du temps écoulé[113] La prescription peut encore être interrompue par le propriétaire du fonds servant qui reconnaît le droit de celui contre lequel il prescrivait (2898 C.c.Q., *id.* 2227 C.c.B.-C.) ou par le propriétaire du fonds dominant qui intente une action possessoire ou confessoire de servitude contre son voisin (2892 et sqq C.c.Q., *id.* 2224 et sqq C.c.B.-C.).

195 – La servitude éteinte par prescription ne peut plus revivre, à moins d'une renonciation à la prescription accomplie par le propriétaire du fonds servant (2883 C.c.Q., *id.* 2184 C.c.B.-C.) ou d'un nouveau titre, la prescription acquisitive étant malencontreusement écartée (1181 C.c.Q., *id.* 549 C.c.B.-C.).

b) Réduction

196 – Le mode d'exercice de la servitude peut se prescrire «comme la servitude elle-même et de la même manière» (1193 C.c.Q., *id.* 564 C.c.B.-C.), c'est-à-dire pour cause de non-usage partiel — volontaire ou non — pendant dix ans.

Ce «mode» porte sur l'assiette de la servitude, les moyens de locomotion autorisés, la finalité ou l'époque d'exercice de la servitude, etc.[114]

197 – On ne peut prescrire extinctivement, pour cause de non-usage partiel, que le mode décrit dans l'acte de servitude. Ainsi, tout droit de passage peut être exercé sans restriction, sauf titre contraire ou abus de droit. Si le propriétaire du fonds dominant a passé à pied sur le fonds servant pendant dix ans, cela ne l'empêchera pas d'utiliser sa voiture par la suite. Par contre, lorsque l'acte de servitude identifie les moyens de locomotion autorisés et que l'un d'eux n'est pas utilisé pendant dix ans, il y aura réduction sous ce chef[115]. De même, l'assiette de la servitude sera réduite lorsque le bénéficiaire aura utilisé un espace moindre pendant dix ans et ce, même si l'assiette n'est pas identifiée dans l'acte, puisqu'elle se confond alors avec le fonds servant. On se rappellera par ailleurs que l'assiette d'une servitude ne peut se prescrire acquisitivement, sauf dans le cas de l'enclave (1181 C.c.Q., id. 549 C.c.B.-C.).

5. Autres causes

198 La servitude peut prendre fin pour d'autres causes que celles énumérées à l'article 1191 C.c.Q. Ainsi:

1) La servitude qui n'est pas reportée sur une fiche immobilière par suite de la publication d'un rapport d'actualisation est éteinte, sans qu'il soit possible d'amender subséquemment le rapport (3046, 3050 C.c.Q.).

2) Hormis le cas des droits apparents (2962 C.c.Q.), le tribunal peut ordonner la radiation de l'inscription d'une servitude publiée sans droit, etc. (3063 C.c.Q., id. 2150 C.c.B.-C.).

3) L'anéantissement rétroactif du titre de propriété du fonds servant ou dominant met fin aux actes de servitude consentis postérieurement à ce titre (1506, 1507 C.c.Q., id. 1088 C.c.B.-C.).

4) L'acte de servitude est anéanti rétroactivement lorsque le créancier qui détient une hypothèque sur le fonds servant reprend l'immeuble en paiement, pourvu que le préavis de recours ait été publié avant l'établissement de la servitude (2783 C.c.Q.). Il y a également anéantissement rétroactif lorsque se réalise la condition résolutoire prévue à l'acte constitutif de servitude (1500, 1506, 1507 C.c.Q.). Par

ailleurs, la servitude créée après l'inscription d'un préavis de vente par le créancier n'est pas opposable à l'acquéreur du fonds servant (2790 C.c.Q.), sauf assumation de la charge[116].

5) L'expropriation du fonds servant met fin à la servitude, puisque opérant purge de tous les droits réels qui affectent passivement un immeuble (*Loi sur l'expropriation*, L.R.Q., c. E-24, articles 55.2 et sqq). Même si le fonds retourne ultérieurement dans le domaine privé, la servitude ne revit pas. Par contre, si c'est le fonds dominant qui est exproprié, l'expropriant bénéficie de la servitude consentie en faveur de l'exproprié: *accessorium sequitur principale*.

199 – On remarquera que les servitudes actives ou passives ne sont pas affectés par le décret ou vente sous contrôle de justice (2794 C.c.Q., 695 et 696 C.P.).

Conclusion

200 – La révision du Droit des servitudes s'avérait nécessaire, tant au point de vue du fonds que de la forme (langue et structure).

201 – Le résultat est une mise à jour du droit existant, effectuée de façon généralement satisfaisante — malgré les quelques réticences que nous avons pu exprimer.

202 – Ainsi, à notre point de vue, la révision n'apporte pas de changements majeurs pour les praticiens. Les règles relatives aux «servitudes» (au sens large: servitudes naturelles, légales et par le fait de l'homme) demeurent *grosso modo* — avec des innovations ici et là, pertinentes pour la plupart.

203 – Par ailleurs, le nouveau Code comble plusieurs lacunes du Code civil du Bas-Canada, notamment en ce qui a trait à l'abus de droit et aux troubles de voisinage, à la pollution de l'eau ou — diront certains — à l'échelage.

204 – Si le législateur a parfois judiciarisé inutilement le Droit des servitudes (dans le cas des arbres, par exemple), il existe une judiciarisation de bon aloi. Nous pensons ici au rachat forcé de la servitude de passage, qui permettra de régler définitivement certains problèmes de titres — parfois insolubles — et

renforcera d'autant le principe de la libre circulation des biens, tout en ne pénalisant pas indûment le titulaire de la servitude rachetée.

205 – Quelques ombres apparaissent au tableau. On peut regretter à l'occasion que le législateur ne soit pas allé plus loin dans sa révision, par exemple en n'autorisant pas l'établissement des servitudes continues et apparentes par prescription — en particulier, les problématiques servitudes de vue — ou en n'étendant pas davantage la portée du mécanisme du rachat. On s'étonne aussi de constater que le législateur — tout en visant un juste équilibre — défavorise parfois indûment la liberté des héritages (circulation sur l'eau, accès au fonds d'autrui).

206 – Sous ces quelques réserves (et les autres, généralement mineures, que nous avons signalées), le nouveau Droit des servitudes nous apparaît un droit amélioré, adapté aux besoins contemporains.

Notes

1. Voir à ce sujet Denys-Claude Lamontagne, «Les servitudes», R D, Biens, Doctrine, document 4, n 4. Nous nous inspirons librement de ce texte à plusieurs occasions. Pour un aperçu des servitudes naturelles et légales ayant existé sous l'Ancien droit au Québec, consulter Phyllis Lambert, «La maison et son environnement», in: Montréal, ville fortifiée au XVIIIe siècle, Montréal, C.C.A., 1992, 69 et sqq.
2. Henri Mazeaud, Léon Mazeaud, Jean Mazeaud et François Chabas, Leçons de droit civil, Biens: droit de propriété et ses démembrements, 7e éd., tome 2, vol. 2, Paris, Montchrestien, 1989, 82 et sqq; Jean Goulet et al., Théorie générale du domaine privé, 2e éd., Montréal, Wilson & Lafleur, 1986, 125 et sqq.
3. Brodeur c. Choinière, [1945] C.S. 334; Air Rimouski Ltée c. Gagnon, [1952] C.S. 149.
4. Goulet c. Roy, [1992] R.D.I. 126, 131 (C.S.).
5. Jean Carbonnier, Droit civil, Les biens, 12e éd., vol. 3, Paris, P.U.F., 1988, 256 et sqq; Jean Goulet et al., Théorie générale du domaine privé, 2e éd., Montréal, Wilson & Lafleur, 1986, 127, notes 46 et 51; Denys-Claude Lamontagne, «Aménagement d'une piscine privée: contraintes juridiques et responsabilité civile», (1989-90) 92 R. du N. 586. Voir également la Loi sur la protection du territoire agricole (L.R.Q., c. P-41.1), article 79.13.
6. Katz c. Reitz, [1973] C.A. 230. Voir aussi 1467 et 2118 C.c.Q.
7. Voir entre autres: Katz c. Reitz, [1973] C.A. 230; Dumas Transport Inc. c. Cliche, [1971] C.A. 160; Houle c. Banque Canadienne Nationale,

J.E. n° 90-1697 (C.S. Can.); *Martin c. Chicoutimi (Ville de)*, J.E. n° 92-1295 (C.Q.); *Théâtre du Bois de Coulonge Inc. c. Société nationale des Québécois et des Québécoises de la capitale Inc.*, J.E. n° 93-183 (C.S.).

8. Pierre-Claude Lafond, *Droit des biens*, Montréal, Thémis, 1991, 298, 299.

9. Charles Aubry et Charles Rau, *Droit civil français*, 7ᵉ éd., tome 2 par Paul Esmein, Paris, Librairies techniques, 1961, 310; Jean Goulet *et al.*, *Théorie générale du domaine privé*, 2ᵉ éd., Montréal, Wilson & Lafleur, 1986, 226.

10. Constant Rivest, «Bornage amiable», (19) Arpenteur-géomètre, n° 1, avril 1992, 14.

11. *Joncas c. Joncas*, [1951] C.S. 401; Paul Lachance, *Le bornage*, 3ᵉ éd., Québec, P.U.L., 1981, 3; William de Montmollin Marler, *The Law of Real Property*, Toronto, Burroughs, 1932, nᵒˢ 147 et sqq.

12. Jean Goulet *et al.*, *Théorie générale du domaine privé*, 2ᵉ éd., Montréal, Wilson & Lafleur, 1986, 226.

13. *Olivier c. Méthot*, (1944) 82 C.S. 238.

14. Pierre-Claude Lafond, *Droit des biens*, Montréal, Thémis, 1991, 212.

15. *Brousseau c. Martel*, [1990] R.D.I. 620 (C.S.); Denys-Claude Lamontagne, «Les servitudes», *R.D., Biens*, Doctrine, document 4, nᵒˢ 19 à 21.

16. Henri Mazeaud, Léon Mazeaud, Jean Mazeaud et François Chabas, *Leçons de droit civil, Biens: droit de propriété et ses démembrements*, 7ᵉ éd., tome 2, vol. 2, Paris, Montchrestien, 1989, 121.

17. Alex Weill, François Terré et Philippe Simler, *Droit civil, Les biens*, 3ᵉ éd., Paris, Dalloz, 1985, 195.

18. En ce qui concerne l'eau minérale, voir l'article 5 de la *Loi sur les mines* (L.R.Q., c. M-13.1) et *2627-6485 Québec Inc. c. Ste-Madeleine-de-Rigaud (Municipalité de)*, J.E. n° 90-258 (C.S.). Voir aussi l'article 45.4 de la *Loi sur la qualité de l'environnement* (L.R.Q., c. Q-2).

19. Denys-Claude Lamontagne, «Les droits du propriétaire dans le sol et le sous-sol», (1989) 3 C.P. du N. 141.

20. Yvon Duplessis, Jean Hétu et Jean Piette, *La protection juridique de l'environnement au Québec*, Montréal, Thémis, 1982, 5 et sqq; *Grey Canadian Mines Ltd. c. Plante*, [1975] C.A. 893; *Champs c. Corp. municipale de Labelle*, [1991] R.J.Q. 2313 (C.S.), en appel.

21. Jean Goulet *et al.*, *Théorie générale du domaine privé*, 2ᵉ éd., Montréal, Wilson & Lafleur, 1986, 125 et sqq; Pierre-Claude Lafond, *Droit des biens*, Montréal, Thémis, 1991, 298, 299.

22. La doctrine a toujours reconnu ce droit d'accès dans le passé: André Montpetit et Gaston Taillefer, *Traité de droit civil du Québec*, tome 3, Montréal, Wilson & Lafleur, 1945, 90 et sqq.

23. Pierre-Basile Mignault, *Le droit civil canadien*, tome 3, Montréal, Théorêt, 1897, 111 et 113.

24. *Langlois c. Marquis*, J.E. n° 92-1166 (C.S.).

25. *Phaneuf c. Sylvestre*, [1975] C.A. 224; *Cléroux c. Richer*, J.E. n° 82-18 (C.P.). Les fonds de terre séparés par une ruelle ne cesseront pas d'être

des immeubles voisins au sens des articles 985 ou 991 C.c.Q.: *C.E.C.M. c. Lambert*, [1984] C.A. 179.

26. Voir sur ces questions: Pierre-Basile Mignault, *Le droit civil canadien*, tome 3, Montréal, Théorêt, 1897, 105; André Montpetit et Gaston Taillefer, *Traité de droit civil du Québec*, tome 3, Montréal, Wilson & Lafleur, 1945, 397; *Gaudet c. Dufresne* [1988] R.D.I. 87 (C.S.).

27. Denis Vincelette, «À la découverte du découvert au sens strict», (1979-80) 82 *R. du N.* 3.

28. Denys-Claude Lamontagne, «Aménagement d'une piscine privée: contraintes juridiques et responsabilité civile», (1989-90) 92 R. *du N.* 586.

29. *Perreault c. Fréchette*, [1986] R.D.I. 120 (C.S.).

30. Assemblée nationale, *Journal des débats*, Commissions parlementaires, Sous-commission des institutions, 32e législature, 5e session, 1985, 755, à propos de l'article 1028 de la *Loi 20* (L.Q. 1987, c. 18), correspondant à l'article 988 C.c.Q.

31. *Bourdon et al. c. Caron et al.*, juge Ginette Piché, C.S. Montréal, 500-05-017135-912, 6 février 1992; André Cossette, «La servitude de tour d'échelle», 61 R. *du N.* 325; Denys-Claude Lamontagne, «Les servitudes», *R.D., Biens*, Doctrine, document 4, nos 77 et sqq.

32. *Lord c. Triantopoulos*, [1988] R.J.Q. 490 (C.S.); Denys-Claude Lamontagne, «Servitudes. (...) Tour d'échelle ou échelage», (1992) 94 *R. du N.* 358.

33. *Thémens c. Royer*, (1937) 62 B.R. 248. *Contra: Delorme c. Cusson*, (1897-98) 28 R.C.S. 66 (*obiter dictum* du juge Girouard).

34. *Weinberg c. Styral Realty Corp.*, [1962] C.S. 79. Voir aussi la position des juges Tremblay et Owen dans *Tourangeau c. Leclerc*, [1963] B.R. 70 et Jean-Guy Cardinal, «Vente d'immeuble — Vues illégales — Action en annulation», (1963-64) 66 R. *du N.* 309.

35. *Duchesneau c. Poisson*, [1950] B.R. 453.

36. *Kert c. Winsberg*, [1939] R.C.S. 28.

37. Voir la jurisprudence citée par Henri Turgeon, «Droit de passage et vues», (1953-54) 56 R. *du N.* 98, 99, note 4 et *Massé c. Grenier*, (1937) 63 B.R. 312.

38. Henri Turgeon, «Droit de passage et vues», (1953-54) 56 R. *du N.* 98, 100.

39. Albert Mayrand, «Rideau de fougères, rideau de fer», (1965) 25 R. *du B.* 35.

40. G. Baudry-Lacantinerie et M. Chauveau, *Traité théorique et pratique de droit civil, Les biens*, 2e éd., tome 5, Paris, S.R.G.D.A., 1999, n° 978; André Cossette, «Vues directes et vues obliques», (1954-55) 1 *C. de D.* 95.

41. Charles Aubry et Charles Rau, *Droit civil français*, 7e éd., tome 2, Paris, Librairies techniques, 1961, 291; Jean Carbonnier, *Droit civil, Les biens*, 12e éd., tome 3, Paris, P.U.F., 1988, 237 et sqq.

42. Voir les «Commentaires détaillés sur les dispositions du Projet de loi 125» (Première ébauche). Les explications relatives à l'article 992 du Projet, correspondant à l'article 993 de la Loi, paraissent sujettes à

caution. La règle ne se limite aucunement aux ouvertures percées dans un mur de bâtiment, mais concerne les vues droites en général, occasionnées par des fenêtres ouvrantes, des balcons ou autres saillies. Les balcons, en particulier, génèrent trois vues droites: Pierre-Basile Mignault, *Le droit civil canadien*, tome 3, Montréal, Théorêt, 1897, 121; Pierre Martineau, *Les biens*, 3ᵉ éd., Montréal, Thémis, 1977, 46, 48 et 49; *Dictionnaire de droit privé et Lexiques bilingues*, 2ᵉ éd., Cowansville, Yvon Blais, Centre de recherche en droit privé et comparé du Québec, 1991, 593 (terme «vue»). Si la majorité des vues résultant des balcons, terrasses et autres semblables saillies sont désormais légalisées, cela n'est plus vrai lorsque la distance entre le plan de l'ouverture — en avant, à gauche et à droite — et la ligne de division est inférieure à un mètre cinquante (voir *infra*). Faut-il rappeler les propos du juge Tremblay dans l'affaire *Descarreaux* c. *Jacques*, [1969] B.R. 1109, 1112: «les explications des codifications (en l'occurence, du Code de procédure civile) peuvent aider à interpréter une disposition obscure du Code, mais ne sauraient prévaloir à l'encontre d'un texte clair»?

43. André Cossette, «Problèmes de mitoyenneté», (1958-59) 61 *R. du N.* 488.

44. Paul-Yvan Marquis, «De la distinction des biens et de leur appropriation et De la propriété», (1988) 3 *C.P. du N.* 1, nº 186. Voir les articles 3 et sqq de la *Loi sur l'application de la réforme du Code civil* (Projet de loi 38, 1992).

45. Voir à ces sujets Denys-Claude Lamontagne, «Les servitudes», *R.D.*, *Biens*, Doctrine, document 4, nº 55.

46. On doit toutefois admettre que ce principe est relatif. Ainsi, l'action possessoire en dénonciation de nouvel œuvre revêt un caractère purement préventif.

47. Il importe peu que cette disposition n'ait pas été reproduite dans le Code civil du Québec. Elle n'apparaissait pas davantage dans le Code civil du Bas-Canada, ce qui n'a pas empêché les tribunaux d'envisager maints cas d'exception (rapportés *infra*). À ce sujet, nous ne partageons pas l'opinion des commentateurs du Code, pour qui les exceptions à la règle établie par l'article 993 C.c.Q. sont toutes mentionnées au Code: «Commentaires détaillés sur les dispositions du Projet de loi 125» (Première ébauche), article 992 (correspondant à 993 C.c.Q.), note 2.

48. André Montpetit et Gaston Taillefer, *Traité de droit civil du Québec*, tome 3, Montréal, Wilson & Lafleur, 1945, 417; Pierre Martineau, *Les biens*, 4ᵉ éd., Montréal, Thémis, 1977, 50; *Etienne* c. *Fust*, [1976] C.S. 1775. *De Champlain* c. *Santerre*, [1952] B.R. 8; *Coulombe* c. *Rémillard*, [1953] B.R. 427; Pierre-Basile Mignault, *Le droit civil canadien*, tome 3, Montréal, Théorêt, 1897, 123; Denys-Claude Lamontagne, «Les servitudes», *R.D.*, *Biens*, Doctrine, document 4, nº 55.

49. *Denault* c. *Desrosiers*, (1938) 64 B.R. 417; Denys-Claude Lamontagne, «Servitudes — Obstruction de vues illégales», (1990-91) 93 *R. du N.* 224.

50. *Marois* c. *Beaudoin*, [1966] B.R. 126; Denys-Claude Lamontagne, «Les servitudes», *R.D.*, *Biens*, Doctrine, document 4, nᵒˢ 59 à 62.

51. *Marois* c. *Beaudoin*, [1966] B.R. 126; *Turcotte* c. *Gamache*, [1955] B.R. 681; Pierre Martineau, «Considérations sur les servitudes de vue», (1980-81) 15 R.J.T. 101; André Cossette, «Servitudes de vues — Droit de construire sur le fonds servant — Servitude de prospect...», (1965-66) 68 *R. du N.* 428. Voir Denys-Claude Lamontagne, «Les servitudes», *R.D., Biens*, Doctrine, document 4, n° 63.

52. *Desjardins* c. *Dupras*, (1917) 26 B.R. 95.

53. Michel Pourcelet, «Le fonds enclavé», (1965-66) 68 *R. du N.* 250; *Voyer* c. *Dumas*, [1950] C.S. 383; *Julien* c. *Côté*, [1959] B.R. 836; *Ziebell* c. *Leblanc*, [1960] B.R. 518; *Boissonneault* c. *Bussières*, [1991] R.D.I. 408 (C.S.); François Héleine, «L'obstacle économique, cause d'enclave», (1972) 32 *R. du B.* 512.

54. *Ouimet* c. *Ouimet*, [1963] B.R. 735; *Patry* c. *Merleau Lill*, [1990] R.D.I. (C.A.).

55. *Lord* c. *Triantopoulos*, [1988] R.J.Q. 490 (C.S.).

56. *Ziebell* c. *Leblanc*, [1960] B.R. 518; *Parangon Personnel Ltée* c. *Vipond*, [1989] R.D.I. 108 (C.S.).

57. *Drolet-Bertrand* c. *Déry*, [1976] C.A. 407; Gabriel Marty et Pierre Raynaud, *Les biens*, 2ᵉ éd., Paris, Sirey, 1980, 393.

58. *Duvld* c. *Club Châteaulyne Inc.*, [1992] R.D.I. 77 (C.S.). Voir aussi *Morrisette* c. *Bessette*, [1971] C.A. 356: la renonciation d'un contractant au droit d'exiger un passage de son cocontractant a seulement pour effet de l'obliger à payer une indemnité si le passage devient nécessaire.

59. *Valois* c. *Latour*, (1922) 32 B.R. 281.

60. *Samson* c. *Demers*, [1988] R.D.I. 184; Philippe Malaurie et Laurent Aynès, *Les biens*, Paris, Cujas, 1990, 283; Denys-Claude Lamontagne, «Les servitudes», *R.D., Biens*, Doctrine, document 4, n° 75.

61. Michel Pourcelet, «Le fonds enclavé», (1965-66) 68 *R. du N.* 250, 267; Pierre-Claude Lafond, *Droit des biens*, Montréal, Thémis, 1991, 271.

62. Ainsi, l'article 113 de la *Loi sur l'aménagement et l'urbanisme* (L.R.Q., c. A-19.1) permet à une municipalité de régir ou restreindre l'emplacement, la hauteur et l'entretien des clôtures sur son territoire, tandis que l'article 521 du *Code municipal* (L.R.Q., c. C-27.1) l'autorise à réglementer le type de matériaux des clôtures, etc. Voir à ces sujets *Ste-Agathe Sud (Corp. municipale du village de)* c. *Margolis*, J.E. n° 92-1718 (C.S.).

63. *Paquet* c. *Gagnon*, [1988] R.D.I. 256 (C.P.).

64. *Ricciardi* c. *Caisse Populaire Charles Lemoyne*, C.P. Beauharnois, 760-02-000980-77, 10 avril 1978.

65. *Lavallière* c. *Morin*, [1958] C.S. 274, 276.

66. *Bisson* c. *Poudrier*, J.E. n° 92-1789 (C.S.).

67. Charles Aubry et Charles Rau, *Droit civil français*, 7ᵉ éd., tome 2, par Paul Esmein, Paris, Librairies techniques, 1961, 579.

68. Sur toutes ces questions, voir Denis Vincelette, *Au pied du mur, en quête de la solution mitoyenne*, Montréal, Wilson & Lafleur, 1985, 123 et sqq; Denys-Claude Lamontagne, «Les servitudes», *R.D., Biens*, Doctrine, document 4, n° 104. Voir aussi les articles 3 et sqq de la *Loi sur l'application de la réforme du Code civil* (Projet de loi 38, 1992).

69. *Ilias* c. *Touliopoulos*, [1992] R.D.I. 384, 388.

70. André Montpetit et Gaston Taillefer, *Traité de droit civil du Québec*, tome 3, Montréal, Wilson & Lafleur, 1945, 360.

71. Voir toutefois les «Commentaires détaillés sur les dispositions du Projet de loi 125» (Première ébauche) en rapport avec l'article 1006, où l'on mentionne que la limitation contenue à l'article 515 C.c.B.-C. relativement aux droits de vue «n'est pas maintenue». Même si l'on retenait ce commentaire, il resterait que les vues pratiquées dans le mur exhaussé doivent être obstruées lorsque le voisin le requiert (993 C.c.Q.).

72. François Langelier, *Cours élémentaire de droit civil*, tome 2, Paris, Marescq, 1881, 271; André Montpetit et Gaston Taillefer, *Traité de droit civil du Québec*, tome 3, Montréal, Wilson & Lafleur, 1945, 369.

73. Marcadé, *Explication théorique et pratique du Code civil*, 7ᵉ éd., tome 2, Paris, Delamotte, 1873, n° 578.

74. Alex Weill, *Droit civil, Les Biens*, 3ᵉ éd., par F. Terré et P. Simler, Paris, Dalloz, 1985, 753.

75. William de Montmollin Marler, *The Law of Real Property*, Toronto, Burroughs, 1932, n° 300.

76. S'agissant d'une servitude de ligne de transmission (pour autant qu'on veuille bien considérer l'acte consenti sous cet angle), le fonds dominant constitué des structures des fils, etc., n'est pas désigné cadastralement.

77. *Président et syndics de la Commune de Berthier* c. *Denis*, (1897-98) 27 R.C.S. 147, 177. Voir aussi Pierre-Basile Mignault, *Le droit civil canadien*, tome 3, Montréal, Théorêt, 1897, 123; Louis Amable Jetté, «Des servitudes réelles», (1932-33) 11 *R. du D.* 349, 354; Gabriel Marty et Pierre Raynaud, *Les biens*, 2ᵉ éd., Paris, Sirey, 1980, 190.

78. *Huot* c. *Verbois*, [1989] R.D.I. 400 (C.S.), en appel; Denys-Claude Lamontagne, «D'antiques institutions juridiques au service d'un nouvel environnement», (1991-92) 94 *R. du N.* 131.

79. *Hydro-Québec* c. *Quintin*, [1984] C.S. 550; *Ville de Laval* c. *Bell Canada*, J.E. no 86-821 (C.A.); Jean-Guy Cardinal, «Un cas singulier de servitude réelle», (1954-55) 57 *R. du N.* 478, 635, 637 et 641.

80. Voir l'opinion des juges Rinfret et Kerwin dans *Coulombe* c. *Société coopérative agricole de Montmorency*, [1950] R.C.S. 313, 332 et celle du juge Strong dans *Président et syndics de la Commune de Berthier* c. *Denis*, (1897-98) 27 R.C.S. 147; *Cadieux* c. *Hinse*, [1989] R.J.Q. 353 (C.S.). Sur la remise en question de la nature de la servitude, voir Gabriel Marty et Pierre Raynaud, *Les biens*, 2ᵉ éd., Paris, Sirey, 1980, 193.

81. Jean-Guy Cardinal, *Le droit de superficie*, Montréal, Wilson & Lafleur, 1957, 203; Ernest Caparros et Paul Laquerre, *Droit des biens*, tome 2, Québec, P.U.L., 1973, 18-6.

82. Jean Goulet *et al.*, *Théorie générale du domaine privé*, 2ᵉ éd., Montréal, Wilson & Lafleur, 1986, 240.

83. Dans certaines circonstances exceptionnelles, les tribunaux ont considéré que la servitude de vues peut s'établir par convention tacite: *Duchesneau* c. *Poisson*, [1950] B.R. 453; *Villeneuve* c. *Nadeau*, J.E. n° 92-1743 (C.A.).

84. *Lévesque* c. *Déry*, [1960] C.S. 61; Léo Ducharme, «Le nouveau droit de la preuve en matières civiles selon le Code civil du Québec», (1992) 23 *R.G.D.* 5, 32 et sqq.

85. Voir Marc Boudreault, «L'exécution des sûretés mobilières sous le nouveau C.c.Q.», (1992) 23 R.G.D. 411, 427. Étant donné que le droit réel (autre que celui afférent à une hypothèque) publié entre les dates d'inscription de l'hypothèque et du préavis de prise en paiement reste opposable au créancier hypothécaire (2783 C.c.Q. *a contrario*), il y aurait intérêt à prévoir une clause de déchéance du terme dans l'acte d'hypothèque, prohibant la constitution d'une servitude, d'une emphytéose ou d'un usufruit sans l'assentiment du créancier. Évidemment, une telle clause présente peu d'attrait si le créancier exerce subséquemment le recours de prise en paiement, puisque le droit réel lui est opposable. Voir les articles 2779 et 2790 C.c.Q., au même effet. On notera que la vente sous contrôle de justice n'a pas pour effet de purger les servitudes ou le droit d'emphytéose (69c C.P.). En conclusion, le créancier semble acculé dans un cul-de-sac.

86. Camille Charron, «Ce droit réel méconnu: la servitude personnelle», (1982) 42 R. *du B.* 466; Madeleine Cantin Cumyn, «De l'existence et du régime juridique des droits réels de jouissance innommés: essai sur l'énumération limitative des droits réels», (1986) 46 R. *du B.* 3; *Plourde* c. *Plante*, [1986] R.D.I. 299 (C.A.).

87. *Plourde* c. *Plante*, [1986] R.D.I. 299 (C.A.).

88. *O'Brien* c. *Ross*, [1984] C.A. 78; Christian Atias, *Les biens: droits immobiliers*, tome 2, Paris, Librairies techniques, 1982, 262; Denys-Claude Lamontagne, «Les servitudes», *R.D.*, *Biens*, Doctrine, document 4, n°s 151, 156 et sqq.

89. *Auger* c. *Grenier*, J.E. n° 84-690 (C.A.).

90. *O'Brien* c. *Ross*, [1984] C.A. 78; *Zigayer* c. *Ruby Foo's (Montréal) Ltd.*, [1976] C.S. 1362; *Boucher* c. *Roy*, J.E. n° 81-72 (C.A.), Denys-Claude Lamontagne, «Les servitudes», *R.D.*, *Biens*, Doctrine, document 4, n°s 156 à 169.4.

91. *Corriveau* c. *Gabanna*, [1977] C.S. 577; *Joyal* c. *Parenteau*, [1961] C.S. 612. La servitude de vues établie par destination doit être sans équivoque: *Villeneuve* c. *Nadeau*, J.E. n° 92-1743 (C.A.).

92. André Cossette, «Servitude par destination (...) — Sens des mots rue "proposée", rue "projetée"», (1968-69) 71 R. *du N.* 94; *Corriveau* c. *Gabanna*, [1977] C.S. 577. Noter que la servitude par destination demeure non publiée lorsqu'elle résulte du dépôt d'un plan cadastral: *Sacchetti* c. *Lockheimer*, [1988] R.D.I. 428 (C.S. Can.). Voir la note 94 ci-après.

93. Denys-Claude Lamontagne, «Les servitudes», *R.D.*, *Biens*, Doctrine, document 4, n° 196.

94. Éventuellement, les servitudes par destination consenties sous le Code civil du Bas-Canada, publiées ou non (2116 a et b C.c.B.-C.), devront être signalées dans le rapport d'actualisation prévu par le nouveau Code, faute de quoi les droits en résultant seront irrémédiablement éteints (3046 C.c.Q.).

95. Assez cocassement, le terme «discontinue» appliqué aux servitudes a le sens de son antonyme en matière de possession utile. La continuité de la possession nécessite en effet le fait actuel du possesseur (921 et 922 C.c.Q.).

96. *Legault* c. *Herschorn*, [1924] 37 B.R. 26; *Collin* c. *Lemieux*, [1957] C.S. 385.

97. *Merleau Lill* c. *Patry*, [1985] C.S. 1120 et [1990] R.D.I. 1 (C.A.).

98. *Sofin* c. *Ville de Rigaud*, [1973] C.S. 180; *Lachance* c. *Corp. de la Ville de Fossambault-sur-le-Lac*, [1979] C.S. 1044.

99. *Prévost* c. *Belleau*, (1905) 14 B.R. 526. Certaines remarques s'imposent ici. Lorsque le titre constitutif de la servitude ne fixe pas l'assiette, celle-ci se confond avec le fonds servant. Quand le titre est ambigu, la possession décennale devrait permettre de préciser l'intention des parties quant à l'assiette de la servitude, mais sans établir une prescription (1181, 2917 C.c.Q., *cf.* 549, 2242 C.c.B.-C.), hormis le cas de l'enclave; le tribunal pourrait aussi déterminer l'assiette par interprétation des titres. Mais que l'assiette soit indéterminée ou déterminée avec précision ou non, le titre ne peut être modifié que par une autre convention ou encore par jugement, comme nous le verrons *infra*, n° 176.

100. *2160-2313 Québec Inc.* c. *S.I.D.A.C. Carré Centre-ville Alma* [1988] R.D.I. 398 (C.S.); *Gale* c. *Fillion*, J.E. n° 92-991 (C.A.); Gabriel Marty et Pierre Raynaud, *Les biens*, 2e éd., Paris, Sirey, 1980, 217.

101. *Cohen* c. *Barlow*, [1961] B.R. 453; Denys-Claude Lamontagne, «Servitudes: diminution d'usage de la servitude de baignade — Division du fonds servant — Tour d'échelle ou échelage», (1991-92) 94 *R. du N.* 358.

102. Pierre-Basile Mignault, *Le droit civil canadien*, tome 3, Montréal, Théorêt, 1897, 168. Voir cependant André Montpetit et Gaston Taillefer, *Traité de droit civil du Québec*, tome 3, Montréal, Wilson & Lafleur, 1947, 481.

103. Bien entendu, lorsque le fonds dominant ou le fonds servant ont été divisés (1187, 1188 C.c.Q.), seuls les propriétaires qui subissent la servitude ou en bénéficient sont concernés.

104. Il serait peut-être possible d'invoquer la théorie de l'abus de droit en ce qui concerne les servitudes autres que celles de passage, devenues inutiles. En France, la Cour de Cassation a écarté cette théorie dans ces cas. Mais les opinions demeurent partagées. Voir Jean Carbonnier, *Droit civil, Les biens*, 12ᵉ éd., tome 3, Paris, P.U.F., 1988, 246, 255 et 256. Dans certaines circonstances, on pourrait aussi invoquer l'impossibilité d'exercice de la servitude pendant dix ans (1194 C.c.Q.). Voir *infra*, nᵒˢ 191 et sqq.

105. Assemblée nationale, *Journal des débats*, Commissions parlementaires, Sous-commission des institutions, 34ᵉ législature, 1ʳᵉ session, 1991, 431.

106. *Moreau* c. *Malouin*, [1950] C.S. 404. Le propriétaire du fonds servant pourrait cependant poser une barrière à l'extrémité d'un passage: *Jourdain* c. *Poulin*, [1988] R.D.I. 104 (C.S.). Mais il ne pourrait creuser

un fossé qui empêcherait l'exercice de la servitude: *Coulombe* c. *Bonin*, [1988] R.D.I. 497 (C.A.).
107. Voir Jean Carbonnier, *Droit civil, Les biens*, 12ᵉ éd., tome 3, Paris, P.U.F., 1988, 302 et sqq; Philippe Malaurie et Laurent Aynès, *Les biens*, Paris, Cujas, 1990, 135 et sqq, 329 et sqq; Gabriel Marty et Pierre Raynaud, *Les biens*, 2ᵉ éd., Paris, Sirey, 1980, 221; Pierre-Claude Lafond, *Droit des biens*, Montréal, Thémis, 1991, 604; Jean Goulet et al., *Théorie générale du domaine privé*, 2ᵉ éd., Montréal, Wilson & Lafleur, 1986, 245.
108. Jean Hétu et Jean Piette, *La protection juridique de l'environnement au Québec*, Montréal, Thémis, 1982, 8, note 27.
109. *Blanchette* c. *Bélanger*, [1988] R.D.I. 504 (C.S.).
110. William de Montmollin Marler, *The Law of Real Property*, Burroughs, 1932, 131, nᵒ 322 (renonciation) et Denis Vincelette, *Au pied du mur, en quête de la solution mitoyenne*, Montréal, Wilson & Lafleur, 1985, 185 (abandon de mitoyenneté). Voir aussi Jean-Louis Bergel, *Le droit des biens*, Paris, P.U.F., 1983, 112.
111. Pierre Martineau, *La prescription*, Montréal, P.U.M., 1977, 132; Denys-Claude Lamontagne, «Servitude réelle — Désignation des fonds — Prescription», (1987-88) 90 *R. du N.* 296. Selon l'article 6 de la *Loi sur l'application de la réforme du Code civil* (Projet de loi 38, 1992), lorsque le nouveau Code abrège un délai, le nouveau délai s'applique, mais il court à partir de l'entrée en vigueur de ce Code. Le délai prévu par le Code civil du Bas-Canada est cependant maintenu lorsque l'application du délai nouveau aurait pour effet de proroger l'ancien.
112. Il va sans dire que si le propriétaire du fonds servant est à l'origine du changement, le propriétaire du fonds dominant pourra invoquer l'article 1186 C.c.Q. et, le cas échéant, demander le rétablissement des lieux dans leur état antérieur avant l'accomplissement de la prescription. On notera également que la perte d'un fonds peut être juridique. Ainsi en est-il lorsque le fonds servant est intégré dans le domaine public, par expropriation ou autrement (*infra*, nᵒ 198).
113. *Wong Yok* c. *Crevier*, [1986] R.D.I. 322 (C.S.) et J.E. nᵒ 89-1232 (C.A.).
114. François Laurent, *Principes de droit civil*, 3ᵉ éd., tome 8, Paris, Maresq, 1878, nᵒˢ 330 et 331.
115. *Valois* c. *Latour*, (1922) 32 B.R. 281; *St-Onge* c. *Cartier*, [1987] R.D.I. 531 (C.S.); *Wong Yok* c. *Crevier*, [1986] R.D.I. 322 (C.S.) et J.E. nᵒ 89-1232 (C.A.).
116. Robert P. Godin, «Droits hypothécaires en matière immobilière», (1992) 23 R.G.D. 433, 446.

DE LA COPROPRIÉTÉ INDIVISE ET DIVISE SUIVANT
LE NOUVEAU CODE CIVIL DU QUÉBEC

Table des matières

De la copropriété indivise et divise suivant le nouveau code civil du Québec

*Serge Binette**

Introduction

1. Le projet de loi 125, devenu le chapitre 64 des Lois de 1991, fut adopté le 18 décembre 1991 et sanctionné le même jour. Il porte le titre de *Code civil du Québec*[1] et a pour objet, en raison des réformes qu'il contient, de remplacer suivant les dispositions finales de cette loi les Codes civils présentement en vigueur au Québec. Le nouveau Code civil entrera en vigueur à la date fixée par décret du gouvernement, soit le premier janvier 1994 selon toute vraisemblance. Simultanément sera mise en vigueur au terme du même décret la «Loi sur l'application de la réforme du Code civil[2]» qui a pour but, comme son titre l'indique, d'assurer l'application de la réforme du Code civil.

2. Le Livre Quatrième de ce nouveau Code civil porte sur les *Biens* et traite, en son titre Troisième, des modalités de la propriété. Parmi celles énumérées par le Législateur, il y a la *Copropriété*[3], objet de notre publication. La copropriété se présente sous deux formes juridiques selon lesquelles plusieurs personnes ont ensemble et concurremment sur un même bien un droit de propriété, chacune d'elles étant investie, privativement, d'une quote-part du droit. Nous parlons alors soit de *Copropriété indivise* (Titre 1 du présent texte), soit de *Copropriété divise* (Titre 2) dont la vente, s'il s'agit d'unités d'habitation, par le constructeur ou par un promoteur est régie par certaines règles particulières (Titre 3). Précisons dès à présent que les

* Professeur titulaire à l'Université Laval.

dispositions du Code civil ne sont pas, sauf exception, d'ordre public, vu la liberté dans les conventions; elles sont donc supplétives de volonté, comme le veut la règle générale de l'article 9 du Code.

1. De la copropriété indivise

3. Sauf en matière de copropriété des immeubles établie par déclaration[4], l'indivision est un état inorganisé dans l'état actuel du droit civil québécois; elle n'est pas censée durer puisque l'article 689 du Code civil du Bas-Canada prévoit expressément que nul ne peut être contraint à demeurer dans l'indivision et que le partage peut toujours être provoqué nonobstant prohibition et convention contraires. Cette inorganisation se manifeste par l'absence de dispositions relatives à la jouissance et à l'administration des biens indivis. C'est donc le principe de l'unanimité qu'il faut appliquer: sur les biens indivis, rien ne peut être fait sans le consentement de tous les indivisaires.

4. L'expérience prouve qu'il y a des indivisions qui durent à partir soit d'une décision expresse et éclairée, soit d'un consentement tacite. Mais vu l'inorganisation en ce domaine, les indivisaires se trouvent toujours devant des obstacles majeurs.

5. Aujourd'hui, le législateur admet que cette indivision puisse être administrée, car il existe des situations où il n'est pas bénéfique de procéder immédiatement au partage des biens indivis, par exemple le cas d'une exploitation commerciale ou agricole qui était assurée par le défunt. Le moyen légal d'y parvenir est d'organiser l'indivision. C'est ainsi que le législateur a édicté, dans le cadre de la révision du Code civil, les règles de cette administration qui se trouvent aux articles 1012 à 1037 du Code civil du Québec; elles peuvent être divisées en deux catégories: les règles à caractère légal — régime légal de l'indivision (Chapitre 1.1), et celles à caractère conventionnel — régime conventionnel de l'indivision (Chapitre 2.1).

1.1 Régime légal de l'indivision

6. Le législateur, à l'article 1010, alinéa 1, du Code civil du Québec définit d'abord la copropriété: «elle est la propriété que

plusieurs personnes ont ensemble et concurremment sur un même bien, chacune d'elles étant investie, privativement, d'une quote-part du droit», puis il précise, à l'alinéa 2, que la copropriété est dite indivise «lorsque le droit de propriété ne s'accompagne pas d'une division matérielle du bien». Le bien, objet de l'indivision, peut être un bien meuble, même incorporel tel une créance, une somme d'argent, ou un immeuble. Le concept de copropriété comprend non seulement celui du droit de propriété mais aussi tout autre droit réel. Ainsi, en matière d'usufruit, s'il y a plusieurs usufruitiers, le bien sur lequel portent leurs droits respectifs fait l'objet d'une indivision; il peut en être de même s'il y a plusieurs nus-propriétaires. Nous devons toutefois préciser qu'entre un usufruitier et un nu-propriétaire, il n'y a pas d'indivision puisque la nature de leurs droits est différente.

7. Les dispositions qui constituent le régime légal de l'indivision se retrouvent aux articles 1012 à 1037 du Code. Elles sont applicables à toutes les indivisions et elles traitent ici de l'établissement de l'indivision (section 1.1.1), de la durée de l'indivision (section 1.1.2), des droits et obligations des indivisaires (section 1.1.3), de l'administration du bien indivis (section 1.1.4), et, enfin, de la fin de l'indivision (section 1.1.5).

1.1.1 De l'établissement de l'indivision

8. Les nouvelles dispositions du Code civil s'appliquent à toutes les indivisions; ces dernières peuvent résulter d'un contrat, d'une succession, d'un jugement ou de la loi (art. 1012 C.C.Q.). Sont donc régies par les nouvelles dispositions: les indivisions créées ou maintenues par convention, les indivisions résultant de l'acquisition en commun, par plusieurs personnes, d'un même bien, les indivisions successorales, tant légales que testamentaires, les indivisions entre époux des biens communs après la dissolution du régime matrimonial, quelle qu'en soit la cause, les indivisions consécutives à la perte de la personnalité morale d'une corporation, les indivisions forcées par la loi, telles les parties communes en matière de copropriété divise, etc.

1.1.2 De la durée de l'indivision

9. En édictant l'article 1030 du Code civil du Québec, le législateur a maintenu la règle à l'effet que nul ne peut être contraint à demeurer dans l'indivision et que le partage peut être toujours provoqué. Mais à ce principe, il apporte des exceptions: il indique, en effet, que l'indivision peut être maintenue par une convention[5], ou par une disposition testamentaire (v.g. lorsque le testateur, pour une cause sérieuse et légitime, ordonne que le partage soit totalement ou partiellement différé, pendant un temps limité[6]) ou par jugement[7] ou par l'effet de la loi[8]. Il permet ainsi aux personnes qui le désirent de maintenir l'indivision.

10. Cet article 1030 du Code indique de plus que le maintien de l'indivision peut aussi avoir lieu en raison de l'affectation du bien à un but durable comme par exemple dans le cas de la mitoyenneté d'un mur ou d'un réseau d'aqueduc ou de rues appartenant en exclusivité à un certain nombre de personnes pour l'exploitation de leurs propriétés. On ne peut demander dans ce cas le partage des biens puisqu'il y a impossibilité absolue de faire un partage. Il pourrait en être de même lorsque, par exemple, trois condominiums tout a fait distincts conviennent d'acquérir, par l'intermédiaire des trois syndicats concernés, un terrain adjacent sur lequel sera construit un pavillon récréatif pour l'usage des copropriétaires et dont les syndicats seront copropriétaires en indivision. Ce pavillon récréatif étant affecté à un but durable qui est de récréer les propriétaires des trois condominiums, l'indivision en sera maintenue même après trente ans, s'il est fait mention de ce but dans l'acte d'acquisition. En l'absence d'une telle mention, la convention de trente ans peut sûrement être utilisée[9].

11. Le maintien de l'indivision peut, exceptionnellement, résulter d'une décision judiciaire, le tribunal faisant ainsi échec à une demande en partage d'un indivisaire, sans égard à la nature du bien indivis. En effet, l'article 1032 du Code civil du Québec permet au tribunal de maintenir l'indivision pour éviter une perte. Cependant, il précise que l'ordonnance du tribunal peut maintenir l'indivision pour une durée d'au plus deux ans et il permet la révision de l'ordonnance si les causes qui ont justifié le maintien de l'indivision ont cessé ou si l'indivision est devenue intolérable ou périlleuse pour les indivisaires. Il en est de même pour le maintien par le tribunal de l'indivision successorale relativement aux biens ou partie des biens laissés par le défunt ou seulement à certains biens particuliers, v.g. l'entreprise familiale du défunt, ses parts sociales ou actions liées à son entreprise, la résidence principale de la famille ou des meubles qui servent à l'usage du ménage; mais cette fois sa durée ne peut excéder cinq ans, sauf accord de tous les intéressés[10].

1.1.3 Des droits et obligations des indivisaires

12. Avant de régler les problèmes soulevés par l'administration du bien indivis, le législateur a préféré édicter d'abord les droits et obligations des indivisaires relatifs au droit de la propriété et de jouissance du bien indivis. C'est ainsi qu'il a prévu des dispositions ayant trait à la propriété et à la responsabilité (sous-section 1.1.3.1), à l'usage et à la jouissance du bien indivis (sous-section 1.1.3.2), au sort des fruits et revenus produits au cours de l'indivision (sous-section 1.1.3.3), à la situation de l'indivisaire qui a amélioré ou détérioré le bien indivis (sous-section 1.1.3.4), au droit d'accession (sous-section 1.1.3.5), au droit de retrait advenant cession onéreuse par un indivisaire à une personne étrangère (sous-section 1.1.3.6) et, finalement, au droit de subrogation (sous-section 1.1.3.7).

1.1.3.1 Propriété et responsabilité

13. C'est au moyen de l'article 1015 du Code civil du Québec que le législateur établit une présomption à l'effet que les parts des indivisaires sont égales, sauf convention contraire[11], et qu'il précise les droits de l'indivisaire. En sa qualité de propriétaire exclusif de sa part, l'indivisaire peut, en effet, aliéner ou hypothéquer[12] seulement sa quote-part dans le bien indivis (art. 1015 al. 2); il n'a pas besoin pour ce faire d'obtenir le consentement des autres indivisaires. Ainsi, le créancier personnel de l'indivisaire peut saisir et faire vendre en justice seulement *la part* de son débiteur; quant au créancier de l'indivision, il doit saisir et faire vendre *tout le bien* indivis (art 1015 al. 2).

14. En contrepartie, la responsabilité des indivisaires est déterminée par l'article 1019 du Code civil du Québec: «les indivisaires sont tenus, en proportion de leur part, des frais d'admi-

nistration et des autres charges communes qui se rapportent au bien indivis». En matière de responsabilité, le législateur a préféré édicter une responsabilité conjointe proportionnelle à la part de chacun, et non une responsabilité solidaire. Il convient de préciser, toutefois, que la responsabilité solidaire peut être agréée par convention entre les indivisaires.

1.1.3.2 Usage et jouissance du bien indivis

15. Après avoir précisé les droits et obligations de l'indivisaire (art. 1015 C.C.Q.), le législateur établit à l'article 1016, alinéa 1, du Code que «chaque indivisaire peut se servir du bien indivis, à condition d'en respecter la destination et de ne porter atteinte ni à sa destination ni aux droits des autres indivisaires». C'est donc sous la double condition d'en respecter la destination et de ne porter aucune atteinte aux droits concurrents des autres indivisaires, que chaque indivisaire a le droit de se servir du bien indivis et d'en user librement. Ainsi, comme en matière de copropriété divise, les droits de l'indivisaire sont plus limités que ceux d'un propriétaire ordinaire.

16. De plus, le législateur précise aux termes de l'alinéa 2 du même article que «celui qui a l'usage et la jouissance exclusive du bien est redevable d'une indemnité». Cette règle trouve son application lorsqu'un seul des indivisaires a la jouissance du bien indivis, par exemple dans le cas d'indivision successorale où un seul des héritiers occupe la résidence du défunt. Il est donc juste qu'il y ait compensation; ce pourra être, dans notre exemple, le prix d'un loyer. Il appartient alors aux indivisaires de convenir du montant de l'indemnité que paiera l'indivisaire qui a la jouissance exclusive du bien indivis.

17. Notons que pour fixer cette indemnité, les indivisaires doivent procéder sans délai, dès qu'il y a usage et jouissance exclusive, et non à la fin de l'indivision qui souvent dure longtemps, car d'une part, il peut y avoir prescription des fruits et revenus et, d'autre part, la loi prévoit le partage provisionnel ou périodique de ces derniers entre les indivisaires[13].

1.1.3.3 Fruits et revenus du bien indivis

18. La règle sous-jacente et implicite, liée au droit de propriété et exprimée à l'article 948 du Code civil, veut que les fruits et revenus appartiennent aux indivisaires, et ce n'est que dans les cas où ceux-ci n'ont pas convenu du partage ou de leur distribution périodique ou qu'ils ne sont pas réclamés dans le délai de trois ans de leur date d'échéance qu'ils accroissent à l'indivision (art. 1018 C.C.Q.). Ainsi, que ces fruits et revenus soient le produit spontané du bien indivis ou le résultat du travail de l'un des indivisaires, ils sont partagés pendant l'indivision, sinon ils font partie de la masse indivise.

19. Le législateur reconnaît donc à chaque indivisaire le droit de toucher périodiquement *sa part* des fruits et revenus (art. 1018 C.C.Q.). Cette part consiste, à notre avis, en ce qui restera des fruits et revenus après paiement des charges, frais et dépenses afférentes à la jouissance et à l'exploitation du bien indivis, y compris la rémunération de l'indivisaire-gérant[14]. Par exemple, si l'indivision porte sur un immeuble loué, la part consiste dans le montant des loyers perçus, après déduction des charges supportées par l'indivisaire à titre de propriétaire.

20. L'on se rapportera à la convention ou au titre constitutif de l'indivision pour connaître la part de chaque indivisaire dans les fruits et revenus, et à défaut, toutes les parts sont présumées égales (art. 1015 C.C.Q.). Puisque la loi prévoit que le partage des fruits et revenus peut se faire périodiquement, il appartient alors aux indivisaires de fixer la date à laquelle le calcul et le paiement des parts seront effectués.

21. Par ailleurs, le législateur a fixé un délai pour réclamer la part des fruits et revenus; il a en effet prescrit que si la part d'un indivisaire n'est pas réclamée dans le délai de trois ans de sa date d'échéance, celle-ci accroîtra à l'indivision (art. 1018 C.C.Q.). Ainsi, à la fin de l'indivision, les indivisaires se partageront les bénéfices, y compris, le cas échéant, les parts qui n'auraient pas été réclamées. Comme nous pouvons le constater, ce délai a pour but d'éviter des comptes épineux que ne manquerait pas de soulever une absence de répartition des fruits et revenus pendant une longue période.

1.1.3.4 Situation de l'indivisaire qui a amélioré ou détérioré le bien indivis

22. L'article 1020 du Code civil du Québec stipule, en son premier alinéa, que lorsqu'un indivisaire a fait à ses frais des impenses nécessaires pour assurer la conservation du bien indivis, il doit en être tenu compte, c'est-à-dire qu'il a droit au remboursement du montant de la dépense faite. Puisqu'il s'agit d'impenses nécessaires, nous croyons, même si le législateur est silencieux sous ce rapport, que c'est au moment que dure l'indivision et non au moment du partage, que cet indivisaire peut exiger ce remboursement. Pour les autres impenses, soit les impenses utiles ou celles faites pour son agrément dans la mesure où elles furent autorisées, le même article prévoit que l'indivisaire a droit à une indemnité égale à la valeur que ces impenses autorisées ont procuré au bien indivis, c'est-à-dire au profit subsistant. Mais pour le présent cas, l'article précise que ce calcul sera apprécié à la date du partage. Nous croyons pouvoir ajouter «ou à la date de l'aliénation du bien», car les actes de vente, d'échanges, de transactions ou autres entre coindivisaires font cesser l'indivision et constituent partage[15].

23. «Inversement, l'indivisaire répond des pertes et détériorations qui diminuent par son fait la valeur du bien indivis[16].» En pareilles circonstances, l'indivisaire devra payer une indemnité égale à la diminution de la valeur qu'aurait eue le bien au temps du partage ou de l'aliénation, s'il n'avait pas été perdu ou détérioré.

24. En résumé, l'article 1020 du Code précise le sort des impenses faites par un indivisaire au bien indivis et sa responsabilité pour les pertes et détériorations dues à son fait. Le but visé par le législateur est d'éviter toute discussion sur le sort de ces impenses faites par l'indivisaire ainsi que sur sa responsabilité. Ces situations pourront être courantes, notamment lorsque le bien indivis est un immeuble d'habitation.

1.1.3.5 Droit d'accession

25. L'article 1017 du Code civil du Québec précise qui bénéficie du droit d'accession en matière d'indivision. Dans la mesure où aucun indivisaire n'use et ne jouit exclusivement d'une partie du bien indivis, le droit d'accession profitera à tous

les indivisaires en proportion de leur part dans l'indivision. Si, au contraire, un indivisaire bénéficie d'un droit d'usage ou de jouissance exclusive sur une partie d'un bien indivis, ce qui pourrait être le cas, par exemple, d'un immeuble dont les logements sont attribués à chacun des indivisaires pendant que dure l'indivision, le titulaire de ce droit a aussi l'usage ou la jouissance exclusive de ce qui s'unit où s'incorpore à cette partie, c'est-à-dire à son logement. Puisque la règle générale veut que le droit d'accession dont peut bénéficier un propriétaire en vertu des articles 947 et 954 et suivants du Code profite à tous les indivisaires en proportion de leur part dans l'indivision. Ainsi, l'indivisaire n'a pas un droit d'accession distinct, il a plutôt la jouissance de ce qui s'unit et s'incorpore au bien, s'il a sur ce bien un droit d'usage ou de jouissance exclusive. Si cela résulte de ses impenses, la règle de l'article 1020 que nous venons de voir lui permet d'être indemnisé.

1.1.3.6 Droit de retrait

26. Le législateur a prévu, en édictant l'article 1027 du Code civil du Québec, des dispositions particulières en matière de cession par un indivisaire de sa part dans l'indivision. La teneur de cet article nous oblige à apporter les précisions suivantes. En premier lieu, la loi n'empêche pas un indivisaire à céder la part qu'il a dans l'indivision, soit à un autre indivisaire[17], soit à un étranger à l'indivision. En second lieu, nous croyons que le droit à un indivisaire de céder *sa part* peut porter soit dans la totalité des biens indivis, soit seulement dans un ou plusieurs des biens indivis; de plus, il peut céder *tout* ou *partie seulement* de sa part.

27. C'est donc dans le but de conserver les portions indivises à l'intérieur d'un groupe donné d'indivisaires et d'éviter les litiges inutiles et éventuellement les actions en partage que le législateur accorde à tout indivisaire, aux termes de cet article 1061 du Code, un droit de retrait, tout comme en droit successoral où il est permis, en cas de cession par un cohéritier de ses droits successifs à une personne qui n'est pas héritière, d'écarter cette dernière du partage[18].

28. Le premier alinéa de l'article 1022 du Code prévoit, en effet, que «tout indivisaire peut, dans les soixante jours où il

apprend qu'une personne étrangère à l'indivision a acquis, à *titre onéreux*, la part d'un indivisaire, l'écarter de l'indivision en lui remboursant le prix de la cession et les frais qu'elle a acquittés». Le législateur a donc opté pour un droit de rachat en faveur des indivisaires contrairement aux propositions de l'Office de révision du Code civil qui recommandait dans son rapport d'accorder aux indivisaires un droit de préemption. L'effet du retrait est de subroger le retrayant au lieu et place du cessionnaire.

29. Pour donner ouverture au droit de retrait, les cessions doivent posséder certaines caractéristiques. La première a trait à la nature de la cession: il faut que la cession ait été consentie à titre onéreux, ce qui exclut la cession gratuite, c'est-à-dire la donation. La donation onéreuse doit être considérée comme une cession à titre onéreux. La deuxième caractéristique a trait à l'objet de la cession: l'indivisaire doit avoir disposé de sa part ou seulement d'une partie de celle-ci dans les biens indivis. Nous croyons, comme nous l'avons déjà mentionné[19], que la part ainsi cédée peut affecter la totalité des biens indivis ou seulement un ou plusieurs de ces biens.

30. Les bénéficiaires du droit de retrait sont ceux qui se trouvent dans l'indivision avec le cédant, qu'il s'agisse d'une indivision en pleine propriété, en nue-propriété ou en usufruit[20]. L'indivisaire bénéficiaire doit agir dans les soixante jours où il apprend qu'une personne étrangère à l'indivision a acquis, à titre onéreux, la part d'un indivisaire; il exercera ce droit de retrait en remboursant au cessionnaire le prix de la cession et les frais qu'il a acquittés nous dit l'article 1022. Toutefois, s'il s'écoule plus de soixante jours à partir de cette connaissance sans procédure de la part de l'indivisaire bénéficiaire, le droit de retrait est périmé.

31. Le deuxième alinéa de l'article 1022 du Code a pour but de limiter dans le temps la durée pendant laquelle un indivisaire peut exercer son droit de retrait. Le législateur a fixé cette durée à un an à compter de la date d'acquisition de la part. Il s'agit d'une période suffisamment longue, d'une part, pour permettre aux indivisaires de découvrir, le cas échéant, la cession onéreuse par un indivisaire de sa part à un étranger et, d'autre part, assez brève pour ne pas compromettre la sécurité des titres

détenus par les indivisaires et protéger ainsi les acheteurs éventuels des parts indivises. Ceci signifie, en matière immobilière, que le cessionnaire étranger a un titre précaire que l'examinateur de titre ne peut certifier comme irrévocable tant qu'il ne se sera pas écoulé une année depuis l'acquisition de cette part. À notre avis, ce délai pourra toutefois être écourté et même ramené à soixante jours si le notaire ou un tiers notifie à tous les autres indivisaires la cession onéreuse faite à un étranger.

32. En faisant la combinaison de ces délais de soixante jours et d'un an, nous en arrivons à la situation suivante: aussitôt que l'indivisaire apprend qu'une personne étrangère à l'indivision a acquis à être onéreux la part d'un autre indivisaire, il doit exercer son droit de retrait dans les soixante jours de cette connaissance; mais s'il arrive qu'il n'apprenne pas cette cession pour différents motifs, le droit de retrait ne peut plus être exercé après une année de la date de cession, c'est fini. C'est pour garantir la sécurité des titres, finalement.

33. Lorsque plusieurs indivisaires exercent leur droit de retrait sur la part d'un indivisaire, l'article 1024 du Code civil du Québec dispose qu'«ils la partagent proportionnellement à leur droit dans l'indivision». Si donc les indivisaires — retrayants sont en parts égales dans l'indivision, ils acquerront à égalité la part de l'indivisaire — cédant. Par exemple, s'il y a indivision entre A, B, C et D et que D cède sa part à un tiers, A, B et C pourront retraire cette part. Sauf convention contraire, chaque retrayant acquerra le tiers de la part de D, soit 1/12 du bien indivis. Finalement A, B et C auront chacun 1/3 dans l'indivision.

1.1.3.7 Droit de subrogation

34. Le législateur a prévu une exception au droit de retrait ci-dessus. En effet, dans le cas où c'est un créancier qui veut faire vendre la part d'un indivisaire ou la prendre en paiement d'une obligation, telle une hypothèque[21], il aurait été plutôt contradictoire de permettre à ce créancier de faire vendre la part et de permettre ensuite aux autres indivisaires d'opposer postérieurement à l'acheteur leur droit de retrait. Il a donc jugé préférable, dans les circonstances, d'accorder antérieurement à la vente ou à la prise en paiement un droit de subrogation.

35. Cette volonté du législateur est traduite par l'article 1023 du Code civil du Québec en ces termes: «L'indivisaire *qui a fait inscrire son adresse au bureau de la publicité des droits* peut, dans les soixante jours de la notification qui lui est faite de l'intention d'un créancier de faire vendre la part d'un indivisaire ou de la prendre en paiement d'une obligation, être subrogé dans les droits du créancier en lui payant la dette de l'indivisaire et les frais. Il ne peut opposer, s'il n'a pas fait inscrire un avis d'adresse, son droit de retrait à un créancier ou aux ayants droit de celui-ci.»

36. Seules conditions d'application: que l'indivisaire ait fait inscrire un avis d'adresse, que le créancier ait notifié à cet indivisaire sa volonté de réaliser sa garantie et, finalement, que l'indivisaire paie la dette et les frais à ce créancier qui, dès lors, est tenu de consentir une quittance subrogatoire de tous ses droits, titres et intérêts résultant de sa créance. En l'absence de l'accomplissement de l'une quelconque de ces trois conditions, le droit de subrogation n'existe pas. Et si un indivisaire n'a pas fait inscrire un avis d'adresse, il ne pourra même pas exercer le droit de retrait prévu à l'article 1022.

37. Lorsque plusieurs indivisaires exercent leur droit de subrogation, ceux-ci se partagent la créance proportionnellement à leur droit dans l'indivision tout comme en matière de retrait (art. 1024 C.C.Q.). Il suffit donc de transposer au présent cas les règles indiquées en matière de retrait, en faisant les adaptations nécessaires[22].

1.1.4 De l'administration du bien indivis

38. En vue d'assurer l'administration du bien indivis, le législateur a édicté les articles 1025 à 1029 du Code civil du Québec. Au départ, il précise que ce sont les indivisaires qui administrent ensemble le bien (art. 1025 C.C.Q.), c'est-à-dire qu'ils participent tous aux prises de décision[23]. Et, dans le but de définir les pouvoir d'administration des indivisaires, il fait une distinction suivant la nature des actes à poser: il y a les actes d'administration (sous-section 1.1.4.1) et ceux d'aliénation (sous-section 1.1.4.2). Puis il prévoit la possibilité de nommer un gérant (sous-section 1.1.4.3).

1.1.4.1 Actes d'administration

39. Les décisions relatives aux actes d'administration du bien indivis sont prises à la majorité des indivisaires *en nombre* et *en parts* (art. 1026 al.1 C.C.Q.). Il s'agit ici d'une double majorité. En droit actuel, c'est plutôt la règle de l'unanimité qui trouve application. Le législateur a donc jugé plus réaliste d'écarter cette règle pour s'en tenir dorénavant à celle de la double majorité. Le but est clair: l'on veut éviter qu'un seul indivisaire ou petit groupe contrôle l'indivision et impose indéfiniment sa volonté aux autres indivisaires.

40. La règle de la double majorité a pour effet d'exclure toute décision prise seulement par une majorité d'indivisaires en nombre ou seulement par une majorité en valeur. Prenons un exemple. Supposons le cas où il y a cinq indivisaires. Vient le moment de prendre une décision relative à l'administration, par exemple consentir un bail. L'indivisaire A, qui a les 4/10 des parts, vote oui. L'indivisaire B, qui a les 2/10 vote également oui. Les indivisaires C et D qui ont chacun 1/10 soit en tout 2/10 votent non, ainsi que l'indivisaire E qui a 2/10. Ils sont donc deux indivisaires contre trois, mais les deux qui ont voté oui ont les 6/10 des parts alors que les trois autres qui ont voté non ont les 4/10. Les premiers ont la majorité en valeur, mais il leur manque celle en nombre; les seconds ont la majorité en nombre, mais pas celle en valeur. Aucun groupe n'a la double majorité. Dans les circonstances, le bail ne peut pas être signé. Mais si, par hypothèse, l'un ou l'autre des indivisaires C, D, ou E avait voté oui, il y aurait eu double majorité en faveur des oui.

1.1.4.2 Actes d'aliénation et autres

41. «Les décisions visant à aliéner le bien indivis, à le partager, à le grever d'un droit réel, à en changer la destination ou à y apporter des modifications importantes ou substantielles sont prises à l'unanimité» selon le deuxième alinéa de l'article 1026 du Code civil du Québec. C'est la règle qui prévaut présentement et que le législateur a retenu, mais seulement pour les actes les plus importants. C'est pourquoi, il prévoit que non seulement les décisions portant aliénation sont prises à l'unanimité, mais aussi celles qui visent à modifier le bien de façon substantielle ou importante ou à modifier la destination. Il y a

lieu de préciser que ces décisions visent le bien en son entier et non pas la part d'un seul indivisaire. Pour ce motif, le consentement de tous les indivisaires est exigé.

1.1.4.3 Gérant

42. La loi prévoit qu'un gérant peut être nommé par les indivisaires, qu'il n'est pas nécessaire que le gérant soit un indivisaire et, enfin, que son pouvoir se limite à l'administration du bien indivis (art. 1027, al. 1 C.C.Q.). Puisque la nomination d'un gérant est un acte d'administration, elle se fera à la majorité des indivisaires en nombre et en valeur[24]; elle peut être verbale ou écrite, mais il est préférable de se réserver la meilleure preuve, soit un écrit. Il n'est pas obligatoire que cette nomination, même écrite, soit faite dans une convention d'indivision[25].

43. Si d'aventure, les indivisaires ne s'accordent pas sur le choix de la personne à nommer, c'est-à-dire s'ils n'obtiennent pas la double majorité, le tribunal peut, sur requête de l'un d'eux, désigner le gérant et fixer les conditions de sa charge, et en cas d'impossibilité pour les indivisaires de pourvoir à la nomination d'un gérant ou à son remplacement, un indivisaire peut s'adresser pareillement au tribunal (art. 1027, al.2, C.C.Q.). Cette dernière solution pourra être utilisée lorsque, par suite d'éloignement, d'absence ou d'incapacité, un indivisaire est hors d'état de manifester sa volonté relativement à la nomination ou au remplacement du gérant ou s'il refuse, pour cause de désintéressement, de participer à de telles décisions.

44. Si, dans la pratique, il arrive qu'un indivisaire administre *de fait* le bien indivis, à la connaissance des autres indivisaires et sans opposition de leur part, mais sans avoir été nommé gérant, la loi crée alors une présomption à l'effet que cet indivisaire fut nommé gérant (art. 1028 C.C.Q.). Une telle présomption cédera naturellement devant une preuve contraire.

45. C'est par renvoi au titre de l'administration du bien d'autrui[26] que les droits et obligations du gérant sont précisés (art. 1029 C.C.Q.). Comme ce dernier a charge de conserver le bien et de le maintenir en bon état, il est par conséquent considéré comme chargé de la simple administration. Ses pouvoirs sont donc limités. C'est ainsi qu'il est tenu, par exemple, de conser-

ver le bien, mais non de le faire fructifier, d'en continuer l'utilisation mais sans en changer la destination. Il perçoit les fruits et revenus du bien et exerce les droits attachés au bien. Cet article 1029 n'étant pas d'ordre public, la convention contraire est permise (art. 9 C.C.Q.). Les indivisaires peuvent, en effet, avoir intérêt, en certaines circonstances, d'accorder un mandat plus vaste au gérant[27].

46. En résumé, l'administration du bien indivis est dévolue par la loi aux indivisaires qui peuvent, cependant, la confier expressément ou tacitement à un gérant; ce dernier agira alors seul à l'égard du bien indivis comme un administrateur du bien d'autrui chargé de la simple administration. Sauf convention contraire, il a droit à une rémunération fixée par l'acte de nomination, ou, à défaut, selon la valeur des services rendus ou l'usage (art. 1300 C.C.Q.).

1.1.5 De la fin de l'indivision et du partage

47. Partant du principe que nul n'est tenu de demeurer dans l'indivision et que l'indivisaire n'a qu'un titre précaire, le législateur, en vue de faire cesser cet état, propose d'abord comme solution normale le partage des biens (sous-section 1.1.5.1), puis suggère des solutions particulières à certains cas particuliers (sous-section 1.1.5.2) et édicte, finalement, les règles relatives à la situation des créanciers (sous-section 1.1.5.3).

1.1.5.1 Partage

48. Sauf les exceptions dont nous avons déjà fait l'étude [28], l'indivisaire n'est pas tenu de demeurer dans l'indivision; il peut toujours provoquer le partage selon l'article 1030 du Code civil. Lorsque tous les indivisaires sont d'accord, le partage se fait à l'amiable, et en cas de désaccord entre les indivisaires, il se fera en justice suivant les conditions fixées au chapitre deuxième et dans les formes requises par le Code de procédure civile (art. 838 C.C.Q.)[29].

49. Le partage des biens a pour effet de faire cesser l'indivision et si l'on procède au partage, les dispositions relatives au partage des successions s'appliquent, compte tenu des adaptations nécessaires (art. 1037 C.C.Q.)[30]. Tout acte qui a pour objet de faire cesser l'indivision *entre les copartageants* constitue

partage, même s'il est qualifié de vente, d'échange, de transaction ou autrement (art. 885, C.C.Q.). Le partage étant déclaratif de propriété, il a un effet rétroactif à la date de l'origine de l'indivision, chaque indivisaire étant censé avoir eu la propriété des biens compris dans son lot à compter de ce jour et n'avoir jamais été propriétaire des autres biens non compris dans son lot (art. 884 C.C.Q.). Néanmoins, l'acte de partage qui met fin à une indivision autre que successorale est attributif du droit de propriété (art. 1037, al 2), partant il ne produit aucun effet rétroactif.

50. Sous le régime légal de l'indivision, les actes accomplis par un indivisaire seul, de même que les droits réels qu'il a consentis sur les biens qui ne lui sont pas attribués sont inopposables aux autres indivisaires qui n'y ont pas consenti (art. 886 C.C.Q.). Toutefois, s'il existe une convention d'indivision, le législateur, dans le but d'atténuer l'effet rétroactif du partage en matière de sûretés, a édicté l'article 1021 qui stipule que le partage qui a lieu avant le moment fixé par la convention d'indivision n'est pas opposable au créancier qui détient une hypothèque sur une part indivise du bien, à moins qu'il n'ait consenti au partage de celui-ci ou que son débiteur ne conserve un droit de propriété sur quelque partie du bien. Le but de cette disposition particulière est de faciliter le financement d'un immeuble indivis. Dorénavant, la validité de la sûreté ne sera plus sujette au résultat du partage[31].

1.1.5.2 Cas spéciaux — solutions particulières

51. Le premier cas spécial de dissolution est prévu à l'article 1031 du Code civil du Québec. Ce dernier dispose que même en présence d'une convention d'indivision, les trois quarts des indivisaires, représentant 90 p. 100 des *parts*, peuvent néanmoins mettre fin à l'indivision qui s'exerce sur un immeuble *principalement à usage d'habitation* dans le cas où ils veulent enregistrer une déclaration de copropriété divise sur cet immeuble. Le législateur n'a pas étendu cette règle ou exception aux immeubles commerciaux. Les indivisaires pourront satisfaire les opposants qui refusent toujours de signer la déclaration de copropriété en leur payant en argent leur part; alors la part de chaque indivisaire restant est augmentée en proportion de son paiement. Notons que cette disposition est d'ordre public.

52. Le deuxième cas spécial nous vient de l'article 1033 du Code civil du Québec. Il prévoit le cas de l'indivisaire qui s'oppose au maintien de l'indivision en refusant de signer le renouvellement de la convention d'indivision. Dans de telles circonstances, il est permis aux autres indivisaires d'empêcher le partage par la volonté de ce seul indivisaire qui est manifestement impatient de sortir de l'indivision, en lui attribuant sa part. L'opposant a le choix d'être satisfait de sa part en nature si elle est facilement détachable du reste du bien indivis et sans trop nuire, ou encore en recevant le paiement en argent; dans ce dernier cas, la part de chaque indivisaire restant dans le bien indivis est augmentée en proportion de son paiement. Et s'il y a désaccord entre ces indivisaires sur la part à attribuer en nature ou en numéraire, il y aura recours, selon l'article 1034 du Code, à un expert nommé par tous les indivisaires ou à défaut d'entente, par le tribunal[32]. Cet expert pourra déterminer la part à attribuer en nature la plus facilement détachable ou la moins nuisible au maintien de l'indivision, ou encore la valeur de la part. Cette disposition permet aux indivisaires d'empêcher le partage par la volonté d'un seul.

53. Le troisième et dernier cas spécial résulte de l'article 1036 du Code civil du Québec qui précise que la majorité en nombre et en parts (double majorité) peut mettre fin à l'indivision en cas de perte ou d'expropriation d'une partie importante du bien indivis. Cette disposition crée donc une dérogation à la règle de l'article 1026, alinéa 2 du Code qui prescrit que les décisions relatives à l'aliénation ou au partage du bien indivis doivent être prises à l'unanimité.

1.1.5.3 Situation des créanciers

54. L'article 1035 du Code civil du Québec fait la distinction entre les droits des créanciers personnels ou hypothécaires, d'un indivisaire et ceux de l'indivision. Dans le premier cas, les créanciers peuvent toujours, en vertu de leurs recours généraux, faire saisir et vendre *la part* de leur débiteur, mais ils ne peuvent pas demander le partage du bien indivis si ce n'est par action oblique, dans le cas ou l'indivisaire pourrait lui-même la demander[33]. Dans le deuxième cas, les créanciers dont la créance résulte de l'administration du bien indivis sont payés prioritairement par prélèvement sur l'actif avant le partage et ils

peuvent, en outre, exercer leurs recours généraux en pour-suivant la saisie et la vente du bien indivis.

1.2 Régime conventionnel de l'indivision

55. Après avoir repris le principe que nul n'est tenu de demeu-rer dans l'indivision, le législateur permet aux indivisaires qui le désirent de retarder, par convention, le partage du bien indivis. Dorénavant, les indivisaires peuvent, s'ils le désirent, organiser sur mesures et par écrit une indivision bien structurée, voire même dynamique, sans pour autant constituer entre eux une société (art. 1012 C.C.Q.). Le cas classique pourrait être le suivant: trois personnes, copropriétaires d'un immeuble à trois logements, conviennent par écrit de demeurer dans l'indivision pour une durée déterminée, d'attribuer à chacun le droit d'occuper un logement qu'il choisit, et enfin, de fixer les droits et obligations de chacun, sans oublier les dispositions relatives à l'administration de l'immeuble.

Loi d'application, article 51: L'indivision établie par conven-tion avant l'entrée en vigueur du nouveau Code civil du Québec est régie par ce dernier quant aux droits et obligations des indivisaires, à l'administration du bien indivis ou à la fin de l'indivision et au partage. Cette disposition vise à écarter le principe de la survie de la loi supplétive ancienne en matière contractuelle telle qu'établie par l'article 4, et ceci afin de permettre en matière d'indivision conventionnelle plutôt l'application des dispositions de la loi nouvelle en raison du fait que le droit antérieur est pratiquement muet sous ces aspects.

56. Sauf exceptions[34], les dispositions du Code civil relatives à l'indivision ne sont pas d'ordre public; les indivisaires ont alors toute liberté en ce domaine. Nous nous proposons d'étudier le régime conventionnel en suivant le plan utilisé lors de l'étude du régime légal. À cet effet, nous verrons les conditions de validité de la convention d'indivision (section 1.2.1), la durée de la convention (section 1.2.2), les droits et obligations des indivisaires (section 1.2.3), la gestion des biens indivis (section 1.2.4), la fin de la convention d'indivision (section 1.2.5), et finalement, la copropriété indivise à temps partagé (section 1.2.6).

1.2.1 Des conditions de validité de la convention d'indivision

57. Pour être valide, la convention doit obéir à deux conditions de fond: la première concerne les personnes dont le consentement est requis (sous-section 1.2.1), la deuxième se rapporte à la capacité de contracter des personnes (sous-section 1.2.2). À ces conditions de fond s'ajoutent deux conditions de forme: la forme de l'écrit (sous-section 1.2.3) et les formalités de publicité (sous-section 1.2.4).

1.2.1.1 Consentement unanime des indivisaires

58. Vu le principe que nul n'est tenu de demeurer dans l'indivision, il est évident qu'il faut obtenir le consentement de *tous* les indivisaires pour accepter par convention de demeurer dans l'indivision. Le refus d'un seul des indivisaires empêche, en effet, de passer valablement une telle convention[35]. Il n'existe aucun moyen pour contourner cet obstacle.

1.2.1.2 Capacité de contracter

59. La convention d'indivision entraîne des conséquences nombreuses dont voici les deux plus importantes: 1. un report par chaque indivisaire, pendant un certain délai, à l'exercice de l'action en partage et 2. généralement un transfert en faveur d'un gérant des pouvoirs relatifs à l'administration du bien indivis. C'est pourquoi, nous sommes d'opinion qu'une telle convention requiert la capacité de contracter, c'est-à-dire le pouvoir de signer des conventions.

60. Dès lors, chaque fois qu'il y a parmi les indivisaires un mineur ou un majeur protégé[36], son représentant légal doit, pour la validité de la convention, obtenir les autorisations prévues par le Code civil[37]. Mais par une disposition spéciale prévue à l'article 215 du Code, la loi offre une dispense au représentant légal de demander ces autorisations et donc lui permet d'agir seul pour conclure la convention d'indivision puisque dans ce cas, «le mineur devenu majeur peut y mettre fin dans l'année qui suit sa majorité, quelle que soit la durée de la convention» (art. 215, al.1 C.C.Q).

61. À noter qu'en présence d'un majeur protégé ou d'un mineur, la loi applique les mêmes règles, car il est expressément

stipulé à l'article 287 du Code que les dispositions prévues à cet
égard pour les mineurs sont également applicables aux majeurs
en faisant les adaptations nécessaires. Quant au mineur marié,
il jouit de la pleine capacité (art. 174 C.C.Q.) telle qu'actuellement prévue à l'article 314 du Code civil du Bas-Canada, puisqu'il est émancipé de plein droit par le mariage (art. 175
C.C.Q.).

62. Lorsque la personne majeure est pourvue d'un conseiller,
elle agit avec l'assistance de ce dernier, en l'absence d'indication contraire au jugement d'ouverture du régime ou dans un
jugement subséquent (art. 293 C.C.Q.).

63. Quant aux personnes mariées, majeures et non protégées,
nous croyons, même si le législateur est demeuré silencieux
sous ce rapport, qu'elles agissent seules si elles sont mariées
sous le régime de la société d'acquêts (art. 461 C.C.Q.) ou de
la séparation de biens (art. 486 C.C.Q.); il en est de même sous
le régime de la communauté de meubles et acquêts alors que la
convention d'indivision porte sur un immeuble ou un fonds de
commerce qualifiés de «bien commun» ou «bien réservé» puisque la convention constitue un aménagement d'ordre purement
administratif (arts abrogés 1292 et 1425 a C.C.B.C.).

1.2.1.3 Forme de l'écrit

64. Toute convention qui a pour but de reporter le partage d'un
bien *doit être* établie par un écrit (art. 1013, al. 1 C.C.Q.). Il
nous semble que cette disposition soit d'ordre public. La loi ne
se prononçant pas sur la forme de cet écrit, ce dernier peut être
en forme authentique ou sous seing privé.

65. Même si le législateur ne l'exige pas, nous croyons que la
convention doit comporter la désignation des biens indivis.
D'ailleurs cette désignation s'impose en matière d'immeuble et
de droits réels puisque en pareils cas la convention doit être
publiée pour être opposables aux tiers (art. 1014 C.C.Q.), elle
se fera alors en suivant les prescriptions des articles 3033 à
3037 du Code.

66. La désignation du bien s'imposera aussi si elle concerne un
fonds de commerce ou une entreprise à caractère familial alors
que leur exploitation est confiée à un gérant (indivisaire ou

non), afin de bien fixer l'étendue des biens; il en sera de même, et pour les mêmes motifs, si la convention affecte des valeurs mobilières. Bien entendu, rien n'empêche les indivisaires, s'ils sont tous d'accord à ce sujet, de faire une convention qui porte sur certains biens seulement, et de procéder au partage des autres biens ou même de les maintenir dans l'indivision en vertu du régime légal d'indivision.

67. Aussi, lorsque la convention d'indivision est publiée, il est nécessaire d'y indiquer notamment mais non exclusivement la durée prévue de l'indivision, l'identification des parts des indivisaires et, le cas échéant, les droits de préemption accordés ou l'attribution d'un droit d'usage ou de jouissance exclusive[38] d'une partie du bien indivis, puisque ce sont là les principaux éléments que les tiers ont intérêt à connaître (art. 1014 C.C.Q.).

1.2.1.4 Formalités de publicité

68. Le législateur impose la publication de la convention d'indivision seulement lorsqu'elle *porte sur* un immeuble (art. 1014 C.C.Q.). Cette publication se fait au moyen d'une réquisition d'inscription sur le registre foncier[39], en suivant les formalités prévues au deuxième alinéa de l'article 2982 du Code[40]. Alors la convention d'indivision est opposable aux tiers avec tous les éléments qu'elle comporte. Nous devons préciser que les droits des détenteurs de droits réels immobiliers existants avant cet enregistrement ne sont pas affectés par la convention, sauf s'ils y ont donné leur consentement.

1.2.2 De la durée de la convention

69. L'article 1013, alinéa 2 du Code civil du Québec précise que la période maximale pendant laquelle le partage peut être reporté est d'au plus trente ans; il est donc possible pour les indivisaires de stipuler une durée plus courte. En l'absence d'indication contraire, cette règle s'applique aux biens tant meubles qu'immeubles. La loi prévoit aussi que la convention peut être renouvelée; il faut alors l'accord de tous les indivisaires. Toutefois, la loi n'a pas précisé la durée du renouvellement. On peut penser que le renouvellement sera d'une durée égale à la première ou différente, mais n'excédant pas trente ans. À l'expiration de la convention de renouvellement, les indivisaires

peuvent, de la même manière, convenir d'une autre durée, et ainsi de suite. Si la convention prévoit une durée qui excède trente ans, elle est réduite à cette durée[41]. Notons, toutefois, que l'article 1031, alinéa 1 du Code permet, à certaines conditions, le partage avant l'expiration du délai convenu, s'il s'agit d'un immeuble résidentiel[42].

70. Le législateur n'ayant pas prévu un mode particulier de renouvellement, il peut être stipulé, à notre avis, dans la convention que celle-ci se renouvellera par tacite reconduction, en l'absence d'opposition de l'un des indivisaires, pour une durée déterminée qui ne devra pas excéder trente ans. Il en résulte que la convention ne se renouvellera par tacite reconduction que si tous les indivisaires ont pris une décision à cet effet, sinon la convention prendra fin et l'indivision sera régie suivant le régime légal[43]. En l'occurrence, les indivisaires peuvent convenir de la clause suivante:

> La présente convention se renouvellera par tacite reconduction, faute par l'un des indivisaires d'avoir manifesté sa volonté en sens contraire par lettre recommandée aux autres indivisaires au moins soixante jours avant l'expiration de la présente convention.

71. D'autre part, rien n'exclut, croyons-nous, une convention d'indivision conclue pour une durée indéterminée. Si tel est le cas, il faut penser 1. que les indivisaires conservent le droit de provoquer le partage à tout moment, en l'absence de renonciation et 2. que la convention prendra fin à la date du trentième anniversaire, si le partage ne fut pas demandé antérieurement.

1.2.3 Des droits et obligations des indivisaires

72. Les droits et obligations des indivisaires sont liés à la propriété et à la jouissance du bien indivis. Les indivisaires disposent d'une grande liberté pour réglementer, dans la convention, leurs droits et obligations réciproques. Ils ont intérêt à le faire car en l'absence de telles règles, ce sera le régime légal d'indivision qui s'appliquera. Tout d'abord, la convention indiquera la part de chaque indivisaire dans le bien indivis, sinon ces parts seront présumées égales[44].

73. Lorsque certains biens sont réservés à l'usage et à la jouissance exclusive de tel indivisaire désigné, les indivisaires

l'indiqueront dans la convention en plus de fixer, le cas échéant, le montant de l'indemnité que cet indivisaire doit payer, par exemple le coût du loyer, et des autres charges s'il s'agit d'une maison d'habitation, ainsi que les modalités de paiement[45]. Puis on prévoira des pénalités advenant un défaut de la part de cet indivisaire dans l'exécution de ses obligations. Selon toute vraisemblance, la convention contiendra une dispense de faire inventaire et de fournir une sûreté (arts 1142, 1144 et 1176 C.C.Q.).

74. Quant aux fruits et revenus produits par le bien indivis au cours de l'indivision, les indivisaires peuvent, par la convention, régler leur sort autrement que celui prévu sous le régime légal[46]. Ils peuvent stipuler, par exemple, qu'ils seront utilisés, après le paiement de toutes les dépenses de l'indivision, sous forme d'améliorations ou pour l'acquisition d'autres biens ou encore accumulés ou distribués périodiquement comme sous le régime légal entre les indivisaires selon leurs droits respectifs. Les indivisaires peuvent également prévoir la répartition de capitaux au cours de l'indivision, par exemple à la suite de la vente d'un bien indivis.

75. Relativement à la situation de l'indivisaire qui a amélioré ou détérioré le bien indivis, les indivisaires sont libres d'adopter les dispositions du régime légal[47] ou d'en prévoir d'autres. Ils peuvent même prévoir le cas ou l'indivisaire a amélioré un bien qui lui appartient personnellement au moyen de biens indivis. La même liberté existe en matière de droit d'accession[48].

76. Le régime légal d'indivision, par son article 1022 du Code, accorde aux indivisaires du cédant un droit de retrait en cas de cession à titre onéreux de sa part au profit d'une personne étrangère à l'indivision[49]. Au moyen de la convention d'indivision, les indivisaires peuvent confirmer cette solution ou encore l'écarter puisque cet article 1022 n'est pas d'ordre public. Dans ce dernier cas, ils peuvent lui préférer un droit de préemption en vertu duquel l'indivisaire qui entend céder sa part à titre onéreux à une personne étrangère ou même à l'un des indivisaires serait tenue de dénoncer, par écrit, aux autres indivisaires et au gérant le prix et les modalités de le cession projetée ainsi que les nom et adresse de l'acquéreur éventuel; et alors tout indivisaire pourrait dans un délai imparti, faire connaître au

cédant, par écrit, qu'il exerce un droit de préemption aux prix et modalités qui lui ont été notifiés, en proportion de ses droits dans l'indivision ou en toute autre proportion prévue par la convention.

77. Qui plus est, nous croyons qu'il peut être stipulé, dans le but d'exclure de l'indivision les héritiers et légataires d'un indivisaire qui décède, une convention d'achat-vente, comme en matière de sociétés civiles, donnant ainsi aux indivisaires survivants la possibilité d'acquérir la part de l'indivisaire décédé.

78. Le législateur est silencieux sur la cession gratuite faite par un indivisaire à une personne étrangère de sa part dans le bien indivis. Rien n'empêche les indivisaires de sanctionner un telle donation par une clause résolutoire ou de convenir qu'elle aura pour effet de transformer la convention à durée déterminée en une convention à durée indéterminée, à la demande expresse et écrite d'un indivisaire dans un délai imparti depuis la date de la cession, avec tous les effets que cela comporte[50], notamment le droit à tout indivisaire de demander le partage.

79. Précisons que la convention d'indivision peut contenir une clause à l'effet que le droit de retrait (art. 1022 C.C.Q.) ou de préemption[51] ou de subrogation (art. 1023 C.C.Q.) existant en faveur des indivisaires peut être exercé, non pas dans la proportion de leurs droits dans l'indivision comme le prévoit l'article 1024 du Code, mais plutôt en parts égales. Aussi, les indivisaires peuvent écarter, au moyen de la convention, la responsabilité conjointe prévue à l'article 1019 du Code, relativement au paiement par les indivisaires des frais d'administration et des autres charges qui se rapportent au bien indivis et stipuler plutôt une responsabilité solidaire, si les circonstances le permettent[52].

1.2.4 De l'administration du bien indivis

80. Les indivisaires sont comme les membres d'une société; il leur appartient de nommer le gérant[53]. Ils peuvent même en nommer deux ou plus si cela s'avère nécessaire. Il faudra alors préciser dans la convention comment ils vont agir, conjointement ou non. Ou encore, les indivisaires peuvent répartir entre les gérants les actes d'administration. Par exemple, ils peuvent charger un gérant de l'administration des immeubles et de leurs

fruits et donner à l'autre la gestion des biens meubles et des valeurs mobilières.

81. La loi n'impose pas aux indivisaires l'obligation de nommer un gérant dans la convention d'indivision; cette nomination peut se faire par document séparé à la suite d'une décision ultérieure prise à la double majorité. Toutefois, si la convention a prévu une autre majorité, v. g. une décision majoritaire des indivisaires ainsi qu'une procédure à suivre, il faudra s'en tenir à ces règles. De plus, la convention prévoira les conditions et modalités de révocation du gérant et de son remplacement.

82. Comme sous le régime légal d'indivision, le gérant a droit à une rémunération pour son travail, sauf convention contraire[54]. Les indivisaires fixeront dans la convention cette rémunération, ou encore ils détermineront seulement le mode de calcul à faire pour fixer cette rémunération et ses augmentations.

83. Alors que sous le régime légal les décisions relatives à l'administration du bien indivis sont prises à la double majorité[55], la convention d'indivision peut prévoir une autre majorité, v.g. la majorité en nombre des indivisaires seulement, comme elle peut également prévoir une majorité des trois quarts pour certaines catégories d'actes. Mais en aucun cas la décision unanime ne peut être écartée si elle porte sur l'un des actes prévus à l'article 1026 du Code, soit les décisions visant à aliéner le bien indivis, à le partager, à le grever d'un droit réel, à en changer la destination ou à y apporter des modifications importantes ou substantielles.

84. Le gérant dispose des pouvoirs que confère la loi à tout administrateur de bien d'autrui chargé de la simple administration[56]; il est, par conséquent, responsable des fautes qu'il commet dans sa gestion. Mais la loi n'empêche pas les indivisaires, dans le cadre d'une convention d'indivision, de conférer au gérant des pouvoirs excédant ceux prévus aux articles 1301 à 1305 du Code civil du Québec. Bref, ses pouvoirs seront ceux d'un mandataire suivant les règles du mandat.

1.2.5 De la fin de la convention d'indivision

85. La fin de la convention met fin au régime conventionnel de l'indivision. La convention d'indivision prend fin, à titre prin-

cipal, par l'arrivée du terme[57], par sa nullité prononcée judiciairement, par l'effet d'une condition résolutoire validement stipulée dans l'acte; dès lors, les indivisaires sont régis suivant le régime légal d'indivision. Elle prend aussi fin, mais à titre accessoire, par l'une des causes prévues sous le régime légal[58]: soit l'aliénation du bien indivis, la perte ou l'expropriation d'une partie importante du bien indivis si la majorité des indivisaires en nombre et en parts en décide ainsi et, finalement, par le partage.

86. Il est important de préciser que s'il y a partage pendant la convention d'indivision ou à la fin de cette dernière, le législateur, même s'il a maintenu partiellement l'effet rétroactif du partage selon l'article 1037, alinéa 3 du Code, en a tempéré les effets à l'égard du créancier qui détient une hypothèque ou une autre sûreté sur une part indivise du bien, à moins qu'il n'ait consenti au partage de celui-ci (art. 1021 C.C.Q.); pour ce créancier, la loi a prévu que le partage est sans effet[59]. Nous sommes également d'opinion que cette même règle d'inopposabilité du partage doit s'appliquer à l'égard de certains actes, tels un bail, une servitude ou une hypothèque, etc., accomplis pendant l'indivision par le gérant en vertu des pouvoirs qui lui ont été accordés par la convention d'indivision. Il suffit de s'en rapporter aux règles du mandat à cet égard.

1.2.6 De la copropriété indivise à temps partagé

87. En terminant cette étude de la copropriété indivise, nous attirons l'attention du lecteur sur le fait qu'il sera dorénavant possible, grâce à la notion de copropriété indivise, de rédiger une formule adéquate de copropriété à temps partagé que nous appelons, mais de façon imparfaite et souvent trompeuse, formule de propriété spatio-temporelle. Voici à ce sujet l'opinion de Me André Cossette:

> Cela sera possible en recourant à la convention d'indivision. Le vacancier titulaire d'une semaine de vacance aura alors un droit réel, un droit de propriété opposable et transmissible, un droit immobilier susceptible d'être hypothéqué, un droit perpétuel, mais indivis, gouverné par des règles réalistes et à l'abri de fausse publicité[60].

88. Cette opinion est également partagée par le professeur Sylvio Normand qui a fait une étude remarquable sur le sujet[61].

Me Normand, après avoir indiqué que l'on peut établir une propriété spatio-temporelle au moyen d'une convention pourvu qu'un terme soit établi, s'exprime en ces termes:

> La réforme proposée au droit de l'indivision serait de nature à donner une structure plus solide à une institution qui en laisse plusieurs sceptiques... L'indivision dans sa forme actuelle, ou selon les transformations qu'elle subira incessamment, devrait s'avérer un excellent moyen de créer une propriété à caractère spatio-temporelle[62].

89. Le raisonnement est le suivant: supposons qu'une résidence secondaire est située dans un centre de villégiature, loin des bruits et de la pollution de nos villes; son propriétaire la vend à trois personnes qui font une convention d'indivision d'une durée de trente ans qui peut être renouvelée. Cette convention prévoit que l'occupation annuelle de l'immeuble sera divisée en trois périodes entre les trois indivisaires de la façon suivante: 1. de janvier à avril, période de ski, 2. de mai à août, période de vacances, 3. de septembre à décembre, période de chasse et de marche en forêt. D'un commun accord, on attribue à chaque indivisaire la période qui lui plaît. Ainsi, pour chaque période, l'indivisaire bénéficiaire aura droit à l'usage et à la jouissance exclusive de la résidence. D'ailleurs, la convention réglementera en détail, comme nous l'avons déjà souligné, le droit et les conditions d'occupation et de jouissance des indivisaires entre eux.

90. L'avantage de cette formule est que chaque indivisaire a un droit de propriété *continu* dans tout l'immeuble avec tous les droits et avantages que cela comporte[63], seuls ses droits d'usage et de jouissance étant limités dans le temps. Ces trois périodes peuvent, bien sûr, être divisées en périodes plus courtes, par exemple en périodes mensuelles, et cela entre un plus grand nombre d'indivisaires. Cette formule est infiniment supérieure à celle de l'usufruit ou du bail ou de la compagnie[64], et elle peut être utilisée, comme nous le verrons, en matière de copropriété divise[65].

2. De la copropriété divise

91. En matière de copropriété divise, le législateur propose une réforme du droit actuel de la copropriété des immeubles établie par déclaration[66]. Il s'est inspiré en grande partie des recommandations qui lui ont été faites par un groupe de travail sur la copropriété dont faisaient partie un représentant de la Chambre des Notaires et un représentant du Barreau. Cette réforme tend à corriger des situations difficiles et même inacceptables rencontrées dans ce domaine par le passé et propose, en conséquence, des mesures correctrices ainsi que des dispositions nouvelles qui tiennent compte de l'évolution du droit de la copropriété divise. Certaines d'entre elles visent un but très précis, soit la protection du consommateur[67].

Loi d'application, article 53: La copropriété divise d'un immeuble établie avant l'entrée en vigueur du nouveau Code civil du Québec est régie par ce nouveau Code, c'est-à-dire par le nouveau droit. Il y a ainsi unification des copropriétés existantes et celles à venir; l'on ne retrouvera donc pas au Québec deux types de copropriété divise.

92. Nous connaissons tous le droit de copropriété établie par déclaration puisqu'il fut introduit dans notre Code civil en 1969[68]. Pour ce motif, notre étude empruntera davantage la formule descriptive des nouveaux articles du Code civil du Québec, tout en nous attardant au contenu des nouvelles dispositions. Précisons immédiatement que cette modalité de la propriété est dorénavant connue sous le nom de «Copropriété divise d'un immeuble».

93. Le législateur a donné cette fois une définition de cette modalité de la propriété: la copropriété «est dite divise lorsque le droit de propriété se répartit entre les copropriétaires par fractions comprenant chacune une partie privative, matériellement divisée, et une quote-part des parties communes[69]». Cette définition combinée au titre du Chapitre Troisième nous permet d'affirmer, que ce mode de propriété s'appliquera seulement aux immeubles. Les dispositions qui constituent le régime de la copropriété divise se retrouvent aux articles 1038 à 1109 du Code civil du Québec et elles traitent: de l'établissement de la copropriété divise (chapitre 2.1), des fractions de copropriété

(chapitre 2.2), de la déclaration de copropriété (chapitre 2.3), des droits et obligations des copropriétaires (chapitre 2.4), des droits et obligations du syndicat (chapitre 2.5), du conseil d'administration du syndicat (chapitre 2.6), de l'assemblée des copropriétaires (chapitre 2.7), de la perte de contrôle du promoteur sur le syndicat (chapitre 2.8), et finalement, de la fin de la copropriété (chapitre 2.9).

Nous précisons dès maintenant que le contenu de la déclaration de copropriété est, en principe, déterminé par la volonté du ou des déclarants. Le législateur a voulu accorder un caractère facultatif au statut légal et laisser une assez grande liberté aux copropriétaires de s'organiser selon leur volonté à l'intérieur même du statut légal, sous réserve que la déclaration ne doit comporter aucun élément qui détruise la fin poursuivie par le législateur[70].

2.1 Établissement de la copropriété divise

94. La copropriété divise d'un immeuble est établie par l'inscription au registre foncier d'une déclaration qui divise la propriété de l'immeuble en fractions, appartenant à une ou plusieurs personnes (art. 1038 et 2982 C.C.Q.). Le statut de la copropriété divise prend donc vie par la publication d'une déclaration. La copropriété, telle que définie et réglementée par la loi, ne peut exister qu'à partir de cette publication de la déclaration. Il s'ensuit qu'une déclaration, même signée, ne peut donner naissance à la copropriété et ne produit aucun effet entre les signataires, s'il en est plus d'un. La loi a donc donné au régime de la publicité un pouvoir créateur de droits. Notons toutefois qu'aucune déclaration de copropriété[71] ne peut être inscrite, à moins que l'immeuble n'ait fait l'objet d'un plan cadastral qui pourvoit à l'immatriculation des parties privatives et communes (art. 3030 C.C.Q.).

95. La déclaration de copropriété affecte un immeuble et en divise la propriété en fractions. La question est de savoir si cet immeuble doit être bâti ou non; en d'autres termes, la présence physique d'un immeuble bâti est-elle un prérequis? Nous savons qu'il existe deux sortes de copropriété divise: la copropriété horizontale et la copropriété verticale. La copropriété

horizontale vise exclusivement la copropriété de lots horizon-
taux que nous connaissons depuis toujours et qui partagent des
services en commun. Dans ce cas, la présence physique d'un
immeuble bâti n'est pas un prérequis lorsque sont déposés au
service du cadastre les documents cadastraux[72]. Il suffit qu'il y
ait une étendue de terrain. Ainsi, un propriétaire d'un lac artifi-
ciel ou non pourrait faire seul une déclaration de copropriété
pour répartir son immeuble en fractions comprenant chacune
des parties exclusives, soit les emplacements que le propriétaire
désire vendre pour fin de villégiature, et des parties communes,
soit le lac, les voies d'accès, les services communs, etc, qui
serviront à la collecti-vité.

96. Quant à la copropriété verticale, elle concerne essentiellement un immeuble bâti. Dans ce cas, les limites des parties
exclusives coïncident, en principe, avec les limites du gros
œuvre du bâtiment. C'est pourquoi, l'existence d'un immeuble
bâti est dans le présent cas un prérequis au dépôt au service du
cadastre des documents cadastraux de copropriété (art. 3030
C.C.Q.).

97. Le déclarant peut être une personne physique ou morale.
Lors de la publication, la déclaration doit être signée par tous
les propriétaires de l'immeuble et une personne, même seule,
peut requérir la publication d'une telle déclaration, tout en s'y
déclarant copropriétaire de chaque fraction (art. 1038 C.C.Q.).
Chaque déclarant doit avoir la pleine capacité de contracter, car
la déclaration de copropriété fait naître entre les déclarants un
droit, c'est-à-dire un droit à la fraction dont l'objet est un
immeuble. C'est un droit immobilier au même titre que le droit
qui fait l'objet d'une vente immobilière. Ainsi, en constituant
une copropriété divise, il y a aliénation par chaque déclarant
soit de la totalité, soit d'une partie de son droit dans l'immeuble. L'aliénation sera totale quant aux parties exclusives
attribuées sous forme de partage à un copropriétaire, et elle sera
partielle lorsqu'elle aura pour objet les parties communes. Bref,
le droit et la capacité de chaque déclarant seront les mêmes que
l'on exige de ceux qui aliènent un immeuble.

98. Dès la constitution de la copropriété, la collectivité des
copropriétaires constitue une personne morale; cette dernière
prend le nom de syndicat dont la vocation est la conservation de

l'immeuble, l'entretien et l'administration des parties communes, la sauvegarde des droits afférents à l'immeuble ou à la copropriété ainsi que toutes les opérations d'intérêt commun (art. 1039 C.C.Q.). Après avoir exclus la *Loi sur les compagnies* pour régir ce syndicat, le législateur a préféré utiliser le véhicule de la personne morale. Par la même occasion, il a introduit au Code civil du Québec des dispositions réglementant la constitution et le fonctionnement de toute personne morale en édictant les articles 298 à 364 du Code. De cette façon, on bénéficie des mêmes avantages que peut offrir le véhicule corporatif, par exemple le nom du syndicat, son domicile, les registres, etc.

Loi d'application, article 52: Relativement aux copropriétés divises d'un immeuble établies avant le nouveau Code civil du Québec, leur syndicat est désigné par le nom que s'est donné la collectivité des copropriétaires ou sous lequel elle est généralement connue, ou encore par l'adresse du lieu où est situé l'immeuble.

99. Notons que le législateur permet, en vertu de l'article 1040 du Code civil du Québec, de constituer une copropriété divise sur un immeuble bâti par l'emphytéote ou sur un immeuble qui fait l'objet d'une propriété superficiaire en édictant les conditions minimales à respecter afin de protéger les futurs acquéreurs. Ainsi, en plus d'exiger que la durée non écoulée des droits résultant du bail emphytéotique ou de la convention de superficie, selon le cas, soit supérieure à cinquante ans, l'article prévoit que chacun des copropriétaires est tenu à l'égard du propriétaire de l'immeuble, d'une manière divise et en proportion de la valeur relative de sa fraction, des obligations divisibles de l'emphytéote ou du superficiaire, selon le cas. Quant aux obligations indivisibles, elles sont assumées par le syndicat. Outre ces conditions, la déclaration de copropriété doit être signée par l'emphytéote ou le superficiaire, selon le cas, sous peine de nullité absolue[73].

100. L'article 1196 du Code civil du Québec vient compléter l'article 1040 ci-dessus. Alors que ce dernier permet que soit établie une copropriété sur un immeuble bâti par l'emphytéote, le présent article permet pour sa part l'établissement d'une copropriété lorsque l'emphytéose porte à la fois sur un terrain

et un immeuble déjà bâti. Dans ce dernier cas, on parlera toutefois de déclaration de coemphytéose, laquelle est assujettie aux règles prévues pour la déclaration de copropriété et aux règles particulières à la copropriété établie sur un immeuble bâti par l'emphythéote, en faisant les adaptations nécessaires[74]. Cette distinction entre la copropriété et la coemphytéose est purement théorique selon nous.

101. En vue d'atténuer les inconvénients pouvant découler de l'absence de droit complet de propriété en matière d'emphytéose et de propriété superficiaire, le législateur a prévu en faveur du syndicat un droit de retrait sur les droits du propriétaire ou du tréfoncier de l'immeuble lorsque ce dernier vient de céder son droit à un tiers[75]. De plus, l'article 1198 du Code civil du Québec prévoit la possibilité pour le syndicat de renouveler le contrat d'emphytéose sans que ce dernier soit obligé de faire à l'immeuble des constructions, ouvrages ou plantations qui augmentent la valeur de celui-ci.

2.2 Fractions de copropriété

102. La déclaration de copropriété répartit la propriété de l'immeuble entre ses copropriétaires par fractions comprenant chacune une partie privative (section 2.2.1) et une quote part des parties communes (section 2.2.2), chaque fraction constituant une entité distincte (section 2.2.3) dont les droits et obligations sont déterminés eu égard à la valeur relative (section 2.2.4). Reprenons séparément chacune de ces caractéristiques.

2.2.1 Des parties privatives

103. Sont privatives, nous dit l'article 1042 du Code civil du Québec, les parties des bâtiments et des terrains qui sont la propriété d'un copropriétaire déterminé et dont il a l'usage exclusif. Chacune d'elles est identifiée par un numéro cadastral distinct[76]. C'est l'usage exclusif qui est le critère de distinction et qui est alors incompatible avec celui des autres copropriétaires. À par'ir de ce critère — l'exclusivité de l'usage — il est possible de dresser dans la déclaration de copropriété la liste des parties qui sont normalement considérées comme privatives. Constituent en principe des parties privatives tout ce qui

est inclus à l'intérieur du local (à l'exception des gros œuvres qui sont des parties communes) ainsi que tous autres droits et accessoires, tels les espaces dont l'usage ou la jouissance exclusive est réservée au copropriétaire de la fraction (balcon, stationnement, case de rangement, etc.).

104. Rappelons que les cloisons ou les murs non compris dans le gros œuvre du bâtiment et qui séparent une partie privative d'une partie commune ou d'une autre partie privative sont présumés mitoyens (art. 1045 C.C.Q.).

2.2.2 Des parties communes

105. Le législateur définit la notion de parties communes en ces termes: «Sont dites communes les parties des bâtiments et des terrains qui sont la propriété de tous les copropriétaires et qui servent à leur usage commun» (art. 1043, al. 1 C.C.Q.). Puis il introduit cette fois le concept de parties communes à usage restreint en décrétant que «certaines de ces parties peuvent ne servir qu'à l'usage de certains copropriétaires ou d'un seul. Les règles relatives aux parties communes s'appliquent à ces parties communes à usage restreint» (art. 1043, al. 2 C.C.Q.). Le droit actuel ne fait pas de distinction entre les diverses parties communes, mais en pratique, nous savons que les déclarations de copropriété prévoient spécialement que certaines parties communes sont à usage restreint, par exemple les terrasses, balcons, stationnements, cases de rangement, etc.

106. L'article 1044 du Code civil du Québec énumère *sous forme de présomption* quelles parties de l'immeuble sont communes; ce sont «le sol, les cours, balcons, parcs et jardins, les voies d'accès, les escaliers et ascenseurs, les passages et corridors, les locaux des services communs, de stationnement et d'entreposage, les caves, le gros œuvre des bâtiments, les équipements et les appareils communs, tels les systèmes centraux de chauffage et de climatisation et les canalisations, y compris celles qui traversent les parties privatives». Cette énumération n'est pas limitative puisque ce n'est qu'en l'absence de dispositions contraires dans la déclaration de copropriété que ces différents objets sont considérés communs et, comme tels, ils sont affectés à l'usage de tous les copropriétaires sous la condition, suivant l'article 1063 du Code, de respecter le

règlement de l'immeuble et de ne porter atteinte ni aux droits des autres copropriétaires, ni à la destination de l'immeuble.

N'étant pas limitative cette liste peut varier d'une déclaration à l'autre; il faut donc tenir compte des particularités propres à l'immeuble faisant l'objet de la déclaration. Encore une fois, il faut s'en remettre sur ce point aux bons conseils de l'architecte et de l'arpenteur-géomètre.

107. La copropriété divise d'un immeuble va durer, comme la propriété elle-même, d'une façon permanente et indéfinie. Cette copropriété est possible grâce à l'indivision forcée résultant de l'article 1048 du Code civil du Québec qui prescrit que «la quote-part des parties communes d'une fraction ne peut faire l'objet, séparément de la partie privative de cette fraction, ni d'une aliénation, ni d'une action en partage». Quoique forcée, cette indivision est alors organisée. Les bases de cette organisation sont le syndicat et son conseil d'administration. Toutefois, il pourra être mis fin à cette copropriété en suivant les prescriptions des articles 1108 et 1109 du Code civil[77].

108. Si le copropriétaire a un droit d'usage sur les parties communes, le Code civil du Québec consacre en son article 1046 le principe selon lequel chaque copropriétaire a sur les parties communes un droit de propriété indivis; sa quote-part dans les parties communes étant égale à la valeur relative de sa fraction[78]. L'objet de ces deux droits, droit de propriété exclusif d'une partie privative et droit de propriété indivis des parties communes, constitue cette fraction dont il est fait mention à l'article 1038 du Code. Ainsi défini dans sa consistance, le droit de copropriété peut faire l'objet de tous les actes juridiques dont est le siège le droit de propriété traditionnel.

2.2.3 De l'entité distincte

109. Chaque fraction constitue une entité distincte composée de deux droits: 1. un droit de propriété exclusif d'une partie privative et 2. un droit de propriété indivis des parties communes. Elle peut faire l'objet d'une aliénation totale ou partielle; dans ce dernier cas, le copropriétaire cède une part indivise de sa fraction[79]. Il est par conséquent impossible à un copropriétaire de vendre ou autrement aliéner sa partie privative et sa quote-part dans l'indivision forcée, ni davantage de céder l'un sans l'autre. Toute aliénation comprend, dans chaque cas, la quote-part des parties communes afférente à la fraction ainsi que le droit d'usage des parties communes à usage restreint, le cas échéant (art. 1047 C.C.Q.).

110. Un copropriétaire peut bien diviser sa fraction, par exemple diviser son appartement de six pièces en logements de deux ou trois pièces dits «bachelors», en l'absence d'une telle prohibition dans la déclaration de copropriété. L'aliénation d'une telle division sera nulle et ne pourra pas être publiée si, au préalable, la déclaration de copropriété et le plan cadastral n'ont pas été modifiés pour créer une nouvelle fraction, c'est-à-dire une nouvelle subdivision, aussi pour la décrire, lui attribuer un numéro cadastral distinct et déterminer sa valeur relative ou pour faire état des modifications apportées aux limites des parties privatives contiguës (art. 1049 C.C.Q.). De telles modifications requièrent le consentement de la majorité des copropriétaires représentant les trois quarts des voix de tous les copropriétaires[80] et la signature du syndicat[81].

111. L'article 1050 du Code civil du Québec vient préciser que chaque fraction constitue une entité distincte aux fins d'évaluation et d'imposition foncière et que le syndicat doit être mis en cause lors d'une contestation en justice de l'évaluation d'une fraction par un copropriétaire.

112. Tel que prescrit par l'article 1051 du Code civil du Québec et nonobstant les articles 2650 et 2662 du Code, l'hypothèque, les sûretés additionnelles qui s'y greffent, par exemple une clause résolutoire, ou les priorités existantes sur l'ensemble de l'immeuble détenu en copropriété, lors de l'inscription de la déclaration de copropriété, se divisent entre les fractions de l'immeuble suivant la valeur relative de chacune d'elles (art. 1051 C.C.Q.). La division de ces sûretés est donc opposable à tous les créanciers hypothécaires puisqu'ils doivent signer la déclaration de copropriété (art. 1059, al. 2 C.C.Q.) et à tous les créanciers prioritaires[82], car les créances de ces derniers ne confèrent aucun droit réel, aucun droit de suite, ni de droits hypothécaires suivant l'interprétation que nous faisons de l'article 2783 du Code. Toutefois, le législateur fait une exception pour le promoteur de la copropriété. Il prévoit, en effet, que le déclarant peut convenir avec les créanciers hypothécaires ou

prioritaires, au moment de l'inscription de la déclaration, que les sûretés se diviseront entre les fractions suivant des proportions dont ils conviendront ou demeureront indivises sur l'ensemble des fractions détenues par lui (art. 1051 *in fine* C.C.Q.).

2.2.4 De la valeur relative

113. La mention et la détermination dans la déclaration de copropriété de la valeur relative de chaque fraction de la copropriété sont exigées par l'article 1041 du Code civil du Québec. Il y a aussi l'article 1053 du Code qui oblige le déclarant à indiquer dans la déclaration de copropriété *la méthode* suivie pour établir cette valeur[83]. La valeur relative sera celle existante au moment de la déclaration de copropriété. Mais cette notion de valeur est très vague. Est-ce le coût de construction? Est-ce le prix de vente? La loi ne le dit pas. Toutefois, le législateur nous dit à cet article 1041 du Code que la valeur relative de chaque fraction est établie par rapport à la valeur de l'ensemble des fractions, en fonction de la nature, de la destination, des dimensions et de la situation de la partie privative de chaque fraction, mais sans tenir compte de son utilisation.

114. Le législateur a retenu les termes «nature» et «destination» comme premier critère. La nature, c'est l'application sur le plan pratique, de la *destination*: local d'habitation, boutique, garage, unité de stationnement. La nature tient compte aussi de la composition de la fraction; il s'agit alors de savoir si la fraction comprend des «équipements d'agrément»: balcon, terrasse, etc. Aussi l'état matériel et la structure physique de la fraction font partie de sa nature. Le deuxième critère porte sur les dimensions, et non pas la superficie selon le droit actuel. Les dimensions consistent à faire le mesurage entre murs et cloisons communs ou mitoyens sans tenir compte de l'épaisseur des murs extérieurs; mais il faut tenir compte de la hauteur des lieux. Ce travail relève nécessairement de l'architecte ou de l'arpenteur. Le troisième et dernier critère est la situation de chaque partie privative. Ici nous devons retenir différents facteurs dont la situation en hauteur, déterminante pour l'ensoleillement et l'éclairage, la vue, le voisinage et l'orientation: mieux vaut façade sur parc que sur rue, sur rue que sur cour. Puis le législateur termine son énumération en indiquant qu'il ne faut pas tenir compte de l'utilisation de la fraction. Il condamne

donc la majoration de l'évaluation des lieux eu égard à son utilisation, ce qui peut se produire en présence de locaux commerciaux ou à usage professionnel situés au rez-de-chaussée. La présente restriction exige uniquement qu'il soit fait abstraction de l'utilisation effective des espaces.

115. Plusieurs conséquences dépendent de la valeur relative; nous en avons identifié huit que voici: 1. le nombre de voix ou vote dont dispose chaque copropriétaire dépend de la valeur relative de sa fraction (art. 1090 C.C.Q.), 2. le syndicat ne peut imposer aucune modification à la valeur relative d'une fraction (art. 1102 C.C.Q.), 3. la répartition des charges se fait, et cela de façon obligatoire, en proportion de la valeur relative des fractions (art. 1064 C.C.Q.), 4. elle sert de base pour répartir, en cas de destruction de l'immeuble, les indemnités d'assurance (art. 1075 al 2 C.C.Q.), 5. la répartition des quotes-parts dans les parties communes est fonction de la valeur relative de chaque fraction (art. 1046 C.C.Q.), 6. la répartition des obligations divisibles de l'emphytéote ou du superficiaire, selon le cas (art. 1040 al 2 C.C.Q.), 7. la division des hypothèques et priorités existantes lors de l'inscription de la déclaration, en l'absence de dispositions contraires (art. 1051 C.C.Q.), 8. l'exécution d'un jugement condamnant le syndicat à payer une somme (art. 1078 C.C.Q.).

Pour tous ces cas, c'est la valeur relative des fractions qui détermine l'étendue des droits et obligations des copropriétaires; aucune disposition contraire dans la déclaration n'est admise, même lorsqu'il s'agit de déterminer la participation aux charges communes découlant de la copropriété, contrairement au droit actuel de l'article 441K du Code civil du Bas-Canada. Il y a une seule exception à cette règle; elle résulte de l'article 1051 du Code et porte sur la division des hypothèques ou priorités.

116. La valeur relative peut être exprimée en pourcentage ou en millièmes ou en valeur monétaire dans l'acte de copropriété. Cette valeur relative attribuée à chaque fraction n'est pas elle-même fondamentale. Si elle est exprimée en valeur monétaire, le déclarant (qui est souvent un promoteur immobilier) peut vendre ses unités à un prix différent de la valeur indiquée, car le coût de construction d'une fraction n'est pas l'unique élément qui doit être pris en considération. Bref, l'important est que chaque fraction soit évaluée selon les mêmes principes[84].

2.3 De la déclaration de copropriété

117. La déclaration de copropriété constitue un document extrêmement important et même complexe du fait qu'il forme la «Charte» de l'immeuble. Elle doit organiser sur une base volontaire et conventionnelle la copropriété de l'immeuble d'une façon rationnelle. Mais le caractère conventionnel ne veut pas dire nécessairement liberté absolue. Le contenu organisera donc les rapports entre l'immeuble, les copropriétaires, les administrateurs et les assemblées des copropriétaires (section 2.3.1). Quant à la forme de la déclaration, elle doit obéir à certaines exigences (section 2.3.2).

2.3.1 Du contenu de la déclaration

118. Voulant simplifier la déclaration de copropriété en ne mélangeant pas les aspects techniques de la déclaration et les dispositions d'ordre général et celles réglementaires, le législateur a prévu par une disposition nouvelle que la déclaration de copropriété se divisera obligatoirement en trois parties distinctes: l'acte constitutif de copropriété (sous-section 2.3.1.1), le règlement de l'immeuble (sous-section 2.3.1.2) et finalement, l'état descriptif des fractions (sous-section 2.3.1.3) (art. 1052 C.C.Q.).

Loi d'application, article 54: Les clauses contenues dans les déclarations de copropriété existantes au moment de la mise en vigueur du nouveau Code civil du Québec sont classées dans l'une ou l'autre des catégories visées à l'article 1052 du Code, suivant ce que prévoit ce dernier aux articles 1053 à 1055 que nous analysons dans les paragraphes 119, 132 et 135 ci-après.

2.3.1.1 Acte constitutif de copropriété

119. Le contenu de l'acte constitutif de copropriété est précisé à l'article 1053 du Code civil du Québec qui prévoit que l'acte constitutif de copropriété définit la destination de l'immeuble, des parties privatives et des parties communes; il détermine également la valeur relative de chaque fraction et indique la méthode suivie pour l'établir, la quote-part des charges et le nombre de voix attachées à chaque fraction et prévoit toute autre convention relative à l'immeuble ou à ses parties priva-

tives ou communes. Il précise aussi les pouvoirs et devoirs respectifs du conseil d'administration du syndicat et de l'assemblée des copropriétaires. En combinant les articles 1052 et 1053 du Code, nous remarquons que la déclaration de copropriété contient dans sa première partie appelée «acte constitutif de copropriété», des dispositions d'ordre général et de nature permanente qui régiront la copropriété. Analysons séparément chacune de ces dispositions.

Loi d'application, article 54: L'article 1053 du nouveau Code s'applique aux déclarations de copropriété existantes à compter de la mise en vigueur de ce Code.

120. *Assujettissement de l'immeuble.* En premier lieu, l'acte de copropriété assujettit l'immeuble aux dispositions des articles 1038 à 1109 du Code civil du Québec régissant la copropriété divise d'un immeuble ainsi qu'aux dispositions résultant de la déclaration de copropriété, de même qu'aux décisions du syndicat.

121. *Destination de l'immeuble, des parties privatives et des parties communes.* En deuxième lieu, l'acte constitutif de copropriété définit d'abord la destination de l'immeuble et celle des parties privatives et des parties communes[85]. Il est en effet primordial que l'acte de copropriété définisse la destination de l'immeuble, notion très importante en matière de copropriété, car elle entraîne toute une série de conséquences. Cette notion de «destination de l'immeuble», quoique non explicitée par la loi, ne doit pas se confondre avec celle de «destination des parties privatives et des parties communes» qui se rapporte dans ce dernier cas à l'usage précis donné aux différentes parties privatives de l'immeuble (habitation, activités professionnelles ou commerciales, affectation spécifique de telle ou telle partie commune). En effet, il s'agit d'une notion beaucoup plus générale, que l'on rencontre fréquemment dans la loi et qui doit être définie, non par rapport à telle fraction de l'immeuble, mais par rapport à ce dernier considéré dans son ensemble. Dans le contexte de la loi, cette destination est considérée comme l'ultime rempart de protection des droits des copropriétaires. Ainsi, par exemple, c'est la destination de l'immeuble qui sert de critère pour juger de la validité des restrictions apportées par la déclaration aux droits des copropriétaires; ces restrictions seront autorisées si elles sont justifiées par la destination de l'immeuble, sinon elle seront nulles.

122. *Détermination de la valeur relative.* Nous avons traité précédemment de la valeur relative et des critères relatifs à son établissement[86]; cette valeur relative doit obligatoirement être incluse dans l'acte constitutif de copropriété et non ailleurs. L'article 1053 du Code prévoit de plus obliger le déclarant à indiquer ici la méthode suivie pour établir la valeur relative de chaque fraction. Le but de cette obligation est de permettre aux copropriétaires de déterminer avec plus de justesse si la valeur relative de leur fraction a bien été établie, et le cas échéant, de demander une révision judiciaire de la répartition des charges et de la valeur relative de leur fraction suivant l'article 1068 du Code[87].

123. *Détermination de la quote-part des charges.* Contrairement au droit actuel[88], la répartition des charges ne sera plus laissée à la discrétion du déclarant; elle se fera, en effet, privativement en proportion de la valeur relative de la fraction. Aussi, la loi ne fait pas de distinction des charges; ce sera celles résultant de la copropriété et de l'exploitation de l'immeuble, ainsi que du fonds de prévoyance (art. 1064 C.C.Q.)[89].

124. *Détermination du nombre de voix.* La valeur relative de la fraction déterminera le nombre de voix et cela de façon impérative. Il ne sera donc guère possible dans notre droit d'utiliser d'autre méthode de calcul. Quant à la disposition des voix, le législateur a prévu réduire, en certaines circonstances et dans des proportions qu'il détermine, celles du promoteur pour l'empêcher de contrôler les destinées de la copropriété (art. 1092 C.C.Q.)[90].

125. *Toute autre convention relative à l'immeuble ou à ses parties privatives ou communes.* Il s'agit, en l'occurrence, de la répartition de l'immeuble en parties privatives et parties communes comprenant dans chaque cas la définition et la composition de ces différentes parties[91]. Il peut s'agir aussi des clauses relatives à l'assurance de l'immeuble, des parties privatives et communes et du paiement de l'indemnité tel qu'il a été prévu aux articles 1073 et 1075 du Code[92] et également de diverses autres clauses, restrictives ou permissives, selon le cas, se rattachant à l'exercice du droit de propriété, notamment, les clauses autorisées par l'article 1056 que nous analysons dans les deux paragraphes qui suivent, et celles imposées par l'article 1058 en matière de copropriété à temps partagé.

126. Parce qu'il est propriétaire de sa fraction, le copropriétaire peut normalement l'aliéner ou même la louer. Toutefois, en vertu du principe général dégagé à l'article 1056 du Code civil du Québec à l'effet que «la déclaration de copropriété ne peut imposer aucune restriction des copropriétaires, sauf celles qui sont justifiées par la destination de l'immeuble, ses caractères ou sa situation», toute limitation aux droits des copropriétaires est envisageable si elle est justifiée par la destination de l'immeuble, ses caractères ou sa situation. Dès lors, la déclaration de copropriété est susceptible de contenir de telles clauses limitatives et prohibitives. Ces limitations sont souvent dictées par le souci d'éviter l'introduction de nouveaux copropriétaires dont la présence risquerait de nuire au standing de l'immeuble ou à l'harmonie des rapports de voisinage.

127. Selon leur objet, on peut classer ce genre de clauses en trois catégories:

1. *les clauses d'inaliénabilité:* ces clauses seront valables si elles sont justifiées par la destination de l'immeuble ou par ses caractères particuliers; ainsi il pourrait être stipulé une clause prohibant la vente d'une fraction à une personne autre qu'une personne possédant un statut particulier: vente d'une fraction à une personne du troisième âge dans un immeuble pour personnes âgées, vente en faveur d'un membre d'un club de golf ou d'un autre club social en présence d'un immeuble entourant un terrain de golf ou prévoyant une autre activité, soit sportive, soit sociale.

2. *la clause interdisant la division d'une fraction:* cette clause est fréquente et elle vise à éviter des abus. En effet, la division d'une fraction en vue d'une aliénation risque de créer des problèmes particuliers découlant, notamment, de l'aggravation de la charge supportée par la chose commune (celle-ci en effet servira à plus de personnes) et des obligations de voisinage. La loi permet une telle clause prohibitive si elle est justifiée par la destination de l'immeuble. En l'absence d'une telle clause, le copropriétaire peut organiser son espace à sa guise, le diviser comme il

l'entend, ce qui nécessitera toutefois une modification de la déclaration de copropriété et des documents cadastraux[93].

3. *la clause subordonnant à l'accord du syndicat l'exécution de travaux pouvant avoir une répercussion sur les parties communes:* une telle clause est aussi fréquente; elle doit toutefois être justifiée par la destination de l'immeuble. Ainsi, le copropriétaire qui déciderait d'installer un balcon extérieur à son appartement exécute un travail pouvant avoir une répercussion sur les parties communes. Il est donc normal que la déclaration de copropriété prévoit qu'il devra d'abord obtenir l'accord du syndicat.

4. *les clauses d'agrément ou de préemption:* cette clause consiste à exiger de l'aliénateur éventuel, et préalablement à la cession, le consentement de l'assemblée des copropriétaires ou l'offre de vente aux autres copropriétaires bénéficiaires d'un droit de préemption. Toujours sous la condition que ces clauses soient justifiées par la destination de l'immeuble, leur validité semble acquise.

128. *Pouvoirs et devoirs respectifs du conseil d'administration du syndicat et de l'assemblée des copropriétaires.* Le conseil d'administration du syndicat et l'assemblée des copropriétaires sont les deux organes qui agissent au nom du syndicat (art. 311 C.C.Q.). Pour sa part, le conseil d'administration gère la copropriété, et vis-à-vis des tiers, ce sont les dirigeants du syndicat, i.e. les officiers qui le représentent et l'obligent (art. 312 C.C.Q.) dans la mesure des pouvoirs que leur confèrent l'acte constitutif de copropriété et la loi. La collectivité des copropriétaires exerce, quant à elle, ses responsabilités dont certaines sont énumérées aux articles 1070 à 1083 du Code civil du Québec au moyen d'assemblées des copropriétaires qui portent sur les questions qui lui sont soumises par le conseil d'administration du syndicat ou par les copropriétaires. Entre les assemblées de copropriétaires, c'est le conseil d'administration qui gère les affaires du syndicat et exerce tous les pouvoirs nécessaires, y compris le pouvoir d'adopter et de mettre en vigueur les règlements de gestion, après ratification par l'assemblée des copropriétaires (art. 335 C.C.Q.). Tous deux ont le même objet: c'est la conservation de l'immeuble, l'entretien et l'administration des parties communes, la sauvegarde des droits afférents à l'immeuble ou à la copropriété, ainsi que toutes les opérations d'intérêt commun (art. 1039 C.C.Q.). Dans les circonstances, l'acte constitutif de copropriété se doit de préciser avec soin le partage des compétences entre ces deux organismes, le conseil d'administration d'une part[94], et l'assemblée des copropriétaires d'autre part[95].

129. Finalement, il y a l'article 1058 du Code civil du Québec qui introduit pour la première fois dans le domaine immobilier ce nouveau concept de copropriété connu sous le nom de «propriété à temps partagé» ou «propriété spatio-temporelle» (en anglais «time sharing») en prescrivant ce qui suit:

> 1058. À moins que l'acte constitutif de copropriété ne le prévoie expressément, une fraction ne peut être détenue par plusieurs personnes, ayant chacune un droit de jouissance, périodique et successif, de la fraction et elle ne peut non plus être aliénée dans ce but.
>
> Le cas échéant, l'acte doit indiquer le nombre de fractions qui peuvent être ainsi détenues, les périodes d'occupation, le nombre maximum de personnes qui peuvent détenir ces fractions, ainsi que les droits et obligations de ces occupants.

Aux termes du premier alinéa de cet article 1058, le législateur a décrit cette nouvelle forme de propriété: elle est celle qui consiste à regrouper dans un même immeuble plusieurs personnes qui auront la jouissance périodique et successive d'un même appartement. Puis le législateur, par le deuxième alinéa du même article, nous indique le but principal qu'il vise, soit celui d'obliger le déclarant à indiquer dans la déclaration de copropriété si cet immeuble sera détenu selon ce concept et, le cas échéant, à dévoiler certaines informations, comme le nombre de fractions, les périodes d'occupation, les droits et obligations des acheteurs, etc., afin de bien renseigner ces derniers et de leur permettre d'acheter en connaissance de cause.

Loi d'application, article 56: Le premier alinéa de cet article écarte explicitement l'application, aux copropriétés existantes, de cet article 1058 du nouveau Code civil qui subordonne le droit de détenir une fraction suivant la formule de propriété à temps partagé, ou de l'aliéner dans ce but, à l'existence, dans l'acte constitutif de copropriété, d'une indication expresse que l'immeuble est détenu sous cette formule. Cette règle vise à éviter que la validité des copropriétés existantes ne soit remise en question dès l'entrée en vigueur du nouveau Code. Les intéressés pourront ainsi modifier dans un délai qu'ils se fixeront le contenu de l'acte constitutif qui les concerne. Le second alinéa assujettit toutefois, en contrepartie, toute aliénation future de droits sur des fractions détenues sur un immeuble selon cette formule, ou sur toute autre fraction du même immeuble, au respect des conditions prévues aux articles 1785 à 1794 du nouveau Code relatives à la vente d'unités d'habitation (voir à ce sujet les paragraphes 209 à 212 ci-dessous) et ce, tant que l'acte constitutif de copropriété n'aura pas été modifié pour prévoir l'indication exigée par l'article 1058 ci-dessus. Le nom respect de cette disposition entraînera la nullité d'une telle aliénation.

130. Cet article est complété par le paragraphe 3. de l'article 1098 du Code où on impose une majorité de 90 pour cent des voix de tous les copropriétaires de l'immeuble si on veut modifier une déclaration de copropriété aux fins de permettre la détention d'une fraction selon le concept de copropriété à temps partagé.

131. De tout ceci nous concluons 1. qu'il sera impossible d'offrir en vente de la copropriété à temps partagé si la déclaration de copropriété ne le prévoit pas expressément (sauf modification possible de la déclaration avec 90 p. 100 des voix) et 2. que le législateur n'a pas indiqué la formule à utiliser. Cette dernière conclusion nous ramène au Titre I de notre texte, plus précisément aux paragraphes 88 à 90 qui traitent de la convention d'indivision. La formule adéquate de copropriété à temps partagé demeure toujours, surtout en matière de copropriété divise d'un immeuble, la formule d'indivision. Celle-ci portera cette fois sur une fraction de l'immeuble détenu en copropriété; elle devra prévoir les périodes d'occupation et l'usage et la jouissance exclusive de la partie privative par chaque bénéficiaire et aussi réglementer en détail les droits et conditions d'occupation et de jouissance des indivisaires entre eux[96].

2.3.1.2 Règlement de l'immeuble

132. Le règlement de l'immeuble que prévoit l'article 1054 du Code civil du Québec a pour but de régir les questions de vie

quotidienne en copropriété. A cette fin, il contient les règles relatives à la jouissance, à l'usage et à l'entretien des parties privatives et communes[97] ainsi que celles relatives au fonctionnement et à l'administration de la copropriété[98]; il porte également sur la procédure de cotisation et de recouvrement des contributions aux charges communes[99]. Un tel règlement est un instrument plus souple que l'acte même de copropriété. Pour ce motif, le législateur a prévu qu'il pourra être modifié plus facilement, soit par une décision prise seulement à la majorité des voix des copropriétaires présents ou représentés à l'assemblée (art. 1096 C.C.Q.), alors que pour les deux autres parties de la déclaration de copropriété, il exige une décision tantôt à la double majorité, soit la majorité des copropriétaires, représentant les trois quarts des voix de tous les copropriétaires (art. 1097 para. 4 C.C.Q.), tantôt à la majorité de 90 p. 100 des voix de tous les copropriétaires (art. 1098, paragr. 1 et 3 C.C.Q.).

Loi d'application, article 54: L'article 1054 du nouveau Code s'applique aux déclarations de copropriété existantes à compter de la mise en vigueur de ce Code.

133. L'article 1057 du Code civil du Québec, qui est de droit nouveau, rend opposable au locataire ou à l'occupant d'une partie privative le règlement de l'immeuble, *i.e.* seulement la deuxième partie de la déclaration de copropriété, dès qu'un exemplaire de ce règlement ou des modifications qui lui sont apportées lui est remis. Cela clarifie le droit actuel, car il n'était pas certain que la déclaration de copropriété était opposable au locataire d'une partie privative.

Loi d'application, article 55: Cette disposition du nouveau Code est applicable au locataire dont le bail est en cour lors de l'entrée en vigueur du nouveau Code civil du Québec. Cette disposition permet donc d'opposer, relativement aux baux existants, le règlement de l'immeuble prévu à l'article 1054 du Code.

134. L'exemplaire du règlement de l'immeuble pourra être remis au locataire ou à l'occupant par le copropriétaire, ou à défaut, par le syndicat de façon à éviter que le défaut d'un copropriétaire ne puisse nuire aux droits des autres copropriétaires. Il n'a donc pas paru opportun au législateur de rendre opposable au locataire ou à l'occupant toute la déclaration de

copropriété, mais seulement la partie réglementaire, soit celle qui régit la vie en copropriété.

2.3.1.3 État descriptif des fractions

135. La troisième et dernière partie de la déclaration de copropriété est l'état descriptif des fractions de l'immeuble (art. 1055 C.C.Q.). C'est dire qu'il contient la désignation cadastrale des parties privatives et celle des parties communes en suivant en ce domaine les nouvelles dispositions de l'article 3030 du Code. Il contient, en outre, une description des droits réels grevant l'immeuble ou existant en sa faveur, tels les servitudes actives ou passives, le titre de propriété du déclarant, etc. Sont exclues de cette description les hypothèques et les sûretés additionnelles qui s'y greffent (art. 1055 al. 2 C.C.Q.).

Loi d'application, article 54: L'article 1055 du nouveau Code s'applique aux déclarations de copropriété existantes à compter de la mise en vigueur de ce Code.

136. De par sa nature, l'état descriptif des fractions ne constitue pas une convention. C'est un simple instrument technique de désignation dont le rôle est seulement de décrire, les unes par rapport aux autres, les différentes parties composant l'immeuble. Considéré en lui-même, un état descriptif des fractions ne produit aucun effet juridique. Il est destiné à servir de document de référence dans les conventions et décisions judiciaires qui, elles, produisent des effets juridiques sur les parties déterminées de l'immeuble.

2.3.2 De l'inscription de la déclaration

137. Comme nous l'avons déjà mentionné[100], c'est l'inscription de la déclaration de copropriété qui crée la copropriété divise de l'immeuble. Cette inscription est sujette à des formalités strictes (sous-section 2.3.2.1) qui, si elles sont remplies, rendra la déclaration de copropriété opposable aux tiers (sous-section 2.3.2.2).

2.3.2.1 Formalités

138. Comme pour le droit actuel, la déclaration de copropriété doit être notariée et en minute et être signée par tous les propriétaires de l'immeuble, par l'emphytéote ou le superficiaire, le cas échéant, ainsi que par les créanciers qui détiennent une hypothèque sur l'immeuble; l'acte de modification relatif à l'acte constitutif de copropriété et à l'état descriptif des fractions doit, lui aussi, être notarié en minute, mais il ne sera signé que par le syndicat (art. 1059 C.C.Q.). Le syndicat, à l'occasion d'une modification, est représenté par son conseil d'administration (art. 312 C.C.Q.) qui doit avoir obtenu, au préalable, l'autorisation requise[101]. Toutes ces dispositions sont d'ordre public, sous peine de nullité absolue de la déclaration ou de la modification.

139. La déclaration de copropriété, ainsi que l'acte portant modifications à l'acte constitutif de copropriété et à l'état descriptif des fractions, sont présentées au bureau de la publicité des droits au moyen d'une réquisition (arts 2982 et 2985 C.C.Q.). La déclaration est alors inscrite au registre foncier, sous les numéros d'immatriculation des parties communes et des parties privatives; les modifications ne sont inscrites que sous le numéro d'immatriculation des parties communes, à moins qu'elles ne touchent directement une partie privative. Quant à l'acte de modification relatif au règlement de l'immeuble pour laquelle la forme notariée ne semble pas requise (arts 1059 et 1060 C.C.Q.), il suffit de le déposer auprès du syndicat. Le cas échéant, l'emphytéote ou le superficiaire doit donner avis de l'inscription au propriétaire de l'immeuble concerné (art. 1060 C.C.Q.).

140. Le législateur a édicté une disposition nouvelle en matière d'enregistrement. Il prévoit, en effet, aux termes de l'article 1061 du Code civil du Québec, que l'inscription d'un acte contre une partie privative vaut pour la quote part des parties communes qui y est afférente sans qu'il y ait lieu de faire une inscription sous le numéro d'immatriculation des parties communes. Le but recherché est de limiter le nombre des inscriptions au bureau d'enregistrement.

2.3.2.2 Opposabilité

141. Le principe est à l'effet que la totalité de la déclaration de copropriété lie les copropriétaires, leurs ayants cause, soit les acquéreurs, héritiers, légataires universels, à titre universel ou particulier, ainsi que les personnes qui l'ont signée, soit les

déclarants, les créanciers hypothécaires, l'emphytéote, le superficiaire, et produit ses effets envers eux, à compter de son inscription au registre foncier (art. 1062 C.C.Q.).

142. Toutefois, nous rappelons que seul le règlement de l'immeuble, c'est-à-dire la deuxième partie de la déclaration de
copropriété, est opposable au locataire ou à l'occupant d'une
partie privative, dès qu'un exemplaire de ce règlement ou des
modifications qui lui sont apportées lui est remis (art. 1057
C.C.Q.).

2.4 Des droits et obligations des copropriétaires

143. Chaque copropriétaire d'une fraction est propriétaire
exclusif de sa partie privative et il a, en outre, un droit de
propriété indivis sur les parties communes. Cette dualité de
droit lui donne des droits (section 2.4.1) et lui impose des obligations (section 2.4.2) que voici.

2.4.1 Des droits des copropriétaires

144. Le droit de propriété d'un copropriétaire est un droit réel
immobilier. Mais en matière de copropriété, la nature de ce
droit confère à la fois un droit de propriété exclusif sur les
parties privatives et un droit d'usage sur les parties communes,
ces deux droits étant indissociables. Les droits conférés au
copropriétaire sur sa partie privative résultent de l'article 1063
du Code civil du Québec qui prescrit que chaque propriétaire
dispose de sa fraction; il use et jouit librement de sa partie
privative et des parties communes, à la condition de respecter
le règlement de l'immeuble et de ne porter atteinte ni aux droits
des autres copropriétaires, ni à la destination de l'immeuble.

145. En effet, le propriétaire peut utiliser pour lui-même sa
partie privative comme il l'entend, en l'aménageant, en la
modifiant ou même en la supprimant dès l'instant qu'il ne porte
point atteinte à la solidité, à l'intégrité ou à l'esthétique des
parties communes qui enveloppent son local. Il a aussi la
possibilité, s'il le désire, de modifier l'agencement des pièces,
de créer des cloisons séparatives pour en augmenter le nombre,
de repeindre son appartement, de procéder au revêtement des
murs, plafond ou planchers, d'aménager des placards, etc; pour

ces travaux, il a également la possibilité de choisir la personne
à qui il entend les confier, le tout en l'absence de dispositions
contraires.

146. Bref, sur sa partie privative, le copropriétaire jouit de
toutes les prérogatives que l'on rattache habituellement au droit
de propriété; il peut ainsi disposer de sa fraction en recourant
aux modes de droit commun: location, usufruit, droit d'habitation, aliénation à titre onéreux ou gratuit, etc. Chaque copropriétaire administre donc sa partie privative et en dispose, le
tout sous réserve des droits concurrents des autres copropriétaires, de la destination de l'immeuble et aussi des dispositions
du règlement de l'immeuble[102].

147. Aussi le propriétaire d'une fraction peut intenter les
actions possessoires concernant la jouissance de sa partie privative de l'immeuble. L'auteur du trouble doit être un tiers et le
trouble allégué doit concerner la partie privative de la fraction
et non ses parties communes, auquel cas ce serait le syndicat
qui aurait qualité pour intenter l'action possessoire pour troubles aux parties communes dont un tiers s'est rendu responsable, sauf au copropriétaire intéressé à se joindre à l'instance.
Aussi le copropriétaire a qualité pour agir directement en
expulsion de tout occupant sans titre.

148. En matière de location d'une partie privative, le législateur
a prévu de nouvelles dispositions: il y a d'abord l'article 1065
du Code qui oblige le copropriétaire qui loue sa partie privative
à indiquer ce fait au syndicat ainsi que le nom du locataire, et
il y a ensuite l'article 1066, alinéa 2, du Code qui permet au
syndicat de donner au locataire, le cas échéant, les avis prévus
par les articles 1922 et 1931 du Code civil du Québec relatifs
aux améliorations et aux travaux. Cette précision a pour but
d'éviter qu'un locataire s'oppose à ces travaux parce qu'il n'a
pas reçu cet avis. Ces deux nouveaux articles du Code civil du
Québec sont complétés par l'article 1057 du Code[103] qui permet
au syndicat de remettre un exemplaire du *règlement de
l'immeuble* au locataire ou à l'occupant d'une partie privative
afin qu'il lui soit opposable[104] et l'article 1079 du Code qui
permet au syndicat, à certaines conditions, de demander la
résiliation du bail[105].

149. Comme nous pouvons le constater, le copropriétaire semble jouir de toutes les prérogatives qu'accorde habituellement le droit de propriété. Mais ce droit est assorti de nombreuses réserves ou limites tenant au respect du règlement de l'immeuble et à l'obligation de ne porter atteinte ni aux droits des autres copropriétaires, ni à la destination de l'immeuble. Ces limites sont donc des restrictions du droit du copropriétaire sur sa fraction. Elles découlent de deux sources fondamentales soit, d'une part, de la nature même de la copropriété: ainsi peut être interdite l'utilisation des locaux à des fins entraînant pour les autres propriétaires des inconvénients anormaux, eu égard à la situation de l'immeuble, à sa destination (bruits, odeurs, risques d'explosion); soit, d'autre part, du règlement de l'immeuble: telles les prescriptions relatives à la jouissance et à la disposition des parties privatives qui tendent tantôt à restreindre l'exercice juridique du droit de propriété, tantôt à limiter plus ou moins les conditions d'utilisation des locaux en fixant soit la destination des parties privatives (affectation des locaux à l'habitation ou à l'usage de bureaux ou de commerce), soit les restrictions imposées à la liberté des copropriétaires dans l'exercice des activités autorisées.

150. Malgré les droits de propriété des copropriétaires sur leurs parties privatives, aucun d'eux ne peut faire d'obstacle à l'exécution, à l'intérieur de sa partie privative, de travaux nécessaires à la conservation de l'immeuble décidés par le syndicat ou des travaux urgents; ces derniers n'ont donc pu être décidés par le syndicat, faute de temps. Et lorsque la fraction est louée, le syndicat doit donner au locataire, le cas échéant, les avis prévus par les articles 1922 et 1931 du Code civil relatifs aux améliorations et aux travaux (art. 1066 C.C.Q.)[106].

151. Lorsqu'un copropriétaire subit un préjudice par suite de l'exécution des travaux, en raison d'une diminution définitive de la valeur de sa fraction, d'un trouble de jouissance grave, même temporaire, ou de dégradations, il a le droit d'obtenir, nous dit l'article 1067 du Code civil du Québec, une indemnité qui est à la charge du syndicat si les travaux ont été faits à la demande de celui-ci; autrement l'indemnité est à la charge des copropriétaires qui ont fait les travaux. Bref, ce copropriétaire pourra profiter de certains dédommagements par suite de l'exécution de travaux. De quels travaux parle l'article 1067 du

Code? La loi ne distinguant pas, il doit s'agir des travaux d'entretien, de transformation, d'agrandissement ou d'amélioration de l'immeuble.

2.4.2 Des obligations des copropriétaires

152. L'une des principales obligations d'un copropriétaire est de contribuer, en proportion de la valeur relative de sa fraction[107], aux charges résultant de la copropriété et de l'exploitation de l'immeuble ainsi qu'au fonds de prévoyance constitué par application de l'article 1071 du Code (art. 1064 C.C.Q.). Toutefois, le copropriétaire qui utilise les parties communes à usage restreint[108] contribue seul aux charges qui en résulteront (art. 1064 in fine C.C.Q.). De plus, le déclarant ne pourra plus fixer arbitrairement les charges communes au motif que dorénavant 1. les charges communes doivent résulter privativement de la copropriété et de l'exploitation de l'immeuble ainsi que d'un fonds de prévoyance qui servira à faire face à des dépenses imprévues et 2. la contribution des copropriétaires est fixée en fonction de la valeur relative de leurs fractions contrairement au droit actuel qui donne toute liberté au déclarant.

Loi d'application, article 53: Dans les copropriétés divises d'un immeuble existant lors de l'entrée en vigueur du nouveau Code civil du Québec, la stipulation de la déclaration de copropriété qui fixe la contribution aux charges résultant de la copropriété et de l'exploitation de l'immeuble suivant les dimensions de la partie privative de chaque fraction est maintenue, malgré l'article 1064 du nouveau Code.

153. Toutefois, s'il y eut injustice dans la répartition des charges communes[109] et de la valeur relative[110], la loi prévoit que le copropriétaire lésé peut demander, en s'adressant au tribunal, et cela dans le délai de cinq ans à compter de l'inscription de la déclaration de copropriété, la révision pour l'avenir de la répartition des charges communes et de la valeur relative de sa fraction (art. 1068 C.C.Q.). Le but de cette disposition est de corriger une injustice. Mais pour décourager les actions téméraires de certains copropriétaires et aussi pour permettre au tribunal de juger s'il y a vraiment une inégalité, le législateur a imposé une condition: il doit exister, entre la valeur relative accordée à une fraction ou la part des charges

communes qui y est afférente et la valeur relative ou la part qui aurait dû être établie, suivant les critères prévus à la déclaration de copropriété, un écart de plus d'un dixième soit en faveur d'un autre copropriétaire, soit au préjudice du copropriétaire qui fait la demande (art. 1068, al. 2 C.C.Q.).

Loi d'application, article 367: La demande ci-dessus de révision des charges est introduite par requête et doit être signifiée au syndicat des copropriétaires; dès lors, l'administrateur ou le gérant avise par écrit chaque copropriétaire de l'objet de la demande dans les cinq jours de sa signification (arts 812 et 812.1 C.P.c).

154. Advenant le défaut par un copropriétaire de payer sa quote-part des charges communes ou sa contribution au fonds de prévoyance, le syndicat peut exercer l'un des recours suivants:

1. inscrire au registre foncier une hypothèque légale sur la fraction de ce copropriétaire en défaut pendant plus de trente jours au moyen d'un avis indiquant la nature de la réclamation, le montant exigible au jour de l'inscription de l'avis, le montant prévu pour les charges et créances de l'année financière en cours et celles de deux années qui suivent (art. 2729 C.C.Q.). Même si le paiement fut réparti sur une base mensuelle, l'avis d'hypothèque légale peut donc porter sur toutes les charges et créances non encore payées de l'année budgétaire en cours, outre celles de deux années à venir. Une seule inscription suffit donc; il n'y a pas lieu de recommencer à chaque défaut. Aucun délai n'est fixé quant à l'exercice par le syndicat de ses recours. Toutefois, cette hypothèque s'éteint trois ans après son inscription, à moins que le syndicat, afin de la conserver, ne publie une action contre le propriétaire en défaut ou n'inscrive un préavis d'exercice d'un droit hypothécaire (art. 2800 C.C.Q.). Notons que le syndicat peut donner main levée ou quittance de ce privilège; il agira à cette fin par son conseil d'administration[111].

2. remplacer l'administrateur ou le gérant qui, étant copropriétaire, néglige de payer sa contribution aux charges communes ou au fonds de prévoyance (art. 1086 C.C.Q.).

3. refuser à ce copropriétaire retardataire depuis plus de trois mois l'exercice de son droit de vote (art. 1094 C.C.Q.).

155. La deuxième obligation du copropriétaire qui, à notre avis, est presque aussi importante que la première[112], est le respect du règlement de l'immeuble et l'obligation de ne porter atteinte ni aux droits des autres copropriétaires, ni à la destination de l'immeuble (art. 1063 C.C.Q.)[113].

2.5 Des droits et obligations du syndicat

156. Le syndicat, personne morale, possède des droits et obligations dont certains sont propres à toute personne morale (section 2.5.1) et les autres lui sont particulières eu égard à son objet (sous-section 2.5.2). Étudions-les séparément.

Loi d'application, article 52: Relativement aux copropriétés divises d'un immeuble établies avant le nouveau Code civil du Québec, leurs collectivités de copropriétaires deviennent des syndicats, et les droits et obligations de leurs administrateurs passent aux syndicats; aussi, leurs administrateurs deviennent les administrateurs du syndicat et en constituent le conseil d'administration, sauf cause d'inhabilité. Enfin, chacun de ces syndicats est désigné par le nom que s'était donné la collectivité des copropriétaires ou sous lequel elle est généralement connue, ou encore par l'adresse du lieu où est situé l'immeuble concerné.

2.5.1 Droits et obligations propres à toute personne morale

157. La collectivité des copropriétaires forme, dès la publication de la déclaration de copropriété, un syndicat qui constitue une personne morale et qui a pour objet la conservation de l'immeuble, l'entretien et l'administration des parties communes, la sauvegarde des droits afférents à l'immeuble ou à la copropriété, ainsi que toutes les opérations d'intérêt commun (art. 1039 C.C.Q.). Cette personne morale a un nom et elle exerce ses droits et exécute ses obligations sous ce nom (art. 305 C.C.Q.). Elle a un domicile aux lieu et adresse du siège qu'elle a déclaré (art. 307 C.C.Q.).

158. Le syndicat, personne morale, a la pleine jouissance des droits civils (art. 301 C.C.Q.). Il est titulaire d'un patrimoine. Il a aussi des droits et obligations extra-patrimoniaux liés à sa nature (art. 302 C.C.Q.). Il a toute la capacité requise pour exercer ses droits, tout comme s'il s'agissait d'une personne physique (art. 303 C.C.Q.). Il est distinct de ses membres et ses actes n'engagent que lui-même (art. 309 C.C.Q.). Le fonctionnement, l'administration du patrimoine et l'activité du syndicat sont réglés par la loi, notamment par les articles 1038 à 1109 du Code civil du Québec et par la déclaration de copropriété (art 310 C.C.Q.)[114].

2.5.2 Droits et obligations particuliers au syndicat

159. Le déclarant stipule généralement dans l'acte de copropriété un certain nombre de droits et d'obligations particuliers en faveur du syndicat, vu la liberté des conventions. Mais le législateur a prévu lui aussi, de façon expresse, certains droits (sous-section 2.5.2.1) et certaines obligations (sous-section 2.5.2.2) de nature particulière propres au syndicat pour en assurer son bon fonctionnement.

2.5.2.1 Droits particuliers au syndicat

160. Le syndicat peut, s'il y est autorisé par l'assemblée des copropriétaires[115], acquérir ou aliéner des fractions, des parties communes ou d'autres droits réels, tel une servitude, etc. L'acquisition ainsi faite d'une fraction n'enlève pas son caractère à la partie privative. Cependant, en assemblée géné-rale, le syndicat ne dispose pas de voix pour ces parties et le total des voix qui peuvent être exprimées est réduit d'autant (art. 1076 C.C.Q.).

161. En matière de location par un copropriétaire, la loi donne au syndicat, après avoir avisé le locateur et le locataire, le droit de demander, conventionnellement ou par voix judiciaire, la résiliation du bail d'une partie privative lorsque l'inexécution d'une obligation par le locataire cause un préjudice *sérieux* à un copropriétaire ou à un autre occupant de l'immeuble (art. 1079). Ce droit du syndicat est pleinement justifié à cause du caractère particulier de la copropriété, car le comportement d'un seul locataire suffit pour mettre en péril un projet de vie en copropriété.

162. Lorsque le refus d'un copropriétaire de se conformer à la déclaration de copropriété cause un préjudice *sérieux* et *irréparable* au syndicat ou à l'un des copropriétaires, l'un ou l'autre peut demander au tribunal au moyen d'une injonction de lui enjoindre de s'y conformer. Si ce copropriétaire transgresse l'injonction ou refuse d'y obéir, le tribunal peut, outre les autres peines qu'il peut imposer, ordonner la vente de la fraction aux enchères, de gré à gré et par appel d'offres suivant les dispositions du Code de procédure civile (art. 1080 C.C.Q.).

Loi d'application, article 367: La demande d'injonction ci-dessus est introduite par requête et doit être signifiée au syndicat des copropriétaires; dès lors, l'administrateur ou le gérant avise par écrit chaque copropriétaire de l'objet de la demande dans les cinq jours de sa signification (arts 812 et 812.1 C.P.c.).

163. Le législateur accorde au syndicat le droit d'intenter toute action fondée sur un vice caché, un vice de conception ou de construction de l'immeuble ou un vice du sol. Si ces vices concernent les parties privatives, le syndicat ne peut agir sans avoir obtenu l'autorisation des copropriétaires de ces parties (art. 1081, al. 1 C.C.Q.). Le but de cette nouvelle disposition est de faciliter le recours des copropriétaires dans ces types d'actions.

164. Le défaut de diligence que peut opposer le défendeur à l'action fondée sur un vice caché s'apprécie, à l'égard du syndicat ou d'un copropriétaire, à compter du jour de l'élection d'un nouveau conseil d'administration, après la perte de contrôle du promoteur sur le syndicat (art. 1081, al. 2 C.C.Q.). Cette disposition est importante car le promoteur, pendant qu'il contrôle les destinées de la copropriété, ne sera pas enclin à intenter contre lui-même de telles actions. C'est pourquoi, le législateur a prévu que le délai d'action commencera à courir du jour où les copropriétaires auront pris le contrôle du syndicat.

Loi d'application, article 57: Cet article couvre l'hypothèse où le vice s'était déjà manifesté avant l'entrée en vigueur du nouveau Code; dans ce cas, la diligence du demandeur à intenter l'action s'apprécie à compter de la connaissance du vice, comme le prévoit le Code civil du Bas-Canada, plutôt qu'en fonction du jour de l'élection du nouveau conseil d'administration, après la perte de contrôle du promoteur sur la collectivité des copropriétaires.

165. En complément de l'article 1040 du Code[116], le législateur accorde au syndicat, au terme de l'article 1082 du Code civil du Québec, soit un droit de préemption, soit un droit de rachat, eu égard à certaines circonstances. Ainsi, le syndicat jouira d'un droit de préemption en ce sens qu'il aura le droit, dans les six mois à compter de la notification qui lui est faite par le propriétaire de l'immeuble faisant l'objet d'une emphytéose ou d'une propriété superficiaire *de son intention de céder à titre onéreux ses droits* dans l'immeuble, de les acquérir, dans ce seul délai, par préférence à tout autre acquéreur éventuel. Par contre, le syndicat bénéficiera d'un droit de rachat si la cession projetée ne lui fut pas notifiée; alors le syndicat pourra dans les six mois à compter du moment où il apprend qu'un tiers a acquis les droits du propriétaire, acquérir les droits de ce tiers en lui remboursant le prix de la cession et les frais qu'il a acquittés[117].

166. Un autre droit du syndicat est celui de pouvoir adhérer à une association de syndicats de copropriétés constituée pour la création, l'administration et l'entretien de services communs à plusieurs immeubles détenus en copropriété ou pour la poursuite d'intérêts communs (art. 1083 C.C.Q.). Le but de cet article est donc d'inciter les syndicats de copropriétés à se regrouper pour partager les coûts d'acquisition et d'opération de certains services communs, par exemple des espaces verts, un tennis, une piscine, un pavillon récréatif, etc. Le législateur n'a pas précisé le type d'association ni les règles devant les régir. À ce sujet, nous proposons la formule de convention d'indivision que nous avons élaborée précédemment[118]. Peut-être que le développement d'association de syndicats pourrait s'avérer une alternative à la complexité juridique et technique des projets de copropriété dits par phases.

167. Enfin, advenant le défaut par un copropriétaire pendant plus de trente jours de payer sa quote-part des charges communes ou sa contribution au fonds de prévoyance, le syndicat peut 1. enregistrer une hypothèque légale sur la fraction de ce copropriétaire (art. 2729 C.C.Q.), 2. le priver de l'exercice de son droit de vote (art. 1094 C.C.Q.)[119]. Et en tout temps, le syndicat peut remplacer l'administrateur ou le gérant qui, étant copropriétaire, néglige de payer sa contribution aux charges communes et au fonds de prévoyance (art. 1086 C.C.Q.).

2.5.2.2 Obligations particulières au syndicat

168. Le législateur oblige le syndicat à tenir à la disposition des copropriétaires un registre contenant le nom et l'adresse de chaque copropriétaire et de chaque locataire, les procès-verbaux des assemblées des copropriétaires et du conseil d'administration, les états financiers, la déclaration de copropriété, les copies de contrats auxquels il est partie, une copie du plan cadastral, les plans et devis de l'immeuble construit, le cas échéant, et finalement tous autres documents relatifs à l'immeuble et au syndicat (art 1070 C.C.Q.). Cette disposition poursuit deux buts: 1. la conservation des documents importants à la copropriété et 2. l'accès par les copropriétaires à ces documents.

169. Une autre obligation imposée au syndicat est prévue à l'article 1071 du Code civil du Québec, soit celle de constituer un *fonds de prévoyance* pour faire face aux réparations majeures que peut nécessiter à un moment donné l'immeuble. Ce fonds est constitué en fonction du coût estimatif des réparations majeures et du coût de remplacement des parties communes. Ce sont ces coûts qui permettront de fixer la contribution des copropriétaires au fonds. Ce dernier doit être liquide et disponible à vue ou sur avis d'au plus trente jours (art. 1341 C.C.Q.) et il appartient au syndicat. Rien n'empêche, croyons-nous, le déclarant de prévoir dans la déclaration de copropriété la création d'autres fonds pour des fins spécifiques et différentes à celles de l'article 1071 du Code.

170. Obligation est aussi faite au syndicat de dresser annuellement un budget; à cette fin, le syndicat agira par ses deux organismes, soit le conseil d'administration et l'assemblée des copropriétaires. En effet, l'article 1072 du Code civil du Québec prescrit qu'annuellement le conseil d'administration fixe, après consultation de l'assemblée des copropriétaires, la contribution de ceux-ci 1. aux charges communes, après avoir déterminé les sommes nécessaires pour faire face aux charges découlant de la copropriété et de l'exploitation de l'immeuble et 2. les sommes à verser au fonds de prévoyance, soit au moins 5 p. 100 de leur contribution aux charges communes, compte tenu, le cas échéant, des droits respectifs des copropriétaires sur les parties communes à usage restreint. Et après l'adoption du

budget, le syndicat avise, sans délai, chaque copropriétaire du montant de ses contributions et de la date où elles sont exigibles. Nous savons qu'en pratique le montant des contributions est divisé et payé sur une base mensuelle.

171. Le syndicat n'aura pas le choix d'assurer ou non l'immeuble, car le législateur lui impose cette responsabilité. En effet, l'article 1073 du Code civil du Québec prévoit que le syndicat a un intérêt assurable dans tout l'immeuble, y compris les parties privatives et oblige le syndicat à souscrire des assurances contre les risques usuels, tels le vol et l'incendie, couvrant la *totalité de l'immeuble*, soit les parties communes et privatives, à l'exclusion des améliorations apportées par un copropriétaire à sa partie. En conséquence, il est de la responsabilité de chaque copropriétaire d'assurer les améliorations qu'il a apportées à sa fraction et les meubles la garnissant. Le montant de l'assurance contractée par le syndicat doit être égal à la *valeur à neuf* de l'immeuble. Le même article oblige également le syndicat à souscrire des assurances pour couvrir sa responsabilité envers les tiers. À noter que la violation d'une des conditions du contrat d'assurance par un copropriétaire n'est pas opposable au syndicat (art. 1074 C.C.Q.).

172. Puis le législateur détermine à qui l'indemnité d'assurance sera versée et quelle utilisation doit en être faite. A cet effet, il prévoit la remise de l'indemnité à un fiduciaire nommé dans l'acte constitutif de copropriété ou, à défaut, désigné par le syndicat. Dès lors, le fiduciaire devra s'assurer qu'elle est utilisée pour la réparation ou la reconstruction de l'immeuble, sauf si le syndicat décide de mettre fin à la copropriété[120]. En ce cas, le fiduciaire, après avoir déterminé la part de l'indemnité de chacun des copropriétaires en fonction de la valeur relative de sa fraction, paiera, sur cette part, les créanciers prioritaires et hypothécaires suivant les règles de l'article 2497 du Code. Il remettra ensuite pour chacun des copropriétaires le solde de l'indemnité au liquidateur du syndicat avec son rapport (art. 1075 C.C.Q.).

173. En matière de responsabilité, il est prévu que le syndicat est responsable des dommages causés aux copropriétaires ou aux tiers par le vice de conception ou de construction ou le défaut d'entretien des parties communes, sans préjudice de toute action récursoire (art. 1077 C.C.Q.).

174. Si d'aventure un jugement condamne le syndicat à payer une somme d'argent, ce jugement est exécutoire contre lui et contre chacune des personnes qui étaient copropriétaires au moment où la cause d'action a pris naissance, proportionnellement à la valeur relative de sa fraction (art. 1078, al. 1 C.C.Q.). Une telle solution est normale, car le syndicat est un organisme de gestion et comme tel il n'a pas de vocation à réaliser des profits et s'il est condamné, il n'aura pas nécessairement les sommes requises pour payer le montant. Mais ce jugement ne peut être exécuté sur le fonds de prévoyance, sauf pour une dette née de la réparation de l'immeuble ou du remplacement des parties communes (art. 1078, al. 2 C.C.Q.).

2.6 Du conseil d'administration du syndicat

175. Le conseil d'administration est l'un des deux organes du syndicat, l'autre étant l'assemblée des copropriétaires (art. 311 C.C.Q.). La composition du conseil d'administration du syndicat, le mode de nomination, de remplacement ou de rémunération des administrateurs, ainsi que les autres conditions de leur charge sont fixés par le *règlement de l'immeuble*[121], ce qui en facilitera les modifications ultérieures[122], et en cas de silence du règlement ou d'impossibilité de procéder en la manière prévue, le tribunal peut, à la demande d'un copropriétaire, nommer ou remplacer un administrateur et fixer les conditions de sa charge (art. 1084 C.C.Q.). Le conseil d'administration est donc composé de personnes élues par l'assemblée des copropriétaires, ou à défaut par le tribunal, et est chargé d'agir pour le bénéfice du syndicat (art. 311 C.C.Q.).

Loi d'application, article 52: Relativement aux copropriétés divises d'un immeuble établie avant le nouveau Code civil du Québec, leurs administrateurs deviennent les administrateurs du syndicat et en constituent le conseil d'administration, sauf cause d'inhabilité.

Loi d'application, article 367: Toute demande d'un copropriétaire portant nomination ou remplacement d'un administrateur et la fixation des conditions de sa charge est introduite par requête et doit être signifiée au syndicat des copropriétaires; dès lors, l'administrateur ou le gérant avise par écrit chaque copropriétaire de l'objet de la demande dans les cinq jours de sa signification (arts 812 et 812.1 C.P.c.).

176. Les administrateurs sont considérés comme mandataires du syndicat. Ils doivent, dans l'exercice de leurs fonctions, respecter les obligations que la loi[123] et le règlement de l'immeuble leur imposent et agir dans les limites des pouvoirs qui leur sont conférés (art. 321 C.C.Q.). Leurs inhabilités sont prévues au règlement de l'immeuble, et à défaut, par les dispositions spécifiques du Code civil du Québec[124]. Les administrateurs réunis en conseil d'administration prennent les décisions, mais ce sont ses dirigeants, tout comme les officiers en droit des compagnies, qui exécutent ces décisions et qui sont généralement en relation avec les tiers (art. 312 C.C.Q.). Bref, ce sont les dirigeants du syndicat qui représentent ce dernier et non pas le conseil d'administration.

177. Quant au fonctionnement du conseil d'administration, il est fixé par le règlement de l'immeuble et, de façon supplétive, par le Code civil du Québec, soit les articles 335 à 344, sans oublier les articles 353 et 354 qui prévoient 1. que les Administrateurs peuvent renoncer à l'avis de convocation à une réunion du conseil d'administration, 2. que leur seule présence équivaut à une renonciation à l'avis de convocation sauf s'ils sont là pour contester la régularité de la convocation, 3. que les résolutions écrites, signées par tous les administrateurs ont la même valeur que si elles avaient été adoptées lors d'une réunion du conseil d'administration, et enfin 4. qu'un exemplaire de ces résolutions est conservé avec les procès-verbaux des délibérations ou ce qui en tient lieu. Aussi, selon l'article 344 du Code, les administrateurs peuvent, si tous sont d'accord, participer à une réunion du conseil d'administration à l'aide de moyens permettant à tous les participants de communiquer immédiatement entre eux, par exemple par téléphone, style conférence téléphonique.

178. Le conseil d'administration gère les affaires, c'est-à-dire la copropriété, en assurant la conservation de l'immeuble, l'entretien et l'administration des parties communes, la sauvegarde des droits afférents à l'immeuble ou à la copropriété, et à cette fin, il exerce tous les pouvoirs nécessaires. Il peut aussi, comme nous l'avons vu, créer des postes de direction en nommant des

dirigeants, c'est-à-dire des officiers, et leur déléguer certains de ses pouvoirs (art. 335 C.C.Q.). Les décisions du conseil d'administration sont prises à majorité des voix des administrateurs (art. 336 C.C.Q.). Ce sont les dirigeants du syndicat, c'est-à-dire les officiers tels le président, le vice-président ou le secrétaire-trésorier qui représentent le syndicat et l'obligent dans la mesure des pouvoirs que la loi ou le règlement de l'immeuble leur confèrent (art. 312 C.C.Q.).

179. Le conseil d'administration peut confier l'administration courante de l'immeuble à un gérant qui peut être un copropriétaire ou non. Ce dernier agira à titre d'administrateur du bien d'autrui (art. 1085 C.C.Q.); il sera chargé de la simple administration[125].

2.7 De l'assemblée des copropriétaires

180. L'assemblée des copropriétaires, nous l'avons vu, est le deuxième organe du syndicat (art. 311 C.C.Q.), car les décisions du syndicat sont prises en assemblée générale des copropriétaires. En conséquence, le législateur, et à défaut de ce dernier, la déclaration de copropriété, détermine les règles relatives à l'organisation des assemblées générales (section 2.7.1), à la répartition des voix (section 2.7.2), aux différentes majorités (section 2.7.3), aux pouvoirs de l'assemblée (section 2.7.4), et enfin, à l'opposabilité des décisions (section 2.7.5).

2.7.1 Organisation des assemblées générales

181. Précisons immédiatement que les règles relatives à la procédure et à la tenue des assemblées des personnes morales contenues dans le Livre sur les personnes, s'appliquent aux assemblées des copropriétaires[126], en l'absence de dispositions contraires dans le règlement de l'immeuble. La loi prévoit seulement deux catégories d'assemblées générales: soit celle annuelle (art. 1087 C.C.Q.) et celles extraordinaires (arts. 352 et 1104 C.C.Q.). Mais le règlement de l'immeuble peut, pour sa part, en prévoir d'autres, soit des assemblées régulières (leur nombre est déterminé dans le règlement), soit des assemblées spéciales (elles sont convoquées de façon sporadique par les administrateurs dans un but très précis). L'organisation de

toutes les assemblées est, en principe, la même sauf quant à l'assemblée annuelle dont nous soulignerons au passage les distinctions.

182. En l'absence de stipulations contraires dans le règlement de l'immeuble, les assemblées des copropriétaires sont convoquées par le conseil d'administration (art. 345 C.C.Q.), sauf celle extraordinaire prévue à l'article 352 du Code qui prévoit que des copropriétaires, s'ils représentent 10 p. 100 des voix, peuvent requérir des administrateurs ou du secrétaire la convocation d'une assemblée annuelle ou extraordinaire en précisant, dans un avis écrit, les questions qui devront y être traitées, et à défaut par les administrateurs ou le secrétaire d'agir dans un délai de vingt et un jours à compter de la réception de l'avis, tout copropriétaire signataire de l'avis peut faire la convocation.

183. Les modalités et le contenu de tout avis de convocation sont déterminés par le règlement de l'immeuble. Mais il y a l'article 1088 du Code qui donne la possibilité aux copropriétaires, dans les cinq jours de la réception de l'avis de convocation, de faire inscrire à l'ordre du jour les sujets qu'ils veulent voir traiter. Finalement, les copropriétaires peuvent renoncer à l'avis de convocation d'une assemblée des copropriétaires; leur seule présence équivaut à une renonciation à l'avis de convocation, à moins qu'ils ne soient là pour contester la régularité de la convocation (art. 353 C.C.Q.). Les résolutions écrites, signées par tous les copropriétaires ont la même valeur que si elles avaient été adoptées lors d'une réunion d'une assemblée des copropriétaires (art. 354 C.C.Q.)

184. De plus, s'il s'agit de l'assemblée annuelle, l'avis de convocation *doit être accompagné* en plus du bilan, de l'état des résultats de l'exercice écoulé, de l'état des dettes et créances, du budget prévisionnel, de tout projet de modification de la déclaration de copropriété et d'une note sur les modalités essentielles de tout contrat proposé (i.e. les détails écrits du contrat et non le contrat même) et de tous travaux projetés (art. 1087 C.C.Q.). Cette exigence a pour but de permettre aux copropriétaires de prendre des décisions éclairées; c'est pourquoi cette disposition du Code est d'ordre public.

185. L'assemblée des copropriétaires ne peut délibérer sur d'autres questions que celles figurant à l'ordre du jour à moins

que tous les copropriétaires qui devaient être convoqués ne soient présents et n'y consentent. Cependant, lors de l'assemblée annuelle, chacun peut soulever toute question d'intérêt pour le syndicat ou les copropriétaires (art. 348 C.C.Q.).

186. Le quorum de toute assemblée est constitué, en l'absence de dispositions contraires, par les copropriétaires détenant la majorité des voix. Si le quorum n'est pas atteint, l'assemblée est alors ajournée à une autre date, dont avis est donné à tous les copropriétaires, et les trois quarts des membres présents ou représentés à cette assemblée constituent le quorum. L'assemblée où il n'y a plus quorum doit être ajournée si un copropriétaire le réclame (art. 1089 C.C.Q.), ceci afin d'éviter que des décisions importantes ne se prennent après qu'une partie importante des copropriétaires ait quitté la réunion.

187. Un copropriétaire peut se faire représenter à une assemblée s'il donne un mandat écrit à cet effet (art. 350 C.C.Q.). Le règlement de l'immeuble peut déterminer toutes autres conditions relatives à un tel mandat. Par ailleurs, la cession des droits de vote d'un copropriétaire doit être dénoncée au syndicat pour lui être opposable, et cela afin d'assurer un meilleur contrôle des personnes habilitées à voter et aussi une transmission valable des avis de convocation à ces assemblées (art. 1095 C.C.Q.). Une telle cession est généralement stipulée dans l'acte d'hypothèque grevant une fraction.

2.7.2 Répartition des voix

188. L'article 1090 du Code civil du Québec prévoit, en premier lieu, que chaque copropriétaire dispose à l'assemblée d'un nombre de voix proportionnel à la valeur relative de sa fraction, et précise, en deuxième lieu, la répartition des voix en cas d'indivision: les indivisaires d'une fraction exercent leurs droits dans la proportion de leur quote-part indivise. Cette façon de répartir les votes peut mener à des situations malheureuses, car elle permet à un groupe de personnes ou à un promoteur de contrôler les destinées de la copropriété. Des abus peuvent découler de cette situation ainsi que des déficiences dans l'administration peuvent mettre en péril l'avenir même de la copropriété.

189. Pour faire obstacle à ces prises de contrôle, le législateur a pensé limiter le nombre de voix dont un copropriétaire ou un

promoteur peut disposer en édictant au Code civil les articles suivants:

1091. Lorsqu'un copropriétaire dispose, dans une copropriété comptant moins de cinq fractions, d'un nombre de voix supérieur à la moitié de l'ensemble des voix des copropriétaires, le nombre de voix dont il dispose, à une assemblée, est réduit à la somme des voix des autres copropriétaires présents ou représentés à cette assemblée.

1092. Le promoteur d'une copropriété comptant cinq fractions ou plus ne peut disposer, outre les voix attachées à la fraction qui lui sert de résidence, de plus de 60 p. 100 de l'ensemble des voix des copropriétaires à l'expiration de la deuxième et de la troisième année de la date d'inscription de la déclaration de copropriété. Ce nombre est réduit à 25 p. 100 par la suite.

1093. Est considéré comme promoteur celui qui, au moment de l'inscription de la déclaration de copropriété, est propriétaire d'au moins la moitié de l'ensemble des fractions ou ses ayants cause, sauf celui qui acquiert de bonne foi et dans l'intention de l'habiter une fraction pour un prix égal à sa valeur marchande.

1099. Lorsque le nombre de voix dont dispose un copropriétaire ou un promoteur est réduit, en application de la présente section, le total des voix des copropriétaires est réduit d'autant pour le vote des décisions exigeant la majorité en nombre et en voix.

Nous rappelons que le syndicat, s'il a acquis des parties privatives en son propre nom, ne dispose pas de voix en assemblée générale, au titre des parties exclusives qu'il a acquises (art. 1076 C.C.Q.)[127]. Notons également que lorsqu'un copropriétaire n'acquitte pas depuis plus de trois mois sa quote-part des charges communes ou sa contribution au fonds de prévoyance, il est privé de son droit de vote (art. 1094 C.C.Q.)[128].

2.7.3 Différentes majorités

190. Le législateur a institué des majorités différentes pour l'adoption des résolutions en fonction de l'importance des décisions à prendre. Pour les assemblées statuant sur des problèmes d'administration courante, les décisions du syndicat seront prises à la majorité des voix des copropriétaires présents ou

représentés à l'assemblée des copropriétaires (majorité simple)
(art. 1096 C.C.Q.); pour celles statuant sur des questions sortant
de l'administration courante, les décisions seront alors prises à
la majorité des copropriétaires représentant les trois quarts des
voix de tous les copropriétaires (double majorité) (art. 1097
C.C.Q.), et finalement, les actes statuant sur les questions les
plus importantes seront prises à la majorité des trois quarts des
copropriétaires représentant 90 p. 100 des voix de tous les
copropriétaires (art. 1098 C.C.Q.).

191. La déclaration de copropriété ne pourra pas modifier ces
différentes majorités. En effet, l'article 1101 du Code qui est
d'ordre public rend nulle toute stipulation qui modifie le
nombre de voix requis pour prendre une décision prévue par le
chapitre de la copropriété divise. Cet article a pour but de
contrer une certaine pratique à l'effet d'insérer dans la déclaration une clause haussant le pourcentage de voix requis, allant
jusqu'à exiger parfois l'unanimité, alors même que la loi prévoit un pourcentage moindre.

2.7.4 Pouvoirs de l'assemblée

192. C'est par la tenue d'assemblées délibérantes que le syndicat exerce ses pouvoirs. Il convient alors d'étudier l'application des différentes majorités des assemblées, eu égard à leurs
décisions respectives prises par le syndicat dans l'exercice de
ses pouvoirs. La règle de base résulte de l'article 1096 du Code
civil du Québec à l'effet que les décisions du syndicat sont
prises à la majorité des voix des copropriétaires présents ou
représentés à l'assemblée (majorité simple), y compris celles
visant à corriger une erreur matérielle dans la déclaration de
copropriété. Ceci signifie que toutes les décisions relatives à
l'administration courante de la copropriété sont prises à la
majorité simple, même lorsqu'il s'agit de corriger une erreur
matérielle par exemple une erreur d'écriture, dans la déclaration
de copropriété (art. 1096 et 1052 C.C.Q.) ou encore de modifier
le règlement de l'immeuble (art. 1097 par. 4, C.C.Q.).

193. Les pouvoirs du syndicat, faut-il le rappeler, sont déterminés, d'une part, par l'acte de copropriété[129] et, d'autre part,
par le Code civil du Québec, notamment les articles 1097 et
1098 que voici:

1097. Sont prises à la majorité des copropriétaires, représentant les trois quarts des voix de tous les copropriétaires, les décisions qui concernent: 1. les actes d'acquisition ou d'aliénation immobilière par le syndicat; 2. les travaux de transformation, d'agrandissement ou d'amélioration des parties communes, ainsi que la répartition du coût de ces travaux; 3. la construction de bâtiments pour créer de nouvelles fractions; 4. la modification de l'acte constitutif de copropriété ou de l'état descriptif des fractions.

1198. Sont prises à la majorité des trois quarts des copropriétaires, représentant 90 p. 100 des voix de tous les copropriétaires, les décisions: 1. qui changent la destination de l'immeuble; 2. qui autorisent l'aliénation des parties communes dont la conservation est nécessaire au maintien de la destination de l'immeuble; 3. qui modifient la déclaration de copropriété pour permettre la détention d'une fraction par plusieurs personnes ayant un droit de jouissance périodique et successif.

Loi d'application, article 53: Dans les copropriétés divises d'un immeuble existant lors de l'entrée en vigueur du nouveau Code civil du Québec, la stipulation de la déclaration qui pose la règle de l'unanimité pour les décisions visant à changer la destination de l'immeuble est toutefois maintenue, malgré l'article 1101 du nouveau Code.

194. Il n'est toutefois pas nécessaire d'obtenir ni la double majorité prévue à l'article 1097, paragr. 4 ci-dessus, ni même l'accord de l'assemblée des copropriétaires, lorsque deux copropriétaires de fractions contiguës veulent modifier les limites de leurs fractions seulement. Pour eux, ils ne devront obtenir que le consentement de leur créancier hypothécaire et du syndicat (agissant par son conseil d'administration[130]). Une telle modification ne peut augmenter ou diminuer la valeur relative de l'ensemble des parties privatives modifiées ou l'ensemble des droits de vote qui y sont attachés (art. 1100 C.C.Q.). Cette disposition spéciale prévue à l'article 1100 du Code s'explique par le fait que la modification des limites des fractions contiguës n'intéresse que les copropriétaires des fractions concernées; l'ensemble des copropriétaires n'y a pas d'intérêt puisque la valeur de leurs fractions n'est pas atteinte. Cette situation peut se présenter surtout en copropriété commerciale où un acheteur peut parfois avoir besoin de tout un étage ou seulement de la moitié. Le syndicat (par son conseil d'adminis-

tration) procédera à la modification de la déclaration de copropriété et du plan cadastral aux frais de ces propriétaires; cet acte
de modification qui sera présenté au bureau de la publicité des
droits (art. 1060 C.C.Q.) devra être accompagné des consentements des créanciers, des copropriétaires concernés et du
syndicat (art. 1100, al. 2 C.C.Q.).

195. Il y a lieu de préciser que toute décision du syndicat qui,
à l'encontre de la déclaration de copropriété, impose au
copropriétaire une modification à la valeur relative de sa fraction, à la destination de sa partie privative ou à l'usage qu'il
peut en faire est nulle et sans effet (art. 1102 C.C.O.). A
contrario, une telle décision sera valable et produira ses effets
si elle fut prise avec la double majorité prévue à l'article 1097
du Code et si le copropriétaire concerné donne son consentement. Dans ce dernier cas, il suffira de modifier la déclaration
de copropriété.

196. Comme pour les réunions des administrateurs[131], le législateur a édicté de nouvelles dispositions régissant l'avis de
convocation de l'assemblée générale et l'adoption des décisions
ou résolutions prises par les copropriétaires. C'est ainsi que les
copropriétaires peuvent renoncer à l'avis de convocation à une
assemblée des copropriétaires. Aussi la présence de tous les
copropriétaires à une assemblée équivaut à une renonciation à
l'avis de convocation, à moins qu'ils ne soient là pour contester
la régularité de la convocation (art. 353 C.C.Q.). Puis il y a
cette autre disposition qui est très innovatrice. Il s'agit de
l'article 354 du Code qui prévoit que lorsqu'une résolution
écrite circule parmi les copropriétaires sans la tenue d'une
assemblée et qu'elle est signée par tous les copropriétaires
habiles à voter, elle a la même valeur que si elle avait été
adoptée en assemblée. Ceci signifie qu'une résolution de copropriétaires peut être adoptée soit par correspondance en solli-
citant, par lettre circulaire, la signature de chaque copro-
prié-
taire, soit par voie de «référendum».

2.7.5 L'opposabilité des décisions

197. Dans le but de protéger la minorité et même parfois la
majorité des copropriétaires contre des excès toujours possibles,
le législateur a introduit l'article 1103 au Code civil du Québec.

Cet article permet à tout copropriétaire, présent ou non à l'assemblée, abstentionniste ou même opposant, de demander l'annulation d'une décision de l'assemblée 1. lorsqu'elle est partiale, ou 2. lorsqu'elle est adoptée avec l'intention de nuire aux copropriétaires ou au mépris de leurs droits, ou 3. lorsqu'une erreur s'est produite dans le calcul des voix.

Loi d'application, article 367: La demande d'annulation d'une décision est introduite par un bref d'assignation, *i.e.* par une action, et doit être signifiée au syndicat des copropriétaires; dès lors, l'administrateur ou le gérant avise par écrit chaque copropriétaire de l'objet de la demande dans les cinq jours de sa signification (arts 812 et 812.1 C.P.c.).

198. Une décision est partiale lorsqu'elle est prise sans souci de justice. Par contre, l'intention de nuire est manifeste lorsqu'il y a mépris des droits de certains copropriétaires. Cela se produit lorsqu'il y a excès de pouvoirs, par exemple l'assemblée des copropriétaires prend des décisions qui excèdent sa compétence ou son rôle. Ce serait le cas si l'assemblée décidait par exemple d'interdire toute publicité, en l'absence d'une disposition expresse de la déclaration qui l'interdit, à un professionnel qui a droit en vertu de la déclaration d'exercer sa profession dans sa partie privative.

199. L'abus de droit est une forme de mépris des droits des autres. L'usage excessif peut, en effet, conduire à faire annuler une décision paraissant régulière quant au fond et à la forme. Une telle décision doit représenter les deux caractères suivants: 1. être contraire à l'intérêt collectif et 2. avoir été votée avec l'intention de nuire ou au moyen de manœuvres frauduleuses. C'est ainsi qu'une majorité peut braver les minoritaires en approuvant par exemple la conduite d'administrateurs incapables ou malhonnêtes; en d'autres termes, ne pas agir pour le bien commun. Ce serait aussi le cas d'un copropriétaire qui, par toutes sortes de manœuvres, convainc le syndicat d'acheter un terrain voisin pour un prix excessif, alors que son seul but est de toucher une rémunération promise par le vendeur.

200. L'action en nullité doit, toutefois, sous peine de déchéance, être intentée dans les soixante jours de l'assemblée (art. 1103, al. 2, C.C.Q.). L'action est prise contre le syndicat et non contre des copropriétaires. L'expiration du délai de

soixante jours a un effet absolu; en conséquence, la décision
non contestée judiciairement, deviendra parfaite et définitive
sur le plan juridique, même si au départ elle était entachée de
nullité, voire même inexistante sur le plan juridique. Le tribunal
peut, par ailleurs, si l'action est futile ou vexatoire, condamner
le demandeur à des dommages-intérêts (art. 1103, al. 3 C.C.Q.).
Il ne nous semble pas nécessaire d'attendre l'expiration du délai
de trente jours pour exécuter les décisions de l'assemblée.

2.8 De la perte de contrôle du promoteur sur le syndicat

201. Le présent chapitre vise un but très précis puisque c'est de
la protection du consommateur qu'il s'agit. Le but étant connu,
le législateur a édicté une série de mesures permettant de
l'atteindre. La première de ces mesures résulte de l'article 1104
du Code civil qui vise à transférer le contrôle du syndicat du
promoteur aux copropriétaires dans le délai de quatre vingt dix
jours où le promoteur ne détient plus la majorité des voix à
l'assemblée des copropriétaires. Pour ce faire, une *assemblée
extraordinaire* des copropriétaires doit être convoquée par le
conseil d'administration en place pour procéder à l'élection
d'un nouveau conseil d'administration. Et si l'assemblée n'est
pas convoquée dans le délai imparti, tout copropriétaire peut le
faire de sa propre initiative. La présente disposition veut éviter
qu'un promoteur ne se nomme directement ou indirectement
administrateur pour un long terme et ne contrôle pour long
temps le syndicat même s'il a perdu la majorité des voix.

Loi d'application, article 58: Dans les copropriétés divises
existantes au moment de l'entrée en vigueur du nouveau Code
civil, le délai ci-dessus de quatre-vingt-dix jours court à
compter de l'entrée en vigueur du nouveau Code.

202. À cette assemblée extraordinaire, le conseil d'administration sortant rend compte de son administration. Il y produit
des états financiers qui doivent être accompagnés de commentaires d'un comptable sur la situation financière du syndicat. Le
comptable doit, dans son rapport aux copropriétaires, indiquer
toute irrégularité qu'il constate (art. 1105 al. 1 et 2 C.C.Q.).
Notons que si 40 p. 100 des voix de tous les copropriétaires le

demandent, ces états financiers doivent être vérifiés; une telle demande peut être faite en tout temps, même avant l'assemblée (art. 1105, al. 3 C.C.Q.).

203. Dans l'exécution de son mandat, le comptable a accès à tout moment aux livres, comptes et pièces justificatives qui concernent la copropriété. Il a aussi le droit d'exiger du promoteur ou d'un administrateur les informations et explications qu'il estime nécessaires pour accomplir ses fonctions (art. 1106 C.C.Q.).

204. Dans les soixante jours de leur élection, les nouveaux administrateurs peuvent mettre fin, sans pénalité, à tout contrat conclu antérieurement à cette élection par le syndicat pour l'entretien de l'immeuble ou pour d'autres services, lorsque la durée du contrat excède un an (art. 1107 C.C.Q.). Cette disposition a pour but de mettre fin à une certaine pratique instaurée par des promoteurs qui, pendant qu'ils contrôlent l'administration de la copropriété, accordent à leurs amis ou à des personnes liées, par exemple à leur compagnie personnelle ou familiale, des contrats d'entretien ou de service pour une durée et des prix excessifs.

Loi d'application, article 58: Dans les copropriétés divises existantes, au moment de l'entrée en vigueur du nouveau Code civil, le délai ci-dessus de soixante jours court à compter de l'entrée en vigueur du nouveau Code.

2.9 De la fin de la copropriété

205. La copropriété divise des immeubles est une copropriété organisée par ses membres et ces derniers peuvent y mettre fin de par leur seule volonté (section 2.9.1) et en suivant les formalités prescrites par la loi (section 2.9.2).

2.9.1 Volonté des copropriétaires

206. Il peut être mis fin à la copropriété par décision des trois quarts des copropriétaires représentant 90 p. 100 des voix de tous les copropriétaires (art. 1108, al. 1 C.C.Q.). On n'exige plus l'unanimité des copropriétaires afin d'éviter toute forme de chantage et d'empêcher que l'entêtement d'un ou de quelques

individus n'oblige les autres à demeurer dans un état dont ils ne veulent plus.

2.9.2 Formalités

207. Quant aux formalités à remplir, l'article 1108 alinéa 2 du Code mentionne que cette décision doit être consignée dans un écrit (sans en préciser la forme) qui sera signé par le syndicat, (c'est-à-dire par ses dirigeants, ces derniers ayant été autorisés à agir en vertu de cette décision) et aussi par les personnes détenant des hypothèques sur tout ou partie de l'immeuble. Cette décision est inscrite au registre foncier, sous le numéro d'immatriculation des parties communes et des parties privatives.

208. Le syndicat est liquidé selon les règles applicables à la liquidation des personnes morales[132]. Un liquidateur est nommé suivant la déclaration de copropriété ou, à défaut, par le tribunal (art. 358 C.C.Q.). Ce liquidateur est chargé de liquider la copropriété et, à cette fin, il est saisi des biens du syndicat, de l'immeuble et de tous les droits et obligations des copropriétaires dans l'immeuble (art. 1109 C.C.Q.). Il procède au paiement des dettes, puis au partage de l'actif entre les copropriétaires en proportion de leurs droits indivis (art. 361 C.C.Q.). Voilà pour la copropriété divise.

3. Des règles particulières à la vente d'unités d'habitation en matière de copropriété

209. Le législateur prévoit pour la première fois un ensemble de dispositions en matière de vente d'immeubles à usage d'habitation détenus en copropriété pour protéger l'acheteur inexpérimenté face à un vendeur expert. Pour ce faire, il fait la distinction entre l'immeuble de moins de dix unités de logements (section 3.1) de celui de dix unités ou plus (section 3.2).

3.1 Immeuble de moins de dix unités de logements

210. Dans le but de protéger le consommateur en matière d'achat pour son usage personnel d'une fraction de copropriété divise ou d'une partie indivise d'un immeuble à usage d'habi-

tation bâti ou à bâtir lorsque cette vente est faite par le constructeur de l'immeuble ou par un promoteur, le législateur, au terme de l'article 1785, alinéa 1 du Code civil du Québec, crée l'obligation pour le vendeur et l'acheteur de signer un contrat préliminaire, soit une offre ou une promesse d'achat dont le contenu est énuméré à l'article 1786, alinéa 1. Ce contrat préliminaire doit contenir, en outre, une faculté de dédit en faveur du promettant acheteur, valide pour un délai de dix jours (art. 1785, al. 2 C.C.Q.). Lorsque ce contrat prescrit une indemnité en cas d'exercice de cette faculté de dédit, celle-ci ne peut excéder 0.5 p. 100 du prix de vente convenu (art. 1786, al. 2 C.C.Q.). À défaut par les parties de se conformer aux prescriptions des articles 1785 et 1786, la vente peut être annulée à la demande de l'acheteur qui en subit un préjudice sérieux (art. 1793 C.C.Q.).

3.2 Immeuble de dix unités ou plus de logements

211. Lorsque l'offre ou la promesse d'achat porte sur une unité de copropriété divise ou indivise qui fait partie d'un immeuble bâti ou à bâtir de dix logements ou plus, le constructeur ou le promoteur devra non seulement signer le contrat préliminaire, mais aussi remettre en même temps une note d'information au promettant acheteur dont le contenu est énuméré aux articles 1788, alinéa 1 et 1791 du Code. À cette note devra être annexée une copie ou un sommaire de la déclaration de copropriété ou de la convention d'indivision, même si ces documents sont à l'état de projet (art. 1788, al. 2 C.C.Q.). Aussi, lorsque la vente porte sur une fraction de copropriété divise seulement, la note d'information doit contenir un état des baux consentis par le promoteur ou le constructeur sur les parties privatives ou communes de l'immeuble et indiquer le nombre maximum de fractions destinées par eux à des fins locatives (art. 1789 C.C.Q.), le tout sous peine de sanction prévue à l'article 1790 du Code.

212. Notons qu'en vertu de l'article 1792 du Code civil du Québec, la vente d'une fraction de copropriété divise seulement peut être résolue sans formalités lorsque la déclaration de copropriété n'est pas inscrite dans un délai de trente jours, à compter du moment où l'immeuble a fait l'objet d'un plan cadastral qui pourvoit à l'immatriculation des parties privatives

et communes selon les conditions établies à l'article 3022 du
Code.

Conclusion

213. Le chapitre sur l'indivision comble une lacune de notre
droit civil qui ne contient présentement aucune disposition
régissant le cas où des personnes désirent demeurer dans l'indivision et qui favorise plutôt le partage en décrétant que nul n'est
tenu de demeurer dans l'indivision malgré une convention
contraire. Comme cette situation n'est plus conforme à la
réalité, étant donné que nombre de personnes désirent acheter et
conserver des biens en commun afin de faire des économies tant
sur le coût d'acquisition que sur ceux de l'entretien et de
l'opération de ces mêmes biens, il est heureux que le législateur
ait tenu compte de ce fait en donnant un cadre légal régissant
l'exercice de ce droit.

214. Quant au chapitre de la copropriété divise, le législateur a
modifié sensiblement ce droit par de nouvelles dispositions,
telles celles relatives à la personnalité juridique de la collectivité des copropriétaires, au remplacement de la règle de l'unanimité par celle de 90 p. 100, sans oublier celles visant la
protection du consommateur. Et en vertu de la loi d'application,
tous les immeubles présentement tenus en copropriété divise
bénéficieront du droit nouveau en la matière.

Table de concordance

Code civil du Québec – Projet de loi –
Code civil du Bas-Canada

C..c.Q.	P.L. 125	C.C.B.-C.	C..c.Q.	P.L. 125	C.C.B.-C.
301	300	352	309	308	363
302	301	352	310	309	361
303	303	365	311	310	
304	303	365	312	311	360
305	304	357			
306	305	1834, 1877	313	312	
307	306	1834, 1877	314	313	352, 1833
308	307	1834, 1877, 1879	315	314	363, 1839

C..c.Q.	P.L. 125	C.C.B.-C.	C..c.Q.	P.L. 125	C.C.B.-C.
316	315		1011	1009.1	
317	316		1012	1010	
318	317		1013	1011	
319	318		1014	1012	
320	319		1015	1013	
321	320	360	1016	1014	
322	321		1017	1014.1	
324	323		1018	1015	
325	324		1019	1016	
326	325		1020	1017	
327	326		1021	1020	
328	327		1023	1021	
329	328		1024	1022	
330	329		1025	1023	
331	330		1026	1024	
332	331		1027	1025	
333	332		1028	1026	
334	333		1029	1027	
335	334	360-361	1030	1028	689
336	335		1031	1029	689
337	336	1851	1032	1030	
338	337	359	1033	1031	
339	338		1034	1032	
340	339		1035	1033	
341	340		1036	1034	
342	341	1881	1037	1035	
343	342		1038	1036	441b
344	343		1039	1037	441v
345	344		1040	1038	441b.1
346	345		1041	1039	441l
347	346		1042	1040	
348	347		1043	1041	441f
349	348		1044	1042	441f
350	349		1045	1043	441g
351	350		1046	1044	441d
352	351		1047	1045	441c
353	352		1048	1046	441c
354	353		1049	1047	441p
355	354	368, 1892, 1896	1050	1048	442n
356	355	368, 1892	1051	1049	442j
357	356		1052	1050	
358	357	1896a	1053	1051	441l
359	358	1896a	1054	1052	441l, 442c
360	359	1896a	1055	1053	441l
361	360		1056	1054	441c-441p
362	361		1057	1055	1651
363	362	371	1058	1056	
364	363		1059	1067	441m
1010	1009	441b	1060	1058	441m/1061

C..c.Q.	P.L. 125	C.C.B.-C.	C..c.Q.	P.L. 125	C.C.B.-C.
1059			1091	1089	
1062	1060	441m#2, 441n	1092	1090	
1063	1061	441h	1093	1091	
1064	1062	441k	1094	1092	
1065	1063		1095	1093	
1066	1064	442l	1096	1094	442c-442f
1067	1065	442l	1097	1095	442f
1068	1066	442g	1098	1096	442h
1069	1067		1099	1097	
1070	1068		1100	1098	442f
1071	1069		1101	1099	
1072	442j		1102	1100	442g
1073	1071	442a	1103	1101	
1074	1072		1104	1102	
1075	1073		1105	1103	441t
1076	1074	441w-441x	1106	1104	
1077	1075	441z	1107	1105	
1078	1076	442	1108	1106	442o
1079	1077	1665.1	1109	1107	442p
1080	1078		1785	1775	
1081	1079	1530	1786	1776	
1082	1080	441x.1	1787	1777	
1083	1081		1788	1778	
1084	1082	441g	1789	1779	
1085	1083	441r, 441u-441v	1790	1780	
1086	1084		1791	1781	
1087	1085	442c	1792	1782	
1088	1086		1793	1783	
1089	1087	442d	1794	1784	
1090	1088	442d			

Notes

1. Partout dans ce texte, nous ferons référence à cette loi sous l'abréviation «C.C.Q.» ou sous l'appellation «la Loi» ou «le Code civil» ou le «Code».
2. 1992 L.Q. c. 57, auquel il sera fait référence sous le nom abrégé de «Loi d'application».
3. C.C.Q., arts 1012 à 1109.
4. C.C.B.C., arts 441 b à 442 p.
5. Voir *Infra*, paragr. 55 à 90.
6. C.C.Q., art. 837.
7. C.C.Q., arts 841, 842, 843 et 1032.
8. C.C.Q., arts 839, 840 et 1032.
9. Voir *Infra*, paragr. 55 à 90.
10. C.C.Q., arts 840 à 846.
11. Voir *Infra*, paragr. 55 à 90.

12. Il s'agit de l'Hypothèque mobilière et immobilière telle que prévue aux arts 2660 à 2802 C.C.Q.
13. C.C.Q., art. 1018.
14. Voir *Infra*, paragr. 42 à 46.
15. C.C.Q., art. 885.
16. C.C.Q., art. 1020, al. 2.
17. Voir *Infra*, paragr. 49 et 50.
18. C.C.Q., art. 848; C.C.B.C., art. 710.
19. Voir *Supra*, paragr. 26.
20. Voir *Supra*, paragr. 6.
21. Art. 2748.
22. Voir *Supra*, paragr. 33.
23. Voir *Infra*, paragr. 39 et 41.
24. Voir *Supra*, paragr. 40.
25. Voir *Infra*, paragr. 81.
26. C.C.Q., arts 1299 à 1370.
27. Voir *Infra*, paragr. 84.
28. Voir *Supra*, paragr. 9, 10 et 11.
29. C.P.C. arts 809 à 811 suivant l'art. 367 de la *Loi d'application*.
30. Voir les dispositions générales relatives au partage, C.C.Q., arts 836 à 898.
31. C.C.B.C., art. 1021.
32. Voir les dispositions relatives à l'expertise au Code de procédure civile, arts 414 à 425.
33. C'est dire que cet indivisaire ne doit être frappé d'aucune incapacité légale.
34. C.C.Q., arts 1013, 1014, 1031.
35. Voir *Supra*, paragr. 6.
36. C'est un majeur à qui il a été nommé pour des causes précises un curateur ou un tuteur pour le représenter ou un conseiller pour l'assister (art. 258 C.C.Q.).
37. Celles du conseil de tutelle et du tribunal (art. 215 C.C.Q.).
38. Voir *Supra*, paragr. 73, 76 à 79.
39. C.C.Q., art. 2982, al. 1.
40. Le tout complété par les articles 2973 à 2975 C.C.Q. si la convention porte sur un droit d'usage ou de jouissance exclusive.
41. C.C.Q., art. 1013, al. 2.
42. Voir *Supra*, paragr. 51.
43. Voir *Supra*, paragr. 6 à 54.
44. Voir *Supra*, paragr. 13.
45. Voir *Supra*, paragr. 15, 16, 17.
46. Voir *Supra*, paragr. 20.
47. Voir *Supra*, paragr. 22, 23 et 24.
48. Voir *Supra*, paragr. 25.
49. Voir *Supra*, paragr. 26 à 33.
50. Voir *Supra*, paragr. 71.
51. Voir *Supra*, paragr. 76.

52. Voir *Supra*, paragr. 14.
53. Voir *Supra*, paragr. 42 à 46.
54. Voir *Supra*, paragr. 46.
55. Voir *Supra*, paragr. 39 et 40.
56. Voir *Supra*, paragr. 45.
57. Voir *Supra*, paragr. 69, 70 et 71.
58. Voir *Supra*, paragr. 48 et 49.
59. Voir *Supra*, paragr. 50.
60. Cossette, André, «La formule du temps partagé et le problème de la propriété spatio-temporelle», (1987) 90 *R. du N.* 3 (p. 16).
61. Normand, Sylvio, «La propriété spatio-temporelle» (1987) 28 *C. de D.* 259 à 469 (p. 311).
62. *Id.*, p. 339.
63. Voir *Supra*, paragr. 13 et 15 notamment.
64. Voir sur le sujet: André Cossette, *loc. cit., Supra*, note 60, p. 3 à 27.
65. Voir *Infra*, paragr. 129 à 131.
66. C.C.B.C., arts. 441b à 442p.
67. Notamment les arts. 1104 à 1107 et 1785 à 1794 C.C.Q.
68. L.Q., 1969, c.76.
69. C.C.Q., art. 1010, al. 3.
70. C.C.Q., art. 9.
71. Ou de coemphytéose; voir *Infra*, paragr. 100.
72. Journal des débats, Commissions parlementaires, étude détaillée du projet de loi 20, le vendredi 28 juin 1985, nº 17, p. 785-787.
73. Voir *Infra*, paragr. 138.
74. Voir *Supra*, paragr. 95 & ss.
75. C.C.Q., art. 1082; voir *Infra*, paragr. 165.
76. C.C.Q., art. 3030.
77. Voir *Infra*, paragr. 204 à 206.
78. Voir *Infra*, paragr. 113 à 116.
79. Les cédants et les cessionnaires seront dans l'indivision; voir *Supra*, paragr. 1 à 90.
80. C.C.Q., art. 1097, paragr. 4.
81. C.C.Q., art. 1059, al. 2.
82. Voir *Infra*, paragr. 142.
83. Voir *Infra*, paragr. 122.
84. Voir à ce propos *Infra*, paragr. 122.
85. Voir sur le sujet: Serge Binette, «La notion de la destination et le régime de l'article 442f du Code civil en matière de copropriété divise» (1990) 2 *C.P. du N.* 67 (nᵒˢ 3 à 44).
86. Voir *Supra*, paragr. 113 à 116.
87. Voir *Infra*, paragr. 153.
88. C.C.B.C., art. 441k.
89. Voir *Infra*, paragr. 152.
90. Voir *Infra*, paragr. 189.
91. Voir à titre d'exemple: Serge Binette, «Déclaration de copropriété annotée», *R.D. Biens, Doctrine*, doc. 1, arts 5 à 11 inclusivement.

92. Voir *Infra*, paragr. 171 et 172.
93. Voir *Supra*, paragr. 110.
94. Voir à titre d'exemple: Serge Binette, *loc. cit., Supra*, note 91, arts 32 et 33.
95. *Id.*, arts 57 à 78 inclusivement.
96. Voir sur le sujet: André Cossette, *loc. cit., Supra*, note 60, p. 3 à 27.
97. Voir à titre d'exemple: Serge Binette, *loc. cit., Supra*, note 91, arts 18 à 22 inclusivement.
98. *Id.*, arts. 23 à 31 inclusivement; aussi arts 1084 à 1086 C.C.Q.; voir *Infra*, paragr. 175 à 179.
99. *Id.*, arts. 39 à 54 inclusivement; voir *Infra*, paragr. 152 à 155.
100. Voir *Supra*, paragr. 94 et 95.
101. C.C.Q., arts 1096 à 1099.
102. Voir *Supra*, paragr. 132 à 134.
103. Voir *Supra*, paragr. 142.
104. Voir *Supra*, paragr. 133.
105. Voir *Infra*, paragr. 161.
106. Voir *Supra*, paragr. 148.
107. Voir *Supra*, paragr. 113 à 116.
108. Voir *Supra*, paragr. 105.
109. Voir *Supra*, paragr. 152.
110. Voir *Supra*, paragr. 113 à 116.
111. Voir *Infra*, paragr. 178; C.C.Q., arts 312 et 321.
112. Voir *Supra*, paragr. 152.
113. Voir *Supra*, paragr. 149.
114. Voir *Supra*, paragr. 128.
115. Voir *Infra*, paragr. 190 et 193.
116. Voir *Supra*, paragr. 100 et 101.
117. Voir *Supra*, paragr. 26 à 33.
118. Voir *Supra*, paragr. 10 et 55 à 87.
119. Voir *Supra*, paragr. 154.
120. Voir *Infra*, paragr. 205 et 206.
121. Voir à titre d'exemple Serge Binette, *loc. cit., Supra*, note 91, arts 24 à 28.
122. Voir *Supra*, paragr. 132.
123. C.C.Q., arts. 321 à 326, de façon supplétive.
124. C.C.Q., arts. 327 à 330.
125. C.C.Q., arts. 1301 à 1305.
126. C.C.Q., arts. 345 à 354.
127. Voir *Supra*, paragr. 160.
128. Voir *Supra*, paragr. 154 (3) et 167.
129. Voir *Supra*, paragr. 128.
130. Voir *Supra*, paragr. 178.
131. Voir *Supra*, paragr. 177.
132. C.C.Q., arts. 357 à 364.

DE LA PROPRIÉTÉ SUPERFICIAIRE, DE L'USUFRUIT, DE L'USAGE ET DE L'EMPHYTÉOSE

Table des matières

De la propriété superficiaire, de l'usufruit, de l'usage et de l'emphytéose

*François Frenette**

De la propriété superficiaire

1- Le Code civil du Bas-Canada ne traite pas directement de la propriété superficiaire. Cette dernière est un pur produit du droit positif élaboré sur la base d'une longue et lente interprétation des articles 415 et suivants de ce Code. La version qu'en donne le Code civil du Québec est quelque peu différente de celle contenue au Projet de loi 20 adopté le 15 avril 1987[1], laquelle était empreinte des mêmes faiblesses que celles marquant l'ouvrage et généralement les analyses de l'ouvrage ayant le plus contribué à la diffusion de la propriété superficiaire comme institution distincte[2]. Ces faiblesses sont maintenant disparues pour la plupart, mais la brièveté du traitement qui est fait à ce droit laissera peut-être la majorité des juristes québécois sur leur appétit.

2- Dès l'abord, le législateur situe la propriété superficiaire parmi les modalités de la propriété[3], c'est-à-dire parmi ses manières d'être, ses modifications qui ne l'amenuisent pas et n'infléchissent pas le droit de son titulaire à la qualité pleine et entière de propriétaire. En la matière, le faisceau des prérogatives du domaine reste toujours entier entre les mains d'une personne ayant droit légitime au titre de propriétaire[4]. Lorsque les manières d'être de la propriété l'amenuisent et que le faisceau de ses prérogatives inhérentes est rompu au profit de plusieurs personnes, il est alors plutôt question de démembrements de la propriété, lesquels seront traités en temps opportun.

* LL.D., notaire, professeur, Faculté de droit, Université Laval.

3- La reconnaissance de la propriété superficiaire comme modalité de la propriété aura pour avantage de favoriser un resserrement dans le vocabulaire juridique applicable, resserrement qui devrait entraîner la disparition de l'expression «droit de superficie» comme synonyme de «propriété superficiaire», voire l'élimination complète du recours à cette vague expression «droit de superficie» pour désigner des situations ayant trait à proprement parler à un cas de servitude «réelle» d'appui ou à un des nombreux cas possible de renonciation ou de promesse de renonciation au *bénéfice* de l'accession. Ce flou indésirable dans le verbe est d'ailleurs la cause de la lente émergence des concepts facilitant la bonne intelligence d'une institution pourtant fort ancienne.

4- Loger la propriété superficiaire à l'enseigne des modalités de la propriété oblige par ailleurs à dire en quoi il y a modalité en l'espèce, à identifier la manière d'être particulière caractérisant ici la propriété. Cette manière d'être tient, comme nous le confirmera la définition examinée sous peu, au «situs» de son objet. En effet, cet objet, qui est obligatoirement un immeuble corporel, est toujours situé *sur* ou *sous la face* d'un autre immeuble du même genre appartenant, quant à lui, à quelqu'un d'autre. En matière de propriété immobilière, il y a donc, avec la propriété superficiaire, superposition à la verticale de ce qui a normalement cours sur le plan horizontal entre héritages voisins[5].

5- L'article 1011 C.c.Q. définit la propriété superficiaire comme étant celle «des constructions, ouvrages ou plantations situés sur l'immeuble appartenant à une autre personne, le tréfoncier». Bref, un plein droit de propriété qualifié uniquement en fonction, d'une part, de son objet, c'est-à-dire un immeuble par nature selon la classification du Code civil du Bas-Canada, et, d'autre part, de la situation de cet objet sur le plan vertical. La préposition «sur» doit s'entendre de manière à inclure le «dans».

6- Le législateur dispose de la propriété superficiaire en deux courtes sections consacrées, l'une, à son établissement et, l'autre, à sa disparition. Cette approche est possible parce qu'il était inutile de réitérer toutes les règles afférentes au droit et à l'exercice du droit de propriété en matière immobilière. Elle tient également à ce que le législateur n'entend pas traiter au Chapitre Quatrième du Livre «Des Biens» de toutes les variétés possibles et imaginables de la modalité superficiaire. Certaines retiennent déjà son attention ailleurs et les autres sont laissées à la convention des parties. Restait cependant le plus important et ce qui est habituellement source de controverse: l'établissement et la disparition de la modalité superficiaire.

A- De l'établissement de la propriété superficiaire

7- L'existence de la propriété superficiaire implique, du fait de la superposition inévitable des immeubles en l'espèce, que l'obstacle posé par le droit d'accession[6] a été préalablement levé d'une manière ou l'autre[7]. L'article 1110 C.c.Q. indique précisément les moyens de ce faire[8].

8- Il y a «division de l'objet du droit de propriété portant sur un immeuble» lorsque le maître de cet immeuble dispose à titre gratuit ou onéreux du fonds de terre tout en retenant pour lui les constructions, ouvrages ou plantations y dessus ou vice-versa. En opérant ainsi une séparation juridique du fonds et des superficies, le maître de l'héritage a rompu le lien d'accessoire à principal qui existait entre les deux. Il a créé une situation qui ne donne plus ouverture au jeu de l'accession. En ces cas, la propriété superficiaire naît dès l'instant de la division parce qu'elle a d'ores et déjà un objet sur quoi porter. Cette division de l'objet est habituellement volontaire de la part du propriétaire de l'héritage, mais elle peut être forcée advenant expropriation ou prescription acquise par un tiers[9].

9- «La cession du droit d'accession» est un mode d'établissement de la propriété superficiaire un tant soit peu plus inusité que le précédent et le suivant. En effet, puisque l'accession est perçue comme un mode d'acquisition de la propriété plutôt qu'un attribut d'icelui et comme les démembrements innommés de la propriété inspirent la crainte qui elle-même engendre la paralysie, il s'est trouvé peu de juristes au Québec pour prétendre à la pertinence de la technique avant sa mention par le Projet de loi 20 en 1987[10]. L'article 1110 C.c.Q. vient donc clarifier tout cela en reconnaissant l'accession comme attribut «démembrable» du droit de propriété. En opérant un changement dans la personne du titulaire du droit d'accession, le propriétaire du fonds se prive du droit qui lui permet en temps normal d'acquérir la propriété de tout ce qui s'unit accessoirement à son bien. Dès lors, toute construction, tout ouvrage distinct ou toute plantation réalisés sur l'immeuble appartiendra en propriété superficiaire à celui qui jouit du droit d'accession, et ce sans égard au fait qu'il soit personnellement ou non l'auteur des superficies. Ainsi en est-il précisément pour l'emphytéote[11] qui, jouissant de tous les droits attachés à la qualité de propriétaire, dont l'accession, devient propriétaire superficiaire des améliorations promises et facultatives qui sont susceptibles d'un domaine de propriété distinct du fonds cédé et tenu en emphytéose. En serait-il autrement que l'emphytéote ne pourrait pas établir une copropriété sur le bâtiment qu'il a construit.

10- La renonciation au *bénéfice* de l'accession est sans conteste la façon la plus courante d'apporter un changement au fonctionnement normal de la règle de l'accession. Cette renonciation au *bénéfice* de l'accession et non au droit d'accession lui-même, ce qui serait d'ailleurs une impossibilité juridique, peut être expresse ou tacite, mais elle doit être certaine[12]. La renonciation au *bénéfice* de l'accession emporte engagement de la part du propriétaire de l'immeuble à ne pas tirer profit de la règle de l'accession pendant un certain temps. Le jeu de l'accession fonctionnant ainsi de façon différée, la personne en faveur de qui la renonciation au *bénéfice* de l'accession a eu lieu pourra conserver, à titre de propriétaire superficiaire, les constructions, ouvrages distincts et plantations réalisés sur l'immeuble d'autrui[13].

11- Il importe au premier chef de comprendre et retenir que la cession du droit d'accession et la renonciation au *bénéfice* de l'accession ne sont pas des modes d'établissement qui donnent immédiatement naissance à la propriété superficiaire, car la propriété superficiaire n'a pas encore un objet sur quoi porter au moment où ces actes juridiques sont consentis. Partant, cette dernière naîtra seulement au fur et à mesure de la réalisation des constructions, ouvrages distincts et plantations sur le fonds d'autrui.

12- L'article 1111 C.c.Q. traite de l'accessoire indispensable à la propriété superficiaire, soit le droit à l'usage du tréfonds. Le législateur dit de façon on ne peut plus laconique que ce droit «est réglé par la convention». Si la convention visant à l'établissement de la propriété superficiaire n'y pourvoit pas, le tréfonds est alors grevé des servitudes nécessaires à l'exercice de la modalité de propriété. La superposition d'immeubles distincts appartenant à des propriétaires différents rend en effet inévitable la coexistence de la propriété superficiaire avec un droit personnel ou réel de jouissance sur ou dans le tréfonds parce que le superficiaire doit pouvoir accéder à son bien et compter sur divers services fournis par le tréfonds. Ces droits personnels ou réels de jouissance sont à la base des multiples variétés dont est susceptible la propriété superficiaire. Ils gouvernent, suivant les dispositions qui leur sont propres, les rapports entre tréfoncier et superficiaire quant au fonds sans remettre en cause la propriété respective de chacun dans un immeuble différent. Ainsi pouvons-nous voir des manifestations de la propriété superficiaire en association tant avec le louage, l'usage, l'usufruit, l'emphytéose, la servitude, la copropriété indivise[14] et la copropriété divise[15].

B- De la fin de la propriété superficiaire

13 Il est unanimement reconnu que la propriété est un droit perpétuel, un droit perpétuel par essence. Ce trait marquant implique que le droit de propriété ne se perd pas par non-usage et perdurera tant et aussi longtemps qu'il aura un objet sur quoi porter parce qu'aucun terme ne peut lui être assigné. Bref, le droit de propriété ne peut être borné à temps. Tous les autres droits réels par ailleurs se prescrivent extinctivement[16] et sont, hormis la servitude qui est susceptible d'une perpétuité par nature[17], étroitement encadrés dans le temps dès leur naissance[18].

14- La propriété superficiaire participe obligatoirement de la perpétuité du droit de propriété. Le législateur le reconnaît expressément à l'article 1113 C.c.Q. Dans la propriété superficiaire, la pérennité est toutefois attachée au droit lui-même et non à sa manière d'être particulière en l'espèce. La *modalité* peut donc être temporaire sans que la propriété elle-même le soit. L'article 1113 C.c.Q. le reconnaît également. Il en est d'ailleurs ainsi de toutes les modalités connues de la propriété, bien que toutes ne soient par traitées au Code[19].

15- La durée de vie de la *modalité* de propriété superficiaire est essentiellement fonction du mécanisme lui ayant permis de voir le jour. Si elle est immédiatement née de la division de l'objet du droit de propriété portant sur un héritage, la *modalité* superficiaire sera perpétuelle[20] et des servitudes prévues au contrat ou établies par la loi délimiteront les droits du propriétaire superficiaire à l'usage du tréfonds[21]. Si, par ailleurs, la *modalité* superficiaire est le résultat soit d'une cession du droit d'accession, soit d'une renonciation au *bénéfice* de l'accession lui ayant permis de voir le jour par la suite, la *modalité* superficiaire sera alors temporaire. Le droit de propriété du tréfoncier ne peut être, en effet, indéfiniment démembré de son droit d'accession. Le propriétaire tréfoncier ne peut davantage renoncer indéfiniment au *bénéfice* de l'accession. Dans l'un et l'autre cas, l'avantage est lié à la durée du droit réel ou personnel de jouissance sur le tréfonds dans le cadre de la concession duquel la cession du droit d'accession ou la renonciation au *bénéfice* de l'accession a eu lieu. Au terme de ce droit à la jouissance du fonds, la règle de l'accession retourne à son fonctionnement habituel. La *modalité* superficiaire ne peut survivre à ce retour à la normale en matière d'accession parce que le résultat du *jeu de l'accession* est la réunion inéluctable des qualités de tréfoncier et de superficiaire en une seule et même personne, c'est-à-dire celle de l'ex-tréfoncier, à moins que le contraire soit prévu par la convention là où la chose peut être admise. La disparition de la *modalité* n'entraîne toutefois pas celle du droit de propriété sur ce qui constituait les superficies. Cette propriété immobilière perdure en la main de celui sur la tête duquel la réunion des qualités de tréfoncier et de superficiaire s'est opérée[22].

16- Passons maintenant en revue les dispositions du Code ayant spécifiquement trait à la fin de la *modalité* superficiaire et aux conséquences y étant liées. Le premier motif[23] de disparition de la *modalité* donné par l'article 1114 C.c.Q. a été suffisamment discuté pour dispenser de commentaires. Le deuxième motif donné implique seulement que l'établissement de la propriété superficiaire par l'un ou l'autre des trois (3) modes prévus à l'article 1110 C.c.Q. est assorti d'une condition dont l'avènement opérera, suivant les articles 1506 et 1507 C.c.Q., résolution du droit. Le troisième et dernier motif susceptible, selon

1114 C.c.Q., de mettre fin à la *modalité* superficiaire oblige au rappel de ce qui a été précisé ci-haut, savoir que le «terme» se rattache à la *modalité* et non au droit de propriété dans les constructions, ouvrages ou plantations.

17- La perte totale des superficies entraîne inexorablement la disparition non pas seulement de la modalité superficiaire, mais aussi celle du droit de propriété immobilière dans telles superficies. En effet, *aucun* droit réel ne peut survivre à la disparition de son objet. Pas d'objet, pas de droit en l'espèce. La perte totale des constructions, ouvrages ou plantations met donc fin à la propriété superficiaire non seulement, comme l'indique le premier (1er) alinéa de l'article 1115, lorsqu'elle résulte de la division de l'objet du droit de propriété, mais aussi, comme paraît pourtant vouloir l'exclure la même disposition, lorsqu'elle résulte de la cession du droit d'accession ou de la renonciation à son *bénéfice*. La contradiction au texte du premier (1er) alinéa de l'article 1115 C.c.Q. n'est qu'apparente, en effet, parce que le législateur contemplait, quant à la propriété superficiaire résultant de la cession du droit d'accession ou de la renonciation à son bénéfice, la faculté de reconstruire ou de replanter pouvant encore appartenir pour un temps à l'ancien superficiaire. Bref et dans ces deux derniers cas, la propriété superficiaire n'est plus advenant perte totale des superficies, mais elle peut à nouveau voir le jour si le jeu normal de l'accession n'a pas encore été rétabli suivant la convention d'origine.

18- L'expropriation des superficies ou du tréfonds a pour seul résultat d'opérer un changement dans l'identité du superficiaire ou tréfoncier. Il est donc normal que pareille expropriation ne puisse, comme l'indique le deuxième (2e) alinéa de l'article 1115 C.c.Q. mettre fin à la propriété superficiaire. L'expropriation simultanée des superficies et du tréfonds a par ailleurs pour résultat d'opérer la réunion des qualités de propriétaire superficiaire et tréfoncier dans la personne de l'expropriant, ce qui entraînera évidemment la disparition de la *modalité* superficiaire.

19- Les articles 1116 et 1117 C.c.Q. ont un caractère supplétif. Ils règlent le sort des superficies uniquement lorsqu'il n'en a pas été autrement pourvu par l'acte prévoyant l'établissement de la propriété superficiaire. Ils règlent de plus le sort des superficies seulement dans la perspective d'une extinction de la *modalité* superficiaire qui survient au moment où prend fin la concession de jouissance afférente au tréfonds et dans le cadre de laquelle la cession du droit d'accession ou la renonciation à son *bénéfice* a eu lieu. Puisqu'il y a alors rétablissement de la règle normale de l'accession, le législateur prévoit que le tréfoncier acquiert à ce moment, par accession précisément, les superficies, et ce contre valeur payable à l'ancien superficiaire. Ce dernier reçoit toutefois le droit de postuler la propriété du tréfonds moyennant finance si la valeur des superficiaires est égale ou supérieure à celle du tréfonds, à moins qu'il ne préfère enlever à ses frais les superficies et rétablir les lieux en l'état d'origine. Le tréfoncier conserve contre valeur les constructions, ouvrages ou plantations si l'ancien superficiaire néglige d'exercer son droit dans les quatre-vingt-dix (90) jours de son ouverture. Tout différend entre les parties sur ces questions peut être soumis au tribunal et le jugement rendu vaudra titre au besoin.

Des démembrements de la propriété

20- La propriété est non seulement susceptible de modalités, mais également de démembrements[24], c'est-à-dire de manières d'être du droit issues d'un éclatement du faisceau des prérogatives du domaine. Ces prérogatives sont réparties entre le propriétaire et une autre personne; le propriétaire subissant, du fait de la distraction opérée en faveur de l'autre personne, une diminution temporaire d'un ou plusieurs des avantages normalement procurés par la plénitude de son droit[25].

21- Il y a autant de démembrements de la propriété qu'il y a d'attributs inhérents du domaine et de combinaisons de ces attributs inhérents. Tout en reconnaissant le fait, le législateur n'identifie et ne réglemente que les démembrements les plus courants, soit l'usage, l'usufruit, la servitude et l'emphytéose. Les autres, moins connus, moins fréquents et ne portant point de nom, sont régis par le titre les établissant.

De l'usufruit

22- C'est au chapitre de l'usufruit que l'effort de modernisation[26] poursuivi par le législateur en matière de démembrements nommés de la propriété est le plus perceptible. Désormais, il n'en est plus traité uniquement en fonction des immeubles et seulement dans le contexte d'une économie à caractère rural. La contrainte de l'exercice du droit «salva rerum substantia» subit de plus quelques inflexions pour la priver d'effet sclérosant.

A- De la nature de l'usufruit

23- Sous le couvert «de la nature de l'usufruit», le législateur aborde nombre de questions allant de la définition du droit à sa durée en passant par ses modes de constitution et ses variétés.

a) Définition de l'usufruit

24- La définition donnée de l'usufruit à l'article 1120 C.c.Q. diffère peu de celle formulée à l'article 443 C.c.B.-C., si ce n'est, d'une part, la mention expresse du «droit d'user» comme composante du démembrement et, d'autre part, la confirmation de son caractère temporaire.

25- Le droit d'user d'un bien, c'est-à-dire d'en tirer tous les avantages dérivant de son usage, est virtuellement contenu dans le «droit de jouir[37]». Il n'était donc pas nécessaire d'en faire l'ajout à la définition. Si réécriture il devait y avoir, ce que nous contestons, il eût été préférable de parler «du droit d'user du bien d'autrui et d'en percevoir tous les fruits», car telles sont les prérogatives de la propriété que reçoit l'usufruitier[28].

26- Il n'était cependant pas inutile de confirmer le caractère essentiellement temporaire de l'usufruit, puisque ce trait sert de fondement aux principales restrictions entourant l'exercice du droit.

b) Modes de constitution de l'usufruit

27- L'usufruit naît encore et toujours de l'expression de la volonté et de l'application de la loi. La volonté à cet effet emprunte, nous dit avec plus de clarté l'article 1121 C.c.Q., la voie du contrat ou, plus souvent comme nous le savons bien,

celle du testament. L'établissement du démembrement d'usufruit en vertu d'une disposition de la loi paraît devoir maintenant se limiter, outre celle ci-après considérée, à l'hypothèse de
la prescription acquisitive, clairement évoquée par les articles
921, 930 et 2910 C.c.Q. En effet, l'usufruit légal du conjoint
survivant, qui était applicable en matière de société d'acquêts et
de communauté de meubles et acquêts lors d'un décès «ab
intestat», a disparu lors de la révision du Code. Le douaire
coutumier avait subi le même sort en juillet 1970 à l'occasion
des grands changements apportés au droit des personnes, de la
famille et des régimes matrimoniaux.

28- Le législateur ajoute, à l'article 1121 C.c.Q., que l'usufruit
peut être également établi «par jugement dans les cas prévus par
la loi». La redondance est certaine, car il s'agit alors simplement d'une instance donnée et identifiée d'établissement en
vertu d'une disposition de la loi. En l'espèce, la référence a trait
non pas aux articles 410-413 C.c.Q. relatifs à l'attribution
possible d'un droit d'usage dans la résidence familiale et/ou
certains meubles du conjoint, mais plutôt et seulement à l'article 429 C.c.Q. envisageant le paiement de la prestation compensatoire par attribution de droits dans la résidence familiale,
les meubles servant à l'usage du ménage et les droits accumulés
au titre d'un régime de retraite.

c) Variétés de l'usufruit

29- L'adjonction d'un terme[29] ou d'une condition[30] à la constitution de l'usufruit demeure possible en vertu du nouveau
Code. Comme la chose relève du droit commun, il n'en est
désormais plus fait mention de façon spécifique.

30- Restait alors au législateur à indiquer que l'usufruit peut par
ailleurs être établi au profit d'une ou plusieurs personnes,
conjointement ou successivement, chose qu'il fait à l'article
1122 C.c.Q., en ajoutant au deuxième (2ᵉ) alinéa et en vue
semble-t-il d'écarter toute confusion avec la substitution, que
l'usufruitier doit exister au moment où le droit s'ouvre en sa
faveur.

31- À dire vrai, le cas de l'usufruit conjoint ne pose pas problème. C'est tout bonnement celui où plusieurs personnes sont
appelées à jouir ensemble et concurremment du droit à compter

de son établissement. Chaque usufruitier, chaque co-usufruitier serait-il plus juste de dire, détient une quote-part du droit portant sur un bien tenu en indivis aux fins de jouissance[31]. Cette variété de l'usufruit requiert, selon nous, l'application simultanée des dispositions du Code en matière d'usufruit et d'indivision, compte tenu évidemment pour ces dernières des adaptations nécessaires.

32- Il y a par contre usufruits successifs lorsque plusieurs personnes sont appelées l'une après l'autre à détenir le droit. En l'espèce, le droit d'usufruit ne passe pas du patrimoine du premier usufruitier au second et ainsi de suite. Au contraire! Chaque usufruitier reçoit son droit directement du constituant. Il n'y a donc pas un même droit s'exerçant successivement par plusieurs personnes, mais plutôt autant de droits d'usufruit distincts qu'il y a de personnes successives. La distinction a son importance et explique, comme le mentionne le deuxième (2e) alinéa de l'article 1122 C.c.Q., pourquoi chaque usufruitier n'a besoin d'exister qu'au moment de l'ouverture du droit en sa faveur.

33- L'usufruit établi pour plusieurs personnes successivement ressemble beaucoup à la substitution, notamment si les articles 1242 et 1243 C.c.Q. sont pris en compte. Le texte du deuxième (2e) alinéa de l'article 1122 C.c.Q. n'aide pas vraiment à les départager. Des traits mineurs permettent néanmoins la distinction. D'une part, la substitution est un véhicule de transmission de droits réservés aux actes à titre gratuit. Les usufruits successifs peuvent par contre être établis à titre onéreux aussi bien qu'à titre gratuit. D'autre part, la substitution cherche désormais et surtout, par le recours à la technique du remploi[32], à assurer la transmission d'une valeur. Les usufruits successifs envisagent par ailleurs plutôt la jouissance successive du même bien. Enfin, le grevé a l'obligation de rendre à l'appelé[33], alors que tous les usufruitiers qui se suivent doivent rendre le bien au nu-propriétaire[34].

d) Durée de l'usufruit

34- Le caractère essentiellement temporaire du démembrement d'usufruit a toujours été très largement reconnu en droit positif québécois. Le Code civil du Bas-Canada, contrairement au

Code civil français, ne contenait cependant aucune disposition expresse à cet effet. Ainsi, la perpétuité pourtant si contraire à l'obligation première de l'usufruitier de jouir «salva rerum substantia», pouvait techniquement être stipulée[35]. La définition de l'article 1120 C.c.Q. comble cette lacune et met la loi en accord avec la doctrine sur ce point en affirmant bien haut la temporalité du démembrement.

35- L'usufruit est non seulement un droit désormais officiellement temporaire, mais sa durée maximale ne peut excéder cent (100) ans. Tout acte constitutif prévoyant une période plus longue sera par surcroît, comme en matière d'emphytéose actuellement, privé d'effet après ce temps[36]. Le cap des cent (100) ans ne peut davantage être franchi, nous dit le législateur, lorsque l'usufruit est établi au bénéfice de plusieurs personnes successivement[37]. Comme il y a dans ce cas, ainsi que nous l'avons vu, succession d'usufruits distincts, la précision donnée aura pour conséquence de limiter à un (1) siècle la durée totale des droits d'usufruit ayant pourtant chacun individuellement vocation au centenaire. La restriction, nécessaire sur le plan de la cohérence, s'explique également par l'effet délétère d'un démembrement à caractère trop permanent sur la propriété, du moins lorsque l'arrangement est au profit de personnes plutôt que d'immeubles.

36- Le deuxième (2e) alinéa de l'article 1123 C.c.Q. reprend et généralise le principe énoncé à l'article 481 C.c.B.-C. Au résultat, l'usufruit accordé sans terme à une personne physique sera considéré viager, et celui accordé sans terme à une personne morale aura, comme c'est aujourd'hui le cas, une durée de vie limitée à trente (30) ans[38]. Pour utile que soit cette nouvelle règle en ce qui a trait aux personnes physiques, il n'est pas certain qu'elle permette de liquider le contentieux au sujet de la priorité ou non du caractère viager du démembrement sur le terme stipulé. Nous y reviendrons un peu plus loin.

B- Des droits de l'usufruitier

37- Le bien cédé en usufruit, qu'il soit meuble ou immeuble, corporel ou incorporel, permet seulement à son titulaire d'en tirer les bienfaits liés à son usage et d'en percevoir tous les fruits et revenus qu'il donne. À cet égard le législateur n'a rien changé. Il choisit toutefois de considérer ces droits par le prisme de l'objet du démembrement pour apporter, suivant sa nature ou son état, des changements qui s'imposaient depuis longtemps. Seuls ces changements retiendront notre attention, car la simple redite de la règle connue, là où elle a lieu, est déjà riche en commentaires et arrêts explicatifs.

a) De l'étendue de l'usufruit

38- Le droit d'usufruit porte tant sur le bien cédé à ce titre que sur les accessoires d'icelui. Simple en soi et déjà connue en matière de vente[39] et de cession de créances[40], la règle énoncée au deuxième (2e) alinéa de l'article 1124 C.c.Q. est une codification des décisions de justice rendues en la matière. Elle permet, faute d'indication à l'acte constitutif, de trancher suivant l'intention présumée des parties de petits différends ayant trait à l'ameublement garnissant l'immeuble cédé en usufruit, le cadre d'une toile, le coffret des bijoux, etc. La nouvelle règle englobe également, faut-il comprendre, les accessoires incorporels comme les droits visés par l'article 459 C.c.B.-C.

39- Le deuxième (2e) alinéa de l'article 1124 C.c.Q. mentionne de plus que l'usufruit s'étend aux excroissances naturelles de l'immeuble assujetti au démembrement. L'article 458 C.c.B.-C. était au même effet. Les termes employés cette fois illustrent on ne peut mieux cependant que l'usufruitier n'aura *aucun droit à ce qui s'incorpore à l'immeuble par accession artificielle*. Nous y reviendrons sous peu.

40- L'usufruit des biens consomptibles, mieux connu sous le nom de «quasi-usufruit», permet à l'usufruitier de disposer de ces biens à charge, sauf exception[41], de rendre en pareille quantité, qualité et valeur en fin d'usufruit[42]. Fait nouveau, le législateur étend maintenant le domaine du quasi-usufruit aux biens qui, sans être consomptibles, se détériorent rapidement à l'usage. L'usufruitier n'a plus l'obligation stricte de les conserver et, après un usage conforme à leur destination, de les rendre dans l'état où ils se trouvent alors, non détériorés par son dol ou sa faute[43]. Il peut les aliéner comme le ferait «un administrateur prudent et diligent[44]», c'est-à-dire avant que la détérioration soit complète. Son obligation en pareille circonstance sera de restituer le prix de disposition de tels biens en fin d'usufruit.

41- La modernisation du chapitre sur l'usufruit est en partie accomplie grâce à une distinction préalable entre capital, fruit et revenu, distinction faite dès le début du Livre Des Biens. Le capital est défini par voie d'illustrations successives comme: i) un bien «dont on tire des fruits et revenus»; ii) un bien affecté «au service ou à l'exploitation d'une entreprise»; iii) l'action ou la part sociale «d'une personne morale ou d'une société»; iv) «le remploi des fruits et revenus»; v) le prix de disposition d'un capital ou son remploi»; vi) l'indemnité d'expropriation ou d'assurance tenant lieu de capital; vii) les droits de propriété intellectuelle et industrielle, à l'exclusion des sommes en provenant sous forme de redevances; viii) l'obligation et autre titre d'emprunt payables en argent; ix) «les droits dont l'exercice tend à accroître le capital, tels les droits de souscription des valeurs mobilières d'une personne morale, d'une société en commandite ou d'une fiducie[45]».

42- Les fruits sont par ailleurs définis comme étant «ce que le bien produit sans que sa substance soit entamée[46]». Il s'agit évidemment des anciens fruits naturels et industriels[47] comme le démontre le deuxième (2e) alinéa de l'article 910 C.c.Q. Les revenus sont, quant à eux, «ce qui provient de l'utilisation d'un capital», y compris le droit dont l'exercice tend à son accroissement. Il s'agit cette fois des anciens fruits civils[48] comprenant certes loyers et intérêts, mais aussi les dividendes «sauf s'ils représentent la distribution d'un capital d'une personne morale», «les sommes reçues en raison de la résiliation ou du renouvellement d'un bail ou d'un paiement par anticipation» et, enfin, «les sommes attribuées ou perçues dans des circonstances analogues» aux cas précédents.

43- Fort de ces distinctions et définitions faites sous le couvert «des biens dans leurs rapports avec ce qu'ils produisent», le législateur en arrive, en matière d'usufruit, à un certain nombre de conclusions inspirées pour la plupart du droit positif. Ces conclusions sont précédées d'un correctif à la règle de perception des fruits, savoir: l'introduction d'un règlement indemnitaire entre nu-propriétaire et usufruitier pour travaux ou dépenses exposés par l'un d'eux aux fins de production de fruits perçus par l'autre[49]. Ce correctif, issu du principe énoncé à l'article 410 C.c.B.-C. et repris à l'article 949 C.c.Q., ouvre la porte à des séances de règlement de comptes pénibles entre usufruitier et nu-propriétaire. Nonobstant sa pertinence occasionnelle, il serait peut-être sage pour le praticien de recommander aux parties la règle plus fruste, mais tellement plus efficace, de l'article 450 C.c.B.-C.

44- Quant aux conclusions découlant de la mise en place des dispositions des articles 908 à 910 C.c.Q., elles sont à l'effet: i) que l'usufruitier a un droit acquis aux seuls dividendes déclarés pendant la durée du démembrement[50]; ii) que l'usufruit s'étend aux gains exceptionnels découlant de la propriété, à charge pour l'usufruitier à qui ils sont versés d'en rendre compte ultérieurement au propriétaire[51]; iii) que l'usufruit d'une créance emporte droit pour l'usufruitier de la percevoir, d'en donner quittance et de profiter du capital lui ayant été payé à charge évidemment de le rendre au terme du démembrement[52]; iv) que l'usufruit s'étend à l'augmentation du capital sujet au démembrement, sans droit cependant pour l'usufruitier de décider de telle augmentation[53]; v) enfin, que l'usufruit d'une action ou autre valeur mobilière, d'un bien quelconque, d'un droit indivis ou d'une fraction de copropriété confère à l'usufruitier le droit de vote y attaché, sauf pour ce qui a trait aux décisions visant à modifier la substance du bien sujet à usufruit, à changer sa destination ou à mettre fin à la personne morale, à l'entreprise ou au groupement concerné par l'action, la valeur ou le bien détenu en usufruit[54]. Pour ce qui a trait au dernier point, le législateur précise que «la répartition de l'exercice des droits de vote n'est pas opposable aux tiers[55]». L'usufruitier aura donc l'obligation, aux fins d'opposabilité, d'obtenir une procuration du nu-propriétaire laquelle pourrait au demeurant avoir été insérée à l'acte constitutif d'usufruit.

b) Des impenses

45- Les articles 1137 et 1138 du Code civil du Québec sont de droit nouveau. Ils trahissent la volonté du législateur de ne pas traiter trop durement celui dont les gestes ont favorisé la conservation du bien d'autrui, voire son amélioration. Ces articles n'en sont pas moins dérogatoires au droit commun, droit dont il faut rappeler la règle pour mieux circonscrire la portée exacte des nouvelles dispositions *ayant trait exclusivement à la situation des parties en fin d'usufruit.*

46- Que faut-il d'abord entendre par «impenses». Il s'agit essentiellement d'une dépense en main d'œuvre ou matériaux exposée en regard d'un bien soit pour assurer sa conservation, c'est l'impense nécessaire, soit pour lui procurer une plus-value appréciée de façon objective, c'est l'impense utile, ou de façon subjective, c'est l'impense d'agrément. Les impenses nécessaires se limitent aux grosses réparations, dites majeures dans le nouveau Code, qui intéressent les parties vives d'un bien et entraînent des déboursés exceptionnels considérés à charge de capital. Les impenses utiles et d'agrément opèrent transformation du bien et créent, par voie d'une dépense de nature capitale, une valeur ajoutée à ce bien[56].

47- Ceci étant, il faut savoir que *le droit de procéder à impenses, quelque soit leur nature, échappe à la compétence normale de l'usufruitier* et reste lié au domaine réservé du nu-propriétaire concernant la destination du bien et sa disposition sur le plan matériel. C'est pour cela que l'usufruitier «prend le bien dans l'état où il le trouve[57]», ne voit pas le démembrement s'étendre à ce qui s'adjoint à l'immeuble par accession artificielle[58] et supporte uniquement les réparations d'entretien[59] qui, étant courantes, sont à charge de fruits.

48- Revenant au texte de l'article 1137 C.c.Q., il faut donc le lire et l'interpréter en conjonction avec les dispositions des articles 1152 et 1153 C.c.Q. Ces articles mettent, comme ce fut toujours le cas, les réparations majeures à la charge du nu-propriétaire, sans pour autant l'obliger à les effectuer, et permettent désormais à titre exceptionnel à l'usufruitier de les réaliser et d'en être ultérieurement remboursé à concurrence de leur coût si le nu-propriétaire, dûment avisé de leur nécessité, n'a pas agi. Le droit de l'usufruitier de procéder ou non à réparations majeures est donc entièrement gouverné par l'article 1153 C.c.Q. et l'article 1137 a pour seul but de compléter le droit d'être remboursé au coût par un renvoi à l'article 958 C.c.Q. confirmant tel droit nonobstant disparition des impenses et à l'article 963 C.c.Q. accordant rétention à la garantie du remboursement dû. Bref, l'article 1153 C.c.Q. «in fine» n'était pas suffisant. Il fallait également, par l'article 1137 C.c.Q., écarter l'application du principe énoncé à l'article 964 C.c.Q.

49- Quant aux impenses utiles, elles demeurent légalement interdites à l'usufruitier pendant sa jouissance du bien, et ce en vertu de la nature du partage des prérogatives inhérentes du domaine qu'opère le démembrement d'usufruit. Si d'aventure l'usufruitier en fait malgré tout, son droit ne s'étendra pas sur telles impenses[60] et il risque, pour avoir ainsi mis en péril les intérêts du nu-propriétaire en y portant atteinte, d'être poursuivi pas ce dernier en déchéance d'usufruit[61]. Advenant néanmoins complaisance de la part du nu-propriétaire ou son ignorance du fait jusqu'en fin d'usufruit, il conserve alors, nous dit l'article 1138 C.c.Q., ce que son droit de propriété lui avait antérieurement fait acquérir par accession, et ce sans indemnité parce que l'usufruitier n'était pas sans connaître la précarité de son droit. Entretenant un préjugé légèrement favorable à l'égard de celui qui a créé une valeur nouvelle, le législateur permet cependant à l'usufruitier, à titre exceptionnel il va s'en dire, d'enlever les impenses utiles faites et de remettre le bien en état. Cet avantage, qui est stipulé survenir en fin d'usufruit seulement et qui ne peut aucunement s'analyser en blanc seing à la réalisation d'impenses utiles pendant la durée du démembrement, risque d'être illusoire tellement l'enlèvement et la remise en état seront la plupart du temps trop coûteux. Ainsi, l'article 1138 C.c.Q. prend tout son sens comme simple dérogation à une règle indemnitaire, soit encore une fois celle de l'article 964 C.c.Q.

50- Comme le Code ne dit pas spécifiquement mot des impenses d'agrément faites par l'usufruitier, il faut comprendre qu'elles sont interdites au même titre que les impenses utiles et pour les mêmes motifs. Le règlement indemnitaire se fera toutefois, vu l'application de l'article 964 C.c.Q., sur la base des dispositions de l'article 962 C.c.Q. qui accordent toute discrétion au propriétaire.

c) Des arbres et des minéraux

51- Le titre coiffant les articles 1139 à 1141 C.c.Q. est quelque peu trompeur parce qu'il y est également question de végétaux et, plus précisément, d'exploitation agricole. Ces articles, il faut le souligner, s'appliqueront aux usufruits établis par contrat et en cours lors de l'entrée en vigueur du Code civil du Québec[62].

52- Le législateur ne fait que reproduire à l'article 1141 C.c.Q. le droit actuel concernant l'extraction des minéraux compris dans le fonds sujet à usufruit[63]. Il en est de même pour le droit aux arbres sur le fonds soumis à usufruit lorsqu'ils n'ont pas été mis en coupe réglée[64], avec un ajout mineur au deuxième (2ᵉ) alinéa de l'article 1139 C.c.Q. à propos du remplacement des érables au même titre que les arbres fruitiers.

53- C'est au sujet des arbres, considérés comme fruits plutôt que comme capital, que des éléments de nouveauté sont introduits. D'une part, là où il y a exploitation de la forêt comme source de revenus, l'usufruitier pourra poursuivre l'exploitation dans le respect de la règle assurant la reproduction de la forêt et sujet à l'approbation de son plan d'exploitation par le nu-propriétaire cette fois plutôt que par experts. Le tribunal n'interviendra qu'à défaut par le nu-propriétaire de donner telle approbation[65]. D'autre part et suprême nouveauté, l'usufruitier jouit en vertu de l'article 1140 C.c.Q. de la faculté de commencer une exploitation sylvicole si le fonds cédé en usufruit s'y prête. La nouveauté a pour fondement la volonté du législateur d'adopter une interprétation plutôt libérale de l'obligation incombant à l'usufruitier de conserver la substance du bien et de respecter la destination lui ayant été imprimée par le propriétaire. Cette interprétation veut prendre en compte les modifications que l'usage et l'évolution économique imposent.

54- L'article 1140 C.c.Q. accorde également à l'usufruitier le droit de commencer une exploitation agricole si le fonds soumis à usufruit s'y prête évidemment et si l'usufruitier veille, dans l'exercice de cette nouvelle prérogative, à ne pas épuiser le sol. Cette fois, il n'a cependant pas à produire un plan d'exploitation, ni à le faire approuver par le nu-propriétaire. Le temps et l'expérience nous dicteront dans quelle mesure il y aura lieu d'exclure ou non de façon systématique cette liberté de manœuvre gracieusement accordée à l'usufruitier tant en matière agricole que sylvicole.

C- Des obligations de l'usufruitier

55- Les obligations de l'usufruitier tiennent toutes au caractère temporaire du démembrement d'usufruit commandant restitution éventuelle du bien et au partage marqué des attributs inhérents de la propriété commandant conservation de la substance du bien et respect de la destination donnée. Le Code civil du Québec ajoute fort peu aux obligations déjà connues, obligations qu'il cherche plutôt à simplifier et assouplir au plan de l'exécution. Relevons donc ces changements dans ce qu'ils ont de plus important.

a) De l'inventaire et des sûretés

56- La première obligation de l'usufruitier demeure la confection d'un inventaire des biens lui ayant été cédés en usufruit[66]. Ce terme comprend maintenant l'état relatif aux immeubles visé par l'article 463 C.c.B.C. L'inventaire doit être dressé conformément aux règles préscrites sur la question en matière d'administration du bien d'autrui[67]. Ces règles requièrent à tout le moins mention, dans un acte notarié en minute ou sous seing privé devant témoins, du nombre, de l'identification et de la valeur des biens avec, en conclusion, une récapitulation de l'actif et du passif pour l'ensemble des biens. Faute d'indication contraire, les biens ainsi désignés à l'inventaire seront présumés en bon état à la date de clôture de l'acte[68]. Les frais d'inventaire sont à la charge de l'usufruitier, qui doit faire remise de copie au nu-propriétaire[69].

57- L'usufruitier ne peut forcer la délivrance des biens tant qu'il n'a pas procédé à confection d'inventaire[70] et son retard injustifié à ce faire a pour conséquence de le priver temporairement de son droit aux fruits et revenus[71]. La dispense d'inventaire peut être encore stipulée cependant, et elle existe de plein droit si le constituant d'usufruit y a antérieurement pourvu[72]. Il ne peut toutefois y avoir de dispense dans le cas d'usufruit établi pour plusieurs personnes successivement[73] parce que chacune d'elle doit avoir l'opportunité d'apprécier l'état des biens au moment de l'ouverture du droit en sa faveur.

58- La deuxième obligation de l'usufruitier en début de jouissance, et plus précisément dans les soixante (60) jours de l'ouverture de son droit, demeure également la fourniture d'une sûreté pour garantir la bonne exécution de sa conduite à tous égards[74]. La forme privilégiée de cette sûreté n'est cependant plus le cautionnement[75], mais la souscription d'une assurance responsabilité ou, à son défaut, l'octroi de toute autre sûreté satisfaisante. L'importance de la sûreté offerte croîtra avec l'augmentation des responsabilités de l'usufruitier en cours de jouissance.

59- La dispense de fournir sûreté peut être encore stipulée évidemment. Cette dispense est même automatique non seulement dans le cas du vendeur ou du donateur sous réserve d'usufruit, mais également, ce qui est nouveau, dans le cas où l'usufruitier est incapable d'offrir une sûreté au nu-propriétaire[76]. L'usufruitier capable de fournir sûreté cependant s'expose à une demande de mise sous séquestre des biens par le propriétaire si telle sûreté n'est pas produite dans le délai prescrit. En cas de retard injustifié, il y aura même perte temporaire du droit aux fruits et revenus[77].

b) Des assurances et des réparations

60- L'un des traits marquants de la réforme en matière d'usufruit est sans conteste l'obligation faite à l'usufruitier d'assurer le bien contre les risques usuels comme le vol et l'incendie[78]. L'introduction de cette mesure garantit on ne peut mieux la conservation du bien et sa restitution, ou celle de sa valeur, en fin d'usufruit. Le paiement de la prime d'assurance incombe à l'usufruitier pendant la durée du démembrement et c'est à lui que l'indemnité est versée pour qu'il en donne quittance à l'assureur[79]. Cette indemnité doit servir à la réparation du bien. S'il y a perte totale cependant, l'indemnité est subrogée au bien et l'usufruitier en jouit le temps qu'il reste à courir au démembrement[80].

61- L'obligation d'assurer le bien contre les risques habituels n'est pas absolue. Elle tombe si la prime est trop élevée par rapport aux risques[81]. Ainsi en serait-il pour certaines œuvres d'art, pour des bijoux ou pour des résidences secondaires en des lieux très isolés. L'usufruit pourrait être également dispensé d'assurer le bien par l'acte constitutif. Dans un cas comme dans l'autre, l'usufruitier n'aura alors pas à remplacer ou payer la valeur du bien advenant sa perte par force majeure[82].

62- Le départage des responsabilités entre usufruitier et nu-propriétaire en matière de réparations est demeuré inchangé au Code civil du Québec. Comme il nous a été donné de le voir au moment de notre étude sur les dispositions relatives aux impenses, et pour les raisons y mentionnées, l'usufruitier est normalement et simplement tenu aux réparations d'entretien[83]. Les réparations majeures, circonscrites dans leur principe et illustrées d'applications à l'article 1152 C.c.Q.[84], restent à la charge du nu-propriétaire qui, au demeurant, n'est par tenu de les faire[85]. Le législateur a toutefois choisi d'astreindre l'usufruitier à une obligation nouvelle, celle d'informer le nupropriétaire de la nécessité de telles réparations majeures, et ce afin de lui permettre, si le nu-propriétaire omet d'y procéder, de les réaliser lui-même et d'en être rembourser à leur coût au terme de sa jouissance usufruitière[86].

c) Des autres charges

63- Sous le couvert de l'expression «autres charges», le législateur aborde diverses questions sans lien apparent si ce n'est de donner généralement ouverture à des situations appelant à l'imputabilité en raison des fruits et revenus perçus ou en raison du capital détenu. Ces situations sont les mêmes que celles envisagées par les articles 471 à 478 C.c.B.-C. et dont les règles sont reprises en substance avec les correctifs suivants. L'article 1154 C.c.Q. impose désormais à l'usufruitier l'obligation d'acquitter les redevances, contributions et autres charges extraordinaires payables annuellement même si elles ont été imposées avant l'ouverture de l'usufruit. L'article 1158 C.c.Q. introduit par ailleurs la règle du partage des frais de procès lorsque l'action en justice intéresse le nu-propriétaire autant que l'usufruitier, partage qui se fera, sauf exception[87], comme pour celui du paiement des dettes de succession entre nu-propriétaire et usufruitier. Enfin, les articles 1160 et 1161 C.c.Q relatifs à des cas de perte du bien soumis à usufruit prennent en compte l'obligation nouvellement imposée d'assurer le bien et la dispense possible à cette obligation[88].

D- De l'extinction de l'usufruit

64- Les causes d'extinction du démembrement d'usufruit reconnues par le Code civil du Québec ne diffèrent pas de celles énumérées au Code civil du Bas-Canada, si ce n'est de l'introduction de la conversion de l'usufruit en rente. L'occasion de la réforme a cependant permis au législateur de présenter des

causes d'extinction à la fois plus nuancées et plus circons-
tanciées.

65- Notons, à titre d'observation préliminaire, que la lecture
conjuguée des articles 1123 (2) et 1162 (1er) et (3e) C.c.Q.
ne permet pas de déceler une intention quelconque de la part du
législateur de s'éloigner de l'interprétation du droit positif à
l'effet que la stipulation d'un terme opère renversement de la
présomption du caractère viager de l'usufruit *seulement* lorsque
la disposition envisage expressément l'éventualité du prédécès
de l'usufruitier[89].

66- La réunion en une même personne des qualités d'usufruitier
et de nu-propriétaire est et demeure une cause d'extinction du
démembrement d'usufruit, mais le législateur prend cette fois la
peine de préciser que la consolidation ne porte pas atteinte aux
droits des tiers[90]. Comme l'usufruitier ne peut établir des droits
en faveur des tiers que dans la mesure de ce qu'il possède, la
réserve vaut et tient uniquement dans les cas de consolidation
résultant d'une acquisition des droits de l'usufruitier par le nu-
propriétaire ou inversement, voire d'une acquisition des droits
de l'un et de l'autre par une tierce personne. Par ailleurs, la
maxime «resoluto jure dantis resolvitur jus accipientis» s'appliquera nécessairement s'il y a décès de l'usufruitier, dissolution
de la personne morale de l'usufruitier, arrivée du terme fixé par
la loi ou par l'acte constitutif ou, enfin, non-usage du droit
pendant dix (10) ans, et ce sujet pour le tout à la seule exception
prévue en matière de louage par les articles 1886 et 1887 C.c.Q.

67- Concordance oblige avec les articles 1148 et 1161 C.c.Q.,
la perte totale du bien subsiste comme cause d'extinction du
démembrement d'usufruit uniquement dans les cas où il y a eu
dispense d'assurer, dispense en vertu de l'acte constitutif ou de
la loi. Autrement, l'indemnité d'assurance est subrogée au bien
originairement cédé en usufruit et l'usufruitier poursuit sa jouissance[91] sur icelle jusqu'à la survenance d'une autre cause
d'extinction mentionnée à l'article 1162 C.c.Q. Le principe de
cette règle est étendu au cas de l'expropriation du bien, l'indemnité versée tenant alors lieu de capital soumis au contrôle
temporaire de l'usufruitier[92].

68- L'usufruit établi au profit de plusieurs personnes successivement ne peut, en tout état de cause, excéder cent (100) ans

suivant l'article 1123 (2) C.c.Q. Cette précision était nécessaire,
comme nous l'avons vu, parce que l'existence d'usufruits
distincts et successifs en l'espèce aurait alors permis de tourner
facilement la règle de vie du démembrement fixée à cent (100)
ans maximum. À cet égard, le texte du premier (1er) alinéa de
l'article 1166 C.c.Q. paraît contradictoire puisqu'il édicte que
cette variété d'usufruit «prend fin avec le décès du dernier
usufruitier ou avec la dissolution de la dernière personne
morale». Il en sera certes ainsi si tel décès ou telle dissolution
avait lieu avant que cent (100) ans se soient écoulés depuis
l'institution du démembrement d'usufruit. C'est peut-être d'ailleurs tout ce que voulait vraiment dire le législateur. En effet et
d'une part, il paraît douteux qu'il ait voulu en matière d'usufruits successifs proroger le terme normal de cent (100) ans
jusqu'au décès du *dernier* usufruitier ou à la dissolution de la
dernière personne morale parce que la dérogation eût été trop
patente. D'autre part, il est également peu probable que le
premier (1er) alinéa de l'article 1166 C.c.Q. ait été rédigé en
sous-entendant la prépondérance du premier (1er) alinéa de
l'article 1123 C.c.Q. parce qu'il eût été alors inexact de référer,
par l'image du qualificatif «dernier», à une personne physique
ou morale dont la jouissance pourrait bien n'avoir pas encore
débutée, parce qu'il eût été alors et aussi inexact de référer à
une dissolution qui pourrait bien ne jamais survenir.

69- Le deuxième (2e) alinéa de l'article 1166 C.c.Q. envisage
l'hypothèse de l'extinction de l'usufruit à l'égard d'une des
personnes conjointement désignées comme bénéficiaires du
droit. En pareil cas, le législateur écarte la règle de l'accroissement au profit du ou des autres usufruitiers et favorise plutôt un
remembrement partiel en faveur du nu-propriétaire. Au résultat
donc, l'extinction du droit à l'égard d'un des usufruitiers conjoints opère toujours confusion partielle[93] entraînant, par voie de
conséquence, maintien de la quote-part de droits du ou des
autres usufruitiers pour une jouissance dorénavant partagée
toutefois avec le nu-propriétaire.

70- L'abus de jouissance commis par l'usufruitier reste une
cause de déchéance et, partant, d'extinction du droit expressément reconnue par le législateur. La substance de l'article 480
C.c.B.-C. est cependant reprise en des termes permettant de
mieux comprendre qu'il y a abus de jouissance chaque fois que

l'usufruitier, en excédant le cadre étroit de sa compétence, met en péril les droits du nu-propriétaire. En l'espèce, le tribunal reçoit de plus une autorité additionnelle, soit celle de prononcer l'extinction absolue du droit avec ou sans indemnité payable au nu-propriétaire, celle d'ordonner la déchéance *au profit de* l'usufruitier conjoint ou successif, ce qui constitue dans le cas d'usufruit conjoint une dérogation à la règle de l'article 1166 (2) C.c.Q., et, enfin, celle de consentir à la poursuite de la jouissance usufruitière dans le respect de certaines conditions données. La réforme permet par surcroît de confirmer l'intérêt légitime à intervention des créanciers de l'usufruitier, intervention à la demande en déchéance pour veiller à la conservation de leurs droits en offrant réparations pour le passé et garanties pour l'avenir.

71- L'acte abdicatif est propre à tous les droits réels. Les articles 483 et 484 C.c.B.-C. y faisaient directement référence en parlant de renonciation au droit d'usufruit. Le législateur n'innove donc pas quant au fond. Il aménage tout simplement l'exercice de cette faculté en requérant nouvelle entente entre usufruitier et nu-propriétaire ou, à son défaut, décision de justice lorsqu'il y a abandon partiel[94]. L'opposabilité à l'égard du propriétaire est par ailleurs fixée au jour de la signification de l'abandon total ou, s'il y a abandon partiel, au jour de la nouvelle entente conclue entre les parties, à moins que ce soit celui de la demande en justice si pareille entente n'a pu être paraphée[95].

72- L'article 1171 C.c.Q., qui est véritablement de droit nouveau, accorde à l'usufruitier aux prises avec de sérieuses difficultés au chapitre de l'exécution de ses obligations, le pouvoir de contraindre le nu-propriétaire ou, s'il en est, l'usufruitier conjoint ou successif à accepter la conversion du démembrement usufruitier en rente. Cet écart au principe de la liberté contractuelle aurait pour fondement l'idée de conservation du bien sujet à usufruit, idée qui sous-tend la notion même d'usufruit[96]. Si tel est bien le cas nous pensons que l'abandon partiel ou total, le mandat ou les règles de l'administration du bien d'autrui auraient tout aussi bien permis d'atteindre l'objectif visé.

73- L'acte de conversion d'usufruit en rente sera en réalité un acte portant constitution de rente puisqu'il répond aux exigences prescrites en la matière par l'article 2367 C.c.Q. Ce sont donc les prescriptions des articles 2371 et suivants du Code qui devront être respectées, et non celles des dispositions relatives au bail à rente applicables seulement lorsqu'il y a transfert de la propriété d'un immeuble moyennant le service périodique d'une redevance[97].

74- En l'absence de débat sur l'ouverture du droit à conversion d'usufruit, la tâche la plus difficile pour les parties sera d'arrêter, sans doute avec l'aide d'un estimateur reconnu, la valeur en capital du démembrement. Cette valeur sert à fixer les annuités. Faute d'entente entre les parties, il reviendra au tribunal de fixer la rente «en tenant compte, notamment, de l'étendue du droit, de sa durée, ainsi que des fruits et revenus qui en sont tirés[98]». La clause à l'acte constitutif exclant la faculté de rachat causerait moins de peine et son emploi se généralisera sans doute.

De l'usage

75- Un premier coup d'œil aux articles 1172 à 1176 C.c.Q. permet de constater que le droit d'usage nouvellement défini demeure essentiellement conforme à ce qu'il est sous le Code civil du Bas-Canada, soit «un usufruit en miniature», un démembrement nommé de la propriété permettant l'utilisation du bien d'autrui et la perception d'une quotité variable de fruits et revenus assurant la subsistance. Les besoins de l'usager sont encore et toujours pris en compte pour l'établissement de cette quotité, y compris cette fois non plus ceux de sa «famille[99]», mais plutôt ceux des personnes habitant avec lui ou étant à sa charge[100].

76- Le deuxième (2ᵉ) alinéa de l'article 487 C.c.B.-C. fait de l'habitation une simple variante du droit d'usage, variante du droit appliquée à une maison. Ce cas d'application disparaît avec la réforme. En fait, il est plus juste de dire que le seul nom de telle application du droit d'usage cesse d'apparaître au texte des dispositions du Code civil du Québec consacrées au démembrement d'usage. Le but visé en est un de simplification uniquement afin d'éviter les redites. En effet, le droit d'usage continue d'avoir pour objet possible un immeuble correspondant à un bâtiment d'habitation puisqu'une maison constitue un «bien» et que les termes «installations destinées à l'usage commun» employés à l'article 1174 C.c.Q. y réfèrent incontestablement.

77- Démembrement de la propriété indubitablement empreint de réalité, le droit d'usage a néanmoins revêtu de tout temps un caractère «intuitu personæ» qui servait de pierre angulaire à la règle d'une perception des fruits et revenus en fonction de besoins personnels de consommation, ainsi qu'à celle de l'incessibilité. Cela tient à ce que l'usage et l'habitation ont été, des siècles durant, constitués surtout non seulement dans le cadre d'une société agraire, mais aussi dans celui plus étroit des rapports de famille où l'identité et la personnalité du titulaire du droit était un facteur déterminant à un établissement en sa faveur. Le Code civil du Québec conserve cette vision un peu passéiste du droit d'usage tout en introduisant par ailleurs les assouplissements nécessaires à favoriser un plus grand recours à ce démembrement. En effet, l'incessibilité est maintenue dans son principe, mais la dérogation conventionnelle, qu'il fallait jusqu'alors déduire de l'article 491 C.c.B.-C., est expressément mentionnée et autorisée par le premier (1er) alinéa de l'article 1173 C.c.Q. Le deuxième (2e) alinéa du même article rend aussi possible la cession ou saisie du bien sur décision du tribunal s'il en va de l'intérêt de l'usager et que le nu-propriétaire n'en subit aucun préjudice.

78- L'article 1174 C.c.Q. propose en matière d'usage une règle semblable à celle introduite au deuxième (2e) alinéa de l'article 1124 C.c.Q. pour l'usufruit. Elle est formulée en des termes qui traduisent le vécu de certaines difficultés rapportées en jurisprudence, c'est-à-dire celles qui surgissent habituellement quand le droit de l'usager ne porte que sur une partie du bien. En pareil cas, le législateur accorde formellement à l'usager droit d'accès aux installations communes comme, par exemple, un garage, une annexe, une galerie, les latrines, les avantages reliés à un site, etc.

79- Un renvoi à l'usufruit est actuellement prévu pour ce qui a trait aux causes d'extinction du droit d'usage[101]. Comme le démembrement d'usage n'est autre chose qu'un diminutif de l'usufruit, l'article 1176 C.c.Q. généralise ce renvoi de manière à rendre applicables en la matière toutes les dispositions relatives à l'usufruit, «mutatis mutandis» évidemment. Une exception est cependant faite, savoir: l'usager pourra demander la conversion du démembrement d'usage en rente uniquement si son droit est cessible et saisissable selon l'acte ayant pourvu à son établissement. Il faut aussi dire, au titre des différences avec l'usufruit, que le droit d'usage pourra être établi par jugement non seulement dans le cas de l'article 429 C.c.Q., mais encore dans celui des articles 410 à 413 C.c.Q. au sujet de la résidence familiale et de certains meubles du conjoint.

De l'emphytéose

80- Faisant de la ville sa terre d'élection depuis le début du siècle, l'emphytéose s'y est graduellement révélée comme un instrument de développement économique sans pareil, capable de répondre à des besoins extrêmement complexes, voire divergents. Cette progression sur le marché des modes d'exploitation profitables des immeubles au Québec ne s'est toutefois pas faite sans heurts, en raison principalement de textes de loi mal adaptés au potentiel et à la finesse de l'institution. Le législateur, sensible aux difficultés rencontrées par l'emphytéose dans son vécu et conscient de la fréquence du recours a la tenure dans les projets de mise en valeur d'envergure, veillait par bonheur au grain et n'a pas hésité à intervenir en temps opportun pour clarifier les choses par voie d'amendements au Code civil du Bas-Canada. Ces amendements ont en quelque sorte permis une mise en vigueur anticipée d'une partie de la réforme projetée en la matière. Le Code civil du Québec adopté en décembre 1991 introduit les derniers éléments de cette réforme en éliminant, fort heureusement, la plupart des irritants que contenait le Projet de loi adopté en avril 1987.

A- De la nature de l'emphytéose

81- L'expression «de la nature de» est à nouveau fort trompeuse car les articles y étant consacrés traitent également des modes d'établissement de l'emphytéose, de sa durée, d'une de ses manifestations particulières et des droits des créanciers de l'emphytéote aussi bien que du nu-propriétaire.

82- Le Code civil du Québec a le mérite incontestable de ranger clairement la tenure emphytéotique parmi les démembrements du droit de propriété. L'article 1119 C.c.Q. le dit en toutes lettres. Le progrès est énorme parce qu'il permet une meilleure articulation des règles gouvernant l'institution. Le geste permet d'éliminer d'un seul coup toute association verbale que le Code civil du Bas-Canada établit actuellement entre le bail et l'emphytéose, association qui avait souvent pour conséquence de faire verser dans le domaine du louage ordinaire tout pacte emphytéotique dont les principaux éléments constitutifs n'étaient pas énoncés à la satisfaction du tribunal ou étaient contredits par des dispositions d'apparence secondaire[102]. La prise de position éclairée du législateur écarte également certaines propositions échafaudées sur la base de l'expression «l'emphytéose emporte aliénation», propositions qui tendaient erronément à assimiler ce démembrement extensif du droit de propriété à un transfert temporaire du domaine. Une qualification adéquate de l'emphytéose aux articles 1119, 1195 et 1200 C.c.Q. permet enfin d'attirer l'attention sur ce qu'il y a de plus fondamental dans l'institution, soit l'étendue considérable des pouvoirs conférés à l'emphytéote par le démembrement, étendue considérable qui fait contrepoids à l'obligation très lourde lui incombant d'améliorer de façon durable l'immeuble d'autrui[103].

83- L'article 567 C.c.B.-C. ne définit pas le démembrement emphytéotique mais décrit plutôt, avec ses éléments constitutifs, l'un des contrats qui dans l'Ancien droit pouvait donner naissance à la tenure emphytéotique[104]. Cette anomalie disparaît avec l'article 1195 C.c.Q. qui donne une idée claire, bien qu'en des termes qui mériteraient d'être peaufiner, de la somme des prérogatives de la propriété passant pour un temps en la main de l'emphytéote sujet, d'une part, à l'obligation de rabonnir l'immeuble d'autrui et, d'autre part, de n'en point compromettre l'existence. Reprenons certains de ces points.

84- L'emphytéose reste et demeure un démembrement temporaire du droit de propriété. Sa durée de vie minimale est cependant fixée non plus à neuf (9) ans, mais dix (10) ans et sa durée de vie maximale fixée non plus à quatre-vingt-dix-neuf (99) ans, mais bien à cent (100) ans nonobstant toute autre stipulation à l'acte constitutif.

85- La définition de l'emphytéose fournie par l'article 1195
C.c.Q. ne contient aucune allusion à la rente emphytéotique.
Cette dernière, également connue sous le nom de «canon», a de
tout temps été considérée par la plupart des auteurs québécois
et des juges comme un élément essentiel et constitutif de
l'emphytéose, au même titre que la durée arrêtée de la tenure,
l'obligation d'améliorer et la cession d'un droit réel de jouissance plaçant l'emphytéote aux confins de la propriété. Cette
fausse nécessité d'un canon annuel est en grande partie liée à
l'association traditionnellement faite par plusieurs entre l'emphytéose et le contrat de louage par lequel il pouvait se manifester en Droit romain et dans l'Ancien droit. Elle tient également au rôle assigné par beaucoup à la rente comme signe
recognitif du domaine supérieur du nu-propriétaire. La vérité
toute simple, celle que le législateur a enfin fait sienne, est que
la nature d'un droit, d'un droit réel de jouissance en l'espèce,
ne peut pas être définie en fonction du caractère onéreux ou
gratuit de l'acte pourvoyant à son établissement[105]. Au résultant,
il appert donc que l'emphytéose pourra à l'avenir être constituée à titre gratuit aussi bien qu'à titre onéreux, comme le
confirment le deuxième (2e) alinéa de l'article 1195 et le
premier (1er) alinéa de l'article 1207 C.c.Q. S'il y a constitution
à titre onéreux, ce qui devrait être encore la norme, la somme
prévue, qu'elle soit payable d'un trait ou par versement, s'ana-
lysera désormais en prix de cession du droit d'emphytéose[106].

86- L'obligation principale de l'emphytéote est décrite au Code
civil du Bas-Canada comme étant celle d'apporter des améliorations à l'immeuble lui ayant été cédé à ce titre. Ce terme
générique, et peut-être sibyllin pour plusieurs, est remplacé par
ce à quoi il a toujours correspondu dans le concret, soit des
«constructions, ouvrages ou plantations[107]». Il importe évidemment que ces travaux impriment une plus-value à l'immeuble
du nu-propriétaire, mais encore doit-il s'agir d'une plus-value
durable, susceptible, faut-il comprendre, de passer à ce dernier
à l'extinction de la tenure emphytéotique. Il en va de la philosophie même de l'institution. Le propriétaire ne démembre
aussi largement son droit qu'en considération de cet avantage
escompté[108].

87- Il est à signaler, au chapitre des modes de constitution de
l'emphytéose[109], que l'absence de mention de la loi comme

moyen possible d'établissement rendra peut être difficile
l'acquisition du démembrement emphytéotique par prescription
acquisitive[110]. Non pas que ce mode d'acquisition soit ou puisse
être fréquent, mais il peut à tout le moins servir à la confirmation d'un titre entaché d'un vice quelconque.

88- La retouche présentée par l'article 1199 C.c.Q. est d'ordre
purement cosmétique. La règle de l'article 571 C.c.B.-C. y est
reprise en termes simplifiés et le droit des créanciers du propriétaire y est pareillement énoncé pour des raisons d'ordre
didactique seulement.

89- L'absence d'incompatibilité entre l'emphytéose et la copropriété par déclaration a été confirmée par le Projet de loi 20
adopté le 15 avril 1987[111], mais dont la mise en vigueur avait
été reportée «sine die». Un arrêt de la Cour Supérieure du
district de Montréal en date du 8 mai 1987[112] eut toutefois pour
effet d'accélérer telle mise en vigueur. Ce fut la loi modifiant
le Code civil en matière de copropriété et d'emphytéose, sanctionnée le 17 juin 1988, qui introduisait notamment les articles
441b1, 567.1 et 568.1 du Code civil du Bas-Canada[113]. Le législateur reprend la substance de ces dispositions aux articles
1040, 1196 et 1198 C.c.Q., articles qui, bien que n'étant pas de
droit nouveau au sens strict du terme, requièrent un léger commentaire[114] tellement leur domaine d'application respectif paraît
difficile à cerner pour plusieurs.

90- Comme l'emphytéote bénéficie du droit d'accession et est,
de ce fait, propriétaire superficiaire des constructions, ouvrages
et plantations par lui réalisés qui constituent un immeuble corporel distinct de celui lui ayant été originairement cédé en
emphytéose, il peut forcément établir sur le bâtiment qu'il
construit lui-même une copropriété divise. Ce cas est visé et
régie par l'article 1040 C.c.Q. et suivants. Si d'aventure le
fonds de terre cédé en emphytéose est déjà porteur d'un bâtiment construit, la tenure emphytéotique s'étend irrémédiablement au fonds comme au bâtiment lui-même. Il ne peut alors
être question de propriété superficiaire de ce bâtiment parce que
les travaux d'améliorations de l'emphytéose viendront s'y
fondre et confondre au point de perdre leur individualité juridique. En ce cas, l'emphytéote, étant incapable de transmettre
davantage que ce qu'il a, peut seulement établir une déclaration

de coemphytéose sur le fonds et le bâtiment. Cette déclaration, gouvernée «mutatis mutandis» par les dispositions relatives à la copropriété auxquelles s'ajoutent les règles des articles 1198 et 1207 C.c.Q., opérera division en fractions du droit d'emphytéose sur le fonds et le bâtiment[115].

91- L'article 1198 C.c.Q. qui, nous l'avons dit, reprend en substance l'article 568.1 C.c.B.-C. contient un correctif qui le soustrait pour partie à la sévérité de critiques antérieures portant sur l'absence d'obligation de rabonnir imposée à l'emphytéote dans certains cas de renouvellement de la tenure emphytéotique[116]. Cette obligation «propter rem» de faire si intimement liée à l'institution au point de faire partie de son essence, est maintenant prévue sous forme d'impenses utiles lorsqu'il y a renouvellement d'un droit d'emphytéose qui coexiste avec la copropriété divise, ainsi que d'un droit qui a été assujetti à une déclaration de coemphytéose. Ces impenses, qui sont nulles autres que les constructions et ouvrages de toutes sortes envisagés par les articles 956 et suivants du Code civil du Québec, *porteront sur les réalisations déjà faites* au cours du premier terme sans obligation d'ériger un bâtiment entièrement neuf ou d'exécuter un ouvrage à caractère permanent entièrement neuf. Cette interprétation paraît la seule capable de donner un sens au correctif introduit. Une meilleure rédaction de l'article aurait certes facilité telle interprétation. Cela viendra sans doute avec le temps!

B- *Des droits et obligations de l'emphytéote et du propriétaire*

92- Il y a peu de nouveautés au chapitre des droits et obligations des parties au pacte emphytéotique. Il s'agit plutôt de légères mises au point après les interventions législatives de juin 1984 et juin 1988. Considérons donc uniquement ces mises au point.

93- L'emphytéote a, suivant l'expression du premier (1er) alinéa de l'article 1200 C.c.Q. qui reprend celle de l'article 569 C.c.Q. et complète ainsi la définition donnée par l'article 1195, «tous les droits attachés à la qualité de propriétaire». Cela signifie que le démembrement d'emphytéose opère un cisaillement dans le faisceau des attributs du domaine laissant au propriétaire en titre de l'immeuble que le droit de retrouver un jour son bien rabonni par le labeur de l'emphytéote ainsi que la faculté d'aliéner ce droit. Tout le reste est entre les mains de l'emphytéote, soit le droit d'usage, y compris celui de décider de l'emploi du bien, le droit à la totalité des fruits et revenus, le droit d'accession, le droit de disposition dans son aspect juridique et matériel, sous la réserve «de ne pas compromettre l'existence» de l'immeuble et, partant, le droit de retour du nupropriétaire, appelé également «vis attractiva[117]».

94- La jouissance d'attributs aussi larges par l'emphytéote a souvent incité le propriétaire à les courber en vue de se protéger. Les tribunaux ont cependant exercé une surveillance assez étroite sur le contenu des dispositions contractuelles à cet effet au point de rendre stérile toute tentative légitime en ce sens. Aussi fallut-il éventuellement l'intervention du législateur pour rétablir les choses. C'est l'origine de l'article 569.1 C.c.B.-C., présenté en juin 1984 suite à la décision rendue dans l'affaire Weissbourd[118]. Utile et opportun quant au but visé, le texte de l'amendement introduit était toutefois mal tourné. Le libellé autorisait en effet des limites aux droits des parties alors qu'il ne pouvait permettre que des restrictions *à l'exercice* de tels droits. Par bonheur, le tir se trouve rectifié par le deuxième (2e) alinéa de l'article 1200 qui sanctionne des restrictions *à l'exercice* des droits des parties, mais non une diminution de la sphère des prérogatives à laquelle l'un et l'autre peuvent prétendre du fait du démembrement emphytéotique. Ainsi, l'emphytéote ne peut être privé de son droit de réaliser des améliorations facultatives, d'hypothéquer ou de disposer de ses intérêts. Il pourrait cependant être convenu que telles améliorations devront être compatibles avec celles obligatoirement faites et que la cession d'une sûreté ou l'aliénation de droits se fera avec l'accord préalable du nu-propriétaire, dont le consentement ne pourra être indûment refusé. Il ne peut davantage être stipulé que l'emphytéote conservera, à l'arrivée du terme, les améliorations promises. L'octroi par le nu-propriétaire d'une option d'achat à la valeur marchande en faveur de l'emphytéote serait par ailleurs chose parfaitement acceptable.

95- L'emphytéote sera à l'avenir astreint, sauf dispense accordée, à la confection d'un état descriptif des immeubles[119], ce qui devrait comprendre tant l'immeuble originairement cédé en emphytéose que les améliorations prévues à l'acte constitutif.

En effet, cette nouvelle obligation est liée tant à l'obligation de l'emphytéote «de ne pas compromettre l'existence» de l'immeuble soumis au droit d'emphytéose selon l'article 1195 C.c.Q, confirmée par l'article 1204 C.c.Q., qu'à celle de remettre non seulement cet immeuble en bon état à l'arrivée du terme, mais également les améliorations promises. De cela, il faut peut-être comprendre qu'un état n'est pas requis pour ce qui a trait aux constructions, ouvrages et plantations volontairement réalisés par l'emphytéote. Notons au passage enfin que l'article 1201 C.c.Q., contrairement à l'article 1142 C.c.Q. en matière d'usufruit, n'impose pas à l'emphytéote l'obligation d'agir en l'espèce «comme s'il était administrateur du bien d'autrui». La différence de formulation tend à indiquer que l'emphytéote ne sera pas tenu au respect de règles particulières quant à la forme et au contenu de l'état, hormis celles du bon sens.

96- L'abus de jouissance commis par l'emphytéote constitue un geste hautement répréhensible pouvant conduire à déchéance du droit. L'article 1204 C.c.Q. retient cette cause possible d'extinction de l'emphytéose envisagée par l'article 578 C.c.B.-C. tout en l'aménageant de manière semblable à ce qui fut fait pour le droit d'usufruit[120]. Partant, les cas d'abus ne sont pas limités aux dégradations et au dépérissement, le tribunal a plus de latitude dans le choix de la sanction à imposer et le droit des créanciers à intervention est reconnu.

97- Toute association verbale avec le bail étant rompue à l'occasion de la réforme du Code, l'obligation faite au propriétaire par l'article 573 C.c.B.-C. de «faire jouir» l'emphytéote a forcément disparu. L'obligation de «garantir» l'emphytéote en vertu du même article subsiste toutefois à la charge du propriétaire[121]. En la matière, le législateur l'assimile aux obligations incombant normalement au vendeur, soit la délivrance, la garantie du droit de propriété et la garantie de qualité[122].

C- De la fin de l'emphytéose

98- Il est curieux de constater que l'emphytéose, contrairement à l'usufruit[123], l'usage[124] et la servitude[125], ne s'éteint pas, mais prend tout simplement fin. Par delà cette différence sans conséquence aucune, il faut reconnaître que l'article 1208

C.c.Q. mentionne trois (3) causes de disparition du droit qui n'apparaissent pas à l'article 579 C.c.B.-C., savoir: l'expropriation totale de l'immeuble, la confusion des qualités de propriétaire et d'emphytéote et le non-usage pendant dix (10) ans.

99- Comme la propriété est le seul droit qui ne se perd pas par non-usage, il n'est pas douteux que l'absence de mention de la perte par non-usage à l'article 579 C.c.B.-C. constituait un simple oubli de la part du législateur, oubli désormais réparé. Comme la «plena in re potestas» sur un bien empêche de considérer le maître comme titulaire de droits démembrés sur sa proche chose, il est également certain, nonobstant le silence actuel des textes du C.c.B.C., que la réunion des qualités de nu-propriétaire et d'emphytéote en une même personne entraîne la disparition du démembrement d'emphytéose. Aussi, la relation formelle de ce fait à l'article 1208 C.c.Q. n'est pas ce qu'il y a de plus important. Le principal se trouve plutôt à l'article 1209 C.c.Q. énonçant de façon claire que la confusion des qualités de nu-propriétaire et d'emphytéote laisse subsister les droits et charges consentis par l'emphytéote à un tiers. Il en est de même lorsqu'il y a résiliation amiable. Dans les autres cas, sauf abandon où l'emphytéote a l'obligation de libérer le titre[126], la règle «resoluto jure dantis resolvitur jus accipientis» s'applique dans toute sa rigueur[127]. Enfin, comme l'expropriation totale donne tout au plus droit à une indemnité, il eut été incongru en l'espèce de permettre la subsistance d'un droit réel immobilier sur un bien meuble[128].

100- L'extinction du droit d'emphytéose oblige tout naturellement à règlement de comptes entre le propriétaire et l'emphytéote. À cet égard, le législateur codifie la règle admise en droit positif québécois au sujet des améliorations promises ayant péri par force majeure. L'obligation de l'emphytéote à leur sujet est tenue pour exécutée et il n'a pas, sauf convention contraire, à les remplacer. Partant, aucune remise en équivalence ou autrement n'est réclamée de l'emphytéote.

101- Toujours au chapitre du règlement des comptes survenant en fin d'emphytéose, le législateur reconnaît enfin, au deuxième (2e) alinéa de l'article 1210 C.c.Q., que l'emphytéote ne peut être considéré comme un possesseur de mauvaise foi relativement aux améliorations faites en sus de celles prévues à l'acte constitutif. La réalisation de telles améliorations était indubitablement du domaine de sa compétence puisque l'emphytéote jouit pour un temps de tous les droits attachés à la qualité de propriétaire. Il devra certes en faire remise au nu-propriétaire au terme de l'emphytéose, mais il aura dorénavant droit à leur remboursement suivant les dispositions des articles 959 et suivants du C.c.Q. La nouvelle norme consacre la liberté d'initiative de l'emphytéote à imprimer une plus-value à l'immeuble d'autrui sans encourir d'autre sanction que la perte de ce qui avait été promis originairement[129]. Elle évite de plus l'enrichissement sans cause par le propriétaire[130].

Notes

1. *Loi portant réforme au Code civil du Québec du droit des personnes, des successions et des biens* (L.Q. 1987, c.18), articles 1150-1160.
2. J. G. Cardinal, *Le droit de superficie, modalité du droit de propriété*, Montréal, Wilson & Lafleur, 1957.
3. Article 1009 C.c.Q.
4. A. Weill, *Droit civil - Les Biens*, T. II, Paris, Dalloz, 1970, p. 272; J. Carbonnier, *Droit civil*, T. III, Paris, P.U.F., 1969, p. 97.
5. La copropriété est par ailleurs une modalité de la propriété qui tient à la pluralité des titulaires du droit, droit qui est abstraitement divisé en autant de quotes-parts qu'il y a de personnes concourant au titre. Articles 1009-1010 C.c.Q.
6. Article 948 C.c.Q.
7. J. G. Cardinal, *op. cit.*, n° 42; J.P. Marty, *La dissociation juridique de l'immeuble*, Paris L.G.D.J., 1979, pp. 119-124.
8. Moyens déjà envisagés par F. Frenette dans: *L'illusion de propriété superficiaire*, (1976) 17 C. de D., pp. 229-234; *Des améliorations à l'immeuble d'autrui*, (1980), 1 C.P. du N., n° 83 et ss.
9. *Lebœuf c. Deauville*, (1963) B.R. 472; *Gulf Power c. Habitat Mon Pays Inc.*, J.-E. 1978-673 (C.A.).
10. Voir: F. Frenette, *L'institution d'emphytéose*, Ottawa, thèse, 1976 et *De l'emphytéose*, Montréal, Wilson & Lafleur Sorej Ltée., 1983, n° 296-347.
11. F. Frenette, *De l'emphytéose, op. cit.*, 1983, n° 296-347.
12. F. Frenette, *L'illusion de propriété superficiaire, op. cit.*, p. 231.
13. F. Frenette, *Le jeu de l'accession dans les rapports patrimoniaux entre époux*, (1981) 22 C. de D., 857-862.
14. *Barette c. Denis*, (1926) 40 B.R. 435.
15. En l'espèce, chaque unité est détenue en propriété superficiaire. Voir: F. Frenette, *Emphytéose et copropriété par déclaration: la démystification d'une impossible coexistence*, (1987-1988) 90 R. du N. pp. 145-162.

16. Articles 1162 (5), 1176, 1191 (5) et 1208 (5) C.c.Q.

17. La servitude peut être établie pour un temps ou à perpétuité, d'où l'expression perpétuité par *nature* dans ce cas. La propriété ne peut pas par ailleurs être établie «ab initio» pour un laps de temps seulement, d'où l'expression perpétuité par *essence* dans ce cas.

18. Articles 1123, 1176 et 1197 C.c.Q.

19. La propriété inaliénable sera obligatoirement temporaire [art. 1212 (3) C.c.Q.]. La propriété conditionnelle sera résolue si la condition se réalise (arts 1506-1507 C.c.Q.). La copropriété indivise prendra fin quand le partage sera provoqué (art. 1030 C.c.Q.). La copropriété divise prendra fin sur la décision des copropriétaires (art. 1108 C.c.Q.). La mitoyenneté se termine suite à l'abandon du mur par l'un des copropriétaires [art. 1016 (2) C.c.Q.].

20. Article 1115 C.c.Q. «a contrario».

21. Article 1111 C.c.Q.

22. F. Frenette, *Emphytéose et copropriété par déclaration...*, *op. cit.*, pp. 151-154; F. Frenette, *De l'emphytéose*, *op. cit.*, n⁰ˢ 368-380.

23. La réunion des qualités de tréfoncier et de superficiaire dans une même personne.

24. Article 947 (2) C.c.Q.

25. F. Frenette, *Les démembrements du droit de propriété: traits saillants d'une réforme*, (1988) 3 C.P. du N. 215, n⁰ˢ 2-4.

26. La modernisation a été rendue possible en grande partie grâce aux travaux antérieurs de: A. Cossette, *De la révision du chapitre de l'usufruit*, (1957-1958) 60 R. du N. 255-264; M. Cantin Cumyn, *Les droits des bénéficiaires d'un usufruit, d'une substitution et d'une fiducie*, Montréal, Wilson & Lafleur, 1980; M. Cantin Cumyn, *Le droit de l'actionnaire aux dividendes*, (1980-1981) 83 R. du N. 102-107.

27. P.B. Mignault, *Le droit civil canadien*, T. II, Montréal, C. Théoret, 1897, p. 478; J. Carbonnier, *Droit civil*, T. III, Paris, P.U.F., 1969, p. 84.

28. Il ne dispose toutefois pas de l'aspect juridique du «jus utendi» qui comporte la faculté de décider du rôle d'emploi d'un bien, d'où son obligation de respecter la destination imprimée au bien par le propriétaire.

29. Événement futur et certain.

30. Événement futur et incertain.

31. Article 911 C.c.Q.

32. Article 1230 C.c.Q.

33. Article 1244 C.c.Q.

34. Article 1167 C.c.Q.

35. M. Cantin Cumyn, *Les droits des bénéficiaires d'un usufruit, d'une substitution et d'une fiducie*, Montréal, Wilson & Lafleur, 1980, pp. 8-10.

36. Article 1123 (1) C.c.Q.

37. Article 1123 (1) C.c.Q.

38. Article 1123 (2) C.c.Q.

39. Article 1638 C.c.Q.

40. Article 1718 C.c.Q.

41. «S'il ne peut en rendre de semblables, il doit en payer la valeur en numéraire» dit le deuxième (2ᵉ) alinéa de l'article 1127 C.c.Q.

42. Article 1127 (1) C.c.Q.
43. Article 454 C.c.B.C.
44. Article 1128 C.c.Q.
45. Article 909 C.c.Q.
46. Article 910 C.c.Q.
47. Article 450 C.c.B.C.
48. Article 449 C.c.B.C.
49. Article 1129 (2) C.c.Q.: «Une indemnité est due par le nu-propriétaire ou par l'usufruitier, selon le cas, à celui qui a fait les travaux ou les dépenses nécessaires à la production de ces fruits».
50. Article 1130 C.c.Q.
51. Article 1131 C.c.Q. avec son exemple relatif aux primes attribuées à l'occasion du rachat d'une valeur mobilière.
52. Article 1132 C.c.Q.
53. Article 1133 C.c.Q. avec son exemple relatif à la souscription à des valeurs mobilières.
54. Article 1134 (1) et (2) C.c.Q.
55. Article 1134 (3) C.c.Q.
56. Voir: F. Frenette, *Des améliorations à l'immeuble d'autrui*, (1980), 1 C.P. du N., n°ˢ 1-13.
57. Article 1124 (1) C.c.Q.
58. Article 1124 (2) C.c.Q.
59. Article 1151 C.c.Q.
60. Article 1124 (2) C.c.Q. «a contrario»
61. Article 1168 C.c.Q.
62. *Loi sur l'application de la réforme du Code civil*, (L.Q. c.57, a.60).
63. Article 460 C.c.B.C.
64. Articles 455-460 C.c.B.C.
65. Article 1140 (2) C.c.Q.
66. Article 1142 C.c.Q.
67. Articles 1326-1328 C.c.Q.
68. Article 1329 C.c.Q.
69. Article 1142 (2) C.c.Q.
70. Article 1143 C.c.Q.
71. Article 1146 C.c.Q. Cette disposition ne s'appliquera pas aux usufruits *ouverts* avant l'entrée en vigueur du Code civil du Québec, à l'exception toutefois des cas où l'usufruitier aura déjà été mis en demeure par le nu-propriétaire. S'il en est ainsi, l'usufruitier aura soixante (60) jours de la date d'entrée en vigueur pour remplir son obligation. [*Loi sur l'application de la réforme du Code civil*, (L.Q. c.57, a.61)].
72. Article 1142 C.c.Q., *i.e.* a fait lui-même l'inventaire.
73. Article 1142 C.c.Q. «in fine».
74. Article 1146 C.c.Q.
75. Article 464 C.c.B.C.
76. Article 1144 C.c.Q.
77. Article 1146 C.c.Q. Cette disposition ne s'appliquera pas aux usufruits *ouverts* avant l'entrée en vigueur du Code civil du Québec, à

l'exception toutefois des cas où l'usufruitier aura déjà été mis en demeure par le nu-propriétaire. S'il en est ainsi, l'usufruitier aura soixante (60) jours de la date d'entrée en vigueur pour remplir son obligation. [*Loi sur l'application de la réforme du Code civil*, (L.Q. c.57, a.61)].

78. Article 1148 C.c.Q. Les articles 1148-1149 C.c.Q. ne s'appliqueront pas aux usufruits *établis* avant la date d'entrée en vigueur du Code civil du Québec. [*Loi sur l'application de la réforme du Code civil*, (L.Q. c.57, a.62)].

79. Article 1149 (1) C.c.Q.

80. Article 1149 (2) C.c.Q.

81. Article 1148 C.c.Q.

82. Article 1160 (2) C.c.Q.

83. Article 1151 C.c.Q.

84. Exemple: «celles relatives aux poutres et aux murs portants, au remplacement des couvertures, aux murs de soutènement, aux systèmes de chauffage, d'électricité ou de plomberie ou aux systèmes électroniques et, à l'égard d'un meuble, aux pièces motrices ou à l'enveloppe du bien».

85. Article 1153 (2) C.c.Q.

86. Article 1153 (1) et (2) C.c.Q. Le droit de l'usufruitier suivant l'article 1153 C.c.Q. ne vaut que pour les réparations majeures faites par lui après la date d'entrée en vigueur du Code civil du Québec. [*Loi sur l'application de la réforme du Code civil*, (L.Q. c.57, a.63)].

87. Si le jugement met fin à l'usufruit, les frais sont partagés également entre l'usufruitier et le nu-propriétaire.

88. La dispense d'assurer est prévue à l'article 1148 C.c.Q. En tel cas, l'usufruitier n'est pas obligé de remplacer ou de payer la valeur du bien qui périt par force majeure, sauf à rendre compte des cuirs ou de leur valeur si la perte porte sur tout le troupeau.

89. Pour un résumé de la question, voir: P.-C. Lafond, *Droit des biens*, Mementos Thémis, Montréal, Les Éditions Thémis, 1991, pp. 487-490.

90. Article 1162 (3) C.c.Q. à comparer avec l'article 479 (3) C.c.B.C.

91. Article 1149 C.c.Q.

92. Article 1164 C.c.Q.

93. Article 1162 (3) C.c.Q.

94. Article 1169 C.c.Q.

95. Article 1170 C.c.Q.

96. Article 1120 C.c.Q.

97. Articles 1802-1805 C.c.Q.

98. Article 1171 (2) C.c.Q.

99. Article 487 (1) C.c.B.C.

100. Article 1172 C.c.Q.

101. Article 488 (2) C.c.B.C.

102. F. Frenette, *De l'emphytéose au louage ordinaire par la voie mal éclairée du doute*, (1977) 18 C. de D. 577-565.

103. Voir F. Frenette, *De l'emphytéose, op. cit.*, n°s 5-8, 53-57, 116-160 et 185.

104. Article 567 C.c.B.C.: «L'emphytéose ou bail emphytéotique est un contrat par lequel...»; voir F. Frenette, *Ibid.*, n°s 40-57.

105. *Ibid.*, nᵒˢ 175-184.

106. Article 1207 C.c.Q.

107. Article 1195 C.c.Q.

108. F. Frenette, *De l'emphytéose, op. cit.*, nᵒˢ 185-200.

109. Article 1195 (2) C.c.Q.: «L'emphytéose s'établit par contrat ou par testament».

110. Article 2910 C.c.Q.

111. *Loi portant réforme au Code civil du Québec du droit des personnes, des successions et des biens.* (L.Q. 1987, c.18), article 1079.

112. *Roy c. Société immobilière du Cour Le Royer*, (1987) R.D.I. 392 (C.S.).

113. *Loi modifiant le Code civil en matière de copropriété et d'emphytéose*, (L.Q., 1988, c.16).

114. F. Frenette, *Intervention récente du législateur en matière d'emphytéose et de copropriété*, (1988) 5 C.P. du N. 469-490.

115. Sujet aux restrictions des articles 1198 et 1207 C.c.Q.

116. F. Frenette, *Intervention récente du législateur...*, *op. cit.*, nᵒ 35.

117. F. Frenette, *Du droit de propriété: certaines de ses dimensions méconnues*, (1979) 20 C. de D. 439-447.

118. *Weissbourd c. Protestant School Board of Greater Montreal*, (1984) C.A. 218; F. Frenette, *L'affaire Weissbourd: une interprétation des intentions du législateur qui suscite sa réaction*, (1984-1985) 87 R. du N. 580.

119. Article 1201 C.c.Q.

120. Article 1168 C.c.Q.

121. Article 1206 C.c.Q.

122. Articles 1717 et ss. C.c.Q.

123. Article 1162 C.c.Q.

124. Article 1176 C.c.Q.

125. Article 1191 C.c.Q

126. Article 1211 C.c.Q.

127. Article 1209 C.c.Q.

128. L'emphytéose ne peut avoir pour objet qu'un immeuble. (Article 1195 C.c.Q.).

129. F. Frenette, *Les démembrements du droit de propriété: traits saillants d'une réforme*, (1988) 3 C.P. du N. 215, nᵒ 33.

130. [*Loi sur l'application de la réforme du Code civil*, (L.Q. c.57, a.65)]: «En matière d'emphytéose, les règles de la loi nouvelle sont applicables aux contrats d'emphytéose en cours, lorsqu'il s'agit d'en compléter les dispositions».

Titre cinquième
Des restrictions à la libre
disposition de certains biens
Les articles 1212-1255

John E.C. Brierley*

1.- *Introduction générale*.- Il importe, en premier lieu, d'observer la nouvelle localisation des textes régissant les stipulations d'inaliénabilité (articles 1212 à 1217) et les substitutions (articles 1218 à 1255). Ces institutions juridiques sont régies, à l'intérieur du Livre Quatrième consacré au droit des biens, au titre cinquième intitulé «Des restrictions à la libre disposition de certains biens». Pourquoi ce nouvel arrangement des textes, arrangement qui coupe l'unité traditionnelle selon laquelle ces deux institutions sont envisagées comme des modalités des seules donations et des testaments et, partant, comme faisant partie du titre du Code civil actuel consacré aux libéralités?

Pour en saisir la raison, il faut remarquer que, dans l'organisation nouvelle du *Code civil du Québec*, le titre actuel consacré aux donations et testaments n'existe plus. En effet, d'une part, le contrat de donation, y compris les donations par contrat de mariage, passe au titre «Des obligations», et plus précisément, au deuxième titre consacré aux contrats nommés (articles 1806 à 1850); d'autre part, la matière des testaments passe au Livre Troisième consacré aux successions (articles 703 à 775). Dans l'esprit du législateur, les substitutions et les stipulations d'inaliénabilité trouvent plus logiquement leur place dans le livre consacré aux biens. Même si elles sont toujours limitées aux dispositions à titre gratuit (articles 1212, 1218), elles touchent à l'exercice du droit de propriété, c'est-à-dire à la libre disposition des biens. Par ailleurs, c'est sous ce dernier rapport que

---

* Professeur, Faculté de droit, McGill University.

le nouveau Code encadre, davantage que ne le fait le Code actuel, les stipulations d'inaliénabilité en donnant au tribunal le pouvoir de lever l'inaliénabilité et en assouplissant les règles au sujet des substitutions de façon à répondre à l'objection qui lui est faite d'entraver la libre circulation des biens qui en font l'objet[1].

Ce sont, en effet, des institutions rajeunies et non pas révolutionnées. Le travail accompli à leur égard constitue surtout un assouplissement de leurs mécanismes traditionnels et une simplification des textes. Mais les deux institutions sont destinées à jouer leur rôle traditionnel et leurs éléments essentiels restent tels qu'ils sont dans le droit actuel.

Pour la plupart, les modifications législatives apportées aux substitutions trouvent leur inspiration dans les propositions de l'Office de révision du Code civil contenues dans son rapport publié en 1978[2]. Les antécédents des textes du nouveau Code se trouvent manifestement dans des textes proposés par l'Office. Les *Commentaires* de l'Office sont donc toujours pertinents à titre de travaux préparatoires[3].

Chapitre premier
Des stipulations d'inaliénabilité
Les articles 1212-1217

2.- *Introduction.-* La prohibition d'aliéner du Code actuel (régie aux articles 968 à 980) est retenue et renommée «stipulation d'inaliénabilité». La proposition de l'Office de révision du Code civil à l'effet d'enlever toute efficacité à la clause, sauf dans la mesure où elle pouvait valoir comme substitution, n'a pas été retenue. La réglementation de la stipulation dans la loi nouvelle présente néanmoins plusieurs traits nouveaux d'un intérêt considérable. En effet, tout en retenant le principe même de ces clauses, le nouveau Code cherche à circonscrire leur portée possible afin d'en réduire les inconvénients.

3.- *Principe de validité.-* L'article 1212 édicte que la restriction à l'exercice du droit de disposer d'un bien ne peut être stipulée que par donation ou testament. La stipulation continue d'exister, donc, à titre général, comme modalité possible des donations, des legs, des substitutions et des fiducies à titre gratuit. L'inaliénabilité stipulée peut être limitée aux actes entre vifs ou à ceux à cause de mort, ou s'étendre aux uns et aux autres. Le nouveau Code ne comporte aucune restriction en ce sens. S'il n'y a pas de limitation, l'indisponibilité, nous semble-t-il, est censée s'étendre à toutes sortes d'actes, comme dans le droit actuel (article 975 C.c.B.C.). De telles stipulations sont utilisées régulièrement dans les actes à titre gratuit, notamment pour faire demeurer un bien dans la famille, pour assurer la sécurité future d'un membre de la famille (clause parfois qualifiée de «prodigalité»), pour affecter une chose à un usage permanent, pour restreindre le pouvoir de disposer d'un fiduciaire (clause d'accumulation). Elles ont pour effet de rendre nulle en principe toute aliénation faite à leur encontre et, dans les deux premiers cas, de soustraire ainsi le bien qui en est l'objet à la poursuite des créanciers.

Le même article précise que la stipulation est faite par écrit à l'occasion d'un transfert, à une personne, du droit de propriété ou d'un démembrement du droit de propriété. On peut aussi ajouter qu'elle pourrait frapper le droit d'un grevé ou celui d'un appelé dans une substitution ou le droit d'un bénéficiaire de revenus dans une fiducie, ou encore dans le but de restreindre le pouvoir d'un fiduciaire ou exécuteur testamentaire de vendre un bien en vue d'un remploi ou un nouveau placement du prix de la vente. Sous ce dernier rapport, il faut constater un conflit possible entre une telle clause et la nouvelle règle que le testateur ne peut modifier la saisine du liquidateur d'une succession de manière à empêcher celui-ci de faire un acte nécessaire à la liquidation (article 778).

L'article 1217 précise que la nullité de l'aliénation faite malgré une stipulation contraire (et sans l'autorisation du tribunal ci-après analysée) ne peut être invoquée que par celui ayant un intérêt, c'est-à-dire le stipulant ou ses ayants droit ou par celui au bénéfice duquel elle a été stipulée. La nullité est donc relative et susceptible d'une ratification expresse ou tacite par ces mêmes personnes.

Toute stipulation d'inaliénabilité n'est opposable aux tiers que si elle est publiée au registre approprié. Les articles 1214 et 2939 reprennent ainsi la règle de l'article 981 du Code actuel mais innove par rapport au texte analogue de 1987[4].

4.- *Nouvelles limites*.- Actuellement, ces stipulations sont permises, semble-t-il, sans limitation de durée et elles peuvent être faites sans aucun motif exprimé. L'article 1212 al. 3 établit de nouvelles limites au droit pour une personne de restreindre l'exercice du droit de disposer. L'article s'inspire de l'article 900-1 du *Code civil* français, modification apportée par une loi de 1971[5]. La stipulation n'est valide que si elle est 1. «temporaire» et 2. «justifiée par un intérêt sérieux et légitime». La première condition est cependant qualifiée dans le cas d'une substitution ou d'une fiducie en ce sens que l'inaliénabilité peut valoir pour leur durée[6]. Quant à la deuxième condition, elle nous semble comporter l'idée que la stipulation doive être dorénavant motivée par le stipulant en termes suffisamment exprès pour que le juge puisse apprécier le bien-fondé de sa volonté à la lumière de l'intérêt supérieur allégué. C'est la nature même des intérêts en cause que le tribunal devra être en mesure de considérer. Il ne faut pas conclure cependant que la prohibition d'aliéner qui n'exprime aucun motif même implicitement ne sera alors plus valable à titre de droit de retour ou substitution implicite en faveur du disposant et ses héritiers. Cette possibilité est expressément prévue, en effet, par une disposition précise au chapitre des substitutions (article 1220), qui reprend ainsi le sens des articles 972, 976 à 978 du Code actuel. Dans un tel cas, nous semble-t-il, la défense peut aussi comporter une faculté d'élire comme c'est le cas actuellement[7].

5.- Appréciation judiciaire.- Celui dont le bien ou le droit est inaliénable, ou dont le pouvoir d'agir par rapport aux biens frappés est limité, peut ainsi être autorisé par le tribunal à en disposer si l'intérêt qui avait justifié la stipulation a disparu ou s'il advient qu'un intérêt plus important l'exige (l'article 1213, al. 1). L'un ou l'autre motif suffit pour permettre au tribunal d'autoriser l'aliénation. La procédure permettra ainsi d'épargner aux justiciables le besoin de recourir à des lois privées ou particulières pour faire disparaître ou faire modifier de telles clauses, comme c'est le cas dans le droit actuel. Cette innovation est d'autant plus intéressante qu'elle constitue un des cas d'une reconnaissance d'un pouvoir judiciaire, jusqu'ici exclu, de varier le contenu des libéralités. On verra par la suite d'autres applications de la même idée en matière de fiducie[8].

Innovation heureuse aussi par rapport aux versions antécédentes de l'article est la disposition contenue dans le deuxième alinéa de l'article 1213. Le tribunal, lorsqu'il lève l'interdiction d'aliénabilité, peut fixer toutes les conditions qu'il juge nécessaires pour sauvegarder les intérêts des personnes impliquées (le disposant, ses ayants cause, la personne bénéficiaire de la stipulation). Est-ce un cas où la loi autorise le tribunal à établir une fiducie par jugement (article 1262 *in fine*)? Il n'est pas possible, à l'heure actuelle, de l'affirmer avec certitude en l'absence d'autres précisions, mais cette solution nous semble probable.

Il faut observer que la *Loi sur l'application de la réforme du Code civil*[9] prévoit, à l'article 66, que celui dont le bien est inaliénable lors de l'entrée en vigueur du nouveau Code civil, par suite d'une stipulation contenue dans une libéralité antérieure à cette date, peut se prévaloir de ces nouvelles procédures. Dans tous les cas, par ailleurs, la demande sera introduite par requête[10].

6.- *Autres Points*.- La stipulation d'inaliénabilité entraîne aussi l'insaisissabilité des biens ou droits de celui au profit duquel elle est faite, tout comme dans le droit actuel et sous réserve des dispositions du *Code de procédure civile* (article 553). La règle est retenue car la saisie conduit à la vente, alors que la vente est précisément prohibée. La règle n'affecte évidemment pas les recours des créanciers du disposant lui-même qui aurait transféré un bien en en stipulant l'inaliénabilité en vue de les frauder.

La clause tendant à empêcher celui dont les droits sont frappés d'inaliénabilité de contester la validité de la stipulation ou de demander l'autorisation d'aliéner est nulle (article 1216). L'article se situe dans une philosophie dégagée aussi ailleurs dans le nouveau Code (voir les articles 757, 758 en matière de legs), et met à néant une jurisprudence établie (mais néanmoins douteuse) au sens contraire[11].

Finalement, quant aux fameux articles 979 et 980 du Code actuel qui contiennent des règles d'interprétation au sujet des termes «famille», «enfant» ou «petits-enfants», la version nouvelle se trouve à l'article 749 au chapitre des legs où est traitée la représentation en matière testamentaire.

Chapitre Deuxième
De la substitution
Les articles 1218-1255

7.- *Introduction.-* La substitution, malgré le fait qu'elle soit dénudée, dans le nouveau Code, de son qualificatif traditionnel (*fidéicommissaire*), reste dans les conceptions de base déjà familières. Le nouveau Code n'apporte aucun changement à la nature juridique de l'institution telle qu'elle est connue dans le droit actuel. Elle existe toujours à titre de modalité d'une libéralité, c'est-à-dire d'une donation ou d'un legs (article 1218) et certaines règles exprimées au titre de la fiducie s'inspirent de cette même institution. Un aspect de son régime se trouve, en effet, greffé à la fiducie, ce qui démontre son utilité constante, les pratiques actuelles et les solutions déjà admises en ce dernier domaine[12].

Dans un but de simplification du droit, le nouveau Code innove cependant en ce qui concerne le fonctionnement de cette institution de façon à répondre à l'objection qui lui est faite d'entraver la libre circulation des biens et, ainsi, de nuire au crédit. Dans cette ligne de pensée, le Code reconnaît au grevé les pouvoirs les plus étendus d'aliénation à titre onéreux (article 1229) en vue de faire remploi du prix de toute aliénation (article 1230). Le droit de l'appelé se reporte alors sur l'objet de remploi, un fonds de valeur constitué au nom de la substitution (article 1244). Ainsi, le Code cherche à assouplir le régime des substitutions tout en conservant l'essentiel de cette vénérable institution.

L'article 67 de la *Loi sur l'application de la réforme du Code civil*[13] édicte que la substitution constituée par donation avant l'entrée en vigueur du nouveau Code civil est régie, quant à son ouverture et à ses effets, par la loi nouvelle.

Section I De la nature et de l'étendue de la substitution
Les articles 1218-1222

8.- *Éléments constitutifs*.- Les éléments constitutifs de la substitution demeurent ce qu'ils ont toujours été, c'est-à-dire deux libéralités séparées par un trait de temps et comportant une obligation de rendre (article 1218). Les actants restent les mêmes: la personne qui jouit dans un premier temps et qui a l'obligation de rendre se nomme le grevé; celle qui jouit dans un deuxième temps et qui a droit de recueillir les biens se nomme l'appelé (article 1219).

Il est à noter pourtant que la distinction traditionnelle de la substitution vulgaire et la substitution fidéicommissaire (article 925 du Code actuel) n'est pas reprise. La substitution vulgaire n'est pas, dit-on[14], une véritable substitution mais une institution de bénéficiaire en sous ordre. Les éléments essentiels (ordre successif et obligation de rendre) font défaut. Le principe selon lequel une personne peut être appelée à une disposition dans le cas où elle est sans effet quant à la persons avantagée en premier lieu est néanmoins affirmé à l'article 750 en matière de caducité de legs, où il est précisé (incorrectement à notre avis) sous le vocable de «représentation». Par ailleurs, la caducité d'une substitution testamentaire à l'égard du grevé profite toujours à l'appelé (article 1252).

9.- *Étendue*.- La substitution est toujours limitée dans le temps — à deux «ordres» successifs (*ranks* en anglais, selon la nouvelle terminologie de l'article 1221) outre l'institué ou le grevé initial, et elle est sans effet pour les ordres subséquents. Le deuxième alinéa du même article entend résoudre le problème des co-grevés institués comme un groupe ou classe de bénéficiaires. Il précise que l'accroissement entre grevés concurrents ne compte point comme étant fait à un ordre subséquent, un point discuté en jurisprudence[15]. Si, en règle générale, les ordres se comptent par tête et non par souche, l'exception permet de bénéficier des grevés concurrents.

10.- *Autres exigences*.- La substitution, doit, en outre, être constatée par écrit et publiée au bureau de la publicité des droits (article 1218, al. 2). Cette exigence d'un écrit est nouvelle, mais elle ne modifie pas le droit actuel; elle écarte évidemment tout doute sur la possibilité de procéder par don manuel. Quant à la publication de l'acte constitutif d'une substitution, elle demeure nécessaire: si le grevé a normalement le pouvoir d'aliéner à titre onéreux les biens frappés de substitution et que les tiers acquéreurs ont un droit définitif sur ceux-ci, il en va autrement pour les aliénations à titre gratuit. Or, que ces aliénations (lorsqu'elles ne sont pas permises) sont attaquables par une action en nullité par les appelés, il demeure pertinent que les tiers soient avertis de cette possibilité.

À l'instar de l'article 933 du Code actuel, les règles au sujet des successions s'appliquent à la substitution, que celle-ci soit établie par testament ou par donation (article 1222). La caducité de la substitution à l'égard du grevé ne donne pas lieu néanmoins à la représentation, comme il pourrait arriver dans le nouveau Code par rapport aux legs faits sans substitution (article 749); elle profite à ses co-grevés ou, à défaut, à l'appelé (article 1252).

Finalement, on doit faire observer que l'article 928 du Code actuel, qui formule une règle d'interprétation utile, est supprimé. La difficulté souvent rencontrée à ce propos ne disparaît pas pour autant, et les tribunaux seront toujours amenés à préciser si une substitution existe quoique des termes comme *fiducie*, *usufruit* ou *prohibition d'aliéner* soient employés pour exprimer l'intention du disposant. L'article 737 concernant les dispositions testamentaires en général (moins transparent par rapport aux problèmes rencontrés en matière de substitution que ne l'est l'article 928 actuel) indique néanmoins que le sens juridique attribué à certains termes cède devant l'expression suffisante d'une volonté différente[16]. La règle d'interprétation formulée par l'article 1220 (la défense de tester emportant substitution tacite) a déjà été évoquée[17].

Section II De la substitution avant l'ouverture
Les articles 1223-1239

11.- *Complexité de la matière*.- Le droit du grevé, et éventuellement celui de l'appelé dès l'ouverture, s'exprime toujours sous forme d'un droit de propriété (articles 1223, 1243). En somme, la substitution se définit toujours comme un mécanisme par lequel il y a transmission successive du droit de propriété ou, en d'autres mots, institution de propriétaires successifs.

Cette transmission successive de propriété est précisément, par ailleurs, la source de la complexité apparente et traditionnelle de l'institution. Comment, en effet, trouver le moyen de réconcilier ces deux droits de propriété, celui du grevé et celui de l'appelé, dans leurs extensions possibles? Comment, plus précisément, accorder le rôle du grevé qui est, à la fois, titulaire d'un plein droit de jouissance des biens (et même de la pleine propriété en cas de la caducité de la substitution) avec son rôle de fiduciaire qu'il joue, en même temps, par rapport à l'appelé? La juxtaposition, dans le temps, de ces deux droits de propriété constitue, on le sait et cela depuis fort longtemps, un problème délicat d'équilibre des deux séries d'intérêts en cause; c'est le problème qui donne lieu, par ailleurs, à une réglementation extensive dans le Code actuel. L'innovation majeure dans le nouveau Code civil se situe donc au niveau, non pas de l'essence de l'institution, mais bien de son régime, qui se traduit par une simplification des conséquences juridiques qui en découlent par rapport et au grevé (§ 1) et à l'appelé (§ 2).

§ 1.- Des droits et obligations du grevé
Les articles 1223-1234

12.- *Nature de sa condition juridique: généralités.*- En vérité, le grevé, par rapport aux biens frappés de substitution, agit à titre de propriétaire et, en même temps, à titre de fiduciaire, et c'est précisément la combinaison de ces deux rôles dans la même personne qui fait de lui une personnalité juridique ambiguë. L'affirmation que le grevé «est propriétaire» à l'article 1223 (et dans les *Commentaires détaillés*[18]) nous paraît ainsi erronée. Elle exige, à tout le moins, des précisions.

D'une part, avant l'ouverture de la substitution, le grevé possède pour lui-même à titre de propriétaire parce qu'il a la pleine jouissance des biens. Mais son droit de propriété, restreint dans le temps et dans son étendue, est imparfait. Il n'est jamais plein propriétaire si ce n'est dans le cas où la substitution devient caduque à son profit. D'autre part, le grevé est un fiduciaire, puisqu'il doit agir de façon à ne pas mettre en péril les droits de l'appelé. Dans cette perspective, le grevé a des obligations et pouvoirs spécifiés par la loi. L'article 1223 lui-même laisse entrevoir cette idée en affirmant que les biens substitués forment, au sein du patrimoine personnel du grevé, un patrimoine distinct destiné à l'appelé. On dit ainsi qu'il s'agit là d'un cas où la division du patrimoine est permise (exemplification de l'article 2, al. 2).

La substitution du nouveau Code n'en est pas moins un fidéicommis et le grevé n'en est pas moins, sous plusieurs rapports, fiduciaire pour autrui tout en étant, sous d'autres, un détenteur à titre de propriétaire pour lui-même. Il convient ainsi dans l'exposé qui suit de distinguer clairement, d'une part, ses *obligations et pouvoirs* à titre de fiduciaire et, d'autre part, ses *droits* à titre de propriétaire.

13.- *Obligations et pouvoirs à titre de fiduciaire*.- Il y en a huit qui sont énumérés dans cette sous-section. Elles ressemblent à celles édictées pour celui qui est chargé de l'administration des biens d'autrui. Il convient d'insister cependant sur le fait que le grevé n'est pas expressément assujetti au régime prévu aux articles 1299 et suivants du Titre Sixième relatif à l'administration du bien d'autrui. La raison en est, comme il a déjà été dit, que les biens substitués forment au sein de son patrimoine un «patrimoine distinct» (article 1223); en d'autres termes, tout en étant un fiduciaire, le grevé se distingue des autres administrateurs en ce sens qu'il est susceptible de devenir plein propriétaire tandis que ces derniers ne peuvent jamais prétendre à telle vocation.

Dans l'ordre de présentation de ses devoirs et pouvoirs établi par le Code, le grevé:

1er doit faire, à ses frais, l'*inventaire* des biens dans les deux mois de la donation ou de son acceptation du legs, en y convoquant l'appelé (article 1224); le Code ne retient pas l'exception à cette règle proposée dans le texte analogue de l'Office de révision du Code civil[19].

2e doit, dans l'exercice de ses droits et dans l'exécution de ses obligations, *agir avec «prudence et diligence»* eu égard aux droits de l'appelé (article 1225); l'obligation découle des dispositions nouvelles permettant au grevé d'aliéner les biens: il lui incombe, par exemple, en termes concrets, d'obtenir un juste prix pour les aliénations qu'il consent[20].

3e   doit faire les actes nécessaires à l'*entretien* et à la *conservation* des biens; par exemple, en payant les charges et les dettes, en percevant les créances et en exerçant en justice les actions qui se rapportent aux biens; ces obligations sont concordantes avec sa qualité de fiduciaire (article 1226).

4e   doit *assurer les biens* contre les risques usuels (vol, incendie), mais l'article 1227 le dispense de cette obligation si la prime est «trop élevée» par rapport aux risques, — une question de faits laissée à l'appréciation du grevé lui-même plutôt qu'au tribunal[21].

5e   est tenu aux *règles de l'usufruit* quant à son droit de commencer ou de continuer une exploitation agricole, sylvicole ou minière (articles 1228, 1139 à 1141), ce qui est conforme au droit actuel (article 949a C.c.B.C.).

6e   peut *aliéner à titre onéreux* les biens de la substitution, ou les louer ou encore les hypothéquer si cela s'impose pour la conservation du bien ou pour faire un placement (article 1229). Il convient de noter qu'aucune autorisation préalable et qu'aucun motif particulier n'est requis. Voilà un changement d'une importance capitale: le régime actuel des substitutions est organisé autour de la prémisse que les biens affectés sont frappés d'une indisponibilité entre les mains du grevé. La mesure de leur disponibilité se présente à titre d'exception, c'est-à-dire quand leur aliénation définitive est autorisée par la loi, par le tribunal ou même par le constituant. Il convient aussi d'insister sur le fait que l'article n'est pas d'ordre public. Une indisponibilité peut toujours frapper les biens, mais elle ne jouera qu'à titre exceptionnel au moyen d'une stipulation d'inaliénabilité soumise à des conditions précises[22]. Il découle de ce nouveau principe que les droits des acquéreurs, du créancier ou du locataire ne sont pas affectés par les droits éventuels de l'appelé à l'ouverture, contrairement au droit actuel où leurs droits sont résolus de plein droit en faveur de l'appelé. Notons, toutefois, que l'article 69 de la *Loi sur l'application de la réforme du Code civil*[23] dispose que dans le cas où le grevé a aliéné ou affecté d'une sûreté les biens frappés de substitution avant l'entrée en vigueur de la loi nouvelle, le droit de l'appelé de reprendre les biens à l'ouverture demeure régi par la loi ancienne.

7ᵉ est tenu de *faire remploi*, au nom de la substitution[24], du prix des aliénations, des capitaux qui lui sont versés (article 1230) y compris l'indemnité d'assurance (article 1227, al. 2) et, nous semble-t-il, l'argent trouvé comptant. Ici, il convient de souligner que le grevé n'a pas à obtenir de consentement ou d'autorisation pour les emplois qu'il fait: en effet, il est tenu de placer ces capitaux conformément aux dispositions relatives aux placements présumés sûrs (articles 1339 à 1344), ce qui fait présumer qu'il agit prudemment (article 1343, al. 1). En d'autres termes, il n'est pas chargé de la pleine administration prévue à l'article 1306. Par ailleurs, il nous semble douteux que le constituant puisse dispenser le grevé de l'exigence qu'il choisisse parmi ces placements présumés sûrs, à moins que celui-ci ne soit aussi le grevé d'une substitution *de residuo*[25].

Les biens de la substitution constituent donc, plutôt qu'une masse durable de biens existant en nature, un fonds économique ou fonds de valeur (un «portefeuille»), à contenu variable, mais toujours affecté au profit éventuel de l'appelé.

8° est tenu, à chaque anniversaire de la date de l'inventaire, *d'informer l'appelé* de toute modification à la masse de biens et du remploi qu'il a fait (article 1231); la règle s'impose, étant donné que la disponibilité des biens, sauf stipulation contraire, est la règle générale.

Les autres obligations à la charge du grevé lors de l'ouverture de la substitution sont examinées ci-après[26], où elles sont énumérées par rapport aux droits corrélatifs de l'appelé.

14.- *Droits à titre de propriétaire*.- Le grevé, avant l'ouverture de la substitution, n'a qu'un droit de propriété à caractère restreint. En principe, il n'est qu'un rentier: il profite des revenus engendrés par le placement du capital. Sa jouissance est donc limitée. Son pouvoir d'aliéner à titre onéreux, en effet, s'exerce à titre de fiduciaire au profit de l'appelé et non pas à son propre avantage.

Précisons, toutefois, que le grevé a droit à la possession des biens de la substitution. C'est ainsi que les sommes détenues par le protonotaire à titre de dépôt judiciaire en vertu de l'article 953a du Code civil actuel seront remises au grevé lors de l'entrée en vigueur du nouveau Code civil[27].

Le droit de propriété du grevé reçoit une plus grande extension dans les quatre cas suivants:

1er il peut *disposer gratuitement* des biens substitués ou *ne pas faire remploi* du prix des aliénations onéreuses, si l'acte constitutif de la substitution le prévoit. L'appelé n'a pas alors droit à ce que le grevé a pu acquérir avec le produit de l'aliénation. La substitution n'a alors d'effet qu'à l'égard du résidu des biens dont le grevé n'a pas disposé: c'est la substitution *de residuo* (article 1232) du droit actuel (article 952 C.c.B.C.) qui est maintenu[28]. Le substituant peut ainsi préciser l'étendue de l'utilisation du capital que peut faire le grevé. On ne s'attend pas à voir, dans cette optique, la disposition complémentaire du nouvel article 1232 voulant que le grevé ne peut en tester sans que l'acte le permette expressément[29]. Si elles ne sont pas autorisées, les aliénations gratuites entre vifs du chef du grevé seront annulables à la demande de l'appelé ou de son représentant.

2e il peut *s'obliger sur les biens* de la substitution (en vertu du principe général de l'article 2644), du moins dans une certaine mesure. En effet, l'article 1233, al. 2 prévoit que les créanciers du grevé peuvent se faire payer à même les biens grevés après discussion de son patrimoine personnel. On réserve, toutefois, le droit de l'appelé de s'opposer à la saisie et à la vente, comme il se doit, et que ces procédures soient limitées aux droits conférés au grevé par la substitution. Lorsqu'il n'y a aucune opposition, le droit de propriété du grevé reçoit sa pleine extension et le caractère définitif de la vente en justice ainsi accompli de son chef est donc affirmé. L'appelé n'a alors qu'un recours contre le grevé.

3e il *peut renoncer* à ses droits au profit de l'appelé et lui rendre par anticipation les biens (article 1234).

4e il *devient propriétaire parfait* des biens frappés de substitution dans le cas où celle-ci est caduque par rapport aux appelés (article 1252) en vertu de sa vocation résiduaire ou titre primordial.

Les autres droits du grevé lors de l'ouverture de la substitution sont examinés ci-après où il s'agit de prérogatives corrélatives aux obligations de l'appelé.

§ 2.- Des droits de l'appelé Les articles 1235-1239

15.- *Nature juridique*.- Avant l'ouverture, l'appelé n'a qu'un droit éventuel aux biens substitués (article 1235), c'est-à-dire dans le cas où il existe déjà, un droit subordonné à un événement futur et incertain, — sa survie au moment où le droit du grevé cesse[30]. Les droits d'un appelé qui n'est pas conçu lors de l'acte constitutif de substitution sont exercés par la personne désignée par le disposant pour agir comme curateur à la substitution ou, en l'absence de désignation ou d'acceptation de la charge, par celle que nomme le tribunal à la demande de tout intéressé (curateur public ou autre personne habile). Le nouveau Code ne semble pas avoir imposé au grevé d'y pourvoir comme c'est le cas dans le droit actuel (article 945, dernier al. C.c.B.C.), à moins que la nomination de son chef ne soit envisagée comme faisant partie de son obligation générale d'agir avec prudence et diligence eu égard aux droits de l'appelé (article 1225).

L'appelé peut disposer de son droit aux biens substitués ou y renoncer purement et simplement. Il s'ensuit que les créanciers de l'appelé peuvent aussi saisir et faire vendre en justice le droit conféré à l'appelé[31], lequel, quoique éventuel, est néanmoins à caractère patrimonial.

16.- *Autres conséquences*.- Il découle du principe édicté à l'article 1235 que l'appelé ou son représentant, pour rendre concrète la protection de ses intérêts,

1er peut faire tous les *actes conservatoires* utiles à la protection de son droit[32], dont certains sont explicités dans les articles suivants.

2e *procéder à l'inventaire* des biens substitués aux frais du grevé si celui-ci refuse ou néglige de le faire, en convoquant tous les intéressés (article 1236).

3ᵉ demander, sur requête (selon la nouvelle disposition à l'article 762 du *Code de procédure civile*), au tribunal que le grevé soit tenu, sur preuve faite de la nécessité, de *fournir une sûreté* ou de souscrire une assurance pour garantir l'exécution de ses obligations (article 1237).

4ᵉ demander au tribunal *d'imposer les sanctions* prévues à l'article 1238 sur preuve d'un manquement réalisé ou imminent, de la part du grevé, dans l'exécution de ses obligations en général ou lorsqu'il agit de façon à mettre en péril les droits de l'appelé. Selon les nouvelles dispositions du *Code de procédure civile* (article 762, al. (e)), la demande est introduite par requête.

Section III De l'ouverture de la substitution
Les articles 1240-1242

17.- *Moments fixés.*- Lorsqu'aucune autre époque antérieure n'est fixée, l'ouverture de la substitution a lieu au décès du grevé. C'est le cas habituel (article 1240, al. 1). Le nouveau Code civil entend modifier le droit actuel (articles 961, 963 C.c.B.C.), car il ne permet plus au disposant, par suite d'une condition ou autre disposition, de reporter après le décès du grevé l'ouverture. Le deuxième alinéa de l'article 1240 est de droit nouveau: si le grevé est une personne morale, la durée de son droit ne peut excéder une durée de 30 ans[33].

L'article 68 de la *Loi sur l'application de la réforme du Code civil*[34] dispose que les substitutions non encore ouvertes à la date d'entrée en vigueur de la loi nouvelle, alors que le grevé est déjà décédé, ou celles dont le grevé est une personne morale, s'ouvrent trente ans après cette date, à moins qu'une époque antérieure n'ait été fixée par le disposant dans l'acte constitutif.

18.- *Qualités requises de l'appelé.*- Il n'est pas nécessaire que l'appelé existe lors de la donation ou de l'ouverture de la succession, mais il doit avoir les qualités requises pour recevoir à l'ouverture de la substitution (articles 617, al. 2; 1242, al. 1). La règle énoncée est conforme à l'économie générale des dispositions à titre gratuit dans le droit actuel (articles 929, 838 C.c.B.C.) et repris dans le nouveau Code (article 617, al. 2).

Ainsi, l'appelé pourrait être choisi par une personne ayant le pouvoir d'exercer une faculté d'élire[35]. S'il y a plusieurs appelés d'un même ordre (par exemple, les enfants à naître), il suffit qu'une seule personne de cette classe ait les qualités requises pour recevoir afin que soit préservé le droit de tous les autres appelés à recevoir. Celui qui reçoit en premier lieu sera donc tenu de rendre sur la part qu'il recueille aux autres au fur et à mesure de leur naissance. Une règle analogue se trouve dans la fiducie au sujet des bénéficiaires de celle-ci (articles 1272, 1279).

19.- *Cas particuliers*.- Lorsque la disposition initiale profite aux grevés concurrents qui exsitent en groupe ou qui constituent une classe, et qu'il est stipulé que la part d'un grevé passe, à son décès, à ses co-grevés qui lui survivent, l'ouverture n'a lieu qu'au décès du dernier grevé (article 1241, al. 1). La disposition complète ainsi l'énoncé de l'article 1221 au sujet de la durée des substitutions[36].

Le deuxième alinéa l'article 1241 nous paraît formuler une règle peu conforme au génie des substitutions. Dans les *Commentaires détaillés*[37], il est dit que le second alinéa propose une solution «équitable» envers l'appelé qui décède après un des grevés mais *avant* le décès du dernier grevé. La disposition indique que l'ouverture ainsi différée ne peut nuire aux droits de l'appelé précédé, et que le droit de recevoir lui est acquis (et donc transmissible à ses héritiers, selon les *Commentaires*) mais qu'il ne peut être exercé avant l'ouverture. Cette solution ne paraît pas très juridique: en principe, un appelé qui meurt avant le grevé n'a rien à transmettre par rapport aux biens substitués comme dans le cas de tout legs non ouvert. C'est le droit actuel (article 957 C.c.B.c.). L'article 1252, al. 2 du nouveau Code civil confirme, en outre, que la caducité à l'égard d'un appelé profite à ses co-appelés (s'il y en a) ou au grevé. La disposition critiquée nous semble alors confondre le droit éventuel d'un appelé et son droit de propriété qui n'existe que s'il survit au grevé[38]. Il s'agit peut-être d'une application du principe en matière de legs où la représentation peut jouer de la même manière que dans les successions *ab intestat* (article 749), mais qui n'a pas d'autres applications en matière de substitution (voir ci-après n° 22).

Section IV De la substitution après l'ouverture
Les articles 1243-1251

20.- *Titre de l'appelé*.- L'article 1243 énonce le principe du droit actuel (articles 925, al. 4 et 962 C.c.B.C.) selon lequel l'appelé qui accepte la substitution reçoit directement du disposant. Il est propriétaire des biens sans aucune formalité ou autre acte de celui qui est chargé de rendre (il en est «saisi» précise l'article). Il s'ensuit que le grevé ne peut faire aucune stipulation en ce qui concerne le droit de propriété de l'appelé. Cette règle n'est pas énoncée mais le point n'est pas douteux puisque le grevé n'est pas propriétaire. Il faut se rappeler, aussi, que les droits des tiers sur les biens substitués (créanciers, locataires, titulaires de droits réels démembrés) ne sont pas affectés par les droits de l'appelé à l'ouverture (article 1229, al. 2) et que les droits de propriété des tiers acquéreurs lui sont pleinement opposables.

Le droit de propriété de l'appelé porte donc sur les biens substitués qui existent toujours en nature (article 1245), le résidu dans le cas d'une substitution *de residuo* (article 1246), ceux acquis en remploi ou, à défaut, sur le montant équivalent à la valeur du bien au temps de l'aliénation faite du chef du grevé (article 1244, al. 2)[39]. Ce dernier énoncé de l'article 1244 nous paraît avoir formulé une règle douteuse en visant à considérer la valeur du bien au moment de l'aliénation plutôt qu'à l'ouverture. Elle est, nous dit-on[40] «plus en accord avec la qualité de propriétaire conférée au grevé», mais elle est, au contraire, du moins nous semble-t-il, peu en accord avec l'esprit de la substitution où la plus-value donnée par le temps en s'ajoutant au capital initial devrait passer à l'appelé. C'est ce qui se passe, en effet, si celui-ci remet le bien substitué lui-même ou son remploi[41]. La raison pour laquelle il en est différemment lorsqu'il s'agit d'un prix d'aliénation dont on n'aurait pas fait remploi n'est pas claire.

L'appelé (ou ses héritiers, article 1251) doit rendre compte à l'appelé (article 1244).

21.- *Droits du grevé ou ses héritiers*.- Le capital des biens substitués étant destiné à l'appelé, il est naturel qu'il assume les dépenses encourues par le grevé pour le maintenir. Ainsi, celui-

ci a droit d'être remboursé des dettes en capital qu'il a payées
et de certaines dépenses débitées au revenu lorsqu'elles sont
échues de son temps, mais excédaient toutefois la durée de sa
jouissance (article 1247). De même, il a droit d'être remboursé
des impenses utiles (article 1248), ce qui modifie le régime
actuel (articles 958, 581 et 582 C.c.B.C.). L'ouverture fait
revivre aussi les créances et les dettes existantes entre le grevé
et le disposant (article 1249). Jusqu'au paiement de ce qui lui
est dû, le grevé a un droit de rétention sur les biens de la
substitution (article 1250). Finalement, lorsque l'ouverture
résulte du décès du grevé, ses héritiers ont les mêmes droits et
obligations (article 1251).

Section V   De la caducité et de la révocation
de la substitution
Les articles 1252-1255

22.- *Caducité*.- Les dispositions d'une substitution peuvent
devenir caduques pour causes tenant aux actants eux-mêmes,
sauf évidemment dans le cas d'une substitution établie par
donation où le grevé doit nécessairement être partie au contrat.
Quant au grevé dans une substitution testamentaire, et aux
appelés dans tous les cas, la caducité en matière de substitution
peut survenir pour les mêmes causes que dans les legs sans
substitution, c'est-à-dire le prédécès, le refus, l'indignité de
recevoir ou la mort avant l'accomplissement d'une condition
suspensive dont la disposition est assortie (article 750).

Qui dit caducité, évoque par là même la question de représentation. Le nouveau Code civil à l'article 749 au chapitre des
legs, édicte à ce sujet que la représentation peut avoir lieu dans
les successions testamentaire de la même manière que dans les
successions *ab intestat*; on reprend ici la règle actuelle des articles 979 à 980 C.c.B.C. Quoiqu'il en soit, la règle traditionnelle
du droit actuel (article 937 C.c.B.C.) est préservée en matière de
substitutions. L'article 1252 dispose que la caducité à l'égard
du grevé institué par testament se produit sans qu'il y ait lieu
à représentation; elle profite à ses grevés concurrents ou, à
défaut, à l'appelé. La caducité à l'égard d'un appelé, que la
substitution soit créée par testament ou par donation, profite à

ses appelés concurrents, s'il en existe ou, à défaut, au grevé. Ce sont les principes du droit actuel (articles 937, 957 C.c.B.c.), à moins que le disposant n'ait manifesté une intention contraire. La bizarrerie de l'article 1241, al. 2 à ce même propos a déjà été notée (voir ci-dessus, n° 19).

23.- *Révocation*.- Ici, on reprend en substance le droit actuel (article 930 C.c.B.c.). Le donateur peut révoquer la substitution quant à l'appelé jusqu'à l'ouverture, tant qu'il n'y a pas eu acceptation par l'appelé ou pour lui (article 1253). L'article précise, pourtant, à l'égard du donateur, que l'appelé est réputé avoir accepté lorsqu'il est l'enfant du grevé ou lorsque l'un de ses appelés concurrents a déjà accepté.

La révocation de la substitution quant au grevé, possible dans les substitutions testamentaires en vertu du principe général ou dans celles établies par contrat de mariage (article 1841), profite aux grevés concurrents ou, à défaut, à l'appelé. La révocation quant à l'appelé profite aux appelés concurrents ou, à défaut, au grevé (article 1254). En d'autres termes, la révocation ne profite jamais au constituant — solution exceptionnellement admise dans le droit actuel (article 930, al. 4 C.c.B.c.) qui n'est pas expressément reprise dans le nouveau Code civil.

24.- *Faculté de répartition et d'élire*.— Le constituant peut se réserver la faculté de déterminer la part des appelés (c'est le principe de l'article 935, al. 2 du Code actuel) ou de conférer cette faculté au grevé (article 1253, al. 1 du Code civil nouveau ne fait ici que codifier une jurisprudence déjà plus que centenaire[42]) ou, du moins il nous semble, de la conférer à une autre personne. Le deuxième alinéa de l'article 1253 confirme aussi la position jurisprudentielle que l'exercice de cette faculté pourrait avoir pour effet d'exclure complètement un appelé. En réalité, la faculté de répartition n'est que l'application particulière d'un principe encore plus large, celle de la faculté d'élire les appelés mêmes de la substitution. Cette institution juridique est exposée dans le nouveau Code civil au chapitre de la fiducie, mais il n'est pas douteux qu'il pourrait jouer aussi en matière de substitution[43].

Conclusions

25.- *Apport du Code Civil*.- Deux observations importantes se dégagent de cette étude sommaire de la substitution dans le nouveau Code.

1er Il n'est pas de l'essence de la substitution que les biens qui y sont soumis soient inaliénables. Le droit actuel, à la suite de modifications législatives partielles, a franchi un pas timide en direction d'une nouvelle philosophie de base par rapport à cette façon traditionnelle d'envisager l'institution[44]. La loi nouvelle met en place une vision de la substitution beaucoup plus progressive. Ayant attribué au grevé un pouvoir efficace et indépendant d'aliénation à titre onéreux, la loi hisse ainsi le concept de la substitution d'une technique pour conserver les biens en nature à une institution dont la technique permet la constitution d'un fonds de valeurs, c'est-à-dire un patrimoine dont le contenu peut varier mais dont l'affectation demeure constante.

2° Le principe que le grevé peut aliéner à titre onéreux sans autorisation préalable et que la valeur économique des biens remplace l'affectation des biens en nature constitue, en effet, moins une transformation de l'institution elle-même qu'une transformation du rôle du grevé: celui-ci s'identifie plus au fiduciaire du droit actuel (et aussi à celui du droit à venir) qu'au grevé de la substitution fidéicommissaire traditionnelle. Il lui est dès lors loisible, à ce titre, d'assumer une gestion plus vigoureuse des biens frappés de substitution, même à l'intérieur du régime relatif aux placements sûrs auxquels il est tenu. Il reste à voir si les moyens nouveaux de protection au profit de l'appelé, au-delà de ceux que prévoit le droit actuel, seront efficaces.

Mais, enfin, comme nous l'avons suggéré au départ, on touche là à tout le problème des substitutions où il s'agit d'équilibrer les intérêts en jeu, c'est-à-dire les intérêts des bénéficiaires échelonnés dans le temps dans un contexte où le premier en ordre agit aussi à titre de fiduciaire. C'est évidemment une situation juridique qui est évitée dans le cas d'une fiducie proprement dite — une institution transformée dans le nouveau Code parce qu'elle est formulée dans un cadre de pensée nouveau.

Notes

1. La fiducie, envisagée aussi comme modalité des donations et testaments dans le droit actuel, passe pour sa part au chapitre deuxième du titre consacré aux patrimoines d'affectation (articles 1258 à 1298). Cette institution devient un concept général du droit des biens, c'est-à-dire un concept qui n'est plus lié aux seules dispositions à titre gratuit.

2. Office de révision du Code civil, *Rapport sur le Code civil du Québec*, Volume I, *Projet de Code civil*, Québec: Éditeur officiel, 1978, p. 192-199 (articles 354 à 400) au sujet des substitutions. L'Office avait cependant proposé l'abolition des prohibitions d'aliéner.

3. *Commentaires*, vol. II p. 317-328.

4. L'article 1254 de la loi de 1987 portant réforme en cette matière (L.Q. 1987, c.18, *Projet de loi 20*) avait prescrit qu'une telle stipulation, en matière mobilière, n'était opposable aux tiers que s'ils en connaissent l'existence.

5. *Commentaires détaillés*, sous l'art. 1210 du Projet de loi 125. Quant au droit français, voir F. Terré & Y. Lequette, *Droit civil Les successions. Les libéralités*, Paris, Dalloz, 2ᵉ éd. 1988, n° 331-1 et s.; Ph. Malaurie & L. Aynès, *Droit civil Les successions Les Libéralités*, Paris, Cujas, 1989, p. 184-86; J. Flour & H. Souleau, *Les libéralités*, Paris, Armand Colin, 1982, n° 342.

6. Voir quant aux substitutions, l'article 1221 et pour les fiducies les articles 1271 à 1273. Dans ce dernier cas, l'appréciation du tribunal se conjugue avec son pouvoir de modifier les clauses de l'acte constitutif de fiducie (article 1294). Aucun intérêt n'est ainsi suffisamment important pour justifier une inaliénabilité perpétuelle, même dans le cas où la fiducie est susceptible de perpétuité.

7. Voir notre étude «The Power of Appointment in Quebec Civil Law» (1992-1993) 95 R. du N. 131.

8. Voir ci-après, en matière de fiducie, n° 42, dans les legs, article 771 et, dans les donations, article 1834.

9. L.Q. 1992, ch. 57.

10. L.Q. 1992, ch. 57, art. 367 portant réforme de l'article 762 du *Code de procédure civile*.

11. *Evanturel* c. *Evanturel* (1875) 1 Q.L.R. 74 (C.J.C.P. 1872) et, plus récemment, *Byette & Fiducie du Québec & Clisant-Génué* [1977] C.S. 627.

12. Les règles envisageant les rangs des bénéficiaires d'une fiducie dite personnelle, ainsi que l'accroissement dans le cas des cobénéficiaires, sont évidemment calquées sur celles édictées en matière de substitutions.

13. L.Q. 1992, ch. 57.

14. *Commentaires détaillés* sous l'art. 1216 du *Projet de loi 125*.

15. *Masson* c. *Masson* (1912) 47 S.C.R. 42; *Barclay's Bank* c. *Paton* (1934) 56 B.R. 481.

16. Voir, en général, Madeleine Cantin Cumyn, *Des droits des bénéficiaires d'un usufruit, d'une substitution et d'une fiducie*, Montréal, Wilson & Lafleur, 1980.

17. Voir ci-dessus, n° 4.

18. Sous les articles 1221, 1227, 1236 du *Projet de loi 125* et où il est décrit encore comme «véritable propriétaire» et «pas administrateur mais propriétaire».

19. *Rapport* note 2, ci-dessus, à l'article 374, c'est-à-dire quand les biens sont déjà identifiés dans l'acte constitutif de la substitution ou dans l'inventaire général des biens de la succession.

20. Exemple fourni par l'Office dans son *Rapport, ibid.* (sous l'art. 381, p. 325) et repris dans les *Commentaires détaillés* (sous l'art. 1223 du *Projet de loi 125*).

21. *Commentaires détaillés loc. cit.*, sous l'article 1225.

22. Voir ci-dessus, n° 2 et s. au sujet de ces stipulations.

23. L.Q. 1992 ch. 57.

24. L'article 2961 ajoute la règle que la substitution n'a d'effet, à l'égard des biens acquis en remploi, que s'il en est fait mention dans l'acte d'acquisiton et que cette substitution est publiée.

25. Selon l'article 1232; voir ci-après, n° 14.

26. N°16 ci-après.

27. *Loi sur l'application de la réforme du Code civil*, L.Q. 1992, ch. 57, art. 70.

28. Il est à noter que la défense de tester ou de donner faite au donataire ou au légataire constitue aussi une substitution «de residuo» au profit des héritiers *ab intestat* en vertu de l'article 1220 pour les biens qui ne sont pas aliénés à titre onéreux par ce donataire ou légataire. L'appelé n'a pas alors droit à ce que ce dernier a pu acquérir avec le produit de l'aliénation (*Fortin c. Robichaud* [1912] C.A. 140).

29. Les *Commentaires détaillés* sous l'article 1230 du *Projet de loi 125* ne fournit aucun motif à ce propos («la permission de disposer gratuitement des biens ne comprend pas celle d'en tester, sauf disposition contraire»). S'il n'y a pas de limitation dans l'acte de disposition, il est permis de penser que le disposant envisage que les aliénations s'étendent et aux donations et aux legs.

30. Le *Dictionnaire de droit privé*, Montréal, Centre de recherche en droit privé et comparé du Québec, 2ᵉ éd., 1991, Vᵒ «Droit éventuel» (p. 205): «Droit actuel encore imparfait, ayant vocation de se transformer en droit définitif par la survenance, future mais incertaine, d'un élément intrinsèque essentiel à son existence.»

31. *Spain c. Badeau* [1961] B.R. 825.

32. Voir, pour un examen approfondi de cette matière, dans le droit actuel, R.A. Macdonald, «Enforcing Rights in Corporeal Moveables: Revendication and Its Surrogates» (1986) 31 R.D. McGill 573 & (1986) 32 R.D. McGill 1.

33. Voir article 1123, al. 2 (durée d'un usufruit au profit d'une personne morale).

34. L.Q. 1992, ch. 57.

35. Voir notre étude citée à la note 7 ci-dessus.

36. Ci-dessus n° 9.

37. Sous l'article 1239 du *Projet de loi 125*.

38. L'erreur (s'il y a) existait déjà dans les *Commentaires* de l'Office, *loc. cit.*, p. 320.

39. Ce qui pourrait comprendre la valeur de ceux aliénés à titre gratuit sans autorisation.

40. *Commentaires détaillés* sous l'article 1242 du *Projet de loi 125*.

41. C'était la proposition de l'Office de révision du Code civil, ci-dessus note 2, *Commentaires* p. 327 sous l'article 391. L'article 909 du nouveau Code envisage que «le prix de la disposition d'un capital *ou son remploi*» est considéré capital.

42. *McGibbon* c. *Abbott* (1885) 8 L.N. 267 (C.J.C.P.).

43. Voir ci-après, n° 34 du chapitre sur la fiducie.

44. Voir, à ce propos, la *Préface* de l'ouvrage classique de Thévenot d'Essaule de Savigny, par M. Mathieu, *Traité des substitutions fidéicommissaires*, Montréal, A. Périard, 1888, p. 1, où l'auteur voyait la conservation des biens en nature comme touchant «à la sûreté du Commerce» parce que les substitutions «en font comme sortir les biens en les rendant inaliénables au moins pour un certain temps».

Titre sixième
De certains patrimoines d'affection
Les articles 1256-1298

John E.C. Brierley[*]

Chapitre Premier
De la fondation
Les articles 1256-1259

1.- *Introduction*.- Au titre sixième du Livre Quatrième, intitulé
«De certains patrimoines d'affectation», le Code traite de la
fondation et de la fiducie. La fondation y est décrite comme
résultant d'un acte par lequel une personne affecte, d'une façon
irrévocable, tout ou partie de ses biens à la réalisation d'une fin
d'utilité sociale ayant un caractère durable (article 1256), c'est-
à-dire à des fins permises par la loi et non pas au profit de
personnes déterminées ou d'intérêts d'utilité privée. En définis-
sant la fondation comme un concept distinct des véhicules
employés pour la réaliser, le Code l'aborde sous un angle qui
permet d'en englober les diverses formes. L'énoncé n'a pourtant pas une grande portée juridique nouvelle.

À la lecture des textes, on constate qu'il n'y a, en réalité, que
deux moyens de créer ces affectations d'intérêt public (article
1257) — deux moyens, par ailleurs, traditionnels. D'une part,
les biens de la fondation peuvent être constitués en patrimoine
autonome et distinct de celui du constituant et de toute autre
personne: il s'agit de la fondation fiduciaire — la fondation du
droit civil — régie par les dispositions du présent titre relatives
à la fiducie d'utilité sociale (notamment, les articles 1270, 1273,
1287-88, 1294, 1298). D'autre part, les biens de la fondation

---

[*] Professeur, Faculté de droit, McGill University.

peuvent constituer le patrimoine d'une personne morale: il s'agit de la fondation «corporative» ou «statutaire». Elle est alors régie par les lois applicables aux personnes morales de son espèce, c'est-à-dire les lois générales sur les compagnies et les corporations ou les lois particulières[1].

Terme ambivalent, la fondation désigne aussi bien la *personne morale*, sujet de droit, qui sera dotée des moyens financiers fournis par le fondateur (en principe une personne privée mais qui peut aussi être une personne publique[2]) et même par d'autres personnes, que la *masse de biens* non-personnifiée qui pourrait être destinée à la dotation d'un établissement futur affecté à un but déterminé fixé par un donateur ou un testateur. Il faut, toutefois, se garder de confondre la fondation, masse de biens personnifiés ou non, et l'association groupement de personnes des articles 2186 al. 2, et 2267 à 2279. La confusion est possible car certaines associations, corporations et fondateurs, par souci de prestige, sont aptes à prendre l'appellation de fondation.

La fondation dotée de personnalité juridique ne fait pas l'objet d'une réglementation particulière au Code civil, sauf dans la mesure où les titulaires des patrimoines sont décrits dans le cadre de la classification des sujets de droit (articles 298 et suivants). La constitution et le fonctionnement de ces fondations «corporatives» ne relèvent pas directement du droit civil et les dispositions propres à cette forme de fondation sont laissées intactes[3].

2.- *Fondation fiduciaire comme patrimoine d'affectation de droit civil*.- Cette espèce de fondation trouvait déjà une certaine expression dans le Code civil du Bas-Canada de 1866 sans même que l'on y retrouve le mot fondation. C'est à l'article 869, au titre des legs, que le Code civil exposait en abrégé l'ancien droit sur les legs pour des objets pieux, de charité ou de bienfaisance. Cet article a été largement appliqué aux XIXe et XXe siècles où il a reçu une interprétation large et libérale. En effet, on s'en est servi pour rendre valides non seulement les legs de ce genre en faveur des personnes indéterminées, mais aussi pour transférer des capitaux à des personnes morales futures. La technique est à l'origine de la création de nombreux établissements tels des universités, des écoles, des bibliothèques etc[4].

L'article 869 du Code actuel accorde explicitement la faculté d'affecter des biens à de telles fins selon trois modes: sous forme d'une fiducie, en remettant les biens à des exécuteurs testamentaires ou par un legs assorti d'une charge. Par là même, le Code actuel affirme une ouverture remarquable en ce qui concerne l'expression adéquate de l'intention charitable ou celle destinée à satisfaire aux fins de bienfaisance. L'idéologie du Code n'est pas, en effet, entravée par une technicité formaliste imposée à la manifestation d'intention d'un testateur. Le nouveau Code dans le Titre Sixième ne retient, parmi ces modes, que celui de la fiducie établie par testament ou dorénavant par donation suivant les règles régissant ces actes (article 1258). L'affectation des biens par un leg avec charge reste néanmoins possible (voir l'article 771). La remise de biens à un exécuteur testamentaire nommé par un testateur avec l'obligation d'agir en ce même sens demeure un mode d'accomplissement de sa volonté auquel pourrait toujours songer un disposant[']. Toutefois, sa validité sera appréciée en fonction d'une interprétation judiciaire de la volonté ainsi exprimée de créer une fiducie[6].

La notion «d'utilité sociale» — vaste domaine qui déborde largement la charité au sens stricte du terme — et devant imprégner l'objet de la fondation, sera étudiée par rapport aux diverses espèces de fiducies permises (voir ci-après, n° 25).

3.- *Spécificité de ces fondations fiduciaires*.- Il convient de souligner que la validité de ces fondations de droit civil n'est soumise à aucun contrôle ou permission préalable de la part des autorités étatiques. Cependant, un régime de surveillance ou de contrôle est envisagé afin de veiller à sa bonne exécution pendant sa durée. Celui-ci sera étudié au chapitre de la fiducie (articles 1287-88)[7].

L'exigence que la fondation ne peut avoir pour objet essentiel la réalisation d'un bénéfice ni l'exploitation d'une entreprise (articles 1256, al. 2; 1270, al. 2) est de l'essence même de la fondation qui implique une affectation de biens à la réalisation d'une fin désintéressée. Cette exigence réside dans le fait que la fondation est conçue comme une affectation d'un capital, productif de revenus, à une utilité sociale qui sera servie précisément par la disposition de ces revenus. La fondation ne serait donc pas possible en dehors d'une dotation en capital initiale (don ou legs fondatif), capital que fera fructifier le fiduciaire et dont les produits réaliseront son objet. Le principe n'empêche toutefois pas que la fondation puisse accessoirement avoir quelque activité lucrative dans le cadre de la réalisation de la fin poursuivie ou que le patrimoine soit ultérieurement augmenté (articles 1259, 1293).

Par ailleurs, la fondation doit enfin jouir, dans l'esprit du législateur, d'une certaine pérennité, d'une durée suffisante. Cette idée s'exprime dans l'article 1259 (de même qu'au chapitre de la fiducie, article 1273): les biens qui forment le patrimoine de la fondation doivent être conservés et permettre d'atteindre le but poursuivi «soit par la distribution des seuls revenus qui en proviennent, soit par un usage qui ne modifie pas sensiblement la consistance du patrimoine». Selon le même article, une stipulation contraire dans l'acte constitutif est toutefois permise. Un contrôle judiciaire peut aussi s'exercer au sujet des stipulations d'inaliénabilité (articles 1212 et suivants) et même sur les buts poursuivis (articles 1294, 1298). La pérennité ne signifie point l'intangibilité ou l'immobilisme de l'objet de la fondation. La possibilité que son objet évolue, s'adapte à de nouveaux besoins, existe juridiquement.

4.- *Apport du Code civil*.- Dans les quatre dispositions du *Code civil du Québec* qui traitent des fondations, le législateur vise surtout à situer l'institution selon ses modes de formation: la fondation statutaire et la fondation fiduciaire. Les régimes gouvernant le fonctionnement concret de celles-ci sont, par contre, établis par renvoi à d'autres sources. L'essentiel est de reconnaître que le régime approprié varie suivant que le véhicule employé pour réaliser la fin poursuivie implique l'existence d'une personne morale ou celle d'un patrimoine d'affectation sans titulaire. C'est ce dernier qui est pleinement exposé dans le deuxième chapitre du titre consacré à la fiducie. Ajoutons que les fondations et fiducies établies par donation avant l'entrée en vigueur de la loi nouvelle sont régies, quant à leurs effets et leur extinction, par la loi nouvelle, de la même manière que celles établies par testament[8].

Chapitre Deuxième
De la fiducie
Les articles 1260-1298

Introduction

5.- *Généralités*.- On s'accorde généralement à reconnaître que le *trust* de la tradition de la common law constitue un instrument juridique de grande valeur. Il est alors normal que le droit québécois, appelé à fonctionner dans un contexte nord-américain, cherche les moyens juridiques appropriés pour permettre à ses citoyens d'accomplir ce qu'il est possible de faire sous l'empire de la common law en vigueur dans les provinces et les États voisins où le *trust* existe à titre d'institution fondamentale de droit privé. On pourrait même dire que si le *trust* de la common law n'existait pas déjà, il aurait été nécessaire d'inventer, pour les fins du droit civil québécois, la fiducie telle qu'elle se trouve législativement encadrée dans le nouveau Code civil. Celui-ci, en matière de fiducie, est manifestement calqué sur le *trust* de la common law sous plusieurs aspects importants.

Certes, vouloir admettre dans un contexte de droit civil une institution aussi intimement liée à l'évolution même du droit anglais, n'est pas sans présenter un certain nombre de difficultés. Le défi, évidemment, pour un pays civiliste, est de trouver les moyens juridiques qui permettent la réception heureuse et le fonctionnement efficace de l'institution, sans pour autant heurter de front les notions juridiques fondamentales issues de la latinité juridique. Le *Code civil du Bas-Canada* de 1866 contient déjà, bien sûr, un régime embryonnaire de la fiducie. Il est même permis d'affirmer que l'essentiel de l'institution s'y trouve: la reconnaissance juridique de la possibilité pour une personne détenant la maîtrise de biens qui lui sont transférés, d'agir pour le bénéfice d'une autre personne déterminée ou même à d'autres fins impliquant des personnes indéterminées. Cette distinction entre le contrôle juridique et la jouissance des biens — qui est de l'essence même de la fiducie — s'exprime dans deux institutions juridiques de l'ancien droit qui sont passées dans le premier Code civil auxquelles ont été ajoutées les fiducies des articles 981a à 981n. Il convient ici d'en faire un bref rappel afin de faciliter l'exposé du droit nouveau du *Code civil du Québec*, en adoptant une perspective historique de la fiducie même si le nouveau Code s'inspire, de toute évidence, du moins sur plusieurs points, de la tradition de la Common law.

6.- *Fiducies de droit actuel*.- Le Code de 1866 connaissait déjà une certaine conception de la fiducie aux articles 869 et 964, tous deux reliquats de l'ancien droit français. D'une part, l'article 869 exposait en abrégé l'ancien droit sur les legs pour des objets pieux, de charité ou de bienfaisance (voir ci-haut, n° 2). D'autre part, la substitution fidéicommissaire de l'article 964 n'est autre chose qu'une fiducie voilée de substitution où le grevé, qualifié de «simple ministre», n'est qu'un fiduciaire.

La fiducie existait donc déjà dans le Code de 1866, en matière de legs exclusivement, à titre de modalité d'un legs ou d'une substitution testamentaire. Elle n'était pas admise par voie de donation, sous réserve de voir, dans la donation avec charge (article 816 C.c.B.c.) une fiducie. C'est précisément pour remédier à cette lacune — l'absence de donation fiduciaire — que le Québec adoptait un régime plus général de la fiducie, treize ans après la codification initiale. L'occasion fut aussi mise à profit pour édicter un régime juridique au sujet du fonctionnement même de la fiducie et du statut juridique des fiduciaires.

C'est par une loi particulière de 1879[1], intégrée en 1888[2] au Code civil, aux articles 981a et suivants, que le Québec s'est donné son premier régime général concernant la fiducie. La portée de cette modification restait toutefois limitée puisque la fiducie n'est étendue qu'aux libéralités, c'est-à-dire aux fiducies établies par donation ou par testament, même sans substitution, au profit «des personnes en faveur de qui [on] peut faire valablement des donations ou des legs.» Cette modification serait aussi l'occasion pour préciser un certain nombre de principes régissant le rôle et les pouvoirs des fiduciaires en relation à certaines questions fondamentales, notamment la séparation des patrimoines fiduciaire et personnel du fiduciaire (article 981i), le pouvoir du fiduciaire d'administrer les biens qui lui sont transférés sans l'intervention du bénéficiaire (article 981j), la responsabilité et la destitution possible du fiduciaire (articles 981d, 981k), ainsi que le pouvoir du tribunal de nommer ou de remplacer un fiduciaire en cas de besoin (article 981c, al. 2).

Toutefois, le régime prévu au Code civil de 1866, tel que modifié, a donné lieu à des difficultés d'analyse juridique considérables. Il ne saurait non plus constituer un droit commun par rapport aux diverses fiducies prévues dans les lois particulières. Voilà deux aspects du droit contemporain qu'il convient d'examiner brièvement avant d'aborder l'étude du droit nouveau.

7.- *Interprétation du Code civil actuel*.- L'interprétation des articles 981a et suivants a donné lieu à de célèbres controverses, où la doctrine et la jurisprudence ont exprimé des opinions assez diverses[3]. Il n'est évidemment pas utile de reprendre maintenant tout le débat à ce sujet. Signalons toutefois, l'essentiel dans la position adoptée dans la jurisprudence dominante.

D'une part, la Cour suprême du Canada semble avoir admis que, pour justifier certaines solutions, le droit anglais des *trusts*, qu'elle tenait pour l'inspiration évidente du régime, peut être invoqué à titre supplétif mais seulement dans les limites où ce droit est «compatible» avec les principes du droit civil québécois[4]. C'est une formule à contenu obscur, pour ne pas dire davantage, et dont les limites sont difficiles à préciser. Cette règle d'interprétation a notamment servi à rendre valides la fiducie constituée par la seule acceptation du fiduciaire et, suivant le même raisonnement, celle où le constituant, dans une donation fiduciaire, voulait profiter, en premier ordre, les bénéficiaires n'étant pas encore nés lors de l'acceptation par le fiduciaire[5]. En effet, l'acceptation du fiduciaire est considérée non seulement comme nécessaire mais également comme suffisante pour créer la fiducie même s'il n'est pas propriétaire des biens et même si les bénéficiaires n'existent pas encore. Ce sont des solutions, par ailleurs, admises, en droit anglais.

D'autre part, bien que cette ouverture vers le droit anglais n'ait pas comporté une importation du concept de *legal title* reposant sur la tête du fiduciaire et du concept parallèle d'*equitable title* sur celle de bénéficiaire, elle a mené la Cour suprême à préciser que le régime fiduciaire impliquait un «droit de propriété *sui*

generis» dont le fiduciaire est investi. Sans s'attarder ici sur les
conséquences juridiques possibles découlant de cette reconnaissance[6] d'un nouveau droit de «propriété» nullement établi
par le législateur, il convient de remarquer que, à vrai dire, tout
le régime de la fiducie prévue au Code civil semble remettre en
question la cohérence d'un certain nombre de principes fondamentaux du droit civil.

8.- *Aggravation de la question*.- La question de la cohérence de
l'ensemble du droit contemporain s'est aggravée, en quelque
sorte, par la constatation que, au cours des années, des lois
particulières assez diverses venaient ajouter à la fiducie du
Code civil des espèces de fiducies créées à d'autres fins,
notamment des fins commerciales[7], dont le fonctionnement est
difficilement explicable en l'absence d'un énoncé général des
principes directeurs en ce domaine. D'un autre côté, les tribunaux ont à plusieurs reprises, eu l'occasion d'annuler des
conventions appelées «fiducies» qui dépassaient le cadre de la
fiducie du Code civil, du moins dans la mesure où ces conventions ne pouvaient être jugées valides en fonction des principes
généraux du droit des contrats[8]. Par ailleurs, les mots «in trust»,
souvent inscrits sur les chèques et documents de toutes sortes,
sont parfois jugés dépourvus de contenu juridique précis[9] ou, au
plus, suffisants à constituer seulement un mandat[10].

9.- *Défi de la réforme*.- La question s'est ainsi longtemps posée
aux juristes québécois de savoir s'il ne conviendrait pas de créer
un régime de la fiducie encore plus général que celui envisagé
au Code civil des fiducies établies par donation et par testament. Souhaitée ardemment dans plusieurs milieux, l'élaboration d'un droit commun de la fiducie s'imposait alors pour
rendre cohérentes ces fiducies disparates et pour permettre des
applications nouvelles du principe même de la fiducie dans un
certain nombre d'autres domaines.

Cette oeuvre d'élaboration d'une construction juridique civiliste
apte à exprimer la fiducie et à permettre son extension à de
nouvelles applications éventuelles est, en fait, revenue à
l'Office de révision du Code civil. La pensée juridique de
l'Office relative à la fiducie a été largement reprise par le législateur dans les dispositions du nouveau *Code civil du Québec*[11].
Les *Commentaires* de l'Office sont donc toujours pertinents à
titre de travaux préparatoires[12].

10.- *Localisation des textes et continuité historique de la législation.*- Le nouveau Code civil formule un régime général de la fiducie à l'intérieur du Livre Quatrième consacré aux biens, dans le Titre Sixième de ce Livre, aux articles 1260 à 1298, où il exprime la fiducie sous forme de patrimoine d'affectation. On verra, pourtant, que le nouveau droit en matière de fiducie déborde largement le seul cadre juridique des «biens». Il puise aussi de nombreux principes dans le droit des «obligations» et même au-delà. Par ailleurs, le régime juridique nouveau au sujet de l'administration du bien d'autrui (aux articles 1299 à 1370) sert aussi à encadrer l'action des fiduciaires. Le *Code civil du Québec* met ainsi en place une institution entièrement renouvelée et apte à remplir un rôle important dans la nouvelle pratique du droit. Il nous semble, par ailleurs, que ce renouvellement a été accompli dans un esprit de continuité qui devrait lier l'ancien droit et le nouveau.

D'une part, il s'agit d'un renouvellement agencé autour d'une notion civiliste bien connue: le patrimoine. Autrement dit, grâce à l'idée de la notion du patrimoine affecté, le *trust* d'inspiration anglaise est «civilisé» en ce sens qu'il est exprimé dans un cadre de pensée juridique qui nous est familier. Le droit actuel contient déjà cette idée sans pour autant être très précis; le droit nouveau est explicite à ce sujet. D'autre part, il y aura une continuité considérable entre un certain nombre de solutions du droit actuel et celles du nouveau droit. La réforme ne heurte pas de front les idées dégagées par le droit actuel dont il assure, au contraire, une extension voulue et des applications nouvelles intéressantes.

Par ailleurs, ce renouvellement permet aussi d'affirmer que, dans l'intention probable du législateur, l'institution de la fiducie serait dorénavant autonome, indépendante des sources du droit anglais qui sont, d'après la jurisprudence de la Cour suprême, admises comme sources supplétives dans le droit contemporain. Il n'est pas normal, dirait-on, que le droit anglais joue, même en cette matière, le rôle d'un droit commun ou supplétif même implicite. On pourrait ainsi soutenir que cette fonction revient, comme il se doit, au *Code civil du Québec* lui-même, auquel éventuellement les lois diverses en matière de fiducie devraient normalement se conformer en vertu de la Disposition préliminaire.

À notre avis, cependant, cette question des sources supplétives pertinentes du droit de la fiducie est beaucoup plus complexe qu'elle ne paraît à première vue. Aucun texte ne peut envisager tout le contenu et tous les effets possibles d'une adaptation du *trust* anglais dans le contexte d'un droit civil écrit. Plusieurs centaines d'articles seraient nécessaires alors que le *Code civil du Québec* ne nous en offre que trente-neuf auxquels, il est vrai, on peut en ajouter un certain nombre trouvés au titre de l'administration du bien d'autrui. Il nous paraît ainsi inévitable, souhaitable et même avantageux, que les interprètes de notre nouveau droit examinent l'expérience vécue de la tradition de la common law en ce domaine. Si, d'une part, il ne saurait être question de voir dans le droit anglais ou même américain une source *formelle* du droit québécois en matière de fiducie, rien n'empêche, d'autre part, que les auteurs et les tribunaux québécois s'inspirent de la pensée juridique doctrinale et jurisprudentielle de la tradition de la common law lorsque les solutions expresses de la loi nouvelle ne créent aucun obstacle[13]. Le nouveau Code veut combler les lacunes, en élargissant le champ de l'application de la fiducie, en complétant ses dispositions par les règles plus développées et en modernisant certains droits, mais il nous paraît quelque peu naïf de croire qu'un texte aussi court pourrait être convenablement l'objet d'une interprétation progressive à la seule lumière du droit des obligations ou même par rapport au système civiliste pris dans son ensemble.

11.- *Bibliographie*.- Quelques auteurs se sont déjà penchés sur le nouveau droit de la fiducie, du moins dans ses versions antérieures: au sujet du *Projet de loi 20* (L.Q. 1987, c. 18), John E.C. Brierley, «Substitutions, stipulations d'inaliénabilité, fiducies et fondations» (1988) 3 C.P. du N. 243-279 (propos largement repris et élargis dans le présent texte) et «Le régime juridique des fondations au Québec» dans *Le droit des fondations en France et à l'étranger*, sous la direction de René-Jean Dupuy, La documentation française, Notes et études documentaires, n° 4879, Paris, 1989, aux p. 81-96; au sujet du *Projet de loi 125* en première lecture, A.H. Oosterhoff, «The New Quebec Trust» (1991) 10 E. & T.J. 322; Michael McAuley & Jeffrey Talpis, «The Quebec Trust in the Real World», dans *Conférences sur le nouveau Code civil du Québec*, Eds. Yvon Blais, 1992, p. 55 et, dans le même ouvrage, A.J. MacLean

«The Trust in the Civil Code of Quebec», à la p. 89 et Basil D. Stapleton «Codification of Trust Law: Who Needs It?», p. 73 à la p. 77.

Section I De la nature de la fiducie
Les articles 1260-1265

12.- *Généralités*.- Le nouveau Code, à l'article 1260, ne définit pas l'institution; il ne fait que constater qu'elle *résulte* d'un acte par lequel une personne, le constituant (en anglais, *settlor*) transfère des biens sous le contrôle d'une autre personne, le fiduciaire (en anglais, *trustee*), dans le but de profiter à une autre personne, le bénéficiaire (en anglais, *beneficiary*) ou pour une autre fin permise. Au fond des choses, à notre avis, toute définition sera trop lacunaire car la fiducie constitue, en effet, un rapport juridique, créé par la loi ou par la volonté entre vifs ou à cause de mort, entre les mêmes actants mentionnés par rapport à une masse de biens. Il s'agit, en somme, d'une relation juridique triangulaire reconnue en vue d'une affectation des biens aux finalités permises par la loi. Cette définition n'est toutefois pas très révélatrice quant aux éléments constitutifs de l'institution.

La fiducie est constituée des éléments essentiels suivants: 1er l'intention du constituant de placer comme masse distincte des biens dans les mains d'un fiduciaire; 2e la détention de ces biens par le fiduciaire, en vue de leur gestion selon les termes de l'acte constitutif et les règles imposées par la loi; et 3e une fin particulière qui peut être de faire profiter un bénéficiaire ou toute autre fin permise. Voilà le canevas structurel de la fiducie. En somme, il s'agit d'une idée assez simple, mais sa construction juridique est toutefois complexe.

Tout d'abord, dans un contexte de droit civil, il est évident que le fiduciaire n'exerce pas sur les biens qui lui sont remis en fiducie les «droits» d'un propriétaire au sens ordinaire du terme (article 406 C.c.B.c. ou article 947 C.c.Q.), encore qu'il ait sur ces biens tous les pouvoirs d'administration et d'aliénation. Ce qui plus est, la propriété des biens mis en fiducie ne peut non plus reposer sur la tête du bénéficiaire car c'est précisément ce que l'institution veut éviter, afin de rendre l'administration du fiduciaire efficace. La protection des intérêts des bénéficiaires doit alors être assurée par des techniques juridiques qui prennent appui autrement que par la truchement des droits dérivés de la notion de droit réel. Voilà, alors, tout l'intérêt qui s'attache au cadre juridique choisi pour exprimer la fiducie dans la loi nouvelle.

Il convient ainsi d'examiner les deux matières traitées dans cette première section du chapitre du Code: le cadre juridique de la fiducie (§ 1) et la constitution de la fiducie (§ 2).

§ 1. - Cadre juridique de la fiducie
Les articles 1260-1261

13.- *Patrimoine affecté.*- L'Office de révision du Code civil a proposé que les biens mis en fiducie soient considérés comme ayant constitué un patrimoine distinct, c'est-à-dire une masse juridiquement indépendante des patrimoines du constituant, du fiduciaire et du bénéficiaire, et que les affectations possibles de ce patrimoine soient explicitées par la loi[14]. La proposition est reprise par les articles 1260 et 1261 C.c.Q.

Construction juridique purement technique, dira-t-on? Peut-être. Toutefois, d'une part, le concept évite l'adoption de la notion de «propriété fiduciaire» de la common law (ce qui est sans doute impensable) ou la conception de la fiducie comme une personne morale (elle serait dès lors assujettie aux formalités relevant des lois applicables à celle-ci) et, d'autre part, la technicité du patrimoine affecté s'harmonise avec une notion déjà reçue et bien connue du droit civil. De plus, les patrimoines distincts et affectés à des finalités particulières ne sont pas inconnus du droit civil actuel, comme on vient de le voir (ci-haut n° 6). Le problème central, comme l'énonce avec justesse le *Rapport* de l'Office de révision du Code civil, réside dans la conception que se fait le droit civil du droit de propriété en rapport avec l'acceptation en droit contemporain de la notion de patrimoine, telle que l'ont exposée les auteurs français du 19e siècle Aubry et Rau[15]. En effet, selon cette conception juridique classique, le patrimoine et le droit de propriété sont toujours censés être rattachés à des personnes physiques ou morales, par ailleurs toujours identifiables. Pas de droit de propriété, pas de patrimoine sans maître ou sans titulaire — parce que ces notions fondamentales restent toujours anthropocentriques.

Les articles 1260 et 1261 C.c.Q. précisent par contre que les biens de la fiducie constituent un patrimoine autonome et distinct de tous les actants (constituant, fiduciaire, bénéficiaire) et sur lequel aucun d'eux n'a de droit réel. Le droit de propriété traditionnel est désormais compris dans le patrimoine fiduciaire avec tous ces attributs. Certes, admettre l'existence d'un patrimoine sans aucun titulaire constitue une solution qui peut surprendre[16]. Elle est néanmoins issue du concept d'affectation dont le droit actuel comporte déjà certaines applications. Par ailleurs, les biens de la fiducie ne sont pas des biens sans maître susceptibles d'être appropriés par simple occupation (au sens des articles 583 et suivants du Code actuel ou des articles 914 et s. C.c.Q.) car le fiduciaire en a la maîtrise et la détention (article 1278 C.c.Q.). Ils ne sont pas non plus susceptibles d'être paralysés du fait qu'il n'y ait pas de propriétaire: les pouvoirs des fiduciaires agissant ès qualités (article 1278) vont, en effet, leur permettre toute espèce d'actes relatifs aux biens gérés, y compris l'exercice des droits qui leur sont rattachés.

Le patrimoine fiduciaire se compose, donc, quant à l'actif, des droits ou des biens transférés et quant au passif, des engagements assumés par le fiduciaire en vue d'en assurer l'affectation. La gestion de ce patrimoine par le fiduciaire (article 1278) permet que les biens acquis en remploi d'anciens biens soient soumis au même régime juridique. À l'intérieur de ce patrimoine fonctionne ainsi la subrogation réelle. La subrogation réelle s'harmonise parfaitement avec la notion du patrimoine affecté, c'est-à-dire la constitution d'un fonds de valeur ou d'un portefeuille à contenu variable, mais dont la destination reste constante.

14.- *Spécificité juridique de la fiducie*.- La loi nouvelle fait donc, en ce qui concerne la fiducie, un bond juridique dramatique par rapport aux concepts qui, selon le droit actuel et la jurisprudence la plus récente, sont à la base de cette institution. La fiducie ne sera plus envisagée comme une seule *modalité* des donations et des testaments. Elle n'est pas non plus présentée, dans le droit des biens, comme un *démembrement* de

la propriété (à côté de l'usufruit, de la servitude ou de l'emphytéose) ou même comme une *modalité du droit de propriété*
lui-même (à côté de la co-propriété ou de la propriété dite
superficiaire). La constitution de la fiducie ne provoque aucun
éclatement du droit de propriété du constituant. C'est tout
simplement dire que la fiducie n'est pas fondée sur la notion de
droit réel, mais qu'elle puise ses principes directeurs dans un
autre ordre d'idées. Elle s'exprime dans un moule juridique
distinct, celui de patrimoine d'affectation. L'idée est d'une
importance capitale et explique toute la spécificité juridique de
l'institution qui déborde les catégories traditionnelles des droits
réels et personnels tels que nous les avons connus jusqu'ici. Il
convient ainsi de souligner que la fiducie se distingue d'un
certain nombre d'autres institutions voisines.

15.- *Institutions voisines*.- Tout d'abord, il est opportun
d'analyser jusqu'à quel point la fiducie s'accorde avec le droit
général des obligations. Examinons en premier lieu l'acte constitutif de la fiducie. Bien qu'il soit essentiel que le constituant
se départisse de son droit de propriété sur les biens mis en
fiducie, l'acte constitutif, contrat ou testament, ne peut pas être
pleinement assimilé à un acte translatif au profit du fiduciaire.
Ce dernier, pas plus qu'un bénéficiaire, n'est investi d'aucun
droit réel pour son propre compte. L'acte constitutif est restreint
à la création de la fiducie, c'est-à-dire à la reconnaissance de
pouvoirs au fiduciaire sur les biens qui sont la matière de la
fiducie et d'obligations, surtout envers le bénéficiaire, et subsidiairement, envers le constituant ou ses héritiers (article 1287).
Toutefois, le fiduciaire n'est pas, à proprement parler, le débiteur des bénéficiaires car ses propres biens ne sont pas affectés
à l'exécution de ses obligations lorsqu'il s'engage en sa qualité
de fiduciaire. Par ailleurs, le bénéficiaire est plus qu'un créancier ordinaire par rapport au fiduciaire. Il lui est loisible de
demander à ce dernier de rendre compte et même de demander
sa destitution comme fiduciaire. Ce ne sont pas là les prérogatives ordinaires d'un créancier. Les rapports entre fiduciaires
et bénéficiaires sont autre chose que des rapports ordinaires
entre créanciers et débiteurs. Il n'existe pas de relation contractuelle entre le constituant et le fiduciaire, pas plus qu'entre
le constituant et le bénéficiaire, ni entre le fiduciaire et le
bénéficiaire. Les liens juridiques qui existent entre eux possè-

dent une spécificité juridique, celle précisément qui découle de leur qualité de constituant, de bénéficiaire ou de fiduciaire dans le cadre d'une fiducie. Bref, les rapports en question ne relèvent pas carrément du droit des obligations.

On pourrait être tenté de voir dans la fiducie une institution qui participe de la stipulation pour autrui (articles 1444 et suivants), mais d'une part, l'acte constitutif de fiducie n'est pas toujours un contrat, et d'autre part, le promettant n'est pas un fiduciaire. Par ailleurs, il est pour le moins douteux que le constituant puisse révoquer la stipulation faite au profit des bénéficiaires aussi longtemps que ceux-ci n'ont pas porté à la connaissance du constituant ou du fiduciaire leur volonté de l'accepter, comme c'est le cas dans la stipulation pour autrui (article 1446).

La fiducie n'est pas, non plus, une personne morale, du moins lorsqu'il n'y a pas de fondation[17], puisque le patrimoine n'est qu'une masse affectée à un but déterminé. Le patrimoine fiduciaire ne présente, tout au plus, que des analogies avec la réalité de la personne morale où, derrière l'image fictive d'une personnalité, il existe un patrimoine autonome dont le fonctionnement est assuré par des organes décisionnels prévus par la loi.

La distinction à tracer entre la fiducie et la substitution n'est pas moins claire. Certes, le grevé d'une substitution est en même temps un fiduciaire, mais le fiduciaire d'une fiducie n'est pas, de par sa fonction, un bénéficiaire. Il ne saurait être juste, non plus, de voir dans le fiduciaire un légataire ou un donataire à charge[18]. Ces derniers jouissent d'une vocation à bénéficier lorsqu'ils ont accompli la charge, et même peut-être dans le cas contraire. Le fiduciaire, pour sa part, gère les biens qui subsistent après l'accomplissement de la fiducie au profit du constituant ou de ses héritiers (article 1297, al. 2). La fiducie est aussi une opération d'une ampleur plus grande que l'exécution testamentaire. Le fiduciaire ne doit pas être confondu à l'exécuteur testamentaire ou, dans la nouvelle loi, au liquidateur. Ils assument des missions différentes: l'exécuteur ou le liquidateur (article 776) doit payer les dettes de la succession, puis en transférer le solde aux successeurs (héritiers ou légataires); le fiduciaire remplit une tâche qui s'écoule sur une certaine durée, caractérisée par une gestion des biens mis en fiducie au profit des bénéficiaires.

Il faut aussi distinguer la fiducie de la faculté d'élire (en anglais, *power of appointment*), bien que les deux institutions connaissent des chevauchements mis en relief par le Code lui-même (articles 1282, 1283). La différence essentielle entre une faculté d'élire et la fiducie tient à ce que la première accorde à celui qui la détient un pouvoir discrétionnaire de nommer les bénéficiaires tandis que la seconde comporte des obligations impératives pour le fiduciaire[19].

Finalement, il ne faut pas confondre la fiducie avec le mandat. Des obligations semblables peuvent être imposées au fiduciaire et au mandataire, mais leurs fonctions sont différentes. Le fiduciaire doit détenir un titre sur les biens qu'il contrôle (article 1278); le mandataire, par contre, n'exerce pas nécessairement un contrôle sur les biens du mandant. Même dans le cas où il détiendrait un contrôle, le mandataire reste soumis à l'autorité de son mandant, alors que le fiduciaire n'est soumis à aucun contrôle direct de la part des bénéficiaires; ceux-ci ne peuvent que le contraindre à se conformer à son devoir d'agir à l'égard des biens selon les termes de la fiducie. On peut également constater d'autres différences avec d'autres contrats nommés dont notamment le prêt et le dépôt.

La fiducie, construction juridique complexe, a une portée juridique originale par rapport à toute autre institution de droit civil. Il s'agit d'un mécanisme autonome, inclassable dont il convient maintenant d'examiner la constitution.

§ 2.- Constitution de la fiducie
Les articles 1262-1265

16.- *Généralités*.- La constitution d'une fiducie implique, comme nous l'avons déjà vu dans la section précédente, que des biens ou des droits aient été transférés par le constituant de son patrimoine à un patrimoine distinct, et qu'une autre personne détienne ce patrimoine à titre de fiduciaire, dans le but de réaliser l'affectation voulue. Une fois ce transfert accompli, la fiducie proprement dite est constituée.

Sa validité exige encore qu'un certain nombre de conditions de fond soient remplies. Celles-ci, comme dans tout acte de disposition, peuvent être présentées autour de trois idées qualifiées de «certitudes»: 1° la certitude que le constituant ait eu la volonté de créer une fiducie et non pas une institution voisine, une certitude d'intention; 2° la certitude relative aux biens envisagés comme formant la matière ou le *res* de la fiducie; et 3° la certitude concernant les bénéficiaires qui sont appelés à profiter de la fiducie, ou encore les fins en vue permises par la loi. Il faut remarquer qu'une certitude en ce qui concerne le fiduciaire, personnage central pour le fonctionnement de la fiducie, ne figure néanmoins pas à cette liste. La raison en est que le tribunal peut, à la demande d'un intéressé, désigner un fiduciaire lorsque le constituant a omis de le faire ou qu'il est impossible de pourvoir à la désignation selon l'acte constitutif (article 1277). Or, bien que l'acceptation d'un fiduciaire soit essentielle pour le perfectionnement de la fiducie (article 1264), il ne s'ensuit pas que sa désignation préalable doive avoir eu lieu pour que la fiducie prenne une certaine vie.

Les questions afférentes à la certitude de la volonté du constituant sont étudiées ci-après (voir nos 18, 52). Il en sera de même au sujet des bénéficiaires qualifiés à recevoir un bénéfice de la fiducie (voir ci-après, n° 31 et s.). Quant aux biens mis en fiducie, le droit nouveau n'apporte aucune limitation. Il s'ensuit alors que tous les biens, meubles ou immeubles, corporels ou incorporels, en pleine propriété ou autrement, ainsi que les droits intellectuels, les brevets et les marques de commerce sont susceptibles d'être mis en fiducie, comme dans le droit actuel. Il est même permis de croire que des «biens à venir» pourraient être l'objet d'une fiducie. Si la donation entre vifs est celle qui, d'une part, emporte le dessaisissement actuel du donateur en ce qui concerne une chose déterminée, elle pourrait exister, d'autre part, lorsque le constituant se constitue actuellement débiteur (article 1807). Il en est de même en matière de contrat à titre onéreux (article 1374). La loi envisage aussi la possibilité d'un transfert subséquent au patrimoine fiduciaire, c'est-à-dire après la constitution initiale de la fiducie (article 1293).

Examinons, dans un premier temps, les mécanismes de mise en oeuvre de la fiducie, ce qui permet d'élaborer une classification des fiducies selon leurs modes de création, pour aborder ensuite, dans un deuxième temps, le rôle du constituant et l'acceptation du fiduciaire.

17.- *Classification de trusts selon leurs modes de création.*- L'article 1262 prévoit que la fiducie peut être établie 1° par contrat; 2° par testament; 3° par la loi; et enfin, 4° par jugement, lorsque la loi l'autorise. Il s'infère de cette énumération que l'intention du législateur est de limiter le nombre de fiducies à deux types principaux — des fiducies expressément créées par le constituant, les «fiducies expresses» (en anglais, *express trusts*), et les fiducies imposées par la loi, les «fiducies statutaires» (en anglais, *statutory trusts*) incluant celles établies par jugement, les fiducies «judiciaires».

Une fiducie statutaire peut être imposée par un texte législatif (provincial ou fédéral). Une fiducie judiciaire résulte d'un jugement d'un tribunal qui ordonne la constitution d'une fiducie; tel est le cas de l'article 591 C.c.Q. (fiducie destinée à garantir le paiement des aliments). On entend éviter ainsi que tout jugement puisse ordonner ou donner lieu à une fiducie de création judiciaire, c'est-à-dire les hypothèses envisagées en droit anglais sous le vocable de «constructive trust». Reprenons tout d'abord la typologie des fiducies expresses avant d'examiner la possibilité des fiducies «implicites» en droit québécois, c'est-à-dire celles créées par la volonté présumée du constituant.

18.- *Fiducies expresses.*- Les fiducies expresses sont créées intentionnellement par le constituant. Il s'agit de trouver une expression adéquate en ce sens chez le constituant, qu'il s'agisse d'un contrat à titre onéreux ou à titre gratuit ou d'un testament. De telles fiducies sont évidemment surtout créées par un écrit mais elles peuvent l'être aussi oralement car, en principe, aucune formalité n'est requise dans les contrats à titre onéreux. Toutefois, pour des raisons de publicité, dans les cas où elle s'impose (article 1824 en matière de donation même de meubles et article 2938 en matière d'immeubles), la preuve de l'acte constitutif doit être apportée par un écrit.

Les fiducies expresses peuvent être divisées en sous-catégories. Si on retient le constituant comme critère de distinction, on peut opposer les fiducies entre vifs aux fiducies testamentaires (comme le prévoit l'article 981a C.c.B.c.) et les fiducies à titre gratuit aux fiducies à titre onéreux. L'établissement de ces dernières est une innovation du nouveau Code civil. On vise ici à

fournir aux justiciables des techniques utilisées en pays de
common law, notamment les fiducies d'investissement à participation unitaire, les fiducies de fonds mutuels ou celles constituées en vertu d'un régime enregistré d'épargne-retraite,
d'épargne-études ou autres. Ce sont des cas (voir l'article 1269)
où le bénéficiaire de la fiducie (qui pourrait aussi être, seul ou
avec d'autres, son constituant) verse des sommes au patrimoine
fiduciaire ou exécute d'autres prestations en vue d'un bénéfice
éventuel payable à son profit ou à celui d'autres personnes. Ces
diverses fiducies sont déjà envisagées, par ailleurs, dans la *Loi
sur les impôts*. L'ouverture du nouveau Code n'est ainsi que la
consécration de ce que certaines lois particulières permettent
déjà et de ce qu'une certaine pratique connaît. L'article 1263
complète en ce sens, le précédent: la fiducie à titre onéreux peut
avoir pour objet de garantir l'exécution d'une obligation. La
disposition précise toutefois que le fiduciaire doit, en cas de
défaut du constituant, suivre les règles prévues au Livre des
priorités et des hypothèques pour l'exercice des droits hypothécaires, ce qui enlève effectivement l'intérêt de la fiducie
comme technique souple destinée à se substituer à ces formes
de garantie.

Si on retient comme critère de distinction le bénéficiaire, on
distingue les fiducies expresses personnelles, des fiducies privées et des fiducies d'utilité sociale. Ces deux dernières fiducies
sont en principe soumises à une inscription spéciale (article
1288). On étudiera ci-après cette classification des fiducies
(voir n° 22 et suivants).

19.- *Rôle du constituant*.- Le constituant est la personne dont la
volonté crée la fiducie. Il doit avoir dès lors la capacité
d'accomplir l'acte juridique qui préside à la création de la
fiducie (contrat, testament). Ces questions relèvent des dispositions du Code applicables à la capacité. Notons, au passage,
que le constituant peut être bénéficiaire (article 1269) ou
fiduciaire (article 1275) de la fiducie.

Il convient d'insister sur le fait que la fiducie du nouveau Code
ne résulte que d'un *transfert* de biens du patrimoine du constituant au patrimoine fiduciaire. La «déclaration unilatérale» de
fiducie où le constituant se proclame fiduciaire de ses propres
biens pour le profit d'une autre personne, déjà jugée impossible

en droit québécois actuel[20], n'est pas admise non plus dans le droit nouveau, du moins nous semble-t-il. Par contre, les mots «in trust» employés dans un acte ou un document peuvent indiquer, selon les circonstances, soit la constitution d'une fiducie, soit toute autre affectation[21]. L'emploi des mots «in trust» devra s'interpréter, dans chaque cas, selon les circonstances.

Force nous est de constater aussi qu'une fiducie implicite puisse exister en droit québécois. Une fiducie implicite peut naître de la volonté présumée du constituant, c'est-à-dire d'une interprétation de sa volonté lorsqu'il ne s'exprime pas expressément par l'utilisation des mots «fiducie» ou «trust» et que l'intention de ne pas s'engager dans une institution voisine est claire. Le formalisme dans l'expression de la volonté d'un constituant n'est pas un principe du droit actuel ni du Code nouveau. La jurisprudence actuelle en offre d'ailleurs des exemples[22]. L'application n'en sera pas différent sous le *Code civil du Québec*.

Dans un autre ordre d'idées, il convient de poser la question à savoir si la fiducie pourrait être établie à partir d'une promesse. Le cas surviendra dans la pratique. D'emblée, dira-t-on, la réponse semblerait négative: la fiducie est constituée, d'après les articles 1260 à 1264, dès l'acceptation du fiduciaire, à l'occasion d'un acte constitutif qui transfère des biens au patrimoine affecté. Dans le cas d'un contrat de donation, par exemple, même celui accepté par le fiduciaire, l'absence d'un transfert de biens, ou encore, l'absence d'une constitution du constituant en débiteur, ne peuvent résulter en aucune fiducie opératoire et, tout au plus, ne confèrent que la possibilité de réclamer des dommages-intérêts (article 1812). Cependant, en matière de contrat à titre onéreux, l'article 1396, al. 2, au chapitre de la formation des contrats, indique que la promesse acceptée oblige les parties (constituant et fiduciaire) à conclure le contrat. La promesse acceptée de constituer une fiducie sera dès lors susceptible d'une exécution forcée même sans transfert initial de biens au fiduciaire. La fiducie n'est pas un contrat, mais elle peut naître d'un contrat, et sa création pourrait être ainsi imposée au constituant par une obligation qu'il a contractée à cette fin. L'exécution forcée de la fiducie peut, dans de tels cas, avoir lieu, c'est-à-dire que le constituant soit obligé par suite d'une ordonnance, à transférer des biens aux fiduciaires.

Ce sont, par ailleurs, les bénéficiaires ou les fiduciaires qui peuvent réclamer l'exécution de la fiducie. On peut multiplier à volonté les cas où un tel scénario pourrait survenir en pratique.

20.- *Acceptation par le fiduciaire.*- L'exigence de l'acceptation par le fiduciaire que formule l'article 1264 est conforme au droit actuel. Elle se déduit des articles 981a et 981b C.c.B.c. Il est par ailleurs suffisant pour dessaisir le constituant qu'un seul fiduciaire accepte. Le deuxième alinéa du même article qui précise que, en matière de fiducie testamentaire, les effets de l'acceptation rétroagissent au jour du décès, reprend le principe actuel. Voir aussi en ce sens l'article 618 al. 2.

L'article 1264 détermine ainsi le moment de la constitution de la fiducie. Avant la date de l'acceptation, elle n'existe pas. L'Office de révision du Code civil n'a pas voulu faire de distinction possible entre la création d'une fiducie (c'est-à-dire, une expression de volonté en ce sens) et sa constitution (l'acceptation par un fiduciaire)[23]. Toujours est-il qu'il est loisible au tribunal de suppléer à l'absence d'une nomination *initiale* de fiduciaires (article 1277), ce qui implique que la fiducie a une certaine vie, même avant la désignation de fiduciaire. L'acceptation perfectionne néanmoins la fiducie dans tous les cas. Sauf en matière de fiducie testamentaire, le transfert de biens par le constituant et l'acceptation par le fiduciaire ont donc lieu en même temps.

Il s'agit enfin, de la part d'un fiduciaire, d'une acceptation de la *mission* fiduciaire, c'est-à-dire de son engagement à détenir et à administrer aux fins voulues les biens mis en fiducie, plutôt qu'une acceptation des biens eux-mêmes. Ceux-ci passent, nous l'avons déjà vu, au patrimoine fiduciaire, patrimoine distinct de son propre patrimoine. Comme nous l'avons précédemment précisé, l'instrument qui constitue la fiducie, contrat ou testament, n'est pas un titre translatif à son profit. Le contrat ou le testament constitutif peut très bien s'exprimer, comme c'est le cas maintenant, en termes de transport au fiduciaire. Toutefois, la fiction de la loi veut que ce transport soit au profit du patrimoine fiduciaire sans titulaire. Nous avons déjà examiné le problème de l'acceptation de la mission fiduciaire qui n'a pas été accompagné d'un transfert initial de biens par le constituant.

21.- *Effets de l'acceptation*.- L'article 1265 complète l'article précédent en précisant que l'acceptation par le fiduciaire de sa mission dessaisit le constituant, charge le fiduciaire de veiller à la réalisation de la fiducie et suffit pour rendre «certain» le droit du bénéficiaire aux avantages qui lui sont conférés par la fiducie. Le bénéficiaire doit, pour recevoir les biens, éventuellement remplir les conditions requises par l'acte constitutif (article 1260); il suffit en effet qu'il possède les qualités requises pour recevoir lorsque la disposition produira effet à son égard (article 617). Tous ces principes sont conformes au droit actuel.

À partir de ces observations, il convient d'aborder la question de la révocabilité possible de la fiducie. Le constituant peut-il, en tout ou en partie, révoquer la fiducie de sorte qu'il pourra reprendre ce qu'il a mis en fiducie? Sans aucune stipulation en ce sens, cela lui serait impossible. Peut-il toutefois se réserver ce droit? D'une part, une fois les biens transférés au patrimoine fiduciaire, ils échappent au constituant car il en est desaissi. À leur égard, le constituant est placé dans une position analogue à celle d'un donateur par rapport au donataire. Donner et retenir ne vaut. Une stipulation de révocabilité suivant la seule disrétion du constituant lui est interdite (voir les articles 1822, 1841 en matière de donation). D'autre part, le pouvoir de révocation peut trouver son appui dans une condition simplement protestative (voir les articles 1497 et suivants) dont l'accomplissement met fin à la fiducie (article 1296, al. 2). Il faut aussi garder à l'esprit, sous ce même rapport, la possibilité pour le constituant de se réserver des bénéfices ou même le capital de la fiducie (article 1281), de même que la possibilité qu'il a lorsqu'il s'est réservé une faculté d'élire, de révoquer un bénéficiaire (article 1283, al. 2).

Section II   Des diverses espèces de fiducie et de leur durée
Les articles 1266-1273

22.- *Typologie des fiducies permises*.- Dans le droit actuel, la liste des bénéficiaires possibles est en principe composée d'une part, des *personnes* qui peuvent recevoir à titre gratuit, et d'autre part, selon l'article 869 C.c.B.c., dans le cadre d'une fiducie testamentaire, «des *fins de bienfaisance* [en anglais, *charitable purposes*] *ou autres fins* permises», c'est-à-dire des fiducies à but. Dans le droit nouveau, ces principes sont confirmés et précisés et, de plus, considérablement élargis. On propose, à l'article 1266, une classification tripartite des fiducies selon les types de bénéficiaires possibles, ou plus correctement selon les finalités particulières des affectations de patrimoine permises par la loi. Cet article édicte que les fiducies sont constituées soit à des fins *personnelles*, soit à des fins d'utilité *privée*, soit encore à des fins d'utilité *sociale*. L'appellation de ces deux dernières comme «fiducies à but» (en anglais, *purpose trusts*) convient toujours car l'acte constitutif désigne au fiduciaire non des individus déterminés mais une mission, un but. On y ajoute que toute fiducie peut être désignée sous un nom déterminé (celui du constituant, du fiduciaire ou du bénéficiaire, ou sous un nom qui désigne son objet).

23.- *Utilité de cette typologie.*- Elle existe par rapport à trois séries de considérations distinctes. Tout d'abord, l'étiquetage des fiducies dites «personnelles», «privées» ou «sociales» sert à indiquer l'étendue possible de chaque espèce, c'est-à-dire la finalité en vue permise par la loi. L'analyse des buts autorisés est facilitée, du moins dans le cas des fiducies privées et sociales, à la lumière des exemples fournis par le législateur pour illustrer le genre de fiducie en question, ce qui nous semble d'un grand intérêt, étant donné l'étendue des domaines que les formules législatives permettent d'entrevoir. Ce sont ces deux derniers types de fiducie qui retiendront ci-après tout particulièrement notre attention, étant donné l'envergure des innovations juridiques impliquées. Les bénéficiaires d'une fiducie personnelle seront ensuite examinés quant à leurs droits (articles 1279 et s.) suivant l'ordre de présentation dicté par le législateur (voir n°s 31 et s.).

La typologie sert, en deuxième lieu, de critère pour fixer la durée possible des fiducies. 1° Celles dites personnelles et constituées pour plusieurs personnes successivement, sont limitées par des règles qui sont conformes à la jurisprudence actuelle. On applique les règles édictées en matière de substitution, c'est-à-dire qu'elles limitent l'étendue de ces fiducies à deux ordres (en anglais, *ranks*) de bénéficiaires des fruits et des revenus, outre celui du bénéficiaire du capital (article 1271)[24]; le droit du premier bénéficiaire est précisé à l'article suivant: il s'ouvre au plus tard à l'expiration des cent ans qui suivent la constitution de la fiducie[25]. 2° Celles dites privées ou sociales sont par contre susceptibles de durer à perpétuité (article 1273). Toutefois, la disposition permettant la durée perpétuelle de ces fiducies est tempérée par l'article 1294 qui permet au tribunal, à la demande d'un intéressé, de mettre fin à la fiducie dans les conditions qui y sont décrites.

La typologie des fiducies sert en troisième lieu, à tracer les régimes de «surveillance et de contrôle» envisagés aux articles 1287 et suivants. En effet, la fiducie dite personnelle est soumise à la surveillance des personnes *privées* intéressées (le constituant ou ses héritiers, et le bénéficiaire, même éventuel), tandis que les fiducies sociales et même privées sont en outre, dans les cas prévus par la loi, susceptibles d'être soumises au contrôle d'un agent du pouvoir *public*. Ces aspects seront abordés plus loin.

Examinons à présent les buts possibles des fiducies privées et sociales, valides même dans le cas où elles sont dépourvues de bénéficiaire identifiable.

24.- *Fiducies d'utilité privée*.- Les fiducies privées des articles 1268 et 1269 peuvent être constituées à titre gratuit ou à titre onéreux. Elles peuvent avoir des buts très variés: 1er l'article 1268, permet leur constitution pour a) l'érection, l'entretien ou la conservation d'une chose corporelle (par exemple, l'entretien d'un monument); b) l'utilisation d'une chose affectée à un usage déterminé (par exemple, la conservation de la maison d'une personnalité publique comme musée); c) l'avantage indirect d'une personne (par exemple, le paiement des frais de scolarité d'un étudiant) ou à sa mémoire (par exemple, la célébration de messes pour le repos de l'âme d'une personne). 2e dans un autre ordre d'idées, lorsque la fiducie est à titre onéreux, mais toujours de nature privée, l'article 1269 permet de procurer un avantage à des personnes, notamment en vue de permettre la réalisation d'un profit au moyen de placements (en anglais, *investment trusts*), de pourvoir à un fonds de retraite (*retirement trusts*), ou de procurer un avantage au constituant ou aux personnes qu'il désigne (par exemple, aux membres d'une société ou d'une association, à des salariés, ou à des porteurs à titre). Rappelons que l'article 1263 permet la constitution d'une fiducie par contrat pour garantir l'exécution d'une obligation. Il faut remarquer que ces fiducies sont permises bien qu'aucune personne physique ou morale ne soit bénéficiaire, qu'elles sont susceptibles de procurer indirectement ou directement des avantages à des personnes qui ne sont pas des bénéficiaires individualisés ou constitués en personnes morales, qu'elles sont susceptibles d'une durée perpétuelle (article 1273) et qu'elles peuvent contenir une faculté d'élire (article 1282). Le caractère exécutoire de ces fiducies est assuré par l'article 1287, al. 2.

Ce sont des dispositions d'un grand intérêt, compte tenu de l'état de la loi et de la jurisprudence qui s'y rattache. Les deux articles innovent surtout par rapport à l'article 869 C.c.B.c. qui vise les fiducies pour fins de charité ou de bienfaisance (renommées fiducies d'utilité sociale à l'article 1270). L'article 869, du moins dans la jurisprudence dominante[26], ne semble pas comprendre, sous l'expression *ou autres fins permises*, des fins de nature purement privée. Il nous semble que l'on peut s'attendre à ce que ce principe nouveau mène, dans les années à venir, à d'importantes applications inédites du mécanisme de la fiducie en matière commerciale et autre.

La grande ouverture que permet la formulation législative des articles 1268 et 1269 n'est pourtant pas une garantie de la bienveillance de la jurisprudence future. Il nous semble que l'on peut aussi s'attendre à ce que les tribunaux s'arrêtent devant des buts dépourvus d'utilité ou capricieux.

25.- Fiducies d'utilité sociale.- La fiducie d'utilité sociale est celle constituée par donation ou par testament pour l'accomplissement d'un «but d'intérêt général», notamment, ajoute l'article 1270, un but à caractère «culturel, éducatif, philanthropique, religieux ou scientifique». L'article reprend l'article 869 du Code actuel tout en élargissant considérablement la portée. Les «autres fins permises» envisagées par ce dernier sont maintenant précisées. Comme c'est le cas dans le droit actuel, cette fiducie est susceptible de perpétuité (article 1273) et comporte forcément la possibilité de l'existence d'une faculté d'élire, qu'elle soit expresse ou même présumée (article 1282, al. 2). Il convient de souligner que ces fiducies ne sont soumises à aucun contrôle ou permission préalable de la part des autorités étatiques. Cependant, elles sont assujetties, dans les cas qui seront précisés ultérieurement, au contrôle d'un agent du pouvoir public (article 1287, al. 2) en plus de celui du constituant ou de ses héritiers (article 1287, al. 1). Elles sont aussi susceptibles d'être modifiées judiciairement (articles 1294, al. 1 et 1298), ce qui sera examiné ci-après[27].

La fiducie d'utilité sociale pourrait être désignée de *fondation*, même en dehors de la dotation de personnalité juridique envisagée pour les personnes morales à but non lucratif et selon les dispositions déjà examinées[28]. Dans cette optique, ce qui est alors de droit nouveau, c'est la possibilité de créer une telle fiducie par contrat de donation, c'est-à-dire une fiducie créée entre vifs à charge pour le fiduciaire de faire fonctionner une oeuvre sans attribution de personnalité morale. Le législateur estime pertinent de réaffirmer que cette fiducie n'a pas pour objet essentiel de réaliser un bénéfice, ni d'exploiter une entreprise (article 1270, al. 2), idée déjà lancée à l'article 1256, al. 2. C'est également au chapitre des fondations (article 1259) où l'on énonce l'idée que la fondation implique la conservation du capital et la distribution des seuls revenus qui en proviennent. Toutefois, l'article permet la possibilité d'une distribution complète mais organisée du capital et du revenu jusqu'à épuisement en faveur du but recherché, ce qui semble l'évidence même. Le fonctionnement de la comptabilité interne et des mécanismes de distribution externe des fonds n'ont pas, à première vue, un quelconque impact sur la qualification de la fiducie par rapport à l'appellation «fondation».

Ce qui retient surtout l'attention, c'est le domaine très vaste des affectations permises. Non seulement les «charités» proprement dites sont-elles permises, mais *toutes fins* d'intérêt général sont admises. Or, le critère essentiel de la validité de telles fiducies est qu'elles doivent revêtir l'idée de favoriser le public en général (par exemple, pour reprendre les termes d'un cas célèbre[29], des fiducies pour soulager les souffrances de l'humanité), une partie importante du public (les groupements liés à des activités à caractère énuméré[30]), ou même un individu à choisir parmi ce public (par exemple, une bourse d'études destinée à une personne à être choisie parmi une classe d'étudiants). Le problème qui pourrait facilement se poser ici est celui de savoir si le «but» doit ne pas se définir par référence à un lien ou *nexus* personnel avec le constituant ou un autre individu (par exemple, au bénéfice des descendants d'un ancêtre commun). Une telle fiducie est évidemment permise à titre de fiducie privée constituée par un acte à titre onéreux (article 1269) ou à titre gratuit (article 1268), mais il est discutable qu'elle pourrait l'être à titre de fiducie d'utilité sociale. Il est intéressant de noter, sur ce point, que les formules choisies par l'Office de révision du Code civil («fin d'intérêt public[31]») et le *Projet de loi 20* («fin d'intérêt public ou général[32]») ont été finalement rejetées en faveur de la formulation actuelle («but d'intérêt général»). Quoi qu'il en soit, le but d'intérêt général sera aussi apprécié pour son *utilité* sociale, — une utilité qui n'a pas de frontières géographiques — ce qui laisse place à une très grande discrétion judiciaire. La notion laisse entrevoir un vaste champs de disputes juridiques et reste à être précisée par la jurisprudence[33]. En fin de compte, c'est le contexte social qui va permettre d'insuffler dans cette notion un peu floue un contenu réel.

Section III De l'administration de la fiducie
Les articles 1274-1292

26.- *Généralités.*- Sous l'intitulé «De l'administration de la fiducie» le législateur a choisi de regrouper diverses matières: la désignation du fiduciaire et de sa charge (§ 1); la désignation du bénéficiaire (y compris sa désignation à la suite de l'exercice de la faculté d'élire) et de ses droits (§ 2); l'énumération des mesures de surveillance et de contrôle sur l'administration de la fiducie (§ 3). Cette organisation se prête à la critique. D'une part, la désignation du bénéficiaire, et même celle du fiduciaire, ne relèvent point de l'administration de la fiducie mais de sa constitution; d'autre part, la troisième section du chapitre ne traite pas de la modification judiciaire de la fiducie, ce qui concerne directement son régime juridique de fonctionnement. Néanmoins, examinons ces matières dans l'ordre de présentation observé par le Code.

§ 1.- De la désignation du fiduciaire et de sa charge

27.- *Fiduciaire: personnage central.*- Le fiduciaire est le personnage central de la fiducie sans lequel elle ne peut fonctionner. C'est le fiduciaire qui, bien que sans en être le propriétaire, a la maîtrise des biens mis en fiducie. De plus, dans les opérations relatives aux biens, les tiers ne connaissent, en principe, que le fiduciaire. À ce chapitre, on s'attendrait à ce que le législateur affirme l'existence d'une action efficace en faveur du fiduciaire afin qu'il puisse poursuivre l'accomplissement de la fiducie dont l'administration lui est conférée.

Indispensable à la vie de la fiducie, la présence d'un fiduciaire n'est pourtant pas une condition essentielle à la création valable de celle-ci. Elle pourrait déjà avoir une certaine vie avant même son acceptation par le fiduciaire et une fois créée, elle survit à l'absence de fiduciaire. Le constituant pourrait en effet ne pas avoir désigné de fiduciaire, celui-ci pourrait être décédé ou devenu incapable de remplir ses fonctions. Examinons d'abord sa désignation (§ A) et, ensuite, les obligations et pouvoirs qui constituent sa charge (§ B).

A.- La désignation du fiduciaire

28.- *Qui peut être fiduciaire.*- Les nouveaux textes n'apportent aucune innovation majeure à ce sujet (articles 1274, 1275). Une personne physique capable, de même qu'une personne morale autorisée par la loi peuvent être fiduciaire[34]. Même les personnes impliquées dans la relation créée par la fiducie peuvent agir en qualité de fiduciaire. En effet, le constituant ou un bénéficiaire peut prendre cette qualité dans la mesure où l'un ou l'autre est appelé à agir conjointement avec au moins un fiduciaire qui n'est ni constituant ou bénéficiaire. C'est une reconnaissance d'une certaine pratique, déjà établie dans le droit actuel, où un fiduciaire désigné s'adjoint le constituant ou un bénéficiaire. L'article 1275 ne retient toutefois pas la possibilité dès lors que le constituant ou le bénéficiaire puisse agir comme fiduciaire unique ou que tous deux se nomment seuls fiduciaires conjoints et seuls bénéficiaires[35].

29.- *Modes de désignation.*- La désignation du fiduciaire est l'acte par lequel la fiducie prend vie. Il existe trois modes de nomination: 1ᵉʳ la nomination par le constituant dans l'acte de fiducie fait entre vifs ou par testament: c'est le cas qui se rencontre le plus fréquemment (article 1276). 2ᵉ la nomination par l'exécution d'une disposition dans l'acte constitutif qui prévoit le mode de désignation ou de remplacement du fiduciaire (article 1276); ce mode de nomination laisse à d'autres personnes que le constituant (tels ses héritiers), le soin de nommer le fiduciaire. L'habilitation permet entre autres aux fiduciaires en place à nommer de nouveaux fiduciaires. 3ᵉ s'il y a lieu, la nomination par un tribunal de juridiction compétente. L'article 1277 prévoit en effet que le tribunal peut, à la demande d'un intéressé, désigner un ou plusieurs fiduciaires, lorsque le constituant a omis d'en désigner un ou qu'il est impossible de pourvoir à la désignation ou au remplacement d'un fiduciaire.

Cette dernière disposition est d'un grand intérêt pratique. Il incorpore un principe de la tradition de la Common law à l'effet que *a trust shall not fail for want of a trustee*[36]. Ce qu'il faut retenir de cette disposition, c'est que la loi ne permet pas la caducité de la fiducie pour simple défaut de fiduciaire. L'article 1277 innove par rapport au droit antérieur (article 981c C.c.B.c.) en permettant au tribunal de désigner un fiduciaire lorsque le constituant a omis de le faire. Pourtant, il n'y a pas lieu de distinguer cette situation de celle où le seul fiduciaire désigné par le testateur n'accepte pas d'agir à ce titre[37] et où le Code actuel permet au tribunal de lui nommer un remplaçant. Il y a lieu de souligner que les héritiers d'un constituant qui n'a pas désigné de fiduciaire ne sont pas présumés être les fiduciaires.

Le choix du nombre des fiduciaires n'est pas limité. Le constituant peut donc nommer autant de fiduciaires requis par la pratique et même autant qu'il veut. Toutefois, dans les cas où des difficultés peuvent résulter d'une administration collective de la part de plusieurs fiduciaires (au nombre pair, par exemple), le tribunal peut aussi désigner un ou plusieurs autres fiduciaires (articles 1277 al. 2, 1332 et suivants.).

Notons enfin qu'une fois la fiducie créée, elle devient autonome face au constituant qui en perd le contrôle. Le constituant ne conserve pas le pouvoir de remplacer le fiduciaire ou de nommer des fiduciaires supplémentaires, à moins que l'acte constitutif de fiducie n'en dispose autrement[38].

L'acceptation des fonctions de fiduciaire a déjà été étudiée (voir ci-dessus, n° 20).

B.- *La charge du fiduciaire*

30.- *Obligations et pouvoirs.*- Les textes n'apportent aucun principe novateur important au sujet du rôle du fiduciaire. L'essentiel de sa situation juridique est déjà explicite sous l'empire du Code civil actuel (article 981j). Le fiduciaire est saisi du patrimoine de la fiducie dès son acceptation (article 1264). Il est alors chargé de veiller à l'affectation et à l'administration des biens qui s'y trouvent (article 1265). Le droit nouveau ne précise pas, comme le fait le droit actuel (article 981j) qu'il peut agir sans l'intervention des bénéficiaires. Toutefois, ce principe s'infère du fait que ces derniers n'ont aucun droit réel dans les biens mis en fiducie (article 1261). Par ailleurs, le législateur précise que le fiduciaire a «la maîtrise et l'administartion exclusive» du patrimoine fiduciaire (article 1278) et qu'il exerce tous les droits afférents à ce patrimoine. Il agit, à ce titre, comme «administrateur du bien d'autrui chargé de la pleine administration» et tombe alors sous le régime des articles 1308 et suivants qui créent le nouveau droit commun en ce domaine. L'essence de ce qu'il faut retenir se trouve, d'une part, aux articles 1306 et 1307 selon lesquels la gestion du fiduciaire est caractérisée, en principe, par le devoir de faire fructifier les biens mis en fiducie[39], et d'autre part aux articles de ce régime destinés à garantir l'intégrité et la qualité de son administration.

Enfin, l'article innove par rapport à sa version antérieure[40], en précisant que les titres relatifs aux biens qui composent le patrimoine sont établis au nom du fiduciaire.

§2.- La désignation du bénéficiaire et ses droits
Les articles 1279 à 1286

31.- *Généralités.*- On peut affirmer que le droit actuel est surtout déficient quant à l'affirmation des recours des bénéficiaires. En ce sens, le droit nouveau apporte des éclaircissements importants; ceux-ci seront examinés ci-après. Les articles 1279 à 1286, relatifs à la désignation du bénéficiare (§ A) et à la définition de la nature juridique de son droit (§ B), sont pour la plupart conformes aux règles substantielles du droit actuel.

§ A. La désignation du bénéficiaire

32.- Existence et qualités.- Dans le droit actuel, la liste des bénéficiaires est en principe composée d'une part, des personnes qui peuvent recevoir à titre gratuit, c'est-à-dire par donation et par testament, ou encore par voie de substitution. Cette liste a été élargie à la suite de l'arrêt *Tucker*[41], quant aux fiducies créées par donation, au profit de personnes qui ne sont ni nées ni même conçues lors de la constitution de la fiducie, ce qui semblait déjà possible en matière de testament en vertu de l'article 838 C.c.B.c. qui permet le validité des legs au profit de personnes futures et simplement déterminables en dehors d'une substitution expresse. Ces notions sont reprises à l'article 1279, en s'inspirant des principes établis en matière de substitution et se retrouvent aussi à l'article 617, al. 2 au Livre sur les successions. Le premier alinéa de l'article 1279 précise que les bénéficiaires d'une fiducie constituée par donation ou par testament doivent avoir les qualités requises pour recevoir à l'ouverture de leurs droits, et non pas au moment de l'acte constitutif. Le second alinéa est de droit nouveau. Il précise que si un seul des bénéficiaires du même ordre (par exemple, des enfants à naître) a les qualités requises pour recevoir et se prévaut de son droit, sa présence assure l'ouverture des droits des autres qui viendront après lui. Rappelons que le droit du bénéficiaire du premier ordre peut s'ouvrir à l'expiration des cent ans qui suivent la constitution de la fiducie (article 1272).

Le bénéficiaire de toute fiducie doit, pour recevoir, remplir les conditions requises par l'acte constitutif (article 1280). Ces conditions peuvent être très diverses quant à leur nature (par exemple, l'âge du bénéficiaire, son apppartenance à une catégorie ou à un groupe de personnes, sa situation financière, *etc.*). Elles servent alors de critères d'identification des bénéficiaires en matière de fiducie d'utilité sociale ou d'utilité privée et de celles constituées à titre onéreux. Dans tous les cas, les bénéficiaires d'une fiducie (les individus ou encore les buts en vue) doivent être identifiables avec certitude, ce qui n'exclut pas la possibilité d'une fiducie discrétionnaire où les fiduciaires jouissent du pouvoir de choisir les bénéficiaires au sein d'une catégorie déterminée (voir ci-après, n° 34). Il nous semble que l'on peut s'attendre à ce que l'application de ces principes donnent lieu à une jurisprudence abondante. Est étroitement liée à la condition de certitude des bénéficiaires, l'exigence que la fiducie soit opératoire, c'est-à-dire qu'elle puisse être pratiquement mise en oeuvre à la demande d'une personne intéressée.

33.- Constituant comme bénéficiaire.- Il convient d'insister, dans ce paragraphe distinct, que la constituant peut être bénéficiaire de la fiducie qu'il crée même à titre gratuit. L'article 1281 reconnaît que le constituant puisse se réserver le droit de recevoir tout ou partie des revenus ou éventuellement, le capital. L'article reprend l'article 613 de l'Office de révision du Code civil et est inspiré de l'article 777, al. 3 C.c.B.c. Rappelons aussi que le constituant peut aussi être fiduciaire (article 1275). Hormis ce cas, le bénéficiaire qui a constitué la fiducie n'a que les droits dont jouit tout bénéficiaire. Les fiduciaires n'ont pas à recevoir d'instruction du constituant en aucun cas.

34.- Faculté d'élire.- Les articles 1282 et 1283 établissent les règles relatives aux modalités d'exercice de la faculté d'élire les bénéficiaires ou de déterminer leur part. Ils reprennent, dans ses grandes lignes, la jurisprudence actuelle[42].

La distinction essentielle entre la fiducie et la faculté d'élire a déjà été évoquée (voir ci-dessus, n° 15). La première comporte des obligations d'accomplir les buts de la fiducie du chef du fiduciaire tandis que la deuxième implique le pouvoir de choisir les bénéficiaires par le titulaire de la faculté (fiduciaire ou autres, même le constituant), au sein d'une catégorie déterminée (par exemple, parmi les parents dans une fiducie personnelle, parmi des anciens employés dans une fiducie privée ou parmi les individus indéterminés dans une fiducie d'utilité sociale). Il suffit alors que la certitude de l'objet de la fiducie porte sur la catégorie des bénéficiaires[43]. La détermination des bénéficiaires se réduit, ainsi à la détermination de leur appartenance à l'ensemble.

Lorsqu'un fiduciaire détient la faculté d'élire, il jouit du pouvoir de choisir les bénéficiaires au sein d'une catégorie déterminée; il s'agit d'une fiducie discrétionnaire. Il convient ici d'insister sur le fait que le fiduciaire est alors tenu d'exercer son pouvoir au profit de la classe de bénéficiaires à choisir. Les bénéficiaires d'une fiducie discrétionnaire peuvent donc, conformément à l'acte constitutif, lui imposer l'exercice de son devoir de choisir. Notons que dans la faculté d'élire simple (c'est-à-dire, sans fiducie), le titulaire choisit d'exercer ou non la prérogative qu'il détient.

L'article 1283 précise, d'une part, que celui qui détient la faculté d'élire peut modifier, pour l'avenir, une décision qui aurait attribué un bénéficie à quelqu'un, et d'autre part, que celui qui exerce la faculté ne peut le faire à son propre avantage. L'interdiction faite au titulaire de se nommer bénéficiaire nous semble peu appropriée lorsqu'on se rappelle que, selon l'article 1281, le constituant de la fiducie peut être le seul bénéficiaire.

§ B. - Le droit du bénéficiaire

35.- *Nature juridique*.- Il est question, aux articles 1284 à 1286, de la nature juridique du droit du bénéficiaire. Les recours de celui-ci, soit contre le fiduciaire, soit même contre un tiers, seront étudiés ci-après sous la rubrique des mesures de surveillance et de contrôle (voir ci-après, n° 40).

L'article 1284 prévoit en termes généraux que, pendant la durée de la fiducie, le bénéficiaire a le droit d'exiger, suivant l'acte constitutif, soit la prestation d'un avantage qui lui est accordé, soit le paiement des fruits et revenus ou du capital, ou les deux. Bien que la formulation soit nouvelle, cet article est néanmoins conforme au droit antérieur. Il nécessite toutefois quelques précisions.

Pendant la durée de la fiducie, le bénéficiaire n'a aucun droit réel sur les biens de la fiducie (article 1261). Le Code écarte ainsi définitivement la théorie voulant qu'il soit le véritable propriétaire des biens mis en fiducie pendant sa durée. Ce n'est qu'à la fin de la fiducie que le bénéficiaire du capital pourra revendiquer les biens qui restent (article 1297, al. 1). Le bénéficiaire n'a alors, pendant la durée de la fiducie, qu'un droit personnel d'exiger la prestation ou le paiement que lui accorde l'acte constitutif. L'affirmation doit pourtant être nuancée puisque le bénéficiaire est bien plus qu'un créancier ordinaire.

La situation juridique du bénéficiaire varie selon le type de fiducie constituée en sa faveur. D'une part, dans une fiducie personnelle, le droit d'intervention du bénéficiaire est limité à celui de réclamer ce que l'acte constitutif lui donne (intérêt viager limité aux revenus ou pleine propriété d'un bien ou d'un capital). Précisons que son droit ne porte pas directement sur les dividendes des actions ou sur les loyers d'un immeuble qui constituent les biens de la fiducie. Parallèlement à ce droit limité, le bénéficiaire n'encourt en principe aucune responsabilité à l'égard des créanciers du constituant ou des fiduciaires agissant ès qualités. L'hypothèse prévue à l'article 1292 où il est tenu solidairement responsable avec le fiduciaire ou le constituant des actes exécutés en fraude des droits des créanciers du constituant ou du patrimoine fiduciaire reste exceptionnelle.

D'autre part, dans une fiducie discrétionnaire, qu'elle soit d'utilité privée ou personnelle, la situation juridique des personnes susceptibles d'être désignées est plus précaire. Elles ne sont que des bénéficiaires potentiels car leur désignation comme bénéficiaires dépend du choix effectué par les fiduciaires qui n'accorde aucune certitude. Ces bénéficiaires potentiels peuvent tout au plus demander que le fiduciaire soit condamné à exercer, conformément à l'acte de fiducie, son devoir de choisir des bénéficiaires. Précisons enfin que dans une fiducie d'utilité sociale, le public n'a aucun droit aux bénéfices découlant de la fiducie. Les individus qui peuvent en profiter ne sont pas des bénéficiaires à proprement parler; ils ne sont que les personnes à travers lesquelles les buts de la fiducie sont réalisés. Dans ces fiducies, seule la personne ou l'organisme désigné par la loi (article 1287, al. 2) peut obliger les fiduciaires au respect de leur mission.

36.- *Acceptation et disposition de son droit par le bénéficiaire*.- Du moins dans le cas d'une fiducie constituée à titre gratuit, le bénéficiaire est présumé, selon l'article 1285, al. 1, avoir accepté le droit qui lui est accordé. L'acceptation du bénéficiaire n'est pas nécessaire à la constitution de la fiducie. Cette présomption d'acceptation est conforme au principe antérieur, selon lequel l'acceptation du fiduciaire suffit afin de dessaisir le constituant (voir aussi, l'article 1264 C.c.Q.).

Les bénéficiaires d'une fiducie établie à titre gratuit, et même parfois celles établies à titre onéreux, peuvent disposer de leurs droits comme de tout autre bien. Ils peuvent notamment consentir des sûretés sur leurs droits, ou transférer les revenus qui leur reviennent à leurs créanciers. Les droits des bénéficiaires, comme tout actif d'un patrimoine, sont donc saisissables par leurs créanciers. Les droits des bénéficiaires d'une fiducie à titre gratuit peuvent pourtant être restreints, au moyen d'une stipulation d'inaliénabilité (articles 1212 à 1217) ou de péremption en faveur des autres bénéficiaires.

Notons au passage qu'il semble à première vue que le pouvoir d'un bénéficiaire de disposer de son droit ne saurait comprendre le droit de mettre fin à la fiducie pour réclamer les biens qui en constituent la matière. La détention de droits absolus et certains par les bénéficiaires n'a pas été retenue par le législateur comme une cause permettant de mettre fin à la fiducie (articles 1296 et suivants). Toutefois, l'hypothèse de l'article 1294, al. 1 (pouvoir judiciaire de mettre fin à la fiducie) reste à examiner.

37.- *Renonciation, caducité et leurs effets.*- L'alinéa 2 de l'article 1285 prévoit la renonciation du bénéficiaire et l'article 1286 en précise les effets. La renonciation peut intervenir en tout temps. Elle n'a d'effet que pour l'avenir, selon les règles ordinaires relatives à la résiliation. Aucun écrit n'est en principe envisagé afin que la renonciation soit valable, sauf dans le cas d'une fiducie personnelle ou privée où un acte notarié est exigé. Cette disposition est analogue à celle prévue à l'article 649 pour renoncer à une succession.

L'article 1286 présente les règles supplétives de dévolution du droit des bénéficiaires qui renoncent ou dont le droit devient sans effet. L'article comble ainsi une lacune du droit actuel. Ces règles de dévolution ou d'accroissement particulières sont requises en raison de la nature de la fiducie et des droits des bénéficiaires auxquels on ne peut appliquer les règles ordinaires de dévolution.

§ 3.- Des mesures de surveillance et de contrôle
Les articles 1287-1292

38.- *Généralités*.- Comme nous l'avons déjà suggéré, le droit actuel est déficient relativement à l'affirmation des droits des bénéficiaires quant à leurs recours. Le droit nouveau apporte, à ce sujet, des éclaircissements.

Nous n'envisageons pas ici la possibilité du bénéficiaire qui agit contre le fiduciaire pour recevoir ce qui lui est dû (article 1284), ni même son droit d'exiger la destitution du fiduciaire au motif que ce dernier manque à ses devoirs. Ce sont là des possibilités déjà reconnues dans le droit actuel[44]. Le problème, par ailleurs constaté par la jurisprudence, réside plutôt dans le fait que le bénéficiaire ne semble pas avoir l'intérêt juridique nécessaire pour agir contre les tiers ou à la place des fiduciaires. Ce sont ces derniers, précise l'article 981b du Code actuel, qui «peuvent poursuivre... et prendre tous procédés [*sic*] judiciaires pour les affaires de la fiducie». Ce principe semble exclure la possibilité pour le bénéficiaire d'exercer un recours selon le droit commun[45]. La combinaison de ces articles et la qualification du bénéficiaire comme n'étant qu'un *créancier* du fiduciaire, c'est-à-dire une personne n'ayant qu'un simple droit personnel, expose une lacune sérieuse du droit actuel.

Or, puisque le droit nouveau affirme à son tour, comme il se doit, dans le cadre juridique choisi du patrimoine affecté, que le bénéficiaire n'a aucun droit réel, il est essentiel que les recours qui lui sont offerts soient explicitement affirmés. De là l'importance des nouvelles dispositions qui nous fournissent, en effet, une réponse directe et pragmatique à une question douteuse. Il ne s'agit plus de déduire les recours du bénéficiaire en fonction de la qualification de son droit comme étant purement personnel, réel ou éventuel, mais de se rapporter à des autorisations législatives explicites qui confirment la spécificité de sa position juridique comme bénéficiaire d'une fiducie. Ce sont là, à notre avis, des dispositions d'un grand intérêt pratique étant donné l'état incertain du droit actuel. Il convient toutefois, avant d'examiner quels recours sont possibles, d'examiner qui est habilité à agir.

39.- *Intérêt suffisant pour agir*.- L'article 1287 énonce qui sont les personnes aptes à surveiller et contrôler le comportement des fiduciaires en vue de l'accomplissement forcé de leurs devoirs. Ce sont 1er le constituant (ou ses héritiers); 2e les bénéficiaires, même éventuels[46]; 3e dans le cas où le bénéficiaire n'est pas encore conçu, la personne ayant été désignée par le constituant pour agir comme curateur ou, à défaut, la personne que nomme le tribunal à la demande de tout intéressé (le curateur public, selon l'article 1289); 4e dans le cas d'une fiducie d'utilité privée dont aucune personne ne peut être bénéficiaire, le curateur public (article 1289, al. 2); et 5e dans le cas d'une fiducie d'utilité privée ou sociale, la personne ou les organismes désignés par la loi (article 1287, al. 2).

Plusieurs de ces cas méritent des commentaires complémentaires. D'une part, il est intéressant de noter que le constituant ou ses héritiers aient été reconnus comme ayant un intérêt suffisant pour agir. En principe, une fois la fiducie créée, elle échappe à son créateur et, *a fortiori*, à ses héritiers. Il n'y a, ne serait-ce qu'en vertu des articles 1287, al. 2 et 1297, al. 2, aucun autre rapport juridique entre le constituant dessaisi et le fiduciaire. En effet, la loi nouvelle reconnaît l'intérêt moral du constituant à l'égard de la fiducie qu'il crée. D'autre part, il est pour le moins surprenant que la fiducie d'utilité privée, du moins celle prévue à l'article 1268 (par exemple, la fiducie pour l'entretien d'un monument funéraire), soit soumise à la surveillance d'un agent du pouvoir public. Il s'agit là du prix de son admissibilité comme une catégorie de fiducie particulière et d'une volonté législative de rendre ce type de fiducie opérationnel. Il s'agira, à notre avis, du cas où seul le constituant pourra habiliter le curateur public à intervenir. On voit mal pourquoi ou comment il en serait autrement. Par contre, en matière de fiducie sociale, l'article 1287 comble une lacune du droit actuel qui, semble-t-il[47], ne prévoit aucun régime de surveillance de l'exécution de ces fiducies. Il s'agit là d'une innovation heureuse. Les personnes et organismes en vue qui seront désignés par la loi et par leurs fonctions spécifiques que laisse entrevoir l'article 1288 restent évidemment à préciser. La *Loi sur l'application de la réforme du Code civil* n'en parle pas[48].

40.- *Actions personnelles*.- Le bénéficiaire ou les autres personnes habilitées disposent d'actions personnelles contre les fiduciaires et même, parfois, à l'égard des tiers. Il convient aussi d'examiner la question à savoir si le bénéficiaire dispose aussi d'un «droit de suite» lui permettant de faire valoir, sur le patrimoine de tiers, ses droits sur les biens ou les fonds de la fiducie détournés par le fiduciaire.

La plupart des actions dont dispose le bénéficiaire sont la contrepartie des devoirs du fiduciaire. Le bénéficiaire a selon les articles 1290 et 1291 qualité pour agir en justice contre le fiduciaire, dans les cas suivants: 1er pour le contraindre à exécuter ses obligations ou à faire un acte nécessaire à la fiducie, c'est-à-dire, pour obtenir une injonction obligeant le fiduciaire à se conformer aux obligations qui pèsent sur lui (par exemple, gérer séparément les biens de la fiducie de son patrimoine personnel; investir les fonds de telle manière que l'équilibre des intérêts entre les bénéficiaires présents ou viagers et successifs soit préservé; présenter les comptes de gestion régulière, *etc.*); 2e pour lui enjoindre de s'abstenir de tout acte dommageable (par exemple, lorsqu'il refuse d'agir à l'encontre de l'auteur d'un dommage de nature délictuelle ou contractuelle); 3e pour agir en justice à la place du fiduciaire lorsque celui-ci, sans motif suffisant, refuse d'agir, néglige de le faire ou en est empêché (article 1291, al. 1); 4e pour attaquer les actes frauduleux du fiduciaire au moyen d'une action de même nature que l'action en inopposabilité (article 1290, al. 2); 5e finalement, pour obtenir la destitution du fiduciaire ou encore, pour obtenir la modification de la fiducie (voir ci-après, n° 41).

Est-ce que le bénéficiaire jouit aussi d'un «droit de suite» sur les biens de la fiducie? D'emblée, dira-t-on, la réponse serait négative, étant donné que le bénéficiaire n'a aucun droit réel sur les biens de la fiducie. Mais l'idée qui pourrait servir de fondement à un tel recours est qu'un abus de la part d'un fiduciaire ne peut lui conférer de droit, ni à ceux qui pourraient prétendre en détenir de lui, lorsqu'ils sont complices de l'abus. Plusieurs situations concrètes peuvent survenir où le bénéficiaire devrait être admis à réclamer les meubles ou les immeubles en autant qu'ils soient des corps certains, ainsi que les remplois faits[49]. Sur ce point, les dispositions du nouveau Code civil au chapitre de la restitution des prestations (articles 1699 à 1707) sont d'un grand intérêt. Elles permettent de mettre en évidence la situation du bénéficiaire par rapport à celle d'un simple créancier chirographaire. Elles s'harmonisent, par ailleurs, avec le principe fondamental que la fiducie n'est qu'une affectation de choses ou de leur valeur monétaire à un but autorisé par la loi.

Section IV Des modifications à la fiducie et au patrimoine
Les articles 1293-1295

41.- Généralités.- Le droit actuel en matière de fiducie est assez singulier, on l'a déjà remarqué, en ce qu'il ne semble envisager aucun mécanisme de contrôle des fiducies en dehors de ceux qui peuvent être utilisés à l'initiative des personnes impliquées. L'intervention nouvelle d'une autorité publique en matière de fiducies d'utilité privée et d'utilité sociale a précédemment été remarquée[50]. Il n'est pas non plus difficile d'envisager un rôle accru des tribunaux dans les circonstances appropriées, c'est-à-dire lorsqu'il y a lieu de venir en aide à la fiducie parce que celle-ci, pour une raison quelconque, cesse de répondre à la volonté première du constituant ou parce que divers obstacles ou lacunes surviennent pendant sa durée, pouvant nuire à l'accomplissement de la fin poursuivie ou la rendre impossible. C'est ce dernier aspect du régime général de la fiducie qui est abordé ici.

42.- Nouveau rôle du tribunal.- Dans le droit actuel, le rôle du tribunal est assez limité. Sur ce point, le législateur de 1879, en instituant le régime maintenant inséré aux articles 981a et suivants du Code actuel, restait fidèle à la philosophie «non interventionniste» qui est à la base de tout le système successoral. Bien entendu, le tribunal peut décréter, sur demande, la destitution d'un fiduciaire; par ailleurs, le tribunal est habilité à nommer des fiduciaires dans les cas déjà analysés[51]. Mais, en dehors de ces deux cas, le législateur n'attribue aucun pouvoir inhérent au tribunal par rapport à l'administration de la fiducie[52].

Le droit nouveau, aux articles 1294 et 1295, voit assez heureusement la question de façon différente. Il envisage que le tribunal peut *modifier* les dispositions de l'acte constitutif ou même *terminer* la fiducie à la demande d'une personne intéressée (constituant, fiduciaire, bénéficiaire ou ceux agissant pour le compte de ce dernier). L'article 1294 autorise le tribunal à modifier la fiducie dans ses finalités, notamment, quant à sa durée, lorsque la fiducie a cessé de répondre à la volonté première du constituant ou lorsque le but est devenu «impossible» ou «trop onéreux» à réaliser. Le pouvoir de modifier ou de terminer la fiducie ne comporte pas, à notre avis, le pouvoir de la prolonger, sauf dans l'hypothèse de la fiducie d'utilité sociale envisagée ci-après. Les modifications permises pourraient, dans les cas ordinaires, avoir trait au nombre de fiduciaires, à l'étendue de leurs pouvoirs (par exemple, les clauses relatives aux placements à faire) ou à tout autre aspect de leur administration. On peut multiplier à volonté l'énumération de cas possibles.

Deux cas particuliers méritent d'être spécialement signalés. Dans le cas d'une fiducie d'utilité sociale, le tribunal peut, dans les circonstances décrites, substituer un but qui se rapproche «le plus possible» du but original. Ce principe anticipe celui énoncé au chapitre où est traité le pouvoir judiciaire de prolonger ce type de fiducie. On étudiera cette question ci-après (voir n° 52). Une autre question capitale à résoudre est celle de savoir si les bénéficiaires jouissant de la pleine capacité et dont les droits sont absolus et indéfectibles, peuvent réclamer la terminaison de la fiducie et le transfert des biens fiduciaires à leur profit personnel. C'est une solution admise en droit anglais[53]. À première vue, la réponse paraît négative (argument tiré du fait que le terme de la fiducie doit être respecté, article 1296)[54]. De plus, mettre fin prématurément à la fiducie à la volonté d'un bénéficiaire ne semble pas respecter le libellé et l'esprit de l'article 1294. Toujours est-il que l'article envisage la possibilité pour le tribunal de modifier la fiducie lorsqu'il existe des «circonstances inconnues» du constituant ou «imprévisibles» qui rendent la poursuite de la fiducie «impossible» ou «trop onéreuse».

Finalement, l'article 1295 envisage certaines modalités procédurales concernant la demande. Observons que la *Loi sur l'application de la réforme du Code civil*[55], à l'article 367, précise que les demandes relatives à la modification des fiducies sont formées par requête. La précision est heureuse car l'urgence vise des situations qui n'ont pas été envisagées par le constituant. Ce sont ici des innovations d'un grand intérêt qui évite aux intéressés la nécessité de recourir à une loi privée, tout comme en matière de stipulations d'inaliénabilité.

Section V De la fin de la fiducie
Les articles 1296-1298

50.- Causes.- Selon l'article 1296, la fiducie prend fin: 1er par la renonciation de tous les bénéficiaires, tant du capital que des revenus; 2e par la caducité du droit de tous les bénéficiaires, cas plus extensifs que celui de l'article 1286; 3e par l'arrivée du terme; 4e par l'avènement de la condition; 5e par l'achèvement du but de la fiducie; et enfin, 6e par l'impossibilité, constatée par le tribunal, d'atteindre le but de la fiducie. On peut ajouter à cette liste, 7e par l'épuisement des biens de la fiducie.

La notion d'impossibilité reste à préciser. Elle recouvre, à notre avis, ce qui est contraire à l'ordre public[56]. L'impossibilité peut se révéler dès l'origine (insuffisance de fonds prévus pour réaliser l'objet; institution donataire absorbée par une autre). Elle peut aussi survenir après plusieurs années de fonctionnement d'une fiducie d'utilité sociale ou privée. D'autres impossibilités pourraient avoir leur source dans l'effet du temps, l'évolution des moeurs ou l'intervention d'un ordre public nouveau. Bref, l'impossibilité peut tenir à des raisons pécuniaires, matérielles ou juridiques. Elle suppose, en effet, que pour quelque raison, il est impossible de mener à bien la volonté du constituant.

Les cas problématiques d'une révocation de la part du constituant et d'une liquidation anticipée de la fiducie à la demande unanime des bénéficiaires afin qu'elle prenne fin ont été déjà évoqués[57]. Il faut aussi envisager le cas où le constituant est le seul bénéficiaire, par exemple bénéficiaire des revenus sa vie durant (hypothèse possible sous l'article 1281) et où le capital sera réparti conformément à son testament futur. Le constituant par testament peut révoquer la fiducie, ou encore mourir *ab intestat*, ce qui réduit à néant toute fiducie pour le capital. Ajoutons aussi le cas où les rôles de fiduciaire et de bénéficiaire du capital sont rassemblés sur une seule tête.

51.- Délivrance.- À l'expiration de la fiducie, le fiduciaire doit effecteur le transport des biens de la fiducie à ceux qui y ont droit (article 1297), ce qui ne fait que reprendre le droit actuel (article 981(l) C.c.B.c.). Par contre, la nouvelle formulation prescrit une règle supplétive: à défaut d'un bénéficiaire, les biens retournent au constituant ou à ses successeurs, à moins, évidemment, que le constituant ait soumis, par une condition expresse prévue à l'acte constitutif, le transport des biens à des personnes déterminées. Il nous semble que l'article pourrait même s'appliquer dans le cas des fiducies à titre onéreux. L'effet de cet article est cependant limité par celui qui suit, dans le cas d'une fiducie d'utilité sociale.

52.- *Doctrine de «Cy-près».-* En vertu de l'article 1298, le tribunal est investi du pouvoir de désigner, sur la recommandation du fiduciaire, une personne morale, un autre groupement de personnes ou même une autre fiducie ayant une vocation semblable, à qui seront dévolus les biens de la fiducie, dans le cas où la fiducie prendrait fin par suite de l'impossibilité (déjà confirmée, article 1296, al. 2) de l'accomplir.

Manifestement, il s'agit ici d'une adaptation de la doctrine du droit anglais de «cy-près» qui est une règle jurisprudentielle très ancienne permettant, aux instances autorisées, de modifier, en demeurant le plus près possible de la volonté du constituant («si près» à celle envisagée[58]), la mission d'intérêt général (c'est-à-dire, selon les conceptions anglaises les fins «charitables») prévue à l'origine mais devenue, en raison de l'évolution des choses, sans objet.

C'est là une innovation d'un grand intérêt de la loi nouvelle qui évite aux intéressés la nécessité de recourir à une loi privée lorsque l'affectation des biens n'est pas constituée en fondation-personne morale et qui joue, en parallèle, la même fonction que la disposition obligatoire au même effet dans les chartes de ce type de fondation[59].

Rappelons toutefois que la discrétion judiciaire dont il est question à l'article 1298 ne s'applique que dans le cas où l'impossibilité de mener à bien la volonté première du constituant est déjà constatée par le tribunal (article 1296, al. 2), en application de la desription prévue à l'article 1294. La modification sous forme de *prolongation* de la volonté initiale du constituant au moyen d'une autre fiducie ou même autrement, doit, en outre, être aussi près que possible de celle-ci. L'expression de la volonté du constituant (donateur ou testateur) de bénéficier un but d'intérêt général au sens de l'article 1270 prend ici une importance toute particulière. L'expérience du droit anglais sur ce point est susceptible de nous intéresser au plus haut point[60].

Distinguons plusieurs cas différents. D'une part, dans le cas d'un legs fait directement à une institution charitable sans qu'une fiducie soit créée, les sommes reçues entrent dans le patrimoine de l'institution et suivent le sort de cette dernière, sans qu'il y ait lieu d'appliquer la doctrine de cy-près. Si l'institution légataire disparaît avant la mort du testateur, le legs tombe de lui-même. Si l'institution disparaît après la mort du testateur, le legs accroît l'actif de celle-ci. Dans tous ces cas, il n'y a pas de fiducie.

D'autre part, lorsqu'il apparaît dans un acte qu'il existe une intention réelle de créer une fiducie d'utilité sociale, sans pour autant qu'une institution déterminée ne soit désignée, il y a lieu d'invoquer la doctrine de cy-près et d'accorder préséance à cette véritable intention, à condition qu'elle entre dans les cadres prévus par la loi. C'est le trait propre d'une fiducie d'utilité sociale qu'elle renferme, selon nous, une intention générale de réaliser un but à caractère socialement utile. En conséquence, l'absence ou la disparition d'une institution charitable déterminée n'empêche la naissance ou la survie de la fiducie.

Comment déceler cette volonté dans les cas concrets? Un testateur pourrait léguer au profit, soit des aveugles de telle ville, soit de telle institution dénommée s'occupant des aveugles, ou encore d'une institution d'aveugles précise, en mentionnant que le reçu du trésorier vaudra quittance pour les exécuteurs testamentaires. Dans le premier cas, nous sommes en face d'un legs fiduciaire d'utilité sociale, même dans le cas où aucun fiduciaire n'est désigné[61], que l'analyse soit faite sur la base du fond ou de l'expression formelle du constituant. Dans le deuxième cas, nous sommes peut-être en présence d'un legs d'utilité sociale, malgré la formulation individualisée. Une interprétation large de la volonté du testateur par le juge peut lui permettre de transférer les fonds à un autre organisme qui prendrait soin des aveugles, advenant la disparition de l'institution initialement en vue[62]. Par contre, dans le troisième cas, le legs ne révèle pas une intention générale. Le testateur a entendu gratifier une institution déterminée à l'exclusion de toute autre;

il n'a pas voulu bénéficier d'autres institutions s'occupant de personnes se trouvant dans la même situation de cécité. Or, si le bénéficiaire désigné n'existe pas, les biens reviennent à ceux y ayant droit en vertu des règles ordinaires de dévolution successorale.

On admet facilement que les distinctions à faire entre le deuxième et troisième cas sont nuancées. Pour que la doctrine de cy-près soit applicable, il est nécessaire de trouver dans l'acte constitutif de la fiducie une intention générale de favoriser le but social arrêté. Cette difficulté sera probablement plus grande quand l'impossibilité existe à l'origine, c'est-à-dire à l'ouverture de la fiducie. Elle sera moindre dans le cas où la fiducie a *cessé* de répondre à ce but, c'est-à-dire après que la fiducie initiale ait vu le jour en vue d'un objet alors existant. L'article 1294 traitant de l'impossibilité est susceptible, nous semble-t-il, d'une interprétation basée sur cette distinction entre l'impossibilité initiale et l'impossibilité subséquente.

Notes

Chapitre Premier

1. Au provincial, la *Loi sur les compagnies* (3e partie), L.R.Q. ch. C-38, aux articles 218 et suivants; au fédéral, la *Loi sur les corporations canadiennes* (2e partie), S.R.C. 1970, ch. C-32.

2. Voir, par exemple, la Fondation pour la conservation et la mise en valeur de la faune et de son habitat créée par une loi du même nom, L.Q. 1983, ch. 39. De telles lois aussi instituent parfois des «fonds» ayant une personnalité morale où il s'agit essentiellement d'un mode d'organisation financière à l'intérieur de certains ministères.

3. Voir, en général, P. Martel, *La corporation sans but lucratif au Québec*, Montréal, Wilson & Lafleur, 1987; John E.C. Brierley, «Le régime juridique des fondations au Québec», dans *Le droit des fondations en France et à l'étranger*, sous la direction de René-Jean Dupuy, La documentation française (Notes et études documentaires), Paris, 1989, p. 81-96.

4. Voir, en général, Marcel Faribault, *Traité de la fiducie*, Montréal, Wilson & Lafleur, 1936, p. 49.

5. Voir, à titre d'exemple, en droit actuel, *Sabatier c. Royal Trust* [1978] C.S. 954 et *Roy c. Larue* (1938), 64 B.R. 522.

6. Il serait curieux que le nouveau Code, tout en libéralisant le droit de la fiducie en général, ne soit plus en mesure de reconnaître de telles expressions de bienfaisance autrement que par l'emploi de termes exprès d'une disposition en fiducie ou d'un legs avec charge. Il nous semble

probable que la jurisprudence dégage, du moins dans le cas de l'exécution testamentaire, la notion d'une fiducie réputée ou implicite. L'exécuteur testamentaire serait toujours saisi des biens (article 777) comme dans le droit actuel. Voir ci-après, n° 19.

7. Les «personnes et organismes désignés par la loi» qui y sont mentionnés seront précisés dans une loi dont le contenu n'est pas encore disponible. Voir ci-après, n° 39.

8. *Loi sur l'application de la réforme du Code civil*, L.Q. 1992, ch. 57, art. 71.

Chapitre Deuxième

1. L.Q. 1879, c. 29.

2. L.R.Q. 1888, art. 5803.

3. Voir le sommaire de Yves Caron et John E.C. Brierley «The Trust in Quebec» (1979-80) 25 R.D. McGill 421.

4. *Royal Trust* c. *Tucker* [1982] 1 R.C.S. 250; M. le juge Beetz, à la p. 261: «Le droit anglais [est]... pertinent... dans la mesure de sa compatibilité avec les art. 981a et suivants du *Code civil*». La Cour suprême avait tenu les mêmes propos dans l'arrêt *Curran* c. *Davis* [1933] R.C.S. 283.

5. Voir les arrêts cités ci-dessus, note 4.

6. Pour une critique de cette analyse, voir Madeleine Cantin Cumyn, «La propriété fiduciaire: mythe ou réalité?» (1984-85) 15 R.D.U.S. 7.

7. Voir, à titre d'exemple, *Loi sur les pouvoirs spéciaux des corporation*, L.R.Q. c. P-16, art. 27; *Loi sur les compagnies*, L.R.Q. c. C-38, art. 31. Voir de façon générale l'étude de Pierre Charbonneau «Les patrimoines d'affectation: vers un nouveau paradigme en droit québécois du patrimoine» (1982-85) 85 R. du N. 491.

8. *Crown Trust* c. *Higher* [1977] 1 R.C.S. 418; *Birks* c. *Birks* [1983] C.A. 485.

9. Voir, tout récemment, *Perreault* c. *135614 Canada* C.A. Montréal, 1991-10-02, n° 500-09-001347-913, J.E. 91-1584.

10. *Kleinlaut* c. *Lamarre* 27 Q.A.C. 161 (1988).

11. *Rapport sur le Code civil du Québec*, Québec, Éditeur officiel, 1978, vol. I, *Projet de Code civil*, p. 325-331, articles 600-638 du Livre Quatrième (Des Biens).

12. *Rapport sur le Code civil du Québec*, Vol. II, *Commentaires*, t. 1, p. 379-381; 533-542.

13. Voir notre étude «The New Quebec Law of Trusts: The Adaptation of Common Law Thought to Civil Law Concepts» dans Association Henri Capitant & Association québécoise de droit comparé, *Droit québécois et droit français: communauté, concordance, autonomie*, sous la direction de H. Patrick Glenn, Éds. Yvon Blais (sous presse).

14. Articles 603, 605 à 607 du *Projet de Code civil, op. cit.*, p. 325-26.

15. *Cours de droit civil français*, 5e éd., par E. Bartin, t. 9, Paris, Marshal et Billaud, 1917, p. 333 et s.

16. Le principe du patrimoine d'affection est déjà énoncé à l'article 2

C.c.Q. sans que la question de la titularité soit mise en cause. En matière de substitution, les biens de la substitution, sont décrits comme ayant formé un «patrimoine distinct destiné à l'appelé» mais le grevé en est le titulaire (article 1223). Les biens frappés de substitution sont ainsi un «patrimoine distinct» au sein de son propre patrimoine.

17. Voir ci-dessus, n° 1.

18. Voir les articles 771 et 1834 qui envisagent de telles dispositions *sub modo*.

19. Voir aussi ci-après, n° 34.

20. *O'Meara* c. *Bennett* [1921] A.C. 80 (Conseil privé); (1929) 47 B.R. 286.

21. Voir en ce sens, article 604 du *Projet de Code civil*, p. 325.

22. Voir Madeleine Cantin Cumyn, *Les droits des bénéficiaires d'un usufruit, d'une substitution et d'une fiducie*, Montréal, Wilson & Lafleur, 1980, n° 40 et s.

23. Distinction possible dans la common law; voir *O'Meara* c. *Bennett*, note 20 ci-dessus. Commentaires de l'Office de révision du Code civil, *loc. cit.*, sous l'article 602, p. 534.

24. Principe acquis dans le droit actuel à la suite de l'arrêt *Masson* c. *Masson* (1910-13) 47 R.C.S. 42. Voir surtout les notes de M. le juge Anglin.

25. Règle qui surprend quelque peu, en raison de son ouverture pour le moins extravagante. Il s'agit d'un exemple (d'école?) pour marquer les limites ultimes d'une fiducie personnelle mais très peu probable en pratique. La règle édictée à l'article 1241 en matière de substitution qui limite le délai à trente ans dans le cas analogue d'une personne morale nous semble plus mesurée. L'article 72 de la *Loi sur l'application de la réforme du Code civil*, L.Q. 1992, ch. 57, précise que cette période maximale de cent ans court à compter de l'entrée en vigueur de la loi nouvelle pour les fiducies établies antérieurement, et pour les personnes morales bénéficiaires d'une fiducie si leurs droits sont alors ouverts.

26. Voir l'arrêt de principe *Valois* c. *de Boucherville* [1929] R.C.S. 234 où l'on essaie de tracer la distinction entre les fins «publiques» sous forme de «bienfaisance» et les fins «privées». La jurisprudence avait pourtant déjà admis la fiducie testamentaire dans le cas d'un monument funéraire, *Wright* c. *Bennie* (1904) 13 B.R. 380 et la faculté d'élire (c'est-à-dire le pouvoir d'accomplir une mission charitable à caractère privé, par exemple auprès des «parents pauvres») est déjà largement admise. Par ailleurs, à la lumière de la culture historique du droit civil, on n'a jamais au Québec mis en doute la validité des legs destinés à payer la célébration des messes à la mémoire d'un défunt.

27. Voir n° 52.

28. Voir ci-dessus n° 1 et s.

29. *Valois* c. *de Boucherville* [1929] R.C.S. 234.

30. L'énumération rappelle, nous semble-t-il, celle retenue par le législateur à l'article 218 de la *Loi sur les compagnies* (3e partie), L.R.Q. ch. C-38, en matière de «fondation-personne morale» où tout but «national, patriotique, religieux, philanthropique, charitable, scientifique,

social, professionnel, athlétique ou sportif» *ou autre* est permis. Voir ci-dessus, note 1, en matière de fondation.

31. Article 600 du *Projet de Code civil, op. cit.*, p. 325.

32. Article 1309, L.Q. 1987, ch. 18.

33. Par exemple, le legs («pour soulager les souffrances de l'humanité») jugé valide dans l'arrêt *Valois* (note 29, ci-dessus) à titre de legs de bienfaisance comportant une faculté d'élire, serait-il jugé valide sous la nouvelle loi alors que l'appréciation de sa validité serait formulée en fonction des termes de l'article 1270 («pour toute fin générale et d'utilité publique»)? Le cas nous semble très douteux. En élargissant la catégorie des fiducies admises par la loi, on oblige du même coup, les constituants à énoncer une *spécification* du but à réaliser. En effet, il n'existe plus de catégorie de buts *exceptionnellement* favorisés par la loi, contrairement à ce que permet l'article 869 du Code actuel. L'idéologie apparente de libéralisation du nouveau Code, risque en fait d'être illusoire. Il nous semble très probable que les tribunaux feront preuve de retenue face aux extravagances que la loi semble admettre et auxquelles les testateurs se livrent parfois dans leurs actes de dernières volontés....

34. *Loi sur les sociétés de fiducie et les sociétés d'épargne*, L.R.Q., ch. S-29.01.

35. Ce qui empêche que deux personnes (par exemple, des époux) achètent un bien en commun (par exemple, une maison) et se constituent à la fois fiduciaires et bénéficiaires.

36. Voir D.W.M. Waters, *Law of Trusts in Canada*, 2e éd., Toronto, Carswell, 1984, p. 25.

37. Exception faite de la situation où la désignation du fiduciaire a été faite *intuitu personae*, où l'intervention d'une personne déterminée est une sorte de condition de la fiducie.

38. Voir en droit actuel, *Picotte* c. *Painchaud* (1923) 61 C.S. 319; Marcel Faribault, *Traité théorique et pratique de la fiducie*, Montréal, Wilson & Lafleur, 1936, n° 311, p. 365.

39. Le pouvoir de disposer est ainsi inhérent à la fonction de fiduciaire. Une disposition expresse pourrait toujours réduire les prérogatives reliés à ce pouvoir à celles d'un administrateur chargé de la «simple administration» (articles 1301 et suivants).

40. L.Q. 1987, ch. 18, article 1317.

41. *Royal Trust* c. *Tucker* [1982] 1 R.C.S. 250.

42. Voir, en général, notre étude «Powers of Appointment in Quebec Civil Law» (1992-93) 95 R. du N. 132.

43. Dans l'arrêt *Royal Trust* c. *Brodie* (1989) 25 Q.A.C. 22, la Cour d'appel a ainsi tenu nulle la faculté d'élire générale, c'est-à-dire celle où le titulaire pourrait désigner n'importe qui. Voir à ce sujet notre commentaire (1990), 69 R. du B. can. 364.

44. Aux articles 981d et 981h C.c.b.c.

45. Voir, par exemple, *Erlanger* c. *Goldsobel* [1961] B.R. 437 et *Dansereau* c. *Paquette* (1940) 69 B.R. 90.

46. Il y a lieu, à notre avis, de distinguer entre le cas des bénéficiaires éventuels (personnes identifiables mais dont le droit n'est pas encore

certain) et celui des bénéficiaires potentiels (personnes identifiables ou non qui peuvent être choisies ou non dans une fiducie discrétionnaire). Ces dernières ne peuvent demander au juge d'obliger le fiduciaire à gérer les biens de telle ou telle façon car il n'y a aucune certitude que les fiduciaires les choisiront au sein de la catégorie à laquelle ils appartiennent.

47. Ce point précis n'a jamais été expressément décidé en droit actuel: voir *Valois* c. *de Boucherville* [1929] R.C.S. 234, aux pages 243 et 273.

48. L.Q. 1992, ch. 57.

49. Par exemple, le fiduciaire s'approprie un bien de la fiducie; il confond l'argent d'une fiducie avec ses fonds personnels; il confond l'argent de plusieurs fiducies; un tiers confond l'argent d'une fiducie avec ses fonds personnels dans les cas il a fait l'acquisition à titre gratuit en connaissant l'existence de la fiducie.

50. Voir ci-dessus, n° 39.

51. Voir ci-dessus, n° 29.

52. Autre que le pouvoir inhérent de rendre un jugement déclaratoire.

53. C'est la situation analysée par le célèbre arrêt anglais *Saunders* c. *Vautier*, (1841) Cr. & Ph. 240, 41 E.R. 482, où la demande fut acceptée au motif que le bénéficiaire avait un droit irrévocable dans le legs et qu'il n'était pas tenu d'attendre l'expiration de la période fixée par le constituant dès lors qu'il avait la pleine capacité. La situation ainsi décrite est distinguée, en droit anglais, de celle où le droit aux biens est expressément subordonné à la condition que le bénéficiaire ait atteint un certain âge.

54. Voir les articles 1508 et suivants C.c.Q.

55. L.Q. 1992, ch. 57.

56. Contrariété à l'ordre public et impossibilité sont assimilées l'une à l'autre dans l'ancien Code civil (article 760) et dans le nouveau Code (article 757) en matière de legs et de contrat (article 1080 C.c.B.c. et article 1499 C.c.Q.).

57. Voir ci-dessus, n° 20.

58. L'expression *cy-près* est un reliquat du «law French», langage dans lequel s'exprimait l'ancien droit anglais. Les juristes français contemporains songent à la possibilité de l'adopter au droit français en ce qui concerne la fondation: voir Michel Pomey, *Traité des fondations*, Paris, P.U.F. 1980, p. 317; Henri Souleau, «Avant-propos» dans *Le droit des fondations en France et à l'étranger*, sous la direction de René-Jean Dupuy, Paris, La documentation française, Notes et études documentaires, 1989, n° 4879, à la p. 14.

59. Voir aussi, dans le nouveau Code, les articles 361 (personnes morales) et 2279 (associations) qui s'apparentent à cette même idée lorsqu'il s'agit de disposer de leurs biens dans des circonstances similaires.

60. Voir, en général, D.W.M. Waters, *Law of Trusts in Canada*, 2e éd., Toronto, Carswell, 1984, à la p. 611.

61. L'hypothèse d'une désignation initiale du fiduciaire ou de son remplacement a été examinée ci-dessus, n° 29.

62. Voir, à titre d'exemple, dans le droit actuel, *Pringle* c. *Anderson* (1914) 46 C.S. 97 (C. Rev.) confirmé par (1915) 50 R.C.S. 451 où le ésultat est motivé par une interprétation de la volonté testamentaire.

DE L'ADMINISTRATION DU BIEN D'AUTRUI

Table des matières

De l'administration du bien d'autrui

Francois Rainville*

1. Introduction

1. La codification des règles régissant l'administration du bien
d'autrui constitue l'une des nouveautés du Code civil du
Québec, le droit substantif relatif à chacun des types d'administration concernés se retrouvant au chapitre concernant plus
spécifiquement l'un et l'autre.

2. Elle trouve ses sources, au départ, dans les obligations
régissant la notion de bon père de famille puis dans celle de
l'administrateur prudent. Elle s'inspire aussi des notions régissant les obligations des administrateurs des compagnies.

3. Dans son rapport présenté en 1976 à Mᵉ Paul A. Crépeau,
alors président de l'Office de révision du Code civil du Québec,
le comité responsable établissait que le but principal poursuivi
était de regrouper les règles communes à toutes les formes
d'administration sous un seul titre, afin d'éviter les répétitions
sur chaque type d'administration ou «d'avoir à considérer le
mandat comme le contrat type d'administration du bien d'autrui».

4. «Le titre d'administration du bien d'autrui constitue le dénominateur de toutes ces situations», énonce-t-on au préambule
dudit rapport. Pour y parvenir, le législateur crée un nouveau
personnage juridique que l'on appelle *administrateur du bien
d'autrui*.

5. À cet effet, le premier article du Titre septième (art. 1299)
précise que les règles qui y sont codifiées «s'appliquent à une

* Notaire à Québec.

administration, à moins qu'il ne résulte de la loi, de l'acte constitutif ou des circonstances qu'un autre régime d'administration ne soit appliqué».

6. Ce titre vise plus particulièrement les types d'administration énumérés au chapitre cinq de la présente étude.

7. La seule définition de cette nouvelle création que l'on puisse tirer des dispositions préliminaires se limite au premier paragraphe de l'article 1299:

> Toute personne qui est chargée d'administrer un bien ou un patrimoine qui n'est pas le sien assume la charge d'administrateur du bien d'autrui.

8. La généralité de cette proposition a pour effet d'assujettir à ce titre tous les types d'administration concernant les biens d'autrui, à moins qu'ils ne soient régis en vertu de la loi, l'acte constitutif ou des circonstances, à un autre régime spécifique.

9. Ainsi la loi assujettit à des régimes différents les administrateurs de compagnies ou de sociétés par actions (art.310). Il en est de même du mandat.

10. En ce qui a trait à l'acte constitutif auquel l'article fait référence, il s'agit plus particulièrement de l'exercice du pouvoir discrétionnaire qu'accorde le nouveau Code à divers types d'administration (liquidateur de succession, fiducie, etc.) par opposition aux tutelles et curatelles qui répondent à des principes plus rigoureux.

11. Quant à l'administration du bien d'autrui à partir de circonstances particulières, nous y voyons l'exercice du pouvoir discrétionnaire par le tribunal auquel le législateur permet d'avoir recours en certaines situations.

12. À ce titre, l'administrateur du bien d'autrui ne détient aucun droit de propriété sur les biens affectés à sa charge. Il agit strictement à titre d'administrateur.

2. Formes

13. Le Code établit deux modes d'administration du bien d'autrui, soit:

— la simple administration du bien d'autrui;

— la pleine administration du bien d'autrui.

14. Cette classification n'est pas sans rappeler les principes énoncés à l'article 1703 du Code civil du Bas-Canada, lequel différencie le mandat conçu en termes généraux qui n'embrasse que les actes d'administration et les autres types d'administration.

15. Ces deux formes ne sont pas propres à la fonction d'administrateur du bien d'autrui. Le législateur les applique à d'autres types d'administration assujettis à des règles différentes. Ainsi le mandat conçu en termes généraux conférera maintenant «le pouvoir de passer des actes de simple administration» (Art. 2135).

16. Les articles 1301 et suivants établissent la portée de la simple administration, alors que celle de la pleine administration est définie aux articles 1306 et 1307 C.c.Q.

2.1.1 Simple administration

17. En opposition à l'expression «pleine administration», on n'a pu trouver mieux que l'expression «simple administration» pour désigner un type d'administration limité et axé davantage sur la protection du bien: elle qualifie l'étendue des pouvoirs qu'une personne détentrice d'une charge peut exercer sur les biens sous sa responsabilité ou son administration. Dès lors, le législateur devait procéder à l'établissement de règles pour en préciser la portée.

18. Principalement la simple administration s'applique à toutes les tutelles de même qu'à la gestion d'affaires. Egalement, elle pourra s'appliquer, sujet aux termes de l'écrit la constituant, au fiduciaire, au gérant de copropriété, au liquidateur de succession, au mandataire et au séquestre. Elle pourra aussi s'appliquer au Curateur public.

2.1.2 Pouvoirs et obligations decoulant de la charge

19. Plutôt que de définir cette tâche de la personne chargée de la simple administration du bien d'autrui, le législateur en

définit les devoirs et obligations au chapitre deuxième du même titre.

20. Ainsi, le législateur attribue au responsable de la simple administration les obligations et pouvoirs suivants:

— faire tous les actes nécessaires à la conservation du bien ou utiles pour maintenir l'usage auquel le bien est normalement destiné (art. 1301);

— percevoir les fruits et revenus du bien qu'il administre (art. 1302);

— exercer les droits qui sont rattachés aux biens qu'il administre, notamment quant aux valeurs mobilières (art. 1302);

— percevoir les créances soumises à son administration et en donner valable quittance (art. 1302);

— continuer l'exploitation du bien qui produit des fruits et revenus, sans en changer la destination, sauf autorisation (art. 1303);

— placer les sommes d'argent qu'il administre conformément aux règles relatives aux placements présumés sûrs (art. 1304);

— ester en justice pour tout ce qui touche son administration (art. 1316).

21. À ces obligations se greffent certains droits:

— possibilité de modifier les placements faits avant son entrée en fonction (art. 1304);

— possibilité d'aliéner un bien susceptible de se déprécier rapidement ou de dépérir (art.1305);

— possibilité d'assurer les biens confiés à son administration (art.1331);

— sujet à l'autorisation du bénéficiaire ou encore, le cas échéant, du tribunal, aliéner le bien à titre onéreux ou le grever d'une hypothèque, lorsque nécessaire pour payer les dettes ou maintenir l'usage auquel le bien est normalement destiné ou en conserver la valeur (art. 1305);

— déléguer ses fonctions à un tiers pour un acte déterminé (art. 337).

22. Aussi, à partir du principe énoncé à l'article 172 C.c.Q., cet administrateur pourra, à titre de locataire, signer des baux d'une durée de plus de trois (3) ans.

23. Le fait que le législateur énumère ces droits et obligations indique bien le caractère limitatif de ce type d'administration.

24. Au-delà de ces devoirs et obligations, l'administrateur de la simple administration du bien d'autrui dont la charge ne résulte que de la loi, sera présumé avoir outrepassé ses droits.

25. Ainsi, il semble qu'il ne pourrait pas sans consentement ou autorisation accorder mainlevée de droits réels sans considération ou encore priorité des mêmes droits et encore moins donner entre vifs, si ce n'est des biens de valeur minime.

2.2.1 Pleine administration

26. L'introduction à notre droit civil de la pleine administration fait partie des nouveautés du Code civil du Québec.

27. Aux principes de la conservation qu'impose la simple administration s'ajoutent les principes de la fructification du bien et de l'accroissement du patrimoine. Pour y parvenir, l'administrateur peut faire tout acte nécessaire ou utile, y compris tout espèce de placement (art. 1307).

28. Alors que la simple administration, parce que limitée, exige la précision des droits et obligations, l'expression «pleine administration» suggère l'idée d'absence de limite.

29. La réalité diffère et la pleine administration connaît aussi ses limites dans son exécution.

2.2.2 Pouvoirs et obligations decoulant de la charge

30. La pleine administration du bien d'autrui suppose pour son administrateur la possibilité d'exercer sur ces biens tous droits et pouvoirs que possède une personne physique capable sur ses propres biens.

31. La seule limite réside dans la donation à titre gratuit à moins, comme le précise l'article 1315, qu'il ne soit de la nature de cette administration de pouvoir le faire. Il le peut pour des biens de peu de valeur et considérant que la disposition est

faite dans l'intérêt du bénéficiaire ou de la fin poursuivie. Considérant cette restriction, le problème de la mainlevée de droits réels ou de priorité sans considération se pose encore ici.

32. La solution consistera, du moins dans les documents de nature volontaire, dans le maintien de la procédure actuelle, c'est-à-dire de prévoir ces pouvoirs à l'écrit.

3 Obligations et devoirs de l'administrateur

3.1 Envers le bénéficiaire

33. L'acte de l'administrateur doit obliger le bénéficiaire ou le patrimoine fiduciaire. Pour y parvenir, l'administration doit évoluer à l'intérieur de certains paramètres.

34. Dans l'exercice de sa charge, l'administrateur, qu'il s'agisse de simple administration ou de pleine administration, doit respecter les obligations que lui fixe la loi de même que l'acte constitutif de sa charge, le cas échéant (art. 1308).

35. L'administrateur ne doit pas confondre ses biens avec les biens administrés (art.1313). Ce qui suppose une administration distincte de ses biens personnels. Ce principe est renforcé par l'obligation d'effectuer les placements au nom de l'administrateur agissant ès qualités ou encore au nom du bénéficiaire avec indication qu'ils sont faits par l'administrateur toujours ès qualités (art. 1344).

36. Il devra agir dans les limites des pouvoirs conférés avec prudence et diligence, honnêteté et loyauté, dans le meilleur intérêt du bénéficiaire ou de la fin poursuivie (art.309). Au cas de pluralité de bénéficiaires il devra en outre agir avec impartialité (art. 1317).

37. Ces obligations de prudence, diligence, honnêteté et loyauté «dans le meilleur intérêt du bénéficiaire» indiquent que l'obligation de l'administration en est une de moyen et, comme le souligne le rapport soumis à l'Office de révision du Code civil du Québec, à la page 32, l'administrateur ne peut être tenu de compenser les pertes subies par suite de décisions prises de bonne foi avec prudence et diligence.

38. À cette obligation de loyauté, se greffe l'obligation d'éviter de se placer dans une situation de conflit d'intérêts. Si tel est le cas, il doit immédiatement dénoncer ce conflit ou encore toute situation susceptible de le placer en situation de conflit d'intérêts soit au bénéficiaire soit à la personne ou à l'organisme désigné par la loi (art. 1310 et 1311).

39. Le Code ne prévoit aucune forme particulière à cette dénonciation qui devra néanmoins s'effectuer avec un minimum de prudence de façon à pouvoir éventuellement en établir la preuve.

40. La même obligation et les mêmes restrictions existent lorsque l'administrateur est susceptible de droits contre le bénéficiaire (art. 1311).

41. En plus, à cet effet, l'administrateur personnellement ne peut se porter partie à un contrat qui touche les biens administrés à moins d'autorisation du bénéficiaire, sauf par succession (art. 1312). De même l'administrateur ne peut utiliser à son profit des biens qu'il administre ou l'information qu'il obtient en raison même de son administration (art. 1314).

42. Le non respect de ces obligations établira la responsabilité de l'administrateur.

43. L'évaluation de cette responsabilité s'effectuera en fonction même de son étendue et des circonstances (art. 1318).

44. Elle s'effectuera en outre à la lumière de certaines présomptions:

— excède ses pouvoirs l'administrateur qui exerce seul des pouvoirs qu'il est chargé d'exercer conjointement avec un autre (art. 1321);

— n'excède pas ses pouvoirs l'administrateur qui les exerce d'une manière plus avantageuse (art. 1321);

— est responsable, comme s'il y avait eu administration, le bénéficiaire capable qui «a donné à croire» qu'une personne était l'administrateur de ses biens (art. 1323).

45. Il est à noter que cette dernière présomption ne joue pas à l'égard des bénéficiaires incapables.

46. Que l'administrateur agisse lui-même ou encore par l'entremise d'un administrateur délégué ne modifie en rien cette responsabilité (art. 1338).

47. Par ailleurs, la responsabilité de l'administrateur sera inexistante au cas de perte du bien par force majeure ou à cause de la vétusté du bien, de son dépérissement ou de l'usage normal et autorisé du bien (art. 1308).

48. Au plan administratif, l'administrateur devra présenter annuellement au bénéficiaire un compte sommaire de son administration (art. 1351). Cet état de compte devra être suffisamment détaillé conformément à l'exigence de l'article 1352. Si l'administration est collective, les administrateurs pourront rendre un seul et même compte si leurs fonctions n'ont pas été divisées et que cette division a été respectée (art. 1353).

49. Au terme de son administration, l'administrateur doit rendre un compte définitif au bénéficiaire ou à son remplaçant (art. 1363). Si l'administration est collective, les administrateurs rendront un seul et même compte, à moins de division de leurs fonctions (art. 1363).

3.2 Envers les tiers

50. L'administrateur n'encourt envers les tiers aucune responsabilité lorsqu'il s'oblige au nom du bénéficiaire «dans les limites de ses pouvoirs» (art.1319). Cette responsabilité incombe alors au bénéficiaire ou au patrimoine d'affectation.

51. Si l'administrateur contracte avec des tiers en son nom personnel, il sera alors responsable envers eux avec réserve du recours de ceux-ci contre le bénéficiaire (art. 1319).

52. Si l'administrateur agit en dehors des limites de ses pouvoirs, il est alors responsable personnellement envers les tiers avec qui il contracte, à moins que le bénéficiaire en ait tiré un certain profit, auquel cas, ce dernier encourra une responsabilité «jusqu'à concurrence des avantages qu'il a retirés» (article 1322).

53. Il est à noter que cette disposition diffère du principe énoncé à l'article 1731 concernant le mandat. Cette différence s'explique à cause du caractère général des fonctions de l'admi-

nistrateur du bien d'autrui. Ainsi, au cas de tutelle ou curatelle, le bénéficiaire n'est pas en mesure d'évaluer la qualité de l'administration.

54. Par ailleurs, cette responsabilité de l'administrateur vis-à-vis des tiers tombe, si le bénéficiaire a ratifié ou encore si le tiers était suffisamment informé (art. 1320).

3.3 Garanties d'exécution: de l'inventaire, des sûretés et assurances

55. L'obligation de faire inventaire, de souscrire une assurance ou fournir une autre sûreté n'est pas ici retenue, à moins que la loi ou l'acte constitutif le prévoit (art. 1324).

56. À la demande de tout intéressé, le tribunal pourra éventuellement forcer l'administrateur à remplir ses obligations. Par contre, ce dernier pourra demander au tribunal d'en être dispensé «si les circonstances le justifient» (art. 1324).

57. Si l'inventaire est requis, il devra répondre quant au fond, aux exigences des articles 1326 et 1328. Quant à la forme, il devra répondre aux exigences de l'article 1327.

58. Cette procédure remplace les procédures prévues aux articles 913 et suivants du Code de procédure civile, lesquels sont abrogés par l'article 411 du Projet de loi 38, Loi sur l'application de la réforme du Code civil. En conséquence, tout inventaire requis aux termes de la loi devra se conformer à ces exigences.

59. Quant à la publicité, le législateur en a limité l'obligation qu'aux personnes intéressées (art. 1330).

60. Concernant la possibilité d'assurer l'exécution par l'administrateur de ses obligations, le législateur la laisse à l'entière discrétion de ce dernier. Le cas échéant, le coût d'une telle assurance sera supportée par le bénéficiaire ou la fiducie, si l'administration est gratuite. Sinon, l'administrateur devra en assumer le coût (art, 1331).

4. Règles administratives

4.1 Rémunération

61. Le nouveau Code établit le principe de la rémunération de la charge d'administrateur du bien d'autrui (art. 1300), alors que les anciennes règles consacraient par priorité le principe de la gratuité à moins de convention contraire.

62. Dorénavant, l'administrateur aura droit à une rémunération à moins que la gratuité ne soit prononcée aux termes d'une loi, d'une convention ou encore des circonstances.

63. La rémunération sera établie par convention ou par la loi. Elle pourra également être établie suivant les usages ou encore «d'après la valeur des services» (art. 1300). Exceptionnellement, elle pourra être établie par le tribunal dans le cas des tutelles datives (art. 184) ou de successions au cas de désaccord des héritiers dans l'établissement de la rémunération du liquidateur (art. 789).

64. Ce droit à la rémunération n'existe plus, si l'administrateur agit sans autorisation ou sans droit (art. 1300).

4.2 Administration collective

65. L'article 1332 reprend un principe généralement admis dans l'administration du bien d'autrui à savoir que les administrateurs du bien d'autrui peuvent agir à la majorité d'entre eux à moins que l'acte ou la loi ne prévoit qu'ils doivent agir à l'unanimité ou encore dans une proportion différente.

66. Ils sont solidairement responsables de l'administration à moins que leurs fonctions n'aient été divisées, auquel cas, chacun est responsable de sa propre administration (art. 1334).

67. Le nouveau Code complète ce principe général par un autre principe de droit nouveau visant à éviter l'impasse totale dans une administration: l'un à caractère temporaire et l'autre à caractère permanent.

68. Si les administrateurs sont dans l'impossibilité d'agir à la majorité ou selon la proportion prévue, à cause d'empêchement

ou d'opposition systématique de certains d'entre eux, les autres peuvent agir seuls pour les actes conservatoires. Ils pourront agir seuls sous l'autorité du tribunal pour des actes qui demandent célérité.

69. Si la situation persiste et que l'administration s'en trouve sérieusement entravée, sur demande de tout intéressé, le tribunal peut dispenser les administrateurs d'agir suivant la proportion prévue, diviser leurs fonctions, donner voix prépondérante à l'un d'eux ou rendre toute ordonnance qu'il estime appropriée dans les circonstances (art. 1333).

70. Au delà de ces principes, le Code innove en établissant une double présomption lorsqu'une décision est prise par une majorité des administrateurs:

1. Présomption qu'un administrateur a approuvé toute décision prise par ses coadministrateurs *en sa présence* (art. 1335);

Cette présomption est empruntée à celle exprimée à l'article 123-85 de la Partie 1-A de la Loi sur les compagnies du Québec.

2. Présomption qu'une décision prise en *son absence* a été approuvée par lui à moins que la dissidence ne soit manifestée aux autres administrateurs et au bénéficiaire dans un délai raisonnable après en avoir pris connaissance (art. 1336).

Cette dernière présomption est contraire à celle exprimée à l'article 123-86 de la Partie 1-A de la Loi sur les compagnies du Québec.

71. L'administrateur pourra contrer ces présomptions en manifestant immédiatement sa dissidence, dans le premier cas, et dans un délai raisonnable après avoir pris connaissance de la décision, dans l'autre.

4.3 La délégation de pouvoirs

72. Le nouveau Code civil autorise l'administrateur à déléguer ses pouvoirs à un tiers.

73. Toutefois, sauf à ses coadministrateurs, il ne peut déléguer son administration générale à un tiers. Il ne pourra se faire représenter par un tiers que pour un acte déterminé (art. 1337).

74. À défaut d'autorisation de son commettant, il devra assumer toute la responsabilité des gestes posés par le mandataire délégué. S'il est autorisé, il ne répond alors que du soin avec lequel il a choisi cette personne et lui a donné ses instructions (art. 1337).

75. Une règle similaire existe pour le mandat (art. 2141).

76. Si le bénéficiaire subit un préjudice du fait de l'administrateur délégué, il pourra répudier ce fait, s'il a été accompli «en violation de l'acte constitutif de l'administration ou des usages» (art. 1338).

77. Il pourra également exercer ses recours contre l'administrateur délégué, même si la délégation était permise (art. 1338).

78. Ces deux derniers principes sont repris de l'article 1711 C.c.B.-C.

4.4 Qualité des placements

79. En vertu de l'article 1304, l'administrateur chargé de la simple administration est tenu de placer les biens administrés «conformément aux règles du présent titre relatives aux placements présumés sûrs». Une étude exhaustive sur ce sujet a été publiée dans la Revue du Barreau Canadien, Vol. 68, Septembre 1989, N° 3: La Gestion de portefeuille pour autrui et les dispositions nouvelles du Code civil du Québec, par Mᵉ Lise I. Beaudoin.

80. La définition de l'expression «présumés sûrs» apparaît sous la forme de l'énumération de l'article 1339. En plus de l'énumération, l'article établit également les particularités propres à certaines catégories de placements.

81. Se rapprochant de l'énumération de l'article 981o (C.c.B.C.), l'article en général constitue un rajeunissement de ce dernier article.

82. Il est à noter que cette obligation des placements présumés sûrs n'est pas requise pour l'administrateur chargé de la pleine administration. Toutefois, l'administrateur chargé de la pleine administration, compte tenu de ses devoirs de prudence, de diligence, d'honnêteté, de loyauté et d'agir dans le meilleur intérêt

du bénéficiaire, n'a d'autre alternative, à notre avis, que de s'y soumettre sous peine de responsabilité, d'autant plus que l'article 1343 établit une présomption à l'effet que l'administrateur qui limite ses placements à ceux qui y sont énumérés est présumé agir prudemment.

83. À cette énumération s'ajoute l'obligation habituellement suivie par toute saine administration, soit la règle de la diversification des placements afin de diminuer les risques de pertes.

84. À ce chapitre, à titre de mesure transitoire, l'article 74 du projet de Loi 38 prévoit que les placements effectués avant l'entrée en vigueur du nouveau Code suivant les dispositions de l'article 981o (C.c.B.-C.) seront considérés comme des placements présumés sûrs au sens du nouveau Code.

4.5 Répartition des bénéfices et des dépenses

85. Cette section suppose a priori deux catégories de bénéficiaires, l'un du revenu, l'autre du capital. Elle suppose que l'un et l'autre tirent leurs droits d'un écrit.

86. Si en vertu de cet écrit, la répartition des revenus et du capital apparaît douteuse, le législateur prévoit que cette répartition se fait conformément aux dispositions de l'acte constitutif et suivant l'intention qui y est manifestée.

87. Il définit, par la suite, les notions de compte du revenu et du capital et règle également certaines situations particulières aux fruits et aux revenus, le tout en conformité avec les règles comptables généralement admises (art. 1346).

4.6 Remplacement d'administrateur

88. La fonction d'administrateur est une fonction strictement personnelle qui prend fin par le décès de son titulaire ou sa faillite ou encore par l'ouverture à son égard d'un régime de protection (art. 1355).

89. Sous la seule réserve de sa responsabilité (art. 1359 et 1366), la fonction prendra aussi fin par la démission de cet administrateur que la loi autorise à ce faire en avisant par écrit

le bénéficiaire et, le cas échéant, ses coadministrateurs ou la personne qui peut lui nommer un remplaçant. Cet avis sera donné au Curateur public si aucune de ces personnes ne peut être retracée. Entre-temps, le Curateur public assumera l'administration provisoire des biens concernés et verra à provoquer la nomination d'un autre administrateur (art. 1357).

90. La démission prendra fin à la date de réception de l'avis ou encore à la date stipulée à l'avis (art. 1358).

91. En contre partie, tout intéressé peut demander le remplacement de l'administrateur qui se trouve dans l'impossibilité d'exercer sa charge ou qui ne respecte pas ses obligations (art. 1360).

4.7 Fin de l'administration

92. L'administration du bien d'autrui est susceptible de prendre fin sous trois causes:

1. Cause: *la personne du bénéficiaire*

93. La faillite du bénéficiaire ou encore l'ouverture à son égard d'un régime de protection provoque la fin de l'administration des biens concernés, si cette procédure affecte les biens administrés (art. 1355).

94. La faillite ayant pour effet de soustraire l'administration des biens à son titulaire, il apparaît alors régulier que l'administration du bien d'autrui prenne alors fin. Toutefois, dans le cas de la faillite d'un majeur en curatelle, tant aux biens qu'à la personne, nous doutons que l'administration de ce régime de protection prenne alors fin, le régime étant réduit alors à la protection de la personne.

95. Prétendre que tout le régime prend alors fin irait à l'encontre de l'esprit même du régime, lequel est d'abord d'assurer la protection de la personne.

96. La condition stipulant que la tâche d'administrateur prend fin que si la procédure «a un effet sur les biens administrés» prend toute son importance face à la fiducie. Ainsi, la faillite d'un bénéficiaire d'une fiducie ne mettra pas fin à cette fiducie, parce qu'elle n'affecte pas les biens de cette fiducie, «un patrimoine d'affectation autonome et distinct» (art. 1261).

97. Le décès du bénéficiaire pourra, en certaines circonstances, causer la fin de l'administration. Ce sera le cas au décès du majeur sous curatelle ou tutelle.

2. Cause: *absence de biens à administrer*

98. La cessation du droit du bénéficiaire sur les biens administrés a pour effet de mettre fin à l'administration sur ce bien (art. 1356).

99. Comme il s'agit ici d'un regroupement de types d'administration, le législateur prend bien soin de ne pas qualifier de quelle façon le droit dans les biens disparaît. Il peut s'agir du droit d'un héritier, d'un indivisaire ou d'un curateur.

100. Si la cessation du droit n'affecte qu'une partie des biens, l'administration continuera d'affecter le résidu.

3. Cause: *la convention relative à l'administration*

101. Si l'administration résulte d'une convention, celle-ci prendra fin, comme tout autre contrat, à l'arrivée du terme convenu. Elle prendra également fin par l'accomplissement de l'objet y stipulé ou la disparition de la cause qui y a donné lieu (art. 1356).

102. En plus, si un bénéficiaire a lui-même nommé un administrateur de ses biens, il pourra le remplacer ou encore mettre fin à cette administration suivant son bon vouloir et exiger sur demande la remise des biens administrés (art. 1360).

103. La fin de l'administration provoquera l'obligation pour l'administrateur ou le liquidateur de cette succession ou son curateur, de procéder à la reddition de compte après avoir avisé le bénéficiaire et les coadministrateurs le cas échéant de la fin de l'administration (art. 1361).

104. Nonobstant la fin de l'administration, une obligation demeure pour le représentant de l'administrateur soit celle de faire le nécessaire dans toute affaire amorcée afin d'éviter toute perte (art. 1361).

105. Quant aux obligations contractées, au terme d'une administration, par un administrateur de bonne foi avec des tiers de bonne foi, elles obligeront le bénéficiaire (art. 1362).

4.8 Reddition de compte (art. 1363)

106. Le législateur impose à l'administrateur du bien d'autrui l'obligation de rendre un compte définitif au bénéficiaire et, le cas échéant, à l'administrateur le remplaçant ou encore à ses coadministrateurs (art. 1363).

107. Cette obligation doit être exécutée à chaque fois qu'un administrateur cesse d'agir en cette qualité.

108. Sans être empreint d'un formalisme rigoureux, le compte doit être suffisamment détaillé (art. 1363) et rendu à l'amiable «avec l'agrément de tous les bénéficiaires» (art. 1363).

109. À cette occasion, ce qui revient au bénéficiaire, à l'administrateur remplaçant ou aux coadministrateurs, doit leur être rendu (art. 1365 et 1366).

5. Applications particulières

110. Le législateur a regroupé sous ce titre septième les règles générales à la tâche d'administrateur du bien d'autrui.

111. Soucieux de respecter les spécialités de chaque type d'administration, il a dû en préciser les caractéristiques sous leur section respective à l'intérieur du Code.

5.1 Curatelle au majeur (art. 281)

112. Seules les règles d'administration du bien d'autrui s'appliquent à son administration (art. 282).

113. Suite à l'ouverture d'une curatelle au majeur, le curateur est saisi de la pleine administration des biens du majeur protégé, mais dans les limites des placements présumés sûrs.

114. Le Code ne prévoit aucune autre règle administrative particulière que cette restriction quant aux placements, restriction qui s'impose considérant les fins poursuivies par ce régime de protection.

115. L'application ici de la pleine administration se justifie par le caractère permanent de ce même régime.

5.2 Fiduciaire (art. 1278)

116. La fiducie est nécessairement établie par contrat qui pourvoit à la nomination du ou des fiduciaires et établit leurs pouvoirs et les règles générales de l'administration du bien d'autrui ne s'appliqueront ici que comme règles complémentaires.

117. Contrairement à l'article 98lj du C.c.B.C., qui établit que la fiducie doit être gérée conformément aux dispositions de l'article 981o, le Code civil du Québec, à l'article 1278, établit que le fiduciaire agit à titre d'administrateur chargé de la pleine administration.

118. Nonobstant cette dernière règle, nous sommes d'opinion que le constituant peut, aux termes du document créant la fiducie, restreindre les pouvoirs du fiduciaire suivant son bon vouloir.

119. Bien que le législateur n'ait prévu aucune règle administrative particulière à la fiducie, il a assujetti l'administration du fiduciaire à des contrôles qui peuvent s'avérer très rigoureux:

— surveillance du constituant et du bénéficiaire, même éventuelle (art. 1287);

— droit d'action par le constituant ou le bénéficiaire contre le fiduciaire pour contraindre ce dernier à exécuter ses obligations (art. 1290 et 1291);

— modification possible des dispositions de la fiducie sur ordre du tribunal (art. 1294);

120. Cet article 1294, de droit nouveau, évitera d'avoir recours à la procédure plus complexe du projet de loi privé pour modifier les termes d'une fiducie lorsque requis.

5.3 Gérant de copropriété divise (art. 1085)

121. Sous étude depuis plusieurs années, les dispositions relatives à la copropriété sont l'objet d'importantes modifications notamment au chapitre de l'administration qui devient beaucoup plus structurée, contrairement à l'esprit de la loi d'origine de la copropriété divise.

122. L'article 1085 prévoit que l'administration courante peut être aussi confiée à un gérant qui agira à titre d'administrateur du bien d'autrui chargé de la simple administration. Aucune autre disposition ne vient préciser davantage ce type d'administration.

123. Considérant qu'il s'agit de lui confier «l'administration courante» du syndicat, lui-même responsable de l'administration conformément à la loi et à la déclaration de copropriété, nous ne croyons pas que les pouvoirs de ce type de gérant puissent s'étendre au-delà de la limite prévue à cet article.

5.4 Gérant de copropriété indivise (art. 1027)

124. Le grand principe à l'effet que nul n'est tenu de demeurer dans l'indivision perd de son absolu avec le nouveau Code civil.

125. L'article 1013 prévoit que les indivisaires peuvent convenir de reporter le partage du bien détenu en indivis, forçant ainsi une administration collective pendant le terme convenu. Aussi l'article 1025 stipule que les indivisaires administrent le bien en commun. Cette disposition concerne tout bien indivis, qu'il s'agisse d'une copropriété indivise, suivant l'expression répandue, ou encore d'un bien détenu en indivis (art. 1029).

126. À cet effet, le législateur autorise les indivisaires à confier l'administration de leurs biens indivis à un gérant, «à titre d'administrateur du bien d'autrui chargé de la simple administration» (art. 1029).

127. À défaut d'entente entre les indivisaires, l'un d'eux peut demander au tribunal de désigner un gérant (art. 1027).

128. Ce gérant pourra néanmoins agir avec des pouvoirs accrus que pourront lui transmettre les indivisaires, s'ils sont tous d'accord. Il serait plus à propos alors de qualifier cet administrateur de mandataire plutôt que de gérant, celui-ci devant être régi par les termes de la procuration et les dispositions du Code s'y rapportant.

5.5 Gestion d'affaires (art. 1482)

129. Avec la mise en place du nouveau Code, le quasi-contrat ou le *negotiorum gestio* cède sa place à la gestion d'affaires.

130. Ce type de gestion constituant une source d'obligations, le législateur se devait de préciser les limites de ce type d'administration, spontanée et sans obligation préalable, du bien d'autrui.

131. Considérant ces caractères de spontanéité et d'absence préalable d'obligation, il nous apparaît équitable que le gérant, dans sa gestion, soit limité aux règles de la simple administration «sauf incompatibilité» (art. 1484).

132. Au plan des règles administratives particulières, le gérant est tenu des obligations suivantes:

— il doit informer le géré dès que possible (art. 1483);

— il a l'obligation de continuer la gestion entreprise «jusqu'à ce qu'il puisse l'abandonner sans risque de perte» ou jusqu'à ce que le géré ou ses représentants soient en mesure d'y pourvoir (art. 1484).

133. La même obligation s'impose au liquidateur de la succession du gérant (art. 1485).

5.6 Liquidateur de personne morale (art. 355)

134. D'application moins courante, la fonction de liquidateur de personne morale est assujettie aux règles de l'administration du bien d'autrui (art. 360).

135. À cause de la nature même de la fonction et de ses objets, le législateur lui attribue la saisine des biens de la personne morale et la charge de la pleine administration (art. 360).

136. En plus, toujours aux fins propres de sa fonction, le liquidateur est assujetti aux règles suivantes:

— peut exiger des membres de la personne morale tout document et toute explication qu'il juge à propos (art. 360);

— procéder au paiement des dettes, puis au remboursement des apports (art. 361);

— procéder au partage de l'actif entre les membres conformément à la loi (art. 361);

— conserver les livres et les registres de la personne morale pendant les cinq (5) ans qui suivent la clôture de la liquidation (art. 362).

5.7 Liquidateur de succession (art. 802)

137. À défaut de pouvoirs plus étendus aux termes d'un testament, le liquidateur agira à titre d'administrateur chargé de la simple administration (art. 802).

138. Dans le cas d'une succession *ab intestat*, le liquidateur choisi par les héritiers ou nommé par le tribunal agira au même titre (art. 788).

139. Cette dernière disposition constitue une amélioration sur la règle qui a toujours prévalu à l'effet que les tribunaux ne pouvaient nommer *ipso facto* d'exécuteur testamentaire.

140. À titre de règles administratives particulières, le liquidateur de succession est chargé des devoirs suivants:

— recherche du testament (art. 803);
— vérification du testament (art. 803);
— faire inventaire (art. 794), sauf dispense (art. 799);
— paiement des dettes et des legs particuliers (art. 804);
— rendre compte annuellement de sa gestion aux héritiers, créanciers et légataires particuliers non payés (art. 806);
— procéder à la délivrance des biens (art. 776).

141. Bien que chargé de la simple administration, le législateur lui consent certains pouvoirs d'aliénation limités quant aux biens susceptibles de dépérir ou de se déprécier rapidement ou encore dispendieux à conserver (art. 804).

5.8 Tutelle à l'absent

142. Les principes juridiques régissant les biens de l'absent ont été sensiblement modifiés aux termes du nouveau Code, notamment l'institutionnalisation de la tutelle à l'absent. La mise en possession provisoire n'existe plus.

143. Les règles de cette tutelle à l'absent sont celles de la tutelle au mineur (art. 87). Ce tuteur ne peut donc poser que des actes de simple administration (art. 172).

5.9 Tutelle au majeur (art. 286)

144. Contrairement à la curatelle au majeur, le tuteur au majeur est chargé de la simple administration de la même manière que le tuteur au mineur (art. 286).

145. Cette restriction imposée par le législateur s'explique par le fait que ce régime de protection s'applique au cas d'inaptitude partielle ou temporaire.

146. Ce caractère particulier d'inaptitude partielle ou temporaire justifie le pouvoir discrétionnaire accordé au tribunal d'indiquer «les actes que la personne en tutelle peut faire elle-même, seule ou avec l'assistance du tuteur, ou ceux qu'elle ne peut faire sans être représentée» (art. 288).

147. La capacité du tuteur du majeur en tutelle devra donc s'évaluer tant en fonction des règles de l'administration des biens d'autrui que des termes du ou des jugements régissant l'administration de ce tuteur.

5.10 Tutelle au mineur (art. 208)

148. Qu'il s'agisse de tutelle légale ou dative, le nouveau Code établit que le tuteur agit à l'égard des biens du mineur à titre d'administrateur chargé de la simple administration. Encore ici, le caractère temporaire de la charge explique cette restriction.

149. Les pouvoirs d'aliéner ou de contracter des emprunts sont assujettis à l'autorité du conseil de tutelle. Si la valeur du bien ou de la sûreté excède VINGT-CINQ MILLE DOLLARS (25 000,00 $) l'autorisation du tribunal sera en plus requise.

150. À titre de règles administratives particulières, le tuteur, s'il n'est ni père ni mère d'enfant concerné, devra s'astreindre aux procédures suivantes:

— préparer un inventaire des biens du mineur (art. 240);

— garantir l'exécution de ses obligations (sauf personne morale), si la valeur des biens excède VINGT-CINQ MILLE DOLLARS (25 000,00 $) (art. 242);
— présenter le compte annuel de sa gestion (art. 246).

151. Enfin, un compte définitif devra être présenté à la fin de la tutelle, quelque soit le tuteur.

6. Autres types d'administration

152. Même si l'intention du législateur était d'assujettir au titre septième les divers types d'administration du bien d'autrui, il demeure que certains types d'administration peuvent présenter une certaine ambivalence.

153. La nature même de la procédure ou encore du contrat concerné empêche de les assujettir sous les principes généraux de l'administration du bien d'autrui.

6.1 Conseiller au majeur (article 292)

154. Ce conseiller, autrefois appelé conseil judiciaire, n'a pas l'administration des biens du majeur protégé. Il est appelé à assister ou conseiller le majeur protégé dans l'exercice de ses droits.

155. Le majeur étant ici généralement apte à prendre soin de lui-même et à administrer ses biens, il les administre lui-même avec l'assistance seulement de son conseiller.

6.2 Curatelle publique (art. 262)

156. Pour sa part, en général, le Curateur public exerce la simple administration, à moins de disposition contraire et doit effectuer des placements présumés sûrs (art. 25, 30 et 44 L.Q. 1989, chapitre 54 et art. 262 C.c.Q).

6.3 Dépôt (art. 2280)

157. Il s'agit ici d'un contrat nommé dont les particularités sont régies par le Code aux articles 2280 et s.

158. Considérant que le dépositaire ne puisse se servir ou se départir du bien déposé à moins d'une permission du déposant, il ne peut s'agir ici d'un régime d'administration du bien d'autrui proprement dit. L'administration du bien déposé reste sous le contrôle du déposant, la responsabilité du dépositaire se limitant à agir avec prudence et diligence (art. 2283).

6.4 Emphytéote, usufruit et usage

159. Il s'agit ici de démembrements du droit de propriété, lesquels constituent des droits réels (art. 1119).

160. Il ne s'agit donc pas d'administration du bien d'autrui mais plutôt de jouissance partagée du droit de propriété.

161. Le législateur le précise, lorsqu'il crée l'obligation pour l'usufruitier de faire inventaire «comme s'il était administrateur du bien d'autrui» (art. 1142).

6.5 Bail

162. Il ne s'agit pas à proprement parler d'une personne chargée de l'administration du bien d'autrui: elle utilise un bien à son profit pour le terme prévu au bail.

6.6 Mandat (art. 2135)

163. «...dans le cas du mandat, il faut nécessairement s'en remettre au contrat pour déterminer l'étendue des pouvoirs. Mais les obligations fondamentales du mandataire demeurent les mêmes indépendamment de ses pouvoirs».

164. Cet extrait de la page 4 du rapport de l'Office de révision du Code civil (1976) atteste de la spécialité du mandat par rapport aux autres types d'administration du bien d'autrui.

165. Le contrat et non le Code détermine l'étendue des pouvoirs du mandataire.

166. L'énoncé du principe à l'article 2135 à l'effet que le mandat conçu en termes généraux ne confère que le pouvoir «de passer des actes de simple administration» doit s'entendre

limitativement: on ne réfère pas à la forme de l'administration, mais à l'*acte* de simple administration. On limite la portée du mandat sans pour autant l'astreindre aux règles générales de l'administration proprement dite du bien d'autrui.

167. Si le mandant veut conférer des pouvoirs accrus, le mandat devra être exprès, à l'exclusion du mandat conféré en prévision d'une incapacité, auquel cas le mandant pourra alors se limiter à remettre au mandataire la pleine administration.

168. Si le mandat a été consenti en prévision de l'inaptitude du mandant et si des difficultés surgissent dans l'interprétation de la portée du mandat, le mandataire devra s'en reporter aux règles régissant la tutelle au majeur et alors le tuteur ne pourra exercer que des pouvoirs de simple administration (art. 2168).

6.7 Séquestre (art. 2305)

169. Encore ici il s'agit d'un contrat nommé dont les règles spécifiques sont établies au Code (art. 2305).

170. De par sa nature, le séquestre agit d'abord comme dépositaire plutôt que comme administrateur, bien qu'il pourrait, par convention ou sur autorisation du tribunal, agir sous ces deux titres.

171. Si le convention de séquestre précise que le séquestre agit à titre d'administrateur, il sera alors assujetti aux règles générales; sinon, il sera assujetti aux obligations du dépositaire (art. 2283).

6.8 Société en commandite: les commandités et les commanditaires

172. Le législateur procède ici par analogie, puisque le nouveau Code ne reconnaît pas la personnalité morale à la société en commandite. Il ne saura donc être question ici d'administration du bien d'autrui à proprement parler.

173. Néanmoins, la constitution particulière de ce type de société dans son administration a suscité ce rapprochement en stipulant que les commandités, seuls administrateurs de la

société en commandite, sont assujettis, vis-à-vis le commanditaire, aux mêmes obligations que l'administrateur chargé de la pleine administration du bien d'autrui (art. 2238).

174. Quant au commanditaire, la loi l'autorise à poser des actes de simple administration au cas d'impossibilité d'agir des commandités. Ce principe est de droit nouveau (art. 2245).

6.9 Substitution (art. 1224)

175. Il ne s'agit pas ici, à proprement parler, d'un régime d'administration du bien d'autrui. Il s'agit d'une libéralité en faveur d'une personne à charge de rendre un bien à un tiers.

176. Une fois de plus, on procède par analogie: «de la même manière qu'un administrateur du bien d'autrui» (art. 1224), le grevé doit faire, à ses frais, l'inventaire des biens concernés en y convoquant l'appelé.

177. Sans le qualifier d'administrateur du bien d'autrui, le Code précise que le grevé doit agir avec prudence et diligence (art. 1225) et faire les actes nécessaires à l'entretien et à la conservation des biens (art. 1226).

178. Cet administrateur hybride confirmé propriétaire des biens substitués se doit d'exercer les pouvoirs qui lui sont attribués par le Code dans le respect des droits de l'appelé.

7. Mesures transitoires

179. La mise en vigueur du nouveau Code provoquera des effets immédiats en ce qui concerne l'administration du bien d'autrui. L'article 73 du projet de loi 38 l'établit en ces termes:

> L'administration du bien d'autrui confiée par contrat au gérant des biens indivis ou au fiduciaire avant l'entrée en vigueur de la loi nouvelle est régie par cette loi, de la même manière que l'administration du bien d'autrui confiée par un autre mode.

180. L'effet est donc immédiat et toutes les administrations ainsi affectées devront faire l'objet d'une révision quant aux devoirs et obligations de ces administrateurs.

181. Il en sera de même des successions ouvertes à cette date et dont la liquidation n'aura pas été amorcée au moment de la mise en force du nouveau Code civil. La présomption à cet effet est établie à l'article 45 du projet de loi 38.

8. Conclusion

182. Constituant un «dénominateur commun» aux diverses charges d'administrateur du bien d'autrui, ces dispositions s'appliqueront principalement lors d'une administration forcée, tel la tutelle ou la curatelle.

183. Dans le cas d'une administration volontaire, tel la fiducie ou le testament, elle sera alors principalement régie par l'acte instituant cette administration, les dispositions du Titre septième, Livre quatrième, ne jouant alors qu'un rôle supplétif, diminuant ainsi les possibilités de recours aux tribunaux dont le rôle est accentué de façon globale à l'intérieur du nouveau Code.

Tables de concordance des codes civils

C.c.Q.	C.c.B.-C.
172	319, 763, 1002
208	290, 290a, 297
209	290
281	333
282	333.1
283	333.2
285	334
286	334.1
291	335
292	335.1
311	
312	360
778	921
794	919
795	676
802	672-673
1027	
1029	
1039	441v

C.c.Q.	C.c.B.-C.
1084	441q
1085	441r, 441u-441v
1128	
1224	946
1225	
1261	
1278	981j
1299	
1300	441q, 910, 981g, 1702
1301	915, 919
1302	919 # 7
1303	290a
1304	294-295, 296a, 981v
1305	297-298, 1703
1306	
1307	981j
1308	1675, 1769, 1804-1805
1309	89, 285,290-291, 441r 981k, 1710, 1802
1310	290, 1484, 1706
1311	
1312	290, 1484, 1706
1313	
1314	1803
1315	763 # 3
1316	
1317	
1318	323, 967, 1005, 1011, 1707, 1710, 1801
1319	441v, 981j, 1046, 1715-1716
1320	1717, 1727
1321	1718-1719
1322	1731
1323	1730
1324	292, 910, 919
1325	
1326	
1327	
1328	
1329	
1330	
1331	442a
1332	912-913, 981f
1333	
1334	981m, 1712, 1772,
1335	1851.1
1336	
1337	913, 1711

C.c.Q.	C.c.B.-C.
1338	1711
1339	981o
1340	981o
1341	296a, 981r
1342	981p, 981s
1343	981k, 981t-981u
1344	
1345	
1346	
1347	
1348	
1349	451
1350	
1351	309, 441t, 918 # 4
1352	
1353	441t, 913, 981m
1354	
1355	1755
1356	1755
1357	441a, 911, 981h, 1759
1358	441s
1359	1759
1360	917, 981d, 1756
1361	266, 441t, 920, 981e, 1761
1362	1721, 1728-1729, 1760-1761
1363	441t, 981l-981m, 1712-1713
1364	312
1365	1809
1366	981l, 1713-1714
1367	914, 981g, 1713, 1812
1368	313, 1714
1369	1713, 1723, 1812
1370	1726
2138	1710 # 1
2238	1876, 1888
2245	
2283	1802-1803
2308	

COOPÉRER, C'EST PERMIS.

Coopérer, c'est être intelligent à plusieurs. C'est choisir «l'union pour la vie» plutôt que «la lutte pour la vie». C'est préférer le «tous pour un» au «chacun pour soi» ■ Coopérer, c'est se donner un outil de changement, un moyen de se prendre en main et d'améliorer sa situation ■ Coopérer, c'est ce qui nous a permis de créer un instrument de développement économique incomparable.

Le Mouvement
des caisses populaires
et d'économie
Desjardins

Annonce • Générique/Coopération : Coopérer • Format : 4,5 po X 7,3125 po

*V*OTRE RÉUSSITE N'EST PAS LE FRUIT DU HASARD...

Vous avez travaillé fort pour y parvenir et vous vous êtes enrichi au fil des ans.

Jusqu'à maintenant, vous avez choisi d'assumer seul la gestion de votre portefeuille de placements. Bien que l'enjeu soit important, vous manquez de temps et les conseils de parents, d'amis et de relations d'affaires ne suffisent plus. D'ailleurs, ils connaissent mal votre situation financière.

Au Trust Général, nous comprenons que votre situation est unique. Vos sources de revenus, votre situation fiscale et successorale, votre façon de vivre, vos objectifs personnels et familiaux, la valeur et la composition de votre patrimoine sont autant d'éléments qui vous différencient des autres. Aussi, notre relation débute-t-elle toujours par une évaluation complète de votre profil d'investisseur.

Votre qualité de vie et votre sécurité financière, doivent pouvoir se concilier.
C'est pourquoi nous vous invitons à communiquer avec un de nos gestionnaires au
1-800-463-6643
pour cerner ensemble toute l'étendue de vos besoins et de vous proposer les solutions les mieux adaptées.

TRUST GÉNÉRAL

Tout près de vous à chaque âge de la vie.